DER BLAUE REITER

Universal Bibliothek

KUNSTWISSENSCHAFTEN

DER BLAUE REITER

Dokumente
einer geistigen Bewegung

1989

Verlag Philipp Reclam jun. Leipzig

Herausgegeben und mit einem Nachwort
von Andreas Hüneke

Mit 148 Abbildungen

ISBN 3-379-00427-8

Reclams Universal-Bibliothek Band 1122
2., überarbeitete Auflage
Umschlaggestaltung: Friederike Pondelik unter Verwendung einer
Hinterglasmalerei von Wassily Kandinsky „Heiliger Georg I“, 1911
Lizenz Nr. 363. 340/105/89 · LSV 8127 · Vbg. 40,4
Printed in the German Democratic Republic
Grafischer Großbetrieb Völkerfreundschaft Dresden
Gesetzt aus Garamond-Antiqua
Bestellnummer: 661 255 5
00900

I. DAS VORSPIEL

1. Murnau (Kandinsky, Münter, Jawlensky, Werefkin)

Gabriele Münter: Tagebuchaufzeichnung (1908)

Murnau hatten wir auf einem Ausflug gesehen und an Jawlensky und Werefkin empfohlen – die uns im Herbst auch hinriefen. Wir wohnten im Griesbräu, und es gefiel uns sehr. Ich habe da nach einer kurzen Zeit der Qual einen großen Sprung gemacht – vom Naturabmalen – mehr oder weniger impressionistisch – zum Fühlen eines Inhaltes, zum Abstrahieren – zum Geben eines Extraktes. [...] Es war eine schöne, interessante, freudige Arbeitszeit mit vielen Gesprächen mit den begeisterten „Giselisten“[1]. Ich zeigte Jawlensky besonders gern meine Arbeiten – einerseits lobte er gern und viel – andererseits erklärte er mir auch Manches, gab mir von seinem Erlebten und Erworbenen und sprach von „Synthes“. Er ist ein netter College. Wir alle vier strebten sehr, und jeder einzelne entwickelte sich. Ich machte eine Masse Studien. [...] Wir waren alle fleißig.

Johannes Eichner: Kandinsky und Gabriele Münter

1908 [...] betrat Gabriele Münter zum erstenmal den Marktflecken Murnau – Kandinsky war schon vorher auf der Durchreise hier gewesen –, der durch sie beide ein Begriff in der modernen Kunstgeschichte geworden ist. Damals [...] lag der Ort geschlossen auf einer Erdwelle wie auf einer Aussichtsterrasse zwischen Hügelland und Hochgebirge, zwischen dem inselreichen See und dem „Murnauer

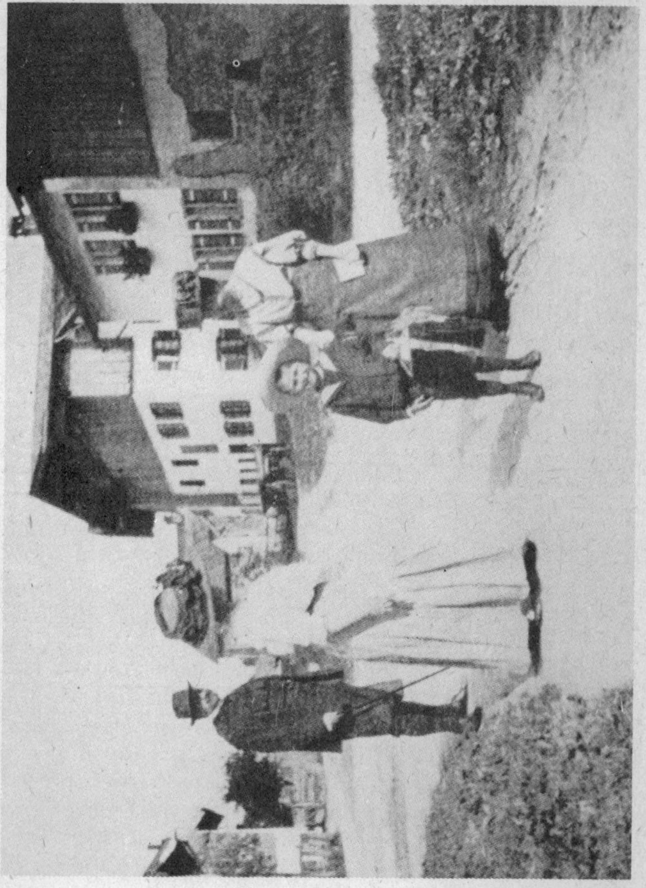

1. Alexej von Jawlensky, Marianne von Werefkin, Andrei Jawlensky und Gabriele Münter in Murnau 1908

Moos", der [...] stillen Fläche eines Moorgebietes. [...] Sie erzählten ihre Entdeckung in München auch den Kollegen Alexej Jawlensky und Marianna Werefkina. [...] Im Sommer fuhren Jawlensky und Marianna von Werefkin, der Empfehlung der Kandinskys folgend, wirklich nach Murnau. Sie waren begeistert und schrieben, die andern sollten doch nachkommen. So trafen Kandinsky und Gabriele Münter [...] gegen Mitte August in Murnau ein. [...] Zweifellos war Jawlensky, als die Gruppe ihre Arbeit in Murnau aufnahm, der Fortgeschrittenste. Er wußte schon, wie man „modern" malt. Er hatte das Verfahren der Schule von Pont-Aven[2] gelernt, die Farbflächen in Konturen zu spannen. Aber noch 1909 malte er auch wieder in malerisch-impressionistischem Stil, ohne jede Spur von Fortschrittlichkeit. Was er wollte, schwebte ihm mehr in Worten vor, und er sprach gern und gewichtig davon. [...] Im Staffelseegebiet blühte einst die Volkskunst der Hinterglasmalerei, und Murnau war noch voll von diesen reizvollen kleinen Werken. [...] Gabriele Münter liebte und sammelte sogleich jene schlichten, mit der Selbstverständlichkeit von Naturgewächsen dastehenden Kunstgebilde, die ihr zeigten, was sie noch brauchte, um ihr eigenes Wesen voll auszudrücken. Sie war – wohl im Sommer 1909 – die erste in ihrem Kreise, die Versuche in der Hinterglasbildtechnik machte.[3] [...] Daß nicht geistige Umstellung, sondern technische Übung bei dem neuen Ansatz in Murnau die schwere Arbeit machte, hat die Künstlerin [...] häufig im Gespräch erzählt. [...] Kandinsky hat ihr dabei schwerlich geholfen. [...] So ergab sich für Gabriele Münter unwillkürlich ein lebhafteres Zusammenarbeiten mit Jawlensky. [...] Sie erinnert sich noch heute humorvoll seiner bezaubernden Pose des Lobens und Huldigens. So konnte er beim ersten Anblick einer neuen Studie wie ein begeisterter Kunstliebhaber, der einen großen Preis bietet, ausrufen: „Tausend Mark!" Oft wurde er ganz weich und still und klein vor lauter Bewunderung, als stände er vor Leistungen, die er selber nie erreichen würde. [...] Jawlensky war trotz seinen Fertigkeiten, die er nach Murnau mitbrachte und dort weiter übte, nicht bloß der große Mann und der Gebende. Er quälte sich damals redlich, ohne die glückhafte Inspiration Gabriele Münters, und hatte – er, der sich gern bewunderte und bewundern ließ – manchmal eine schwere Katerstimmung, in der er mit Emphase ausrief: „Ich bin kein Kunstmaler." Sein altes Anlehnungsbedürfnis bestand auch jetzt. Eine Kleinigkeit: Kandinsky sagte damals zu Gabriele Münter, für die großen Formen und den breiten Strich sei eine umfassende Naturansicht mit ihren vielen Gliederungen und Einzelzügen doch keine günstige Aufgabe. Sie solle einmal einen ganz engen, scheinbar unbedeutenden Fleck vornehmen. Sie machte den Versuch und malte von einem Hause bloß ein von Spalierobst umrahmtes Fenster. Ähnliches machte Jawlensky sogleich auch. In den folgenden Wochen in München kam er gern zu Kandinsky ins Atelier und sah dort dessen [...] Bild „Der blaue Berg"[4] entstehen. Die über die Landschaft, ach, so dekorativ ausgestreuten schwarzen Punkte machten auf ihn Eindruck. Er malte ebenfalls so etwas, tat sich damit hervor und verkaufte es auf der Stelle, worüber Kandinsky, mit seinem Bilde noch zurückhaltend, wenig erbaut war. – Marianna von Werefkin, die als vierte im Bunde erscheinen mochte, stand im Grunde ihres Wesens abseits. Aus zeichnerischem, fabulierendem Talent schöpfend, war sie für die neue, farbenstarke Malerei nicht geboren. So nahm sie die Errungenschaften der Gefährten nur äußerlich an. Die echtesten und feinsten Wirkungen erzielte sie, wenn ihr Stift in leichten, treffenden Andeutungen ihrer erfinderischen Phantasie folgte. [...] Aber das war doch so weit von dem entfernt, was den vorwärtsdrängenden Malern ihres Kreises am Herzen lag, daß Jawlensky manchmal, wenn er ein erzählendes Bild von ihr sah, neckend ausrief: „Bankkrach". So hieß ein seinerzeit berühmtes Gemälde des russischen Realisten W. E. Makowsky, eine panoptikumgleiche Darstellung einer Begebenheit, ein rotes Tuch für die modernen Maler.

Gabriele Münter: Undatierte Aufzeichnung

Wenn ich ein formales Vorbild hatte – und gewissermaßen war das von 1903 bis 1913 der Fall – so ist es wohl van Gogh durch Jawlensky und dessen Theorien (das Sprechen von der Synthese). Das ist aber nicht zu vergleichen mit dem, was Kandinsky für mich war. Er hat mein Talent geliebt, verstanden, geschützt und gefördert.

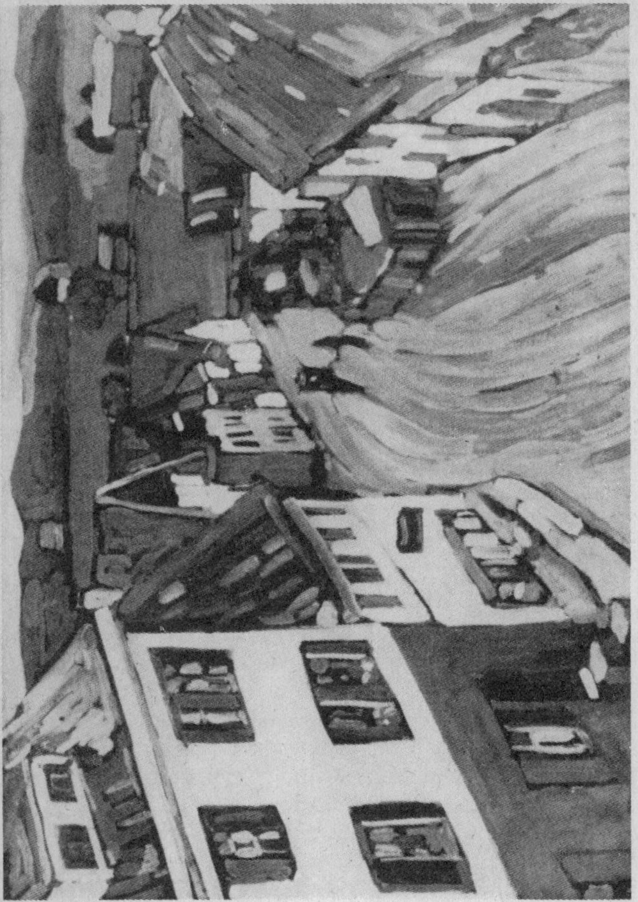

2. Wassily Kandinsky: Blick aus dem Fenster des Griesbräu. 1908, Öl. Im Gasthof Zum Griesbräu in Murnau wohnten Kandinsky und Gabriele Münter 1908

2. Bonn – München (Macke, Marc)

Elisabeth Erdmann-Macke: Erinnerungen an August Macke

August und Helmuth fuhren im Laufe des Winters des öfteren nach München, um sich bei den Kunsthändlern Brakl und Thannhauser die neuesten Ausstellungen anzusehen. Bei der Gelegenheit sahen sie bei Brakl zum ersten Mal Lithographien eines Malers, die ihnen besonders auffielen und die sie sich aus den Mappen heraussuchten und beiseite legten, um sie immer wieder anzuschauen, weil diese Arbeiten sie interessierten. Es waren Pferde und Bären, zwanglos zusammenstehende Tiergruppen, mit großem Können dargestellt. Als sie fragten, wer der Künstler sei, der sie gemacht habe, erzählte ihnen Brakl, daß es ein junger Maler sei, dem es ziemlich schlecht ginge und der ihm ab und zu solche Blätter zum Verkauf brächte. Sie ließen sich Namen und Anschrift geben und beschlossen, diesen Maler aufzusuchen, um mehr von ihm zu sehen. Es war damals der junge Bernhard Koehler, mein Vetter aus Berlin, in München, und die drei fuhren hin zur Schellingstraße 23, wo der Maler Franz Marc sein Atelier hatte. Er lebte dort sehr zurückgezogen und eigentlich abseits vom Kunstbetrieb. Er war recht erstaunt und erfreut zugleich, daß ihn da plötzlich drei junge Leute besuchten, die sich für seine Sachen so weit interessierten, daß sie ihn sogar persönlich kennenlernen wollten. Sie fanden einen ihnen sehr sympathischen, liebenswürdigen Menschen, der ihnen das, was er gerade im Atelier hatte, gern zeigte. Soviel ich aus den Erzählungen weiß, waren es fast gar keine Bilder, außer einigen kleinen frühen, ein paar Zeichnungen und Lithographien und Tierplastiken in Wachs. [...] Vermutlich am 6. Januar 1910 war diese erste Begegnung in München. Am 22. Januar fand der Besuch von Marc in Tegernsee statt, zu dem er sich angesagt hatte und darum bat, auch seine Kollegin Fräulein Frank mitbringen zu dürfen. [...] Ich ging zur Begrüßung auf die Diele an die Wendeltreppe und sah mich einem schönen, eigenartig südlich anmutenden Mann gegenüber, breitschulterig, mit leichten eleganten Bewegungen, eine Pelzmütze auf dem Kopf, dunklem Haar mit Koteletten am Ohr entlang, ausdruckvollen starken Zügen,

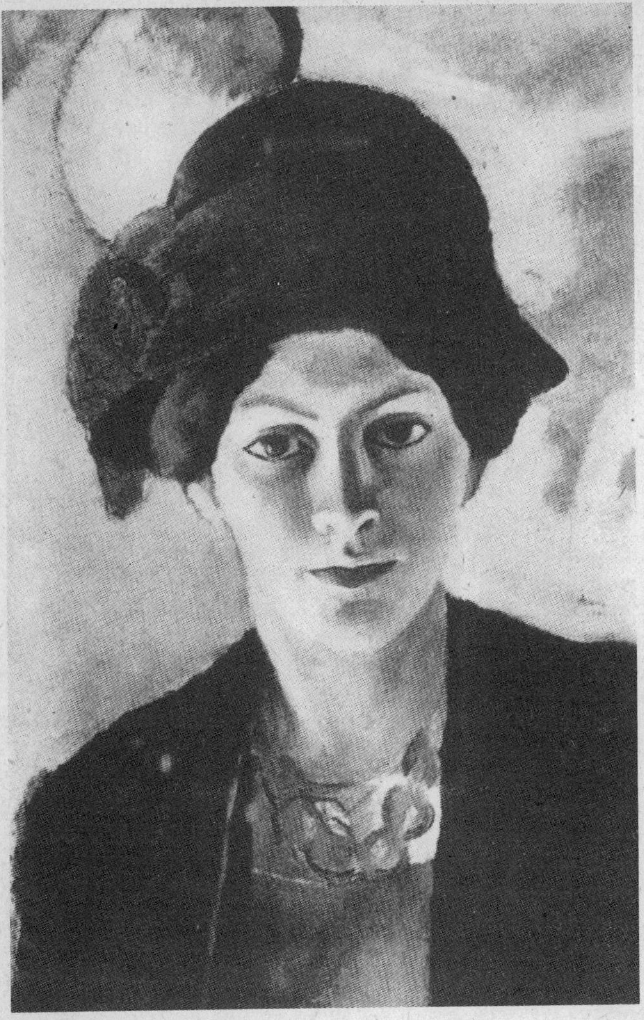

3. August Macke: Lisbeth Macke. 1910, Öl

in der Hand einen Biedermeierstock mit silbernem Knauf, neben ihm wie ein junger Eisbär sein Hund, der treue weiße Russi. [...] Jetzt kam auch Helmuth mit der Kollegin Fräulein Frank herauf. Ich sehe sie noch vor mir: breit und üppig, warm eingehüllt, über die Ohren Shawl und Mütze gezogen, mit hohen braunen Schnürstiefeln. Sie war ganz blond mit etwas slawisch breiten Gesichtszügen und hellen Augen. Als sie sich aus ihren warmen Umhüllungen herausschälte, sah man erst das wundervolle dicke goldblonde Haar, das sie in einem schweren Knoten aufgesteckt trug.

Bernhard Koehler jun.: An Elisabeth Erdmann-Macke (undatiert)

Die Reise führte uns zunächst zu Brakl, wo wir erstmalig mit Arbeiten von Franz Marc bekannt wurden. Es waren farbige Holzschnitte, von denen ich für 20 Mark *Das Pferd vor dem Wald stehend* kaufte. Da uns diese Arbeiten interessierten und wir nun Brakl fragten, ob er auch Bilder von Marc hätte, nahm er uns mit auf den Speicher, wo er uns verschiedene Bilder zeigte, von denen er zwei, *Springende Fohlen* und *Katzen in Grau,*[5] an meinen Vater schicken sollte. August sagte zu Brakl, er könne das ruhig tun, denn dieser hätte Geld wie Heu. Sonst aber hatte Brakl nichts ausgestellt, was uns interessierte. Nach Ausfindigmachung des Ateliers von Franz galt es, dasselbe, beziehungsweise ihn, aufzusuchen. Als wir Brakl verließen, tauchte gerade ein Fiaker mit einem Schimmel auf, der uns zur Schellingstraße 23 zum Atelier brachte, das zu betreten uns der davor liegende Russi zunächst verwehrte. Doch dann gaben wir uns einen Ruck und traten ein. Da sahen wir zuerst die auf einer Staffelei stehende riesige anatomische Studie, einen *Panther, der einen Stier anfällt,* auch andere Studien und den *Toten Spatz,*[6] der uns besonders berührte. Leider trafen wir Marc selbst nicht an. Auf eine Frage an eine anwesende Dame (es war, soviel ich mich erinnere, Frau Niestlé)[7], wann wir wohl den Herrn Marc sprechen könnten, da wir nur bis zum Abend in München wären und uns viel an einer Begegnung läge, sagte sie, daß wir ihn möglicherweise am Nachmittag im Café Odeon am Odeonsplatz antreffen könnten. Ich bat um kurze Beschreibung, um ihn erkennen zu können. Sie lautete: Groß, ausgeprägtes Gesicht, sonore Stimme! [...] Wir [...] gingen [...] zu dem nicht allzu weiten Café Odeon. Wir setzten uns an einen kleinen runden Tisch, auf dessen Marmorplatte August zeichnete, und hielten nach dem beschriebenen Mann Ausschau. Er war aber nicht zu erblicken. Unsere Augen waren ständig auf die Eingangstür gerichtet. Endlich kam dann doch ein solcher Mann. Ich ging auf ihn zu und fragte, ob er der Herr Marc sei. „Dös bin i", lautete die Antwort, und ich erzählte ihm, daß ich mit zwei Malerfreunden beim Brakl gewesen wäre, daraufhin sein Atelier aufgesucht hätte, ihn aber leider nicht antraf, und man uns hierher verwiesen hätte. Er kam mit an unseren Tisch, und bald war zwischen uns, und insbesondere zwischen August und ihm, eine lebhafte Unterhaltung im Gang, die dann zu der Einladung von seiten Augusts nach Tegernsee und zu der Freundschaft beider führte.

Helmuth Macke: Erinnerungen

Den nächsten Tag war unser erster Weg in die Schellingstraße. Wir kamen durch einen Torweg in einen dunklen Hof, dessen unfreundlicher Anblick durch das Dasein einer großen Hundehütte mit einem weißen, sibirischen Schäferhund davor erhellt wurde. Nach kurzem Warten öffnete sich die Türe, ausgefüllt von einem schlanken, breitschultrigen Menschen der uns leicht gebeugt aus ernsten dunklen Augen anschaute. Mein Vetter erklärte kurz und leise lächelnd, wie das immer seine Art war, den Anlaß unseres Besuches und daß wir Rheinländer wären. Eine sonore freundliche Stimme mit leicht bayerischem Akzent antwortete ebenso freundlich und forderte uns auf, den Flur zu durchschreiten, welcher dunkel und mit viel Urväter Hausrat angefüllt war, es machte ein wenig den Eindruck eines Antiquitätenladens. Eine schmale Treppe führte hinauf ins Atelier. Die Treppe endete seitlich im Raum selbst, und wir befanden uns in einem hellen lichten Raum, in dem außer dem Ateliergerät, angefangenen Bildern und Plastiken, lauter für unsere damaligen Begriffe heterogene Dinge sich zusammenfanden, venezianische Gläser, japanische Holzschnitte, und allerlei kleiner Krimskram aus allen Zeiten

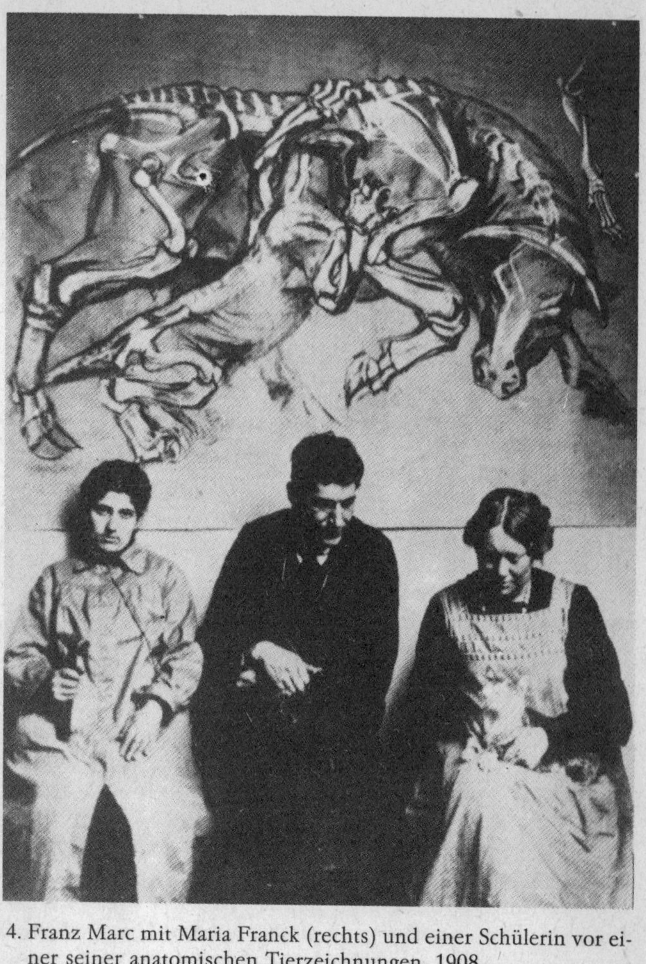

4. Franz Marc mit Maria Franck (rechts) und einer Schülerin vor einer seiner anatomischen Tierzeichnungen, 1908

und von allen Völkern trieb sich auf einem sehr unterschiedlichen Mobiliar herum. Marc selbst hatte sich auf einen altväterlichen Rohrstuhl gesetzt und war entschieden selber das Interessanteste in seiner Umgebung. Er sprach lebhaft, mit leichten Handbewegungen dozierend, mit gefälliger Gewandtheit im Ausdruck. Das angefangene Temperabild badender Frauen[8] stand auf einer Staffelei, er zeigte auch noch andere Arbeiten, deren Eindruck auf uns aber nicht sehr groß war. Der Kontakt zu meinem Vetter wurde vielmehr durch seine Person bestimmt. Trotz seiner zweiundzwanzig Jahre hatte mein Vetter bereits zwei Aufenthalte in Italien, ferner Paris, London, Brüssel und Holland hinter sich, und seine eigenen künstlerischen Versuche hatten in ihrer Zielsetzung ohne Zweifel damals schon innerlich Gestalt gewonnen. Aber es war sehr schwer für ihn, einen gleichstrebenden Freund, der ihm ebenbürtig, zu gewinnen.

Franz Marc: An Maria Franck (6. 1. 1910)

Nun muß ich Dir ein Erlebnis von heute schildern, von dem ich mir manche angenehmen Möglichkeiten verspreche. Es klopft. – Vor der Thüre stehen drei sehr junge und ziemlich elegante Herren. Fragen nach mir. Sie haben bei Brakl zwei Lithographien („unter dem Tisch") stehen sehen, die Pferde u. die badenden Frauen,[9] von denen sie so begeistert sind, daß sie mich kennenlernen wollen. Brakl, bei dem sie sich als ev. Käufer benahmen, hat ihnen absolut nichts anderes von mir gezeigt und sie durchaus auf Münter, Putz etc. zu hetzen versucht. Sie waren sehr erstaunt zu hören, daß B. schon eine ganze Reihe Sachen von mir hat. Er scheint mit meinen Sachen um jeden Preis zurückhalten zu wollen. Nun aber das Wertvollere. Die drei Herren sind Maler, u. Cézanne ist ihr Gott. Und der Vater des einen hat eine berühmte Sammlung von van Gogh, Cézanne, Maillol etc. Die drei machten auch einen mehr als vermögenden Eindruck. Haben sich alles angesehen. Über ihre Urteilsfähigkeit kenne ich mich noch nicht so ganz aus. Jedenfalls können ihnen Bilder nicht hell und farbig genug sein. Am meisten haben sie sich fast an meinen Plastiken gefreut. […] Sie kennen natürlich Paris und die Sammlungen dort genau; der eine, Herr Macke, ist aus Bonn. Vielleicht finde ich hier einen Kreis von intelligenten Malern; ich zeigte ihnen auch die Niestlé-Bilder, die ihnen sehr imponierten. Die Verbindung mit dem Berliner Herrn […] ist auch vielleicht aussichtsreich. Jedenfalls weht in diesem kleinen

Kreis eine andere Luft. Aber keine Spur Boheme, – das Gegenteil, Tiptop. Über Maurice Denis schimpften sie etwas, – reines Himbeer; wenigstens seit den letzten Jahren. – Ich machte eine Andeutung, daß es mir momentan wertvoller wäre, wenn man bei Brakl kaufte, als privatim bei mir. – Also weißt Du wieder einmal was „Neues", – i hör mi schon gehn! Etwas gefreut hat es mich doch, weil aus den Leuten eine seltene, uneigennützige Kunstbegeisterung sprach und selbständiges Handeln.

August Macke: An Sofie Gerhardt (21. 1. 1910)

Der Maler, den wir in München entdeckten auf Grund der uns sehr ansprechenden Bilder, von dem dann der junge Bernhard Broncen und Lithographien kaufte, der alte dann die beiden Bilder, die nach Berlin gingen und also wahrscheinlich nicht mehr nach Bonn kommen, hat in München bei Brakl eine Kollektivausstellung im Februar. Der Kunsthändler sieht das Veralten der „Scholle"[10] ein, hat wiederholt mit ihm über die Gründung einer Vereinigung gesprochen, zu der er Geldleute garantiert, die Wahl der Leute ihm anvertraut. Der Herr Marc, der seit dreizehn Jahren in München lebt, dort unzählige Maler kennt, keinen davon in Vorschlag brachte und ein solches Unternehmen für aussichtslos hielt, schöpfte beim Anblick unserer Sachen neuen Mut, erzählte uns alles und fragte uns, ob wir bereit wären, mitzumachen und ob wir noch wen wüßten. Ich denke an Louis Moilliet und Cito vielleicht. Helmuth kennt einen, der Marc auch einen, vielleicht zwei. Wir wollen, im Falle es zustande kommt, geschlossen mit der fertigen Sache auftreten. Nur die Teilnehmer dürfen davon wissen. Für unsere Jugend ein großes Glück, wenn's nur kräftig angepackt wird. Und der Kunsthändler soll froh sein, daß er solche Leute kriegt. Einstweilen haben wir als Termin den 21. Dezember, zu dem jeder soviel Bilder wie möglich zusammenzumalen hat, die dann auf einmal dem Kunsthändler präsentiert werden. Der sorgt dann für den Versand, Verkauf, Verlosung unter die außerordentlichen Mitglieder.

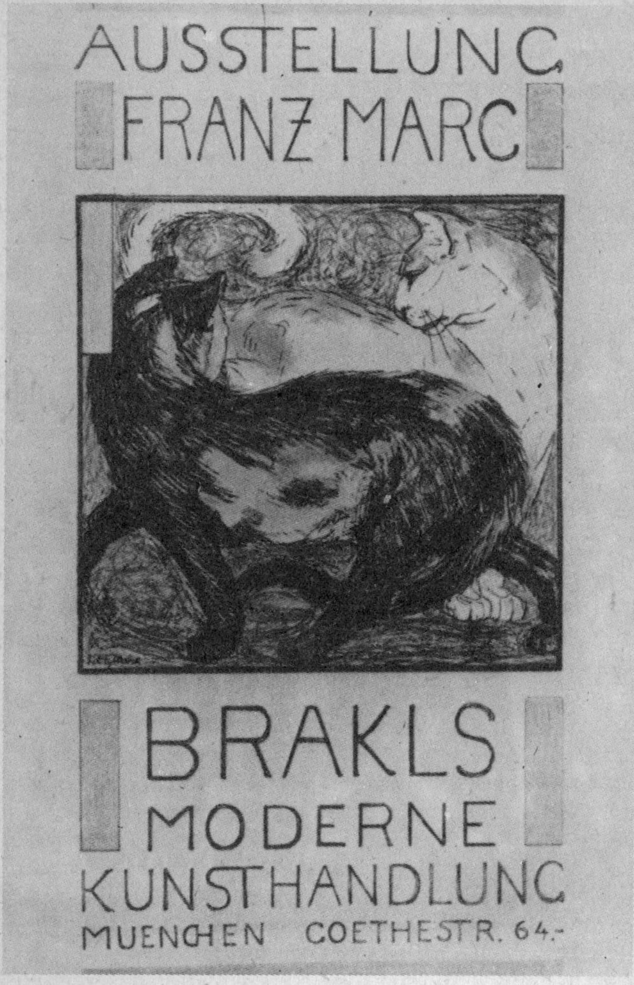

5. Franz Marc: Plakat zur Ausstellung in Brakls Moderner Kunsthandlung in München 1910

Da aus dem „Tier in der Dichtung" nichts geworden war, machte ich mich an ein Buch über das „Tier in der Kunst"[11]. [...] Während ich an dem Buche schrieb, veranstaltete der bis dahin unbekannte Franz Marc bei Brakl in der Goethestraße seine erste Ausstellung. Da waren vor allem viele Tierbilder zu sehn, überwiegend impressionistischer Art. Sie kosteten durchschnittlich zweihundert bis dreihundert Mark. Ich kaufte mir die farbige Lithographie mit zwei Pferden. Die Verkäufe waren so gering, daß auch der kleinste dem Künstler auffallen mußte. Er besuchte mich daraufhin im Verlag, schlank und schwarzhaarig. Er kam noch gerade recht, daß ich auf der vorletzten Seite meines Buches eine seiner Plastiken, eine Pferdegruppe in Bronze,[12] abbilden konnte.

3. Die Neue Künstler-Vereinigung München

Gründungszirkular (1909)

Ew. Hochwohlgeboren!

Wir erlauben uns, Ihre Aufmerksamkeit auf eine Künstlervereinigung zu lenken, die im Januar 1909 ins Leben getreten ist und die Hoffnung hegt, durch Ausstellung ernster Kunstwerke nach ihren Kräften an der Förderung künstlerischer Kultur mitzuarbeiten. Wir gehen aus von dem Gedanken, daß der Künstler außer den Eindrücken, die er von der äußeren Welt, der Natur, erhält, fortwährend in einer inneren Welt Erlebnisse sammelt; und das Suchen nach künstlerischen Formen, welche die gegenseitige Durchdringung dieser sämtlichen Erlebnisse zum Ausdruck bringen sollen – nach Formen, die von allem Nebensächlichen befreit sein müssen, um nur das Notwendige stark zum Ausdruck zu bringen –, kurz – das Streben nach künstlerischer Synthese, dies scheint uns eine Losung, die gegenwärtig wieder immer mehr Künstler geistig vereinigt. Durch die Gründung unserer Vereinigung hoffen wir diesen geistigen Beziehungen unter Künstlern eine materielle Form zu geben, die Gelegenheit schaffen wird, mit vereinten Kräften zur Öffentlichkeit zu sprechen.

Aus den Satzungen

§ 1. Name, Zweck und Sitz.
Unter dem Namen „Neue Künstler-Vereinigung München" E.V. ist am heutigen Tage eine Künstlervereinigung ins Leben getreten, die bezweckt, Kunstausstellungen in Deutschland und im Auslande zu veranstalten und diese durch Vorträge, Publikationen und ähnliche Mittel zu unterstützen. Sitz der Vereinigung ist München. [...]
§ 2. II. 1. Ordentliches Mitglied kann jede Person werden, die von mindestens $^3/_4$ der ordentlichen Mitglieder in der Vereinsversammlung durch geheime Stimmabgabe gewählt worden ist. [...]
§ 3. I. 1. Jedes ordentliche Mitglied hat das Recht, zwei Werke juryfrei auszustellen, sofern diese zusammen die Fläche von 4 qm (2 mal 2 m) nicht übersteigen und die Raumverhältnisse es gestatten. Von Werken der Graphik und der Kleinplastik können 4 Werke juryfrei ausgestellt werden. [...]
§ 6. III. c) Anträge auf Satzungsänderungen müssen von mindestens $^1/_4$ der ordentlichen Mitglieder unterschrieben sein. [...]

Verlag Bruckmann: An Wassily Kandinsky (20. 2. 1909)

Ferner fügen wir in der Anlage sechs Probedrucke der Mitgliedskarte „Neue Künstler-Vereinigung München" bei, welche wir nach Ihrem Holzschnitt angefertigt haben. Es würde sich jedoch empfehlen, falls Sie eine größere Anzahl dieser Mitgliedskarte wünschen, ein Galvano von diesem Holzschnitt anzufertigen. Der Preis dafür stellt sich auf ca. M. 5,–. Die Herstellung von 100 Drucken würde M. 7,50 ohne Montage und Untersatz-Karton kosten.

H. Eßwein: Ausstellungsrezension (Dezember 1909)

Eine Anzahl, wie zu hoffen steht, sehr junger Leute bietet im schönen Oberlichtsaale der Modernen Galerie (Arco-Palais) ein verfrühtes Faschingsvergnügen, einen Künstlerulk,

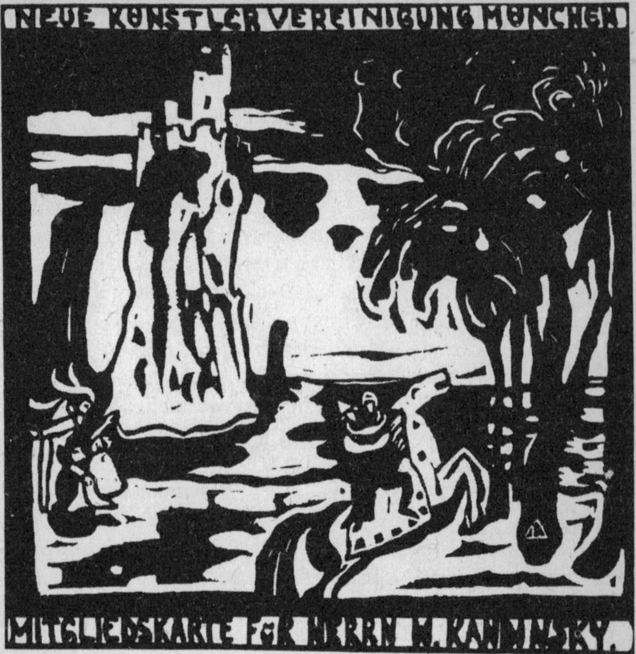

6. Wassily Kandinsky: Mitgliedskarte der Neuen Künstlervereinigung München. 1909, Holzschnitt

dem leider weiter nichts fehlt als der Humor. Die Ausstellung der „Neuen Künstler-Vereinigung", von der ich rede, steht nämlich unter dem finsteren Zeichen einer quälend unfreiwilligen Komik jener Art herzbrechender Lächerlichkeit, die in einigermaßen feinfühligen Menschen durchaus keine Freude wachruft, sondern eher Gefühle der Bestürzung und der Scham. Mögen andere zu dem Unfug lachen, ich muß mich von dem Vergnügen ausschließen. [...] Ohne die hier wohlwollend erwogenen mildernden Umstände liegt die Sache natürlich noch schlimmer. Handelt es sich um keinen elementaren Ausbruch aufgeregter Dummjungenhaftigkeit, so kann die Diagnose nur noch auf verächtlichsten Snobismus lauten. Es ist nämlich nicht zu verges-

sen, daß das Bizarre, Pathologische der hier in Rede stehenden französischen Künstler für den perversen Geschmack gewisser brüchiger Schichten der mitteleuropäischen Gesellschaft von stärkster Anziehungskraft war, daß man sich in jenen Kreisen aus den Schriften eines geistvollen, aber viel zuwenig abwägenden Kunstbetrachters wie Meier-Gräfe närrischerweise das Recht herauslas, aus gewissen Seltsamkeiten tragischer Ingenien eine läppische Mode zurechtzumachen. Spekulieren die Herrschaften im Arco-Palais in dieser Beziehung? Haben sie von Herrn Henri Matisse in Paris gehört, dessen Sudeleien von verrückten Amerikanern schon angekauft werden, ehe sie noch das Licht der Welt erblickt haben? Ich glaube, das heißt die Leutchen überschätzen. So gerissene Schlauberger könnten sich nicht derart verstellen, müßten sich an irgendeinem Eckchen oder Endchen durch Persönlichkeit, durch Talent, durch Esprit verraten. [...]
Ersten Ranges, ganz allerliebste naive Märchendichtungen voll echten lyrischen Zaubers sind auch ein paar kleine Farbenholzschnitte von Gabriele Münter (Park, Häuschen, Alte, Brücke). Es ist einfach nicht zu fassen, wie jemand, dem solche Kabinettstückchen gelingen, dann wieder in der Art dieser selben Gabriele Münter mit närrischen Farben und wüsten Linien auf der Leinwand herumzufuhrwerken vermag!

Wassily Kandinsky: Über die Neue Künstler-Vereinigung (1910)

Keiner von uns sucht die Natur direkt wiederzugeben oder ihre äußeren Schönheiten irgendwie *malerisch* zu behandeln. Einzelne Naturstücke können uns nur zufällig fesseln und auch nur dann, wenn sie außer dem Auge auch die Seele berühren – und dies in erster Linie. Da wir suchen, die *innere* Natur, d. h. *Seelenerlebnisse*, in künstlerische Form zu fassen, so wäre es irrtümlich, unsere Arbeiten mit dem Maßstab der *äußeren* Schönheit zu messen. Wir sind deswegen einander unähnlich und auch ähnlich. Unähnlich, da wir verschiedene Seelen haben, die Quelle unsres Schaffens sind. Also sind die *Motive* verschieden. Und ähnlich sind wir, da wir alle keinen Wert auf *zufällige* Einzelheiten legen,

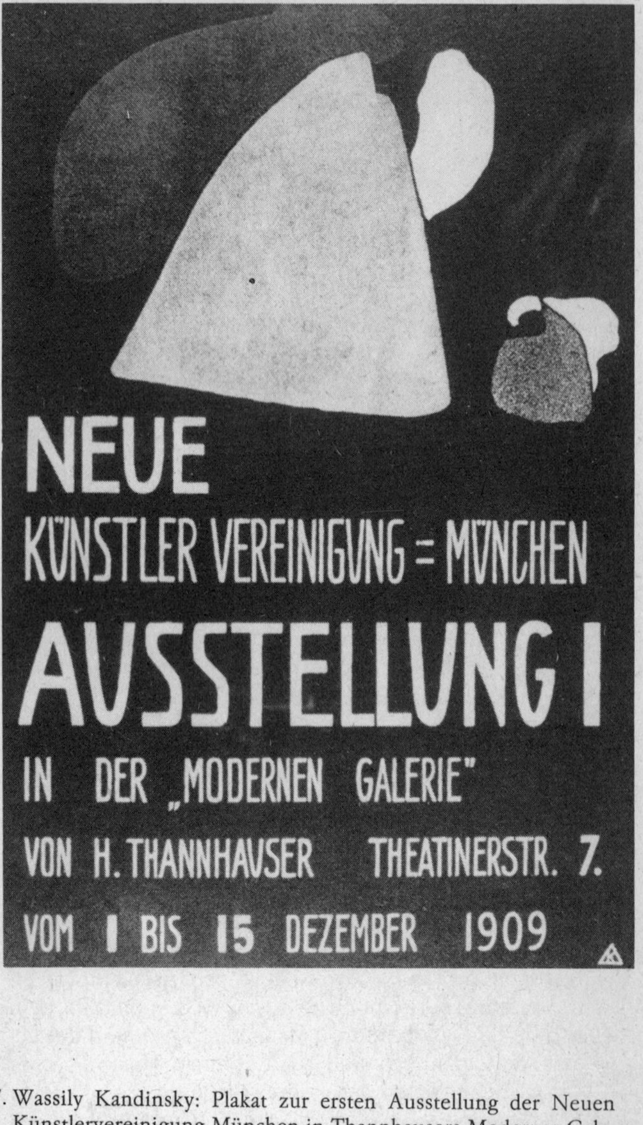

7. Wassily Kandinsky: Plakat zur ersten Ausstellung der Neuen Künstlervereinigung München in Thannhausers Moderner Galerie 1909

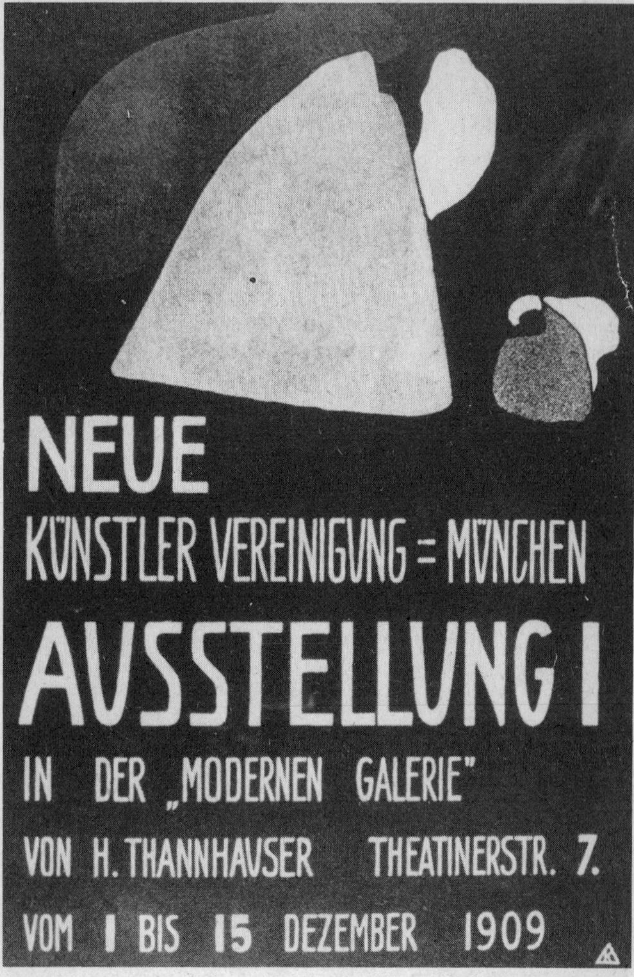

sondern entweder überhaupt Einzelheiten auslassen oder nicht die auf den Bildern bringen, die *zufällig* in der Natur waren, sondern die, welche dem inneren Zweck der einzelnen Arbeit dienen. Manche stellen sich direkt vor die Natur und ändern sie, dem seelischen Bedürfnis folgend (Jawlensky, Münter, Kanoldt, Erbslöh). Andre behandeln die Natur ebenso, haben sie aber gar nicht vor den Augen im Moment der Arbeit (Werefkin, Bossi). Wieder andre machen Sachen, die sie größtenteils in realer Form nie gesehen haben (Kubin, Dresler, Kandinsky).
Jawlensky – großflächige Zusammenstellung rein und energisch klingender Farben, die durch Einklang mit der zeichnerischen Form besonders gehoben werden. Bechtejeff – konstruktive Composition bei gedämpft klingenden Farben. Werefkin – Welt der greifbaren Gefühle, die die Menschheit bewegen wie geheime Federn die Theaterpuppen. Dresler – die Welt des „chen“ (Gärtchen etc.), also das Niedliche, Kindliche, was unfähig ist, zum großen Gemeinen heranzuwachsen. Kubin – das Sonderbare und der Druck der geistigen Atmosphäre. Münter – eine Welt düsterer Einfachheit, die ins Unbestimmte schaut oder plötzlich einen lustvollen Beiklang im Leben der *toten* Sachen offenbart. Kandinsky – Leben des Entkörperten.

Rheinisch-Westfälische Zeitung (8. 5. 1910)

Gabriele Münter imitiert buchstäblich die Zeichnungen kleiner Kinder, von denen die modernste Pädagogik zu viel Wesens gemacht hat – diese Ungeniertheit, die jedem Sinn für Perspektive und natürliche Formen hohnspricht und ekelhafte Fratzen als menschliche Gesichter, die grüne Flecken für Augen, eckige Klötze für Nasen, breite Schlitze für Münder ausgibt, muß abgelehnt werden. Vor solchem Anblick muß die breite Masse der Besucher bewahrt werden; muß auch sie nicht irre werden? – Der Grundsatz „Sensation um jeden Preis“ gehört nicht in eine Kunstausstellung.

Katalog der 2. Ausstellung der Neuen Künstler-Vereinigung München (September 1910)[13]

Le Fauconnier: Das Kunstwerk

Das Kunstwerk ist das Gesetz, das der menschliche Geist den Elementen der Natur aufzwingt, es ist ein Verhältnis zu ihnen nach einem bestimmten Willen. *Das Schöne* ist das Gefühl dieses Verhältnisses und *der Zahlenwert* sein allgemeinster Ausdruck.

I. Das Kunstwerk *konstruktiv* betrachtet: Ein „numerisches Kunstwerk" muß im konstruktiven Sinne Zeichen darstellen, und diese Zeichen sind die *Anordnung* und der *Ausdruck im Allgemeinen.* In der Anordnung ist „die Zahl" einfach oder zusammengesetzt. *Einfach* ist sie dann, wenn eine Gruppe von numerischen Qualitäten den Maßen der Ebenen oder bildlichen Weiten entspricht, die zwischen einer Reihe von zusammengehörigen Punkten existieren; *zusammengesetzt,* wenn es eine Gruppe von ursprünglichen Flächen auf der Konstruktionsbasis gibt und wenn eine Gruppe von Gesichtspunkten existiert, die die Resultate der verschiedenen durch die ursprünglichen Flächen gebildeten Richtungswirkungen sind. – Was die Werte des allgemeinen Ausdrucks anbelangt, so repräsentiert die Zahl fiktiv die Entfernungen der verschiedenen Punkte des Reliefs bis zu einer idealen Ebene, die derjenigen des Bildes parallel läuft und den Raum in zwei Hälften teilt, indem sie durch ihre Eigenschaft die anderen Raumvolumina als unsichtbar suggeriert. Was den Ausdruck der Töne (Farben) betrifft, so bilden die Zahlen eine Stufenleiter nach den Schwingungen des Lichtes. (Dies ist wesentlich relativ und fiktiv und gehört dem Gebiete der Empfindung an.) II. Das Kunstwerk *qualitativ* betrachtet: Das in dieser Weise numerisch aufgefaßte Kunstwerk besitzt endlich qualitative Zeichen: die höchste Knappheit, die Verwirklichung und einen bestimmten Grad von Naturalismus. – Die *höchste Knappheit* der Mittel um der höchsten Ziele willen. (Der Künstler schafft durch Abstraktion.) *Die Verwirklichung* als Bedeutung der allgemeinen Formensprache unter Anwendung der günstigsten Mittel und *der Grad des Naturalismus,* den der Künstler beobachtet. Naturalismus ist hier nicht mehr im Sinne der naturalistischen

Schule gemeint (deren einziges Vorurteil er war), sondern als ein Zusammenhang des Geistes mit der Materie, von letzterer nur das behaltend, was gerade notwendig ist, um sie mit weisestem Maßhalten wachzurufen.

Wassily Kandinsky

Zu unbestimmter Stunde, aus einer heute uns verschlossenen Quelle, aber unvermeidlich kommt zur Welt das Werk. Kalte Berechnung, planlos springende Flecken, mathematisch genaue Konstruktion (klar daliegend oder versteckt), schweigende, schreiende Zeichnung, skrupulöse Durcharbeitung, Fanfaren der Farbe, das Geigenpianissimo derselben, große, ruhige, wiegende, zersplitterte Flächen. Ist das nicht die Form? Ist das nicht das *Mittel*? Leidende, suchende, gequälte Seelen mit tiefem Riß, durch Zusammenstoß des Geistigen mit dem Materiellen verursacht. Das Gefundene. Das Lebende der lebenden und der „toten" Natur. Der Trost in den Erscheinungen der Welt – äußerer, innerer. Ahnen der Freude. Das Rufen. Das Sprechen vom Geheimen durch Geheimes. Ist das nicht der Inhalt? Ist das nicht der bewußte oder unbewußte *Zweck* des zwingenden Schaffensdranges? Schade um den, welcher die Macht hat, in den Mund der Kunst die nötigen Worte zu legen, und es nicht tut. Schade um den, welcher sein Seelenohr vom Munde der Kunst abwendet. Mensch spricht zum Menschen vom Übermenschlichen – die *Sprache* der Kunst.

August Macke: An Franz Marc (5. 9. 1910)

Diese Woche war ich in München und lernte dort bei Thannhauser die ganze neue Künstlervereinigung kennen, Jawlensky – Kandinsky etc. Für München sind die Leute sehr, sehr gut. Es hat mich interessiert.

G. J. W.: Ausstellungsrezension

Der schöne und in Kunstdingen so voll klingende Name München muß einer aus romanischen und slawischen Elementen gemischten Künstlergesellschaft, die obendrein der Münchner Kunsttradition fremd und feindlich gegenübersteht, als Aushängeschild dienen. [...] Man greift sich wie

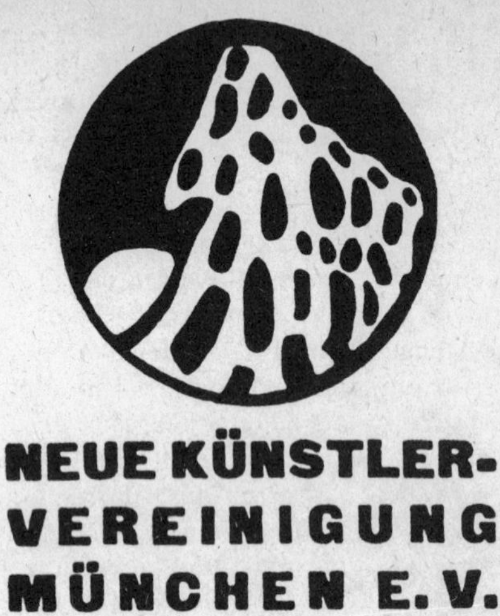

8. Wassily Kandinsky: Signet der Neuen Künstlervereinigung München

von Sinnen an den Kopf, wenn man vor diesen merkwürdigen Gebilden steht. Man will es lange nicht glauben, daß man es hier nicht mit spaßhaftem Bluff zu tun hat. Und wenn man sich endlich wohl oder übel entschließt, die Sache ernst zu nehmen, so steigen einem wohlberechtigte Zweifel pathologischer Natur auf. Hier muß eine ganz verrückte Massensuggestion am Werk gewesen sein. Diese etwa dreißig Leute (die gangbaren Plastiker ausgenommen) sind plötzlich von einem Genie-Furor gepackt worden. Alles, was einem Menschen von gesundem Verstand und gebildeter Sinnlichkeit einleuchtet, haben sie von sich abgetan. Sie malen nicht nur die unausdeutbarsten Mysterien, sondern sie schreiben auch geheimnisvolle Dinge über ihre Kunst […]. Hier wie dort flackert des Tiefsinns unheimliches Feuer. Sie meinen's wahrhaftig ernst und reden sich in überhitzter Phantasie sogar ein, ihre Kunst sei ehrlich. […] [So] phantasieren sie mit Pinsel und Stift wie Fieberkranke, wie Morphium- oder Haschischtrunkene. […] Einzelnes ließ ich mir eingehen, wenn darunter stünde „Farbskizze für einen modernen Teppich". Aber weit gefehlt! Die Leute, die hier ausstellen, sind sich zu gut, sich mit „Kunstgewerblern" auf eine Stufe stellen zu lassen. Sie schaffen freie, reine, hohe Kunst – meinen sie. [...] Von Euch wird uns kein Heil kommen, westöstliche Apostel einer neuen Kunst! All Euer Sein und Schaffen wird in der großen Windmühle, die das Jahrhundert dreht, als eitel Spreu in der Luft zerstieben.

Hans Rosenhagen: Die „Wilden" (Januar 1911)

Diese Münchener Maler und Malerinnen, die allerdings meistens aus Rußland stammen, sind offenbar die Opfer des exklusiven Milieus geworden, in das sie in Paris gerieten, und scheinen keine Ahnung davon zu haben, wie lächerlich sie sich vor französischen Augen machen. Dem deutschen Publikum glauben sie nun vermutlich dadurch zu imponieren, daß sie ihre Pariser Vorbilder sozusagen als Eideshelfer mitbringen, als lebende Beweise dafür, daß sie hinter den modernsten Franzosen nicht zurückgeblieben sind. Gottlob ist das deutsche Publikum und selbst das an starke Dinge gewöhnte des Cassirerschen Salons ebenso vernünftig wie die Besucher des Salon d'automne[14] und lacht aus vollem Halse über diese Maler, die sich so grenzenlose Mühe geben, unnatürlich zu sein und wahnsinnige Bilder herzustellen. Man brauchte sich kein Gewissen daraus zu machen, diese Ausstellung totzuschweigen und von diesen zum Teil aufrichtig talentlosen Malern nicht die geringste Notiz zu nehmen, wenn man in Frankreich nicht eine gewisse Genugtuung darüber empfände, daß die deutschen Maler so dumm sind, jeden Pariser Farceur[15] gläubig anzustaunen und für einen Bahnbrecher und großen Propheten zu halten, wenn durch diese kläglichen Leute, die ihre Erzeugnisse sogar im Herbstsalon produzieren, in gewissen französischen Köpfen nicht die Meinung großgezogen würde, daß die deutsche Kunst ganz auf den Hund gekommen ist und nur noch an dem Abfall der französischen sich inspiriert. Den Beweis dafür liefert ein vor ein paar Monaten erschienener kleiner Aufsatz in der bekannten Pariser satirischen Wochenschrift „Fantasio", der offenbar unter dem Eindrucke der Vorführung dieser selben Kollektion in einem Münchener Kunstsalon geschrieben wurde. Er führt den bezeichnenden Titel „Fauves étrangers" – Fremde Wilde –[16] […] Der Verfasser dieses Aufsatzes, der sich als Léonard de Vincennes (Leonardo da Vinci) unterzeichnet, sagt: „Die Franzosen in München dürfen zufrieden sein, wenn sie die Einsendungen ihrer Landsleute zur Ausstellung der ‚Neuen Künstler-Vereinigung' betrachten. Die ‚Fauves' haben unsere Brüder von 1870 gut gerächt; sie haben die deutschen Künstler verrückt gemacht. Diese ungeheure Aufsitzerei würde uns über den Verlust der fünf Milliarden, unserer schönen Provinzen und der geraubten Pendülen trösten, wenn nicht zugleich unsere Freunde, die Russen, von diesem von der Butte Chaumont über den Rhein, die Oder und die Weichsel wehenden Tollheitswinde erfaßt worden wären.[17] Man müßte lachen; doch eigentlich ist das schwer; weil der Besuch dieser Münchener Ausstellung eher einen melancholischen Eindruck hinterläßt. Denn welchen Malern, welchen Vertretern der französischen Kunst jubelt man in München zu? Als berühmte Vertreter Frankreichs erscheinen hier: Jean Metzinger, einer der Erfinder der Malerei in Dreiecken (für Berlin hat man ihn durch seinen Gesinnungsgenossen, den Pariser Spanier Picasso, ersetzt); sein Meister Georges Bracque; Van Dongen, der, wenn er auch zu besseren Gefühlen zurückgekehrt ist, doch darauf hält, sein nunmehr Exportgut gewordenes altes Lager loszuschlagen; Matisse (er fehlt in Berlin), der den Wunderschöpfungen der griechisch-römischen Kultur die Erzeugnisse der kanakischen und dahomeyschen Kunst[18] vorzieht; Le Fauconnier, ein junger, sehr begabter Mann, der indessen darauf beharrt, gewissen malerischen Verirrungen Wert beizulegen; und viele andere. Sie haben Schule gemacht, leider!

Vielleicht läßt das Urteil über diese Art Kunst aus französischer Feder die jungen deutschen Maler erkennen, wie sehr sie mit ihrer törichten Nachbeterei jeder französischen Tollheit nicht nur sich selbst schaden, sondern auch zur Herabsetzung des Ansehens der deutschen Kunst beitragen. Vielleicht auch ziehen die Leiter gewisser deutscher Kunstsalons und deutscher Ausstellungen aus den Bemerkungen eines französischen Kritikers die Lehre, dem deutschen Publikum nicht jeden Schmarren vorzuführen, der in

Paris aus irgendwelchem Grunde Aufsehen gemacht hat. Die Franzosen benutzen jede Gelegenheit, um zu lachen; sie sind daher auch für jeden künstlerischen Witz dankbar. In Deutschland wird alles sogleich furchtbar ernst genommen; selbst die künstlerische Verrücktheit.

M. K. Rohe: Zweite Ausstellung der Neuen Künstlervereinigung München in H. Thannhausers Moderner Galerie im Arco-Palais (September 1910)

Diese absurde Ausstellung zu erklären, gibt es nur zwei Möglichkeiten: entweder man nimmt an, daß die Mehrzahl der Mitglieder und Gäste der Vereinigung unheilbar irrsinnig ist, oder aber, daß man es mit schamlosen Bluffern zu tun hat, denen das Sensationsbedürfnis unserer Zeit nicht unbekannt ist und die die Konjunktur zu nutzen versuchen. Ich für meinen Teil neige, trotz gegenteiliger heiliger Versicherungen, letzterer Ansicht zu, will aber aus Gutmütigkeit einmal die erste acceptieren und dem Symptomatischen dieser Schau einige Worte widmen. Unseren Vätern ist – und zwar nicht bloß auf dem Gebiete der bildenden Künste – das fatale Mißgeschick unterlaufen, daß sie ein paarmal kurz hintereinander in der Wertung großer und starker künstlerischer Talente sich besonders bös verhauen haben. [...] Man stellt nun nicht nur, um nur ja nicht in den Verdacht des Banausen zu kommen, jeden Unsinn aus und bewundert ihn, ja man kauft ihn sogar, wie die Beispiele lehren, um phantastische Preise. Das Satyrspiel nach der Tragödie! [...] Über die Ausstellung selbst kann ich mich nach dem Voranstehenden wohl kurz fassen. Es genügt, glaube ich, wenn ich einige Sätze aus den Vorworten des Katalogs (er hat deren fünf) zitiere: [...] Wer solchen Galimathias[19] schreibt, von dem wird man mir auch ohne weiteres glauben, daß er Stuß malt. „Synthese", eines der Schlagwörter dieser Münchner Vereinigung östlicher Europäer, ist hier voll realisiert. Einmal ist ihre Ausstellung, als Ganzes genommen, konzentrierter Unsinn, dann aber findet man außerdem noch eine Synthese aus sämtlichen Unzulänglichkeiten und nichts weniger als entwicklungsfähigen Manierismen der Kunst aller Völker und Zonen vor, von den kannibalischsten Naturvölkern an bis herauf zu den Neupariser Decadents. Auf einen Punkt muß ich aber noch zu sprechen kommen. Wenn auch ganz sporadisch, so stößt man innerhalb der Kollektion doch auch auf ein paar Arbeiten, deren Schöpfer wirklich begabte und wahrhaft künstlerisch empfindende Menschen sind. So ist ein Marmorkopf „Diana" von *S. Soudbinine* da, der seiner feinen Materialbehandlung wegen und der delikaten Modellierung als ein Meisterwerk anzusprechen ist; auch die Plastiken *B. Hoetgers* offenbaren, trotz ihres üppigen Eklektizismus, ein starkes Vermögen, ebenso sind die Sachen eines *Moyssey Kogan* und *A. Nieder* wertvoll. Wie kommen diese Leute unter diese Horde von Stümpern (deren Geniewahnsinn sollte die einzige Überlegung abkühlen, daß das Genie noch nie herdenweise wie sie aufgetreten ist)? – Ich kann mich des Verdachts nicht erwehren, daß es sich hierbei um einen Opportunismus übelster Sorte handelt, und daß sie die Sensation als Vehikel zu nützen gedenken, rascher in der Leute Mund zu kommen. Gerade heute aber, wo überall Überzeugungslosigkeit Trumpf ist, sollte der Künstler, der doch zu den Führern der Kultur zählen will, mehr als je den „perfect gentleman" repräsentieren und wie dieser sich nicht um persönlicher Vorteile willen in eine üble Gesellschaft begeben. Wenn ein Mann wie *A. Kubin* hier neuerdings mit ausstellt, so nimmt mich das weniger wunder. Ich habe Kubin, dessen Bedeutung lediglich in einem, wenn auch pathologischen, so doch immerhin originellen und starken Erlebnisgehalt seiner Arbeiten liegt, technisch stets nur als Dilettanten gewertet, und so reiht er sich hier zwanglos ein. Doch damit Schluß der Debatte! Sollte ich, wie das in unseren Zeitläufen nicht als ausgeschlossen erscheint, durch meine absprechende Beurteilung dieser Ausstellung für sie unter dem sensationsbedürftigen Teil des Publikums Reklame machen, so sollte mir dies aufrichtig leid tun.

Franz Marc: Zur Ausstellung der „Neuen Künstlervereinigung" bei Thannhauser (September 1910)

Gegenüber der allgemeinen Ablehnung, die die „Neue Künstlervereinigung" in München erfährt, ist es vielleicht angebracht, auch eine andere Stimme und Meinung laut werden zu lassen. – An etwas stößt sich hier das Publikum augenscheinlich: es sucht Staffeleikunst und wird nervös und zweiflerisch, wenn es kaum ein reines Staffeleibild von gewohntem Stil in dieser Ausstellung findet. Bei allen Bildern ist noch ein Plus im Spiel, das ihm die reine Freude nimmt, aber jedesmal den Hauptwert des Werkes ausmacht. [...] Die völlig vergeistigte und entmaterialisierte Innerlichkeit der Empfindung, der im „Bilde“ beizukommen unsre Väter, die Künstler des 19. Jahrhunderts, nie auch nur versuchten. Dies kühne Unterfangen, die „Materie“, an der sich der Impressionismus festgebissen hat, zu vergeistigen, ist eine notwendige *Reaktion*, die in Pont-Aven unter Gauguin begann und bereits unzählige Versuche aufweist. Was bei diesem Neuen, das die „neue Künstlervereinigung“ macht, uns so aussichtsreich erscheint, ist, daß ihre Bilder neben ihrem aufs höchste vergeistigten Sinn höchst wertvolle Exempel für Raumaufteilung, Rhythmus und Farbentheorie enthalten. Ein Nebengedanke drängt sich hier auf: wird nicht vielleicht das kommende Kunstgewerbe einen glücklichen Anschluß an diese Werke, die voll Rhythmus und ornamentaler Farbe sind, finden können? Einen Anschluß, den es seit dem Biedermeier entbehrt und den wir alle sehnlichst verlangen. Dieser doppelte Sinn, der *geistige* und der *ornamentale*, sollte uns doch zur Besinnung bringen, diese echten Künstler mit dem Ernst anzusehen, den sie verdienen. Es ist schade, daß man *Kandinskys* große Komposition[20] und manches andere nicht neben die muhamedanischen Teppiche im Ausstellungspark hängen kann. Ein Vergleich wäre unvermeidlich und wie lehrreich für uns alle! Worin besteht unsere staunende Bewunderung vor dieser orientalischen Kunst? Zeigt sie uns nicht spottend die einseitige Begrenztheit unserer europäischen Begriffe von Malerei? Ihre tausendfach tiefere Farben- und Kompositionskunst macht unsere konventionellen Theorien zuschanden. Wir haben in Deutschland kaum ein dekoratives Werk, geschweige einen Teppich, den wir daneben hängen dürfen. Versuchen wir es mit Kandinskys Kompositionen – sie werden diese gefährliche Probe aushalten, und nicht als Teppiche, sondern als *„Bilder“*. Welche künstlerische Einsicht birgt dieser seltene Maler! Die große Konsequenz seiner Farben hält seiner zeichnerischen Freiheit die Waage – ist dies nicht zugleich eine Definition der Malerei? – In der großen Marées-Ausstellung empfanden wir dankbar die Erlösung vom Kleinkram unserer Staffeleimalerei; *Bechtejeff* wandelt in seinen und Feuerbachs Bahnen. Glaubt man denn wirklich im Ernst, daß Bechtejeff ein ungeschickter Aktzeichner ist? Er erkannte, was Marées Ringen tragisch hemmte und die großen Ideen Feuerbachs verdarb: Beide gingen an die Darstellung des Menschen mit den gänzlich ausgeschöpften Mitteln der italienischen Renaissance und wagten nicht die letzte Konsequenz, ihn als Linienornament in ihre ornamentalen Kompositionen einzuführen; hier liegt einer der Wege für die moderne Wandkunst. Mit welch bewußter Sicherheit wählt ihn Bechtejeff. Seine Amazonenschlacht vorigen Jahres ist wie eine heitere Erfüllung von Feuerbachs und Trübners Versuchen an demselben Thema.[21] – Mancher tote Meister würde vor *Erbslöhs* mächtigem Frauenakt erschauern und einen fernen Stil ahnen, den er vergeblich gesucht. Die Erfüllung steht noch weit vor uns; aber diese Künstler reißen den Boden mutig auf für eine gute Saat. – Warum lacht man vor *Girieuds* köstlichen Jahreszeiten? Ich glaube, man belächelt sich dabei selber traurig. Ist die Phantasie heute so verbiedermeiert und verstopft, daß sie hier versagt? Man sammelt wütend alte Japandrucke und persische Liebesbücher – warum schreckt man vor Girieuds aristophanischer Laune zurück? – Man ist vor allem enttäuscht, auch unter den *Stilleben* nicht die gewohnten Staffeleibilder zu finden. Sie wollen es auch kaum sein. Ihre konsequent durchgeführte *Aufteilung der Fläche,* die geheimnisvollen Linien des einen, der Farbklang des andern, sucht geistige Stimmungen auszulösen, die mit der Materie des Dargestellten wenig zu thun haben, aber einer neuen, sehr vergeistigten Ästhetik den Boden bereiten. Auch hieraus könnte das Kunstgewerbe, wenn es einst will, und es *wird* wollen, die wertvollsten Anregungen holen. Vielleicht versteht man in diesem Gedankengang besser, warum *Le Fauconnier* an den Anfang seiner Kunst Zahlen und Maße setzt. – Hodler und Klimt, den großen Neuerern unserer Kunst, stehen diese Künstler verhältnismäßig fern. Es erhöht in unseren Augen ihr Verdienst, daß sie abseits von diesen Meistern einen eigenen Weg suchen. Daß sie dabei ihrerseits nicht traditionslos sind, schmälert dieses

Verdienst nicht. Marées, Cézanne, Gauguin, die russische Gotik und der Orient, der heute eine der Säulen europäischer Kunsttradition geworden ist, sind ihre Manen – ein schwer zu verwaltendes Erbe. Wir sollten mitthun und helfen und nicht durch blödes Gelächter entmutigen. Die Art, wie das Münchner Publikum die Aussteller abthut, hat fast etwas Erheiterndes. Man benimmt sich, wie wenn es vereinzelte Auswüchse kranker Gehirne seien, während es schlichte und herbe Anfänge auf einem noch unbebauten Lande sind. Weiß man nicht, daß an allen Enden Europas heute der gleiche, neuschaffende Geist tätig ist, trotzig und bewußt? Man denke sich die kleine Ausstellung ergänzt durch ein paar Deutsche wie Barlach, Metzner, Thornprikker, Brühlmann, Weiss, Hofer, der selbst Mitglied ist, und Ausländer wie Matisse, Minne, Manguin, Puy u. a. – Wer Augen hat, muß hier den machtvollen Zug der neuen Kunst sehen.

Adolf Erbslöh: Anmerkung (Oktober 1910)

Hofer ist übrigens Mitglied unserer Vereinigung seit dem Bestehen, doch hatte er leider für diese II. Ausstellung keine Arbeiten, da er bereits durch den „Sonderbund" in Düsseldorf und den „Künstlerbund" in Darmstadt[22] in Anspruch genommen war. – Auch Matisse und Hodler, die wir eingeladen hatten, hatten *leider* nichts für die Ausstellung zur Verfügung.

Adolf Erbslöh: An Franz Marc (23. 10. 1910)

Herr Thannhauser übergab uns mit Ihrer gütigen Erlaubnis Ihre Kritik resp. eine Abschrift davon (Manuskript) über unsere Ausstellung im Arcopalais. – Wir haben uns sehr gefreut, daß es doch einige wenige Menschen gibt, die Verständnis für unsere Bestrebungen haben und uns auch helfen wollen, dieselben zu unterstützen. – Höchstwahrscheinlich wird jetzt Ihre Kritik bald in einem Mannheimer Blatte abgedruckt; wir sind im November im dortigen Kunstverein ausgestellt. – Wir erlauben uns nun die höfliche Anfrage, ob Sie damit einverstanden sind, daß Ihre Kritik auf einem besonderen Blatte (resp. einem Heftchen von ein paar Druckseiten) der Roheschen Kritik gegenübergestellt und unserem Kataloge für die künftigen Städte (Mannheim, Hagen i. W., Berlin, Leipzig, Dresden) beigelegt wird. Wir möchten dem Publikum gerne überlassen, sich selbst ein Urteil über diese beiden Kritiken zu bilden.

Wassily Kandinsky: Franz Marc

Ich machte die Bekanntschaft von Franz Marc unter ziemlich dramatischen Umständen. Einer Gruppe „avantgardistischer" Künstler aus München gelang es im Jahre 1910, nach Überwindung ungenannter Schwierigkeiten, eine Ausstellung zu organisieren in einer der größten und schönsten Kunstgalerien dieser Stadt, die man „das moderne Athen" nannte. Die „Athener" hatten in diesem außergewöhnlichen Fall all ihr sonst sorgfältig verborgenes Temperament offenbart. Die Presse verlangte die sofortige Schließung dieser „anarchistischen" Ausstellung (der Ausdruck „marxistisch" war damals noch nicht en vogue[23]), welche ausländische, der alten bayrischen Kultur gefährlich werdende Künstler zusammengestellt hätten. Sie machte verständlich, daß die russischen Künstler besonders gefährlich wären – Dostojewskij mit seinem „alles ist erlaubt!"[24]. Tatsächlich hatte es Russen in der Gruppe, aber es hatte auch Franzosen, Italiener, Österreicher und Norddeutsche. Doch keinen einzigen Bayer. Der Galeriebesitzer beklagte sich, daß er nach jeder täglichen Schließung die Bilder abtrocknen müßte, weil das Publikum sie angespuckt hätte. [...] Um den Ruf der bayrischen Bewohner Münchens zu retten, füge ich an, daß sich nicht eine Stimme erhob, um die Ausstellung zu verteidigen. Nicht eine einzige bayrische Stimme, aber eine preußische. Diese Stimme gehörte Hugo von Tschudi, Generaldirektor aller bayrischen Kunstmuseen. [...] Ihm war es zu verdanken, daß es uns gelang, unsere Ausstellung zu machen, und ihm war es zu verdanken, daß die von der Presse geforderte „sofortige Schließung" nicht stattfand. Und es war ebenfalls er, der in die Ausstellung kam, um dem Besitzer der Galerie, der manchmal vollständig den Kopf verlor, Mut zuzusprechen. [...] Aber da war doch eine rein bayrische Stimme. Sie kam plötzlich aus

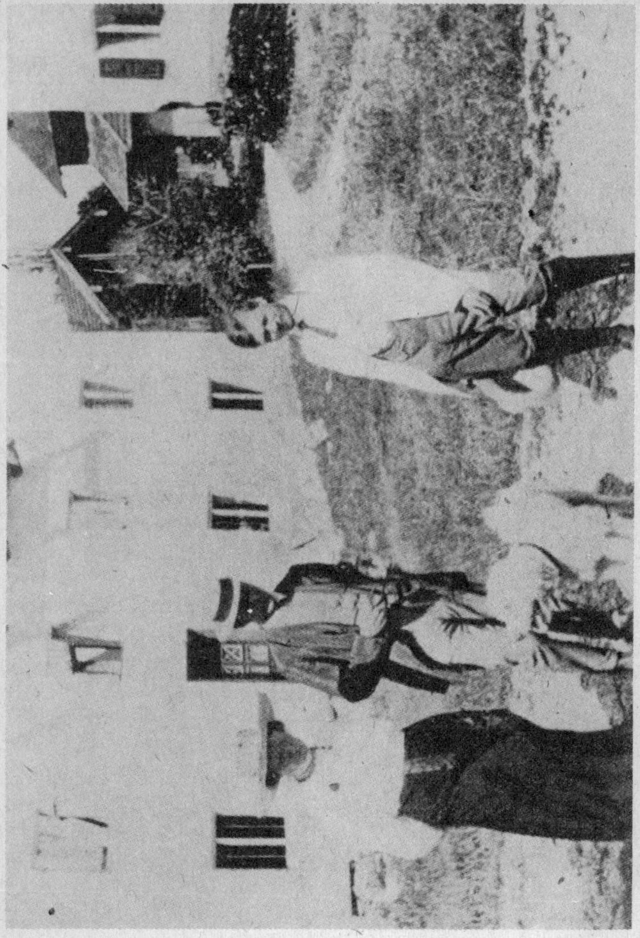

9. Maria Marc, Franz Marc mit seinem Hund Russi, Helmuth Macke in Sindelsdorf 1911

einem kleinen Dorf Oberbayerns. Franz Marc hatte einen Brief voller Enthusiasmus und Glückwünsche geschrieben an unsere Gruppe. Er hatte das Zartgefühl gehabt, nicht persönlich zu erscheinen und uns zu verpflichten, persönliche Beziehungen mit ihm aufzunehmen.
Als ich ihn später sah, zum ersten Mal, verstand ich, daß er seiner noblen Natur nach gehandelt hatte.

Helmuth Macke: An Will Wieger (2. 12. 1910)

Von Sonntag bis Mittwoch bin ich in Sindelsdorf in Oberbayern gewesen bei Herrn Marc, dessen Bilder Du Dich von Köhler her erinnern wirst. Auch er hat große Fortschritte gemacht [...]. Seine Vorliebe für Tiere hat er natürlich beibehalten, aber in der Farbe hat er sich gründlich geändert, immer noch nicht so, wie ich es gerne möchte, weißt seine Farbensymphonien bewegen sich ungefähr in den Akkorden von Croß, doch etwas schwächer natürlich. Für ein Jahr ist der Unterschied auf jeden Fall riesig. [...] Weißt Du, man weiß immer noch nicht genug, was man will, durch die Neue Vereinigung und Marc bin ich wieder auf so allerlei Gedanken gebracht worden. Zum Teufel, es ist doch lächerlich, daß wir uns von Cézanne und van Gogh so beherrschen lassen, daß wir uns bestreben, die Natur nur mit ihren Augen zu sehen, da sind die Leute der freien Vereinigung doch anders, obwohl sie in ihrer Begeisterung für Kunst auch auf Cézanne und van Gogh fußen, so wandeln sie doch ganz andere Wege, möchten möglichst vom Impressionismus und Naturalismus loskommen. Mit Herrn Marc war ich bei einem deutschen Mitglied der Vereinigung, Herrn Erbslöh. Noch ziemlich jung, aber doch schon verheiratet. Er hatte auf seinem Atelier sehr feine Arbeiten. Alles Mögliche: Porträts, Stilleben, Akte, doch die Hauptarbeiten waren seine Kompositionen. Ich sah dann auch noch viele Arbeiten von anderen Mitgliedern, die mir teilweise sehr imponierten. Besonders eine Arbeit von Pierre Girieud Franzose. Dann sah ich noch Arbeiten eines Herrn Alexander Canoldt, sehr schöne Straßenbilder. Diesen Herrn lernte ich dann beim Tee kennen, den wir unten in der pompösen Wohnung des Herrn Erbslöh, der sehr reich zu sein scheint, einnahmen. [...] Es wurden uns dann noch pointillirte Sachen[25] von Erbslöh und Canoldt gezeigt, riesig subtil und fein durchstudiert. Es ist zu komisch, wenn ich daran denke, was wir uns in Düsseldorf von den Leuten für eine Vorstellung gemacht haben. Kerle mit langen Haaren und Läusen, extravaganter Kleidung. Außergewöhnlich ist ihre Kleidung allerdings, aber höchst distinguiert. Einfach vornehm, die Kerle sehen aus wie geleckt. Später waren wir dann auch noch bei dem Herrn und Meister von Jawlensky. Ich hatte wieder denselben vorzüglichen Eindruck wie bei meinem ersten Besuch. Besonders seine Cousine Fr. Marianne von Werefkin[26] in ihrem Äußeren ein wahres Ungeheuer, aber sie scheint die Seele des ganzen Unternehmens zu sein.

Franz Marc: An August Macke (2. 12. 1910)

Wir waren wieder alle zusammen bei Erbslöh, Jawlensky und Kanoldt, – ich glaube, der Verkehr wird bald sehr rege werden. Erbslöh's neue Sachen sind *glänzend,* daß Du's weißt!

Franz Marc: An Maria Franck (8. 12. 1910)

Ich male eifrig und komme wirklich voran. Allmählich schält sich was heraus. Ich bin furchtbar neugierig, was die Vereinigung dazu sagen wird, vor allem Jawlensky und dann Du.
[...] Alles stand bisher bei mir auf einer organischen Basis, nur die Farbe nicht. Frl. von Werefkin sagte Helmut letzthin anhand von Nauens großem Bild: Die Deutschen begehen fast alle den Fehler, das Licht für Farbe zu nehmen, während die Farbe etwas ganz anderes ist und mit Licht, d. h. Beleuchtung nichts zu tun hat. Der Satz geht mir im Kopf herum, er ist sehr tiefsinnig und trifft, glaube ich, in der ganzen Frage den Nagel auf den Kopf.

Helmuth Macke: An Will Wieger (24. 12. 1910)

Es ist Heiligabend! – Meine ersten Weihnachten, die ich ganz allein verlebe. Es ist zwar Freund Marc hier, aber er muß sich auch seiner Familie widmen. Er ist ein ganz aus-

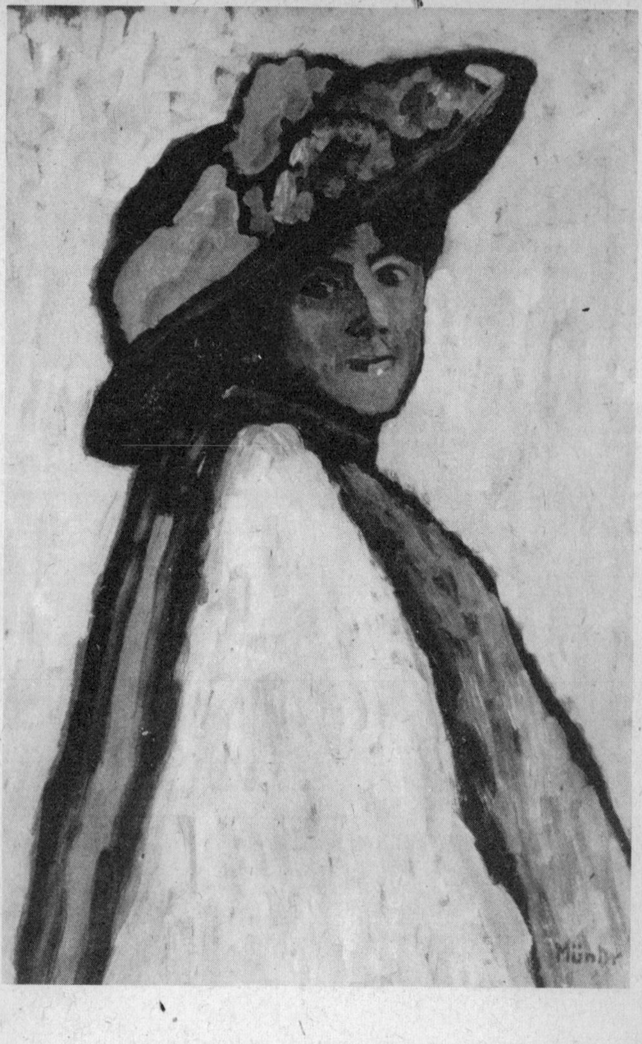

10. Gabriele Münter: Bildnis Marianne von Werefkin. 1909, Öl

gezeichneter Mensch und ich verkehre mit ihm, als wenn ich ihn schon seit Jahren kenne. Der einzige Fehler, den er hat, besteht darin, daß er zu schöngeistig und literarisch ist. Aber sonst ein prächtiger Mensch, der weiß, was er will und es mit allen Mitteln durchzusetzen versucht und wenn er seinen Kopf dabei verlieren müßte.

August Macke: An Franz Marc (26. 12. 1910)

Die Vereinigung ist sehr ernst und mir als Kunst das liebste von all denen. Aber, aber – es schüttelt mich nicht. Es interessiert mich stark. Die Bossi, Münter, Kanoldt sind vielleicht die schwächsten und deshalb die selbstverständlichsten. Kandinsky, Jawlensky, Bechtejeff und Erbslöh haben riesiges künstlerisches Empfinden. Aber die *Ausdrucksmittel sind zu groß* für das, was sie sagen wollen. Der Klang ihrer Stimme ist so gut, so fein, daß das Gesagte versteckt bleibt. Dadurch bleibt etwas Menschliches aus. Sie *ringen*, glaube ich, zu sehr nach Form. Man kann viel lernen von diesem Streben. Aber frühe Sachen von Kandinsky, und auch etwas von Jawlensky, sind mir ein wenig leer. Und die Köpfe von Jawlensky sahen mich auch etwas zu sehr mit Farben an. Mit Blau und Grün. Hoffentlich verstehst Du, was ich meine. Es fehlt mir zur Größe das Selbstverständliche Buschs, Daumiers, manchmal auch Matisses oder japanischer Erotikas.

Franz Marc: An August Macke (28. 12. 1910)

Was Du über die „Vereinigung" sagst, ist sicher richtig und vor allem dies: „Die Ausdrucksmittel sind zu groß." Ganz famos formuliert; ob es in diesen Jahren der großen Umwertung in Deutschland praktisch und nützlich gedacht ist, bezweifle ich zwar. Wir *müssen* diese mächtigen Ausdrucksmittel suchen und lernen, um aus dem Sumpf und Stumpfsinn zu kommen; es gibt gewiß keinen anderen Weg. Kanoldts letzte Sachen, die ich neulich hier sah, haben auch bereits diese großen Mittel, – reiner Kubismus. Ich erschrak anfangs ordentlich, und dann freute ich mich über den Mut und die fabelhafte Konsequenz dieser Leute.

Helmuth Macke: Über Franz Marc

Er hatte sein Atelier in der Schellingstraße aufgegeben und war nach Sindelsdorf gezogen. Dort besuchte ich ihn und war sehr überrascht, seine Bilder vollständig von der Münchner Freiluftmalerei befreit zu finden. Im Januar zog ich selbst nach Sindelsdorf heraus und wohnte bis zum März mit Marc in einem Hause. Marc führte ein sehr regelmäßiges Leben. Um halb neun, nach dem Frühstück, war er auf seinem Atelier oder besser seinem Dachboden und malte genau bis zum Glockenschlag zwölf, bei dessen Schall zu gleicher Zeit auch der große weiße Schäferhund zu jaulen anfing. Spätestens halb zwei Uhr stand Marc wieder vor seiner Staffelei, auf dem zugigen Boden mit unverputzten Pfannen, auf welchem eigentlich dieselbe Temperatur herrschte wie draußen. Er war eingehüllt in einen alten schwarzen Mantel, dessen mit Persianerpelz besetzten Kragen hochgeschlagen. Unter seiner vor Kälte feuchten Nase hing als Wärmespender die Zigarette zwischen den schmalen Lippen. Aber im übrigen war er vollständig absorbiert von seiner Arbeit, denn zu dieser Zeit erfolgte der Durchbruch zu seiner eigenen Form. Er hatte immer eine Folge von Bildern zu gleicher Zeit in Arbeit. Damals gehörte zu diesen Bildern als das führende das jetzt im Folkwang befindliche Pferdebild[27]. Dann und wann kam ein neues Bild hinzu, das er den Abend vorher in seinem Skizzenbuch entworfen. (Ein Skizzenbuch, das zugleich eine Art künstlerisches Tagebuch war.) Nachmittags malte Marc bis zum Dunkelwerden. Nach dem Tee machten wir einen kleinen Gang, dann erledigte Marc seine Post, und nach dem Abendbrot saß er zeichnend und spintisierend in seinem Rohrstuhl, und zu dieser Stunde entstanden die meisten seiner Bildentwürfe. [...]
Um zehn Uhr war Schluß des Tages. Dieser Rhythmus wiederholte sich mit geringen Unterbrechungen und änderte sich in seiner Grundstruktur auch nicht, als seine Frau im März aus Berlin zurückkehrte.[28] Außer seiner Vorliebe für Zigaretten, seiner schönen Pfeife mit gutem Tabak war Marc geradezu spartanisch einfach in allem, was er sonst für sich brauchte. Er aß sehr wenig.

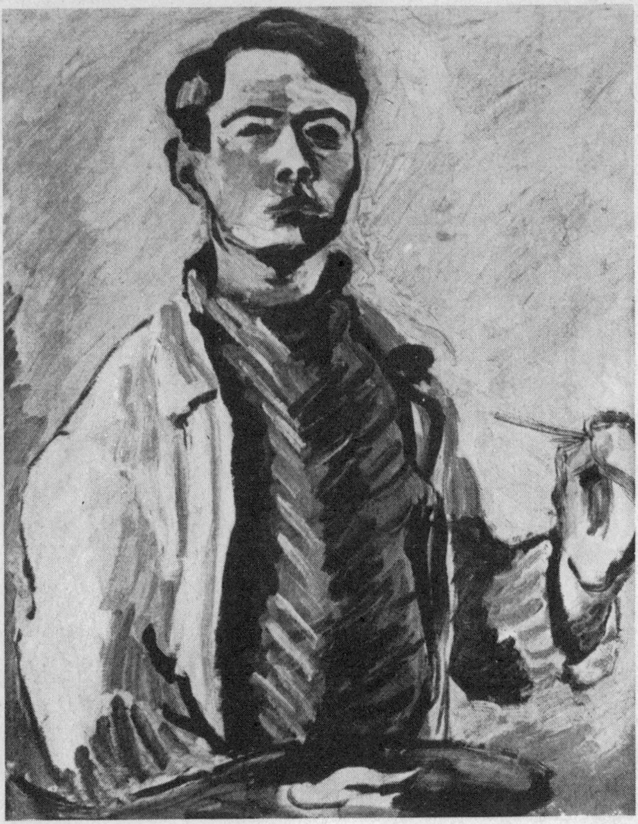

11. Helmuth Macke: Selbstporträt. 1911, Öl

Franz Marc: An August Macke (14. 1. 1911)

Ich bin glücklich aus Berlin zurück; [...] Ich war sehr ausgiebig im Völkermuseum, um die Kunstmittel „primitiver Völker" (wie sich Koehler und die meisten Kritiker von heute ausdrücken, wenn sie unsere Bestrebungen charakterisieren wollen) zu studieren. Ich blieb schließlich staunend und erschüttert an den Schnitzereien der Kameruner hängen, die vielleicht nur noch von den erhabenen Werken der

Inkas überboten werden. Ich finde es so selbstverständlich, daß wir in diesem kalten Frührot künstlerischer Intelligenz die Wiedergeburt unseres Kunstfühlens suchen und nicht in Kulturen, die schon eine tausendjährige Bahn durchlaufen haben, wie die Japaner oder die italienische Renaissance.

Franz Marc: An Maria Franck (13. 1. 1911)

Ich merke, wie sehr mich Nauens Kunst beeinflußt. Seine Bestrebungen liegen doch ganz auf unserem Wege. Wohin das alles noch führen wird? [...] Gestern war ich bei Erbslöh und bereitete ihn auf Koehlers Besuch vor. Er war sehr erfreut und dankbar und versprach mir jeden Beistand in der Behandlung Koehlers. Erbslöh hat auf diesem Gebiet Erfahrung.

Franz Marc: An Maria Franck (17. 1. 1911)

Helmut sagt mir manches Feine. Er selbst ist nicht im besten Zuge. Was er macht, ist wohl interessant, aber nicht „gut". Die Vereinigung verwirrt das unsichere Können, das er hatte, doch stark. Er sagt es selbst. Er ringt nach Form; aber seine Farbe wirft ihm jeden Versuch über den Haufen; es ist ganz sonderbar zu beobachten; er frägt mich viel und ich suche ihm zu helfen, wie ich es kann, aber es ist nicht leicht; er muß selber dahinterkommen, glaube ich, so wie ich selbst hinter die Farbe komme. Mir haben auch keine Ratschläge genützt, nicht einmal meine Pariser Reise. In *Kunstdingen begreift man erst, wenn man dafür reif ist.* Helmut ist für die „Form" einfach noch nicht reif. Ich glaube in diesem Gedankengang, daß für August seine Frühreife (sein schnelles „Begreifen") eher eine Gefahr ist.

Franz Marc: An Maria Franck (21. 1. 1911)

Wir erleben heute einen der bedeutendsten Momente in der Kulturgeschichte. Alles, was wir von „alter" Kultur (Religion, Monarchentum, Adel, Privilegien [auch rein geistige], Humanismus etc.) noch mit uns schleppen, ist eine „Gegenwart, die schon der Vergangenheit angehört" [...], welcher Art neuer Kultur wir entgegengehen, wird kaum heute jemand sagen können, weil wir eben selber mitten in der Wandlung stehen; wir modernen Maler sind kräftig mit am Werk, für das kommende Zeitalter, das alle Begriffe und Gesetze neu aus sich gebären wird, auch eine „neugeborene" Kunst zu schaffen; sie muß so rein und kühn werden, daß sie „alle Möglichkeiten" zuläßt, die die neue Zeit an sie stellen wird.

Franz Marc: An Maria Franck (28. 1. 1911)

Was diese zwei Tage alles mit Koehler unternommen worden ist, wird wirklich schwer sein, in geordneter Reihe zu erzählen. Aber es steht *glänzend*! Donnerstag 1 Uhr kam er nach Penzberg, dreiviertel Stunde zuvor erst telegraphisch bei uns angemeldet. Natürlich schönste Unordnung. Wir holten ihn im Schlitten ab [...] Dann zu mir, wo es ihm außerordentlich zu gefallen schien; dann der Speicher!! Er war platt; konnte es auch schwer verbergen und sprach sich nachher zu Helmut ganz begeistert aus; solche Riesenschritte in der Entwicklung in kaum einem Jahr! Es schien ihm unerhört! Mit dem Hinsenden von Sachen pressiert es natürlich absolut nicht. Er kommt selbstverständlich zur Ausstellung nach München! Inzwischen begann ich ihn unausgesetzt betreff Vereinigung zu bearbeiten. [...] Er hat sie bei Cassirer gesehen. Meine Reden an ihn in Berlin waren nicht umsonst gewesen. Aber doch wollte er noch von einem Besuch absehen. Mit langsamen Nadelstichen stachelte ich ihn aber trotzdem dazu auf, bis er nun doch einwilligte. Abends Schlitten nach Penzberg und Schottenhammel. Am Freitag [...] dann zu Erbslöh! Es waren viele Sachen von Kanoldt und Bossi herbeigeschafft; Erbslöh und Kanoldt benahmen sich außerordentlich taktvoll und geschickt; der Eindruck bei Koehler war von vornherein sympathisch und vielversprechend. Wir waren mehrere Stunden dort, kramten alles durcheinander; Koehler erwärmte sich immer mehr bis zu wirklicher Begeisterung und schied mit vielen Händedrücken und freut sich jetzt schon, im Mai (zu meiner Ausstellung!) wiederzukommen, u. a. Jawlensky etc. zu besuchen. Er will einen (sehr guten) Kanoldt kaufen und bat mich, wegen Preis etc. mit ihm zu reden. Ich

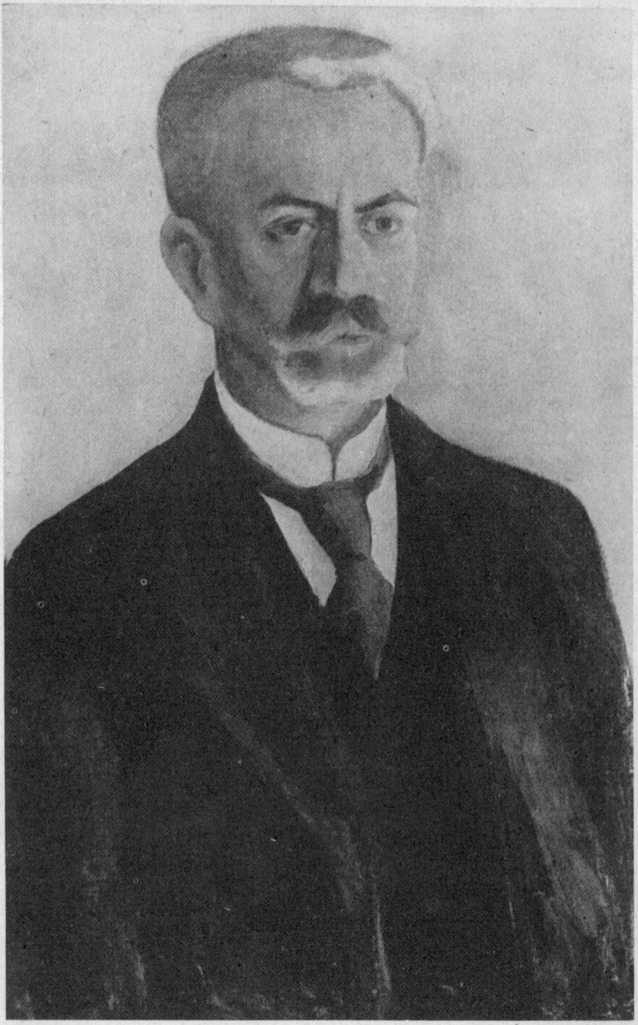

12. August Macke: Bildnis Bernhard Koehler sen. 1910, Öl

schrieb ihm heute morgen und erwarte Antwort in Sindelsdorf. Sie werden übrigens wahrscheinlich diese Woche noch zu mir herauskommen. – Ich bin überzeugt, daß Koehler bei Cassirer noch Bossi u. a. kaufen wird. Mit diesem Tage ist, glaube ich, auch meine nächste pekuniäre Zukunft gesichert. Koehler hat sich in einer Form bei mir nachher bedankt, in der sich wirklich ehrlich Respekt und Sympathie die Waage hielten.

Franz Marc: An Maria Franck (1. 2. 1911)

Freitag kommen Werefkin, Jawlensky, Erbslöh und Kanoldt heraus! Ich hole sie mit dem Schlitten in Penzberg ab. Ich bin sehr neugierig. Helmut stellt sich schon die Werefkin in allen möglichen Situationen vor.

Franz Marc: An Maria Franck (5. 2. 1911)

Heute kam zum Frühstück ein Telegramm der Vereinigung, das mich „einstimmig zum Mitglied und 3. Vorsitzenden" wählt! Nun ist's geschehen und ich freue mich; und ich weiß, Du thust es auch! Es gab keine andere Wahl, – die Eigenbrödelei hab ich satt; nun geht's gemeinsam. Langweilen werden wir uns nicht in den nächsten Jahren, mein Lieb; und was Du Dir gewünscht hast, haben wir nun: einen Kreis von Künstlern und vornehmen Menschen, wie wir ihn uns besser nicht wünschen können. Der Besuch war köstlich. Ich holte sie im Schlitten 1 Uhr ab. Kanoldt war nicht gekommen; er ließ sich entschuldigen; ich glaube aber, er hat es mit der Angst gekriegt; er fühlt sich mir wegen Koehler verpflichtet und wollte einer eventuellen Enttäuschung vor meinen Bildern ausweichen; auf den Gesichtern der anderen war unverkennbar, bei aller Herzlichkeit, die Angst gemalt, einem Ereignis entgegenzufahren wie seinerzeit bei Schimml und Palm[29]!! Wir [...] stapften dann durch tiefen Schnee zu mir, und nach einem kurzen Blick ins Zimmer [...] ins Atelier, d. h. auf den eiskalten Speicher; aber wie schnell sie warm wurden, kannst Du Dir gar nicht vorstellen. Sie waren einfach weg; Erbslöh tanzte vor Vergnügen, Jawlensky drückte mir in einem fort die Hände u. schnarrte sein sääärrrh gut, Werefkin desgleichen. Sie bo-

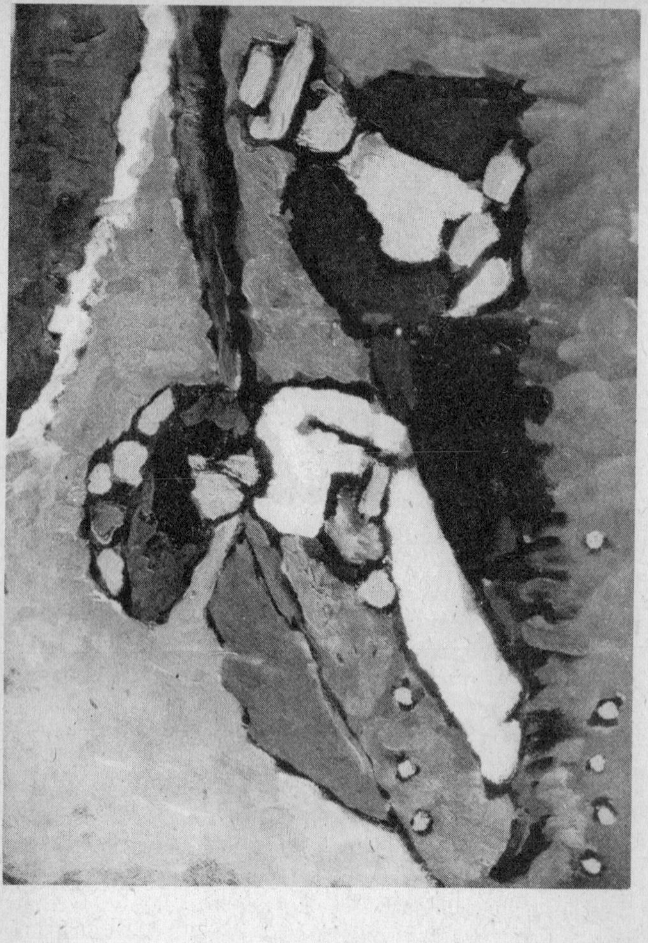

13. Gabriele Münter: Jawlensky und Werefkin. 1908/09, Öl

ten mir sofort die Mitgliedschaft ihrerseits an und waren glücklich, als ich zusagte; aber die Freude und Ehre sei ganz ihrerseits etc!

Franz Marc: An Maria Franck (10. 2. 1911)

Am andern Morgen wanderte ich zu Kandinsky! Die Stunden bei ihm gehören zu meinen denkwürdigsten Erfahrungen. Er zeigt mir viel, ältere und neueste Sachen. Letztere alle ungeheuer stark; im 1. Moment fühle ich die große Wonne seiner starken, reinen, feurigen Farben, und dann beginnt das Gehirn zu arbeiten; man kommt nicht los von diesen Bildern, und wenn man fühlt, daß einem der Kopf zerspringt, wenn man sie ganz auskosten will. Er hat z. B. ein Bild „Moskau“[30]. Man sieht formal so gut wie nichts; aber man fühlt sofort das Schreckliche der Millionenstadt; man glaubt die Wägen über die Brücken fahren zu sehen, das Dröhnen der Eisenbahnen, Feuersbrünste, Luxus und Not; alles dies fühlt man; man wird bis ins Innerste erregt; man zittert förmlich und sieht alles visionär wie Dostojewsky, dessen Geist ihm zweifellos am nächsten verwandt ist. [...] Du brauchst auch keine Angst um meine Malerei zu haben; sie gefällt Dir ganz gewiß. *Niemals* werde ich um dekorativer Wirkung willen einen Busch blau machen, sondern nur um das Pferd, das sich von ihm abhebt, in seiner ganzen Wesenheit zu steigern. Aber die Mittel müssen immer *rein malerisch* sein und auf die größte Möglichkeit gesteigert.

Franz Marc: An Maria Franck (13. 2. 1911)

Am Mittwoch Nachmittag hielten wir die 1. Vorstandssitzung ab und bestimmten dieses Jahr Wien, Prag u. Budapest zu Ausstellungsorten, außerdem nach Kräften Sonderbund (mit Hilfe Osthaus, der *sehr* für die Vereinigung ist). Dann fuhr ich mit Jawlensky zu Bechtejeff, der den Nachmittag eine kleine réunion bei sich hatte – Sacharow, Baronin, eine Russin Domontowitsch, der kleine André (Jawlensky) und uns. Er hatte eben zwei große Bilder fertig, in schweren Rahmen, die nun repräsentativ aufgestellt waren. Das größere, eine Venus, mit 2 Dienerinnen, machte mir einen peinlichen, ja schmerzlichen Eindruck; es ist entschieden nicht gut; das meiste daran direkt schwach; das Ganze läßt einen kalt. Der Arme soll 4 Monate daran gearbeitet haben! Es sieht auch so aus; furchtbar ausgeklügelt und das ganze mit *unzulänglichen* Mitteln. Das andere Bild ist sehr schön und einschmeichelnd, eine Waldidylle mit Frauen, aber es schmeckt doch zu sehr nach alter Kunst. – Salvator Rosa! Bechtejeff drang etwas in mich, wie mir die Sachen gefielen; ich mochte nichts sagen; es war in dieser Situation unmöglich und ich kenne B. viel zuwenig. Ich ging ziemlich spät mit Jawlensky allein weg, der mich sofort auf der Straße nach meinem Urteil frug; ich sagte es unumwunden; er gab mir vollkommen recht, es war auch sein Eindruck. Es scheint aber sehr schwer, B. die Wahrheit zu sagen. Er scheint ein sehr feiner, melancholischer Mensch; er freut sich sehr, mich heraußen zu besuchen. Die besten Sachen von ihm bleiben immer die Dinge der 1. Ausstellung. [...] Ich weiß nicht, ob ich Dir im letzten Brief schrieb, daß bei Erbslöh und Kanoldt etc. Stimmung *gegen* Kandinsky herrscht, vor allem auch künstlerisch. Ich vermute Bechtejeff auf derselben Linie, – ich stehe jedenfalls auf der anderen; denn was Erbslöh etc. macht, ist mir zu stark „alte Kunst“, so schön sie ist. Sie ist wohltuend, aber nicht von jener absoluten inneren Notwendigkeit wie Jawlensky, Kandinsky und auch Münter.

Franz Marc: An August Macke (14. 2. 1911)

Ich hatte durchaus nicht vermutet, daß Jawlensky sich so unzweideutig und impulsiv für meine neuen Sachen begeistern würde. Ich hatte eher erwartet, daß er eine leise Gegnerschaft gegen die Ziele der Vereinigung herausfühlen würde etc. Aber nichts davon. Ich bin ihm nun persönlich sehr nahe gekommen und lerne ihn immer besser kennen. Seine Überzeugung ist: Etwas Neues gibt es nicht in der Kunst, und was gut ist, ist gut.

Franz Marc: An Maria Franck (15. 2. 1911)

Von Jawlensky muß ich Dir noch etwas erzählen; wir, Bechtejeff, Jawlensky und ich, saßen zusammen; Bechtejeff sagte ihm fehle so jede Begabung, über „Kunst“ zu reden und

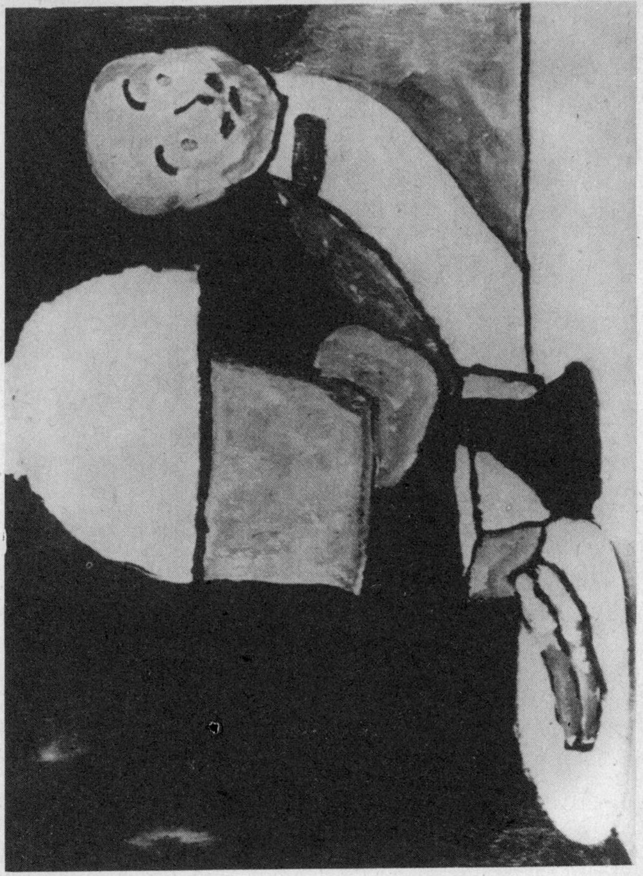

14. Gabriele Münter: Zuhören (Alexej von Jawlensky). 1909, Öl

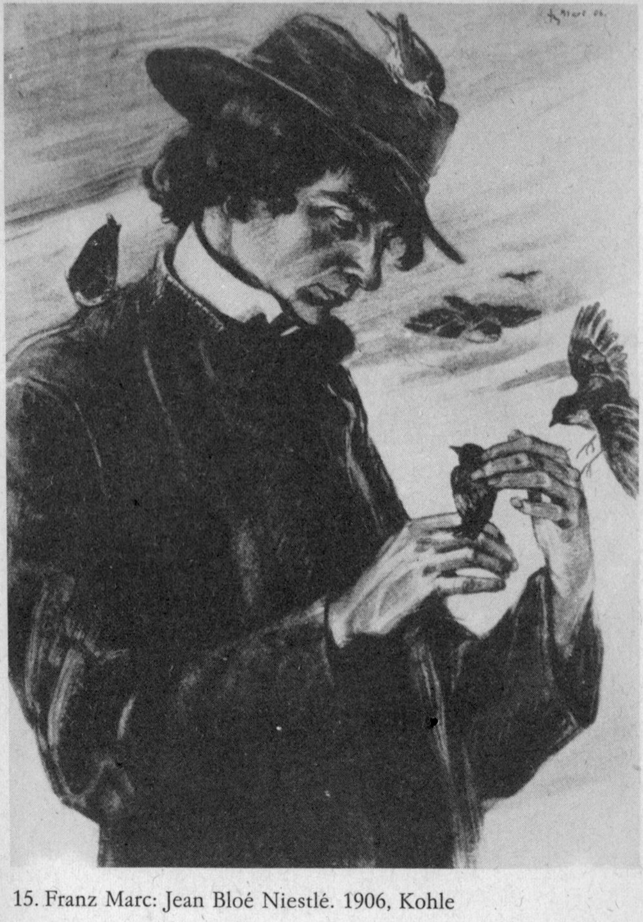

15. Franz Marc: Jean Bloé Niestlé. 1906, Kohle

sein Urteil und Empfindungen zu begründen. Darauf sagte Jawlensky: „Und ich verstehe es so gut, über Kunst zu urteilen; die Empfindung und der Ausdruck dafür ist mir wie angeboren. Aber dafür kann ich nicht malen. Ich bin ein so schlechter, miserabler Maler. Sie ahnen nicht, was für ein tiefunglücklicher Mensch ich bin!“ Die Klage klang so herb und tieftraurig, daß ich einen physischen Schmerz empfand, es war aufrichtig. Er klammert sich mit seiner ganzen übervollen Seele an seinen André und erhofft von ihm das Genie, das ihm fehlt. Er zeigte mir am anderen Tage alles, was André bisher gemacht hat, – es grenzt wirklich ans Wunderbare. Unter manchen könnte ruhig „Matisse" stehen, kein Künstler könnte Zweifel hegen. Und dabei verbirgt sich das Unzulängliche seines Alters niemals, aber es gibt seinen Dingen einen Einschlag, der ans Mysteriöse grenzt. Ich glaube, ich werde in Jawlensky vielleicht meinen tiefsten Freund haben. Ich fühle, daß er mich gern hat und auch meine Freundschaft sucht. Ich fühle den Wert doppelt, nachdem August weg ist und sich mit Niestlé eine Sache sich begeben hat, die Dich einliegender Brief lehrt und die mich recht traurig gemacht hat. Er schrieb mir einmal, er sei wieder so deprimiert, mit seiner Arbeit ginge es gar nicht vorwärts, er zweifle mehr als je, zum Malen etwas zu taugen! Darauf schrieb ich ihm einen langen, fast flehentlichen Brief, doch die Unmöglichkeit, auf seine Weise die große, mystische Natur wiedergeben zu wollen, sich klarzumachen. Ich erhob den Ruf nach Synthese, nach künstlerischer Umschreibung, nach „Ausdruck". Beiliegender feine, traurige und merkwürdige Brief war seine Antwort. Einen Bruch hat unsere gute Freundschaft wohl nicht dadurch bekommen; eine Karte, die heute kam, voll Liebe und Freundschaft, beweist es; aber er kam bis jetzt nicht heraus, weil er in unserem Zusammensein „die Unruhe der Gedanken", glaube ich, fürchtet. [...] Ich frage mich oft, ob ich klug und recht gethan habe, ihm jenen Brief zu schreiben. Ich glaube doch, ja. Es war unvermeidlich. Unser Verhältnis litt vorigen Herbst unter diesem Mangel an Aussprache. Nun brauchen wir in Zukunft nicht zu reden, wenn wir nicht wollen. Vielleicht hat er wirklich recht, daß er zum „Malen" nicht taugt; denn was er will, hat mit Malerei nichts zu thun.

Franz Marc: An Maria Franck (20. 2. 1911)

Daß es im letzten Grunde auf den „Ausdruck" ankommt, hab ich früher auch schon gewußt. Aber beim Arbeiten kannte ich „Nebengründe", z. B. die „Wahrscheinlichkeit", den schönen Klang der Farbe, die sogenannte Harmonie etc. Aber wir sollen nichts suchen als den Ausdruck im Bilde; das Bild ist ein Kosmos, der ganz anderen Gesetzen unterliegt als die Natur; die Natur ist gesetzlos, weil unendlich, ein unendliches Neben- und Nacheinander. Unser Geist schafft sich selbst enge, straffe Gesetze, die ihm die Wiedergabe der unendlichen Natur möglich machen. Je *strenger* die Gesetze sind, desto mehr werden sie die „Mittel" der Natur, die mit Kunst nichts zu thun haben, beiseite lassen [...] Der Verfall jeder Kunst begann mit dem Aufgeben der *strengen* Gesetze, mit der „Naturalisierung" der Kunst. Ich schreibe, wie wenn ich die ehernen Gesetze, von denen ich träume, schon kennte! Aber ich suche mit der ganzen Sehnsucht meiner Seele und mit allen meinen Kräften nach ihnen, und eine leichte Ahnung davon steckt schon in meinen Bildern. Jawlensky ist konsequenter in seiner Methode des Suchens. Bei mir geht alles langsamer, in Evolutionen, Schritt für Schritt, oder vielmehr: 3 Schritte vor und zwei zurück; ich kann nicht anders; sonst verlöre ich den Boden. Die Russen sind fanatischer und daher viel geeigneter für den Fortschritt. Die Franzosen sind nicht fanatisch, dafür allesamt *berechnend* und schlau und gewandt, aber viel genügsamer als ein Deutscher. Die Lebensqual eines Marées ist in Frankreich undenkbar. Van Gogh ist Holländer und außerdem ein Phänomen außer der Reihe. Gauguin ist der einzige ganz Große, und der hatte Tropenblut in den Adern. Matisse mag ein großer Neuerer sein, aber *ganz* ist ihm nicht zu trauen. Lache nur über meine Schreiberei, – ich werde ein gewisses Mißtrauen gegen die „Tiefe" der Franzosen von heute nicht los oder vielmehr: dieses Mißtrauen regt sich immer mehr; sie sind etwas zu sehr Artisten und jonglieren. Laut darf man das heute nicht sagen! Es klingt auch so bärbeißig, während wir ihnen doch fast alles verdanken; und das Letzte ist gewiß am wahrsten.

Helmuth Macke: An Will Wieger (26. 2. 1911)

Marc hat schon einige Bilder nach Thorn Prikkers System gearbeitet und ist sehr einverstanden damit,[31] nur kann man es nicht immer gebrauchen! denn man würde sich gänzlicher Freiheit berauben und auf die Dauer langweilig wirken, was ja auch die byzantinischen Bilder wirklich tun.

Marc hat während der Zeit, wo ich hier bin, sehr, sehr schöne Sachen gemacht. Auch ist er in die Vereinigung aufgenommen worden.

Franz Marc: An Maria Franck (Anfang März 1911)

Ich war heute noch mal mit Erbslöh bei Tschudi, der sehr liebenswürdig und offen war, – Thannhauser zieht nämlich nicht mehr und will uns eine Ausstellung Ende 1912 anbieten! Wir hatten eine lange Auseinandersetzung, während der er einen reinen Veitstanz aufführte. Sonst aber regt sich das Interesse für uns an allen Ecken und Enden.

Franz Marc: An Maria Franck (20. 3. 1911)

Wenn ich diese mich wirklich nachgrade aufreibende Arbeit für die Ausstellung hinter mir haben werde, fange ich die Malerei wieder von vorne an; mein Kopf ist voll von Ideen, die Kandinskys und Burljuks Kunst sehr nahe streifen und doch *meine* sein werden, der Hufschlag *meiner* Pferde. Aber ich sehe gut die tollsten und selbstverständlichsten Möglichkeiten, an die noch kein Deutscher unserer Tage gedacht hat.

Elisabeth Erdmann-Macke: Erinnerungen an August Macke

Anfang August kam, mit viel Geschrei und Reklame durch ihren Bruder angekündigt, Fräulein Münter nach Bonn, eine kleine, schmächtige, äußerlich unscheinbare Person, die sehr temperamentvoll und begeistert von der Vereinigung, vor allem von Kandinsky erzählte und ihn August nahebrachte, ehe er ihn persönlich kennengelernt hatte. Sie war des öfteren bei uns, und August war sehr angetan, ja begeistert von ihr; sie nicht minder von ihm. Leider ging diese Freundschaft später durch kleinliche Mißverständnisse in die Brüche.

August Macke: An Franz Marc (3. 8. 1911)

Du hättest vor drei Tagen hören sollen, wie das Telephon rasselte. Du hättest sehen sollen, wie mein armes Weib dem schon erschlafften Dienstmädchen den Hörer aus den Fingern löste und ihn auf die Entfernung von einem Meter schaudernd behorchte. Entsetzt saß man in der guten Stube und vernahm das Knattern des Schallbleches: Ist Herr Macke da? – Nein – Warum nicht? – Ja darum nicht! – Aber ich muß ihn sprechen! – Können Sie mir denn nichts bestellen? – Ja, ich muß ihn aber selbst haben, ich warte schon so lange! – Was soll ich ihm denn bestellen? – Gestern Abend ist Fräulein Münter aus München, von der neuen Künstlervereinigung München, die Künstlerin, meine Schwester, von der bekannten Münchener Künstlervereinigung angekommen. *Wir* möchten uns mal treffen ...!

Er hat uns Farbentheorien beigebracht. Es war köstlich. Fräulein Münter ist ganz hervorragend. Ich bin direkt verliebt in sie. Ich glaube übrigens nicht, daß sie eine Schwester ist von ihm. Es ist so was Unmögliches, daß ich träumte, es läge ein Verbrechen vor. Wir waren bei uns im Garten zusammen und sprachen von dem Eindruck der Münterschen Sammlung. Ich meinte, Herr Münter wäre ein reizender Mensch, so liebevoll bemüht, so eifrig, in jeder Weise zuvorkommend ...! – Frl. Münter: „Ja, das finde ich auch!" – Ich: „Vielleicht liegt aber gerade in seinem Übereifer etwas, was den Bildern nicht nützt etc." Sie weiß das. Sie hat einen Brief bekommen von Kandinsky. Sie ist überhaupt köstlich. Ich möchte mich immer mit ihr unterhalten, aber ... aber – ich trau mich nicht. Der reizende Bruder ist immer mit der Gießkanne in ihrer Nähe. Von meinen Sachen schien sie einen ganz guten Eindruck zu haben.

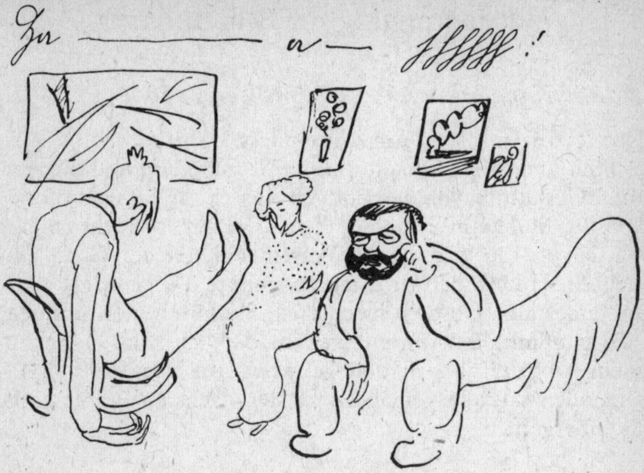

16. August Macke: August Macke, Gabriele und Carl Münter in Mackes Atelier. Briefzeichnung, 1911

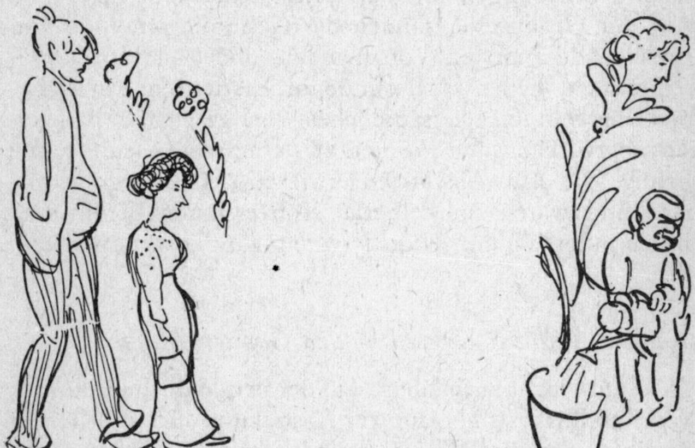

17. August Macke: August Macke, Gabriele und Carl Münter im Garten. Briefzeichnung, 1911

4. Die Veruneinigung der Vereinigung

Wassily Kandinsky: An Alexej Jawlensky (10. 1. 1911)

Das letzte Jahr zeigte mir besonders klar, daß meine Ansichten über die Tätigkeit unserer Vereinigung und die Art ihrer Gestaltung von den übrigen Ausschußmitgliedern und von der Mehrzahl der ordentlichen Mitglieder nicht geteilt werden. Diese prinzipielle Verschiedenheit der Grundansichten schließt natürlich meine weitere Tätigkeit als Vorsitzender aus. Deshalb möchte ich Sie bitten, den übrigen Ausschußmitgliedern mitzuteilen, daß ich von heute ab mein Amt definitiv niederlege, wobei das Amt des 1. Vorsitzenden satzungsgemäß bis zu den nächsten Wahlen auf Sie übergeht.[32]

Nina Kandinsky: Neue Künstlervereinigung München e.V.

Schon im Frühjahr 1911 begannen sich Spannungen bemerkbar zu machen, [...] im eigenen Lager der Avantgardisten, das sich in drei Parteien gruppierte. Die künstlerischen Auffassungen von Kandinsky teilte Franz Marc [...]. Auf der Gegenseite standen die Gesinnungsfreunde von Erbslöh, dem Ersten Vorsitzenden, und Kanoldt. Dazwischen stand Jawlensky, der Initiator. Er, der sein ganzes Leben lang kein ungegenständliches Werk geschaffen hat, versuchte zwischen den Fronten zu vermitteln – leider ohne Erfolg. Die Anti-Abstrakten erwiesen sich als wenig tolerant und waren zu keinerlei Konzessionen bereit. Der Bruch innerhalb der „Künstlervereinigung" war unvermeidlich.

Johannes Eichner: Kandinsky und Gabriele Münter

Es konnte nicht ausbleiben, daß der befremdliche Eindruck von Kandinskys Übergang zur Abstraktion auch die Geister der ihm scheinbar Nächststehenden verwirrte. Seine einsamen Fortschritte hatten etwas Unheimliches. Kanoldt, Erbslöh, Bechtejeff, Bossi, Girieud, Kogan waren akademische Naturen. Ob sie die Auflösung der Gegenstände bei Kandinsky verrückt fanden, ist nicht bekannt. Jedenfalls wollten sie von ihm loskommen. Am heftigsten arbeitete wohl Kanoldt gegen ihn, ein nervöser Mensch, der Formfestigkeit brauchte und suchte und dem Kandinskys aus dem Leim gegangene Gestalten tief zuwider sein mußten. [...] Am 13. November 1910 äußerte sich Kubin auf einem Besuch bei Gabriele Münter vernichtend über die Mitglieder Werefkina, Kanoldt, Erbslöh, Bossi. Es sei Jammer und Schande, daß Kandinsky und Gabriele Münter nicht allein geblieben seien. Er, Kubin, wolle nicht mehr mit der Vereinigung ausstellen. Auch Gabriele Münter riet Kandinsky zum Austritt, da er so wenig dort geschätzt werde (30. 11. 1910). Kandinsky pflichtete dem bei (4. 12. 1910): „Ich muß Dir offen sagen: ich denke ohne Wonne an unsere Vereinsleute und würde am liebsten austreten." [...] Im Sommer 1911 trugen sich die anderen mit dem Gedanken des Austritts aus der Vereinigung. Aber es kam nicht so. Bis in den Winter, bis zur Vorbereitung der dritten Ausstellung schleppte sich der unhaltbare Zustand hin. Da machte die Baronin Werefkin die Entdeckung und maß nach, daß Kandinskys Bilder um ein paar Zentimeter größer waren, als die unjurierte Zulassung erlaubte. [...] Jawlensky blieb in der Vereinigung zurück. Er konnte nicht anders. Gabriele Münter sagte: „Er war ein schwacher Charakter." Die herrschende, intrigante Werefkina hatte Macht über ihn.

Franz Marc: An August Macke (10. 8. 1911)

Mein lieber August Vonderfarbe,
gerade in Anbetracht Deiner etwas schwanken Gefühle vor der „Vereinigung" möchte ich Dir einiges erzählen, – *verwahre es aber in Deinem Busen.* Ich mußte letzthin nach München zu einer Vorstandssitzung – Erbslöh, Kanoldt, Dr. Wittenstein und ich – und hatte Gelegenheit, die „Sommerarbeiten" Kanoldts zu sehen. Du kannst Dir gar nicht denken, wie deprimiert ich nach Hause kam. Weniger an sich die mangelnde Güte, – dieser Tropensommer könnte sich ja auf seine Produktionskraft geschlagen haben, sondern die Gedankenrichtung; eine so lächerliche und gewöhnliche Nachäffung kubistischer Modeideen, daß man sich einfach blamiert, wenn man so etwas ausstellt. Von

Erbslöh sah ich nichts, aber mir schwante nichts Gutes, als ich seine helle Begeisterung für die Kanoldtschen Sachen sah. (Ich sagte natürlich *gar nichts.*) Ich schreibe Dir dies alles, damit Du klar siehst, nicht aber, um Dir, mein Lieber, das *Wegbleiben* zu erleichtern. Im Gegenteil: Sieh doch zu, möglichst bald Dich zu uns zu schlagen, und zwar aus folgendem Grunde: Ich sehe, mit Kandinsky, klar voraus, daß die nächste Jury (im Spätherbst) eine schauderhafte Auseinandersetzung geben wird und jetzt oder das nächstemal dann eine Spaltung, respektive Austritt der einen oder anderen Partei; und die Frage wird sein, welche *bleibt*. Wir *wollen* die Vereinigung nicht aufgeben, sondern unfähige Mitglieder müssen eben raus. (Es ist meine feste Überzeugung, daß Kanoldt, Erbslöh, Kogan sich über kurz oder lang als unfähig erweisen werden.) Mit der Stimmenzahl steht es leider so:

Kandinsky				Erbslöh
Münter	?			Kanoldt
Marc		Kogan		Dr. Wittenstein
Jawlensky		Bechtejeff	?	Dr. Schnabel
Werefkin				Frl. Kanoldt

Der wunde Punkt ist das von rechts nach links unten rollende Geld der Herren Erbslöh und Wittenstein. Natürlich spielt hier die Baronin die Rolle, nicht Jawlensky, aber der ist ein schwacher Mann! Laß Dich bitte nicht abschrecken von dieser Darstellung; sie ist ja so alltäglich und andrerseits längst nicht so fühlbar, wie es nach meiner Zeichnung scheint. Es ist nur der Grundbaß in den Jurytagen. Ich hab es nur so aufgezeichnet, damit Du siehst, was es hieße, links noch einen August Macke zu haben mit seinem ehrlichen Baß und seinen noch ehrlicheren Bildern. Du *mußt* nun bald ausstellen und wirst es so leicht und mit Aplomb können, als *Mitglied*, und *angenehmer, unpersönlicher* als jetzt, als „Bonner Herr“. Es ist ein himmelweiter Unterschied, allein oder als Mitglied, gewissermaßen als Vertreter der Vereinigung, auszustellen. Ich bin sehr neugierig, was für einen Eindruck Münter von Deinen Sachen hatte. Sie ist ebenso klug als bescheiden; ich glaube, diese zwei Eigenschaften sind der Grundzug ihres stillen Wesens. Je näher ich Kandinsky komme, desto tiefer lerne ich ihn schätzen;

ich hab jetzt einen großen, wunderschönen Kandinsky bei uns hängen; ich kann mir's überhaupt nicht denken, was einen so unerschütterlichen und ernsten Prüfstein für alles, was man daneben hält, abgibt als dieses Bild. Und dabei *schlägt* es gar nichts, nicht einmal z. B. Sachen meines Vaters, sondern es *überzeugt.*

Franz Marc: An August Macke (13. 8. 1911)

Kandinsky mag Deine beiden Sachen, die bei mir hängen, recht gut, aber er möchte, glaub ich, daran „weitermalen", auf irgendein malerisches Zentrum hin, das das Bild vertieft. Er sprach das nicht so aus, aber ich hatte das Gefühl, daß er so was dachte. Aber beide Sachen haben ihn sichtlich gefreut. Kandinskys Art, Bilder anzusehen, ist nie einseitig; ich hab aus seiner Art zu urteilen viel gelernt; ich kann es hier nicht mit ein paar Worten beschreiben, aber ich glaube, Du wirst Dich in diesem Punkt gut mit ihm verstehen.

August Macke: An Franz Marc (1. 9. 1911)

Die Münter hat mir sehr gut getan. Ich denke mir ja Kandinsky so sehr als den geistigen Anreger auch ihrer Malerei, daß ich mit ihrer Ansicht, daß sie ganz persönlich arbeitet, genausowenig ganz übereinstimme, als ich mich ohne stark französischen Einfluß denken kann. Im übrigen verstanden wir uns gut. Ich habe das Gefühl, daß sie stark zum Geheimnisvollen [...] neigt. Es ist etwas „Deutsches" darin, etwas Altar- und Familienromantik. Ich habe sie sehr, sehr gern. Aber lieber habe ich Kandinsky doch. Von seinem Bilde bei uns geht auf die Dauer eine Strömung aus, die wunderbar ist. Er ist auch Romantiker, Träumer, Phantast und Märchenerzähler. Aber was er dazu ist, ist die Hauptsache. Er ist voll unbegrenzten Lebens. Die Flächen, über die man hinüberträumt, sprühen und schlafen nie. Seine stürmenden Reiter sind das Wappen, das vor seinem Hause hängt, aber es stürmt nicht nur in Felsblöcken, Burgen und Meeren, auch das unendlich Zarte, Pastorale stürmt, in allen Teilen, in Gelb und Blau und Rosa, im leisen andeutenden Schreiten der Rokokodamen. Es ist wie das Summen von Millionen Bienen oder das Schwirren von Geigen mit einem unendlich sanften lammartigen Paukenschlag. Was ich in all dem fühle, ist Leben, das Leben Kandinskys, das er mir zuruft mit (na, es klingt dumm) mit Bildern. Das Mysteriöse bei ihm ist unendliches Leben, es ist viel Fröhlichkeit in ihm und viel, viel Ernst. Ich wünsche jetzt oft, ich hätte ein schönes Bild aus seiner Jetztzeit hier. Ich genieße so viel an dem einen. [...] Zu Deinem Brief über die Vereinigung muß ich Dir antworten, daß ich alles einsehe und alles mittue, was Du schreibst und vorschlägst. Es ist nur mein Vorteil. Aber Du glaubst nicht, wie mir die Reklamemacherei am Halse heraushängt, ohne die man zu nichts kommt.

Franz Marc: An August Macke (8. 9. 1911)

Was Du über Kandinsky schreibst, ist vollkommen das, was auch mich an ihm so freut und begeistert. Sähest Du mehr von ihm, im Atelier selbst, und das, was ich hier habe, würdest Du Deine Freude daran verdreifachen. Der Mensch, der dahinter steht, ist das allerbeste. Betreff Münterle hast Du selbstverständlich recht; es macht ja aber gar nichts; es werden doch alle kleine Münters und keine kleinen Kandinskys. Sie ist so niedlich hier, wenn sie bayrisch geht.

Franz Marc: An Paul Marc (3. 12. 1911)

Die Würfel sind gefallen, Kandinsky und ich sind nach wirklich schauderhaften und aufregenden Scenen aus dem Verein ausgetreten, – gegen die Dummheit kämpfen d.G.v! Nun heißt's zu zwei weiterkämpfen!

Maria Marc: Tagebuchnotiz (Dezember 1911)

Was nun? – Die Bilder, die Kandinsky aus dem Ausland herangeholt hatte, waren da – Kandinsky und Franz mit Münter auf die Ausstellung vorbereitet und wollten den Plan nicht fallenlassen. Leider haben sich Werefkin und Jawlensky nicht entschließen können, ebenfalls ihren Austritt aus der NKVM zu erklären – denn dann wäre die Vereinigung erledigt gewesen, und das bedauerten sie. Und außerdem waren sie mit Erbslöh freundschaftlich eng verbunden und wollten darum die Sache nicht bis zum Äußersten kommen lassen.

Maria Marc: An August Macke (3. 12. 1911)

Du sollst [...] einer der ersten sein, der die Veruneinigung der Vereinigung erfährt [...]. Ich will versuchen, Dir so kurz wie möglich den „Gang der Handlung" dieser Tragikomödie zu schildern [...].
Donnerstag war Vorbesichtigung der Bilder für die Dezember-Ausstellung. – Freitag Jury. Donnerstag entspann sich ein anscheinend harmloser Streit über den Sinn der Jury; auf einer Seite Jawlensky, Werefkin, Franz (Kandinsky war nicht dabei) – gegen Erbslöh, Kanoldt, Wittenstein etc., die nicht verstehen konnten, daß es sich bei der Jury nicht darum handeln kann, Bilder zu korrigieren, oder gar dem Künstler durch Ablehnung oder Annahme den Weg, den er gehen soll, vorzuschreiben, vielmehr höchstens, sich gegen ein Mitglied zu wenden, dessen Kunst aufhört, ernste ehrliche Wege zu gehen (Kitsch), eventuell noch Rücksichten auf Raummangel der jeweiligen Ausstellungen in Frage kommen könnten. Mittags erklärte Erbslöh den plötzlichen Austritt der Baronin aus der Vereinigung mit der Begründung, daß es ihr unmöglich sei, einem Verein anzugehören und sich künstlerisch wohl und frei darin zu fühlen, in dem ihre klaren selbstverständlichen Tendenzen nicht verstanden würden – im Gegenteil so bornierte Ansichten herrschen, die nie begreifen, um was es sich in der Kunst handelt. Erbslöh schien sich dabei beruhigen zu wollen und über den Fall zur Tagesordnung übergehen zu wollen, wogegen Franz und Kandinsky protestierten und sofort zur Baronin gingen und ihr erklärten, daß auch sie sofort austreten würden, wenn sie nicht bleibe, und dann auch Jawlensky folgen müßte. Um das zu verhindern (weil es die Auflösung des Vereins bedeutet hätte), faßte sie den Beschluß, einzutreten mit der Bedingung vollständiger Juryfreiheit sämtlicher Werke. Dieser Bedingung entgegen trat sie aber doch wieder ein – für Franz und Kandinsky ein völlig unbegreiflicher Schritt: Der Antrag der Juryfreiheit fiel infolgedessen, und die Jury begann. (Am Samstag früh – Freitag waren stundenlange Debatten gewesen – die Ein-

zelheiten später mündlich.) Das war Samstag. An diesem Morgen erhielt Kandinsky einen Brief von ihr mit der Bitte, „sich über nichts zu wundern – und *alles*, was sich ereignen würde, *stillschweigend* hinzunehmen und volles Vertrauen zu ihr zu haben". – Du kannst Dir die Spannung denken, es war ja das reine Theater. Aber nun kommt der tolle und aufregende Teil. – Die maßlos erregten Sitzungen Freitag früh – Freitag nachmittag waren schon vergangen, und nun kamen Samstag früh – Samstag nachmittag.
Erinnere Dich aber erst mal nebenbei der Frage, die Franz an dem Sonntag, wo wir alle bei Jawlensky waren, an die Baronin richtete, was eigentlich der Paragraph in den Statuten bedeuten soll, der sich um die vier Quadratmeter für juryfreie Bilder kümmert. Die Baronin erklärte, er sei aufgestellt, ganz im Anfang – von *Kandinsky* –, der sich gegen zu viel und große Bilder des früheren Mitglieds Palmié wehren wollte. Aber es hätte niemals jemand darauf Bezug genommen. Franz könne also unbesorgt sein – jeder habe *zwei juryfreie* Werke. Nun Samstag früh – Jury: alphabetisch Bechtejeff – Erbslöh etc. alles angenommen – *Kandinsky*: er wollte juryfrei das große wunderbare neue Bild *Das jüngste Gericht*! Die Frage taucht auf: wie groß?? Über 4 Quadratmeter!!! Ist gegen die von Kandinsky selbst aufgestellten Statuten, fällt infolgedessen *unter die Jury*[33] – das Bild muß geholt werden – wird juriert und ... fällt *durch*. Großes Schweigen – dann steht Franz auf und erklärt – er tritt aus, weil er eine Majorität, welche einen solchen Urteilsfehler begeht, für *nicht kompetent* hält etc. etc. etc., worauf er heftig von der Baronin auf seinen Sitz zurückgezogen wird, die sagt: „Nicht so schnell, Marc, erst hat Kandinsky das Recht, die Frage zu stellen, ‚warum' man das Bild ablehnt." Kandinsky wird gerufen und erklärt sich dazu bereit. Peinliches Schweigen – dann stottert Erbslöh leichenblaß, es könne auch nach dem Alphabet gehen. (Bitte stelle Dir das plastisch vor, jetzt mußte jeder, der abgelehnt hat, die Hand aufheben), also – Bechtejeff ist der erste. Der steht grün in der Ecke und brummt endlich: „Ich verstöhe es nicht", worauf die Baronin antwortet: *„Das ist kein Grund, ein Bild abzulehnen"*, und dann hält sie eine wirklich wunderbare geistvolle Rede, die schließt mit einem emphatischen Händedruck mit Kandinsky, dem sie gratuliert zu einem solchen

wundervollen Werk. Franz war ganz hingerissen (ihm hing ja auch schon das Maul schief vom Reden), die anderen waren alle furchtbar aufgeregt. Es wurde weiter examiniert – Erbslöh hielt es in gewundener Rede für Kunstgewerbe – Kanoldt fauchte wütend, nachdem er von Marc für inkompetent erklärt wäre, hätte er keine Veranlassung, sich zu äußern; die Doktoren Wittenstein, Schnabel etc. wurden nicht gefragt, weil Kandinsky gesagt hatte, daß ihn nur die Urteile der *Maler* interessierten, diejenigen der Doktoren wären ihm gleichgültig. Stell Dir das mal alles vor. – Es gab noch die verschiedensten Zwischenszenen. Dr. Schnabel sprang der Baronin beinah ins Gesicht und schrie und brüllte sie an, bis ihn die Drohung einer Ohrfeige von Kandinsky in den Hintergrund drängte – vielleicht waren es auch die bereits aufgestreiften Ärmel von Franz. Erbslöh suchte und fand ein erlösendes Wort, indem er eine Nachjury in acht Tagen vorschlug; er versprach, „jeden Tag hinaufzugehen und das Bild zu prüfen, um sich klarzuwerden". Dr. Schnabel erklärte „nein", von der Möglichkeit einer Nachjury stände nichts in den Statuten, und Franz sagte, das hätte ja alles keinen Sinn, bei der bestehenden Kluft zwischen den Parteien würde nach acht Tagen auch nichts erzielt. Er beantragte eine außerordentliche Generalversammlung zur Änderung der Statuten, also *biegen* oder *brechen.* Diese tagte Samstag nachmittag. – Die Anträge Kandinsky, Franz, Münter, Jawlensky, Werefkin wurden natürlich überstimmt. Franz wollte noch einmal einlenken und fragte ruhig Erbslöh, wie es sich mit der Komposition der vorigen Ausstellung verhalten hatte – er hätte das Bild anfangs abgelehnt und später sehr bewundert. Erbslöh antwortete: „Ich habe eben meine Meinung in dem Jahr wieder geändert." (Nebenbei gesagt war das Bild im vorigen Jahr nur fünf cm kleiner).[34] Franz stellte nun den Antrag: „Diesmal *alle Bilder juryfrei*", mit der Bemerkung im Katalog, daß der Versuch der Juryfreiheit gemacht sei etc. – er wurde überstimmt. Franz stellte den Antrag – alles bleibt beim alten bis auf die nie beachtete Bemerkung der vier Quadratmeter, die gestrichen werden sollte. Erbslöh gab zu, daß noch nie ein Mensch diese vier Quadratmeter beachtet hätte – bei der Abstimmung stimmte er trotzdem gegen den Antrag, der nun auch durchfiel. Darauf erklärten Kandinsky, Münter, Franz ihren Austritt und gingen fort. Die Gegenpartei hatte ihren Willen, aber die Baronin sagte, als die drei fort waren: „So, meine Herren, jetzt verlieren wir die beiden würdigsten Mitglieder, dazu ein wundervolles Bild, und wir selbst werden bald Schlafmützen auf dem Kopf haben." Daß Jawlensky und die Baronin nicht mit austraten, hat persönliche, menschlich vollauf begreifliche Gründe, die wir respektieren. Sie haben sich vollkommen solidarisch mit unseren Ansichten erklärt, und die Baronin, die noch abends zu Kandinsky kam, ließ keinen Zweifel darüber, daß sie die Zukunft der Vereinigung für völlig verloren hält.

Es waren schrecklich aufregende Tage – denk mal, *wie* deutsch da geredet wurde. Kandinsky tat mir so leid; in solch einem Augenblick wird einem der Wert eines Menschen so voll bewußt, und man vergißt alle, alle kleinlichen Ärger und Meinungsverschiedenheiten endgültig. Er hat die Vereinigung gemacht; er hat die anderen – im Vertrauen auf Jawlensky – dazugenommen, und nun benehmen sich diese jungen Kerle – diese Doktoren und Flieger[35] – derartig *gemein.* Vor einem Bilde, das wohl das merkwürdigste ist, was je gemalt wurde und das jeden Menschen, der künstlerisch fühlt, packen und ergreifen *muß.* Es ist das schönste Bild, das Kandinsky geschaffen hat. Aber das weißt Du ja alles selbst! Nun werden Ausstellungen von der Redaktion des Blauen Reiters gemacht; Du hörst bald Näheres – halte Dich bereit. Die werden sich noch „fieß" wundern, die anderen, die Jüngeren, die nicht den Sprung wagen, den die Reiferen tun. Das war wohl noch nie da, daß die Jungen die Älteren aufhalten wollten. [...]

Als Nachschrift noch folgendes: Die Baronin erzählte abends bei Kandinsky, daß Kanoldt die Bilder von Franz – *Gelbe Kuh, Das Reh im Wald*[36] – für ganz miserable Arbeiten erklärte, im Café Odeon, die Baronin war ganz *platt*, als sie später die Bilder selbst sah, und hatte schon vor den erregten Tagen einen Streit mit Kanoldt und Genossen.

Wassily Kandinsky: An Franz Marc (8. 12. 1911)

Heute ein Brief von Kubin: er ist ausgetreten, da mein Bild abgelehnt wurde, was zeigt, daß die N. K. V. M. die ursprünglichen Prinzipien verloren hat.

5. Die Zurückgebliebenen

Otto Fischer: Das neue Bild [37]

Unser Kunstleben ist verworren. Es fehlt die Einheit eines gemeinsamen Stils, eines gemeinsamen Wollens, ja einer durchwirkenden Gesinnung. Die bindende und verbindende Tradition ist verlorengegangen. [...] In der Malerei und vielleicht auch in der Bildhauerei sind die Versuche und Bemühungen vielfach, die in die Zukunft weisen. Ein verändertes Bild der Welt suchen sie mit völlig neuen Mitteln für unser Auge zu verwirklichen. [...] Durch das Neue selber und durch die Unklaren, durch die Fälscher des Neuen wird die Verwirrung allgemein. Wem es ernst ist um eine neue Kunst, dessen Werke werden den Stempel der Ehrlichkeit und strenger Zucht von selber tragen. [...]
Es gibt eine äußere Wahrheit und eine innere Wahrheit. Indem ich jene verlasse, kann ich diese stärker zum Ausdruck bringen. Indem ich vom Schein der Dinge etwas nehme, kann ich dem Wesen der Dinge erst seine Sprache geben. Die Gewalt der Natur wird um so mächtiger wirken, je einfacher sie sich ausspricht. Indem ich von dem Äußeren mich befreie, kann ich erst dem Innern wahrhaft dienstbar sein. Die Erscheinung kann von tausend Seiten gesehen und begriffen werden. Die Anschauung bildet sich nach Gesetzen der Erkenntnis und des Gefühls. Körperlichkeit und Räumlichkeit sind Erkenntnisgesetze, Vollständigkeit der Darstellung und Wahrheit des einzelnen sind Forderungen des Intellekts. Die Kunst wird von den Gesetzen des Fühlens beherrscht, sie ist ihre sichtbare Äußerung. Das Erkenntnismäßige muß diesem untertan sein. [...]
Farbenmacht ist ein Zeichen der neuen Anschauung. Die Maler der letzten Generation haben die Farbigkeit der Welt neu entdeckt. Erst heute sehen wir überall die Kraft und Lebendigkeit, die tausendfache Frische und die unendlichen Verwandlungen der Farbe. [...] Farbe ist ein Mittel der Darstellung nicht allein des Farbigen, sondern des Dichten und des Dünnen, des Festen und des Flüssigen, des Leichten und Schweren, des Harten und Sanften, des Körperlichen und des Räumlichen. [...] Farbe ist ein Mittel des Ausdrucks, das unmittelbar zur Seele spricht. Tiefe

Trauer und weiches Glühen, Wärme des Herzens und kalte Klarheit, wirre Dumpfheit, Flammen der Leidenschaft, Süßigkeit einer Hingabe – alle seelischen Zustände und alle Ausbrüche – was vermöchte sie zwingender und direkter uns mitzuteilen als durch das Auge ein paar Farben? [...] Farbe ist ein Mittel der Komposition. [...] Linienkraft ist ein Zeichen der neuen Darstellung. Nicht einen Schein der Dinge, sondern eine Welt der Dinge zwingt das Bild in einem Blick zu erfassen. Die Dinge dürfen nicht verloren sein. Der Umriß ist Begrenzung und Bezeichnung der Dinge. Durch sein äußeres Wesen ist ihr inneres Wesen ausgedrückt. Nicht eine richtige Zeichnung hält das Wesen der Dinge fest, sondern der machtvolle und bewegte, der eindringliche und durchdrungene Umriß. Nicht in ihrer Ruhe und Einzelheit dienen die Dinge dem Bild, sondern aufeinander bezogen und zusammenschießend zu einer Steigerung. [...] Das Bild ist nicht eine Ebene, die schön geteilt ist. [...] Es ist ein Gefüge von Flächen, die Blut durchpocht, die ein Atem durchwogt. Die Flächen können parallel und ähnlich geschichtet sein, sie können sich gegeneinander bäumen und stauen, sie können wechselnd wie Zähne ineinandergreifen. Sie können zerfließen oder sie können sich ballen. Sie können beruhigter in sich selber lagern, durch den Gegensatz ihres Wesens wirkend und dennoch sich haltend. Aus ihnen entsteht der Bildraum, aus ihnen die Lebensgewalt des Bildes. Dynamik der Flächen ist ein Zeichen des neuen Stils.

[...] Dem äußeren Geschehen entspricht ein inneres Geschehen. Der innere Zustand entspricht dem äußeren Gegenstand. Beide in Einem drückt der Künstler aus. Beide in Einem machen das Bild. Das Zusammenschießende wird Symbol. Das Bild ist tiefer als die Natur. [...] Wenn die Welt abgeschildert wird, so muß der Mensch darin sein. Wenn der Mensch dargestellt wird, so muß die Welt in ihm sein und auch um ihn her. Dies verändert das gewohnte Aussehen der Dinge. Die Dinge sind nicht mehr die Dinge allein, wenn sie der Ausdruck der Seele sind. Der Mensch ist nicht mehr der Mensch allein, wenn er die Welt ausdrükken soll. Beide in Einem gesehen, so sind beide anders. Die Wirklichkeit ist aufgehoben im Bild.

Das Bild ist nicht allein Ausdruck, sondern auch Darstel-

lung.[38] Es drückt nicht die Seele direkt aus, sondern die Seele im Gegenstand. Ein Bild ohne Gegenstand ist sinnlos. Halb Gegenstand und halb Seele ist ein kalter Wahn. Dies sind Irrwege von leeren Schwärmern und von Betrügern. Die Wirren mögen wohl vom Geistigen reden – der Geist macht nicht wirre, sondern klar. Ein paar Farben und Flekken, ein paar Linien und Zacken sind noch nicht Kunst. Eine Verzerrung allein ist noch nicht Kunst. Was Farben und Linien zur Kunst macht, ist ihre Notwendigkeit. Was das Einzelne zur Kunst macht, ist seine Gültigkeit. Was ein Ganzes zur Kunst macht, ist seine Gesetzlichkeit. Ein Fetzen Wirklichkeit, herausgerissen, ist auch nicht Kunst. Was die Natur zur Kunst macht, ist ihre Gestaltung. [...] Kunst ist Äußerung: sie schafft im Bilde fortwirkend die Ewigkeit eines Gefühls. Kunst ist Darstellung: sie schafft im Bilde die Anschauung der gegenwärtigen Welt. Wenige wissen dies; noch weniger machen es wahr.
[...] Die Neue Künstler-Vereinigung München wurde im Januar 1909 begründet. Zu ihren Gründern gehörten Adolf Erbslöh, Alexej von Jawlensky, Wassily Kandinsky, Alexander Kanoldt, Alfred Kubin, Gabriele Münter, Marianna von Werefkin, Heinrich Schnabel und Oskar Wittenstein. Noch im Laufe desselben Jahres traten der Vereinigung bei: Paul Baum, Wladimir von Bechtejeff, Erma Bossi, Karl Hofer, Moissey Kogan und Alexander Sacharoff. Paul Baum und Karl Hofer schieden bald wieder aus. Im Jahre 1910 erklärten die Franzosen Pierre Girieud und Le Fauconnier ihren Beitritt. 1911 traten Franz Marc und Otto Fischer, 1912 Alexander Mogilewsky in die Vereinigung ein. Im Winter 1909 fand in der Modernen Galerie in München die erste Ausstellung statt. Die Entrüstung und das Gelächter der Menge, die Beschimpfungen der Presse waren das äußere Ergebnis. Dennoch war der ausgestreute Samen nicht verloren. Die Ausstellung, und ebenso die folgenden, wanderte durch viele Städte Deutschlands und der Schweiz. Sie fand überall Widerspruch, doch überall auch einzelne Freunde, und wir hoffen, daß sie hier und dort den Mitstrebenden eine Anregung gab. Die zweite Ausstellung im Herbst des folgenden Jahres vereinigte mit den Mitgliedern eine große Anzahl von Gästen, die zum Teil für die werdende Kunst von großer Bedeutung wurden und von denen die meisten

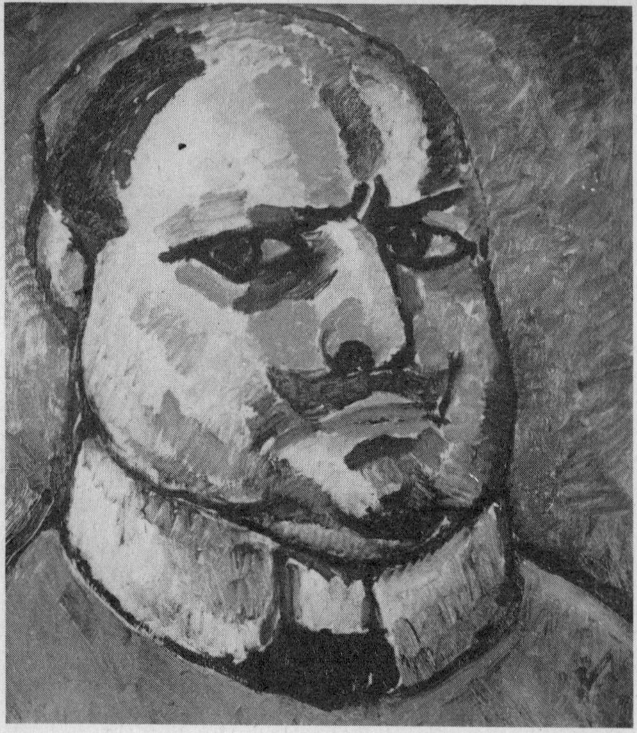

18. Alexej von Jawlensky: Selbstbildnis. 1912, Öl

bis dahin in Deutschland unbekannt gewesen waren. Es waren die Deutschen Hermann Haller, Bernhard Hoetger, Eugen Kahler, Adolf Nieder; die Franzosen Georges Bracque, André Derain, Kees van Dongen, Francisco Durio, Pablo Picasso, Georges Rouault und Maurice de Vlaminck; endlich die Russen Mogilewsky, David und Wladimir Burljuk und Seraphim Sudbinin. Es war vielleicht die erste Ausstellung, die einen Überblick über die Ausdehnung und den internationalen Charakter der neuen Bewegung möglich gemacht hat. Die Vorbereitungen zur Ausstellung des Jahres 1911 führten zu einer Spaltung. Einige Mitglieder wollten für ihre Werke die Juryfreiheit durchsetzen, die übrigen traten für eine strenge Beurteilung und Ausscheidung ein. Infolgedessen erklärten Kandinsky, Kubin, Marc und Gabriele Münter ihren Austritt aus der Vereinigung. Damit war eine Verschiedenheit der Gesinnung und Überzeugungen offen ausgesprochen, die heimlich schon längere Zeit vorhanden gewesen war. Die ausgeschiedenen Mitglieder eröffneten unter dem Namen einer Redaktion des Blauen Reiters eine gesonderte Ausstellung und haben seither unter dieser Fahne für sich weitergewirkt.

Otto Fischer: Alexej von Jawlensky

Die Bedeutung dieses Malers liegt in der Frische und Beweglichkeit einer sehr ausgesprochenen Begabung. Jawlensky [...] blickt heute schon auf eine künstlerische Vergangenheit zurück, die reich an Wandlungen und ebenso reich an gelungenen Würfen ist. [...] Sein Eigenstes ist seine Farbe, deren Flüssigkeit, deren blühende und kecke Modulationen, deren spontane Ausdruckskraft etwas höchst Erquickendes hat. In ihrer weichen und überraschenden Schönheit möchte man vielleicht eine ausgesprochen russische Eigenart finden. [...] Seine Stilleben sind anregend in der Komposition und bezaubernd in ihrer farbigen Wirkung. In seinen Landschaften ist eine besondere Stimmung immer treffend, immer eigentümlich und oft mit hoher Einfachheit und Schönheit ausgesprochen. Seine Köpfe und Halbfiguren zeigen das Seelische im Momentanen gepackt: in einer Wendung, einer Bewegung, einem Blick des Auges, die mit den kürzesten und schlagendsten Mitteln festgehalten sind. Hier findet denn auch eine bewußte Vereinfachung und Übertreibung immer deutlicher statt. Die Kunst selber hat für diesen Maler die Anmut einer Geste, das Seelische wird unmittelbar zum Ausdruck, und so zeigt sich überall das Schöpferische einer impulsiven Natur, die der Inspiration des Augenblicks ihr Bestes verdankt und aus ihr heraus mit einer beglückenden Leichtigkeit im Schaffen sich hingibt.

Otto Fischer: Marianna von Werefkin

Für diese geistvolle Frau ist die Kunst der unentbehrliche Ausdruck eines Innenlebens, das über das Normale empfindlich und vielleicht nur den Gleichgestimmten ganz zugänglich ist. Die großen Gouachen, die sie malt, sind ihr die Konfessionen eines Tagebuchs. Den eigentlichen bildnerischen und darstellerischen Problemen steht sie ferne. Dennoch liegt in der Art, wie sie ihre Impressionen im Bilde bannt, eine merkwürdige und wissende Kunst. Ihr ist es immer um das ganz Besondere, Packende und Beengende einer Stimmung zu tun, die sie suggestiv machen will. Sie ergreift und erfühlt die Dinge von innen in ihrer Seltsamkeit. Die Seite der Welt, die der Tag nicht sieht, ist ihr vertraut. So zeigt sie den unbeachteten Anblick der Dinge im Spiegel einer absonderlichen Seele. So können ihre Bilder nicht gleichgültig lassen.

Marianne von Werefkin: An Richard Reiche (undatiert)

Haben Sie das Buch gelesen? Haben Sie gelesen, daß wir Leute wie Picasso, Kandinsky als Betrüger schimpfen? Haben Sie gelesen, daß wir, das heißt die N. K. V., eine gegenständliche Kunst bedingen? Haben Sie gelesen von der Notwendigkeit, daß die Glieder einen Körper bilden? Oder, daß Flecken, Farben und Linien nicht an und für sich ein Kunstwerk ausmachen können? – Das wäre für den Geist und für das Herz! Die Abschätzung von Jawlensky von Freundeshand. Er, ein Gemisch von allerhand Einflüssen, und seine beiden Schüler als mächtige Autodidakten geschildert. Erbslöh, der Freund, hat sein Ja dazu gesagt, und im Namen des Vereins, in unserem Namen, diese Niederträchtigkeit in einem bleibenden Werk stehenlassen! Was sagen Sie dazu? Mich hat das Buch wie ein Peitschenhieb getroffen. Die gelogene Freundschaft, die gelogene Einigkeit, das gelogene Kunstverständnis haben mich so empört, daß ich die ganze schmutzige Geschichte wie einen schmutzigen Handschuh abgestreift habe. – Nun sind wir damit fertig. Die weitere Handlungsweise meiner Ex-Collegen bestätigt nur die obige Empfindung. – Und jetzt, um shakespearegleich das Tragische durch Ulk zu heben, lenke ich

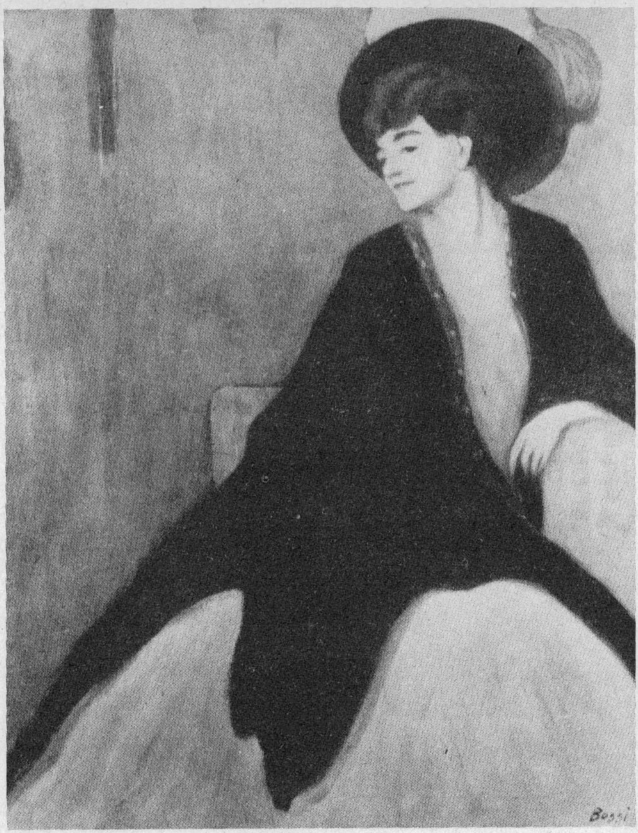

19. Erma Bossi: Bildnis Marianne von Werefkin. Um 1910, Öl

Ihre Aufmerksamkeit auf das Geistreiche unseres Buches: „Der Schiller war ein großer Mann / und hatte lange Lokken / und wenn er nicht gewesen wär, / so hätten wir keine Glocken." Das Zitat aus dem Stumpfsinn ist sozusagen das Leitmotiv für Dr. Fischers Biographie. Dem Kanoldt liegt das Kubistische, weil er die Gebilde der Menschenhand, die man Häuser nennt, als dreidimensionalen Gegenstand erdachte, aber die Bäume flach läßt. Die Straßen können nicht von innen heraus begriffen werden. Der durch seine Geburt zum Maler geborene Kanoldt hat zum ersten Mal in der Kunst den Geist der Retiraden ausgedacht. Erbslöh, der alles zahlt, ist eine kosmische Notwendigkeit. Mogilewsky ist in Süd-Rußland geboren. Bechtejeff ist Husarenoffizier. Seine Bilder sind süß wie die Teppiche des weiten Ostens. (Er stammt aus Tambow, das nur durch seine Beleg-Hengste berühmt ist.) Bossi hat jetzt eine kalte Palette, und ich bin die geistvolle Frau. Es versteht sich von selbst, daß dieser Blödsinn, diese unkameradschaftlichen Abschätzungen, diese groben Ausdrücke des Hasses und diese uns fremden Kunstanschauungen niemals mit meiner Einwilligung versehen werden konnten. Das wußten die genau, die sich gehütet haben, das Manuskript mir vorzulegen. So, jetzt gehe ich schlafen mit ruhigem Gewissen und leichten Herzens.

Marianne von Werefkin: An Richard Reiche (Dezember 1912)

Drei Stunden lang habe ich offen und fest das Prinzip der Freiheit verteidigt, ich habe hier vor allem die Möglichkeit den Herren gegeben, offen das zu sagen, was die Triebfeder ihrer Handlung war. Sie schwiegen alle. Kandinsky und Marc gingen. Ich drehte mich zu den Gebliebenen um und sagte ihnen: „Es war unlauter!“ Hier gesteh ich meinen Fehler ein, ich blieb im Verein, weil mein Austritt mir zu vorteilhaft war, weil mit mir auch Jawlensky gegangen wäre und somit Erbslöh von allen im Stich gelassen worden wäre. Er war aber gerade zu der Zeit in schlimmen, materiellen Verhältnissen, und wir wollten ihm in diesem Augenblick nichts Schlimmes antun, auch blühten damals die ersten Rosen unserer jungen Freundschaft. Kandinsky und Marc gingen von meiner ganzen Sympathie begleitet, mit ihnen ging auch die Seele unseres Vereins, sein belebendes Prinzip. [...] Unser, in einheitlicher Überzeugung geschaffener Verein, wobei die formellen Mitgliederstimmen nicht auf der Seite Jawlenskys waren, zerfiel in zwei Parteien. Die eine Jawlensky, der bekehrte Bechtejeff, Kogan, Mogilewsky und ich – wir hielten mit der ganzen Kraft unseres Glaubens und Wissens an dem, was sich nicht zu Geld schlagen läßt, an der Notwendigkeit des freien Suchens, das Vorwärtsgehen ungeachtet jeder Kritik und ungeachtet jeder praktischen Rücksicht. [...] Der andere Teil des Vereins [...] verneinte nun durch Wort und Tat alles, was sich unser Verein als Existenzziel und Zweck gestellt hatte. Die Ausstellungen schrumpften zusammen – keine Gäste, keine frischen neuen Kräfte; – es wurde ein System der Verwaltungen eingeführt, das jedem Warenhaus Ehre gemacht hätte, wo aber die Hauptsache fehlte: das biegsame, ewig junge Leben. [...] Erbslöh und Kanoldt, die vor drei Jahren als grüne Jünglinge zu uns ins Atelier kamen und dort alles lernten, was sie heute wissen, wo man ihnen die Augen öffnete für eine Kunst, die sie nicht ahnten, diese Beiden, seitdem es ihnen gelungen war Kandinskys Kunst als „Bluff" auszuweisen, sie wagten es, sich als letzte Instanz in künstlerischer Abschätzung ihren Kameraden gegenüber zu stellen. [...] In diesen Stunden ist der Verein zu einem unmoralischen Institut geworden, wo sich alles beneidete, haßte, untergrub, wo man den guten Jawlensky und den ebenso guten Bechtejeff an der Nase herumführte, wo alles Ideale verschwunden war, um nur noch ein kaufmännisches Unternehmen zu werden.

Elisabeth Erdmann-Macke: Erinnerungen an August Macke

In München besuchten wir den Maler Alexej von Jawlensky. Er gehörte neben Bechtejeff, Erbslöh und Kanoldt auch zur Neuen Vereinigung zusammen mit der ihm befreundeten Kollegin Marianne von Werefkin. Sie hatten zwei Atelierwohnungen auf dem gleichen Stock inne. Es war ein seltsames Milieu, ein Durcheinander von altmodischen Möbeln, künstlerischen Dingen, orientalischen Teppichen, Stickereien und Fotografien von Ahnen. Beide stammten aus altem Adel, der Bruder der Werefkin war vor dem Kriege Gouverneur von Wilna. Sie war eine ungemein temperamentvolle starke Persönlichkeit, voll revolutionären Geistes gegen alles Laue und Ängstliche. Wir sahen sie zuerst, als wir in Jawlenskys Atelier eintraten, sie kehrte uns den Rücken zu, eine schmale hochgewachsene Gestalt mit knallroter Bluse, einem dunklen Rock und schwarzem Lackgürtel, im Haar eine breite Taftschleife. Man glaubte, ein junges Mädchen stünde da. Als sie sich umdrehte, sah

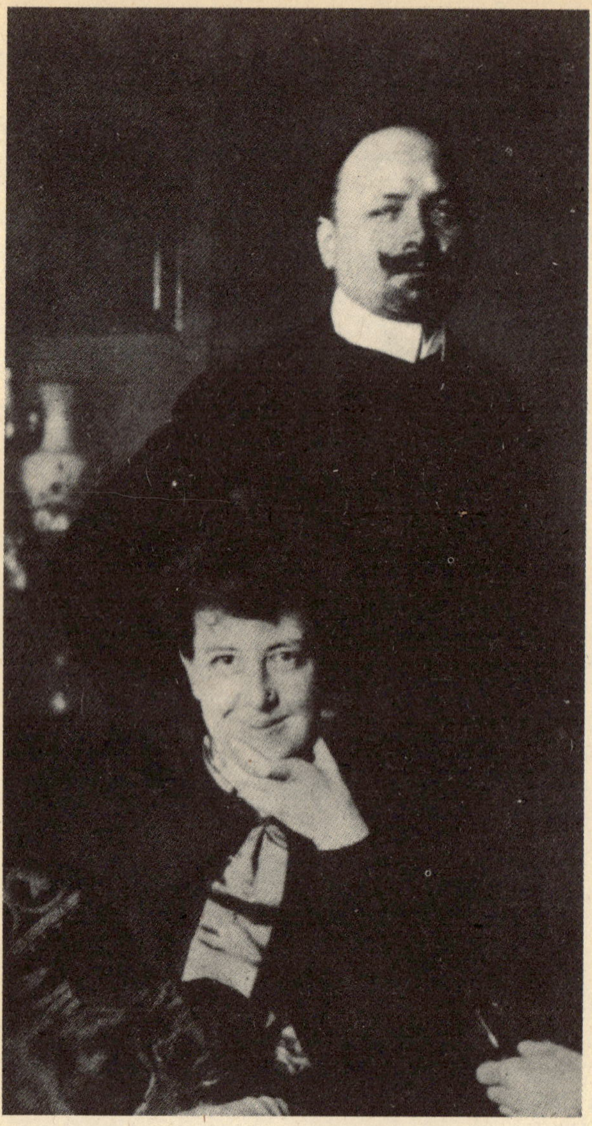

20. Marianne von Werefkin und Alexej von Jawlensky um 1912

man das vom Leben geprägte ausdrucksvolle Gesicht einer alternden Frau, die, wenn sie in Begeisterung geriet, mit ihrer rechten Hand, an der der Mittelfinger fehlte – er war ihr einmal abgeschossen worden, wie es hieß –, drohend in der Luft herumgestikulierte. Sie lebten damals in großer Freundschaft miteinander, sie hatte wohl auch die Geldmittel, die zu dem unbekümmerten Künstlerleben nötig waren, aber sie hatte auch die Herrschaft im Hause, sie bestimmte, und nach ihrem Willen mußte alles gehen. [...] In einem kleinen Nebenzimmer lebte Hélène, eine junge hübsche Person, die still und unbemerkt den Haushalt versorgte und alle täglichen Arbeiten verrichtete, aber nie mit am Tisch saß, wenn Gäste anwesend waren. In dem kleinen Zimmer stand ein Feldbett, eine Nähmaschine, ein Kinderpult, und es waren viele bunte Kinderzeichnungen mit Reißnägeln an der Wand befestigt. Der kleine André, damals sechs Jahre alt, der „Neffe" von Jawlensky, in Wahrheit sein und Hélènes Sohn, hatte sie gemalt, Jawlensky zeigte sie uns in Abwesenheit des Jungen mit großem Stolz, aber ein wenig lag immer ein Geheimnis über diesen drei Menschen und ihrer Zugehörigkeit zueinander. Jawlensky selbst war ein ungemein sympathischer Mensch voll Güte und Zartheit, ein vollendeter Kavalier, früherer Offizier mit viel alter Tradition. Ich sehe ihn heute noch den Tee eingießen und seine Gäste betreuen und uns seine große Sammlung von alten Glasbildern, die eine ganze Wand seines Ateliers bedeckten, zeigen. Er malte damals großformatige, starkfarbige Bilder, als Modell saß ihm oft der Tänzer Sacharoff, den er zu diesem Zweck als Frau und Spanierin mit Fächer und Mantilla verkleidete.[39] Wir lernten ihn einmal dort kennen, aber der Eindruck war nicht sehr angenehm.

Alexej von Jawlensky: Lebenserinnerungen

Wir waren mehrere Jahre immer zusammen und er fast täglich bei uns. Seine ganze Ausbildung im Tanz hatten wir zusammen besprochen. Ich habe immer gesehen wie er tanzte. Er liebte und verstand meine Kunst sehr gut. Später war in München ein Tanzabend von Clotilde von Derp. Wir gingen in diesen Tanzabend und saßen in der ersten Reihe, nachher gingen wir zu ihr in die Garderobe, und da wurde

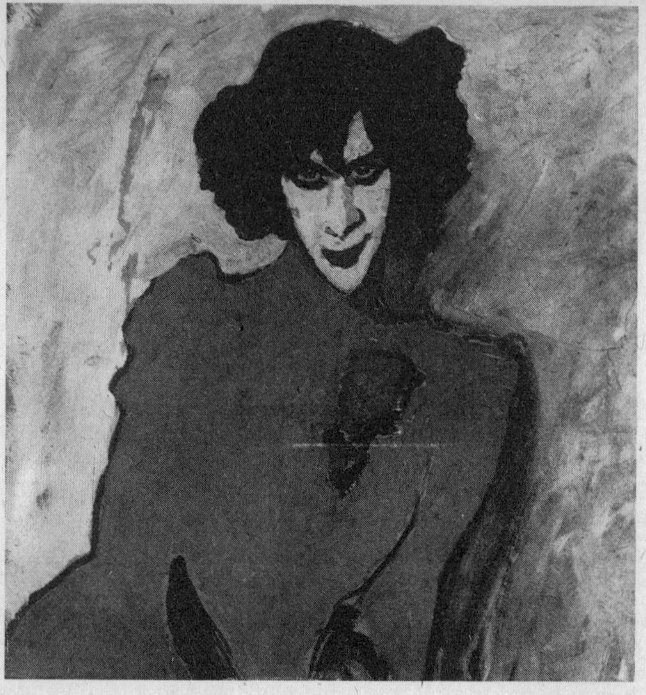

21. Alexej von Jawlensky: Bildnis des Tänzers Alexander Sacharow. 1909, Öl

unsere Freundschaft beschlossen. Später wurde sie die Partnerin von Sacharoff und noch später seine Frau. Jetzt sind sie eines der berühmtesten Tanzpaare der Welt. [...] Im Frühling 1911 fuhren wir nach der Ostsee nach Prerow, Werefkin, André, Hélène und ich. Dieser Sommer bedeutete für mich eine große Entwicklung in meiner Kunst. Ich malte dort meine bisher besten Landschaften und große figurale Arbeiten in sehr starken glühenden Farben, absolut nicht naturalistisch und stofflich. Ich habe sehr viel Rot genommen, Blau, Orange, Kadmiumgelb, Chromoxydgrün. Die Formen waren sehr stark konturiert mit Preußisch Blau und gewaltig aus einer inneren Ekstase heraus.

1. Erstes Anzeichen des „Blauen Reiters“

Wassily Kandinsky: An Franz Marc (19. 6. 1911)

Nun! ich habe einen neuen Plan. Piper muß Verlag besorgen und wir beide – die Redakteure sein. Eine Art Almanach (Jahres-) mit Reproduktionen und Artikeln und *Chronik*!! d. h. Berichte über Ausstellungen – Kritik [...] nur von Künstlern stammend. In dem Buch muß sich das ganze Jahr spiegeln, und eine Kette zur Vergangenheit und ein Strahl in die Zukunft müssen diesem Spiegel das volle Leben geben. Bezahlt werden die Autoren eventuell nicht. Eventuell bezahlen sie selbst ihre Clichés usw. usw. Da bringen wir einen Ägypter neben einem kleinen Zeh[40], einen Chinesen neben Rousseau, ein Volksblatt neben Picasso u. drgl. noch viel mehr! Allmählich kriegen wir Litteraten und Musiker. Das Buch kann „Die Kette“ heißen oder auch anders [...]. Sprechen Sie nicht darüber. Oder nur dann, wenn es direkt uns nutzen kann. In solchen Fällen ist „Diskretion“ sehr wichtig.

Wassily Kandinsky: An Franz Marc (1. 9. 1911)

Ich dagegen habe Hartmann geschrieben, von unserer Union berichtet und ihm den Titel des „Bevollmächtigten Mitarbeiters für Rußland“ verliehen. Und ausdrücklich verlangt, daß er tiefseelig fühlt, was dies bedeutet. Auch an Le Fauconnier schrieb ich [...].
Bei Hartmann habe ich einen Artikel über armenische Musik bestellt und eine musikalische Correspondenz aus Ruß-

land [...]. Über die italienische musikalische Bewegung haben wir etwas Material in dem Manifest der „Futuristi", welches mir zugeschickt wurde.[41] Schönberg *muß* über deutsche Musik schreiben. Le Fauconnier *muß* einen Franzosen besorgen. Musik und Malerei werden schon ordentlich beleuchtet. Etwas Noten sollen auch drin sein. Schönberg hat ja z. B. Lieder. Man könnte eventuell Pechstein auffordern, eine Berliner Correspondenz zu schreiben: wenig verantwortlich – und dabei prüfen wir seine Kräfte. Frl. Worringer über Gereonsclub und seine Ziele.[42] Passen Sie auf! Wir kriegen schon einen richtigen Puls in unser liebes Heft. Ein Stück aus Tschudischem „Galeriedirektor"[43] dürfen wir auch bringen. Wir müssen eben zeigen, daß *überall* was vorkommt. Wir bringen etwas von der russischen religiösen Bewegung, wo *alle* Schichten beteiligt sind. Dafür habe ich meinen ehemaligen Collegen Prof. Bulgakoff (Moskau, Nationalökonom und einer der tiefsten Kenner des religiösen Lebens). Theosophen müssen kurz und stark (wenn möglich statistisch) erwähnt werden.[44]

Franz Marc: An August Macke (8. 9. 1911)

Mein letzter Brief über die Vereinigung war nur ein kleines Präludium zu weit größeren Plänen, die Kandinsky und ich momentan aushecken; (ich brauche Dich wohl nicht extra zu bitten, gegen jedermann davon vorerst zu schweigen?). Wir wollen einen „Almanach" gründen, der das Organ aller neuen echten Ideen unserer Tage werden soll. Malerei, Musik, Bühne etc. Er soll zugleich in Paris, München und Moskau erscheinen, mit vielen Illustrationen. In Paris sollen Le Fauconnier und Girieud die erste Mitarbeiterschaft übernehmen, an Musikern haben wir Schönberg und einige Moskauer, außerdem dort die Burljuks. – Es soll vor allem durch vergleichendes Material viel erklärt werden –.
Deine alten Pläne, vergleichende Kunstgeschichte zu treiben, haben hier ihren Platz. Wir werden alte Glasbilder, französische und russische Volksblätter bringen, neben fremden und eigenen neuen Sachen, zuweilen dazwischen einmal „Münchner moderne Malerei" zum Vergleich. Wir erhoffen soviel Heilsames und Anregendes davon, auch direkt für die eigene Arbeit, zur Klärung der Ideen, daß die-

ser Almanach unser ganzer Traum geworden ist. (Verleger ist natürlich ein ganz gewöhnlicher Setzerlehrling namens Piper.) Mir tut es unendlich leid, Dich nicht hier zu haben bei den langen Abenden, an denen wir alles durchsprechen. Selbst wenn noch alles zu Wasser würde, wären mir diese Abende nicht leid. Auch Deine Bühnenpläne sind hier am Platz; in dieser Beziehung haben wir ziemlich feines Material (wiederum von Russen!).

Wassily Kandinsky: An Franz Marc (8. 9. 1911)

Ich habe Ihren Artikel[45] im allgemeinen und auch in meisten Einzelheiten sehr gern. Manches von den letzteren scheint mir etwas zweideutig zu sein (Fackeln!), manches möchte ich bestreiten: *wir* sehen doch die Morgenröte klar und brauchen nicht auf sie zu warten. [...] Unklar ist mir, ob wir (bzw. Sie) mich am Anfang Ihres Artikels bringen dürfen. Ist dies nun nur conventionelle Angst vor „Reklamemacherei“? Oder ist ein anderer echter Grund da, der mir fingerdroht? / Ich bringe alle Papiere mit, und wir stellen den Inhalt des Hefts I fest, soviel es möglich ist natürlich.

Franz Marc: An Reinhard Piper (10. 9. 1911)

beiliegendes provisorisches Inhaltsverzeichnis der 1. Nummer unseres Almanachs[46] soll Ihnen nur berichten, daß wir in der letzten Zeit sehr fleißig an der Sache gearbeitet haben. Als engere Mitarbeiter haben wir Arnold Schönberg (der diesen Mittwoch nach Murnau kommt und uns seine Beiträge zugesichert hat), in Paris Le Fauconnier (Vice-Präsident der indépendants[47]), P. P. Gierieud (der über die Primitiven von Sienna[48] schreibt), in Rußland als Vertreter der neuen Musik Kulbin und Hartmann u. a. Haben Sie nicht Lust, Ihren Besuch in Murnau nun einmal zur Ausführung zu bringen? Wir könnten dann gemütlich den Tag über das ganze Projekt bereden, an der Hand der zum größten Teil schon vorliegenden Beiträge. Soweit Werke von lebenden Künstlern reproduziert werden, trägt jeder Künstler die Kosten seiner Klisches. Haben Sie Kandinsky's Schrift über Malerei[49] durchstudiert? Es wäre schön, wenn es wirklich auch bald herauskäme. Im Almanach könnte man zuweilen darauf direkt Bezug nehmen, statt Gleiches zweimal zu sagen.

Wassily Kandinsky: An Alfred Kubin (22. 9. 1911)

Ich weiß gar nicht, wie ich anfangen soll!!?? Sie sehen mich im Tore der Glückseligkeit. Einen Menschen haben Sie vor sich, welcher mit seinen dummen (unkünstlerischen!!) Träumen aus jedem anständigen Lokal der wirklichen (allerbesten!!!) Kunst hinausgeschmissen wurde. Einen Menschen, welcher nicht wach werden wollte, da er an die Wirklichkeit seiner Träume glaubte. Und die Träume waren dünn, mager an Fleisch und blutleer. Einen Menschen ... also gut! Es ist fest gegründet worden ... ein neuer, neuster, allerneuster Verein? Doch nicht! Eine wirklich freie, cliquenlose, internationale (ho-ho!) Zeitschrift, die ebenso unregelmäßig erscheinen soll, wie unregelmäßig das wirklich Gute entsteht. [...] Alles ist Feuer und Flamme. [...]
Nun fehlt nur (oh, er fehlt!) das letzte Wort der Zusagung Alfred Kubins, und ganz besonders sein erster Beitrag. Ja! Verleger – Piper & Co. – Das Heft (richtiger: Buch) soll Januar erscheinen. Es wird bald-möglichst mit dem Satz angefangen. Die Voranzeige wird unter anderen Piper'schen Voranzeigen in 200000 Exemplaren gedruckt. Alles dazu fertig.
Also reichen Sie mir schnell aus der Ferne (die wir jetzt vernichten) die Hand, seien Sie nett, gratulieren Sie mir und ... schicken Sie mir bald, bald, sehr, sehr bald Ihren Beitrag: schreiben Sie worüber Sie wollen, wieviel Sie wollen. Schreiben Sie davon, was Sie zum Frühstück essen, bei wem Sie Schuhe kaufen, und alles, was *Sie* machen, wird gut und mit Dank aufgenommen! Da Sie mir einmal sagten, *da* tun Sie mit, so war ich so frei, bei Piper mit Ihrer Mitarbeiterschaft zu protzen. Und P. hat's gut geschmeckt. Und noch eine freche Bitte (ich tu' so, als ob ich Ihre Begeisterung für die Sache schon da hätte und den Artikel dazu): das Buch wird riesig fein (numerierte Exempl. à *vielleicht* 20 M.), so sollen das feine Sachen für Buchschmuck sein. Na ja, Sie verstehen mich schon. Kläglich zum Schluß muß ich sagen: Honorare gibt's fürs erste nicht. Wußten Sie, daß wir auch verdienen werden? Ich sehe ganz, ganz klar Ihr

Gesicht, und Sie schmunzeln! Eh bien! Rira bien, qui rira le dernier.[50]
[...] Diese ganze Glückseligkeit verdanke ich dem feinen Franz Marc. Der ist der reinste Zauberkünstler und dazu ein wirklicher Freund. – Ich drücke fest und herzlich Ihre Hand, die mich doch gerade jetzt nicht verläßt! Gelt?

August Macke: An Gabriele Münter (25. 9. 1911)

Es hat sich Wichtiges gesammelt, aber das Loslassen wird mir schwer werden. „Die Rechtfertigung der Bauernkunst" oder „Temperament in Töpferornamenten", „Das Künstlerische bei den afrikanischen Geheimbündlern", „Masken und Puppenspiele bei Griechen – Japanern – Siamesen", „Mysterienspiele bei Heiden und Altchristen", „Das lebendige und das tote Ornament", „Die nackte Tatsache in der Kunst" etc. Von all diesem brodelt ein Durcheinander in meinem Kopfe. Wenn ich etwas Gescheites herausfische, schreibe ich es gerne auf. Im übrigen komme ich bald nach München, Sindelsdorf und Murnau.

Gabriele Münter: An Arnold Schönberg (27. 9. 1911)

Hier kommt die Erinnerung. Bitte, seien Sie doch so gut, zu veranlassen, daß der erwähnte Artikel aus dem bewußten Taschenbuch baldmöglichst in Kandinskys Hände kommt[51] – und was Sie sonst noch Gutes geschrieben haben. Sie würden auch ein sehr gutes Werk thun, wenn Sie gute Reproduktionen (Photos oder Clichès) von Kokoschka, der ja auch in Berlin ist, direkt schicken lassen könnten. Wenn nicht, bitte um Kokoschkas Adresse, daß wir uns selbst an ihn wenden können. Die blaue Reiterei stürmt voran. Ein Haufen Arbeiten. Es soll mit dem Druck angefangen werden, helfen Sie! Stürmen Sie mit, damit das Ziel erreicht wird.
Wir warten sehr auf Artikel u. Bildermaterial.

Wassily Kandinsky: An Franz Marc (9. 10. 1911)

Ihren Artikel (Greco)[52] will ich noch einmal in aller Ruhe lesen. Es gefällt mir und Ella[53] sehr der herzliche Ton und der Gedanke. Soviel ich beurteilen kann (momentan), würde ein mutigerer Ton die Wärme nur heben, stärker herausklingen lassen. Die Sache ist sympathisch und lebendig, wie alles, was Sie schreiben.

Wassily Kandinsky: An Robert Delaunay (28. 10. 1911)

Ihre Bilder interessieren mich *sehr*. Ich habe schon eine Autotypie von Ihrem *Tour Eiffel* […] machen lassen, die sehr gut geworden ist.[54] Ich werde Ihnen die Nummer des „Blauen Reiters" schicken, die im Januar erscheinen wird. Würden Sie ein paar Überlegungen zu Ihrem künstlerischen Ziel schreiben? Über den Kubismus vielleicht? Was Sie am liebsten möchten.

[…] Hätten Sie die Güte, mir die Anschrift von Herrn Uhde mitzuteilen: ich möchte ihn um Rousseau-Klischees für den „Blauen Reiter" bitten.[55]

Elisabeth Erdmann-Macke: Erinnerungen an August Macke

August hatte […] die Mitglieder der Neuen Künstlervereinigung kennengelernt und sich noch mehr für die Ideen und Ziele dieser revolutionären Künstlergruppe interessiert. Der Plan, eine Zeitschrift als Organ dieser Richtung zu gründen, war immer näher gerückt, und es bedurfte nur der Einladung von Kandinsky, der in Murnau in dem kleinen Landhaus von Gabriele Münter wohnte, um die Sache in Angriff zu nehmen. Wir vier reisten also hin, wurden von Kandinsky in einem großen Haus in der Nähe sehr gut einlogiert, und jetzt wurde der „Blaue Reiter" in langen Sitzungen mit Kunstdebatten, Aufrufen, Vorschlägen für Vorworte usw. geboren. Es waren unvergeßliche Stunden, als jeder der Männer sein Manuskript ausarbeitete, feilte, änderte, wir Frauen es dann getreulich abschrieben. Es kamen Beiträge an von den zur Mitarbeit aufgeforderten Künstlern, Vorschläge zu Reproduktionen. Alles wurde gesichtet, diskutiert, angenommen oder abgelehnt, nicht ohne kleine Streitigkeiten und Reibereien. So fanden wir es damals nicht sehr geschmackvoll, daß Marc und Kandinsky jeder mit seiner Amazone auf dem Plan erschien, während von August keine vollwertige Reproduktion eines Bildes gebracht werden sollte. Trotz allem waren diese Tage ungeheuer anregend, vor allem auch, weil August Kandinskys

Schaffen zum ersten Male kennenlernte und sich ein eigenes Urteil darüber bilden konnte. Kandinsky selbst war ein merkwürdig fremder Typ, ungemein anregend für alle Künstler, die in seinen Bann gerieten, er hatte etwas Mystisches, Phantastisches an sich, gepaart mit seltsamem Pathos und einem Hang zur Dogmatik. Seine Kunst war eine Lehre, eine Weltanschauung [...].
Das kleine Haus der Münter war sehr gemütlich eingerichtet, Kandinsky hatte am Treppengeländer entlang einen bunten Fries farbiger Gestalten und Reiter gemalt. [...]
Durch die seltsamen Überempfindlichkeiten der Münter

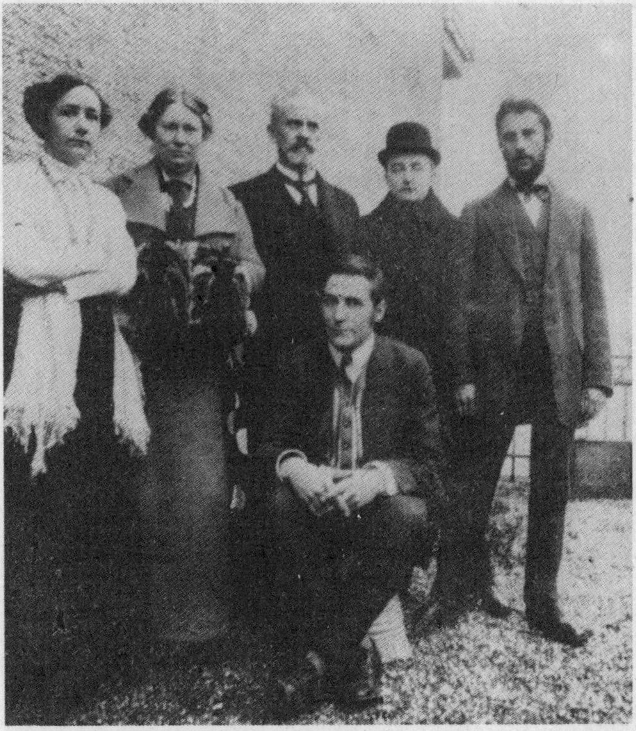

22. Gabriele Münter, Maria Marc, Bernhard Koehler sen., Thomas von Hartmann, Heinrich Campendonk und (vorn) Franz Marc

wurde das Freundesverhältnis bald ernstlich getrübt und zuletzt ganz zerstört. [...]
Kandinsky [...] führte uns in seinen kleinen Arbeitsraum, in dem damals gerade die Gelbe Kuh – ein Bild, wohl durch Marc angeregt – auf der Staffelei stand. Franz malte zugleich die springende gelbe Kuh und August auf Franz' Speicher den „Sturm", dieses seltsame Bild, in dem sich in der eigenartigen Form links im Bilde der Rhythmus der gelben Kuh von Franz wiederholt. Diese drei Bilder stehen in engem Zusammenhang und zeugen von dem Einfluß der Künstler aufeinander. Franz bat auch August, ihm in ein Bild „Badende Frauen" hineinzumalen,[56] weil er an einen toten Punkt bei der Arbeit gekommen war. August machte im Hintergrund einige kräftigere Flächen und Lichter in Grün und Rot, und Franz fand nun den Weg, wie er es weitermalen konnte. Die Tage in Murnau gingen hin mit viel Überlegungen und langen Gesprächen über die Gestaltung des „Blauen Reiters". Jeder arbeitete an seinem Beitrag, August verfolgte mich mit dem Beginn seines Aufsatzes „Masken": „ein sonniger Tag, ein trüber Tag, ein Perserspeer, ein Weihgefäß", vertraute Worte, die mir lange nach unserer Rückkehr noch im Ohr klangen.

Vorwort der Redaktion[57]

Es beginnt und hat schon begonnen eine große Zeit: das geistige „Erwachen", die entstehende Neigung zum Neugewinnen des „verlorenen Gleichgewichtes", die unvermeidliche Notwendigkeit der geistigen Pflanzungen, das Entfalten der ersten Blüten. Wir stehen in der Thür einer der größten Epochen, die die Menschheit bis jetzt erlebt hat, der Epoche des Großen Geistigen. Zu Zeiten des scheinbar intensivsten Erblühens, des „großen Sieges" des Materiellen, im eben abgeschlossenen XIX. Jahrhundert bildeten sich beinah unmerklich die ersten „neuen" Elemente der geistigen Atmosphäre, welche dem Erblühen des Geistigen die nötige Nahrung geben wird und schon gibt. Die Kunst, Literatur und selbst die „positive" Wissenschaft stehen in verschiedenen Graden der Wendung zu dieser „neuen" Zeit. Unterliegen ihr aber alle. Das Abspiegeln der Kunstereignisse, die im direkten Zusammenhang mit dieser Wendung stehen, und der zur Beleuchtung dieser Ereignisse notwendigen Thatsachen auch auf anderen Gebieten des geistigen Lebens ist unser größtes Ziel. So findet der Leser in unseren Heften Werke, die durch den erwähnten Zusammenhang in einer *inneren* Verwandtschaft miteinander stehen, wenn auch diese Werke äußerlich fremd zueinander erscheinen. Nicht das Werk wird von uns beachtet und notiert, welches eine gewisse anerkannte, orthodoxe äußere Form besitzt, sondern das Werk, welches ein inneres Leben hat, im Zusammenhang mit der großen Wendung stehend. Und das ist natürlich, da wir nicht das Tote, sondern das Lebende wollen. [...] Es sollte wohl überflüssig sein, speziell zu unterstreichen, daß in unserem Falle das Princip des Internationalen das einzig mögliche ist. Heutzutage muß aber auch das bemerkt werden: das einzelne Volk ist einer der Schöpfer des Ganzen und kann nie als Ganzes angesehen werden. Das Nationale, gleich dem Persönlichen, spiegelt sich in jedem großen Werke von selbst ab. In der letzten Consequenz aber ist diese Färbung eine nebensächliche. Das ganze Werk, Kunst genannt, kennt keine Grenzen und Völker, sondern die Menschheit.

Wassily Kandinsky: An Robert Delaunay (5. 11. 1911)

Ich wäre Ihnen sehr dankbar für die Übersendung des Artikels von Ihrem Freund[58]. Natürlich kann ich nicht versprechen, daß er im „Blauen Reiter" erscheinen wird, ich muß ihn lesen. Auf jeden Fall würde ich ihn gern spätestens in 2–3 Wochen in Händen haben. *Im allgemeinen* nehmen wir keine Beiträge von Kritikern, denn *im allgemeinen* sagen Künstler, auch wenn sie nicht sehr geschickt von Kunst sprechen, lebendige Dinge. Schriftsteller hingegen sprechen von schon kristallisierten Dingen, d. h., sie sehen sie nicht in Bewegung, sondern im Zustand der Ruhe, des „Todes". Jeder Musiker von Geist ist imstande, über seine Kunst zu sprechen (ohne die Töne usw. durch Wörter ersetzen zu wollen); denn seine Kunst ist konstruktiv. Und andererseits, da unsere große Kunst – die Malerei – auf dem Wege einer konstruktiven Entwicklung ist, bricht die Zeit der Maler-Schriftsteller an. Der „Blaue Reiter" soll die erste Quelle sein.

Franz Marc: An Wassily Kandinsky (6. 11. 1911)

Ich bin im Stillen sehr der Meinung, wir sollten die Courage fassen, den bl. R. selbst in den Sattel zu setzen, wenn wir nicht bald Garantiezeichner finden. Ohne Tschudi werden sie nicht so leicht zu haben sein [...]. Leute wie Köhler gehe ich lieber später, wenn die Sache schiefgeht, an als jetzt. Am ehesten denke ich an Flechtheim und Osthaus, den Münchnern traue ich nicht, ohne direkte Verwendung von Tschudi.

Franz Marc: An August Macke (9. 11. 1911)

Nachdem Tschudi so schwer erkrankt ist, daß wir nicht daran denken können, ihn mit unserer Reiterei zu belästigen, müssen wir uns direkt an die Herren der Finanz wenden. Ich sprach ausführlich mit Braune darüber, der keine großen Schwierigkeiten in der Sache sieht, zudem wir jetzt folgenden Plan gefaßt haben: Wir (Kandinsky und ich) stellen als *Gegengarantie* für eine etwaige Deckung des Defizits Bilder von uns in Aussicht, d. h. also, wir müssen Leute suchen, die unsere Bilder (auf diese natürlich wohlfeile Art) gerne erwerben. Koehler ist Kandinsky und mir für die Sache nicht sympathisch, – wir wollen ihn wenigstens noch aufsparen. Dagegen dachten wir an Alfred *Flechtheim*; er besitzt Bilder aus unserem Kreis und wird sicher allmählich noch mehr davon haben wollen. Nur: sich direkt einen Korb holen?? ist fad; die Sache überhaupt schriftlich zu machen, ist nicht angenehm; wir hoffen auf Deine gütige Vermittlung. Magst Du's tun? Es tut mir leid, daß Du, eben heimgekehrt, Dich wieder in Bewegung setzen sollst, aber die Sache liegt uns doch allen sehr am Herzen, – hoffentlich Dir auch? Kandinsky war gestern hier; ich besprach mit ihm sehr genau den Prospekt; er gab zu, selbst zuweilen von manchen Wendungen darin „gekratzt" zu werden, und strich schließlich alle besagten Stellen, so daß der Prospekt jetzt einen sehr harmlosen Charakter hat. Die Pfeile werden später verschossen, wenn man das Raubzeug direkt angreifen will, statt vorher in den Wald hinein zu schießen. Ich schicke heute das 2. (seit damals) stark vermehrte provisorische Heft an Dr. Braune zur Einsicht. Jetzt hat es schon ein sehr stattliches Aussehen. Dein Artikel ist mit den ethnographischen Wundern ausgestattet. Ich schrieb meinen über Tschudi und Meier-Graefe unter die Cézanne's, der Prospekt erhielt als Signum mein japanisches Fabeltier usw. Ganz wunderschön sind die Glas- und Votivbilder geraten. Sie wandern in diesen Tagen zu Bruckmann zur Clichierung. Schreib bitte *umgehend*, ob Du die Vermittlung an Flechtheim übernehmen willst. Wenn ja, dann schicken wir Dir das provisorische Heft. Flechtheim wird sicher zunächst seinen „Freund" Sternheim vorschlagen, an den er mich schon zweimal in seinen Briefen empfohlen. Sag ihm dann, daß wir natürlich auch daran gedacht haben, ihn aber fürchten, weil Sternheim sehr eigenwillig ist und in der Redaktion der Hefte wahrscheinlich (resp. sicher, schriftstellerisch) wird beteiligt sein wollen. Um so etwas zu vermeiden, haben wir ja auch *Piper* finanziell sich nicht beteiligen lassen wollen, denn dann hört die Sache sofort auf, das zu sein, was wir mit ihr beabsichtigen. Außerdem sag ihm, wir fürchten, von Sternheim einen Korb zu bekommen, da er sich bis jetzt in keiner sichtlichen Form für uns interessiert hat, wozu er als Münchner reichlich Gelegenheit gehabt hätte. Etwas anderes ist, wenn sich Flechtheim mit Sternheim für den Blauen Reiter assoziieren will.

Franz Marc: An August Macke (13. 11. 1911)

Schönen Dank für Deine guten Nachrichten. Wenn wir nur etwas gedeckt sind, geht's leicht. Kandinsky schickt das Probeheft. Es sieht im Grunde zahm aus und wird die Herren nicht abstoßen.

Franz Marc: An August Macke (21. 11. 1911)

Dank für den Brief von Flechtheim. Ich hab ihm ausführlich geantwortet. Ein finanzieller Ausbau des Unternehmens scheint mir nicht möglich, vielleicht aber beim 2. Heft. Zunächst müssen wir es mit den Garantiezeichnern versuchen. Subskription scheint mir fraglich wegen der Auflage von 1000 Exemplaren.
Wir unterbreiten den Plan natürlich Piper. Vielleicht hat ja das Abdrucken der Namen solche Zugkraft. Tschudi hat ge-

schrieben, *sehr* sympathisch; er will uns später sehr helfen; momentan ist er zu krank und muß sofort nach dem Süden. Jede geschäftliche Tätigkeit ist ihm unmöglich momentan. [...] Kandinsky hat ein *fabelhaftes* Riesenbild gemalt. Pfui Gott.

Franz Marc: An August Macke (25. 11. 1911)

[Aufgeklebter Zeitungsausschnitt:]
„5 Uhr 35 Min. beginnend, wurde auf der Münchner Erdbebenstation ein heftiges Beben, anscheinend asiatischen *Ursprungs, registriert.*"
Erstes Anzeichen des „Blauen Reiters"!
[...] Flechtheim garantiert 500 und scheint wohl auch noch andere Leute des Sonderbundes ranzuholen. An Koehler schrieb ich auch. Ich finde, man darf ihn nicht ignorieren; er schnappt uns schließlich ein, und das wäre nicht der

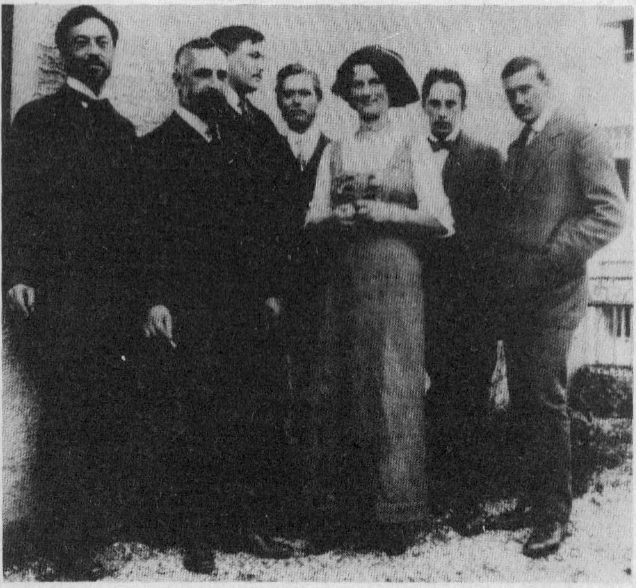

23. Wassily Kandinsky, Cuno Amiet, August Macke, Helmuth Macke, Frau Amiet, Heinrich Campendonk und Louis Moilliet

Zweck des Schweigens. Subskriptionsausgabe wird auch in irgendeiner Form gemacht. […] Tschudi ist tot! Ich mag gar nicht darüber schreiben, so hat es mich erschüttert. Mein Herz hing wirklich an diesem melancholischen großen Mann.

Arnold Schönberg: An Wassily Kandinsky (11. 11. 1911)

Auf den „Blauen Reiter" bin ich schon sehr neugierig. Wann erscheint er denn endlich? Oder sind Sie noch nicht soweit?
Ihnen einen Aufsatz für die zweite Nummer zu schreiben, fand ich noch immer nicht Zeit. Aber vielleicht komme ich doch bald dazu. Augenblicklich geht's wohl kaum, denn ich halte vom 20. November angefangen im Sternschen Konservatorium[59] einen Cyklus von 8–10 Vorträgen über „Ästhetik und Kompositionslehre". Wie Sie sich wohl denken werden, handelt es sich dabei darum, beide umzustoßen. Vielleicht werde ich einen dieser Vorträge schriftlich ausarbeiten und ihn dem blauen Reiter geben.

Wassily Kandinsky: An Arnold Schönberg (16. 11. 1911)

Nun, der Blaue Reiter! Der erscheint ja erst Mitte Januar, vielleicht sogar Ende. Und deshalb haben Sie noch einen sehr guten Monat für Ihren Artikel. *Erste* No. ohne Schönberg! Nein, das will ich nicht. Wir werden eben 3–4 musik. Artikel haben – Frankreich, Rußland. Der eine ist groß, heißt „Musikwissenschaft", stammt von Moskau u. stellt vieles auf den Kopf. Geben Sie uns 10–15 Seiten! Wie gesagt – ohne Schönberg *darf* es nicht sein.

Arnold Schönberg: An Wassily Kandinsky (14. 12. 1911)

Nun zum blauen Reiter: Ich glaube, ich kann Ihnen doch etwas Musik von mir zum Abdruck geben. Wie lang darf es sein. Dürfen es 4–5 Seiten sein? Oder kürzer? Schreiben Sie mir das gleich! Dagegen habe ich noch immer nichts für Sie geschrieben. Meine Vorträge im Sternschen Konservatorium nehmen meine Gedanken so sehr in Anspruch. Vielleicht wirds noch!

Voranzeige (Entwurf)

Gegen Frühjahr 1912 erscheint bei R. Piper & Co. München:

„Der Blaue Reiter"

Die Mitarbeiter dieses in zwangloser Folge erscheinenden Organs sind hauptsächlich Künstler (Maler, Musiker, Dichter, Bildhauer).

Aus dem *Inhalt* des ersten Bandes:

Roger *Allard*	Über die neue Malerei
Franz *Marc*	Geistige Güter
" "	Die „Wilden" Deutschlands
August *Macke*	Die Masken
David *Burljuk*	Die „Wilden Rußlands"
Th. *v. Hartmann*	Die „Anarchien" in der Musik
Arnold *Schönberg*	Die Stilfrage
Kandinsky	„Der Gelbe Klang" (eine Bühnenkomposition)
"	Über Construktion in der Malerei usw.

Etwa 100 Reproduktionen:

Bayerische, französische, russische Volkskunst; primitive, römische, gotische Kunst; ägyptische Schattenfiguren, Kinderkunst usw. – Kunst des XX. Jahrhunderts: Burljuk W., Cézanne, Delaunay, Gauguin, Le Fauconnier, Girieud, Kandinsky, Kubin, Marc, Matisse, Münter, Pechstein, Picasso, Schönberg, van Gogh, Wieber etc.

Musikbeilagen: *Lieder* von Alban Berg, Anton von Webern.

Preis etwa 10 M.

Als Herausgeber zeichnen: Kandinsky, Franz Marc.

Die große Umwälzung; Das Verschieben des Schwerpunktes in der Kunst, Literatur und Musik; Die Mannigfaltigkeit der Formen: das Construktive, *Compositionelle* dieser Formen, Die intensive Wendung zum Inneren der *Natur* und der damit verbundene Verzicht auf das Verschönern des Äußeren der Natur – – das sind im Allgemeinen die *Zeichen der neuen inneren Renaissance.*

Die Merkmale und Äußerungen dieser Wendung zu zeigen, ihren inneren Zusammenhang mit vergangenen Epochen hervorzuheben, die Äußerung der inneren Bestrebungen in *jeder* innerlich klingenden Form bekannt zu machen

– – das ist das Ziel, welches zu erreichen „Der Blaue Reiter“ sich bemühen wird.

Wassily Kandinsky: An Robert Delaunay (18. 12. 1911)

Ich warte mit großer Ungeduld auf die Rousseau-Photos, die Sie mir angekündigt haben: der Blaue Reiter ist schon fast vollständig beim Drucker.

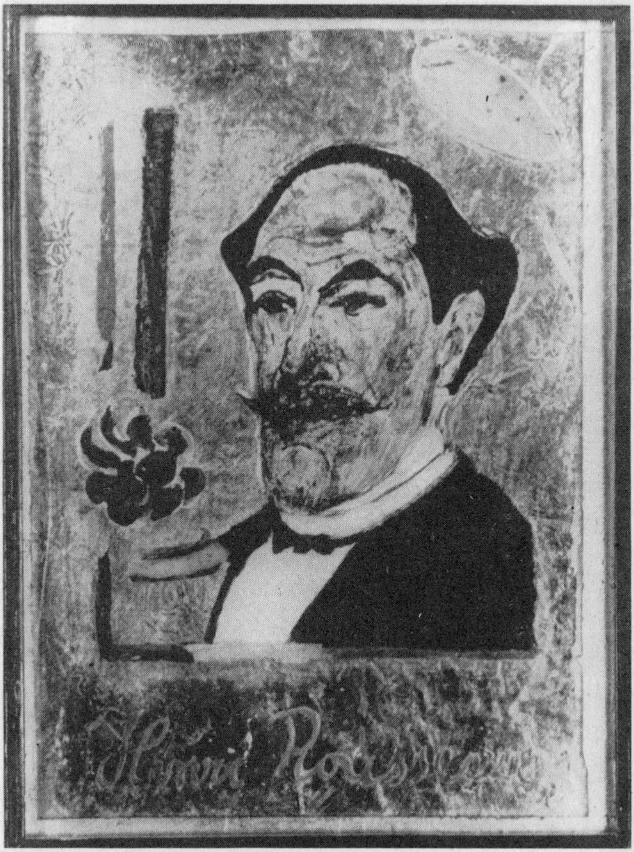

24. Franz Marc: Bildnis Henri Rousseau. 1911, Hinterglasmalerei, nach einem Selbstbildnis Rousseaus

Wassily Kandinsky: An Robert Delaunay (10. 1. 1912)

Herr von Busse war 2mal bei mir. Er selbst und sein Artikel haben auf mich einen sehr sympathischen Eindruck gemacht. Ich habe seinen Artikel für den Blauen Reiter angenommen.

Wassily Kandinsky: An Franz Marc (31. 12. 1911)

Der Artikel von Sabanejew über Skrjabin ist sehr interessant und wird sicher einen großen Eindruck machen. Gewissenhaft haben Hartmann und ich gestern den ganzen Abend an der Übersetzung gearbeitet. Heute hoffe ich ganz fertig damit zu werden.

Wassily Kandinsky: An Arnold Schönberg (13. 1. 1912)

Ich will Ihnen nur kurz aufzählen, was ich mache:
1) den Blauen Reiter, d. h. Artikel schreiben, lesen, corrigieren etc. 2) Ausstellung I des B. R. leiten, 3) Ausstellung II des B. R. vorbereiten, 4) für die Ausstellung in Moskau Deutsche, Franzosen, Schweizer einladen (ich habe unbeschränkte Vollmacht, also auch unbeschränkte Pflicht), 5) Verkaufen und Kaufen fremder Bilder helfen, und daraus fließend 6) ununterbrochen stets eilige, oft complizierte, oft sehr unangenehme Briefe lesen, schreiben (es gibt Tage, wo ich mit jeder der 5 Posten Briefe bekomme, es gibt Tage mit 20 einlaufenden Briefen, und es gibt keinen Tag ohne Briefe), 7) schulde ich Briefe, 8) male ich nicht, 9) vernachlässige ich *meine* Geschäfte. Ich habe in 14 Tagen über 80 Briefe geschrieben. Meine einzige Hoffnung ist, daß es sich ändert, wenn der „Bl. R." endlich da gedruckt liegt und Ausstellungen arrangiert sind.
[...] Bitte schicken Sie *schnell* Ihre Musik? Und der Artikel? Soll ich denn darauf verzichten? Schreiben Sie doch schnell etwas! Wie soll die deutsche Musik ohne Artikel bleiben? Es kommen 2 russische.

Wassily Kandinsky: An Arnold Schönberg (16. 1. 1912)

Ich erwarte also Ihren Artikel und freue mich! Heute habe ich die letzten Manuscripte in Druck gegeben. Schicken Sie also *recht* schnell! Und die Musik? Die Fotografien Ihres Selbstportraits habe ich gerade in Cöln bestellt. Das ist für den „BR“, der also in 5–6 Wochen vollkommen fertig (gedruckt usw.) sein soll. Wenn Sie nur wüßten, was das für eine Arbeit ist! – Darf ich Ihnen eine Correktur zuschikken? Es ist ein Artikel über Skrjabin, welchen ich selbst übersetzen mußte und habe eine Haidenangst, daß ich verschiedene Fachworte mißbraucht habe! Ach bitte helfen Sie mir doch! Der Artikel ist ganz kurz. Wollen Sie?

August Macke: An Franz Marc (22. 1. 1912)

Ich denke gerade darüber nach, daß der Blaue Reiter mich nicht reproduziert. Bis jetzt war ich davon überzeugt, daß andere wichtiger seien. Ich werde auch nicht leicht dazu zu bewegen sein, etwas herzugeben.

Franz Marc: An August Macke (23. 1. 1912)

Über etwas bin ich etwas böse: daß Du darüber nachdenkst, daß der Blaue Reiter Dich nicht reproduziert und daß „Du nicht leicht dazu zu bewegen sein wirst, etwas dazu herzugeben“. Du hast Dich im Herbst, als die Reproduktionen festgestellt wurden, strikt und formell dagegen gewehrt. Kandinsky sagte, er kann hier nicht eigentlich mitreden, da er ja gar nichts von Dir kannte. Während der Ausstellung sprachen wir einmal davon, vor dem „Sturm“, und wurden uns nicht recht klar, ob wir noch einmal Dich drüber interpellieren sollten; ich sagte damals, ich hätte das Gefühl, daß Du nicht recht magst. Zudem ist der 1. Band hoffentlich nicht der letzte. Aber nun stellst Du Dich schon wie Niestlé, dem die Gesellschaft nicht gut genug ist; das ist nicht hübsch und scheint mir doch ein bißchen eigen.

August Macke: An Franz Marc (23. 1. 1912)

Ich räsonniere nicht gegen den Blauen Reiter, sondern gegen verschiedene lahme Stellen an seinem Pferd. Schließlich muß einer räsonnieren. Ihr seht sonst wahrhaftig zu blau. Mit der Reproduziererei ist es so: Ich kam nach München und Sindelsdorf und fand die meisten Reproduktionen schon vor, als selbstverständlich die beiden Damen des Vorstandes, wovon die eine (die liebe Maria) auf meinen Vorschlag sich mit viel Größe zurückzog (was ich ihr nie vergesse). Notabene wurde mir von Kandinsky und Dir nie der Vorschlag gemacht, etwas von mir zu reproduzieren, vielmehr sagte ich dann, nachdem keiner eine Miene machte, mich aufzufordern, zu Maria, ich hätte gar keine Lust mitzumachen, worauf auch weiter kein Einspruch erfolgte. Meine Bemerkungen waren eine Art Notwehr gegen ein Nichtinbetrachtkommen von eigenen Sachen, besonders nachdem die Redaktionsdamen vorher in Betracht kamen. Und jetzt noch der Schönberg! Der hat mich direkt in Wut versetzt, diese grünäugigen Wasserbrötchen mit Astralblick. Gegen das Selbstporträt von hinten will ich nichts sagen. Aber sind diese paar Bröckchen das Geschrei um den „Maler" Schönberg wert? [...] Meine ganze Schimpferei beruht auf Gegenseitigkeit, d. h., ich bin von Dir aus dem Privatleben und aus den Redaktionszetteln (in Gemeinschaft mit Kandinsky) gewohnt, hohe Worte wie „neue Zeit, Falsches entlarven, sooo minder, Umwälzung etc." gewöhnt, daß ich immer das Gefühl habe, Ihr mutet Euch zu viel zu. Und nun sah ich, daß ich Dich warnen mußte, als blauer Reiter zu sehr an das Geistige zu denken. Kandinsky steht allein (als Asiate) und auf Grund seiner Entwicklung.

Franz Marc: An August Macke (25. 1. 1912)

Das mit Schönberg kann ich nicht bestreiten (das Selbstporträt mag ich zwar *sehr*) aber: Du kennst meine Maxime, meinem Herrn Mitredakteur nicht hereinzureden, weil ich dieses Recht im gegebenen Falle auch haben will und muß, sonst ist mir nicht wohl. Dasselbe mit den großen Worten, – ich bin im tiefsten Grunde viel bescheidener, als Du denkst.

Franz Marc: An August Macke (27. 1. 1912)

Ganz so, wie Du es darstellst, ist es nun nicht mit dem „Nichtauffordern" zum Blauen Reiter. Du kamst so gründlich „geladen" gegen den Prospekt und alles mögliche im

Blauen Reiter und verwahrtetest Dich gleich zu Anfang gegen eine Beteiligung mit Reproduktionen [...].
Auf mich wirkt dies auch etwas großtuerisch. Denn geholfen kann einer Sache wie dem Blauen Reiter nur werden, indem wir uns mit unseren ganzen Kräften, ohne Empfindelei und Hinterhalt, in die Sache stellen; das tut Kandinsky auf seine Weise (als „Asiate"!) und ich auf meine. Du darfst es ja auf Deine Weise machen, aber nicht nur durch Räsonnieren (wodurch Du allerdings schon einiges *Gesunde* gewirkt hast), sondern durch Mittun. Nun hör mal: schlage etwas von Deinen Sachen vor oder hilf mir wenigstens in der Auswahl, die mir sehr schwierig scheint. Am natürlichsten für Reproduktion schiene mir der *Sturm* aus dem Katalog, nur natürlich größer; schade ist nur, daß er durch den Katalog schon durch so viel Hände gegangen ist. Bei manchen so guten Sachen von Tegernsee und Bonn, die ich so liebe, spielt mir doch oft das Gefühl herein, daß eine einzelne Reproduktion (z. B. des *Berges mit den Blumentöpfen*) Dich nicht stark und schlagend vertritt; und gerade *dies möchte* ich, das wirst Du mir doch ehrlich glauben. Im Stillen hoffte ich immer auf die *Seeschlacht*, sprach auch mit Maria davon und hatte sie mir schon fest für die Blaue-Reiter-Ausstellung vorgestellt neben den Kandinskys, – nun hast Du's wieder überschmiert. Was ist mit dem großen, den *Spielenden Kindern,* von dem Du erzählt hast? Ich meine immer, Du müßtest irgend so etwas im Blauen Reiter bringen. Ehrlich gesagt und ohne Deiner Wertung der „Guitarrespielerin"[60] zu widersprechen (– ich bin nur froh, wenn es wirklich besser ist, als es mir damals schien), habe ich den Gedanken, daß eine Reproduktion Anklänge an Matisse zeigte, die Dich selbst nicht freuen würden und ein völlig unklares Bild von Dir geben. Also bitte hilf mir und gib Deine Vorschläge, was Du Dir für den Blauen Reiter zu reproduzieren denkst. Ich weiß ja auch gar nicht, was Du jetzt alles in Bonn hast. Aber eins bitte ich Dich: Mach möglichst bald die Photographie, je größer, je besser. [...]
Nun sei nett und hilf mir bei der Auswahl Deiner Reproduktionen, statt mir bloß mit den Händen vor dem Gesicht herumzufuchteln.

August Macke: An Franz Marc (5. 2. 1912)

Mit dem *Sturm* bin ich einverstanden. Ich erwarte noch eine andere Photographie, die ich, sobald ich sie habe, schicke.[61] Wartet aber nicht darauf. Es ist mir nicht so furchtbar wichtig. Druckt nur, damit man den Blauen Reiter bald sieht.

Gabriele Münter: An Arnold Schönberg (Januar 1912)

Will Ihnen nur schnell mitteilen, daß Ihr Artikel „Verhältnis zum Text" angekommen ist und besonders, daß ich mich sehr über ihren Beitrag zum BR freue und über diesen Artikel (der *eben* kam, in den ich nur eben schauen konnte) wie über alles von Ihnen. Kandinsky ist gestern für ein paar Tage zur Erholung verreist, er hat es recht nötig, das waren tolle Monate! Herausgeber, Redakteur, Artikelschreiber, mehrfacher Ausstellungsarrangeur, Bilderverkaufsvermittlungsbureau – da kommt Maler und Mensch nicht mehr zur Geltung. [...]
Ich habe so schnell zur Feder gegriffen, weil ich gleich von Ihrem schönen Beitrag wieder eine Begeisterung kriegte! [...]
Schon gelesen, Artikel ist sehr schön!

Wassily Kandinsky: An Arnold Schönberg (6. 2. 1912)

Hoffentlich überrasche ich Sie nicht zu sehr mit der Correktur über Skrjabin. Sie waren doch so gut, es auf sich *nach* dem Conzert zu nehmen. Ich habe Angst, daß wir in unserer Übersetzung allerhand musikalischen Unfug hereingeschoben haben. Ich werde Ihnen sehr, sehr dankbar sein.
Es war eine Pipersche Leistung – – Ihren Titel zu [...] ergänzen. Ich habe ihm auch geschrieben, daß ich neugierig bin, wie Sie sich dazu stellen. Die zweiten Correkturen kann ich doch selbst übernehmen?
Sehr hat es mich gefreut, daß Sie doch Noten geschickt haben. Ich zweifelte schon. Glücklicherweise konnte ich sie noch im Subskriptionsprospekt erwähnen, welcher gerade heute nach der ersten Correktur an Druckerei zurückging. Sehr fein!
Nun sind Sie hoffentlich nicht böse, daß ich Piper den Auf-

trag gab, ein Foto nach Ihrer „Dame in Rosa" für den „Bl. Reiter" telegrafisch zu bestellen. Ich *mußte* sie noch haben! Und es eilt SEHR.[62]
Und ich eile auch *sehr*!

Wassily Kandinsky: An Franz Marc (2. 2. 1912)

Ausstellen muß man solche Sachen.[63] Sie aber im *Dokument* unserer heutigen Kunst (und das soll unser Buch werden) zu verewigen, als einigermaßen entscheidende, dirigierende Kraft, – ist in meinen Augen nicht richtig. So wäre ich jedenfalls gegen *große* Reproduktionen [...] Die kleine Reproduktion heißt: *auch* das wird gemacht. Die große: *das* wird gemacht.

Wassily Kandinsky: An Robert Delaunay (23. 1. 1912)

„Der Blaue Reiter" wird *frühestens* in 4 Wochen erscheinen. Für 250 Exemplare (signiert, numeriert und mit einer farbigen Graphik von Franz Marc) wird es auch Subskription geben. Der Band wird 10 Mark kosten (auch in Subskription). Möchten Sie, daß wir Ihnen Einladungen für diese Subskription schicken? Oder wollen Sie mir Adressen für diese Sendung geben?

Franz Marc: Subskriptionsprospekt

Die Kunst geht heute Wege, von denen unsere Väter sich nichts träumen ließen; man steht vor den neuen Werken wie im Traum und hört die apokalyptischen Reiter in den Lüften; man fühlt eine künstlerische Spannung über ganz Europa, – überall winken neue Künstler sich zu: ein Blick, ein Händedruck genügt, um sich zu verstehen! Wir wissen, daß die Grundideen von dem, was heute gefühlt und geschaffen wird, schon vor uns bestanden haben, und weisen mit Betonung darauf hin, daß sie in ihrem *Wesen* nicht neu sind; aber die Tatsache, daß neue Formen heute an allen Enden Europas hervorsprießen wie eine schöne, ungeahnte Saat, das muß verkündet werden, und auf all die Stellen muß hingewiesen werden, wo Neues entsteht. Aus dem Bewußtsein dieses geheimen Zusammenhanges der neuen künstlerischen Produktion wuchs die Idee des „Blauen Reiters". Er soll der Ruf werden, der die Künstler sammelt, die zur neuen Zeit gehören und der die Ohren der Laien weckt. Die Bücher des „Blauen Reiters" werden ausschließlich von Künstlern geschaffen und geleitet. Das hiermit angekündigte erste Buch, dem andere in zwangloser Reihe folgen sollen, umfaßt die neueste malerische Bewegung in Frankreich, Deutschland und Rußland und zeigt ihre feinen Verbindungsfäden mit der Gotik und den Primitiven, mit Afrika und dem großen Orient, mit der so ausdrucksstarken ursprünglichen Volkskunst und Kinderkunst, besonders mit der modernsten musikalischen Bewegung in Europa und den neuen Bühnenideen unserer Zeit.

Gabriele Münter: An Arnold Schönberg (15. 3. 1912)

Beim Durchlesen der allerletzten Correktur fällt mir noch einmal die Stelle auf, die mir schon einmal komisch vorkam, u. da ich glaube, daß es nur aus Flüchtigkeit so gekommen ist, möchte ich Sie fragen, ob es Ihnen angenehm ist, wenn Kokoschka *vor* Kandinsky stehen *bleibt*. Ich hörte, er ist *noch sehr jung*, u. soviel ich weiß hat er außer äußerst talentvollen Bildern noch nicht viel gemacht u. auch kaum Zeit zu einer bedeutenden Entwicklung. Wenn Sie es wünschen u. *gleich* antworten, kann es eventuell noch richtiggestellt werden, d. h. *wenn* es in Ihren Augen nicht schon richtig ist. Sie wissen wohl, daß die Reihenfolge Bedeutung hat.[64]

Wassily Kandinsky: An Franz Marc (20. 3. 1912)

Ich würde mich natürlich freuen, wenn D. B. R. auch in seiner Prachtgestalt von mir ein Gewand bekommen würde. Nicht aus Eitelkeit (*hier* ist wirklich zu wenig Anlaß dazu), aber aus dem einfachen Grunde, daß D. B. R. als Embrio lange Jahre in mir saß, und gewissermaßen unter Leiden geschah die Entbindung, so daß ich unbedingt innerlich besonders den ersten Band als eine Frucht meines geistigen Leibes empfinde. Nun kleiden die liebevollen Eltern ihre Kinder auch gerne selbst an, was man ihnen auch nicht verübeln kann. Und trotz alledem würde ich Ihnen diese Ehre wirklich gern abtreten, da Sie mindestens den Titel einer approbierten Hebamme verdienen, oder einer treuen Nounou. Die Maman ist etwas eifersüchtig, gönnt es aber der treuen Nounou doch. [...] Ich fühlte mich aber verpflichtet, selbst einen Versuch zu machen. Sie wissen, daß ich viele gemacht habe, die mir nicht gefielen (es ist vor allem so schwer, etwas *unbedingt* machen zu müssen). Den letzten fand ich geeignet, aber auch nicht „ideal".

Robert Delaunay: An Wassily Kandinsky (24. 4. 1912)

Der Besuch, den Sie ankündigten, war hier, und ich war froh, seine Bekanntschaft gemacht zu haben.[65] Mehrere Freunde fragen mich nach dem Blauen Reiter. Wann wird er erscheinen? Könnte ich mehrere Exemplare davon haben, die ich diesen dann überlassen werde.

Wassily Kandinsky: An Franz Marc (11. 5. 1912)

Was sagen Sie zu Piper? Nichts hat er verbessert!! Tschudi steht auf der Rückseite,[66] Spiegelbild abgeschnitten usw. usw. Es sind natürlich Kleinigkeiten, aber doch ist es sehr schade (am meisten um Tschudi) und empörend. Werden Sie vielleicht einen energischen Schimpfbrief loslassen?

Franz Marc: An Wassily Kandinsky (11. 5. 1912)

Heute kam aus Augsburg die ersehnte Sendung der 10 Freiexemplare des bl. Reiters, allerdings *ohne* die Änderung der letzthin besprochenen Punkte (Tschudiwidmung, egyptisches Blatt etc.). Ist Piper auf Änderungen nicht mehr eingegangen oder hat er sie eigenmächtig unterschlagen? Nachdem man vor dem fait accompli[67] steht, gewöhnt man sich dran, man muß es wenigstens. Der Eindruck des Buches ist doch ein fabelhafter. Ich hatte ein solches Glücksgefühl, es endlich fertig vor mir zu sehen. Eines bin ich auch sicher: Viele Stille im Lande und junge Kräfte werden uns heimlich Dank wissen, sich an dem Buch begeistern und die Welt nach ihm prüfen; könnten das Buch und die kommenden Bände doch zu einem Sachsenspiegel[68] werden für unsre zerrissene Zeit.

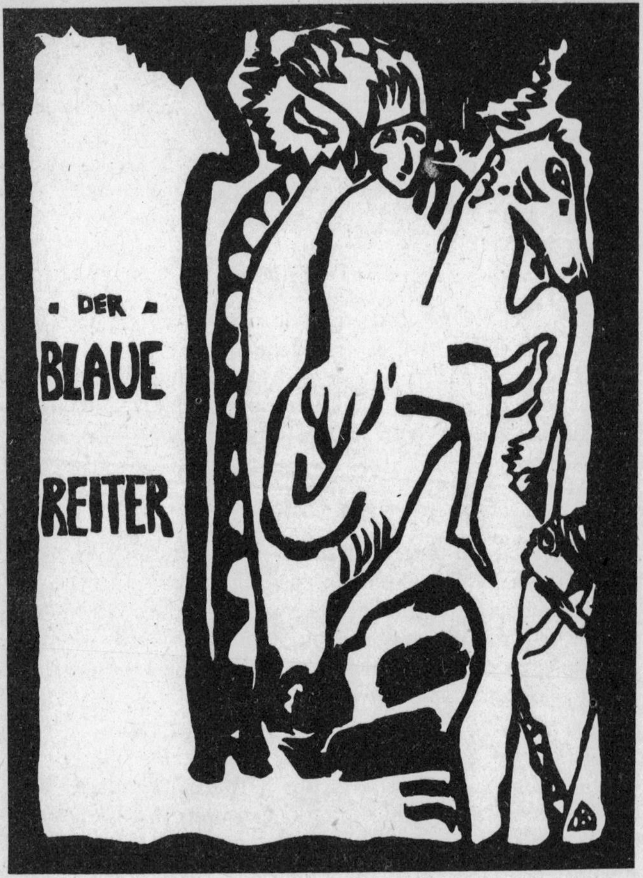

25. Wassily Kandinsky: Umschlag zum Almanach „Der Blaue Reiter". 1911, Holzschnitt

2. Der Blaue Reiter – Ein Almanach

Franz Marc: Geistige Güter [69]

Es ist merkwürdig, wie geistige Güter von den Menschen so vollkommen anders gewertet werden als materielle.
Erobert z. B. jemand seinem Vaterlande eine neue Kolonie, so jubelt ihm das ganze Land entgegen. Man besinnt sich keinen Tag, die Kolonie in Besitz zu nehmen. Mit gleichem Jubel werden technische Errungenschaften begrüßt.
Kommt aber jemand auf den Gedanken, seinem Vaterlande ein neues reingeistiges Gut zu schenken, so weist man dieses fast jederzeit mit Zorn und Aufregung zurück, verdächtigt sein Geschenk und sucht es auf jede Weise aus der Welt zu schaffen; wäre es erlaubt, würde man den Geber noch heute für seine Gabe verbrennen.
Ist diese Tatsache nicht schauerlich?
Ein kleines, heute aktuelles Beispiel verleitet uns zu dieser Einleitung.
Meier-Graefe kam auf den Gedanken, seinen Landsleuten die wunderbare Ideenwelt eines ihnen ganz unbekannten, großen Meisters zu schenken – es handelt sich hier um Greco;[70] die große Allgemeinheit, selbst der Künstler, blieb nicht nur gleichgültig, sondern griff ihn mit wahrer Wut und Entrüstung an. Er hat sich mit dieser einfachen und edlen Handlung in Deutschland fast unmöglich gemacht.
Es ist wahnsinnig schwer, seinen Zeitgenossen geistige Geschenke zu machen.
Einem zweiten großen Geber in Deutschland ging es nicht besser – Tschudi. Der geniale Mann schenkte Berlin die größten Kulturschätze an Bildern – die Folge war, daß man ihn einfach aus der Stadt vertrieb.[71] Man wollte seine Erwerbungen nicht haben. Tschudi ging nach München. Dasselbe Schauspiel: auch hier wollen sie seine Geschenke nicht. Man besah sich in der Alten Pinakothek die Sammlung Nemes[72] höchstens wie eine neue Modeauslage und wird erleichtert aufatmen, wenn die gefährliche Sammlung weg ist, ohne daß man etwas davon behalten mußte. Die Erwerbung eines Rubens oder Raffael wäre eventuell schon etwas anderes; denn die könnte man unbedenklich als eine Stärkung des *materiellen* Nationalreichtums ansehen.

Diese melancholische Betrachtung gehört insoweit in die Spalten des „Blauen Reiters", als sie ein Symptom eines großen Übels zeigt, an dem der „Blaue Reiter" vielleicht sterben wird: die allgemeine Interessenlosigkeit der Menschen für geistige Güter. Wir sehen diese Gefahr vollkommen klar vor uns. Man wird mit Zorn und Schmähung unsere Geschenke von sich weisen: „Wozu neue Bilder und neue Ideen? Was kaufen wir uns dafür? Wir haben schon zuviel alte, die uns auch nicht freuen, die uns Erziehung und Mode aufgedrängt hat." Aber vielleicht behalten auch wir recht. Man wird nicht *wollen*, aber man wird *müssen*. Denn wir haben das Bewußtsein, daß unsere Ideenwelt kein Kartenhaus ist, mit dem wir spielen, sondern Elemente einer Bewegung in sich schließt, deren Schwingungen heute auf der ganzen Welt zu fühlen sind.

Wir weisen gern und mit Betonung auf den Fall Greco, weil die Glorifikation dieses großen Meisters im engsten Zusammenhang mit dem Aufblühen unserer neuen Kunstideen steht. Cézanne und Greco sind Geistesverwandte über die trennenden Jahrhunderte hinweg. Zu dem „Vater Cézanne" holten Meier-Graefe und Tschudi im Triumphe den alten Mystiker Greco; beider Werke stehen heute am Eingange einer neuen Epoche der Malerei. Beide fühlten im Weltbilde die *mystisch-innerliche Konstruktion,* die das große Problem der heutigen Generation ist.

[...] Neue Ideen sind nur durch ihre Ungewohntheit schwerverständlich – wie oft müßte man diesen Satz aussprechen, bis einer von hundert die nächstliegende Konsequenz aus ihm zöge? Wir werden aber nicht müde werden, es zu sagen, und noch weniger müde, die neuen Ideen auszusprechen und die neuen Bilder zu zeigen, bis der Tag kommt, wo wir unseren Ideen auf der Landstraße begegnen.

Diese Zeilen waren schon geschrieben, als die schwere Nachricht von Tschudis Tode eintraf. So wagen wir, dem edlen Andenken Tschudis dies erste Buch zu weihen, für das er wenige Tage vor seinem Tode noch seine immer tätige Hilfe versprach. Wir hoffen mit brennender Seele, an der Riesenaufgabe, die ohne ihn verwaist liegt, sein Volk zu den Quellen der Kunst zu führen, mit unseren schwachen Kräften weiterzuarbeiten, bis wieder einmal ein Mann

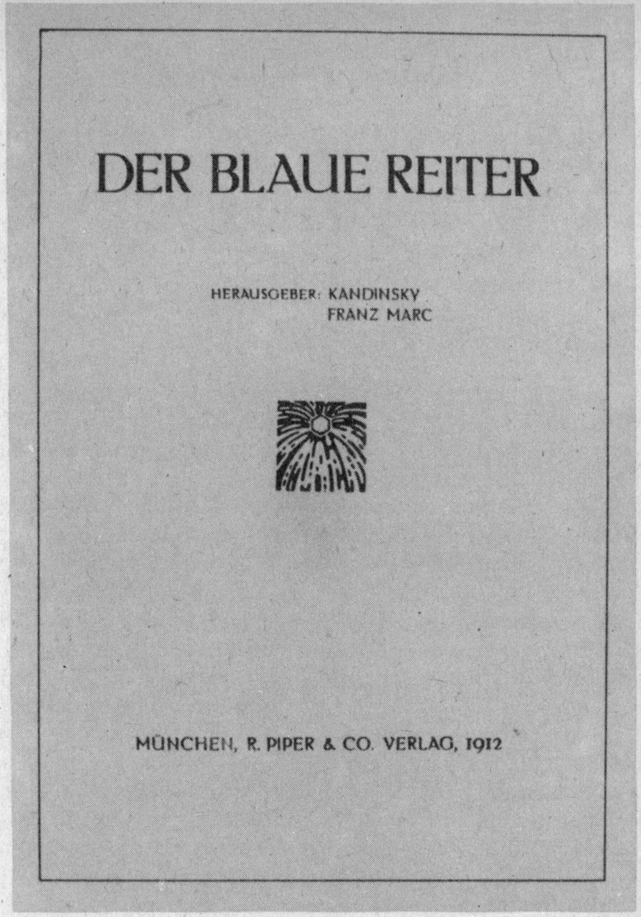

DER BLAUE REITER

HERAUSGEBER: KANDINSKY
FRANZ MARC

MÜNCHEN, R. PIPER & CO. VERLAG, 1912

26. Innentitel des Almanachs „Der Blaue Reiter". München 1912

kommt, mit mystischen Kräften ausgestattet wie Tschudi, der das Werk krönt und die vorlauten, allzulauten Gegner des großen Toten zum Schweigen bringt: Die Leugner des freien Geistes und der Vorzugstat!
Niemand hat es schwerer erfahren als Tschudi, über seinen Tod hinaus, wie schwer es ist, seinem Volke geistige Geschenke zu machen[73] – aber noch schwerer dürfte es diesem werden, die Geister wieder loszuwerden, die Tschudi heraufbeschworen.
Der Geist bricht Burgen.

Franz Marc: „Die Wilden" Deutschlands

In unserer Epoche des großen Kampfes um die neue Kunst streiten wir als „Wilde", nicht Organisierte gegen eine alte, organisierte Macht. Der Kampf scheint ungleich; aber in geistigen Dingen siegt nie die Zahl, sondern die Stärke der Ideen. Die gefürchteten Waffen der „Wilden" sind ihre *neuen Gedanken*; sie töten besser als Stahl und brechen, was für unzerbrechlich galt.
Wer sind diese „Wilden" in Deutschland?
Ein großer Teil ist wohlbekannt und vielbeschrien: Die Dresdener „Brücke", die Berliner „Neue Sezession" und die Münchener „Neue Vereinigung". Die älteste von den dreien ist die „Brücke". Sie setzte sofort mit großem Ernst ein, aber Dresden erwies sich als ein zu spröder Boden für ihre Ideen. Die Zeit war wohl auch noch nicht gegeben für eine breitere Wirkung in Deutschland.[74] Erst einige Jahre später brachten die Ausstellungen der beiden anderen Vereinigungen neues, gefährliches Leben in das Land.
Die „Neue Sezession" rekrutierte sich anfänglich zum Teil aus Mitgliedern der „Brücke"; ihre eigentliche Entstehung aber war eine Ablösung unzufriedener Elemente aus der alten Sezession, die diesen zu langsam marschierte; sie übersprangen kühn die dunkle Mauer, hinter der die alten Sezessionisten sich verschanzt hatten, und standen plötzlich, wie geblendet, vor der unermeßlichen Freiheit der Kunst. Sie kennen kein Programm und keinen Zwang; sie wollen nur vorwärts um jeden Preis, wie ein Strom, der alles Mögliche und Unmögliche mit sich führt, im Vertrauen auf seine reinigende Kraft. Der Mangel an Distanz verbietet uns den

Versuch, hier Edles von Schwachem zu scheiden. Die Kritik träfe auch nur Belangloses und steht entwaffnet und beschämt vor der trotzigen Freiheit dieser Bewegung, die wir „Münchener" nur mit tausend Freuden begrüßen.[75]
Die Entstehungsgeschichte der „Neuen Vereinigung" ist versteckter und komplizierter. [...] Charakteristisch für die Künstler der „Vereinigung" war ihre starke Betonung des *Programms*; einer lernte vom anderen; es war ein gemeinsamer Wetteifer, wer die Ideen am besten begriffen hatte. Man hörte wohl manchmal zu oft das Wort „Synthese". Befreiend wirkten dann die jungen Franzosen und Russen, die als Gäste bei ihnen ausstellten. Sie gaben zu denken, und man begriff, daß es sich in der Kunst um die tiefsten Dinge handelt, daß die Erneuerung nicht formal sein darf, sondern eine Neugeburt des Denkens ist. Die *Mystik* erwachte in den Seelen und mit ihr uralte Elemente der Kunst.
Es ist unmöglich, die letzten Werke dieser „Wilden" aus einer formalen Entwicklung und Umdeutung des Impressionismus heraus erklären zu wollen [...]. Die schönsten prismatischen Farben und der berühmte Kubismus sind als Ziel diesen „Wilden" bedeutungslos geworden. Ihr Denken hat ein anderes Ziel: Durch ihre Arbeit ihrer Zeit *Symbole* zu schaffen, die auf die Altäre der kommenden geistigen Religion gehören und hinter denen der technische Erzeuger verschwindet. Spott und Unverstand werden ihnen Rosen auf dem Wege sein.
Nicht alle offiziellen „Wilden" in Deutschland und außerhalb träumen von dieser Kunst und von diesen hohen Zielen. Um so schlimmer für sie. Sie mit ihren kubistischen und sonstigen Programmen werden nach schnellen Siegen an ihrer eigenen Äußerlichkeit zugrunde gehen.
Dagegen glauben wir – hoffen wir wenigstens glauben zu dürfen –, daß abseits all dieser im Vordergrunde stehenden Gruppen der „Wilden" manche stille Kraft in Deutschland um dieselben fernen und hohen Ziele ringt und Gedanken irgendwo im Stillen reifen, von denen die Rufer im Streite nichts wissen.
Wir reichen ihnen, unbekannt, im Dunkeln unsere Hand.

Franz Marc: Zwei Bilder

Die Weisheit muß sich rechtfertigen lassen von ihren Kindern. Wenn wir so weise sein wollen, unsere Zeitgenossen zu belehren, müssen wir unsere Weisheit rechtfertigen durch unsere Werke und müssen sie zeigen wie eine selbstverständliche Sache. Wir werden es uns hierbei so schwer wie möglich machen, indem wir die Feuerprobe nicht scheuen, unsere Werke, die in die Zukunft zeigen und noch unerwiesen sind, neben Werke alter, längst erwiesener Kultur zu stellen. Wir tun es mit dem Gedanken, durch nichts unsere Ideen deutlicher zu illustrieren als durch solche Vergleiche; Echtes bleibt stets neben Echtem bestehen, so verschieden auch sein Ausdruck sein mag. Auch ist die Stunde zu solchen Betrachtungen günstig, da wir glauben, daß wir heute an der Wende zweier langer Epochen stehen [...].

Aber noch liegt das weite Land voll Trümmer, voll alter Vorstellungen und Formen, die nicht weichen wollen, obwohl sie schon der Vergangenheit gehören. Die alten Ideen und Schöpfungen leben ein Scheinleben fort, und man steht ratlos vor der Herkulesarbeit, wie man sie vertreiben und freie Bahn schaffen soll für das Neue, das schon wartet. Die Wissenschaft arbeitet negativ, au détriment de la religion[76] – welches schlimme Eingeständnis für die Geistesarbeit unserer Zeit. Wohl fühlt man, daß eine neue Religion im Lande umgeht, die noch keinen Rufer hat, von niemand erkannt. Religionen sterben langsam. Der Kunststil aber, der unveräußerliche Besitz der alten Zeit, brach in der Mitte des 19. Jahrhunderts katastrophal zusammen. Es gibt seitdem keinen Stil mehr; er geht, wie von einer Epidemie erfaßt, auf der ganzen Welt ein. Was es an ernster Kunst seitdem gegeben hat, sind Werke einzelner; mit „Stil" haben diese gar nichts zu tun, da sie in gar keinem Zusammenhang mit dem Stil und Bedürfnis der Masse stehen und eher ihrer Zeit zum Trotz entstanden sind. Es sind eigenwillige, feurige Zeichen einer neuen Zeit, die sich heute an allen Orten mehren. Dieses Buch soll ihr Brennpunkt werden, bis die Morgenröte kommt und mit ihrem natürlichen Lichte diesen Werken das gespenstige Ansehen nimmt, in dem sie der heutigen Welt noch erscheinen. Was heute gespenstig scheint, wird morgen natürlich sein.

Wo sind solche Zeichen und Werke? Woran erkennen wir die echten? Wie alles Echte: an seinem inneren Leben, das seine Wahrheit verbürgt. Denn alles, was an künstlerischen Dingen von wahrheitsliebenden Geistern geschaffen ist, ohne jede Rücksicht auf die konventionelle Außenseite des Werkes, bleibt für alle Zeiten echt. Wir haben [...] zwei kleine Beispiele hierfür [...]: [...] eine volkstümliche Illustration aus Grimms Märchen aus dem Jahre 1832, [...] ein Bild von Kandinsky 1910.[77] Das erste ist echt und ganz innerlich wie ein Volkslied und wurde von seiner Zeit mit der vollkommensten Selbstverständlichkeit und Liebe verstanden, da noch 1832 jeder Handwerksbursche und jeder Prinz dasselbe künstlerische Gefühl besaß, aus dem heraus das Bildchen geschaffen ist. Alles Echte, was damals geschaffen wurde, hatte dieses reine, ungetrübte Verhältnis zum Publikum. Wir meinen nun aber, daß jeder, der das Innerliche und Künstlerische des alten Märchenbildes empfindet, vor Kandinskys Bild [...] fühlen wird, daß es von ganz gleich tiefer Innerlichkeit des künstlerischen Ausdruckes ist – selbst wenn er es nicht mit der Selbstverständlichkeit genießen kann wie der Biedermeier sein Märchenbild; zu einem solchen Verhältnis bedürfte man der Vor- und Grundbedingung, daß heute noch das „Land" Stil besäße. Da dies nicht der Fall ist, *muß* eine Kluft zwischen echter Kunstproduktion und Publikum gähnen. Es kann nicht anders sein, weil der künstlerisch Begabte nicht mehr wie früher aus dem künstlerischen Instinkte seines Volkes heraus, der verloren ist, schaffen kann. Könnte aber nicht gerade dieser Umstand zum ernsten Nachdenken über vorstehende Zeilen bringen? Vielleicht beginnt er doch vor dem neuen Bilde zu träumen, bis es seine Seele in eine neue Schwingung versetzt? [...]
Die ersten Werke einer neuen Zeit sind unendlich schwer zu definieren – wer kann klar sehen, auf was sie abzielen und was kommen wird? Aber die Tatsache allein, daß sie *existieren* und heute an vielen, oftmals voneinander ganz unabhängigen Punkten entstehen und von innerlichster Wahrheit sind, läßt es uns zur Gewißheit werden, daß sie die ersten Anzeichen der kommenden neuen Epoche sind, Feuerzeichen von Wegsuchenden. Die Stunde ist selten – ist es kühn, auf die kleinen, seltenen Zeichen der Zeit aufmerksam zu machen?

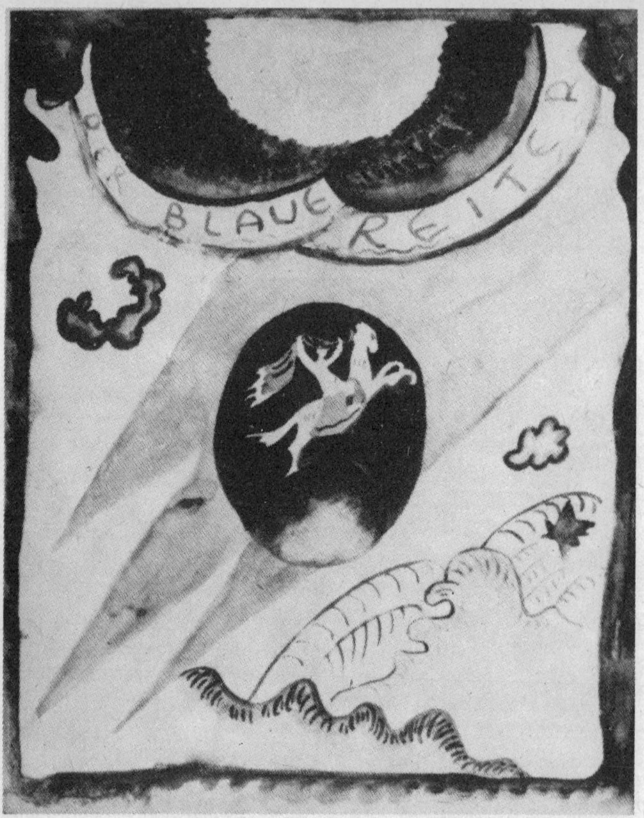

27. Wassily Kandinsky: Entwurf für den Umschlag des Almanachs „Der Blaue Reiter". 1911, Bleistift und Aquarell

David Burljuk: Die „Wilden" Rußlands

Die Anhänger der akademischen „Kunst", für welche das freie Suchen nach dem Schönen nichts wie „Fratzenschneiden" ist, für welche das patriotische Gedeihen der „echten" russischen Kunst natürlich die beste Gelegenheit bieten würde, mit ihren talentlosen „Werken" Handel zu treiben – diese Elemente bilden den richtigen Alpdruck der Kunst,

ihren Tod. Ein Teil dieser Elemente, welcher ganz offen die Zähne zeigt, und mit Würde sein Fell trägt, ist nicht der gefährlichste. Wirklich schlimm ist der andere Teil – die mit Schaffellen maskierten Wölfe. O diese falschen Schäfchen! Sie sind die echte Gefahr, und es heißt – Obacht geben!
Das sind die wirklichen Feinde der neuen Kunst, welche glücklicherweise in Rußland existiert und welcher andere Prinzipien zugrunde liegen. Ihre Vertreter Larionoff, P. Kuznezoff, Sarjan, Denissow, Kontschalowsky, Maschkoff, Frau Gontscharow, von Wisen, W. und D. Burljuk, Knabe, Jakulow und die im Auslande lebenden Scherebzowa (Paris), Kandinsky, Werefkina, Jawlensky (München) haben gleich den großen französischen Meistern [...] *neue Prinzipien des Schönen,* eine neue Schönheitsdefinition in ihren Werken offenbart. Die Feinde dieser Kunst sollen sich nur vor Lachen krümmen. Es sollen auch die verkleideten Schäfchen uns ihr Wohlwollen aussprechen [...]. Es bleibt ihnen nichts mehr übrig! [...]
Das, was erst bei Cézanne, dem „Schwerfälligen", und dem krampfhaften van Gogh für die „Handschrift" dieser Künstler gehalten wurde, ist eben etwas Größeres: es ist die Offenbarung der neuen Wahrheiten und Wege. Und diese sind:
1. Die Verhältnisse des Bildes zu den graphischen Elementen desselben, die Verhältnisse des Dargestellten zu den Elementen der Fläche (was wir als einen Wink schon in der ägyptischen „Profilmalerei"[78] sehen).
2. Das Gesetz der verschobenen Konstruktion – die neue Welt der Zeichnungskonstruktion! Das damit verbundene
3. Gesetz der freien Zeichnung – (Hauptvertreter – Kandinsky, auch in den besten Werken von Denissow und besonders klar in den „Soldaten" von Larionoff zu sehen).
4. Die Anwendung mehrerer Standpunkte (was in der Architektur als ein mechanisches Gesetz längst bekannt war), das Vereinbaren der perspektivischen Darstellung mit der Grundfläche, d. h. Verwendung mehrerer Flächen (Jakulow – „Café chantant").
5. Die Behandlung der Flächen und ihre Überschneidungen (Picasso, Braque, in Rußland – W. Burljuk).
6. Das spektative Gleichgewicht, welches die mechanische Komposition ersetzt.

7. Das Gesetz der farbigen Dissonanz (Maschkow, Kontschalowsky).

Diese Prinzipien bieten unerschöpfliche Quellen der ewigen Schönheit. Hier kann jeder schöpfen, wer Augen bekam, die den versteckten Sinn der Linien, der Farben sehen können. Das ruft, lockt und zieht den Menschen an! So wurde definitiv das Band zerrissen, welches die Kunst durch allerhand Regeln an die Akademie fesselte: Konstruktion, Symmetrie (Anatomie) der Proportionen, Perspektive usw. – die Regeln, welche jeder Talentlose schließlich leicht beherrscht –, die malerische Küche der Kunst!

Alle unsere Fach- und Gelegenheitskritiker sollten die ersten sein, welche verstehen sollten, daß es höchste Zeit ist, den dunklen Vorhang zurückzuschlagen und das Fenster der echten Kunst zu öffnen!

August Macke: Die Masken

Ein sonniger Tag, ein trüber Tag, ein Perserspeer, ein Weihgefäß, ein Heidenidol und ein Immortellenkranz, eine gotische Kirche und eine chinesische Dschunke, der Bug eines Piratenschiffes, das Wort Pirat und das Wort heilig; Dunkelheit, Nacht, Frühling, die Zimbeln und ihr Klang und das Schießen der Panzerschiffe, die ägyptische Sphinx und das Schönheitspflaster auf dem Bäckchen der Pariser Kokotte. Das Lampenlicht bei Ibsen und Maeterlink, die Dorfstraßen- und Ruinenmalerei, die Mysterienspiele im Mittelalter und das Bangemachen bei Kindern, eine Landschaft von van Gogh und ein Stilleben von Cézanne, das Surren der Propeller und das Wiehern der Pferde, das Hurrageschrei eines Reiterangriffs und der Kriegsschmuck der Indianer, das Cello und die Glocke, die schrille Pfeife der Lokomotive und das Domartige des Buchenwaldes, Masken und Bühnen bei Japanern und Hellenen und das geheimnisvolle, dumpfe Trommeln des indischen Fakirs. Gilt nicht das Leben mehr denn die Speise, und der Leib mehr denn die Kleidung?

Unfaßbare Ideen äußern sich in faßbaren Formen. Faßbar durch unsere Sinne als Stern, Donner, Blume, als Form. Die Form ist uns Geheimnis, weil sie der Ausdruck von geheimnisvollen Kräften ist. Nur durch sie ahnen wir die gehei-

men Kräfte, den „unsichtbaren Gott". Die Sinne sind uns die Brücke vom Unfaßbaren zum Faßbaren.
Schauen der Pflanzen und Tiere ist: ihr Geheimnis fühlen. Hören des Donners ist: sein Geheimnis fühlen. Die Sprache der Formen verstehen heißt: dem Geheimnis näher sein, leben. Schaffen von Formen heißt: leben. Sind nicht Kinder Schaffende, die direkt aus dem Geheimnis ihrer Empfindung schöpfen, mehr als der Nachahmer griechischer Form? Sind nicht die Wilden Künstler, die ihre eigene Form haben, stark wie die Form des Donners? Der Donner äußert sich, die Blume, jede Kraft äußert sich als Form. Auch der Mensch. Ein Etwas treibt auch ihn, Worte zu finden für Begriffe, Klares aus Unklarem, Bewußtes aus Unbewußtem. Das ist sein Leben, sein Schaffen.
Wie der Mensch, so wandeln sich auch seine Formen. Das Verhältnis der vielen Formen untereinander läßt uns die einzelne Form erkennen. Blau wird erst sichtbar durch Rot, die Größe des Baumes durch die Kleinheit des Schmetterlings, die Jugend des Kindes durch das Alter des Greises. Eins und zwei ist drei. Das Formlose, das Unendliche, die Null bleibt unfaßbar. Gott bleibt unfaßbar.
Der Mensch äußert sein Leben in Formen. Jede Kunstform ist Äußerung seines inneren Lebens. Das äußere der Kunstform ist ihr Inneres. Jede echte Kunstform entsteht aus einem lebendigen Wechselverhältnis des Menschen zu dem Tatsachenmaterial der Naturformen, der Kunstformen. Der Duft der Blume, das freudige Springen des Hundes, der Tänzerin, das Anlegen von Schmuck, der Tempel, das Bild, der Stil, das Leben eines Volkes, einer Zeit. Die Blume öffnet sich beim Dämmern des Lichtes. Der Panther duckt sich beim Anblick der Beute, und seine Kräfte wachsen als Folge ihres Anblicks. Und die Spannung seiner Kraft ergibt die Weite seines Sprunges. Die Kunstform, der Stil entsteht aus einer Spannung. Auch Stile können an Inzucht zugrunde gehen. Die Kreuzung zweier Stile ergibt einen dritten, neuen Stil. Die Renaissance der Antike, der Schongauer- und Mantegnaschüler Dürer. Europa und der Orient. In unserer Zeit fanden die Impressionisten den direkten Anschluß an die Naturerscheinungen. Die organische Naturform im Licht, in der Atmosphäre darzustellen, wurde ihre Parole. Sie wandelte sich unter ihren Händen.

Kunstformen der Bauern, der primitiven Italiener, der Holländer, Japaner und Tahitianer wurden ebenso zu Anregern wie die Naturformen selbst. Renoir, Signac, Toulouse-Lautrec, Beardsley, Cézanne, van Gogh, Gauguin. Sie alle sind so wenig Naturalisten wie Greco oder Giotto. Ihre Werke sind der Ausdruck ihres inneren Lebens, sie sind die Form dieser Künstlerseelen im Material der Malerei. Das braucht nicht auf das Vorhandensein einer Kultur zu deuten, einer Kultur, die für uns das wäre, was für das Mittelalter die Gotik war, einer Kultur, in der alles Form hat, Form, aus unserm Leben geboren, nur aus unserem Leben. Selbstverständlich und stark wie der Duft einer Blume. Wir haben in unserer komplizierten und verworrenen Zeit Formen, die jeden unbedingt ebenso erfassen wie der Feuertanz den Neger oder das geheimnisvolle Trommeln der Fakire den Inder. Der Privatgelehrte steht als Soldat neben dem Bauernsohn. Beiden fährt der Parademarsch gleichmäßig durch die Glieder, ob sie wollen oder nicht. Im Kinematograph staunt der Professor neben dem Dienstmädchen. Im Varieté bezaubert die schmetterlingsfarbene Tänzerin die verliebtesten Paare ebenso stark, wie im gotischen Dom der Feierton der Orgel den Gläubigen und Ungläubigen ergreift. Formen sind starke Äußerungen starken Lebens. Der Unterschied dieser Äußerungen untereinander besteht im Material, Wort, Farbe, Klang, Stein, Holz, Metall. Jede Form braucht man nicht zu verstehen. Man braucht auch nicht jede Sprache zu lesen.
Die geringschätzige Handbewegung, mit der bis dato Kunstkenner und Künstler alle Kunstformen primitiver Völker ins Gebiet des Ethnologischen oder Kunstgewerblichen verweisen, ist zum mindesten erstaunlich. Was wir als Bild an die Wand hängen, ist etwas im Prinzip Ähnliches wie die geschnitzten und bemalten Pfeiler in einer Negerhütte. Für den Neger ist sein Idol die faßbare Form für eine unfaßbare Idee, die Personifikation eines abstrakten Begriffs. Für uns ist das Bild die faßbare Form für die unklare, unfaßbare Vorstellung von einem Verstorbenen, von einem Tier, einer Pflanze, von dem ganzen Zauber der Natur, vom Rhythmischen. Stammt das Porträt des Dr. Gachet von van Gogh nicht aus einem ähnlichen geistigen Leben wie die im Holzdruck geformte, erstaunte Fratze des japanischen

Gauklers? Die Maske des Krankheitsdämons aus Ceylon ist die Schreckensgeste eines Naturvolkes, mit der seine Priester Krankes beschwören. Für die grotesken Zierate der Maske finden wir Analogien in den Baudenkmälern der Gotik, in den fast unbekannten Bauten und Inschriften im Urwalde von Mexiko. Was für das Porträt des europäischen Arztes die welken Blumen sind, das sind für die Maske des Krankheitsbeschwörers die welken Leichen. Die Bronzegüsse der Neger von Benin in Westafrika (im Jahre 1889 entdeckt), die Idole von den Osterinseln aus dem äußersten Stillen Ozean, der Häuptlingskragen aus Alaska und die Holzmaske aus Neukaledonien reden dieselbe starke Sprache wie die Schimären von Notre-Dame und der Grabstein im Frankfurter Dom.[79]
Wie zum Hohn europäischer Ästhetik reden überall Formen erhabene Sprache. Schon im Spiel der Kinder, im Hut der Kokotte, in der Freude über einen sonnigen Tag materialisieren sich leise unsichtbare Ideen. Die Freuden, die Leiden des Menschen, der Völker stehen hinter den Inschriften, den Bildern, den Tempeln, den Domen und Masken, hinter den musikalischen Werken, den Schaustücken und Tänzen. Wo sie nicht dahinter stehen, wo Formen leer, grundlos gemacht werden, da ist auch nicht Kunst.

Arnold Schönberg: Das Verhältnis zum Text

Es gibt relativ wenig Menschen, die imstande sind, rein musikalisch zu verstehen, was Musik zu sagen hat. Die Annahme, ein Tonstück müsse Vorstellungen irgendwelcher Art erwecken, und wenn solche ausbleiben, sei das Tonstück nicht verstanden worden oder es tauge nichts, ist so weit verbreitet, wie nur das Falsche und Banale verbreitet sein kann. [...]
Ist nun schon diese Fähigkeit des reinen Schauens äußerst selten und nur bei hochstehenden Menschen anzutreffen, so begreift man, wie einige den Weg zum Musikgenuß versperrende zufällige Schwierigkeiten diejenigen, welche unter allen Kunstfreunden den niedrigsten Standpunkt einnehmen, in eine üble Situation bringen. Daß nämlich unsere Partituren immer schwerer lesbar werden, die relativ seltenen Aufführungen aber so rasch vorbeigehen, daß oft

selbst der Sensitivste und Reinste nur flüchtige Eindrücke empfangen kann, macht es dem Kritiker, der berichten und beurteilen muß, dem aber meist die Fähigkeit fehlt, sich eine Partitur lebendig vorzustellen, unmöglich, auch nur mit jener Ehrlichkeit sein Amt zu versehen, zu der er sich vielleicht wenigstens dann entschlösse, wenn sie ihm nicht schadet. In absoluter Hilflosigkeit steht er der rein musikalischen Wirkung gegenüber, und deshalb schreibt er lieber über Musik, die sich irgendwie auf Text bezieht: über Programmusik, Lieder, Opern etc. [...] Nichts als ein bequemer Ausweg aus diesem Dilemma ist es daher, wenn ein Musikkritiker über einen Autor schreibt, seine Komposition werde den Worten des Dichters nicht gerecht. [...] In Wirklichkeit kommen solche Urteile von der allerbanalsten Vorstellung, von einem konventionellen Schema, wonach bestimmten Vorgängen in der Dichtung eine gewisse Tonstärke und Schnelligkeit in der Musik bei absolutem Parallelgehen entsprechen müsse. Abgesehen davon, daß selbst *dieses* Parallelgehen, ja ein noch viel *tieferes*, auch dann stattfinden kann, wenn sich äußerlich scheinbar das Gegenteil davon zeigt, daß also ein zarter Gedanke beispielsweise durch ein schnelles und heftiges Thema wiedergegeben wird, weil eine darauffolgende Heftigkeit sich organischer daraus entwickelt, abgesehen davon, ist ein solches Schema schon deshalb verwerflich, weil es konventionell ist. [...]
Ich war vor ein paar Jahren tief beschämt, als ich entdeckte, daß ich bei einigen mir wohlbekannten Schubert-Liedern gar keine Ahnung davon hatte, was in dem zugrunde liegenden Gedicht eigentlich vorgehe. Als ich aber dann die Gedichte gelesen hatte, stellte sich für mich heraus, daß ich dadurch für das Verständnis dieser Lieder gar nichts gewonnen hatte, da ich nicht im geringsten durch sie genötigt war, meine Auffassung des musikalischen Vortrags zu ändern. Im Gegenteil: es zeigte sich mir, daß ich, ohne das Gedicht zu kennen, den Inhalt, den wirklichen Inhalt, sogar vielleicht tiefer erfaßt hatte, als wenn ich an der Oberfläche der eigentlichen Wortgedanken haftengeblieben wäre. Noch entscheidender als dieses Erlebnis war mir die Tatsache, daß ich viele meiner Lieder, berauscht von dem Anfangsklang der ersten Textworte, ohne mich auch nur im geringsten um den weiteren Verlauf der poetischen Vor-

gänge zu kümmern, ja ohne diese im Taumel des Komponierens auch nur im geringsten zu erfassen, zu Ende geschrieben und erst nach Tagen darauf kam, nachzusehen, was denn eigentlich der poetische Inhalt meines Liedes sei. Wobei sich dann zu meinem größten Erstaunen herausstellte, daß ich niemals dem Dichter voller gerecht worden bin, als wenn ich, geführt von der ersten unmittelbaren Berührung mit dem Anfangsklang, alles erriet, was diesem Anfangsklang eben offenbar mit Notwendigkeit folgen mußte. Mir war daraus klar, daß es sich mit dem Kunstwerk so verhalte wie mit jedem vollkommenen Organismus. Es ist so homogen in seiner Zusammensetzung, daß es in jeder Kleinigkeit sein wahrstes, innerstes Wesen enthüllt. Wenn man an irgendeiner Stelle des menschlichen Körpers hineinsticht, kommt immer dasselbe, immer Blut heraus. Wenn man einen Vers von einem Gedicht, einen Takt von einem Tonstück hört, ist man imstande, das Ganze zu erfassen. [...]
So hatte ich die Schubert-Lieder samt der Dichtung bloß aus der Musik, Stefan Georges Gedichte bloß aus dem Klang heraus vollständig vernommen.[80] Mit einer Vollkommenheit, die durch die Analyse und Synthese kaum erreicht, jedenfalls nicht übertroffen worden wäre.
[...] es sind Anzeichen vorhanden, daß sogar die anderen Künste, denen Stoffliches scheinbar näher liegt, zur Überwindung des Glaubens an die Allmacht des Verstandes und des Bewußtseins gelangen. Und wenn Karl Kraus die Sprache Mutter des Gedankens nennt,[81] W. Kandinsky und Oskar Kokoschka Bilder malen, denen der stoffliche äußere Gegenstand kaum mehr ist als ein Anlaß, in Farben und Formen zu phantasieren und sich so auszudrücken, wie sich bisher nur der Musiker ausdrückte, so sind das Symptome für eine allmählich sich ausbreitende Erkenntnis von dem wahren Wesen der Kunst. Und mit großer Freude lese ich Kandinskys Buch „Über das Geistige in der Kunst", in welchem der Weg für die Malerei gezeigt wird und die Hoffnung erwacht, daß jene, die nach dem Text, nach dem Stofflichen fragen, bald ausgefragt haben werden. [...] Hat man das eingesehen, so ist es auch leicht zu begreifen, daß die äußerliche Übereinstimmung zwischen Musik und Text, wie sie sich in Deklamation, Tempo und Tonstärke zeigt,

nur wenig zu tun hat mit der inneren und auf derselben Stufe primitiver Naturnachahmung steht wie das Abmalen eines Vorbildes. Und daß scheinbares Divergieren an der Oberfläche nötig sein kann wegen eines Parallelgehens auf einer höheren Ebene. Daß also die Beurteilung nach dem Text ebenso verläßlich ist wie die Beurteilung der Eiweißstoffe nach den Eigenschaften des Kohlenstoffs.

Roger Allard: Die Kennzeichen der Erneuerung in der Malerei

Was ist Kubismus? In erster Linie der bewußte Wille, in der Malerei die Kenntnis von Maß, Volumen und Gewicht wiederherzustellen. Statt der impressionistischen Raumillusion, die sich auf Luftperspektive und Farbennaturalismus gründet, gibt der Kubismus die schlichten, abstrakten Formen in bestimmten Beziehungen und Maßverhältnissen zueinander. Das erste Postulat des Kubismus ist also die Ordnung der Dinge, und zwar nicht naturalistischer Dinge, sondern abstrakter Formen. Er fühlt den Raum als ein Zusammengesetztes von Linien, Raumeinheiten, quadratischen und kubischen Gleichungen und Wagverhältnissen. In dieses mathematische Chaos eine künstlerische Ordnung zu bringen, ist die Aufgabe des Künstlers. Er will den latenten Rhythmus dieses Chaos erwecken. [...] Wenn manche die Möglichkeit einer gesetzmäßigen Ergründung ästhetischer Wirkungen von vornherein verneinen, so könnte man sie wieder fragen, ob wohl Ordnung dasselbe sei als Unordnung? Kann oder muß der menschliche Geist hier nicht mit Thesen und Unterscheidungen eintreten? Womit nicht geleugnet wird, daß alle Werte in der Welt und nicht zum wenigsten die ästhetischen relativ und wandelbar sind.
Es erübrigt noch, einige Worte über die Ausdrucksformen und Mittel zu sagen, die in dem weiten System des Kubismus bis heute Anwendung gefunden haben; denn die Entwicklung dieser Ideen liegt noch in den ersten Anfängen. Man entmaterialisierte das Weltbild, indem man seine einzelnen Teile voneinander zu lösen versuchte; andere suchten ein System, die Gegenstände umzubilden, bis sie zu abstrakten kubistischen Formen und Formeln wurden, zu Gewichten und Maßen. Es kamen die Ideen der Futuristen

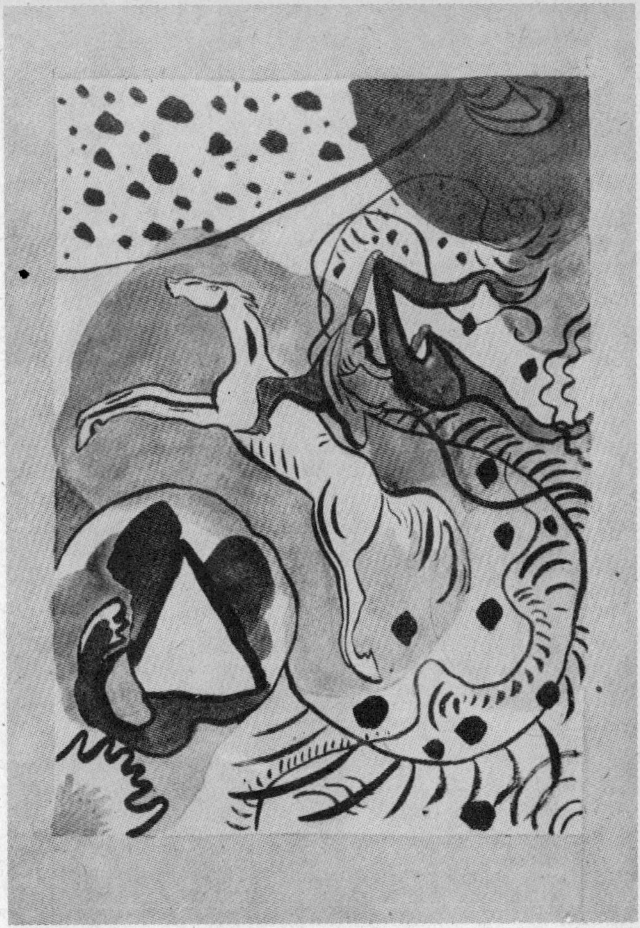

28. Wassily Kandinsky: Entwurf für den Umschlag des Almanachs „Der Blaue Reiter". 1911, Bleistift, Tusche und Aquarell

(„le cinematisme"), die an die Stelle der alten europäischen Gesetze der Perspektive eine neue, gewissermaßen zentrifugale Perspektive setzen, die dem Beschauer nicht mehr einen bestimmten Platz anweist, sondern sozusagen um das Objekt herumführt; andere versuchen eine gegenseitige Durchdringung der Objekte, um den Ausdruck der Bewegung zu steigern. Freilich ergibt keiner dieser Gedanken, getrennt oder vereint, einen künstlerischen Kanon für das Schaffen, ihre erschreckende Fruchtbarkeit trägt vielmehr das schlimme Merkmal der Dekadence. Auf solcher Basis läßt sich kein gesundes ästhetisches Gebäude aufführen.
[...] So erscheint uns der Futurismus eine Wucherung am gesunden Stamm der Kunst. Hier, wo wir das Recht der neuen, konstruktiven Bewegung in der Kunst proklamieren, wenden wir uns aber in Verteidigung der guten Sache gegen jene romantische Anschauung, die dem Schaffenden das Denken und die Spekulation überhaupt verbieten will und ihn nur als Inspirierten und Träumer sehen will, dessen linke Hand nicht weiß, was die rechte tut. Das erste und vornehmste Recht des Künstlers ist, ein bewußter Baumeister seiner Ideen zu sein. [...] Der Kubismus ist keine neue Phantasmagorie der „Wilden", kein Skalptanz um die Altäre der „Offiziellen", sondern der ehrliche Schrei nach einer neuen Disziplin.
[...] Fraglos haben Derain, Braque und Picasso die ersten formalen Versuche im kubistischen Sinne gemacht, denen dann bald systematischere Werke von anderen folgten. [...] Die Kritik verlor [...] alle Fassung vor dem unübersehbaren, pulsierenden Leben dieser reichen Bewegung, die sie am liebsten als Massenmystifikation hinzustellen versuchte; freilich vergeblich, denn es standen zu starke Größen in den Reihen der neuen Maler, wie Metzinger oder Le Fauconnier, der in die feine Architektur seiner Raumgebilde die vornehmste Reserve seines nördlichen Charakters legt. Dann Albert Gleizes, der seine reiche Vorstellungswelt in logische Konstruktionen zwingt. Dann Fernand Leger, ein unermüdlicher Sucher neuer Maßverhältnisse; schließlich der malerische Robert Delaunay, der am weitesten die Flächenarabeske überwunden hat und uns den Rhythmus der großen, unbegrenzten Tiefen zeigt. Abseits von der traumhaften Kunst Rouaults und ohne Anschluß an den begabten

und feinsinnigen Matisse geht diese Phalanx ihrem hohen Ziel entgegen. Zu ihnen zählt auch die stilvolle Marie Laurencin und R. de la Fresnaye, voll Tradition und Schulung und voll neuer Formen. Ist es nicht ein untrügliches Zeichen der Stärke der Bewegung, daß sie die fremdesten Elemente, in innerer Wahlverwandtschaft, in ihren Bannkreis zieht. Dunoyer de Segonzac, L. Albert Moreau, Marchand, Dufy, Lhote, Marcel Duchamp, Boussingault und viele andere Namen [...]. Auch bei den Bildhauern, wie Duchamp-Villon und Alexandre Archipenko, erleben wir die Wendung zu den neuen Ideen.
Die neue geistige Bewegung ist auch keine innerfranzösische mehr, nachdem vom Auslande her derselbe Ruf zur Erneuerung der Kunst ertönt. Ist es wohl möglich, in dieser trotzigen Bewegung etwas anderes zu erkennen als die Auflehnung gegen eine verbrauchte Ästhetik und gleichzeitig die Schöpfung eines neuen Kanons, der unserem Leben Stil und innere Schönheit geben soll?

Erwin von Busse: Die Kompositionsmittel bei Robert Delaunay

Das Suchen nach der Art, seine Ideen sinngemäß und bis ins kleinste Detail der Maltechnik konsequent auszudrükken, ist das Leitmotiv durch den Entwicklungsgang des Künstlers. [...] Das erste Stadium dieses Entwicklungsganges kennzeichnet das Bild: „St. Séverin“. Die Absicht des Künstlers ist es, den Blick des Beschauers auf den Bildmittelpunkt zu konzentrieren. Er erreicht es nicht durch inhaltliche oder gegenständliche Mittel (nach dem betreffenden Punkte hinstrebende bewegte Körper), sondern durch eine entsprechende Raumdynamik, die durch sinngemäße Verteilung und Korrespondenz von Farben sowie der Bewegungstendenz entsprechende Kurven gegeben ist. [...] Eine Inkonsequenz in dem Bilde aber liegt darin, daß er neben diesen nur der Gestaltung seiner Idee dienenden Faktoren noch die Natur teilweise in einfacher Imitation wiedergibt, also gleichzeitig ein Abbild des physischen Eindrucks der Kirche darstellt. Der so dem Beschauer noch deutlich erkennbare, das Äußere der Naturerscheinung ohne Abstraktion wiedergebende Inhalt, das „Sujet“ des Bil-

des, dient nicht der Idee, sondern stört sie, verwirrt den Beschauer und hält ihn von der reinen Erfassung der Darstellung dieser Idee ab. Das Bild wird daher der Mehrzahl der Beschauer nur als ein verzerrtes Naturabbild erscheinen.
[...] In seinem „Eiffelturm“ versucht der Künstler dieses Problem zu lösen. Er zerstört zu diesem Zwecke das optische Bild des Natürlichen, zerlegt es in kleine Teile, deren Größe, Farbe und Anordnung wieder in den Dienst der bereits angewandten Raumdynamik treten. Der Künstler ist jedoch auch auf dieser Entwicklungsstufe noch insofern inkonsequent, als er in den einzelnen Teilchen des zerlegten Naturbildes noch Fragmente des optischen Naturbildes gibt, die jedes für sich eine Imitation der Natur darstellen. Er wagt noch nicht, die letzten Konsequenzen zu ziehen. Es kommt darauf an, diese Teilchen so zu gestalten, daß sie technisch durch andere Mittel dargestellt werden.
In seinem die nächste Entwicklungsstufe charakterisierenden Bilde: „Die Stadt“, erscheint dieses neue Mittel in Gestalt des geometrischen Kubus. In diese Form werden alle äußerlich bestehenden aufgelöst, d. h. übertragen. Nicht gelöst ist hier das Problem der Raumdynamik. Der Rhythmus der latenten Bewegung begreift noch nicht alle Bewegungs*richtungen* in sich. Auch beeinträchtigt die dominierende Höhenbewegung die Ausgeglichenheit sämtlicher Bewegungen. Es fehlt noch ein völliges Äquilibrieren aller Faktoren.
Die Lösung dieses Problems gelingt in der Wiederholung der „Stadt“. Unter Beibehaltung des technischen Mittels der Kuben erfolgt hier die Weiterentwicklung durch Ausgleichung sämtlicher Bewegungsrichtungen. Der Tiefen- und Höhenbewegung wird eine entsprechende Breitenbewegung sowie eine kreisende und schließlich eine konzentrische entgegengesetzt. Durch die konzentrische Bewegung erhält das Bild den Wert eines abgeschlossenen, allein für sich bestehenden Ganzen – im Gegensatz zu dem ohne sie nur vorhandenen fragmentarischen Ausschnitt aus dem Raume, der über den Bildrahmen hinaus beliebig erweitert werden könnte. Die konzentrische Bewegung ist erreicht durch stärkere Brechung sämtlicher Linien, je mehr sie sich dem Bildmittelpunkt nähern, also durch Verkleinerung der Kuben. Die farbige Behandlung unterstützt die durch die li-

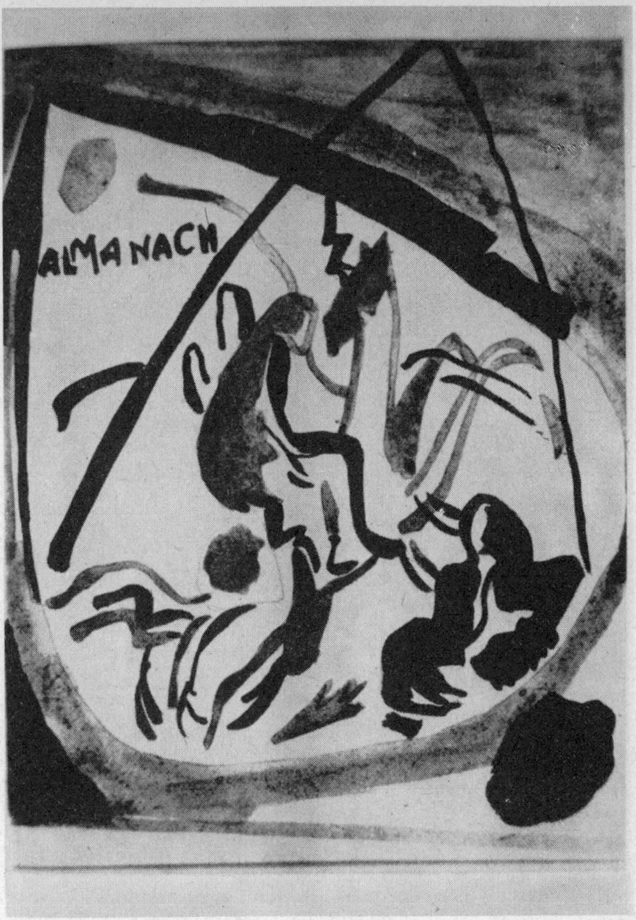

29. Wassily Kandinsky: Entwurf für den Umschlag des Almanachs „Der Blaue Reiter". 1911, Tusche und Aquarell

neare Konstruktion gegebene Raumdynamik dadurch, daß die Anordnung der Farbtöne dem Beschauer die Bewegungen ebenfalls suggeriert.[82]
Mit der zweiten „Stadt“ dürfte Delaunays *formale* Entwicklung eine Stufe erreicht haben, auf der er zunächst haltmachen kann. Er wird die erworbenen Erfahrungen auch für andere Aufgaben der Malerei nutzbar machen können. Hat ihm bisher die „Landschaft“ oder sogar nur ein bestimmter Teil derselben zur Veranschaulichung seiner Ideen gedient, so ist er nun bestrebt, diese Ideen: die innere Gesetzmäßigkeit alles Bestehenden und deren ebenso subjektive Erfassung wie Wiedergabe, auf alles das auszudehnen, was das Auge und der Sinn zu erfassen vermag.

Leonid Sabanejew: Prometheus von Skrjabin

Es ist schwer, bei der Analyse des Skrjabinschen Schaffens die einzelnen Gestaltungen desselben von der allgemeinen Idee, der endgültigen „Kunstidee“ [...] zu trennen [...], welche die vollkommene Verkörperung im Skrjabinschen Mysterium finden soll – in grandiosem Ritualvorgang, in welchem zum Zweck des ekstatischen Aufschwunges alle Erregungsmittel, alle „Sinnenliebkosungen“ (anfangend mit Musik bis zum Tanz – mit Lichtspielen und Symphonien von Düften) ausgenützt werden.
[...] Solange aber die Idee des „Mysteriums“, d. h. die Idee im ganzen, noch nicht verkörpert ist, ist der Versuch einer *teilweisen* Vereinigung der Künste (wenn auch fürs erste von nur zwei Künsten) angebracht. Einen solchen Versuch macht Skrjabin in seinem Prometheus[83]: er vereinigt die Musik mit einer der „begleitenden“ Künste, mit „Farbenspiel“, wobei das letztere, wie auch zu erwarten ist, eine sehr untergeordnete Stellung hat. Die Farbensymphonie des Prometheus ruht auf dem Prinzip der korrespondierenden Klänge und Farben [...]. Jede Tonart hat eine korrespondierende Farbe; jeder Harmonienwechsel hat einen korrespondierenden Farbenwechsel. Dies alles ruht auf der Farbenklangintuition, über welche A. N. Skrjabin verfügt. Im Prometheus ist die Musik von der Farbenharmonie beinahe untrennbar. Diese sonderbaren schmeichelnden und zur selben Zeit tief mystischen Harmonien sind in diesen

Farben entstanden. Der durch die Musik verursachte Eindruck wird durch dieses Farbenspiel unbeschreiblich verstärkt; hier wird das Tieforganische dieser Skrjabinschen „Laune“ und ihre ganze ästhetische Logik klar.
[...] Das ist eine Art symphonischen Konspektes des Mysteriums, worin die Mitwirkenden gezwungen werden, die ganze Evolution des schöpferischen Geistes mit zu erleben, wo die Teilung in empfangende, passive und in kunstschöpfende Menscheninterpreten fallen wird. Diese Teilung ist im Prometheus noch zu beobachten: er hat die gewohnte Form einer Symphonie, die von Orchester und Chor ausgeführt wird. In einer blaulila Dämmerung erklingt die mystische Harmonie[84] [...]. Seine „einzige“ Harmonie hat die Fähigkeit, die mannigfaltigsten Nuancen zu enthalten, mit mystischem Schreck anfangend und mit strahlender Ekstase und schmeichelnder Erotik endend. Ich behaupte, daß *noch nie* ein derartiger Schreck in der Musik geklungen hat wie in den tragischen Episoden des Prometheus, daß noch nie, in keinem Werk ein derartig berauschender Aufschwung gehört wurde wie vor dem Schluß dieses Werkes, ein Aufschwung, vor welchem der Schluß der „Ekstase“[85] verblaßt. Der Idee des Komponisten gemäß wird der ganze Saal zu dieser Zeit von einem blendenden Strahlen erfüllt, alle Kräfte des Orchesters und des Chores werden mobilisiert, das Hauptthema wird auf dem Hintergrunde der breiten Orchester- und Orgelharmonien in den Trompeten durchgeführt. Nach dem allerhöchsten Aufschwung wird alles plötzlich still, das Licht löscht aus; in der lila Dämmerung sind die Klänge eines ekstatischen, berauschenden Tanzes hörbar, es kommen Lichteffekte, das Zauberspiel der Klangelemente, spritzende, „lichtbringende“ Klavierpassagen auf dem Hintergrund der zischenden Becken. Noch ein Aufschwung, und das Orchester wird wieder durch ein Meer von Klängen erfaßt, welche im Schlußakkord zusammenschmelzen. Dieser Akkord ist der einzige vom Komponisten im ganzen Werk gebrauchte „Dreiklang“.

Nikolai Kulbin: Die freie Musik

Die Thesen der freien Musik

Die Musik der Natur – das Licht, der Donner, das Sausen des Windes, das Plätschern des Wassers, der Gesang der Vögel – ist in der Auswahl der Töne frei. Die Nachtigall singt nicht nur nach Noten der jetzigen Musik, sondern nach allen, die ihr angenehm sind. Die freie Musik richtet sich nach denselben Gesetzen der Natur, wie die Musik und die ganze Kunst der Natur. Der Künstler der freien Musik wird wie die Nachtigall von den Tönen und Halbtönen nicht beschränkt. Er benutzt auch die Viertel- und Achteltöne und die Musik mit freier Auswahl der Töne. Das kann weder das Suchen des Grundcharakters noch die Einfachheit stören noch zu photographischem Ausdruck des Lebens verpflichten, denn das eben erleichtert die Stilisation. Anfangs werden die Vierteltöne eingeführt. (Dieselben wurden schon im Altertum als „enharmonische Art" gebraucht, als der Mensch noch stark an ursprünglichen Instinkten war. Sie bestehen noch bis jetzt in der alten Musik der Hindu.)[86]

Der Vorzug der freien Musik

Neuer Genuß der ungewohnten Zusammensetzung der Töne. Neue Harmonie mit neuen Akkorden. Neue Dissonanzen mit neuen Lösungen. Neue Melodien. Die Auswahl der möglichen Akkorde und Melodien wird außerordentlich vergrößert. [...] Die freie Musik gibt die größere Möglichkeit, auf den Zuhörer zu wirken und bei ihm seelische Aufregungen hervorzurufen.
[...] Es offenbart sich eine Reihe bis jetzt unbekannter Erscheinungen: *enge Verbindungen der Töne und die Prozesse der engen Verbindungen.* Diese Verbindungen der benachbarten Töne der Tonleiter, welche sich nur durch einen Viertelton oder sogar durch geringere Entfernungen auszeichnen, können noch enge Dissonanzen genannt werden, aber sie besitzen besondere Eigenschaften, welche die gewöhnlichen Dissonanzen nicht haben.
[...] Das Vibrieren der engen Vereinigungen, ihr Gang, ihr mannigfaltiges Spiel geben eine viel leichtere Möglichkeit, das Licht, die Farben und alles Lebende darzustellen, als

die gewöhnliche Musik. Leichter ist es auch, lyrische Stimmung zu erzielen. Durch enge Vereinigungen schafft man auch musikalische Bilder, die aus besonderen Farbflächen bestehen, welche sich in laufende Harmonie verschmelzen, der neuen Malerei ähnlich.

Die Musik der freien Töne

Es ist ein großer Fortschritt in der Musik möglich, wenn der Künstler gar nicht an Noten gebunden ist, sondern beliebige Zwischenräume benutzen kann, zum Beispiel ein Drittel oder sogar ein Dreizehntel Töne usw. Diese Musik gibt eine volle Freiheit der Inspiration [...].

Die praktische Erfüllung der freien Musik

Die Zuhörer: Sehr viele irren sich, wenn sie denken, daß sogar die Vierteltöne schwer zu unterscheiden sind. Die Erfahrung zeigt, daß alle Zuhörer leicht die Vierteltöne unterscheiden. Die Achteltöne werden nicht von allen Zuhörern unterschieden.
Desto stärker ist ihr Eindruck, denn die halberkannten und unverständlichen Empfindungen wirken stark auf die Seele des Menschen.
Die Ausführung: Die Ausführung der freien Musik ist sehr einfach. Wie die Stücke mit Vierteltönen, so kann man auch die Improvisation der freien Noten durch den Gesang, das Spiel auf dem Konterbaß, Cello und einigen Blasinstrumenten, ohne jegliche Veränderung und ohne sie anders zu stimmen, ausführen. Die Harfe kann man auf Viertel und andere beliebige Teile der Töne stimmen. Am besten braucht man die „chromatische" Harfe. Der Gitarre, der Zither, der Balalaika usw. muß man noch Griffe zusetzen. Das Klavier kann man ebenso stimmen, nur wird dann die Zahl der Oktaven vermindert, und die Zeichnung der Klaviatur verliert ihre Bedeutung. Um sich dem zu entziehen, kann man zwei Etagen Saiten und Klaviatur einrichten. Andere Instrumente sind teils auch leicht anzuwenden und umzuändern. Zur Untersuchung der Erscheinungen der freien Musik ist es am einfachsten, Glasbecher oder Gläser zu benutzen, indem man dieselben mit Wasser bis zu verschiedenen Höhen anfüllt. Leicht ist es auch, zu Hause Xylophone zu bereiten.

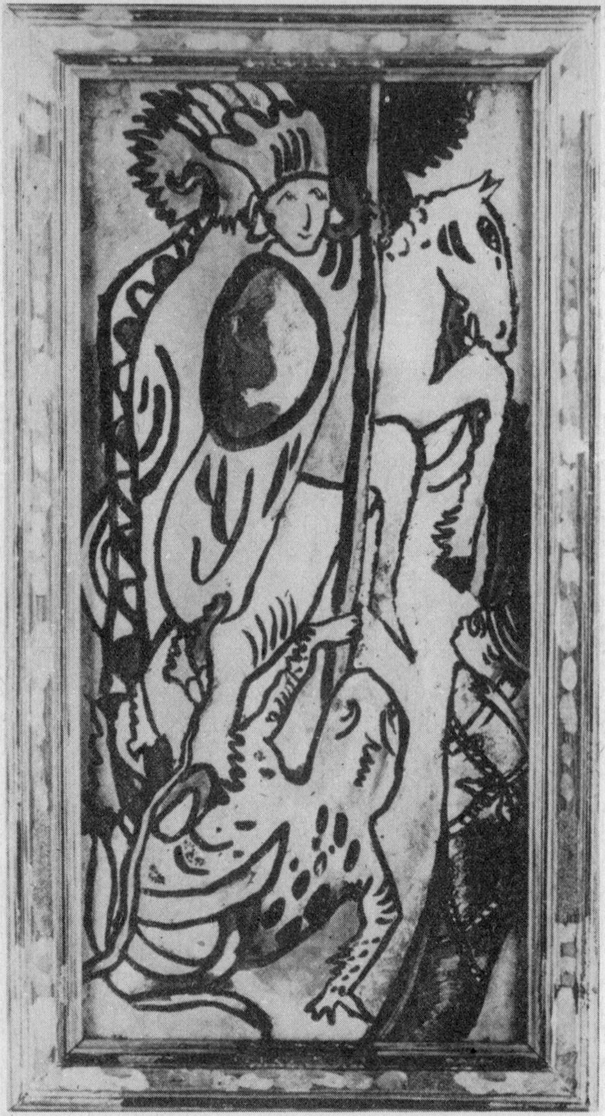

30. Wassily Kandinsky: Heiliger Georg II. 1911, Hinterglasmalerei

Das Schreiben der freien Musik: Das Notensystem bleibt beinahe ohne Veränderung. Die erste Zeit ist es notwendig, nur die Bezeichnung der Viertel hinzuzufügen. Die Improvisation der freien Töne kann man vorläufig auf Grammophonplatten niederschreiben. Außerdem kann man sie wiedergeben in der Form einer Zeichnung mit steigenden und fallenden Linien.

Wassily Kandinsky: Über die Formfrage

Zur bestimmten Zeit werden die Notwendigkeiten reif. Das heißt, der schaffende *Geist* (welchen man als den abstrakten Geist bezeichnen kann) findet einen Zugang zur Seele, später zu den Seelen und verursacht eine Sehnsucht, einen innerlichen Drang. Wenn die zum Reifen einer präzisen Form notwendigen Bedingungen erfüllt sind, so bekommt die Sehnsucht, der innere Drang, die Kraft, im menschlichen Geist einen neuen Wert zu schaffen, welcher bewußt oder unbewußt im Menschen zu leben anfängt. Bewußt oder unbewußt sucht der Mensch von diesem Augenblick an dem in geistiger Form in ihm lebenden neuen Wert eine materielle Form zu finden. [...] Das ist das Positive, das Schaffende. Das ist das Gute. *Der weiße befruchtende Strahl.* Dieser weiße Strahl führt zur Evolution, zur Erhöhung. So ist hinter der Materie, in der Materie der schaffende Geist verborgen.
Das Verhüllen des Geistes in der Materie ist oft so dicht, daß es im allgemeinen wenig Menschen gibt, die den Geist hindurchsehen können. So sehen gerade heute viele den Geist in der Religion, in der Kunst nicht. Es gibt ganze Epochen, die den Geist ableugnen, da die Augen der Menschen im allgemeinen zu solchen Zeiten den Geist nicht sehen können. So war es im 19. Jahrhundert, und so ist es im großen und ganzen noch heute. Die Menschen werden verblendet. Eine schwarze Hand legt sich auf ihre Augen. Die schwarze Hand gehört dem Hassenden. Der Hassende versucht durch alle Mittel die Evolution, die Erhöhung zu bremsen. Das ist das Negative, das Zerstörende. Das ist das Böse. *Die schwarze todbringende Hand.* Die Evolution, die Bewegung nach vor- und aufwärts, ist nur dann möglich, wenn die Bahn frei ist, d. h., wenn keine Schranken im Wege ste-

hen. Das ist die *äußere Bedingung.* Die Kraft, die auf der freien Bahn den menschlichen Geist nach vor- und aufwärts bewegt, ist der abstrakte Geist. Er muß natürlich herausklingen und gehört werden können. Der Ruf muß möglich sein. *Das ist die innere Bedingung.* Diese beiden Bedingungen zu vernichten, ist das Mittel der schwarzen Hand gegen die Evolution. Die Werkzeuge dazu sind: die Angst vor der freien Bahn, vor der Freiheit (Banausentum) und die Taubheit gegen den Geist (stumpfer Materialismus). Deshalb wird jeder neue Wert von den Menschen feindlich betrachtet. Man sucht ihn zu bekämpfen durch Spott und Verleumdung. Der den Wert bringende Mensch wird als lächerlich und unehrlich dargestellt. Es wird über den neuen Wert gelacht und geschimpft. Das ist der Schreck des Lebens. Die Freude des Lebens ist der unaufhaltsame, ständige Sieg des neuen Wertes. Dieser Sieg geht langsam vor sich. Der neue Wert erobert ganz allmählich die Menschen. Und wenn er in vielen Augen unzweifelhaft wird, so wird aus diesem Wert, der heute unumgänglich nötig war, eine Mauer gebildet, die gegen Morgen gerichtet ist. Das Verwandeln des neuen Wertes (der Frucht der Freiheit) in eine versteinerte Form (Mauer gegen Freiheit) ist das Werk der schwarzen Hand. Die ganze Evolution, d. h. das innere Entwickeln und die äußere Kultur, ist also ein Verschieben der Schranken. [...] So sieht man, daß im Grunde nicht der neue Wert das wichtigste ist, sondern der Geist, welcher sich in diesem Werte offenbart hat. Und weiter die für die Offenbarung notwendige Freiheit. So sieht man, daß das Absolute nicht in der Form (Materialismus) zu suchen ist. Die Form ist immer zeitlich, d. h. relativ, da sie nichts mehr ist als das heute notwendige Mittel, in welchem die heutige Offenbarung sich kundgibt, klingt. Der Klang ist also die Seele der Form, die nur durch den Klang lebendig werden kann und von innen nach außen *wirkt. Die Form ist der äußere Ausdruck des inneren Inhaltes.* [...]

Da die Form nur ein Ausdruck des Inhaltes ist und der Inhalt bei verschiedenen Künstlern verschieden ist, so ist es klar, daß es *zu derselben Zeit viel verschiedene Formen* geben kann, die *gleich gut* sind. *Die Notwendigkeit schafft die Form.* In großen Tiefen lebende Fische haben keine Augen. Der Elefant hat einen Rüssel. Das Chamäleon verändert seine

Farbe usw. usw. So spiegelt sich in der Form der Geist des einzelnen Künstlers. Die Form trägt den Stempel der *Persönlichkeit*. Die Persönlichkeit kann aber natürlich nicht als etwas außer Zeit und Raum Stehendes aufgefaßt werden. Sondern sie unterliegt in gewissem Maße der Zeit (Epoche), dem Raum (Volk). Ebenso wie jeder einzelne Künstler sein Wort zu verkünden hat, so auch jedes Volk, und also auch das Volk, zu welchem dieser Künstler gehört. Dieser Zusammenhang spiegelt sich in der Form und wird durch das *Nationale* im Werk bezeichnet. Und endlich hat auch jede Zeit eine ihr speziell gegebene Aufgabe, die durch sie mögliche Offenbarung. Die Abspiegelung dieses Zeitlichen wird als *Stil* im Werke erkannt. Alle diese drei Elemente des Stempels auf einem Werke sind unvermeidlich. [...] Wie im Anfang gesagt wurde, bemächtigt sich der abstrakte Geist erst eines einzelnen menschlichen Geistes, später beherrscht er eine immer größer werdende Anzahl der Menschen. In diesem Augenblick unterliegen einzelne Künstler dem Zeitgeist, welcher sie zu einzelnen Formen zwingt, die einander verwandt sind und dadurch auch eine äußerliche Ähnlichkeit besitzen. Diesen Moment nennt man eine *Bewegung*. Sie ist vollkommen berechtigt und (ebenso wie die einzelne Form für einen Künstler) einer Gruppe von Künstlern unentbehrlich. Und so wie kein Heil in einer Form eines einzelnen Künstlers zu suchen ist, so auch nicht in dieser Gruppenform. [...] Und also als letzter Schluß muß festgestellt werden: nicht das ist das wichtigste, ob die Form persönlich, national, stilvoll ist, ob sie der Hauptbewegung der Zeitgenossen entspricht oder nicht, ob sie mit vielen oder wenigen anderen Formen verwandt ist oder nicht, ob sie ganz einzeln dasteht, oder nicht usw. usw., sondern *das wichtigste in der Formfrage ist das, ob die Form aus der inneren Notwendigkeit gewachsen ist oder nicht.*

[...] je größer die Epoche ist, d. h. je größer (quantitativ und qualitativ) die Bestrebungen zum Geistigen sind, desto reicher in der Zahl werden die Formen einerseits, und desto größere Gesamtströmungen (Gruppenbewegungen) sind zu beobachten, was von selbst klar ist. Diese Merkmale einer großen geistigen Epoche (die prophezeit wurde und heute in einem der ersten Anfangsstadien sich kundgibt) sehen wir in der gegenwärtigen Kunst. Und zwar: 1. eine große *Freiheit*, die manchem grenzenlos erscheint und die 2. den *Geist* hörbar macht, welchen 3. wir mit einer ganz besonders starken *Kraft* sich in den Dingen offenbaren sehen, welcher 4. alle *geistigen Gebiete* sich allmählich zum Werkzeug nehmen wird und schon nimmt, woraus 5. er auch auf jedem geistigen Gebiete, also auch in der plastischen Kunst (speziell in der Malerei), viele einzelnstehende und Gruppen umfassende *Ausdrucksmittel* (Formen) schafft und 6. welchem heute die ganze Vorratskammer zur Verfügung steht, d. h., es wird *jede Materie,* von der „härtesten" bis zu der nur zweidimensional lebenden (-abstrakten), als Formelement angewendet. [...] Das unwillkürliche Suchen nach den äußersten Grenzen der Ausdrucksmittel der heutigen Epoche (Ausdrucksmittel der Persönlichkeit, des Volkes, der Zeit) ist andererseits ein Unterordnen der scheinbar zügellosen Freiheit, welches vom Zeitgeiste bestimmt wird, und eine Präzisierung der Richtung, in welcher das Suchen geschehen muß. [...] So wird auch unsere sich vollkommen frei schätzende Epoche auf bestimmte Grenzen stoßen, die aber „morgen" verschoben werden. [...] Und so genügt es, wenn man sagt: *alles ist erlaubt.* Das heute Erlaubte kann doch nicht überschritten werden. Das heute Verbotene bleibt unerschütterlich stehen. Und man sollte sich keine Grenzen stellen, da sie ohnehin gestellt sind. Das gilt nicht nur für den Absender (Künstler), sondern auch für den Empfänger (Beschauer). Er kann und muß dem Künstler folgen, und keine Angst sollte er haben, daß er auf Irrwege geleitet wird. Der Mensch kann sogar physisch sich nicht schnurgerade bewegen (die Feld- und Wiesenpfade!) und noch weniger geistig. Und gerade unter den geistigen Wegen ist oft der schnurgerade der lange, da er falsch ist, und der als falsch erscheinende ist oft der richtigste. [...]

„Anarchie" nennen viele den gegenwärtigen Zustand der Malerei. Dasselbe Wort wird schon hier und da auch bei der Bezeichnung des gegenwärtigen Zustandes in der Musik gebraucht. Darunter versteht man fälschlich ein planloses Umwerfen und Unordnung. Die Anarchie ist Planmäßigkeit und Ordnung, welche nicht durch eine äußere und schließlich versagende Gewalt hergestellt werden, sondern durch *das Gefühl des Guten* geschaffen werden. Also auch hier werden Grenzen gestellt, die aber als *innere* bezeichnet werden

müssen und die äußeren ersetzen müssen werden. Und auch diese Grenzen werden immer erweitert, wodurch die immer zunehmende Freiheit entsteht, die ihrerseits freie Bahn schafft für die weiteren Offenbarungen.
Die gegenwärtige Kunst, die in diesem Sinne richtig als anarchistisch zu bezeichnen ist, spiegelt nicht nur den schon eroberten geistigen Standpunkt ab, sondern sie verkörpert als eine materialisierende Kraft das zur Offenbarung gereifte Geistige. Die vom Geiste aus der Vorratskammer der Materie herausgerissenen Verkörperungsformen lassen sich leicht zwischen zwei Pole ordnen.
Diese zwei Pole sind: 1. die große Abstraktion, 2. die große Realistik. Diese zwei Pole eröffnen *zwei Wege,* die schließlich *zu einem Ziel* führen. Zwischen diesen zwei Polen liegen viele Kombinationen der verschiedenen Zusammenklänge des Abstrakten mit dem Realen. Diese beiden Elemente waren in der Kunst immer vorhanden [...]. Dem angenehmen Ergänzen des Abstrakten durch das Gegenständliche und umgekehrt hat die Kunst scheinbar ein Ende bereitet. Einerseits wird dem Abstrakten die divertierende Stütze im Gegenständlichen genommen, und der Beschauer fühlt sich in der Luft schweben. Man sagt: die Kunst verliert den Boden. Andererseits wird dem Gegenständlichen die divertierende Idealisierung im Abstrakten (das „künstlerische" Element) genommen, und der Beschauer fühlt sich an den Boden genagelt. Man sagt: die Kunst verliert das Ideal. [...]
Die erwähnte, erst keimende große Realistik ist ein Streben, aus dem Bilde das äußerliche Künstlerische zu vertreiben und den Inhalt des Werkes durch einfache („unkünstlerische") Wiedergabe des einfachen harten Gegenstandes zu verkörpern. Die in dieser Art aufgefaßte und im Bilde fixierte äußere Hülse des Gegenstandes und das gleichzeitige Streichen der gewohnten aufdringlichen Schönheit entblößen am sichersten den inneren Klang des Dinges. Gerade durch diese Hülse bei diesem Reduzieren des „Künstlerischen" auf das Minimum klingt die Seele des Gegenstandes am stärksten heraus, da die äußere wohlschmeckende Schönheit nicht mehr ablenken kann. [...]
Das zum Minimum gebrachte „Künstlerische" muß hier als das am stärksten wirkende Abstrakte erkannt werden.
Der große Gegensatz zu dieser Realistik ist die große Ab-

straktion, die aus dem Bestreben, das Gegenständliche (Reale) scheinbar ganz auszuschalten, besteht und den Inhalt des Werkes in „unmateriellen" Formen zu verkörpern sucht. Das in dieser Art aufgefaßte und im Bild fixierte abstrakte Leben der auf das Minimale reduzierten gegenständlichen Formen und also das auffallende Vorwiegen der abstrakten Einheiten entblößt am sichersten den inneren Klang des Bildes. Und ebenso, wie in der Realistik durch das Streichen des Abstrakten der innere Klang verstärkt wird, so auch in der Abstraktion wird dieser Klang durch das Streichen des Realen verstärkt. Dort war es die gewohnte äußere wohlschmeckende Schönheit, die den Dämpfer bildete. Hier ist es der gewohnte äußere unterstützende Gegenstand. [...]

Das zum Minimum gebrachte „Gegenständliche" muß in der Abstraktion als das am stärksten wirkende Reale erkannt werden. [...]

Zwischen diesen zwei Antipoden kann das Zeichen des Gleichnisses gestellt werden: Realistik = Abstraktion, Abstraktion = Realistik. *Die größte Verschiedenheit im Äußeren wird zur größten Gleichheit im Inneren.*

Einige Beispiele werden uns aus dem Gebiete der Reflexion in das Gebiet des Greifbaren versetzen. Wenn der Leser irgendeinen Buchstaben dieser Zeilen mit ungewohnten Augen anschaut, d. h. nicht als ein gewohntes Zeichen eines Teiles eines Wortes, sondern erst als *Ding*, so [...] besteht der Buchstabe: 1. aus der Hauptform; Gesamterscheinung, die, sehr grob bezeichnet, „lustig", „traurig", „strebend", „sinkend", „trotzig", „protzig" usw. usw. erscheint; 2. besteht der Buchstabe aus einzelnen, so oder anders gebogenen Linien, die auch jedesmal einen bestimmten inneren Eindruck machen, d. h. ebenso „lustig", „traurig" usw. sind. Wenn der Leser diese zwei Elemente des Buchstabens gefühlt hat, so entsteht in ihm sofort das Gefühl, welches dieser Buchstabe als *Wesen* mit *innerem Leben* verursacht. [...] Die einzelnen Linien des zweiten Elementes können „lustig" sein, und doch kann der ganze Eindruck (Element 1) „traurig" wirken usw. Die einzelnen Bewegungen des zweiten Elementes sind organische Teile des ersten. [...] der Buchstabe wirkt. Und, wie gesagt, ist diese Wirkung doppelt: 1. der Buchstabe wirkt als ein zweckmäßiges Zeichen;

2. er wirkt erst als Form und später als innerer Klang dieser Form selbständig und vollkommen unabhängig.
Es ist uns wichtig, daß diese zwei Wirkungen in keinem gegenseitigen Zusammenhange sind, und während die erste Wirkung eine äußere ist, hat die zweite einen inneren Sinn.
Der Schluß, den wir daraus ziehen, ist der, daß *die äußere Wirkung eine andere sein kann als die innere,* die durch den *inneren Klang* verursacht wird, was *eins der mächtigsten* und tiefsten *Ausdrucksmittel* in jeder Komposition ist.
Nehmen wir noch ein Beispiel. Wir sehen in diesem selben Buch einen Gedankenstrich. Dieser Gedankenstrich, wenn er an der richtigen Stelle angebracht ist – so wie ich es hier mache –, ist eine Linie mit einer praktisch-zweckmäßigen Bedeutung. Wollen wir diese kleine Linie verlängern und sie doch an einer richtigen Stelle lassen: der Sinn der Linie bleibt, ebenso wie ihre Bedeutung, die aber durch das Ungewohnte dieser Verlängerung eine undefinierbare Färbung gibt, wobei der Leser sich fragt, warum die Linie so lang ist und ob diese Länge nicht einen praktisch-zweckmäßigen Zweck hat. Stellen wir dieselbe Linie an einer falschen Stelle (so wie – ich hier mache). Das richtig Praktisch-Zweckmäßige ist verloren und nicht mehr zu finden, der Beiklang der Frage ist noch gewachsen. Es bleibt der Gedanke an einen Druckfehler, d. h. an das entstellte Praktisch-Zweckmäßige. Hier klingt das letztere negativ. Bringen wir dieselbe Linie auf einer leeren Seite an, z. B. lang und geschweift. Dieser Fall ist dem letzten sehr ähnlich, nur denkt man (solange die Hoffnung einer Erklärung vorhanden ist) an das Praktisch-Zweckmäßige. Und später (wenn keine Erklärung zu finden ist) an das Negative. Solange aber diese oder jene Linie im Buch bleibt, ist das Praktisch-Zweckmäßige nicht definitiv zum Ausschalten zu bringen. Bringen wir also eine ähnliche Linie in ein Milieu, welches das Praktisch-Zweckmäßige vollkommen zu vermeiden vermag. Zum Beispiel auf eine Leinwand. Solange der Beschauer (es ist kein Leser mehr) die Linie auf der Leinwand als ein Mittel zur Abgrenzung eines Gegenstandes ansieht, unterliegt er auch hier dem Eindrucke des Praktisch-Zweckmäßigen. In dem Augenblick aber, in welchem er sich sagt, daß der praktische Gegenstand auf dem Bilde meistens nur eine zufällige und nicht eine rein maleri-

sche Rolle spielte und daß die Linie manchmal eine ausschließlich rein malerische Bedeutung hatte, in diesem Augenblick ist die Seele des Beschauers reif, den *reinen inneren Klang* dieser Linie zu empfinden.
Ist denn dadurch der Gegenstand, das Ding aus dem Bilde vertrieben? Nein. Die Linie ist, wie wir oben gesehen haben, ein Ding, welches ebenso einen praktisch-zweckmäßigen Sinn hat wie ein Stuhl, ein Brunnen, ein Messer, ein Buch usw. Und dieses Ding wird in dem letzten Beispiel als ein reines malerisches Mittel gebraucht ohne die anderen Seiten, die es sonst besitzen kann – also in seinem reinen inneren Klang. Wenn also im Bild eine Linie von dem Ziel, ein Ding zu bezeichnen, befreit wird und selbst als ein Ding fungiert, wird ihr innerer Klang durch keine Nebenrollen abgeschwächt und bekommt ihre volle innere Kraft. So kommen wir zur Folge, daß die reine Abstraktion sich auch der Dinge bedient, die ihr materielles Dasein führen, geradeso wie die reine Realistik.
[...] Hier sehen wir, daß es also im Prinzip *gar keine Bedeutung* hat, *ob eine reale oder abstrakte Form vom Künstler gebraucht wird. Da beide Formen innerlich gleich sind.* Die Wahl muß dem Künstler überlassen werden, welcher selbst am besten wissen muß, durch welches Mittel er am klarsten den Inhalt seiner Kunst materialisieren kann. Abstrakt gesagt: *es gibt keine Frage der Form im Prinzip.* [...]
Die sämtlichen Regeln, die schon in der früheren Kunst entdeckt wurden und die später entdeckt werden und auf welche die Kunsthistoriker einen übertrieben großen Wert legen, sind keine allgemeinen Regeln: sie führen nicht zur Kunst. Wenn ich die Regeln des Tischlers kenne, so werde ich immer einen Tisch machen können. Der aber, welcher die vermutlichen Regeln des Malers kennt, darf nicht sicher sein, daß er ein Kunstwerk schaffen kann. [...] Das praktische Resultat: *man darf nie einem Theoretiker (Kunsthistoriker, Kritiker etc.) glauben, wenn er behauptet, daß er irgendeinen objektiven Fehler im Werke entdeckt hat.* Und: *das Einzige,* was der Theoretiker mit Recht behaupten kann, ist das, daß er bis jetzt diese oder jene Anwendung des Mittels noch nicht gekannt hat. Und: die Theoretiker, die, von der Analyse der schon dagewesenen Formen ausgehend, ein Werk tadeln oder loben, sind die schädlichsten Irreführer, die zwischen

dem Werk und dem naiven Beschauer eine Mauer bilden. Von diesem Standpunkte aus (welcher leider meistens der einzig mögliche ist) ist *Kunstkritik der schlimmste Feind der Kunst. Der ideale Kunstkritiker* wäre also nicht der Kritiker, welcher die „Fehler", „Verirrungen", „Unkenntnisse", „Entlehnungen" usw. usw. zu entdecken suchen würde, sondern der, welcher *zu fühlen* suchen würde, wie diese oder jene Form innerlich wirkt, und dann sein Gesamterlebnis dem Publikum ausdrucksvoll mitteilen würde. Hier würde natürlich der Kritiker eine Dichterseele brauchen, da der Dichter objektiv fühlen muß, um subjektiv sein Gefühl zu verkörpern. Das heißt, der Kritiker würde eine schöpferische Kraft besitzen müssen. [...] Eine fremde Form zu gebrauchen heißt in der Kritik, im Publikum und oft bei den Künstlern ein Verbrechen, ein Betrug. Das ist aber in Wirklichkeit nur dann der Fall, wenn der „Künstler" diese fremden Formen ohne innere Notwendigkeit braucht und dadurch ein lebloses, totes Scheinwerk schafft.

Wenn aber der Künstler zum Ausdruck seiner inneren Regungen und Erlebnisse sich einer oder der andern „fremden" Form der inneren Wahrheit entsprechend bedient, so übt er sein Recht aus, sich jeder ihm *innerlich nötigen* Form zu bedienen – sei es ein Gebrauchsgegenstand, ein Himmelskörper oder eine durch einen andern Künstler schon künstlerisch materialisierte Form. Diese ganze Frage der „Nachahmung" hat auch lange nicht die Bedeutung, die ihr wieder durch die Kritik beigemessen wird. Das Lebende bleibt. Das Tote verschwindet. [...]

Wenn wir aus der selbständigen Wirkung des inneren Klanges die uns hier nötige Folge ziehen, so sehen wir, daß dieser innere Klang an Stärke gewinnt, wenn der ihn unterdrückende äußere praktisch-zweckmäßige Sinn entfernt wird. Hier liegt die eine Erklärung der ausgesprochenen Wirkung einer Kinderzeichnung auf den unparteiischen, untraditionellen Beschauer. Das Praktisch-Zweckmäßige ist dem Kind fremd, da es jedes Ding mit ungewohnten Augen anschaut und noch die ungetrübte Fähigkeit besitzt, das Ding als solches aufzunehmen. Das Praktisch-Zweckmäßige wird erst später durch viele, oft traurige Erfahrungen langsam kennengelernt. So entblößt sich in jeder Kinderzeichnung ohne Ausnahme der innere Klang des Gegenstandes

von selbst. Die Erwachsenen, besonders die Lehrer, bemühen sich, dem Kinde das Praktisch-Zweckmäßige aufzudrängen, und kritisieren dem Kinde seine Zeichnung gerade von diesem flachen Standpunkte aus: „dein Mensch kann nicht gehen, weil er nur ein Bein hat", „auf deinem Stuhl kann man nicht sitzen, da er schief ist" usw. Das Kind lacht sich selbst aus. Es sollte aber weinen. [...] Der Künstler, der sein ganzes Leben in vielem dem Kinde gleicht, kann oft leichter als ein anderer zu dem inneren Klang der Dinge gelangen. [...] Hier liegt die Wurzel der neuen großen Realistik. Die vollkommen und ausschließlich einfach gegebene äußere Hülse des Dinges ist schon eine Absonderung des Dinges vom Praktisch-Zweckmäßigen und das Herausklingen des Inneren. Henri Rousseau, der als Vater dieser Realistik zu bezeichnen ist, hat mit einer einfachen und überzeugenden Geste den Weg gezeigt. [...]
Der unaufhaltsame Drang von heute, das rein Kompositionelle zu offenbaren, die künftigen Gesetze unserer großen Epoche zu entschleiern, ist die Kraft, die die Künstler auf verschiedenen Wegen zu einem Ziel zu streben zwingt. Es ist natürlich, daß der Mensch sich in einem solchen Falle an das Regelmäßigste und zugleich Abstrakteste wendet. So sehen wir, daß durch verschiedene Kunstperioden das Dreieck als Konstruktionsbasis gebraucht wurde. Dieses Dreieck wurde oft als ein gleichseitiges angewendet, und so kam auch die Zahl zu ihrer Bedeutung, d. h. das ganz abstrakte Element des Dreiecks. In dem heutigen Suchen nach abstrakten Verhältnissen spielt die Zahl eine besonders große Rolle. Jede Zahlformel ist wie ein eisiger Berggipfel kühl und als höchste Regelmäßigkeit wie ein Marmorblock fest. Sie ist kalt und fest wie jede Notwendigkeit. Das Suchen, in einer Formel das Kompositionelle auszudrücken, ist der Grund des Entstehens des sogenannten Kubismus. Diese „mathematische" Konstruktion ist eine Form, die manchmal bis zum letzten Grade der Vernichtung des materiellen Zusammenhanges der Teile des Dinges führen muß und in konsequenter Anwendung führt (siehe z. B. Picasso). Das letzte Ziel auch auf diesem Wege ist, ein Bild zu schaffen, das durch eigene, schematisch konstruierte Organe zum Leben gebracht wird, zum Wesen wird. Wenn diesem Wege im allgemeinen etwas vorgewor-

fen werden kann, so ist es *nichts anderes,* als daß hier eine zu begrenzte Anwendung der Zahl ist. [...]
Der innere Inhalt des Werkes kann entweder einem oder dem anderen von zwei Vorgängen gehören, die heute (ob nur heute? oder heute nur besonders sichtbar?) alle Nebenbewegungen in sich auflösen. Diese zwei Vorgänge sind: 1. Das Zersetzen des seelenlos-materiellen Lebens des 19. Jahrhunderts, d. h. das Fallen der für einzig fest gehaltenen Stützen des Materiellen, das Zerfallen und Sichauflösen der einzelnen Teile. 2. Das Aufbauen des seelisch-geistigen Lebens des 20. Jahrhunderts, welches wir miterleben und welches sich schon jetzt in starken, ausdrucksvollen und bestimmten Formen manifestiert und verkörpert. Diese zwei Vorgänge sind die zwei Seiten der „heutigen Bewegung". Die schon erzielten Erscheinungen zu qualifizieren oder auch nur das Endziel dieser Bewegung festzustellen, wäre eine Anmaßung, die durch verlorene Freiheit sofort grausam bestraft würde. Wie schon oft gesagt, nicht zur Beschränkung sollen wir streben, sondern zur Befreiung. Nichts soll man verwerfen ohne *angestrengte* Versuche, Lebendes zu entdecken. Es ist besser, den Tod für das Leben zu halten als das Leben für den Tod. Wenn auch nur ein einziges Mal. Und nur auf einer frei gewordenen Stelle kann wieder etwas *wachsen.* Der Freie sucht sich durch alles zu bereichern und von jedem Wesen das Leben auf sich wirken zu lassen – wenn es auch nur ein abgebranntes Zündholz ist. Nur durch Freiheit kann *das Kommende* empfangen werden. Und man bleibt nicht abseits stehen, wie der dürre Baum, unter dem Christus das schon bereitliegende Schwert sah.[87]

Wassily Kandinsky: Über Bühnenkomposition

Jede Kunst hat eine eigene Sprache, d. h. die nur ihr eigenen Mittel. So ist jede Kunst etwas in sich Geschlossenes. Jede Kunst ist ein eigenes Leben. Sie ist ein Reich für sich. Deswegen sind die Mittel verschiedener Künste äußerlich vollkommen verschieden. Klang, Farbe, Wort! ... *Im letzten innerlichen Grunde* sind diese Mittel vollkommen gleich: das letzte Ziel löscht die äußeren Verschiedenheiten und entblößt die innere Identität. Dieses *letzte* Ziel (Erkenntnis)

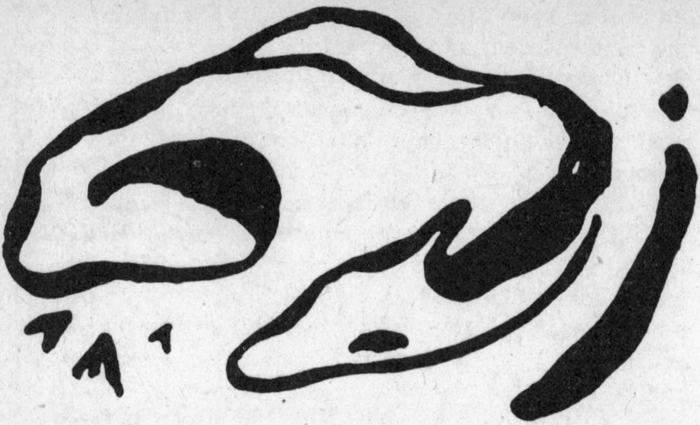

31. Franz Marc: Initiale „i" für den Almanach „Der Blaue Reiter". 1911, Tusche

wird in der menschlichen Seele erreicht durch feinere Vibrationen derselben. Diese feineren Vibrationen, die im letzten Ziele identisch sind, haben aber an und für sich verschiedene innere Bewegungen und unterscheiden sich dadurch voneinander. Der undefinierbare und doch bestimmte Seelenvorgang (Vibration) ist das Ziel der einzelnen Kunstmittel. Ein bestimmter Komplex der Vibrationen – das Ziel eines Werkes. Die durch das Summieren bestimmter Komplexe vor sich gehende Verfeinerung der Seele – das Ziel der Kunst. *Die Kunst ist* deswegen unentbehrlich und *zweckmäßig.*

Das vom Künstler richtig gefundene Mittel ist eine materielle Form seiner Seelenvibration, welcher einen Ausdruck zu finden er gezwungen ist. Wenn dieses Mittel richtig ist, so verursacht es eine beinahe identische Vibration in der Seele des Empfängers. Das ist unvermeidlich. Nur ist diese zweite Vibration kompliziert. Sie kann erstens stark oder schwach sein, was von dem Grad der Entwicklung des Empfängers und auch von zeitlichen Einflüssen (absorbierte Seele) abhängt. Zweitens wird diese Vibration der Seele des Empfängers entsprechend auch andere Saiten der Seele in Schwingung bringen. Das ist die Anregung der „Phantasie" des Empfängers, welcher am Werke „weiter schafft". Die öfter vibrierenden Saiten der Seele werden beinahe bei jeder Berührung auch anderer Saiten mitklingen. Und manchmal so stark, daß sie den ursprünglichen Klang übertönen: es gibt Menschen, die durch „lustige" Musik zum Weinen gebracht werden und umgekehrt. Deswegen werden einzelne Wirkungen eines Werkes bei verschiedenen Empfängern mehr oder weniger gefärbt. Der ursprüngliche Klang wird aber in diesem Falle nicht vernichtet, sondern lebt weiter und verrichtet, wenn auch unmerklich, seine Arbeit an der Seele. Es gibt also keinen Menschen, welcher die Kunst nicht empfängt. Jedes Werk und jedes einzelne Mittel des Werkes verursacht in jedem Menschen ohne Ausnahme eine Vibration, die im Grunde der des Künstlers identisch ist.

Die innere, im letzten Grunde entdeckbare Identität der einzelnen Mittel verschiedener Künste ist der Boden gewesen, auf welchem versucht wurde, einen bestimmten Klang einer Kunst durch den identischen Klang einer anderen Kunst zu unterstützen, zu stärken und dadurch eine besonders gewaltige Wirkung zu erzielen. [...]

Durch die *erste Folge des Materialismus,* d. h. durch die Spezialisierung und die damit verbundene weitere äußerliche Ausarbeitung der einzelnen Teile, entstanden und versteinerten sich drei Gruppen von Bühnenwerken, die voneinander durch hohe Mauern abgeteilt wurden: a) Drama, b) Oper, c) Ballett. a) Das Drama [...] ist gewöhnlich eine Beschreibung des äußeren Lebens, wo das seelische Leben des Menschen auch nur so weit mitspielt, als es mit dem äußeren Leben zu tun hat. *Das kosmische Element fehlt vollkommen. Der äußere Vorgang und der äußere Zusammenhang der Handlung ist die Form des heutigen Dramas.* b) Die Oper ist ein Drama, zu welchem Musik als Hauptelement hinzugefügt wird, wobei Raffiniertheit und Vertiefung des dramatischen Teiles stark leiden. Die beiden Teile sind vollkommen äußerlich miteinander verbunden. Das heißt, entweder illustriert (bzw. verstärkt) die Musik den dramatischen Vorgang, oder der dramatische Vorgang wird als Erklärung der Musik zu Hilfe gezogen. [...] *Der äußere Vorgang, der äußere Zusammenhang der einzelnen Teile desselben und der beiden Mittel (Drama und Musik) ist die Form der heutigen Oper.* c) Das Ballett ist ein

Drama mit allen schon beschriebenen Kennzeichen und demselben Inhalt. Nur verliert hier der Ernst des Dramas noch mehr als in der Oper. [...] Außer Musik werden hier die einzelnen und Gruppenbewegungen zu Hilfe genommen. Alles bleibt in einer naiven Form des äußerlichen Zusammenhanges. Es werden sogar in der Praxis nach Belieben einzelne Tänze eingeschoben oder ausgelassen. Das „Ganze" ist so problematisch, daß solche Operationen vollkommen unbemerkt bleiben. *Der äußere Vorgang, der äußere Zusammenhang der einzelnen Teile und der drei Mittel (Drama, Musik und Tanz) ist die Form des heutigen Balletts.* [...]

Durch die *zweite Folge des Materialismus,* d. h. durch die positive Addierung (1 + 1 = 2, 2 + 1 = 3), wurde nur eine Kombinierungs- (bzw. Verstärkungs-) Form gebraucht, die ein Parallellaufen der Mittel verlangte. Zum Beispiel starke Gemütsbewegung bekommt sofort ein ff. als unterstreichendes Element in der Musik. *Dieses mathematische Prinzip baut auch die Wirkungsformen auf einer rein äußerlichen Basis auf.* Alle die genannten *Formen,* die ich Substanzformen nenne (Drama – Wort, Oper – Klang, Ballett – Bewegung), und ebenso die Kombinationen der einzelnen Mittel, die ich Wirkungsmittel nenne, werden zu einer *äußerlichen Einheit* konstruiert. *Da alle diese Formen aus dem Prinzip der äußeren Notwendigkeit entstanden.* Daraus fließt als logisches Resultat die Begrenzung, die Einseitigkeit (= die Verarmung) der Formen und Mittel. Sie werden allmählich orthodox, und jede minutiöse Änderung erscheint revolutionär.

Stellen wir uns auf den Boden des Innerlichen. Die ganze Sachlage verändert sich wesentlich. 1. Es verschwindet plötzlich der äußere Schein jedes Elementes. Und sein innerer Wert bekommt vollen Klang. 2. Es wird klar, daß bei Anwendung des inneren Klanges der äußere Vorgang nicht nur nebensächlich sein kann, sondern als Verdunklung schädlich. 3. Es erscheint der Wert des äußeren Zusammenhangs im richtigen Licht, d. h. als unnötig beschränkend und die innere Wirkung abschwächend. 4. Es kommt von selbst das Gefühl der Notwendigkeit der *inneren Einheitlichkeit,* die durch äußere Uneinheitlichkeit unterstützt und sogar gebildet wird. 5. Es entblößt sich die Möglichkeit, jedem der Elemente das eigene äußere Leben zu behalten, welches äußerlich im Widerspruch zum äußeren Leben eines anderen Elementes steht. Wenn wir weiter aus diesen abstrakten Entdeckungen praktische schaffen, so sehen wir, daß es möglich ist, ad 1. nur den inneren Klang eines Elementes als Mittel zu nehmen, ad 2. den äußeren Vorgang (= Handlung) zu streichen, ad 3. wodurch der äußere Zusammenhang von selbst fällt, ebenso wie ad 4. die äußere Einheitlichkeit, und ad 5. daß die innere Einheitlichkeit eine unzählige Reihe von Mitteln in die Hand gibt, die früher nicht da sein konnten. *Hier wird also zur einzigen Quelle die innere Notwendigkeit.*

Die folgende kleine Bühnenkomposition ist ein Versuch, aus dieser Quelle zu schöpfen. Es sind hier drei Elemente, die zu äußeren Mitteln im *inneren Werte* dienen: 1. musikalischer Ton und seine Bewegung, 2. körperlich-seelischer Klang und seine Bewegung durch Menschen und Gegenstände ausgedrückt, 3. farbiger Ton und seine Bewegung (eine spezielle Bühnenmöglichkeit). So besteht hier schließlich das Drama aus dem Komplex der inneren Erlebnisse (Seelenvibrationen) des Zuschauers. ad 1. Von der Oper wurde das Hauptelement – die Musik als Quelle der inneren Klänge – genommen, die in keiner Weise äußerlich dem Vorgang untergeordnet sein muß. ad 2. Aus dem Ballett wurde der Tanz genommen, welcher als abstrakt wirkende Bewegung mit innerem Klang gebracht wird. ad 3. Der farbige Ton bekommt eine selbständige Bedeutung und wird als gleichberechtigtes Mittel behandelt. Alle drei Elemente spielen eine gleich wichtige Rolle, bleiben äußerlich selbständig und werden gleich behandelt, d. h. dem inneren Ziele untergeordnet. Es kann also z. B. die Musik vollkommen zurückgeschoben oder in den Hintergrund geschoben werden, wenn die Wirkung z. B. der Bewegung ausdrucksvoll genug ist und durch starke musikalische Mitwirkung geschwächt werden könnte. Dem Wachsen der Bewegung in der Musik kann ein Abnehmen der Bewegung im Tanz entsprechen, wodurch beide Bewegungen (positive und negative) größeren inneren Wert bekommen usw. usw. Eine Reihe von Kombinationen, die zwischen den zwei Polen liegen: Mitwirkung und Gegenwirkung. Graphisch gedacht können die drei Elemente vollkommen eigene, voneinander äußerlich unabhängige Wege laufen. Das Wort als solches oder in Sätze gebunden wurde angewendet, um eine gewisse „Stimmung“ zu bilden, die den Seelenboden befreit und empfänglich macht. Der Klang der menschlichen Stimme wurde auch rein angewendet, d. h. ohne Verdunkelung desselben durch das Wort, durch den Sinn des Wortes.

Wassily Kandinsky: Der gelbe Klang – Eine Bühnenkomposition

Mitwirkende:

FÜNF RIESEN
UNDEUTLICHE WESEN
TENOR *hinter der Bühne*
EIN KIND
EIN MANN
MENSCHEN IN LOSEM GEWAND
MENSCHEN IN TRIKOTS
CHOR *hinter der Bühne*

Einleitung

Im Orchester einige unbestimmte Akkorde. Vorhang. Auf der Bühne dunkelblaue Dämmerung, die erst weißlich ist und später intensiv dunkelblau wird. Nach einer Zeit wird in der Mitte ein kleines Licht sichtbar, welches mit der Vertiefung der Farbe heller wird. Nach einer Zeit Orchestermusik. Pause. Hinter der Bühne wird ein CHOR *hörbar, welcher so eingerichtet werden muß, daß die Quelle des Gesanges nicht zu erkennen ist. Hauptsächlich sind die Baßstimmen zu hören. Das Singen ist gleichmäßig, ohne Temperament, mit Unterbrechungen, die durch Punkte bezeichnet sind. Erst*

TIEFE STIMMEN: Steinharte Träume ... Und sprechende Felsen ... Schollen mit Rätseln erfüllender Fragen ... Des Himmels Bewegung ... Und Schmelzen ... der Steine ... Nach oben hochwachsend unsichtbarer ... Wall ...

HOHE STIMMEN: Tränen und Lachen ... Bei Fluchen Gebete ... Der Einigung Freude und schwärzeste Schlachten.

ALLE: Finsteres Licht bei dem ... sonnigsten ... Tag – *schnell und plötzlich abhauend* – Grell leuchtender Schatten bei dunkelster Nacht!!

Das Licht verschwindet. Es wird plötzlich dunkel. Längere Pause. Dann Introduktion im Orchester.

Bild 1

(Rechts und links vom Zuschauer.) Die Bühne muß hier möglichst tief sein. Ganz weit hinten ein breiter grüner Hügel. Hinter dem Hügel glatter, matter, blauer, ziemlich tieffarbiger Vorhang. Bald beginnt die Musik, erst in hohen Lagen. Dann unmittelbar und schnell zu unteren übergehend. Zur selben Zeit wird der Hintergrund dunkelblau (mit der Musik gleichzeitig) und bekommt schwarze breite Ränder (wie im Bild). Hinter der Bühne wird ein CHOR *ohne Worte hörbar, welcher ohne Gefühl klingt, ganz hölzern und mechanisch. Nach dem Schluß des Chorgesanges allgemeine Pause: keine Bewegung, kein Klang. Dann Dunkelheit. Später wird dieselbe Szene beleuchtet. Von rechts nach links werden fünf grellgelbe* RIESEN *(möglichst große) herausgeschoben (es ist wie ein Schweben direkt über dem Boden). Sie bleiben ganz hinten nebeneinander stehen – mit teils hochgehobenen, teils tiefen Schultern, mit sonderbaren gelben Gesichtern, die undeutlich sind. Sie wenden s e h r langsam zueinander die Köpfe und machen einfache Bewegungen mit den Armen. Die Musik wird bestimmter. Bald darauf wird das s e h r tiefe Singen ohne Worte der* RIESEN *vernehmlich (p. p.), und die* RIESEN *nähern sich s e h r langsam zur Rampe. Schnell fliegen von links nach rechts rote* UNDEUTLICHE WESEN, *die e t w a s an Vögel erinnern, große Köpfe haben, die eine entfernte Ähnlichkeit mit menschlichen haben. Dieser Flug spiegelt sich in der Musik ab. Die* RIESEN *singen weiter und immer leiser. Dabei werden sie auch immer undeutlicher. Der Hügel hinten wächst langsam und wird immer heller. Zum Schluß weiß. Der Himmel wird ganz schwarz. Hinter der Bühne wird derselbe hölzerne* CHOR *hörbar. Die* RIESEN *hört man nicht mehr. Die Vorderbühne wird blau und immer undurchsichtiger. Das Orchester kämpft mit dem* CHOR *und besiegt ihn. Ein dichter blauer Dunst macht die ganze Bühne unsichtbar.*

Bild 2

Der blaue Dunst weicht allmählich dem Licht, welches vollkommen und grell weiß ist. Hinten auf der Bühne ein möglichst großer grellgrüner Hügel, ganz rund. Der Hintergrund violett, ziemlich hell. Die Musik ist grell, stürmisch, mit sich oft wiederholenden a und h und h und as. Diese einzelnen Töne werden schließlich durch die laute Stürmischkeit verschluckt. Plötzlich entsteht vollkommene Stille. Pause. Wieder winseln kläglich, aber bestimmt und scharf a und h. Das dauert ziemlich lange. Dann wieder Pause. In diesem Augenblick wird der Hintergrund plötzlich schmutzigbraun. Der Hügel wird schmutziggrün. Und gerade in der Mitte des Hügels bildet sich ein unbestimmter schwarzer Fleck, welcher bald deutlich, bald verwischt erscheint. Bei jedem Wechsel der Deutlichkeit wird das grelle weiße Licht stoßweise grauer. Links auf dem Hügel wird plötzlich eine große gelbe Blume sichtbar. Sie ist entfernt einer großen, krummen Gurke ähnlich und wird immer greller. Der Stiel ist lang und dünn. Nur ein stacheliges schmales Blatt wächst aus der Mitte des Stieles heraus und ist seitwärts gerichtet. Lange Pause. Später bei voller Stille schaukelt die Blume sehr langsam von rechts nach links. Noch später auch das Blatt, aber nicht zusammen. Noch später schaukeln beide in ungleichem Tempo. Dann wieder einzeln, wobei mit der Blumenbewegung ein sehr dünnes h klingt, mit der Blattbewegung – ein sehr tiefes a. Dann schaukeln wieder beide zusammen, und beide Töne klingen mit. Die Blume erzittert stark und bleibt unbeweglich. In der Musik klingen die beiden Töne weiter. Zur selben Zeit kommen von links viele MENSCHEN *in grellen, langen, formlosen Kleidern (der eine ist ganz blau, der zweite rot, der dritte – grün usw., nur fehlt das Gelb). Die*

MENSCHEN *halten sich möglichst nahe aneinander, gehen dicht am Hügel vorbei und bleiben auf der rechten Seite der Bühne fest aneinandergepreßt stehen. Sie sprechen mit gemischten Stimmen und rezitieren:*

Die Blumen bedecken alles, bedecken alles, bedecken alles.
Schließ die Augen! Schließ die Augen!
Wir schauen. Wir schauen.
Bedecken mit Unschuld Empfängnis.
Öffne die Augen! Öffne die Augen!
Vorbei. Vorbei.

Erst sprechen sie das alle zusammen wie in Ekstase (sehr deutlich). Dann wiederholen sie dasselbe einzeln: der eine dem andern und in die Fernen – Alt-, Baß- und Sopranstimme. Bei „wir schauen, wir schauen" klingt h, bei „vorbei, vorbei" – a. Hier und da wird die Stimme heiser. Hier und da schreit einer wie besessen. Hier und da wird die Stimme nasal, bald langsam, bald rasend schnell. Im ersten Falle wird plötzlich die ganze Bühne durch mattes rotes Licht undeutlich. Im zweiten wechselt volle Dunkelheit mit grellem blauem Licht ab. Im dritten – wird alles plötzlich fahlgrau (alle Farben verschwinden!).

Nur die gelbe Blume leuchtet noch stärker! Allmählich beginnt das Orchester und bedeckt die Stimmen. Die Musik wird unruhig, macht Sprünge vom ff. zum pp. Das Licht wird etwas heller, und undeutlich erkennt man die Farben der MENSCHEN. *Von rechts nach links gehen sehr langsam über den Hügel ganz kleine Figürchen, die undeutlich und von grüngrauer Farbe eines unbestimmten Tones sind. Sie schauen vor sich. In dem Augenblick, als die erste Figur sichtbar wird, schaukelt wie in Krämpfen die gelbe Blume. Später verschwindet sie plötzlich. Ebenso plötzlich werden alle weißen Blumen gelb. Die* MENSCHEN *gehen langsam wie im Traum zur Vorderbühne und entfernen sich immer mehr voneinander. Die Musik sinkt, und wieder hört man dasselbe Rezitativ. (Ein halber Satz zusammen gesprochen; Ende vom Satz* e i n e *Stimme sehr undeutlich. Das oft abwechselnd.) Bald bleiben die* MENSCHEN *stehen wie in einer Verzückung und wenden sich um. Sie bemerken plötzlich die kleinen Figürchen, die noch immer in unendlicher Folge über den Hügel gehen. Die* MENSCHEN *wenden sich ab und machen einige schnelle Schritte zur Vorderbühne, bleiben wieder stehen, wenden sich wieder um und bleiben wie gebunden unbeweglich. (Diese Bewegungen müssen wie auf Kommando ausgeführt werden.) Endlich werfen sie die wie mit Blut erfüllten Blumen von sich und laufen, sich von der Starrheit mit Gewalt befreiend, eng aneinander zur Vorderbühne. Sie schauen sich oft um. (Diese Bewegungen müssen nicht im Takt gehen.) Es wird plötzlich dunkel.*

Bild 3

Hinterbühne: Zwei große rotbraune Felsen, der eine spitz, der andere rundlich und größer als der erste. Hintergrund: Schwarz. Zwischen den Felsen stehen die RIESEN *(des Bildes 1) und flüstern einander klanglos etwas zu. Bald flüstern sie paarweise, bald nähern sich alle Köpfe einander. Der Körper bleibt unbeweglich. In schneller Abwechslung fallen von allen Seiten grellfarbige Strahlen (blau, rot, violett, grün wechseln mehrere Male). Dann treffen sich alle diese Strahlen in der Mitte, wodurch sie gemischt werden. Es bleibt alles unbeweglich. Die* RIESEN *sind beinahe gar nicht sichtbar. Plötzlich verschwinden alle Farben. Es wird einen Augenblick schwarz. Dann fließt auf die Bühne ein mattes gelbes Licht, welches allmählich immer intensiver wird, bis die ganze Bühne grell zitronengelb wird. Mit der Steigerung des Lichtes geht die Musik in die Tiefe und wird immer dunkler (diese Bewegung erinnert an das Hineindrücken ei-*

ner Schnecke in ihre Muschel). Zur Zeit dieser zwei Bewegungen soll auf der Bühne nichts wie Licht gesehen werden: keine Gegenstände. Das grellste Licht ist erreicht, die Musik ist ganz geschmolzen. Die RIESEN *werden wieder deutlich, sind unbeweglich und schauen vor sich hin. Die Felsen erscheinen nicht mehr. Nur die* RIESEN *sind auf der Bühne: sie stehen jetzt weiter voneinander und sind größer geworden. Hintergrund und Boden schwarz. Lange Pause. Plötzlich hört man hinter der Bühne eine grelle, angsterfüllte* TENORSTIMME, *die vollkommen undeutliche Worte sehr schnell schreit (oft hört man a: z. B. Kalasimunafakola!). Pause. Es wird für einen Augenblick dunkel.*

Bild 4

Links auf der Bühne ein kleines schiefes Gebäude (einer sehr einfachen Kapelle ähnlich) ohne Tür und Fenster. An der Seite des Gebäudes (vom Dach heraus) ein schmales, schiefes Türmchen mit einer kleinen gesprungenen Glocke. Von der Glocke eine Schnur. Am unteren Ende der Schnur zieht langsam und gleichmäßig ein kleines KIND, *welches ein weißes Hemdchen anhat und auf dem Boden sitzt (zum Zuschauer gewendet). Rechts auf derselben Linie steht ein sehr dicker* MANN, *ganz schwarz gekleidet. Das Gesicht ganz weiß, sehr undeutlich. Die Kapelle ist schmutzigrot. Der Turm grellblau. Die Glocke aus Blech. Hintergrund grau, gleichmäßig, glatt. Der schwarze* MANN *steht breitbeinig und stemmt die Hände in die Hüften.*

DER MANN *sehr laut, befehlend; schöne Stimme:* Schweigen!!

Das KIND *läßt die Schnur aus der Hand. Es wird dunkel.*

Bild 5

Die Bühne wird allmählich in ein kaltes rotes Licht getaucht, welches langsam stärker und ebenso langsam gelb wird. In diesem Augenblicke werden die RIESEN *hinten sichtbar (wie im Bild 3). Auch dieselben Felsen sind da. Die* RIESEN *flüstern wieder (wie im Bild 3). Zu der Zeit, wenn ihre Köpfe wieder zusammen sind, hört man hinter der Bühne denselben Schrei, aber sehr schnell und kurz. Es wird einen Augenblick dunkel: Derselbe Vorgang wiederholt sich noch einmal. (Jedesmal muß natürlich auch die Musik wiederholt werden.) Nach dem Hellwerden (weißes Licht, ohne Schatten) flüstern wieder die* RIESEN, *machen aber dazu schwache Bewegungen, mit den Händen (diese Bewegungen müssen verschieden, aber schwach sein). Hier und da streckt einer die Arme auseinander (auch diese Bewegung muß mehr nur eine Andeutung sein) und legt etwas den Kopf auf die Seite, auf die Zuschauer schauend. Zweimal lassen alle Riesen die Arme plötzlich hängen, werden etwas größer und schauen ohne jede Bewegung auf die Zuschauer. Dann geht eine Art Krampf durch ihre Körper (wie bei der gelben Blume), und sie flüstern wieder, hier und da die Arme schwach und wie klagend ausstreckend. Die Musik wird allmählich greller. Die* RIESEN *bleiben unbeweglich. Von links erscheinen viele* MENSCHEN, *in verschiedenfarbige Trikots gekleidet. Die Haare sind mit entsprechender Farbe verdeckt. Ebenso die Gesichter. (Die* MENSCHEN *sind wie Gliederpuppen.)*

Erst kommen graue, dann – schwarze, weiße und schließlich farbige MENSCHEN. *Die Bewegungen sind verschieden in jeder Gruppe: der eine geht schnell und geradeaus, der andere – langsam, wie mit Mühe, der dritte macht hier und da lustige Sprünge, der vierte guckt sich immer um, der fünfte kommt mit feierlichen theatralischen Schritten und hat gekreuzte Arme, der sechste geht auf Fußspitzen mit einer erhobenen flachen Hand usw. Alle verteilen sich verschieden auf der Bühne: einige sitzen in kleinen geschlossenen Gruppen, einige vereinzelt. Ebenso stehen manche in Gruppen, andere wieder allein. Die ganze Verteilung soll weder „schön" noch sehr bestimmt sein. Sie muß aber auch k e i n v o l l k o m m e n e s Durcheinander bilden. Die* MENSCHEN *blicken zu verschiedenen Seiten, manche haben hocherhobene Köpfe, manche gesenkte und tiefgesenkte. Wie durch eine Mattigkeit gedrückt, ändern sie selten ihre Stellungen. Das Licht bleibt immer weiß. Die Musik ändert oft das Tempo, hier und da wird auch sie matt. Gerade in so einem Augenblick macht ein weißer* MENSCH *links (ziemlich hinten) unbestimmte, aber viel schnellere Bewegungen bald mit den Armen, bald mit den Beinen. Hier und da behält er eine Bewegung längere Zeit und bleibt in entsprechender Stellung einige Augenblicke. Es ist wie eine Art Tanz. Nur ändert sich auch das Tempo oft, wobei es manchmal mit der Musik zusammengeht und manchmal auseinander. (Dieser einfache Vorgang muß besonders sorgfältig ausgearbeitet werden, damit das Weitere ausdrucksvoll und überraschend wirkt.) Die anderen* MENSCHEN *fangen allmählich an, auf den Weißen zu gucken. Manche strecken die Hälse aus. Schließlich schauen alle auf ihn. Dieser Tanz endet aber ganz plötzlich: der Weiße setzt sich, streckt wie in feierlicher Vorbereitung einen Arm aus und, diesen Arm langsam im Ell-*

bogen biegend, nähert er ihn dem Kopfe. Die allgemeine Spannung wird besonders ausdrucksvoll. Der Weiße stützt aber den Ellbogen auf das Knie und legt auf die flache Hand den Kopf. Es wird einen Augenblick dunkel. Dann sieht man dieselben Gruppen und Stellungen. Manche Gruppen werden von oben mehr oder weniger stark verschiedenfarbig beleuchtet: eine größere sitzende Gruppe wird stark rot beleuchtet, eine größere stehende – blaßblau usw. Das grelle gelbe Licht ist (außer den RIESEN, *die jetzt besonders deutlich werden) nur auf dem sitzenden Weißen konzentriert. Plötzlich verschwinden alle Farben (die* RIESEN *bleiben gelb), und ein weißes dämmeriges Licht erfüllt die Bühne. Im Orchester fangen einzelne Farben an zu sprechen. Dem korrespondierend erheben sich an verschiedenen Stellen einzelne Figuren: hastig, feierlich, langsam und schauen dabei nach oben. Manche bleiben stehen. Manche setzen sich wieder. Dann übermannt alle wieder eine Mattigkeit, und alles bleibt unbeweglich. Die* RIESEN *flüstern. Aber auch sie bleiben jetzt unbeweglich und aufgerichtet, da hinter der Bühne der hölzerne* CHOR *hörbar wird, welcher nur kurze Zeit klingt. Dann hört man im Orchester wieder einzelne Farben.*

Über die Felsen streift ein rotes Licht, und sie erzittern. Abwechselnd mit dieser Beleuchtung erzittern die RIESEN. *An verschiedenen Enden wird eine Bewegung bemerkbar. Im Orchester wiederholen sich mehrere Male h und a; einzeln, zusammenklingend, bald sehr scharf, bald – kaum hörbar. Verschiedene* MENSCHEN *verlassen ihre Plätze und gehen bald schnell, bald langsam zu anderen Gruppen: Die einzelnstehenden bilden kleinere Gruppen zu zwei und drei* MENSCHEN *oder verteilen sich in größeren. Große Gruppen zerfallen. Manche* MENSCHEN *laufen eilend von der Bühne, sich umschauend. Dabei verschwinden alle schwarzen, grauen und weißen* MENSCHEN: *es bleiben schließlich nur bunte auf der Bühne. Allmählich ist alles in arhythmischer Bewegung. Im Orchester – ein Durcheinander. Der grelle Schrei des Bildes 3 wird hörbar. Die* RIESEN *zittern. Verschiedene Lichter streifen die Bühne und kreuzen sich. Ganze Gruppen laufen von der Bühne. Es entsteht ein allgemeiner Tanz: er fängt an verschiedenen Stellen an und zerfließt allmählich, alle* MENSCHEN *mitreißend. Laufen, Springen, Laufen zueinander und voneinander, Fallen. Manche bewegen hastig im Stehen nur die Arme, die andern nur die Beine, nur den Kopf, nur den Rumpf. Manche kombinieren alle diese Bewegungen. M a n c h m a l sind es Gruppenbewegungen. Ganze Gruppen machen m a n c h m a l eine und dieselbe Bewegung. In dem Augenblicke, wo das größte Durcheinander im Orchester, in den Bewegungen und Beleuchtungen erreicht wird, wird es* p l ö t z l i c h *dunkel und still. Nur in der Tiefe der Bühne bleiben die gelben* RIESEN *sichtbar, die nur langsam von der Dunkelheit verschluckt werden. Es scheint, daß die* RIESEN *wie eine Lampe auslöschen, d. h., vor der vollen Dunkelheit zuckt einige Male das Licht.*

Bild 6

(Dieses Bild muß s o s c h n e l l w i e m ö g l i c h *kommen.) Blauer matter Hintergrund, wie im Bild 1 (ohne schwarze Ränder). In der Mitte der Bühne ein hellgelber* RIESE *mit einem weißen undeutlichen Gesicht mit großen, runden, schwarzen Augen. Hintergrund und Boden schwarz. Er hebt langsam dem Körper entlang beide Arme (die Handflächen nach unten) und wächst dabei in die Höhe. Im Augenblick, in welchem er die ganze Höhe der Bühne erreicht und seine Figur einem Kreuz gleicht, wird es* p l ö t z l i c h *dunkel. Die Musik ist ausdrucksvoll, dem Vorgang auf der Bühne ähnlich.*

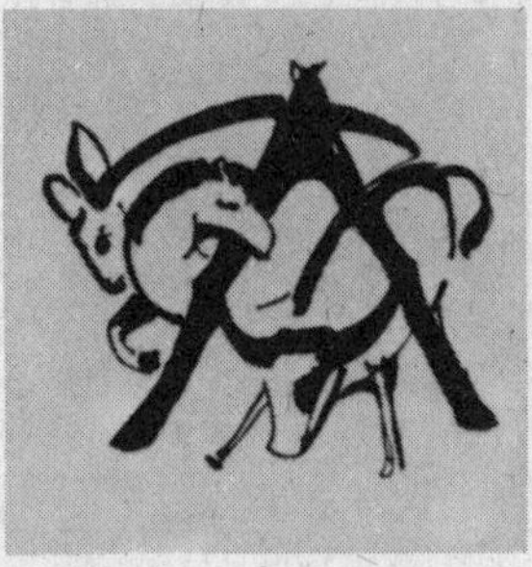

32. Franz Marc: Initiale „A" für den Almanach „Der Blaue Reiter". 1911, Tusche

3. Dank für den Blauen Reiter

August Macke: An Franz Marc (14. 5. 1912)

Vielen Dank für den Blauen Reiter! Also ist er doch noch erschienen. Und er ist ganz gut geworden. Rein geistig genommen, erscheint mir das Buch im Gegensatz zu anderen Büchern einstweilen wie ein Floh, der auf einer Mahagony-Tischplatte mit lebhaftem Zock-Zock herumspringt, über den man (die Leute) sich ärgert und den doch keiner kriegen kann. Gott sei ihm gnädig! Ich werde hier am Rhein was darüber schlucken müssen.

Arnold Schönberg: An Wassily Kandinsky (19. 8. 1912)

Ich muß Ihnen auch über Ihre Beiträge im *Blauen Reiter* einiges sagen. Also: Ihre Bühnen-Komposition gefällt mir außerordentlich. Auch die Vorrede dazu. Damit bin ich ja ganz einverstanden. Aber wie stellt sich das zur „Konstruktion"? Mir scheint es das Gegenteil davon zu sein. Mir scheint, daß Einer der konstruiert, wägen, prüfen muß. Berechnen die Tragfähigkeit, die Zusammengehörigkeit etc. Der „Gelbe Klang" aber ist doch nicht Konstruktion, sondern einfach: Wiedergabe innerlich Geschautem. Da ist doch folgender Unterschied:

> Innerlich geschaut ist ein Ganzes, das zwar Bestandteile hat, aber gebundene, bereits eingeordnete.
>
> Konstruiertes: sind Bestandteile, die ein Ganzes nachahmen wollen. Aber es ist keine Gewähr da, ob nicht die wichtigsten fehlen. Und ob nicht das Bindemittel dieser fehlende Bestandteil ist: die Seele.

Ich bin gewiß, daß das nur ein Streit um Worte ist, daß wir in der Hauptsache ganz gleich denken. Aber: „Konstruktion", das ist zwar nur ein Wort, aber doch dasjenige, mit dem ich bei Ihnen nicht einverstanden bin. Wenn auch das Einzige.

Aber wie gesagt: der „Gelbe Klang" gefällt mir außerordentlich. Es ist ja ganz dasselbe, was ich in meiner „Glücklichen Hand" angestrebt habe. Nur gehen Sie noch weiter als ich im Verzichtleisten auf jeden bewußten Gedanken, auf jede lebensartige Handlung. Das ist natürlich ein großer Vorzug.

Wir müssen uns bewußt werden, daß es Rätsel um uns giebt. Und müssen den Mut bekommen, diesen Rätseln in die Augen zu blicken, ohne feige nach „der Lösung" zu fragen. Es ist wichtig, daß unsere Schöpferkraft solche Rätsel den Rätseln nachbildet, von denen wir umgeben sind. Damit unsere Seele den Versuch mache – nicht sie zu lösen – sondern sie zu dechiffrieren. Was wir dabei gewinnen, soll nicht die Lösung, sondern eine neue Chiffrier- oder Dechiffrier-Methode sein. Die, an sich wertlos, Material bietet, neue Rätsel zu schaffen. Denn die Rätsel sind ein Abbild des Unfaßbaren. Ein unvollkommenes, d. i. menschliches Abbild. Aber wenn wir durch sie nur lernen, das Unfaßbare für möglich zu halten, nähern wir uns Gott, da wir dann nicht mehr verlangen, ihn verstehen zu wollen. Da wir dann nicht mehr ihn mit unserem Verstand messen, ihn kritisieren, ihn ableugnen, weil wir ihn nicht auflösen können in jene menschliche Unzulänglichkeit, die unsere Klarheit ist. –
Deshalb freue ich mich über den goldenen Klang und stelle mir vor, daß er, aufgeführt, auf mich kolossale Wirkung machen müßte. [...]
Dann auch mein Aufsatz im BR. In dem steht ja auch manches drin, das dem in Ihrer Vorrede zum „Gelben Klang" Gesagten sehr nahe steht.

Wassily Kandinsky: An Arnold Schönberg (22. 8. 1912)

Was Ihren Artikel im BR anlangt, so habe ich ihn mit der ständigen Freude genossen. Zum Schluß möchte ich sagen: oder umgekehrt! D. h., wenn man von der Wurzel wegkommt, so wird jede Kombinationsmöglichkeit ein „oder umgekehrt". Aber manchmal ist man gezwungen, nur *eine* Seite grell-aufdringlich zu beleuchten, und so fasse ich Ihren Artikel auf. Etwas ähnlich ist ja auch mein Vorwort zum „Gelben Klang" geschrieben. Dieses „oder umgekehrt" können *leider* nur sehr wenige fassen, deshalb wurden auch die 10 Gebote nur einseitig und „positiv" gegeben. Deshalb sagte Christus: „das weitere könnt Ihr heute nicht fassen".[88] Und an der Schwelle dieses „Weiteren" stehen wir heute. Was unser größtes Glück ist. Endlich: so verstehe ich auch die Konstruktion, die sich, wie es Ihnen scheint, mit dem

„Gelben Klang" nicht harmonisch verbindet. Sie verstehen mich schon! Man hat eben bis heute das Wort Konstruktion nur einseitig betrachtet. Aber alles hat mindestens 2 Seiten – „oder umgekehrt". In diesem Falle: unter K verstand man bis heute das aufdringlich-geometrische (Hodler, Kubisten usw.). Ich will aber zeigen, daß K auch auf dem „Prinzip" des Mißklanges zu erreichen ist (oder besser) daß sie hier viel mehr Möglichkeiten giebt, die in der anfangenden Epoche *unbedingt* zum Ausdruck gebracht werden müssen. *So* ist der „Gelbe Klang" konstruiert, d. h. ebenso, wie meine Bilder. Das ist das, was man „Anarchie" nennt, worunter man eine Gesetzlosigkeit versteht (da man immer noch nur die *eine* Seite der 10 Gebote sieht) und worunter man Ordnung (in der Kunst Konstruktion) verstehen muß, welche aber in einer anderen Sphäre wurzelt, in der der *inneren* Notwendigkeit. Kurz gesagt: es giebt ein Gesetz, welches Millionen Kilometer von uns entfernt ist, zu welchem wir Jahrtausende streben, welches wir vorahnen, erraten, scheinbar deutlich sehen und welchem wir deshalb verschiedene Gestalten geben. So ist die Entwicklung „Gottes", der Religion, der Wissenschaft, der Kunst. Und alle diese Gestalten sind „richtig", da sie alle gesehen wurden. Nur sind sie falsch, weil sie einseitig sind. Und die *Entwicklung* besteht nur darin, daß alles vielseitig, *compliziert* erscheint. Und immer mehr und mehr. So ist ja z. B. auch die Geschichte der Musik: einstimmig, Melodie usw.
Und hinter diesem *letzten* Gesetz ist noch viel weiter noch eins, da dieses erste auch nur *eine* Seite ist. Es ist zum Verrücktwerden und zum Hosianna singen.

Reinhard Piper: Mein Leben als Verleger

In Sindelsdorf lernte ich Marcs Freund, den Maler August Macke, kennen, einen wohltuend unbeschwerten jungen Mann, immer aufgelegt zu fast knabenhaft heiteren Streichen. Auch Kandinsky hatte sich dort niedergelassen. Es ging sich hübsch zu viert abends zwischen Wiesen mit dem Blick auf die Kette der aus Wäldern aufsteigenden felsigen Vorberge. Marc und Kandinsky fühlten immer stärker das Bedürfnis, ihren Ideen in einem Sammelwerk Ausdruck zu geben. So entstand der Plan des „Blauen Reiters". Es war fast selbstverständlich, daß Marc mir dieses Buch antrug. [...] Ich begrüßte diesen „Blauen Reiter" als eine Gelegenheit, neuen, unverbrauchten Stoff unter die Leute zu bringen. Er wirkte revolutionär. Mein Verlag erschien durch ihn besonders „avanciert", und in einer Karikatur der Münchner Verlegergruppe wurde ich mit ihm unterm Arm als für mich charakteristisch vorgeführt. [...] Ich steuerte Fotos nach etruskischer und romanischer Plastik und altdeutsche Holzschnitte bei.

Hans Tietze: Der Blaue Reiter

Nun ist der blaue Reiter ausgezogen, die deutschen Lande für die neue Kunst zu erobern. Allzufreundlich wird der Empfang nicht sein, den er findet; man wird ihn wie einen einfallenden Feind behandeln, Spott und Hohn werden ihm entgegengellen, Gründe und Systeme den Kampf wider ihn aufnehmen, und auch das letzte Aufgebot von Verdächtigung und Verleumdung wird ausrücken, den Heerbann zu vervollständigen, dessen Schlachtruf ein ebenso übereifriges wie unverständiges „Gott schütz die Kunst" ist. [...] es gibt keine Kunst als die, die den inneren Nöten schöpferischer Menschen Ausdruck verleiht; und gibt keine Kunst als eine solche, die in genießenden, nachschaffenden Menschen widerhallt. Und deshalb ist es sinnlos, einen Don-Quijote-Kampf gegen die neue Kunst im Namen eines Ideals zu führen, das irgendwo in den Sternen geschrieben stünde; denn mit ohnmächtigem Trotz und verstaubter Schulweisheit ist jetzt nichts auszurichten, da die neue Kunst von allen Seiten unaufhaltsam hereinsickert und unheimlich mächtig anschwillt; jetzt heißt es sich kalten Blutes fragen, was sie für die Künstler bedeutet, die daran glauben, und was sie vom Publikum verlangt, an das sie sich wendet. Über ihr Verhältnis zu den Künstlern hat der Kritiker nicht viel zu sagen. Denn wenn diese Formen imstande sind, mächtigen Empfindungen zu stark tönenden Saiten zu werden, wenn diese Abstraktionen, ihrem eigenen rasch wachsenden Kanon gehorchend, als Elemente einer neuen Sprache gehandhabt werden können, so ist es unbegreiflich, warum der Kritiker darüber in Erregung geraten sollte. Künstler von starker Begabung, die zum Teil alle Fegefeuer

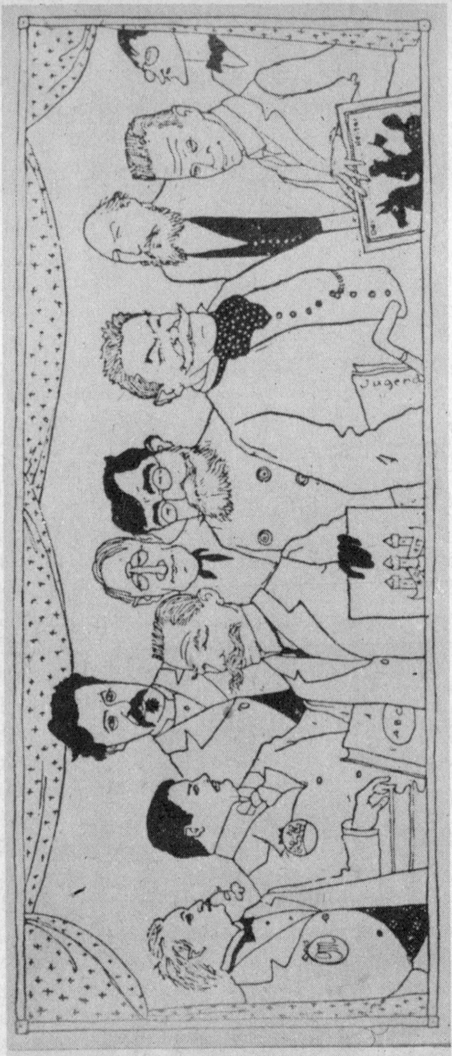

33. Zeitgenössische Karikatur: Münchener Verleger (ganz links Georg Müller; zweiter von rechts Reinhard Piper mit dem Almanach „Der Blaue Reiter“)

des raffiniertesten Impressionismus durchgemacht haben, streifen mit kühner, meinetwegen frevler Hand allen erdenschweren Materialismus ab und versuchen eine rein geistige Welt aufzubauen; Nachempfinder, die nichts durchgemacht haben, geraten in den Troß jener Umstürzler und ziehen laut schreiend mit, wie sie sonst an solideren Richtungen schmarotzt haben. Soll der Kritiker mit unerbetener Weisheit den Fanatikern in den Arm fallen, die an ihre Mission glauben; oder soll er seine Überredungskraft an die stümpernden Nachbeter wenden, an das Füllsel, das da oder dort gleich unwichtig wäre? Ich denke, wir belassen die wahren Künstler in der selbstgewählten Hölle, die ihnen Himmel dünkt, lassen die anderen dort hinwelken, wo sie wollen, und denken lieber an das arme Publikum, zu dessen Schutz und Verteidigung die Kunstkritiker ja erfunden worden sind. Dieses arme Publikum weiß sich allerdings gegen eine neue Kunst nur zu gut zu verteidigen [...].

Die neue Richtung ist eine bewußte Reaktion gegen den Impressionismus der jüngstvergangenen Zeit, der bis zu einem gewissen Grade die illusionistische Wiedergabe der Natur angestrebt hat; der neue Stil entmaterialisiert das Weltbild, indem er die Gegenstände zu abstrakten Formen umbildet, indem er die einzelnen Teile aus ihrem objektiven Verbande löst, indem er dem Beschauer nicht einen festen Standort anweist, sondern ihn das Objekt bald von diesem, bald von jenem Punkt ansehen läßt. Die Anzahl der Torturen, die dem normalen Kunstbetrachter angetan werden, ist damit nicht erschöpft; und die Bewegung ist auch noch zu sehr im Werden, um schon über eine fertige Formengrammatik, einen Generalbaß, wie der Blaue Reiter mit einem Worte Goethes sagt, zu verfügen.[89] Aber es wird aus dem wenigen schon klar, was diesen „Wilden" vorschwebt; sie wollen die Dinge nicht so darstellen, wie sie sind, wie sie einem morgens oder abends, gesund oder verrückt, mit den Augen blinzelnd oder auf dem Kopf stehend erscheinen können, sondern sie benützen sie nur als geistige Elemente, als Vehikel von Empfindungen; aus Linien und Massen, aus Farben und Farbentönen, die keine Erinnerungen bestimmter Gegenstände und keine intellektuellen Assoziationen erwecken wollen, soll eine neue künstlerische

Sprache gebildet werden. [Dennoch] sehen sich auch die Angreifer nach Verbündeten in der Vergangenheit um, suchen an Beispielen aus den verschiedensten Kulturen und Zeiten nachzuweisen, daß die Bewegung gar nichts so unerhört Neues anstrebt, daß sie an Fäden weiterspinnt, die in die dunkelsten Tiefen der Menschheit zurückführen [...]. Diese Ahnenkonstruktion zum Zwecke der eigenen Legitimierung ist nicht ganz unbedenklich; denn sie schaltet nicht nur ziemlich willkürlich mit Absicht und Wirkung vergangener Kunst, sondern sie verkennt auch, daß in der Volkskunst das Überwuchern des Ausdrucks über die Gestaltung ein Nichtkönnen ist; ein verzerrter Reflex der „großen Kunst" und nicht eine bewußte Abstraktion wie bei den heutigen Expressionisten. Noch weniger können aber die primitiven oder gotischen Werke als Zeugen für eine Theorie angeführt werden, die die Gefühlsreaktionen zum Alleinherrscher der Kunst machen will; denn sie sind mit tausend Fäden mit anderen geistigen Welten und mit der Natur verknüpft. Daß man aber Werke der Vergangenheit in dieser Weise deuten kann, beweist doch, daß dort noch Schätze liegen, an denen wir bisher achtlos vorübergingen, und daß die neue Kunst Werte zurückbringt, die so sehr in Vergessenheit geraten waren, daß sie erst wieder erkämpft werden müssen. Charakteristisch ist aber auch, daß diese Richtung gerade in einer Zeit aufblüht, in der auch in der Ästhetik der Ausdruck als Grundelement der Kunst stärker berücksichtigt wird als je zuvor;[90] wie die Kunst in der Theorie mehr und mehr zu einer Sprache wird, die den innersten Notwendigkeiten dient, so will sie auch in der Praxis nicht mehr abformend und nachbildend Dienste verrichten, die ihr gemein dünken, sondern zur zauberhaft hohen Stellung, die ihr gebührt, zurückgelangt nur ihren eigenen inneren Gesetzen gehorchen, Kunst um der Kunst willen sein. [...] Aber so natürlich es ist, daß die Künstler die Selbstherrlichkeit dessen proklamieren, was ihnen Kunst ist, so unmöglich kann dies verwirklicht werden. Denn wie die Kunst aus engster Verflechtung mit tausend anderen menschlichen Notwendigkeiten herausgewachsen ist, so ist sie mit zahllosen Bedürfnissen unzerreißbar verknüpft; sie ist keine Blüte, die der Menschheit als edelster Schmuck geschenkt wurde, sondern ein Stück unserer geistigen Gesamtexistenz; das Ringen nach der Freiheit, die sie meint,[91] ist ihr Prüfstein und ihr Lebenselement, das Nichterreichen dieser Freiheit ihr Los; es ist ihr nicht gegeben, zur Nurkunst[92] zu werden.

Aus allen diesen Gründen glaube ich nicht, daß die neue Kunst in dem Sinn siegreich werden kann, daß wir – wie einer der Herausgeber des Blauen Reiters sagt – ihren Ideen eines Tages auf der Landstraße begegnen werden.[93] Sie wird nicht die allgemeine Ausdrucksweise werden, weil sie den mächtigen Wall jahrhundertelanger Tradition nicht so bald niederzureißen vermag, wenn nicht eine gewaltige, katastrophale Erschütterung unserer ganzen Kultur erfolgt; weil ferner die Kunst nie zum bloßen Ausdruck werden und nie von all den anderen geistigen Aufgaben frei werden kann, mit denen sie verwachsen ist. Die Theorien der neuen Kunst sind papieren wie alle Theorien; aber man darf die Bewegung nicht mit ihnen identifizieren, denn die Kraft, die in ihr schäumt, läßt sich in die Doktrinen ihres Wortführers Kandinsky nicht einfangen, der schon längst Akademieprofessor sein sollte, so sehr übertrifft bei ihm die Theorie das Können. Das Temperament und der Instinkt der Künstler durchbrechen die Schranken, die ihre Reflexionen ihnen ziehen könnten; und manches Werk, dessen Formen und Farben ja an die allgemeinsten menschlichen Gefühlserfahrungen appellieren, löst einen Widerhall aus, dessen Intensität wunderbar und fast unbegreiflich ist. Aber auch abgesehen von diesen starken inneren Erlebnissen, die die neue Kunst einzelnen zu gewähren beginnt, wird dieses Ringen nach Durchgeistigung, dieser Kampf um eine neue Synthese nicht umsonst gewesen sein; denn wenn die neue Kunst auch nicht die Kunst aller werden kann, so wird sie doch die Kunst aller umformen. Mit einer Eindringlichkeit und Selbstverleugnung sondergleichen wird uns hier in Erinnerung gerufen, daß die Nachahmung der Natur, das Abbilden der Wirklichkeit nicht die Aufgabe der Kunst sind; und nach den Jahrzehnten des Impressionismus, der wohl auch die Wirklichkeit nicht abmalen wollte, in dem aber die Tendenz dazu stark genug war, um solchen Anschein zu erwecken, wirkt die entschlossene Abkehr von dieser Richtung doppelt als eine mutige und befreiende Tat. Nichts Heilsameres kann der deutschen und aller Kunst in diesem

Augenblick zuteil werden als dieses in seiner unerbittlichen Konsequenz erschütternde Memento; diese Mahnung an das herrliche Vorrecht, das Albrecht Dürer für den Künstler in Anspruch genommen hat: aus sich heraus eine Welt zu schaffen, die außer ihm nicht existiert.[94] Und in diesem Sinn können auch diejenigen den tapfern blauen Reiter auf seinem dornenvollen Pfade mit ehrlichem Handschlage grüßen,[95] denen das einzelne, was er bringt, auch nach ehrlichem Mühen fremdartig und greulich vorkommt.

Reinhard Piper: An Franz Marc (9. 12. 1912)

Bei der Herstellung des Buches haben Sie mit Herrn Kandinsky, aber völlig unabhängig von uns verfahren, bei der Annahme der Aufsätze und bei der Bemessung der Anzahl sowie der Größe der Klischees uns niemals um Rat gefragt, sondern einfach Druckauftrag resp. Klischierauftrag gegeben. Auch den Ladenpreis von M. 10.– haben Sie festgesetzt ohne Rücksicht auf die Herstellungskosten. Sie gingen ja von der an sich ganz richtigen Voraussetzung aus, daß eine Propagandaschrift nicht allzu teuer sein darf [...]. Sie dürfen sich nun nicht wundern, wenn die Kosten des Buches zu den Eingängen trotz des ziemlich lebhaften Absatzes in einem Mißverhältnis stehen [...] Sie haben aber auf die Kalkulation keinerlei Rücksicht genommen, und wir hatten unsererseits auf Ihre redaktionellen Maßnahmen keinen Einfluß.

Wassily Kandinsky: An Franz Marc (25. 3. 1914)

Ihr Vorwort habe ich Piper geschickt. Sie haben es sehr richtig mit „F. M." unterzeichnet. Ich stelle unter meins ein „K.". Das, was Sie sagen, kann ich nicht bekämpfen. Ich würde aber nicht den Mut haben, Ihre Auffassung zu verteidigen. Das Däublersche „alles fängt nur an auf Erden" will mein Gefühl nicht annehmen. Ich „glaube" ein anderes Bild. Daß die Werke uns unvollkommen erscheinen, ist ein „Beweis" meines Gedankens über die innere Notwendigkeit: ihr drittes Element (das rein Künstlerische) wird nur in dem Maße ausgesprochen, das *diese* Zeit fassen kann, also ist ein Werk in dieser Zeit vollkommen. Giotto, Michel Angelo, Raffael, Greco, ... Cézanne, Matisse, Picasso *kann ich nicht* unvollkommen nennen: der Inhalt und die Form harmonisieren vollkommen. Wäre es möglich, zu sagen: die Nelke, die Lilie, die Nachtigall, der Esel, der Seehund usw. usw. wären unvollkommen? Waren die „vorsintflutlichen“ Tiere unvollkommen? Ich denke sie mir wie Riesensymphonien. Ist Christus unvollkommen? Er hat aber nicht „alles“ gesagt. Das, was er sagte, *kann nicht* besser gesagt werden – so ist es vollkommen. Vollkommenheit = Harmonie des Inhalts und der Form. Wenn man es nicht annimmt, so behauptet man gleichzeitig, daß es auch in allen Ewigkeiten keine Vollkommenheit geben kann: wir können uns kein Ende denken. Da Sie *diesen* Maßstab nicht unterstreichen, so ist es nicht sehr klar, was Sie unter unvollkommen verstehen. Ich denke aber, daß das Operieren mit diesem Maßstab uns den Boden entzieht: *alles* wird gleich unvollkommen: Matisse und Pillar. Dann kann man nur *eins* sagen: oh, diese arme kleine Leinwand! Vielleicht habe ich Sie falsch verstanden: der Gedanke ist mir zu fremd.

Franz Marc: An Wassily Kandinsky (27. 3. 1914)

Sicher verstehen wir uns in der bewußten Frage nicht ganz richtig. Denn wenn ich Ihren Gedanken ernst nehmen soll, dann wird doch alles vollkommen, was überhaupt wird, und die Sehnsucht nach Vollkommenheit, nach einer höheren, vollkommeneren Seinsform stirbt ab. Unsere Kunst, Musik ist Nekromantik, maniera divina, niemals etwas Positives. Und daneben hab ich noch das Gefühl: stets voll Schlacken, erdunrein, – hier unterscheiden wir aber ein Mehr oder Weniger von Reinheit. So erscheint mir Picasso reiner als die anderen Cubisten, Fiesole reiner als Botticelli. Ich glaube, unsre Gedanken darüber laufen hübsch nebeneinander, was der eine fallen läßt, nimmt der andere auf.

K: Vorwort zur zweiten Auflage

Seit dem Erscheinen dieses Buches sind zwei Jahre vergangen. Eines unserer Ziele – in meinen Augen das Hauptziel – ist fast unerreicht geblieben. Es war, durch Beispiele, durch praktische Zusammenstellungen, durch theoretische Beweise zu zeigen, daß die Formfrage in der Kunst eine sekundäre ist, daß die Kunstfrage vorzüglich eine Inhaltsfrage ist. In der Praxis hat der „Blaue Reiter“ recht behalten: das formell Entstandene ist gestorben. Kaum zwei Jahre hat es gelebt – angeblich gelebt. Das aus der Notwendigkeit Entstandene hat sich weiter „entwickelt“. Dank der Hastigkeit unserer Zeit hat das leichter Verständliche „Schulen“ geformt. So ist die hier abgespiegelte Bewegung im allgemeinen in die Breite gegangen, und gleichzeitig ist sie kompakter geworden. Die im Anfang zum Durchbruch notwendigen Explosionen nehmen also ab – zugunsten eines ruhigeren und an Kraft gewinnenden breiteren, kompakteren Stromes. Diese Ausbreitung der geistigen Bewegung, und andererseits ihre starke konzentrische Wirbelkraft, die immer neue Elemente gewaltig in sich hineinzieht, ist das Zeichen ihrer natürlichen Bestimmung und ihres sichtbaren Zieles. Und so geht das Leben, die Wirklichkeit, den eigenen Weg. Diese donnernden Merkmale der großen Zeit werden auf eine fast unerklärliche Weise überhört: das Publikum (zu dem viele Kunsttheoretiker zählen) fährt im Gegensatz zum geistigen Streben der Zeit fort, mehr als je das formelle Element ausschließlich zu betrachten, zu analysieren, zu systematisieren. – So ist vielleicht die Zeit für das „Hören“ und „Sehen“ noch nicht reif. Aber auch die berechtigte Hoffnung, daß die Reife kommt, wurzelt in der Notwendigkeit. Und diese Hoffnung ist der wichtigste Grund des wiederholten Erscheinens des „Blauen Reiters“. Gleichzeitig ist uns im Laufe dieser zwei Jahre in einzelnen Fällen die Zukunft näher gerückt. So ist Präzisierung und Wertung noch möglicher geworden. Das weitere wächst aus dem Allgemeinen organisch heraus. Dieses Wachsen, und der besonders klar gewordene Zusammenhang der einzelnen und früher scheinbar stark voneinander abgetrennten Gebiete des geistigen Lebens, ihre gegenseitige Annäherung, teilweise ihr gegenseitiges Durchdringen und die dadurch entstandenen gemischten und also reicheren Formen bilden die Notwendigkeit der weiteren Entwicklung der Ideen dieses Buches, die auf eine neue Publikation deutet.

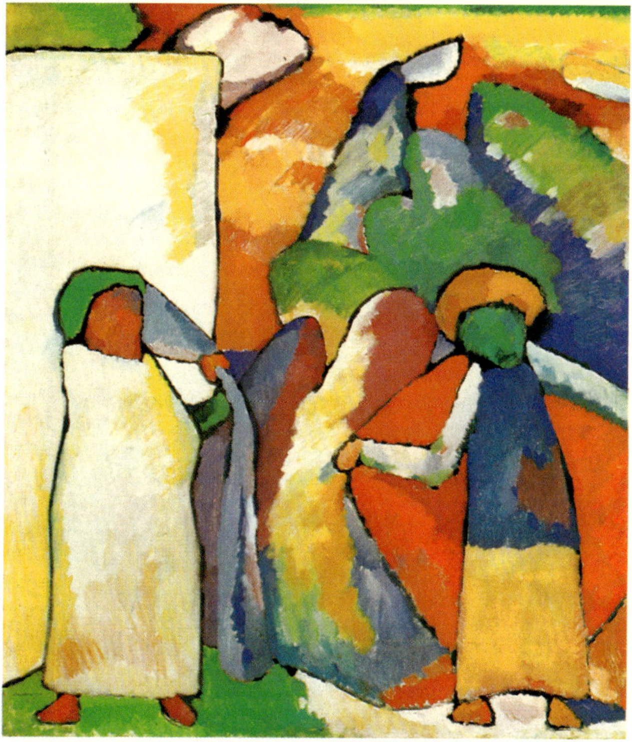

1. Wassily Kandinsky: Improvisation 6 (Afrikanisches). 1909, Öl

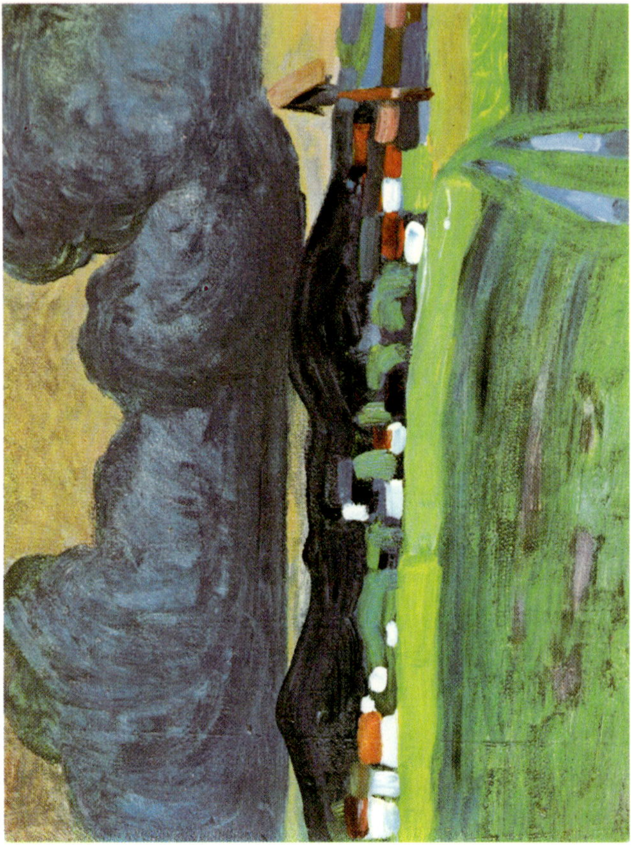

2. Wassily Kandinsky: Landschaft bei Murnau. 1908, Öl

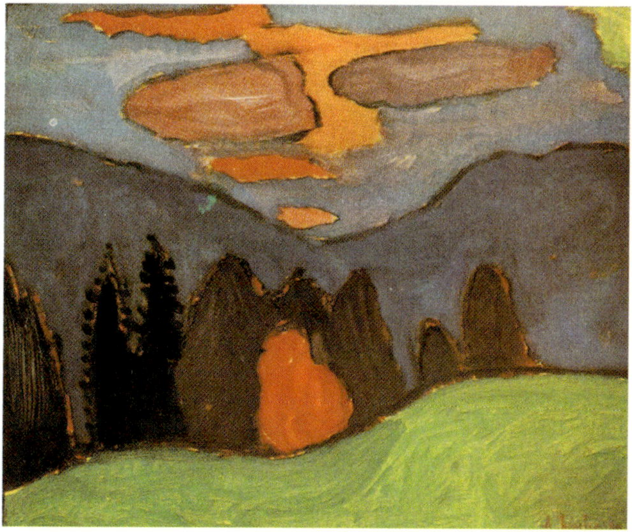

3. Alexej von Jawlensky: Abend. 1908, Öl

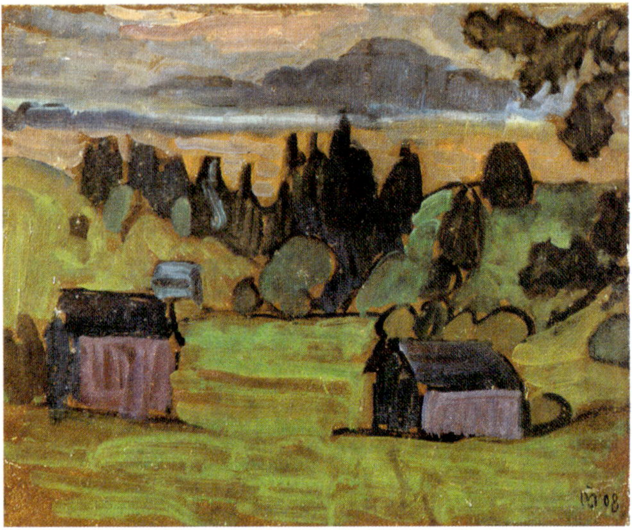

4. Gabriele Münter: Blick aufs Murnauer Moos. 1908, Öl

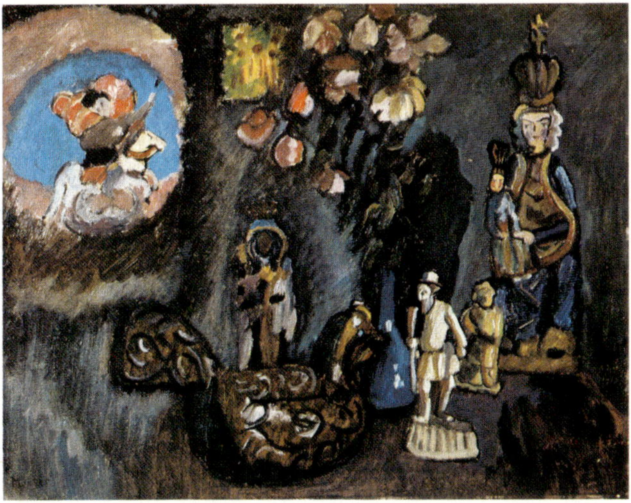

5. Gabriele Münter: Stilleben mit Heiligem Georg. 1911, Öl

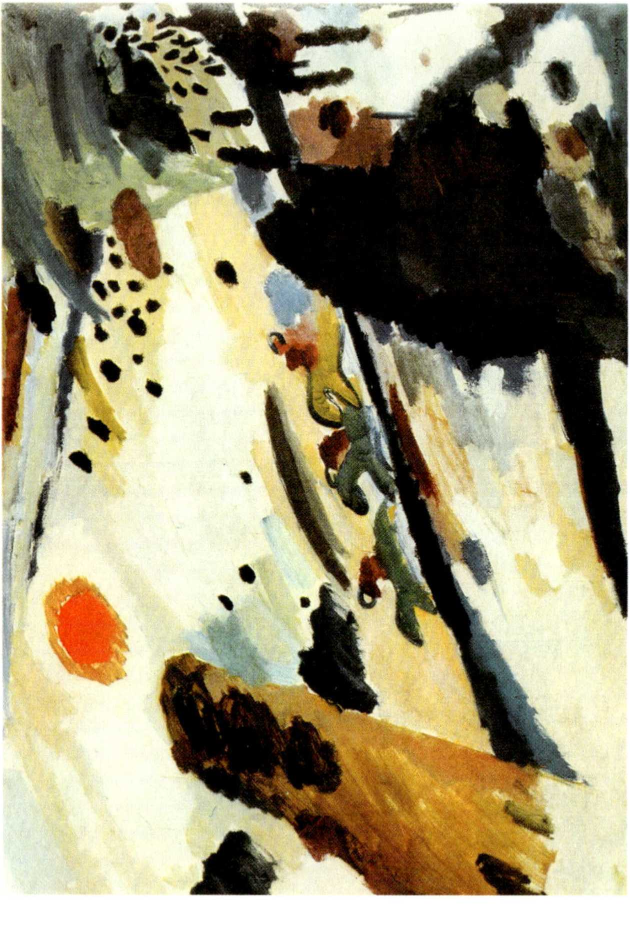

6. Wassily Kandinsky: Romantische Landschaft. 1911, Öl

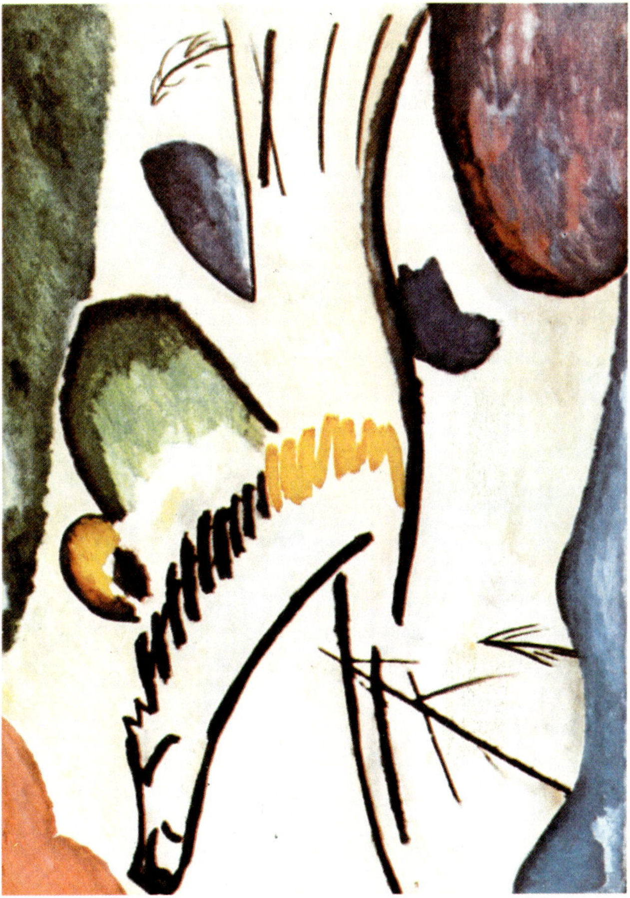

7. Wassily Kandinsky: Lyrisches. 1911, Öl

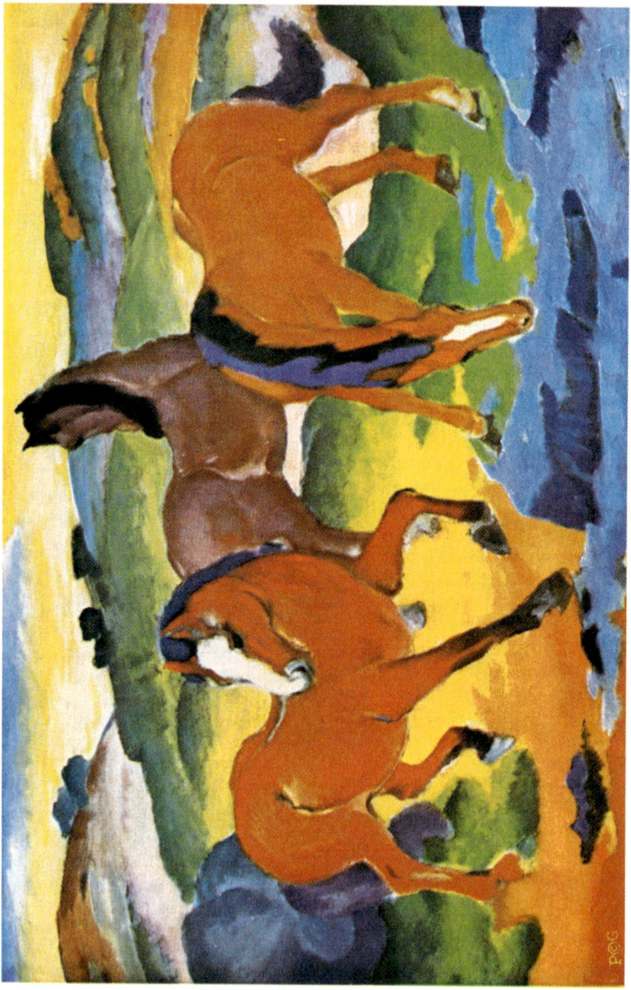

8. Franz Marc: Die drei roten Pferde. 1911, Öl

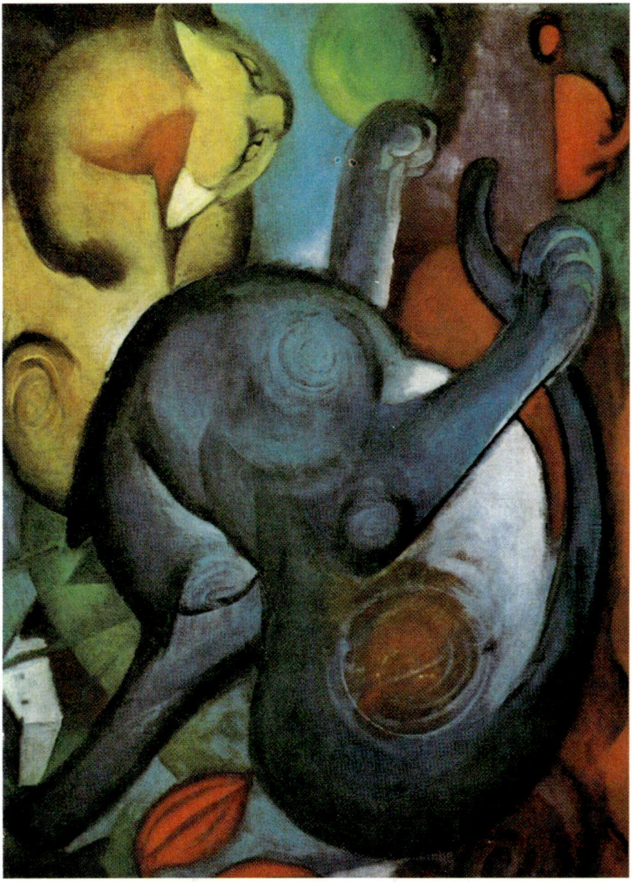

9. Franz Marc: Zwei Katzen, blau und gelb. 1912, Öl

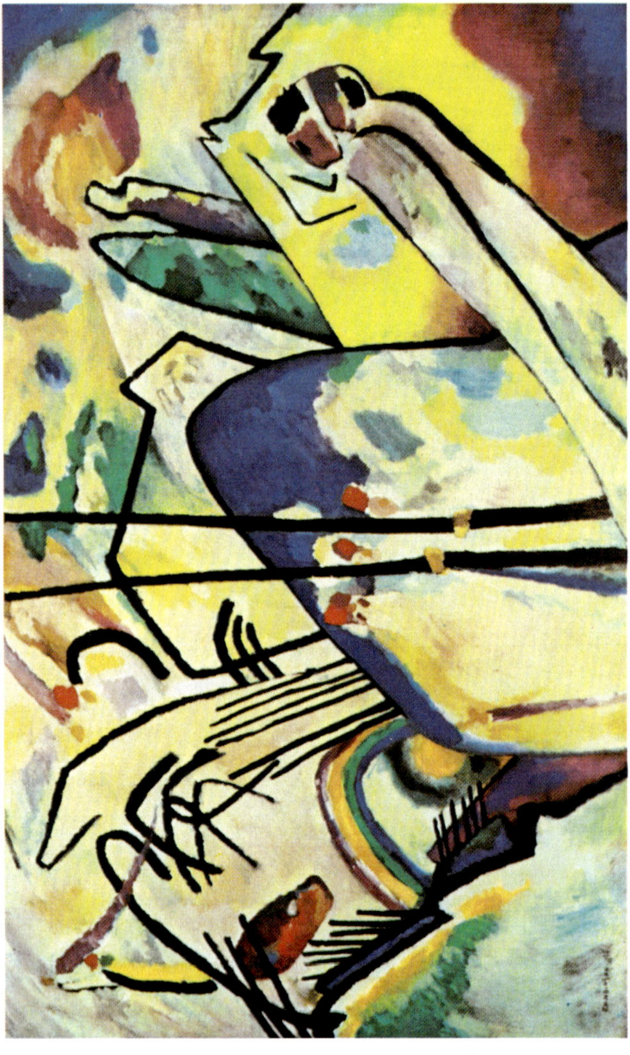

10. Wassily Kandinsky: Komposition IV. 1911, Öl

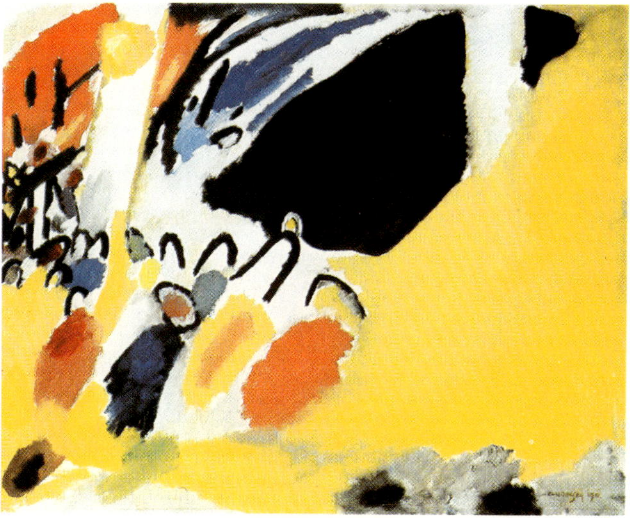

11. Wassily Kandinsky: Impression III (Konzert). 1911, Öl

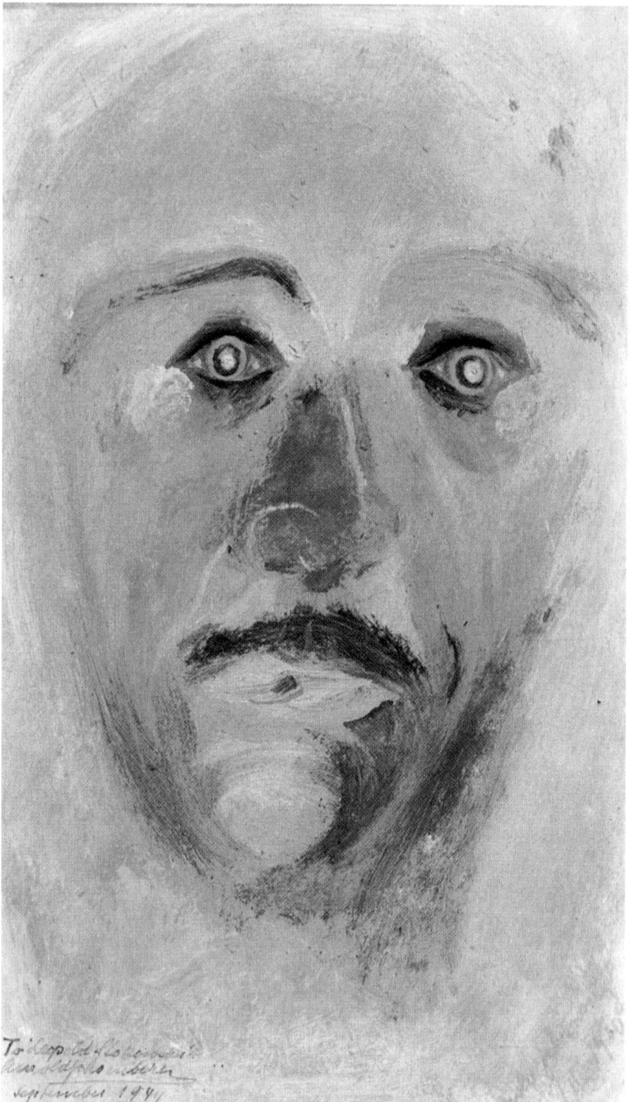

12. Arnold Schönberg: Vision. 1910, Öl

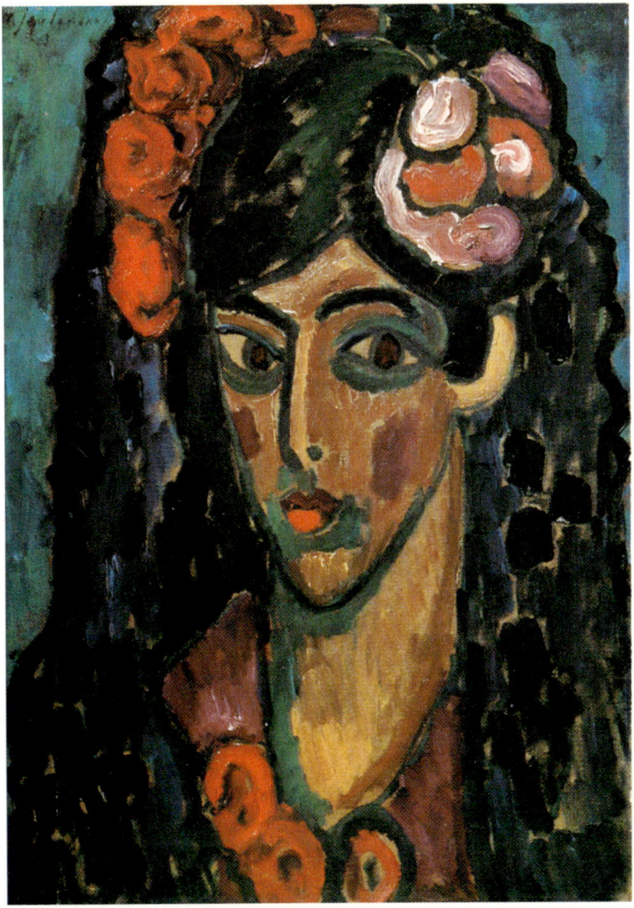

13. Alexej von Jawlensky: Spanierin. 1913, Öl

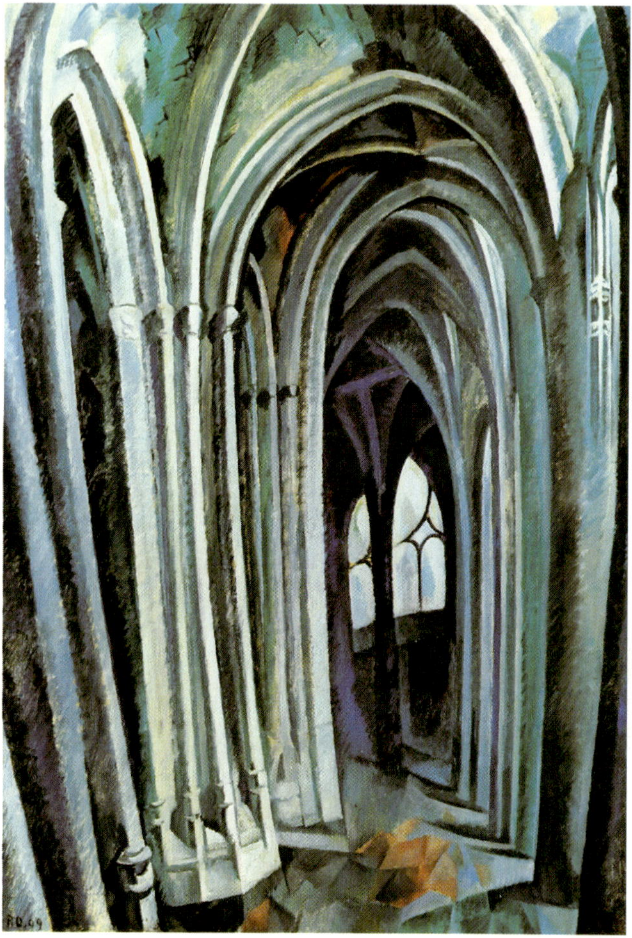

14. Robert Delaunay: St. Severin I. 1909, Öl

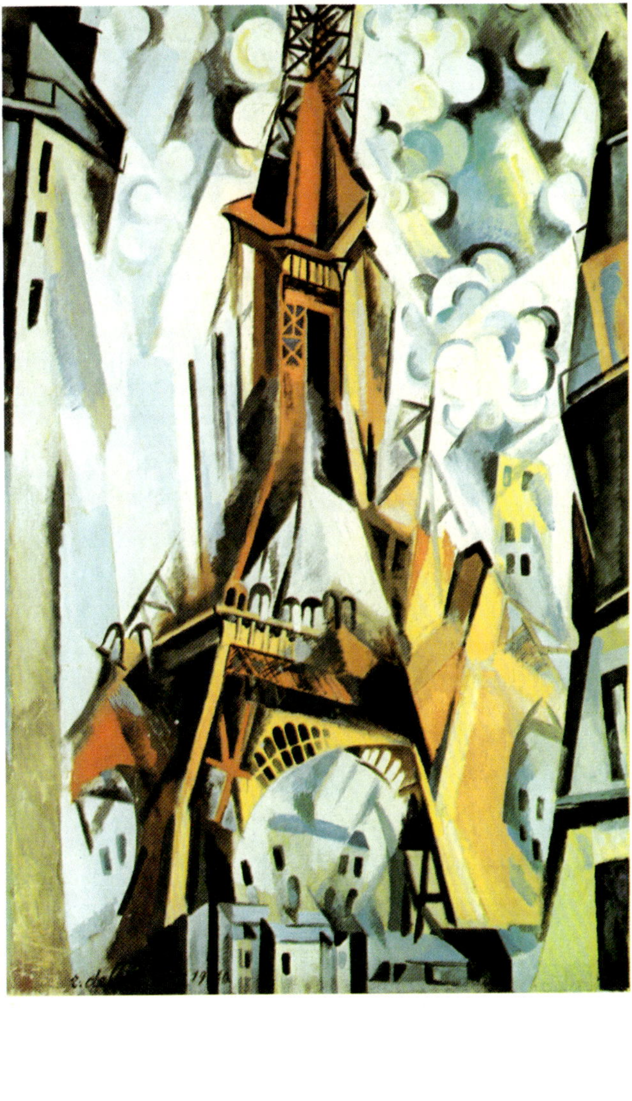

15. Robert Delaunay: Der Turm. 1910/11, Öl

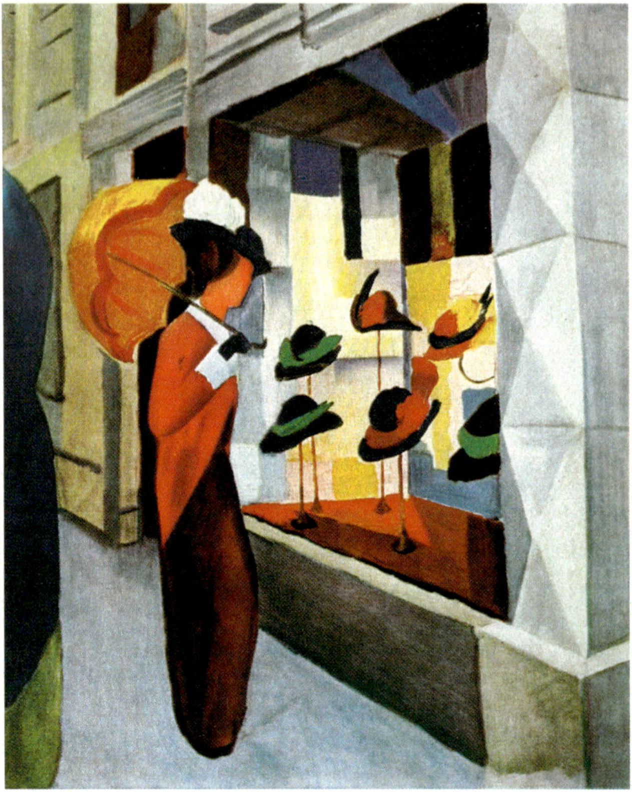

16. August Macke: Frau vor Hutladen. 1914, Öl

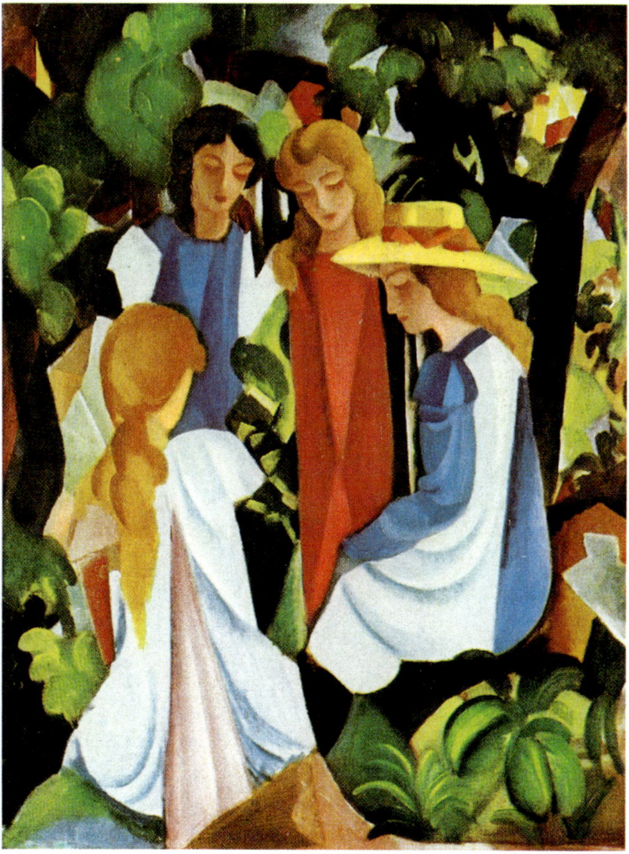

17. August Macke: Vier Mädchen. 1913, Öl

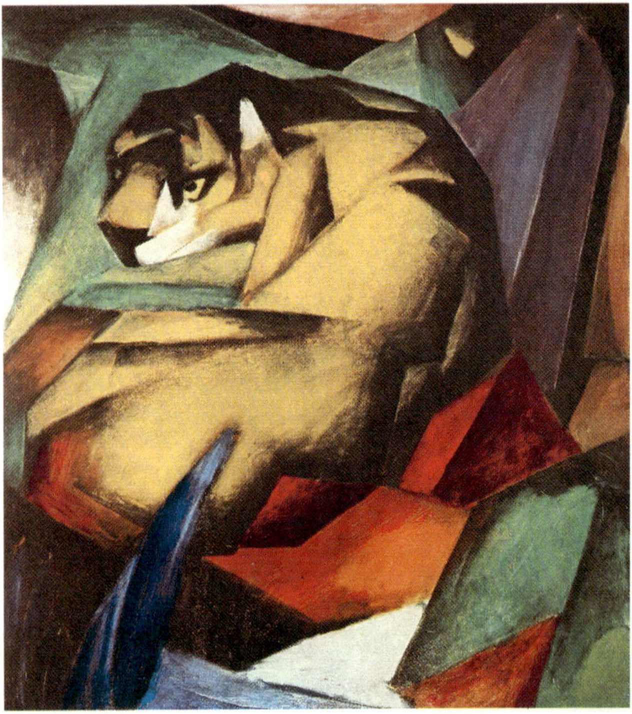

18. Franz Marc: Tiger. 1912, Öl

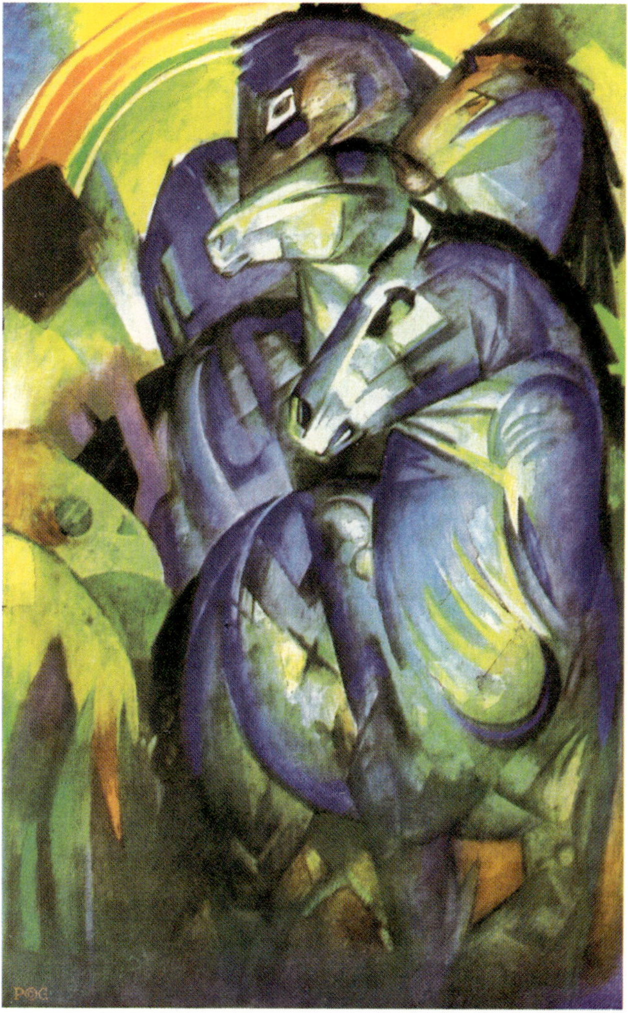

19. Franz Marc: Turm der blauen Pferde. 1913, Öl

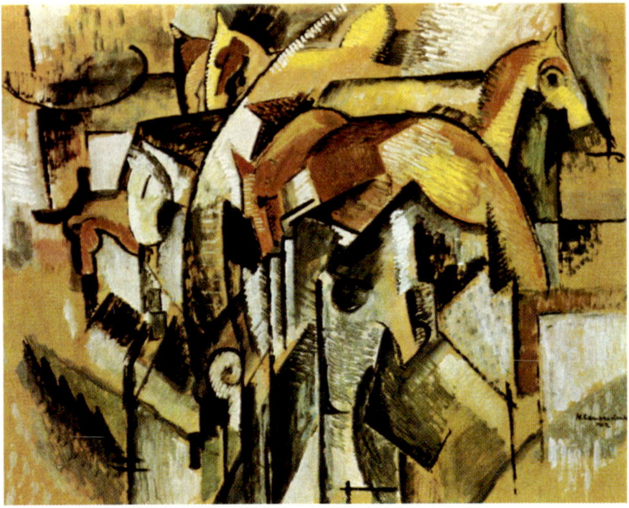

20. Heinrich Campendonk: Pferdekomposition. 1912, Öl

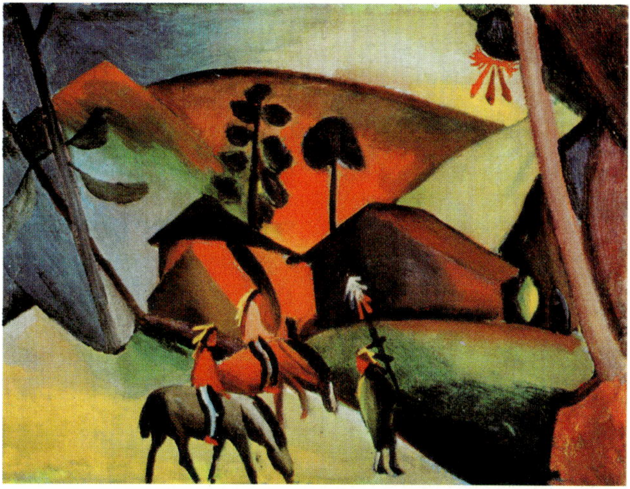

21. August Macke: Indianer auf Pferden. 1911, Öl

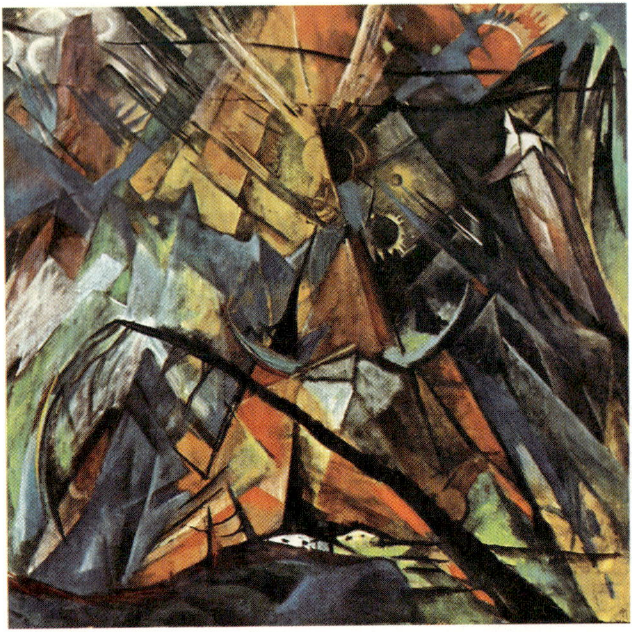

22. Franz Marc: Tirol. 1913/14, Öl

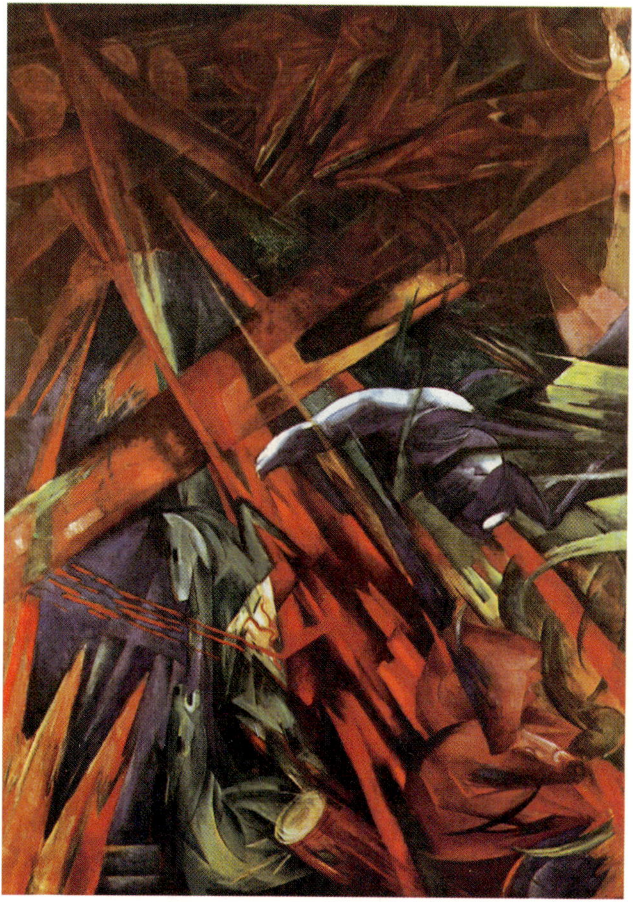

23. Franz Marc: Tierschicksale. 1913, Öl

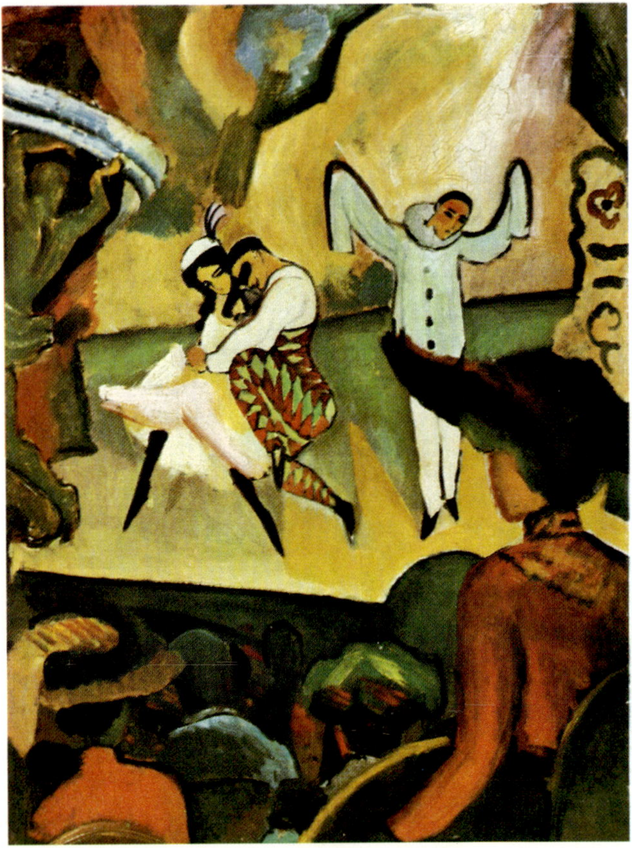

24. August Macke: Russisches Ballett I. 1912, Öl

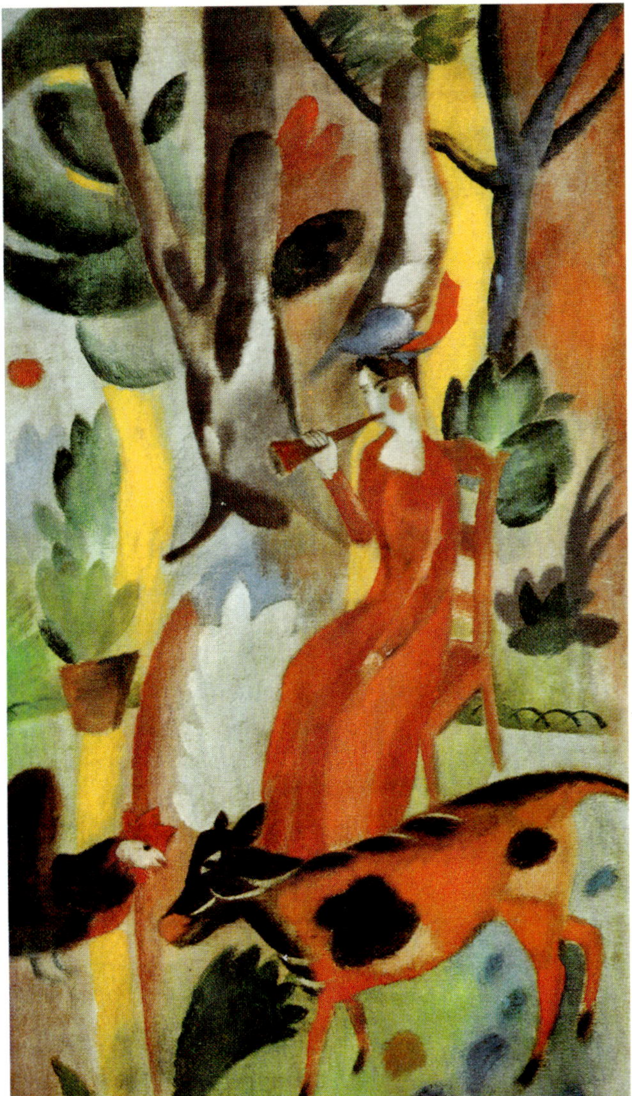

25. Heinrich Campendonk: Schalmeibläserin. 1914, Öl

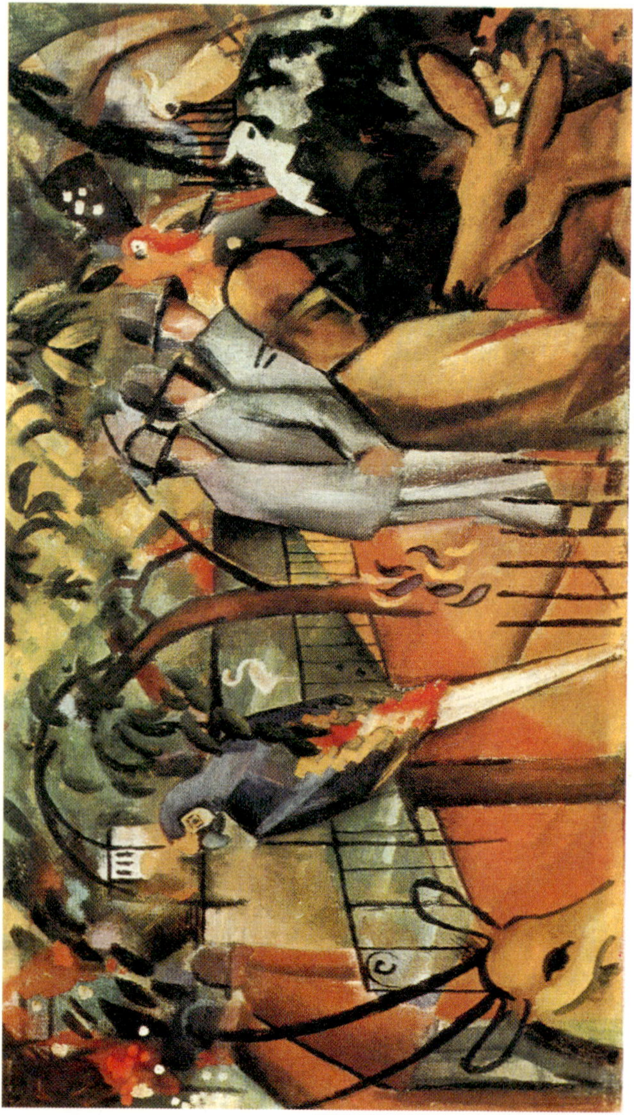

26. August Macke: Zoologischer Garten I. 1912, Öl

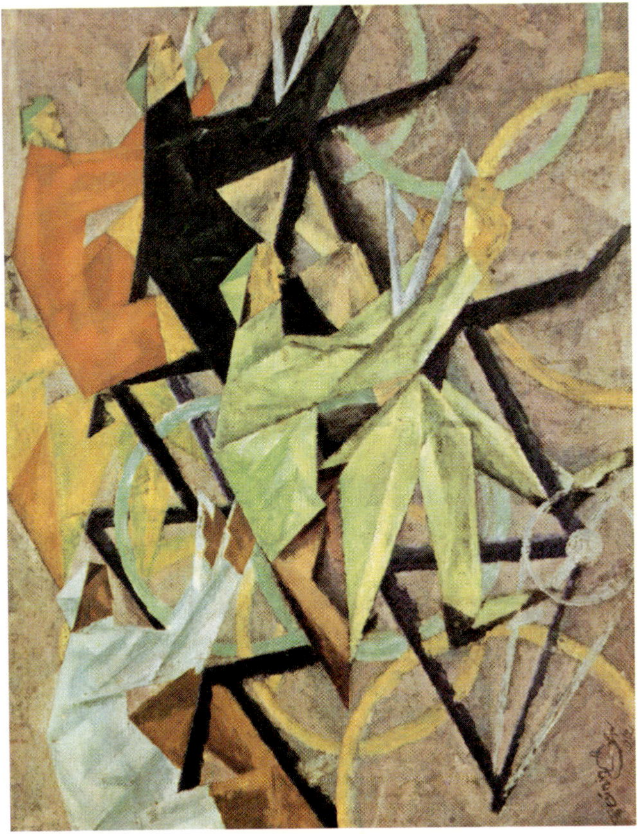

27. Lyonel Feininger: Radfahrer. 1912, Öl

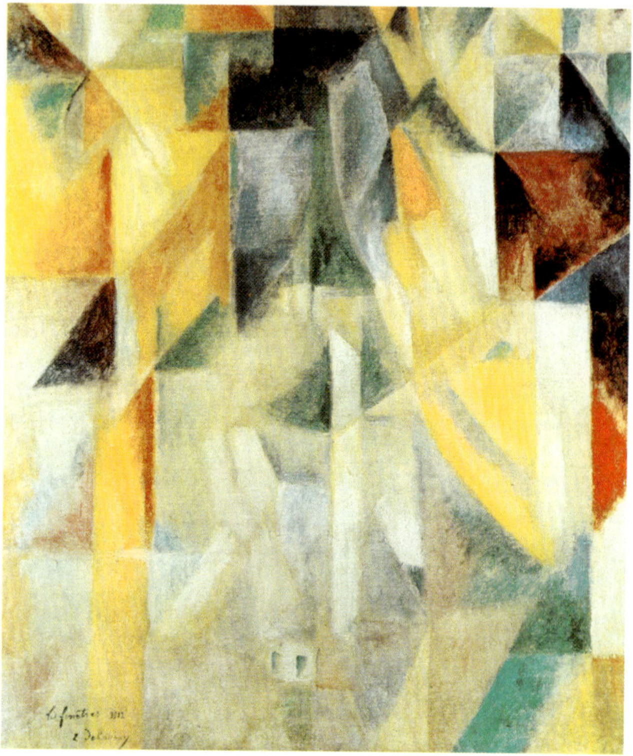

28. Robert Delaunay: Die Fenster. 1912, Öl

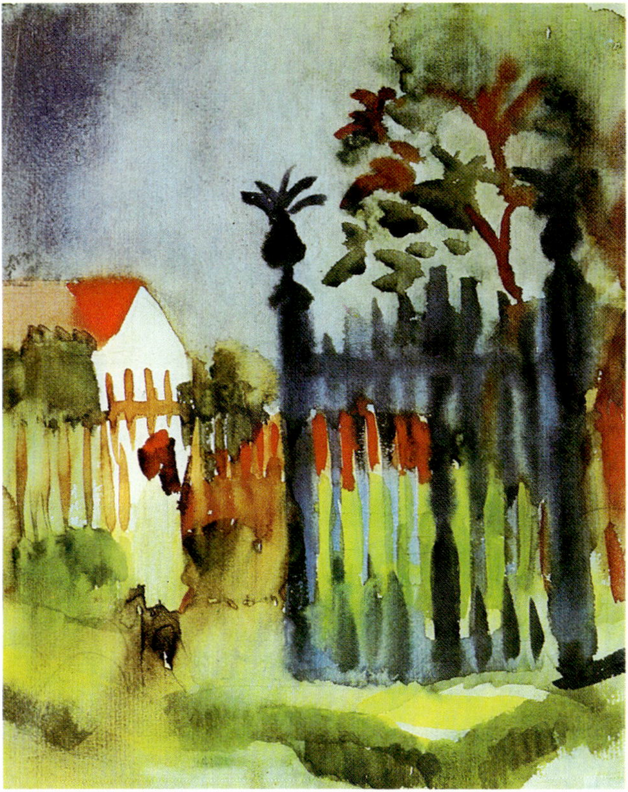

29. August Macke: Gartentor. 1914, Aquarell

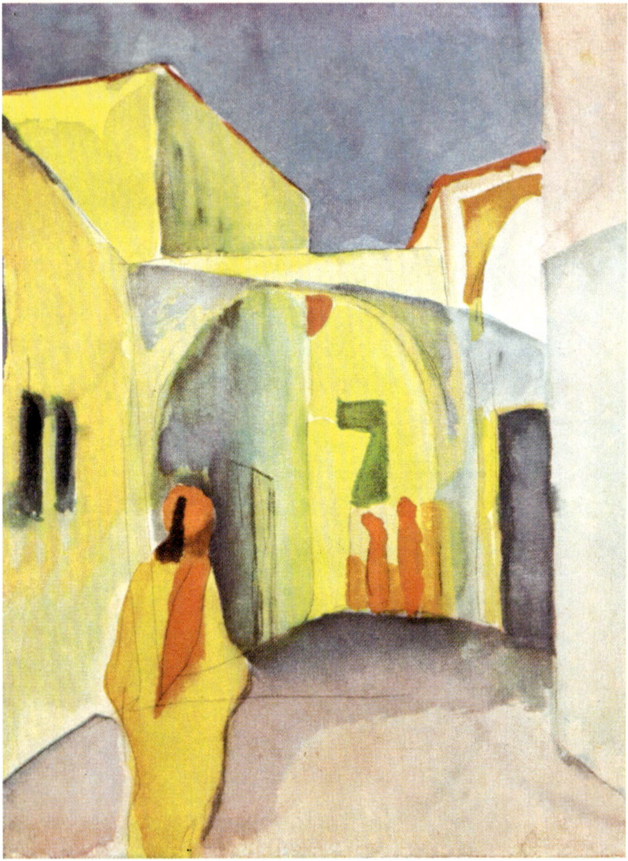

30. August Macke: Blick in eine Gasse. 1914, Aquarell

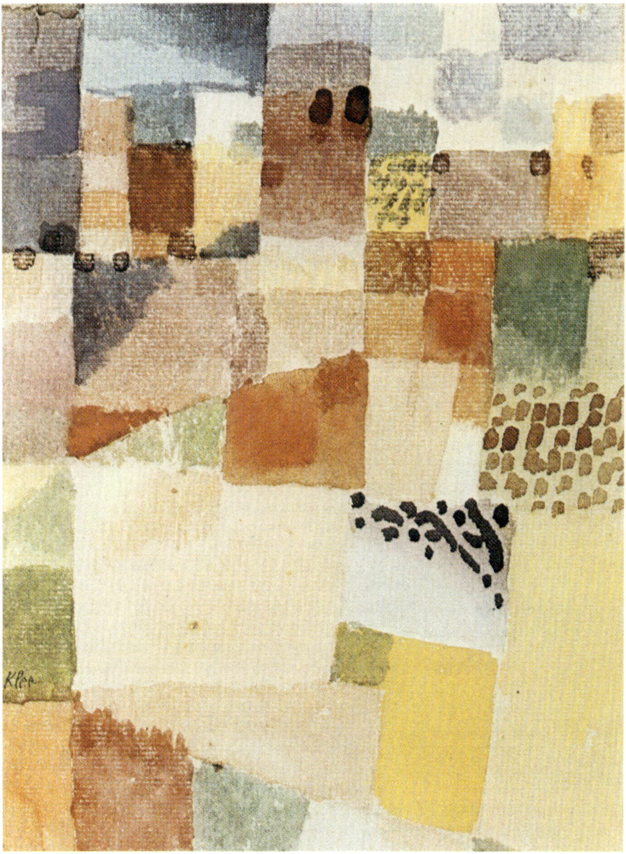

31. Paul Klee: Motiv aus Hammamet. 1914, Aquarell

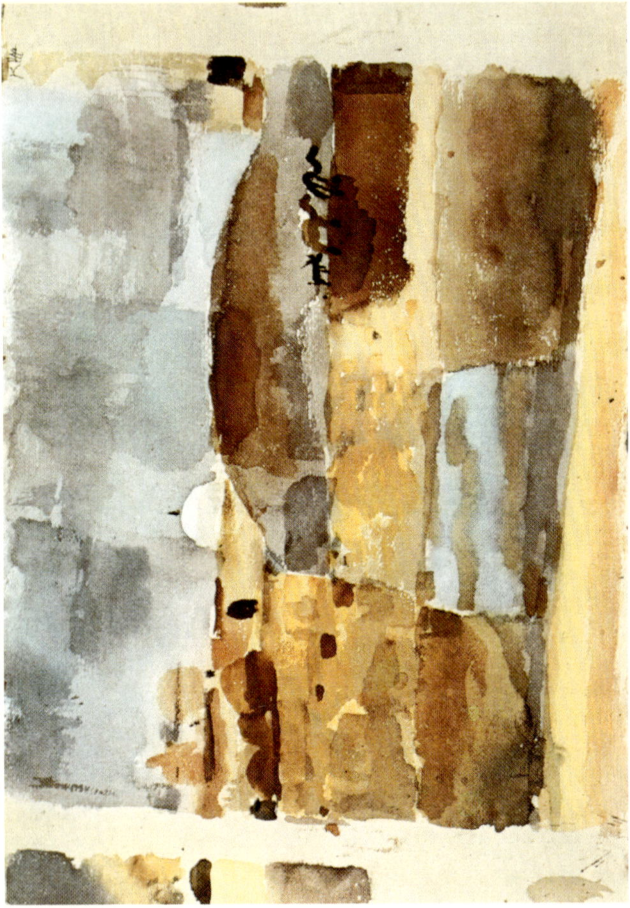

32. Paul Klee: Vor den Toren von Kairouan. 1914, Aquarell

FM: Vorwort zur zweiten Auflage

„Alles was wird, kann auf Erden nur angefangen werden." Dieser Satz Däublers kann über unserem ganzen Schaffen und Wollen stehen.[96] Eine Erfüllung wird sein, irgendwann, in einer neuen Welt, in einem anderen Dasein. Wir können auf Erden nur das Thema geben. Dies erste Buch ist der Auftakt zu einem neuen Thema. Seine sprunghafte, unruhig bewegte Art hat dem aufmerksam Lauschenden den Sinn, in dem es erdacht wurde, wohl verraten. Er fand sich in einem Quellgebiete, in dem es gleichzeitig an hundert Plätzen geheimnisvoll pocht, bald verdeckt, bald offen singt und murmelt. [...] Wir setzen großen Jahrhunderten ein Nein entgegen. Wir wissen wohl, daß wir mit diesem einfachen Nein den ernsten und methodischen Gang der Wissenschaften und des triumphierenden „Fortschritts" nicht unterbrechen werden. Wir denken auch nicht daran, dieser Entwicklung vorauszueilen, sondern gehen, zur spöttischen Verwunderung unserer Mitwelt, einen Seitenweg, der kaum ein Weg zu sein scheint, und sagen: Dies ist die Hauptstraße der Menschheitsentwicklung. Daß uns heute die große Menge nicht folgen kann, wissen wir; ihr ist der Weg zu steil und unbegangen. Aber daß schon heute manche mit uns gehen wollen, das hat das Schicksal dieses ersten Buches uns gelehrt, das wir nun in gleicher Gestalt noch einmal hinausgehen lassen, während wir selbst schon losgelöst von ihm in neuer Arbeit stehen. [...] Wir ringen nach reinen Gedanken, nach einer Welt, in der reine Gedanken gedacht und gesagt werden können, ohne unrein zu werden. Dann nur werden wir oder Berufenere als wir das andere Antlitz des Januskopfes zeigen können, das heute noch verborgen und zeitabgewandt blickt.

Johannes Eichner: Kandinsky und Gabriele Münter

„Der Blaue Reiter" – diese Bezeichnung hat eine lange, verwickelte Geschichte. Es muß schon 1910 gewesen sein, daß Kandinsky mit seinen Gedanken hinreichend ins reine kam, um sie der Versammlung der N. K. V. M. vorzutragen. [...] Aber dafür hatten die meisten Mitglieder der N. K. V. M. kein Verständnis. [...] Das Vorhaben blieb liegen, bis Franz Marc es aufgriff und ihm neuen Antrieb gab. Er war erfüllt von den Gedanken, die ihm Kandinsky verkündete. [...] Marcs Ungestüm drängte sich in Kandinskys Geisteswelt und saugte an seinen geheimsten Quellen. Manchmal regte sich in Kandinskys Scheu ein Widerstand dagegen, so ausgeholt zu werden. Im Sommer 1911 war der Plan des Almanachs wieder flott. Man sammelte eifrig Bilder, und Kandinsky verteilte Aufträge an Künstler, sich mit Beiträgen zu beteiligen. Er zog jetzt auch die Musik heran. Als die Sache schon Form bekam, fragte Marc, was für einen Namen sie eigentlich haben sollte. Kandinsky müsse ihr einen geben, denn es sei ja sein Werk. Gabriele Münter war bei dieser Unterhaltung zugegen. Am Abend dieses Tages sagte ihr Kandinsky, er wolle das Buch „Der Blaue Reiter" nennen. Hier lag eine Gedankenverbindung vor, die so unwahrscheinlich weit und fremd war, daß nur tiefste subjektive Notwendigkeit sie begründen konnte. [...] „Der Blaue Reiter" ist das Werk Kandinskys. Unberechtigt war sein Selbstbewußtsein nicht. Rechnet man einmal nach, so findet man, daß er die Hälfte des Textes selber verfaßt hat. [...] Die Idee des Werkes stammte von Kandinsky, die Masse des Inhaltes hatte er teils selbst verfaßt, teils durch seine Vermittlung hereinbekommen, und schließlich gab er dem Ganzen den Einband und den Namen. Franz Marc, der manchmal irrtümlich als der eigentliche Schöpfer des Blauen Reiters angegeben wird, während er nur sieben Seiten gegen 32 Kandinskys beigesteuert hat,[97] kann für sich das Verdienst in Anspruch nehmen, mit seinem Feuereifer den festgefahrenen Gedanken des älteren Freundes wieder flottgemacht zu haben.

Wassily Kandinsky: Der Blaue Reiter (Rückblick)

(Den Namen „Der Blaue Reiter" erfanden wir am Kaffeetisch in der Gartenlaube in Sindelsdorf; beide liebten wir Blau, Marc – Pferde, ich – Reiter. So kam der Name von selbst. Und der märchenhafte Kaffee von Frau Maria Marc mundete uns noch besser.) [...] Es drängt mich, noch den überaus großzügigen Mäzen von Franz Marc, den auch kürzlich verstorbenen *Bernhard Koehler*, zu erwähnen. Ohne seine hilfreiche Hand wäre der Blaue Reiter doch eine schöne Utopie geblieben, auch „Der erste Deutsche Herbst-Salon" von Herwarth Walden und noch manches andere.[98]

1. Die erste Ausstellung der Redaktion des Blauen Reiters

Wassily Kandinsky: Der Blaue Reiter (Rückblick)

Noch vor der Erscheinung des Bandes veranstalteten Franz Marc und ich die 1. Ausstellung der Redaktion des Blauen Reiters in der Galerie Thannhauser [...] – die Basis war dieselbe: kein Propagieren einer bestimmten, exklusiven „Richtung", das Nebeneinanderstellen von verschiedensten Erscheinungen in der neuen Malerei auf internationaler Basis und [...] Diktatur.

Franz Marc: An Paul Marc (3. 12. 1911)

Die „Redaktion des Blauen Reiters" wird jetzt der Ausgangspunkt von neuen Ausstellungen. Ich denke, es ist ganz gut so. Wir werden suchen, das Zentrum der modernen Bewegung zu werden. Die Vereinigung kann dann die Rolle der neuen „Scholle"[99] übernehmen. Es zog sich gestern bis zum Abend hin, sodaß es uns unmöglich war, noch zu Euch hinaufzukommen. Vergiß nun nicht, mir *baldmöglichst* den kleinen Dienst zu thun, alle Dir irgendwie wenn auch nur für die Propaganda wichtigen Adressen von Leuten aufzuschreiben, denen man Prospekte des Blauen Reiters zusenden kann.
Bitte schön! Heute bekam ich die Nachricht, daß das Folkwang-Museum in Hagen mein großes Bild mit den 3 Pferden für 750 angekauft hat.[100] Also von *der* Seite geht es!

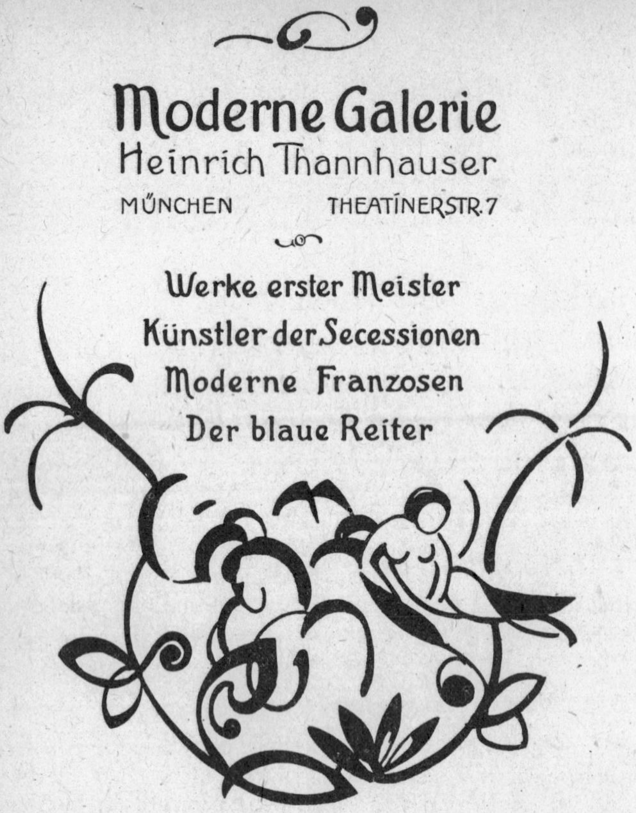

34. Anzeige der Modernen Galerie Heinrich Thannhausers aus dem Almanach „Der Blaue Reiter", mit Vignette von Franz Marc

Franz Marc: An Wassily Kandinsky (4. 11. 1911)[101]

Bei Thannhauser einen eigenen Saal für Dezember 2. Hälfte, neben der Vereinigung bekommen, in dem wir 2 ausstellen dürfen, was wir wollen. Also *los* und *Ernst* damit. […] Mein Programm: Burljuk, Campendonk, August, eigene Glasbilder, Schönberg, Bloch und wenn irgend möglich einen Rousseau (nicht zu groß). Dann Delaunay und eventuell zwei drei alte Sachen (Reisbilder, Glasbilder, Votiv). *Es muß was feines werden.*

Franz Marc: An August Macke (7. 12. 1911)

Wichtiges: Wir haben für I. Ausstellung der Redaktion Der Blaue Reiter zwei Säle bei Thannhauser für 18. Dez.–1. Jan. abgeschlossen. Schicke nun unbedingt ein *großes* oder zwei bis drei kleine Bilder (am besten beides zusammen, ohne Garantie, daß *alles* ausgestellt wird wegen Raummangels, da wir ca. sechs Rousseau's erwarten), sofort an Gondrand; dort *lagern* lassen und Benachrichtigung an *Kandinsky* über Zahl und Bezeichnung. Kannst Du es nicht sofort senden, dann bitte bis spätestens 14./15. Dez. als *Eilgut*, weil wir doch eine gewisse Übersicht über die Ausstellung vorher haben müssen. *Also schicke bestimmt.* Schön wäre es, wenn Du als Rahmen einfaches Holz nehmen würdest und bunt *bemalen*, im Sinne bemalter alter Glasbildrahmen etc. Wir planen, diese Idee in der Ausstellung zu lancieren. Aber natürlich nur, wenn es nach Deinem Sinn ist. Also nun geht's los. Die Stimmung bei Thannhauser ist glänzend. Man scheint von Paris aus über den Blauen Reiter geschrieben zu haben, wo die Idee, wie es scheint, wie ein Lauffeuer kursiert. [...) Le Fauconnier tritt auch aus und geht mit uns. [...] Fast am selben Tage sind Pechstein, Kirchner, Müller und Heckel aus ähnlichen, resp. gleichen Gründen aus der neuen Sezession ausgetreten; vive le mouvement[102]. Wir sind recht fidel und in etwas Champagnerstimmung.

Wassily Kandinsky: An Arnold Schönberg (11. 11. 1911)

In Ihren Bildern (die ich erst gestern vom Spediteur bekam; wir sind ja erst zwei Tage wieder in München) sehe ich *sehr* viel. Und zwei Wurzeln: 1) „reine" Realistik, d. h. Sachen wie sie sind und wie sie *dabei innerlich* klingen. Das ist das, was ich in meinem Buche prophezeit habe als „Phantastik in der härtesten Materie". Das ist zu *meiner* Kunst antipodisch und [...] wächst innerlich aus der selben Wurzel: Stuhl lebt, Linie lebt – das ist doch schließlich, im letzten Grunde gleichbedeutend. *Diese* „Phantastik" liebe ich sehr

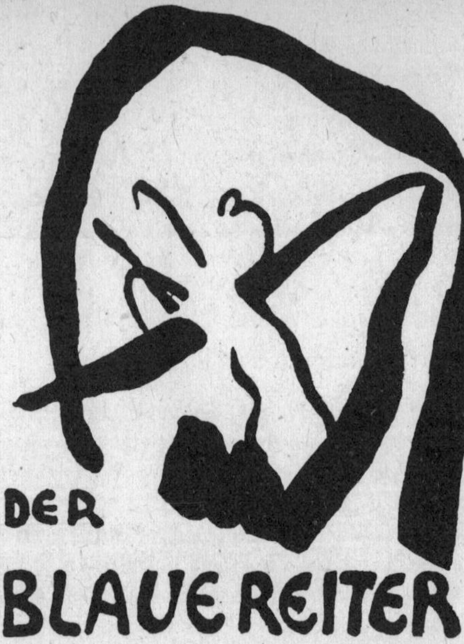

35. Wassily Kandinsky: Signet „Der Blaue Reiter". 1911, Tusche

überhaupt und in Ihren Bildern ganz besonders. *Selbstportrait*, Garten (nicht der, welchen ich wollte, aber auch ein sehr guter). 2) die zweite Wurzel – Dematerialisieren, romantisch-mystischen Klang (also auch das, was ich mache) mag ich weniger schon in *dieser* Art der Anwendung des Prinzips. Und [...] doch sind auch diese Sachen gut und interessieren mich sehr.

Diesen zweiten Klang (= Wurzel) hat auch Kokoschka (vor 3 Jahren gesehen, also „hatte") + das Element „sonderbar!". Das interessiert mich (ich sehe es gerne), läßt mich aber nicht innerlich zittern. Das ist mir zu bindend, zu präzis. Wenn in mir sich so etwas regt, so *schreibe* ich (*ich* würde es nie *malen*). Und sage einfach: er hatte ein weißes Gesicht und schwarze Lippen. Das genügt mir, d. h. das ist für mich mehr. Ich fühle es immer stärker: in jedem Werk muß ein leerer Platz bleiben, d. h. nicht binden! Vielleicht ist es kein

„ewiges“ Gesetz, sondern ein Gesetz von „morgen“. Ich bin bescheiden und begnüge mich mit „morgen“! Oh ja!

Wassily Kandinsky: An Arnold Schönberg (15. 12. 1911)

Von Ihren Bildern wollte ich folgende ausstellen (die Ausstellung beginnt Dienstag den 19-ten): Selbstportrait, Dame in Rosa, (ev. Landschaft) und 2–3 Visionen,[103] die auf alle Menschen starken Eindruck machen, ebenso wie auf mich (aber *lieben* tue ich die „realistischen“). Unsere Ausstellung wird *sehr* interessant, verschiedene Formen.

Wassily Kandinsky: An Robert Delaunay (16. 12. 1911)

Ich danke Ihnen sehr für Ihre so gefällige Hilfe beim Versenden des Rousseau, sowie für die Sendung Ihrer Bilder.[104]

Wassily Kandinsky: An Robert Delaunay (18. 12. 1911)

Zum Glück ist alles in Ordnung: wir hängen heute – gerade heute sind Ihre 4 Bilder eingetroffen. Eine Kiste ist noch beim Zoll. Das sind vielleicht der Rousseau und Ihre 2 Zeichnungen. Man will sie mir in zwei Stunden herschaffen.

Münchner Künstler: An Robert Delaunay (18. 12. 1911)

Alles hängt. Wir stoßen auf Ihre Gesundheit an. Es ist sehr schade, daß Sie nicht unter uns sind. Wir sind sehr froh, Ihre *schönen* Werke zu haben.

Maria Marc: An Liesbeth Macke (22. 12. 1911)

Wir haben jetzt ereignisreiche Tage verlebt – uns ist der Kopf noch ganz schwer. Die Ausstellung macht einen ausgezeichneten Eindruck – vielseitig und sehr sorgfältig zusammengestellt, es ist eine rechte Freude gewesen. August's Bilder wirken sehr schön dazwischen – wir haben uns so gefreut, daß er etwas geschickt hat.[105] Schade, daß Ihr die Ausstellung jetzt nicht seht! Hoffentlich später – es ist

unser aller Wunsch, daß sie in der Zusammenstellung weiter reist. Sehr zu danken haben wir dem Einfluß und dem unermüdlichen Interesse Deines Onkels.[106] Er hat sich in bewundernswerter Weise um das Gelingen der Ausstellung und des Blauen Reiters angenommen, – in einer so feinen Form, daß auch ich nicht anders kann, als mit einstimmen in das Lob und die Freude, die alle ihm zollen. Man kann sich in solchen Zeiten gar nicht vorstellen, daß zwei Seiten in ihm sind und daß die Kehrseite die Menschen so tief verletzen kann. Ihr bekommt später sicher mal mündlich mehr davon zu hören. Er war zum Hängen und Eröffnen der Ausstellung hiergeblieben – und hat: Kandinsky, Münter, Campendonk, Delaunay gekauft. Von letzterem das Bild, welches in den Blauen Reiter kommt, *Eiffelturm*. Zwei andere Delaunays, die auch sehr schön sind, kauften Erbslöh und Jawlensky[107] – – – die eine recht mindere Ausstellung in den Nebenräumen haben und einfach paff über Franz und Kandinsky sind. Baronin und Jawlensky laufen Kandinsky in schauderhafter Weise nach! Aber es ist ja soviel Falschheit in ihnen. [...]
[Zusatz von Franz Marc:]
[...] Die Blaue-Reiter-Ausstellung soll womöglich nach Köln und (was meint Ihr?) Bonn gehen (außerdem Frankfurt, Berlin, Hamburg etc.). Kann August sie vermitteln? Der Gereonsklub weiß schon durch Flechtheim von dem Plan. Wegen Hagen schreibe ich heute an Osthaus. Illustrierter Katalog wird gedruckt.

Paul Klee: Ausstellungsrezension (Januar 1912)

Von den Privatgalerien hat wieder die Thannhausersche meine Aufmerksamkeit auf sich gelenkt durch die dritte Ausstellung der neuen Vereinigung und deren radikaler Sezession, genannt der blaue Reiter. Ich weiß, daß unter meinen Lesern sich vielleicht drei befinden, die da ernst geblieben wären; es wäre also dankbar, im Spotte mitzutun, teilweise sogar berechtigt. Aber ich halte mich an die Idee, und nicht an die momentane Zufälligkeit oder nur scheinbare Zugehörigkeit mancher Leistung, und versuche den zu trösten, der da nicht an irgendeinen Liebling aus irgendeinem Museum, und wäre es selbst ein Greco, anknüpfen konnte.

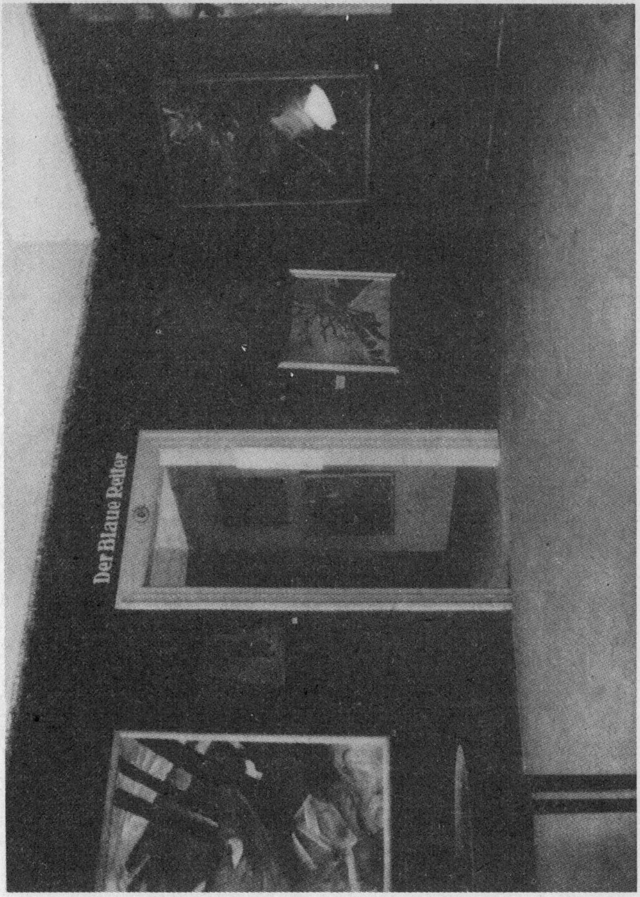

36. Blick in Raum 5 und 6 der Modernen Galerie Heinrich Thannhausers während der ersten Ausstellung des Blauen Reiters 1911

Es gibt nämlich auch noch Uranfänge von Kunst, wie man sie eher im ethnographischen Museum findet oder daheim in der Kinderstube (lache nicht, Leser), die Kinder können's auch, und das ist durchaus nicht vernichtend für die jüngsten Bestrebungen, sondern es steckt positive Weisheit in diesem Umstand. Je hilfloser diese Kinder sind, desto lehrreichere Kunst bieten sie; denn es gibt auch schon hier eine Korruption; wenn die Kinder anfangen, entwickelte Kunstwerke in sich aufzunehmen oder gar ihnen nachzuahmen. Parallele Erscheinungen sind die Zeichnungen Geisteskranker, und es ist also auch Verrücktheit kein treffendes Schimpfwort. Alles das ist in Wahrheit viel ernster zu nehmen als sämtliche Kunstmuseen, *wenn* es gilt, die heutige Kunst zu reformieren. So weit müssen wir zurück, um nicht einfach zu altertümeln. Wenn wirklich, wie ich glaube, sämtliche Läufe der Tradition sich jetzt im Sande verlieren, und die sogenannten ehrlichen Pfadgeher nur zufällig frisch und gesund scheinen, vom Standpunkt der großen Kunst aber der Inbegriff von Müdigkeit sind, dann ist ein großer Moment gekommen, und ich begrüße sie, die an der nun kommenden Reformation mitarbeiten. Ich glaube an die Bewegung und auch an den wirklichen Ernst des einen oder andern Münchner Expressionisten. Leider fehlt mir zurzeit die Möglichkeit eines Vergleichs mit den Pariser Unabhängigen, bei denen einige von den hiesigen mitbeteiligt sind. Der kühnste von ihnen ist Kandinsky, welcher auch durch das Wort zu wirken sucht.

Kölnische Zeitung[108] *(1912)*

Von der neuen Künstlervereinigung hat sich vor einiger Zeit ein Grüppchen mit Kandinsky und Marc an der Spitze losgelöst, die sich zu einer eigenen Vereinigung mit dem etwas anspruchsvoll gesuchten Titel „Der blaue Reiter" zusammengetan haben. Offenbar fehlt diesem etwas bunt zusammengewürfelten Kreis die künstlerische Zucht der „Neuen Künstlervereinigung". Die Theorie geht mit ihnen durch, und es ist vorerst ein Haufen Dilettantismus und künstlerischer Unfug zu beseitigen, ehe man auf fruchtbaren Boden stößt. Aber dieser Haufe verwirft den harmlosen Beschauer, und es ist nicht überraschend, daß es anläßlich

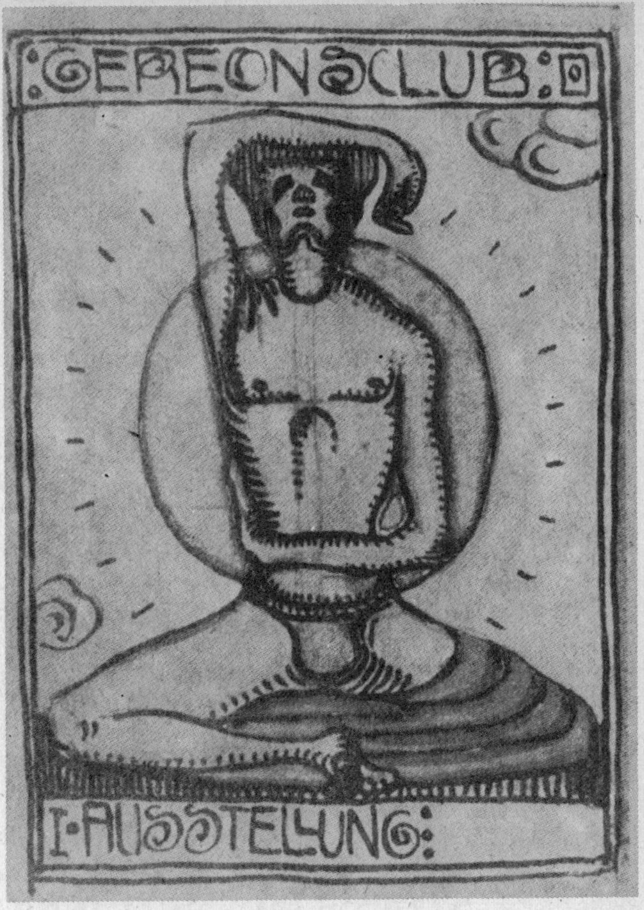

37. Franz Maria Jansen: Einladung zur Eröffnung des Gereons-Clubs in Köln am 20. 1. 1911

eines Propagandavortrages in diesen Räumen zu kleinen, sensationellen Zusammenstößen kam.

Franz M. Jansen: Von damals bis heute

Gleichzeitig mit dieser Secession[109] starteten wir: die schon erwähnte Malerin O., die eine der überkultivierten, feinnervigen Jüdinnen war und in intellektuellen und vermöglichen jüdischen Kreisen starken Rückhalt hatte, ihre begeisterte Freundin E. [...] und ich den „Gereons-Club".[110] Er war so benannt nach dem großen Büro- und Atelierhaus, in dem O. ihr Atelier hatte, das sie dem Klub zu seinen Veranstaltungen zur Verfügung stellte. In jedem Monat wurde da eine kleine Ausstellung angefeindeter, der Stadt noch völlig unbekannter Künstler veranstaltet, zu deren Eröffnung wir jedesmal einen ebenso angefeindeten Schriftsteller oder Kunstgelehrten zu sprechen baten; an jedem Samstag nachmittag war schließlich ein „jour fixe", so nannte man das damals, eine Teestunde zu zwanglosem Zusammensein. Wir zeigten als erste Bilder von Sérusier, Delaunay, Marquet, Derain, zeigten Klimt, Hodler, Amiet und den ersten Picasso. Worringer hielt den ersten Vortrag; danach lasen Herbert Eulenberg und Theodor Däubler, dessen „Nordlicht" gerade in dem dreibändigen, heute seltenen Privatdruck (ich glaube, sie hieß die „Florentiner Ausgabe") erschienen war.[111]

[...] Die Samstage erhielten in der Folgezeit einen solchen Ruf, daß auswärtige Interessierte: Künstler aller Art, Museumsdirektoren und die es werden wollten und von denen es manche auch wurden (wie z. B. Swarzenski vom Frankfurter Städel) zu ihnen kamen.

[...] Und dann kam einestags August Macke und bat uns, ihn in seiner Bonner Wohnung zu besuchen. Er wohnte dort in dem biedermeierlichen Einfamilienhaus seiner Schwiegereltern. Nie mehr habe ich einen so vitalen, Lebenskraft ausströmenden Menschen kennengelernt. Ich habe ihn darum sehr beneidet. Er war wirtschaftlich gesichert und deshalb selbstsicher, ohne unduldsam zu sein. Seine Frau und Schwiegermutter stickten nach seinen farbigen Entwürfen. Kleine und große Skizzenbücher lagen umher und steckten in seinen Taschen. [...] In der Ecke eines

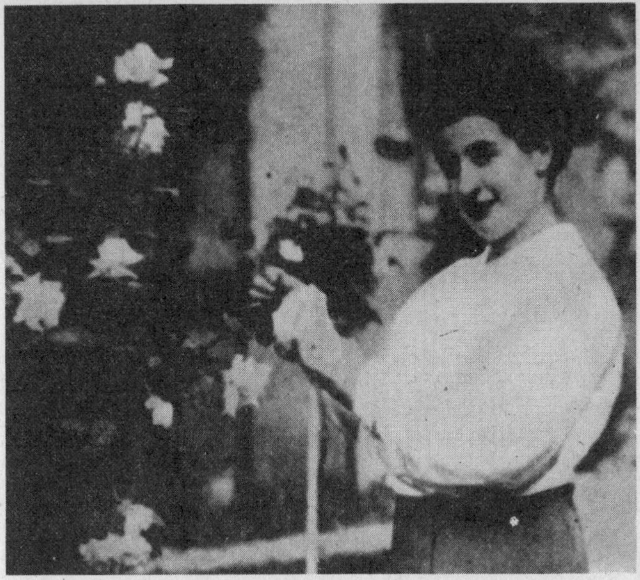

38. Olga Oppenheimer, die Gründerin des Gereons-Clubs in Köln

schmalen Zimmers zeigte Macke uns dann Bilder der Maler, die ein oder zwei Jahre später unter dem Namen „Blauer Reiter“ von Piper veröffentlicht wurden. Macke schloß sich von da ab dem „Klub“ an und übernahm – von Einfällen überströmend – recht eigentlich dessen Führung, hatte er doch alles, die Besucher zu fascinieren. Durch ihn zeigte der „Klub“ nun die „Brücke-Maler“, die „Maria Ägyptiaca“ von Nolde[112] und Bilder von Kirchner, Pechstein und Hekkel. Ebenso brachte Macke die ersten Bilder von Campendonk heran.

Elisabeth Erdmann-Macke: Erinnerungen an August Macke

Ich muß noch etwas über den Gereonsklub berichten: Diese Vereinigung, die in Köln auf Anregung von Fräulein Worringer und dem Maler Franz M. Jansen gegründet worden war und im „Gereonshaus“ tagte, wurde für das Kunstschaffen im Rheinland von immer größerer Bedeutung. [...] Als August durch Emmy Worringer in diesen Kreis gebracht wurde, fand er gleich ein schönes Feld der Betätigung, und durch seine Verbindung mit seinen Künstlerfreunden kam neues, befruchtendes Leben in die Veranstaltungen, bei denen es oft recht munter zuging. [...] August hat dort einmal gesprochen, und zwar über „Worte, Töne, Farben"; zu gleicher Zeit hingen Bilder der Vereinigung an den Wänden. [...] Es wurde einer der amüsantesten und lebhaftesten Abende im Gereonsklub. August las zuerst aus seinem Manuskript ab, was auf uns, die wir seine natürliche, ungekünstelte Art kannten, etwas steif und unlebendig wirkte. [...] Zum Schluß fiel plötzlich alles Offizielle von ihm ab, und er fing an japanisch zu sprechen, d. h. er ahmte die berühmte Schauspielerin Hanako [...] so meisterhaft nach, daß alle in einen Sturm der Begeisterung gerieten und der Bann gebrochen war. Nach dem Vortrag war ein allgemeines Tohuwabohu. Alle bestürmten August mit Fragen, jeder wollte etwas von ihm wissen, der eine dieses, der andere jenes Bild erklärt haben. Zu mir kamen sie sogar auch. Schließlich standen die Anwesenden zum Teil auf Stühlen, alle schrien durcheinander, und vergebens wurde versucht, durch Schellen dem Lärm ein Ende zu machen. Ein Bild von Campendonk, eine Kabarettsängerin darstellend, hager und häßlich, im Stil von Toulouse-Lautrec gemalt, war es vor allem, das Empörung hervorrief, und Herr Herz, der selbst eifrig sammelte, rief plötzlich: „Warum wählen sich die Maler heute ihre Objekte am liebsten aus der Kloake?", worauf Alfred Flechtheim ganz vorwurfsvoll erwiderte: „Sie Korsettfabrikant, Sie haben ja die meisten Kunden aus der Kloake", und Herz darauf zu Flechtheim ganz verächtlich: „Sie Getreidehändler." August, ruhig lächelnd zwischen dem Tumult, klopfte Flechtheim freundschaftlich auf die Schulter und sagte, zu Herz gewandt: „Warum ist der Herr Flechtheim so häßlich, können Sie dann ebensogut fragen." Es gab ein allgemeines Hin-und-Her-Rufen, und erst als die Damen mit Erfrischungen kamen, beruhigten sich allmählich die aufgeregten Gemüter.

August Macke: An Franz und Maria Marc (undatiert)

Ich habe wirklich in der Bilder-musikalisch-poetischen Ausstellung mein möglichstes geleistet. Schärfer kann man das

Publikum nicht anfassen, und innerlich enttäuschter kann man trotz der erreichten größten Wirkung hier am „goldenen Rhein“ auch nicht sein. Zunächst beim Auspacken der Bilder maßlose Aufregung der Gereonsdamen. „Ach, wenn das nur gut geht.“ Übrigens müsse ich den Vortrag aus dem Stegreif halten. Vorlesen wirke ermüdend. [...] Als ich an dem Nachmittag glücklich in die Festveranstaltung hineingerate, kommen mir die Leute alle vor, als sei das alles gar nicht nötig. Flechtheim und Reiche hängen sich an die Schöße meines neuen Gehrocks und flüstern mir immer wieder ins Ohr: Nun, Herr Kandinsky, Herr Oberlehrer etc. Siehst Du, jetzt habe ich's schon zum Oberlehrer für diese Leute gebracht durch die ewige Belehrerei. [...] Und der Flechtheim fragte mich vor versammeltem Publikum, warum das Weib von Campendonk so häßlich sei (im Ulk). Ich fragte ihn, warum er so häßlich sei, und die Situation war wiederum gerettet. Der „größte und modernste“ Kölner Kunstsammler, Korsettfabrikant Herz, fragte, warum die Maler ihre Modelle aus der Kloake nähmen. Flechtheim ihm ins Ohr: „Sie Korsettfabrikant!“ [...] Was im Kandinskybuch und im Blauen Reiter steht, ist Herzblut, was in den Mägen der Menschen bestenfalls zu Blutwurst wird, die an einem Abend den flüchtigen Hunger stillt. Aber trotzdem werden wir nicht müde werden.

Katalog der ersten Ausstellung der Redaktion Der Blaue Reiter

Wir suchen in dieser kleinen Ausstellung nicht *eine* präzise und spezielle Form zu propagandieren, sondern wir bezwecken in der *Verschiedenheit* der vertretenen Formen zu zeigen, wie der *innere Wunsch* der Künstler sich mannigfaltig gestaltet.

August Macke: An Franz und Maria Marc (undatiert)

Die Blaue-Reiter-Ausstellung kommt ja im Januar nach Köln. [...] Ich habe einen Herrn beauftragt, in Hamburg bei „Commeter“ für die Blaue-Reiter-Ausstellung zu propagieren (nicht propagandieren, wie in Eurem Prospekt so peinlich steht). [...] Nun mache ich Dir den Vorschlag: setz

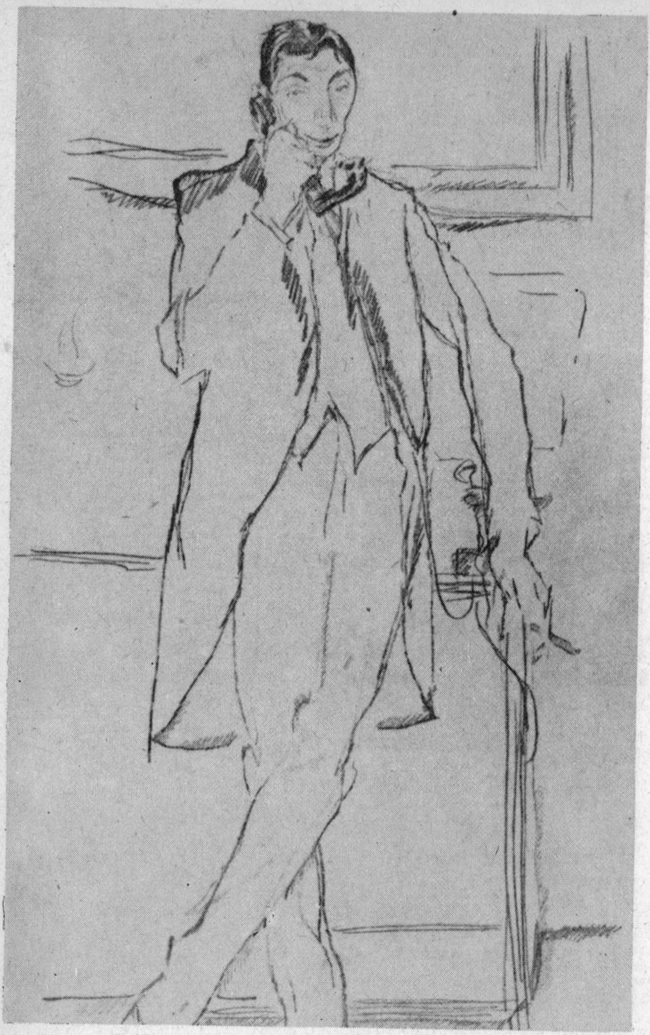

39. Otto Feldmann: Alfred Flechtheim am Telefon. 1911, Bleistift

Dich auf die Bahn und trage Deine einflußreichen Koteletts nach Hamburg, Bremen, Lübeck (eine 3–4stündige billige Fahrt), geh zu Commeter, Lichtwark, Pauli etc., nimm unter Umständen Tschudis Brief mit und „deixele" (Magdeburg Rückfahrt).

Wassily Kandinsky: An Robert Delaunay (24. 12. 1911)

Unsere Ausstellung wird auf Reisen gehen und einige wichtige deutsche Städte berühren. Sie werden uns also *„La Ville"* überlassen? Herr Koehler leiht uns Ihren *„Tour"*.

Wassily Kandinsky: An Robert Delaunay (28. 12. 1911)

Unsere Ausstellung geht von hier direkt nach Köln, wo sie wahrscheinlich am 15. 2. schließt.

Wassily Kandinsky: An Robert Delaunay (10. 1. 1912)

Unsere Ausstellung ist nach Köln gegangen. Ich wollte mir die Gelegenheit nicht entgehen lassen, Ihre Werke im Rheinland (Köln, Düsseldorf usw.) zu zeigen, wo es viele Kunstliebhaber gibt. […] Herr Lentuloff bat mich, Ihre Werke für die Ausstellung in Moskau auszuleihen.[113] Das ist im Augenblick absolut unmöglich: die Ausstellung in Köln ist von *sehr* großer Bedeutung. Einige Kunstliebhaber, Museumsdirektoren kommen *extra* hin, um Ihre Ausstellung zu sehen. Das kommt dem Blauen Reiter und allen ausstellenden Künstlern mehr zu Gute.

Wassily Kandinsky: An Robert Delaunay (28. 1. 1912)

Ich habe Nachrichten aus Köln: Über unsere Ausstellung wird viel gesprochen und man interessiert sich lebhaft für sie und besonders für Ihre Werke, ebenso für die meinen. […] Ich tue alles, was in meinen Kräften steht, für die Interessen der Künstler, die bei uns ausstellen. Ich vergesse darüber sogar, meine eigenen Angelegenheiten in Ordnung zu bringen.

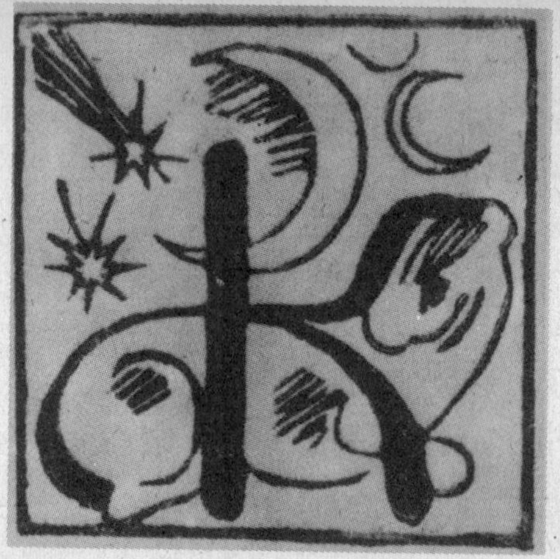

40. Franz Marc: Exlibris Bernhard Koehler sen. 1911/12, Holzschnitt

August Macke: An Bernhard Köhler (22. 1. 1912)

Von der Blauen-Reiter-Ausstellung habe ich den Eindruck, daß viel Schönes da ist und auch viel, was die Propaganda, die sehr dick aufträgt, nicht verdient. Die Sachen von Rousseau finde ich hervorragend ... Kandinsky ist ebenso unbestreitbar künstlerisch großartig ... drittens Delaunay ... Campendonk ist reizend in dem von Dir erworbenen Bilde. Ferner sind die Bilder von August Macke, Bonn, recht wohltuend. Kahler, Burljuks Pferde interessieren mich.[114] Das andere ist meinem Empfinden mehr oder weniger fern.

August Macke: An Franz Marc (22. 1. 1912)

Zur Blauen-Reiter-Ausstellung war ich Samstag und Sonntag. Es war wieder sehr interessiertes Publikum da, und es wurde schwer geredet über die Bilder. Rousseau, Delaunay, Epstein, Kahler, Kandinsky, Campendonk und einiges an den Burljuks interessierte mich am meisten. Von Deinen Sachen war ich ziemlich enttäuscht.[115] Ich hatte bei allem

ein Gefühl des Unfertigen, des Gewollten und nicht ganz Gekonnten.
[...] Eigenliebe, Pantoffelheldentum und Blindheit spielen bei dem Blauen Reiter eine große Rolle. Die großen Worte vom Beginn des großen Geistigen klingen mir immer wieder in den Ohren.[116] Kandinsky mag das persönlich sagen und vieles andere von Umwälzung. Mir ist das besonders nach dieser Ausstellung unsympathisch. Ich rate Dir nur, arbeite, ohne an den Blauen Reiter und an blaue Pferde zuviel zu denken. Der gute Rousseau. Und der gute Helmuth. Campendonk wird schon etwas zierlich dekorativ. Ich glaube, Kunst kommt nicht von Wollen, auch nicht von Müssen, wie Schönberg sagt, sondern von Können.[117] Der Schönberg ist mir unsympathisch, der Bloch schwach.

Franz Marc: An August Macke (23. 1. 1912)

Der Blaue Reiter hat Dir ja recht schlecht geschmeckt; manches fühle ich wohl mit, nur nicht mit diesem Ressentiment *dagegen* mehr mit dem heißen Wunsche (vor allem, was *mich* betrifft), es besser zu machen. Ich habe freilich das Gefühl, daß ich diese Bilder nötig hatte, wenigstens eine Zeit lang; ich hege sogar die Hoffnung (in *wirklich bescheidener* Weise), daß es manchen Maler und eventuell auch Laien gibt, der sie auch nötig hat und dem sie vielleicht einiges bedeuten, wie mir. Daß sie „unfertig" sind und nicht ganz „gekonnt", weiß ich; darum bat ich Dich um Dein offenes Urteil. Aber es wird mir schon einmal gelingen, es besser zu machen.

August Macke: An Franz Marc (23. 1. 1912)

Dein Glasbild ist gar nicht dabei, die von Kandinsky sind großartig, das von Campendonk nicht ganz klar.[118] [...] Du hast die Bilder auch nötig gehabt. Aber stell nicht zu frisch von der Staffelei weg aus und mal nicht zu groß.

Franz Marc: An August Macke (25. 1. 1912)

Daß mein Glasbild nicht dabei ist, ärgert mich nicht weniger als Dich das Fehlen Deiner Lautenschlägerin.

Franz Marc: An August Macke (undatiert)

Die Blaue-Reiter-Ausstellung will er [Cassirer] im nächsten Jahre bringen, und zwar mit schwerem Geschütz; mir scheint, wir haben ihm nach einem neuen coup in Berlin den Mund wäßrig gemacht.
Er besucht uns nächstens hier in München, wenn er uns alle persönlich kennt, auch unsere Franzosen, und in die Sache sehr eingearbeitet ist. Jedenfalls scheint er sich bei seinem jetzigen Betrieb grenzenlos zu langweilen und hat als Intermezzo (und eventuell Abkehr vom Bilderhandel) große Theatergeschichten für Berlin im Kopf. Nun ritt ich ihm auf einmal blau vor, in solidem spanischen Tritt, und das gefiel ihm auch. Er schien mir bei näherem Verkehr ein fabelhafter kluger und reifer Kopf, vor dem man sich äußerst zusammennehmen muß.

Arnold Schönberg: Tagebucheintragungen (1912)

28. Jänner
Für Nachmittag hat sich eben Marc mit Frau angemeldet. [...] dürfte nicht sehr amüsant werden. Und dabei hätte ich so viel zu tun.

2. Februar
Sonntag, 28. [...] Dann kam Marc (ohne Frau, die krank war). Lobte unter heftigem Widerspruch meinerseits Cassirer. Ich fand gerade, der gewisse „kunstverständige" Kunsthändler sei schädlich für die Künstler. Denn er versteht es, mit dem Ausdruck der Bewunderung ein Viertel herabzudrücken von dem, was der bloß geschäftsverständige gegeben hätte. Und schließlich wird einem diese ölige, weichliche Unterhaltung mit einem Menschen, dem man ja doch am liebsten einen Fußtritt geben möchte, zum Überdruß. [...] Marc ist ein ganz sympathischer Mensch. Etwas unklar und nicht sehr bedeutend. Er wird nicht lange mit Kandinsky zusammengehen. Insbesondere nicht, wenn man ihm das öfter, aber taktvoller nahelegen würde, als es der Brief eines Kunstfreundes tat, von dem er [...] etwas präpotente Ratschläge („Gehen Sie zu Hans v. Weber, was der tut, ist wohlgetan" ...) erzählte.

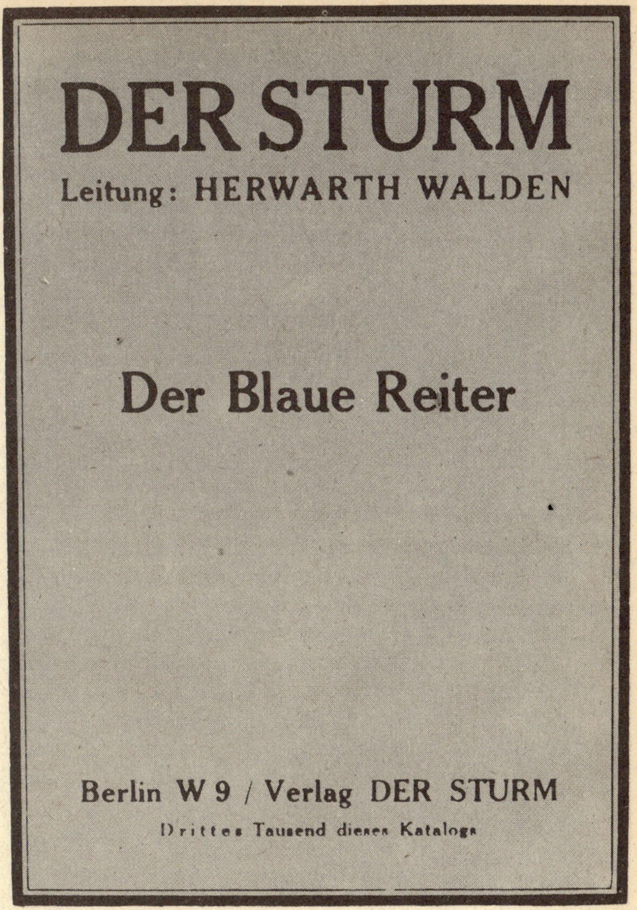

DER STURM

Leitung: HERWARTH WALDEN

Der Blaue Reiter

Berlin W 9 / Verlag DER STURM

Drittes Tausend dieses Katalogs

41. Umschlag des Katalogs zur ersten Ausstellung des Blauen Reiters in der Sturm-Galerie in Berlin 1912

Franz Marc: An August Macke (1. 3. 1912)

Wir wurden gestern durch eine plötzliche Einladung der „Sturm-Redaktion" beunruhigt; sie bittet uns (auf ihre Transportkosten), die Kölner Blaue-Reiter-Kollektion nach Berlin, zu einer Ausstellung zu senden, die die Redaktion dort in einer hierzu gemieteten Villa, Tiergartenstraße 34a, wesentlich mit Kokoschka und jungen Franzosen veranstaltet, ab *12. März.* Nach einigem Überlegen und Telegrammwechsel mit Kandinsky hab ich mich schließlich einverstanden erklärt; anfangs war ich, vor allem aus Gründen der Schnelligkeit und Unvorbereitetheit der Sache, dagegen. Die Sache kostet nichts, – warum schließlich nicht; vor allem müssen wir die Kollektion verstärken mit Burljuks, die wir hier haben, einem neuen Delaunay; die alten sind ja leider, leider in Paris; dann Rousseau (von hier); ich gebe von mir den Koehlerschen *Affenfries* dazu und die *Roten Rehe* von hier.[119] Nun mußt Du unbedingt auch noch irgend etwas Gutes, womöglich Größeres, von Dir dazu geben, damit vor allem wir drei ausgiebig und stark vertreten sind, mit den Burljuks, gegenüber dem schwach vertretenen Frankreich. Mit der Kollektion hast Du weiter gar nichts zu schaffen; die geht auf Weisung von Kandinsky vom Gereonsklub respektive Spediteur direkt nach Berlin. Aber schicke nun wirklich von Dir noch etwas Feines, Berlin ist wichtig genug dazu. *Juli* ist die Kollektion dann bei Osthaus, *September* bei Marc. Goldschmidt in Frankfurt.

Wassily Kandinsky: An Arnold Schönberg (4. 3. 1912)

Ich hatte ja eine *sehr große* Lust nach Prag zum Concert zu fahren,[120] wie hätte ich es aber machen sollen, – – ich, armer Sklave des „Blauen Reiters". Tag nach Tag vergehn in ununterbrochenen Sorgen dafür: Buch, Ausstellungen usw. usw. usw. Ich komme sonst zu gar nichts. Mit Sehnsucht erwarte ich das Erscheinen des Buches. Wenn Sie nur wüßten, wie ich mich nach meiner Arbeit sehne, wie ich zeichnen, zeichnen, malen, malen, malen möchte. Also genug des Sentiments, und gehen wir zum ernsten Geschäft über.
Die Redaktion „Der Sturm" macht eine scheinbar wirklich famose Ausstellung (Franzosen, Hodler, Munch, Ko-

koschka) und hat unsere erste Ausstellung corporativ eingeladen: Fracht, eigene Räume. Wir haben es angenommen.

Wassily Kandinsky: An Sonia Delaunay (10. 3. 1912)

Es wäre sehr schön, wenn Herr Delaunay *sofort* nach Schluß seiner Ausstellung die „Tour" u. die „Ville" nach Berlin schicken würde – Eilgut – an Herrn Herwarth *Walden* [...]. Unsere I. Ausstellung wurde eben collektiv nach Berlin eingeladen. Es würde uns sehr leid tun, wenn die Bilder Herrn Delaunays ausbleiben würden. Die Eröffnung dieser Ausstellung ist am 12. III. Ich bat aber Herrn Walden, mit einer Verspätung Ihrerseits zu rechnen.

Wassily Kandinsky: An Robert Delaunay (15. 3. 1912)

Haben Sie den *Turm* und die *Stadt* an Herrn *Herwarth Walden* [...] geschickt? Die Ausstellung ist schon eröffnet, aber Walden wird Ihre Bilder trotzdem noch hängen, er hat es mir versprochen.

Wassily Kandinsky: An Sonia Delaunay (17. 3. 1912)

In großer Eile! Bitte lassen Sie die zwei Bilder per Eilgut abgehen. Die Ausstellung dauert bis 10. Mai, u. unsere geht ja später weiter.[121] Herr Delaunay kann, wenn es ihm paßt, sogar 4 Bilder schicken. Uns wäre es sehr erwünscht. Ungefähr in der Größe der „Tour".

Herwarth Walden: An Robert Delaunay (1. 4. 1912)

Ihre Bilder sind Freitag in Berlin eingetroffen und in unserer Ausstellung gehängt worden. Vielen Dank. Ich bin sehr für die Bilder.

Wassily Kandinsky: An Sonia Delaunay (13. 4. 1912)

Gestern bekam ich die Nachricht vom Sturm, daß, meiner Erlaubnis folgend, 3 Bilder von Ihrem Mann in der 2-ten Ausstellung des Sturm ausgestellt werden (Anfang 12. April). Die übrigen Bilder sind mit unserer Collektion nach Bremen abgegangen, wo die Ausstellung „Der Blaue Reiter“ in einigen Tagen eröffnet wird.

Franz Marc: An Gabriele Münter (11. 10. 1912)

Mit H. Walden besprach ich einen neuen Bl.-Reiter-Katalog, der nun doch endlich gemacht werden muß, nachdem der alte zu $^{2}/_{3}$ nicht mehr stimmt. Ich denke, Kandinsky wird einverstanden sein, wenn ich als Textvordruck aus der „Formfrage“ [...] abdrucken lasse, desgleichen ca. 20 Zeilen aus meinem Artikel: „Zwei Bilder“[122] [...] Es ist entschieden besser, wenn der Katalog einigen Text enthält.

2. „Schwarz – Weiß“

Paul Klee: Tagebuchaufzeichnung (1911)

Candide-Illustrationen[123] begonnen. Matisse! Durch Moilliet lernte ich Macke, Kandinsky und Marc kennen und näherte mich ihren Bestrebungen. Die weiteren und internationalen Gesichtspunkte sagten mir zu. Jawlensky und Baronin Werefkin.

Paul Klee: Tagebuchaufzeichnungen (1911)

Kandinsky, [...] der um ein Haus weiter wohnt, dieser Kandinsky, den Luli [Louis Moilliet] zwar Schlabinsky nennt, übt immerzu eine große Anziehung auf ihn aus. Luli geht öfter hinüber, nimmt manchmal Arbeiten von mir und bringt Bilder ohne Gegenstand von jenem Russen wieder zu mir zurück. Sehr merkwürdige Bilder. Dieser Kandinsky will eine neue Gemeinschaft von Künstlern zusammenrufen. Ich habe bei persönlicher Bekanntschaft ein gewisses tieferes Vertrauen zu ihm gefaßt. Er ist wer und hat einen ausnehmend schönen, klaren Kopf. Zuerst trafen wir uns in einem öffentlichen Lokal der Stadt, wo auch Amiet mit seiner Frau zugegen war (auf der Durchreise). Dann verabredeten wir, auf der Trambahn nach Hause fahrend, weitere Pflege von Beziehungen. Im Laufe des Winters schloß ich mich dann seinem Blauen Reiter an.

Wassily Kandinsky: An Robert Delaunay (28. 12. 1911)

Am 15. 2. machen wir hier eine kleine Ausstellung „Schwarz und Weiß“ – Schicken Sie uns doch Zeichnungen, Aquarelle, Radierungen! Wollen Sie? Diese 2. Ausstellung des „Blauen Reiters“ wird 6 Wochen dauern. Können Sie mir zu diesem Zweck wirklich ernsthafte und interessante Künstler empfehlen?

Wassily Kandinsky: An Robert Delaunay (2. 1.1912)

Ich warte jetzt auf Ihre Zeichnungen und auf die der anderen Künstler für unsere Ausstellung Schwarz und Weiß.[124]

Franz Marc: An Wassily Kandinsky (2. 1. 1912)

Heute Vormittag waren wir bei Pechstein und Kirchner; bei denen weht wirklich künstlerische Luft. Ein Riesenmaterial für unsere Schwarz-Weiß-Ausstellung, an der sie sehr gern und *ohne jede Prätentionen* mittun. Ich schicke Ihnen mit gleicher Post eingeschrieben ein Bild von Pechstein, das ich unbedingt als Note in der bl. R. Ausstellung Köln etc. haben möchte. [...] Wir können diese Ausstellung ruhig noch bereichern, nachdem die Glasbilder wegfallen. Ebenso schicke ich *direkt* von hier eine Holzfigur von Kirchner zur Ausstellung nach Köln, *sehr* lebendig, etwas afrikanisch, aber das macht nichts. Hoffentlich handle ich mit Ihrem Einverständnis.

Wassily Kandinsky: Unsere Freundschaft

Diese Ausstellung kam hauptsächlich zustande, da Marc aus seiner Berliner Reise einen Riesenstoß Aquarelle der „Brücke“-Maler mitbrachte, die in München noch fast unbekannt waren. Mich hatte er jedenfalls überrascht, und ich hatte eine große Freude nicht nur an den Blättern, sondern an der strahlenden Begeisterung Marcs für seine Entdekkung. Für einen Künstler ein seltener Charakterzug: Marc hatte keine Ahnung von Neid, Mißgunst – umgekehrt war ihm nur eins wichtig, Schönes, Richtiges, wahre Kunst zu sehen und sie zu lieben, gleich woher sie kam. In solchen

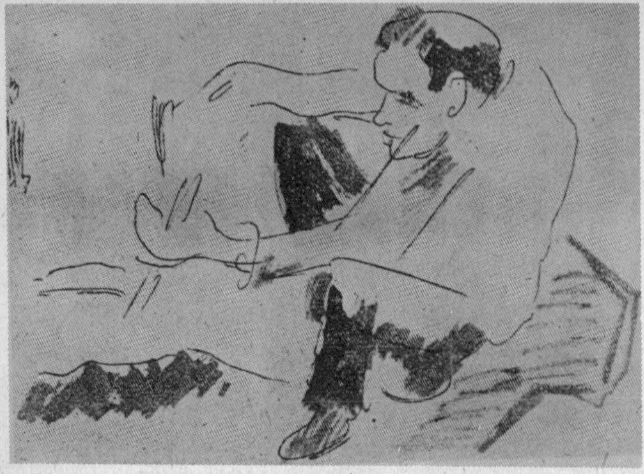

42. Helmuth Macke: Erich Heckel beim Holzbildhauern. 1913, Bleistift und Aquarell

Fällen wollte er seine Freude der ganzen Menschheit kundgeben und sie dadurch beglücken.

Paul Klee: Ausstellungsrezension (März 1912)

Eigentlich wollte ich von der Frühjahrsausstellung der Secession sprechen.[125] Ich habe mir ja manches gedacht vor den vielen bekannten und unbekannten Meistern, die da diesmal durch eine „großzügige" Jury mehrreihig und -stökkig gehängt sind. Es war ein durchaus anregender Spaziergang. Es war mir zu Mut, wie beim Besuch einer längst vergessenen Geliebten ... Nein! Ich will ehrlich sein und gleich zum blauen Reiter übergehn, von dem ich schon einmal kurz berichtete. Die rührigen Redakteure Kandinsky und Marc haben diesen Winter schon die zweite Ausstellung veranstaltet, diesmal eine durch Vorträge belebte graphische in den oberen Räumen der Buchhandlung Goltz. Dieser Buch- und Kunsthändler bewies den Mut, als erster in seinen Schaufenstern kubistische Kunst auszustellen, Kunst, die man hier noch vielfach für typisch schwabingisch hält (in der Schweiz wohl kaum kennt). Unter Kubismus versteht man die Bestrebung, das Konstruktive der Formen ausdrucksvoll zu behandeln. Picasso, Derain, Braque, Delaunay heißen diese Schwabinger, die noch weniger wissen, wo Schwabing liegt, als meine Leser.

Gabriele Münter: An Arnold Schönberg (9. 3. 1912)

Dr. Stadler, Kunsthistoriker, hielt einen kl. Vortrag in der Ausstellung, an den sich *lebhafte* Diskussionen anschlossen – der Vortrag ist ausgearbeitet und erweitert und wird heute wiederholt. Die M. N. N. haben es abgelehnt, die Notiz zur Ankündigung des Vortrages zu bringen mit der Begründung, einmal hätten sie es getan, öfter brauchten sie nicht! So ist die Sache nur plakatiert, u. es werden schon Leute kommen. Nun, Dr. Stadler spricht über die Ausstellung. J. A. Lux, ein Journalist und Schriftsteller, den Sie wohl kennen, bot Kandinsky an, einen Vortrag in der Ausstellung über Literatur zu halten.

Katalog der zweiten Ausstellung der Redaktion Der Blaue Reiter „Schwarz-Weiß"

Man kann es durch göttliche Versorgung erklären oder durch die Darwinsche Theorie. Nicht das ist hier wichtig, sondern das klare Wirken des Gesetzes. Die Natur, das heißt eine Ameisenwelt oder die Sternenwelt entzückt uns durch zwei Seiten. Die eine ist jedem Menschen bekannt: die „unendliche" Verschiedenheit, der „unbeschränkte" Reichtum der Naturformen: Elefant, Ameise, Fichte, Rose, Berg, Kieselstein. Die andere Seite ist dem Unterrichteten bekannt: die Anpassung der Form an die Notwendigkeit (Elefantenrüssel, Ameisengebiß). Die Menschen vertiefen sich in die Abspiegelung der Notwendigkeit in den Naturformen. Sie legen sich Zoologische Gärten an, um den Reichtum dieser zu sehen. Sie machen Reisen, so weit es nur geht – nach Indien, Australien, zum Nordpol, um sich an dieser Verschiedenheit zu ergötzen und die Abspiegelung der Notwendigkeit immer weiter zu ergründen. *Die Kunst ist hier der Natur gleich:* Der Reichtum ihrer Form ist unbeschränkt, die Verschiedenheit ihrer Form ist unendlich: die Notwendigkeit schafft diese Formen. Warum ärgern sich manche, wenn sie diese naturellen Seiten der Kunst sehen, statt sich zu freuen? *Die Natur schafft ihre Form zu ihrem Zweck. Die Kunst schafft ihre Form zu ihrem Zweck.* Man soll sich nicht über den Elefantenrüssel ärgern, und ebenso soll man sich nicht über eine Form ärgern, die der Künstler braucht. Unser heißer Wunsch ist, durch Beispiele des unerschöpflichen Reichtums der Form, die die Welt der Kunst unermüdlich gesetzmäßig schafft, Freude zu erwekken.

[Anmerkungen zu den russischen Volksblättern]

Neudrucke von alten Holzstöcken. Die Originalblätter dieser Art wurden hauptsächlich im Anfang bis Mitte des 19. Jahrhunderts in Moskau gemacht. Sie wurden durch wandernde Buchhändler bis in die verstecktesten Dörfer zum Verkauf gebracht. Man trifft sie noch heute in den Bauernhäusern, wenn sie auch stark durch Lithographien, Öldrucke etc. verdrängt werden.

Franz Marc: An August Macke (undatiert)

Beifolgend drei Kataloge. Bruckmann hat sie ziemlich dumm gesetzt, aber sie sehen doch, glaub ich, in der Zusammenstellung der Abbildungen sehr anregend aus. Die Franzosen sind leider ein paar Tage zu spät eingetroffen, um mitreproduziert zu werden. Goltz wird von den Münchnern wegen dieser Ausstellung wütend angegriffen; es ist eine solche ordinär aufgeregte Stimmung dagegen, daß er sich gar nicht zu helfen weiß. Das hat er nicht geahnt, ich allerdings in dem Maße auch nicht. Aber ich muß wohl oder übel dran glauben, ihm bei der weiteren Placierung der Ausstellung behilflich zu sein. Ich schrieb Kandinsky, er soll sich um die Schweiz kümmern. Ich schreibe nach Frankfurt, Mannheim, an den Rhein und eventuell Hamburg durch Heckel. Willst Du mir in Köln oder sonst am Rhein behilflich sein? Vor allem zunächst wieder der Gereonsklub; diesmal kann wenigstens auch verkauft werden. Offiziell geht die Ausstellung durch *Goltz' Hände.* Er bat mich nur, ihm anfangs behilflich zu sein. Ich schicke den Katalog Hagelstange, da ich ihm sowieso zu schreiben habe, ebenso Osthaus und Reiche (an letzteren, ohne ihn um die Ausstellung direkt anzugehen). Verhandle doch baldmöglichst mit Frl. Worringer wegen einer Ausstellung, ja? Wenn sie sich bereit erklärt, kann sie sich direkt an Goltz wenden. Das Motto der Ausstellung ist eigentlich: Wer vieles bringt, wird jedem etwas bringen. Daß man sich in München derart aufregt, ist schon toll. Vielleicht verlieren wir auch jede Fühlung mit dem Publikum; ich frage es mich oft. Aber öfter frage ich mich, ob denn die Menschen alle miteinander blind sind, daß sie da nicht einmal den ehrlichen Versuch, *Kunst* zu machen, sehen! Was wäre mit dem Material alles zu machen, wenn man gutgewilltes und *aufmerksames* Publikum hätte.

Wassily Kandinsky: An Robert Delaunay (15. 3. 1912)

Unsere Ausstellung Weiß und Schwarz ist vom Kölner Museum für den Monat Mai eingeladen worden. Wir werden im Kupferstich-Kabinett des Museums ausgestellt werden, was *sehr* günstig ist. Bitte schicken Sie mir einige *ungerahmte* Zeichnungen oder Drucke [...]. Schicken Sie auf alle Fälle! Die Ausstellung wird von bedeutenden Leuten besucht werden.

3. Fahr wohl, blauer Reiter?

Franz Marc: An Wassily Kandinsky (22. 3. 1912)

Ihr Brief hat mich vollkommen überrascht, – ich dachte gar nicht daran, daß sich unsre gemeinsame Arbeit in einer Sackgasse befinden soll.[126] Sie scheinen gereizt und sehen Mäuse, – verzeihen Sie den Ausdruck und glauben Sie nicht, daß ich Ihren Brief leichtnehme oder den Harmlosen spiele. Ich fühle tatsächlich in mir nichts von dem veränderten Ton, den ich Ihnen gegenüber haben soll. Sie betonten im Anfang doch selbst nachdrücklich, daß es gar nicht nötig sei, daß wir immer genau dieselben Meinungen hätten; es wäre auch vollkommen unmöglich bei 2 Menschen mit dem Alters- und Erfahrungsunterschied, die von 2 völlig verschiedenen Punkten aufeinander zugekommen sind und sich nun kaum ein Jahr kennen. Allerdings basiert bei einem derartigen Verhältnisse das Zusammenarbeiten auf gegenseitigem Vertrauen, – Vertrauen zur Qualität der Persönlichkeit des anderen; meinesteils ist dieses Vertrauen jedenfalls unerschüttert. Sie sagen von sich, daß Sie oft nichts sagen mögen und hinterher stets Ihre Nachgiebigkeit zu bereuen haben, – ich kann mir hier überhaupt nur einen Fall denken, – meine Schätzung der *Brücke.* (Daß einige andere Berliner mit ausstellten, die mir kaum sympathischer waren als Ihnen, kommt zwar auf mein Konto als – Fehler; das gestehe ich gern und offen [...]; aber dies alles sind Nebendinge, taktische Fehler, die in unserer Frage wohl kein Gewicht haben.)[127] Betreff Heckel, Kirchner und Pechstein (*vor allem* Heckel) sind wir am Ende wirklich uneins; aber ist das ein Unglück? Ich empfinde es als *Reiz*, keinesfalls als Sackgasse.[128] Auch nicht, daß ich dem Schönberg als Maler nicht die starke Würdigung und Liebe entgegenbringe als Sie, – vielleicht thue ich es ja auch einmal, aber nicht auf den Glockenschlag. Dasselbe gilt von Frl. Münters gegenwärtigen Arbeiten (nicht etwa die der 1. blauen Reiter-Ausstellung, die ich sehr liebte).[129] Ich bin unsicher davor, sehe das Ziel nicht klar und habe meine ganz persönlichen Malerbedenken über manche ihrer Mittel. Aber es wäre mir ebenso peinlich, wenn man bei mir hier eine gegnerische oder kritisch ablehnende Stimmung herausfühlte, die absolut nicht existiert, als auch die (Ihnen sicher fremde) Forderung, daß ich mich mit jeder Sache, die mir unter die Augen kommt, nun sofort im Für und Wider auseinandersetzen soll. Wir Maler bleiben schließlich alle einsame Gesellen; jeder hängt seinen Gedanken sehnsüchtig nach und muß sich notwendig oft gegen andres verschließen, um sich nicht zu verlieren. Ich glaube, niemand übt gerade diese Tugend stärker und manchmal auch schroffer als Frl. Münter; ein Zug, der mir vollkommen verständlich und würdig scheint. [...] Sie sind irritiert; ich fühlte es wohl in München; aber mir kam auch nicht der leiseste Gedanke, daß ich resp. unser beider Verhältnis, das mir völlig intakt schien, daran schuld sein könnte, ich war in München beide Male müde und fühlte mich nicht gut; Sie selbst sahen so schlecht und abgespannt aus, daß ich und meine Frau ganz erschraken; wir hielten Sie für überarbeitet. Ich sprach auch davon, wie ich Ihnen helfen könnte, sah aber nicht viel Möglichkeit, vor allem bei meiner Wohnungslosigkeit in München. Sie schreiben den Satz Ihrer Lebensphilosophie: „unbestraft darf man sich Menschen nicht nähern“; ich hätte nichts sehnlicher gewünscht, als daß ich Sie von der Umkehr dieses Satzes: „unbelohnt wird man sich Menschen nicht nähern“ überzeugte; denn ich habe bis zu diesem Ihrem Brief die schönere Umkehr des Satzes in meinem Verkehr mit Ihnen erlebt. Glauben Sie mir dies bitte. – Sollte ich Sie wirklich „in ernsten und abstrakten Sachen“ gehindert haben, (oder nur zu hindern versucht haben), Ihren Willen durchzusetzen? Ich thu dies auch, aber dann wie Sie auf eigene Faust, ohne den andern zu nötigen, partout überall mitzuthun. Ich bin vielmehr so veranlagt, daß ich großen Respekt davor habe, in die strenge selbsterworbene Ideenwelt eines anderen hineinzutreten und zu thun, wie wenn ich in diesem schönen fremden Garten zu Hause wäre; ich werde im Gegenteil eher zu einem Gegensatz getrieben, – kämpft mein Freund da, kämpfe ich dort, – wir kämpfen doch für dasselbe große Ziel. [...] Ich komme mir bei dieser ganzen Schreiberei ganz verrückt vor; wie ein Mann, der auf einmal logisch beweisen soll, daß wenn er „guten Morgen“ sagt, daß dies nicht „guten Abend“ heißen soll. Denn je länger ich Ihren Brief lese, desto unbegreiflicher wird mir sein Anlaß und sein Sinn; wie wenn es aus dem lautersten Blauen Himmel auf einmal zu regnen anfängt. Hoffentlich lassen Sie nicht noch hageln, sondern ein bißchen Sonne scheinen. Ich hätte lieber mündlich über dies alles geredet, als in einem Brief. Semper idem

August Macke: An Franz Marc (21. 3. 1912)

Was hat die Münter? Das Luder schickt mir am Tage, nachdem Campendonk bei ihr und Kandinsky war, meine Zeichnungen wieder nebst folgender Postkarte:

> „Herrn Macke, Bonn
> Da ich höre, Sie sind in Verlegenheit um Arbeiten, so möchte ich Ihnen Ihre Sachen nicht weiter vorenthalten und stelle sie Ihnen hiermit zur Verfügung.
>
> G. Münter“

Wörtlich! Wir haben uns kaputt gelacht. Ich bin zu faul, ihr ihren langweiligen Kram umgehend auch zu schicken. Sie ist ja auch nicht so verlegen darum. Aber was sagt Kandinsky dazu? Campendonk schrieb mir auch von einer bissigen Bemerkung der Motte, als ich Kandinsky durch ihn bitten ließ, für mich eine Postkarte nach Moskau zu schicken. Sprich mal mit Campendonk darüber und horch mal den Kandinsky darüber aus, ob er davon weiß. Ich hab bis Weihnachten die Münter immer grüßen lassen, was sie nie erwiderte. Ist da der liebe Bonner Familienanhang dran schuld, den ich tunlichst meide?[130] Fahr wohl, blauer Reiter, es kam eine Motte dazwischen!

Maria Marc: An Lisbeth Macke (25. 3. 1912)

Was sind das für sonderbare Geschichten, die Euch und uns da passieren? Zwei Tage bevor wir den Brief von August bekamen, in dem er die Münter-Sache schreibt, hat Kandinsky dem Franz auch etwas rätselhaft geschrieben – zwar nicht so bodenlos gemein wie Münter an August, aber immerhin sehr kränkend für den Franz, der doch in allen Stücken immer für Kandinsky war, sich nie in persönliche Wünsche von Kandinsky, sowohl im Blauen Reiter wie in Ausstellungen, reingemischt hat. Wir waren vollkommen ahnungslos – da kommt der Brief von Kandinsky mit vorwurfsvollen Redensarten und der Frage, was der Franz gegen ihn hätte – er wäre kalt und kälter geworden; er (Kandinsky) könne nicht nachgeben, wo es sich um ernste und abstrake Dinge handelt etc. etc. Wir waren wie vor den Kopf geschlagen und haben *keine Ahnung*, was Kandinsky meint und will. Wir haben doch beide manche Erfahrung mit anderen Menschen gemacht, aber dies ist doch die rätselhafteste. Franz schrieb sofort – er wüßte nicht, was Kandinsky wolle – er hätte gar nichts etc. und antwortete auf ein paar spezielle Andeutungen – denn *klar* hat Kandinsky nicht geschrieben, um was es sich handelt – nur so rumgeredet, und zwar sehr *kränkend* und mißtrauisch gegen Franz. Der pure Verfolgungswahn. Aber eine *Antwort* auf seinen Brief hat der Franz nicht bekommen. Dafür Euren Brief mit der Münter-Sache. Was da los ist, das wissen wir tatsächlich nicht; sie haben uns nichts gesagt, daß irgend etwas gegen Euch vorliegt – wir waren ja gerade in diesen Tagen in München mit Flechtheims. Campendonk kam an dem Tag, an welchem wir in die Stadt fuhren, nach Sindelsdorf – wir sprachen ihn nur kurz, und er erzählte, daß er ganz harmlos Eure Grüße und die Bitte von August an Kandinsky wegen Rußland ausrichtete, als die Münter wütend aufsprang und eine Szene machte. Campendonk war noch ganz entsetzt und sagte, er richte an die Münter und Kandinsky in seinem Leben nichts mehr aus. Das sind kurz die Tatsachen – im übrigen haben wir *tatsächlich nichts* gemerkt im Benehmen von Kandinsky uns gegenüber, wir sind wie aus den Wolken gefallen. Der einzige Schlüssel wird wohl Münter sein; denn Kandinsky schrieb in seinem Brief: „Ganz besonders merkwürdig war Ihr Verhalten Ella gegenüber." Das können wir aber nicht begreifen – wir nahmen ihr sogar letztmals noch Blumen mit. Der Franz fährt heute in die Stadt und wird Kandinsky aufsuchen – dann werden wir ja hören! Wir sehen aber voraus, daß auch wohl der Franz nicht mehr lange blau reiten wird, da es sich für ihn viel weniger um den Blauen Reiter als vielmehr um den persönlichen Verkehr mit Kandinsky gehandelt hat, der ihn so freute. Und wenn erst solch alberne Geschichten anfangen, hört ein erquicklicher Verkehr auf. Wir empfinden es auch als Unaufrichtigkeit, daß Münter sich zu Euch derartig gemein benimmt und uns nicht mal sagt, daß sie gegen Euch was hat. Ich bin neugierig, was da noch rauskommt! – Jedenfalls kommt uns die ganze Geschichte genauso unerwartet wie Euch. Franz läßt Euch bitten, vorläufig am Rhein ganz davon zu schweigen – ehe wir nicht klarer sehen und Kandinsky gesprochen haben. Ihr bekommt dann Nachricht.

Franz Marc: An August Macke (28. 3. 1912)

Jetzt ist er schon hina! Viel fehlt wenigstens nimmer. Jedenfalls hat dieses Frauenziefer auf meine Freude am Blauen Reiter bös gespuckt. Kandinsky leugnet vollkommen, daß Meinungsverschiedenheiten zwischen ihm und mir irgendwie in Betracht kämen; lediglich ganz persönliche gekränkte Eitelkeit von Münter, die ich, wie sie und (hinter ihr verschanzt) er sagt, wie einen Stuhl behandele. Stell Dir vor, daß sie mir ins Gesicht vorwirft, ich hätte dann und dann auf der Straße oder am Kaffeeingang nicht den Vortritt gelassen, hätte sie vor ca. zwei Monaten einmal auf eine Bemerkung von ihr unwirsch angeblickt oder ein andermal eine Einsprache ihrerseits unbeachtet gelassen usw. Ich übertreibe nicht; es ist zum Kaputtlachen, wie Du sagst, aber für mich auch sehr traurig um Kandinskys willen, den ich sehr liebe und dessen Verkehr mir teuer war. Er wurde von ihr als Posten aufgestellt, meinem Benehmen zu ihr aufzulauern, und bestätigte als Pantoffelheld die „Berechtigung" ihrer Vorwürfe!! Er behauptet zwar, daß ich auch gegen ihn kühler geworden sei; als ich nach der Begründung frug, konstatierte Münter, daß ich kürzlich sein neues Bild, das auf der Staffelei gestanden, gar nicht angesehen hätte; das ist wahr; ich war kurz dort, hundsmüd, wir hatten wegen dem Blauen Reiter einen Haufen zu bereden, und ich hatte keine Lust, mir Bilder anzusehen. Das Ganze ist so dumm, daß man sich schämt, es niederzuschreiben. Und dann der Fall August!! Da hätte ich nach Ansicht von Münter überhaupt kein Recht, mitzureden; denn ich sei ihr von Anfang an kühl gegenübergestanden, während Du ihr ein „warmer Freund" in Bonn gewesen seist und in München plötzlich ins Gegenteil umgeschlagen seist (also Treubruch!). Ferner habest *Du Deine*, statt, wie versprochen, ihre Sachen im Gereonsklub ausgestellt.[131] Die Form der Zurücksendung der Verlobungsringe – pardon, Zeichnungen – entspräche vollkommen Deinem Verhalten! Die typische alte Jungfer schlimmster und dümmster Sorte. Schicke ihr ja bald sämtliche Sachen zurück mit dem Bemerken, sie möchte Dir auch jenes Pastell wieder zustellen; tu es bitte wirklich, es wäre zu gemein, wenn sie es behielte. Wie die Sache nun weiter mit mir und ihnen läuft, ist mir unklar. Ein wirklich freundschaftlicher Verkehr ist natürlich unmöglich; wenn Kandinsky darauf dringt, bleibe ich bei der Blauen-Reiter-Sache, die wir im Grunde wirklich nicht übel in den Sattel gesetzt und die gerade momentan ganz famose Aussichten nach vielen Seiten hat. Viel Lust hab ich freilich nicht dazu. Lieber würde ich nun Ausstellungen mit Dir und Campendonk zusammen arrangieren, dazu Heckel u. a.; denn ab und zu so eine Ausstellung zu machen, freut mich wirklich; man lernt auch dabei und fühlt sich

„Mensch". Ich könnte dieses Frauenzimmer direkt kaputt schlagen.

Wassily Kandinsky: An Hans Bloesch (5. 4. 1912)

Mit großem Vergnügen werde ich Ihnen, sobald der Blaue Reiter erscheint, ein Exemplar zukommen lassen. In 2–3 Wochen ist er sicher fertig. Schon jetzt schicke ich Ihnen die Kataloge unserer beiden Ausstellungen, von welchen besonders die erste unserem „Programm" ziemlich gemäß ist. Wie Sie daraus ersehen werden, beschränken wir uns äußerlich an keiner präzisen äußeren Form: wir suchen jedem Künstler, welcher nach unserem Empfinden innerlich wirkende Werke schafft, die Ausstellungsgelegenheit zu bieten. D. h., wir versuchen unsere Ausstellungen (ebenso wie unser Buch) auf einer Basis zu bauen, die ich „innere Notwendigkeit" nenne. Je weiter ich mir die abstrakte Form aneigne, desto klarer und immer richtiger sehe ich, daß jede Form, die innerlich notwendig ist, gleich gut ist. Wenn man viele Jahre an einem Ziel gearbeit hat und diesem Ziel zuliebe vieles geopfert hat, so befreit man sich immer mehr von dem Vorurteil *einer* allgemeinen Form. So verlieren nicht die großen Werke der anderen ihren Wert, sondern dieser Wert wird einem immer deutlicher. Diese Frage ist natürlich sehr compliziert in Einzelheiten.
Ich persönlich neige zu abstrakten Formen. Es scheint mir auch, daß die Malerei im Allgemeinen „im letzten Ziele" (welches in nebligen Formen liegt) auf dem Wege zur *reinen* (also gegenstandslosen) Malerei sich bewegt. Gleichzeitig wird aber gerade heutzutage eine große Möglichkeit der einen realistischen Form gegeben und nur dank dem wiedererwachenden Gefühl, welches auf *alles* reagiert, sei es eine Linie oder ein harter Gegenstand [...] Unsere Zeit ist nur durch diese unendliche Verschiedenheit der „neuen" Formen und das klar liegende oder unbewußte Streben zum Inneren, welches alle diese Formen identisch macht, unglaublich interessant und wertvoll. Ihre „Alpen" habe ich durch Klee kennengelernt und spreche Ihnen meine Sympathie aus.

4. Der Blaue Reiter zu Gast

Arnold Schönberg: An Wassily Kandinsky (11. 11. 1911)

Nun muß ich Ihnen sagen, daß mir Ihre Bilder einen großen und nachhaltigen Eindruck gemacht haben.[132] Ich habe vieles noch vor mir. Das Traumhafte der Eindrücke, das Wilde und doch deutlich Gebändigte und insbesondere die unglaublich starke Farbenwirkung. Gerne möchte ich sie wiedersehen. Und auch über Frl. Münters Bilder habe ich oft nachgedacht. Die merkwürdige und doch weibliche Kraft ihrer Werke hat mich sehr berührt.

Arnold Schönberg: An Wassily Kandinsky (14. 12. 1911)

Nun muß ich Ihnen noch über Ihre Bilder schreiben. Also: sie haben mir außerordentlich gefallen. Ich war gleich am Tag, nachdem ich Ihren Brief bekommen, dort. Am besten gefiel mir die „romantische Landschaft". Die anderen Bilder hängen nicht sehr günstig. Mit etwas kann ich mich nicht recht befreunden: mit dem Format, mit der Größe. Dagegen habe ich auch einen theoretischen Einwand: Da es sich nur um Proportionen handelt, beispielsweise

Weiß 120 : Schwarz 24
durch Rot 12 : Gelb 84

so kann es unmöglich aufs Format ankommen. Denn ich muß es unbedingt auch sagen können, indem ich kürze, beispielsweise durch 12:

Schwarz 2 : Weiß 10
durch Rot 1 : Gelb 7.

Ich glaube, daß man diese Gleichung „gekürzt" leichter erfaßt. Praktisch gesprochen: Ich spüre diese Farbengewichte weniger, weil sie mir zu sehr aus dem Gesichtsfeld entweichen. (Einzelne entschlüpfen mir ganz.) Ich müßte mich weit wegstellen, *und dann ist ja das Bild kleiner, die Gleichung „gekürzt"*. Vielleicht habe ich deshalb von den ganz großen Bildern weniger Eindruck, weil ich sie nicht geschlossen aufnehmen konnte.

Nun zu Frl. Münters Bildern: ohne daß ich mich gleich an sie erinnerte, fielen sie mir sofort auf, als ich in den Saal trat: Sie sind wirklich höchst eigenartig und von wohltuen-

der Schlichtheit. Absolute Natürlichkeit. Ein herber Unterton, der sicher ein Wesenszug ist, hinter dem Güte und Liebe steckt. Ich hatte viel Freude daran.
Auch die Bilder des Herrn Marc gefielen mir sehr gut. Eine eigentümliche Weichheit bei diesem „Riesen". Ich war eigentlich überrascht davon, konnte sie mir aber bald mit dem Eindruck, den ich von Marc hatte, in Einklang bringen. Jedenfalls sehr sympathisch.[133] [...]
Sehr leid tut mir, daß Ihnen meine Bilder wenig gefallen. Man hat Ihnen auch nicht durchaus die wichtigsten geschickt. Aber immerhin größtenteils.[134]

Wassily Kandinsky: An Arnold Schönberg (13. 1. 1912)

Ihr Brief über den Besuch der Neuen Secession hat uns sehr gefreut und ganz besonders die ausführlichen interessanten Berichte über unsere (auch Marcs) Bilder. Streiten muß ich aber natürlich doch! Mathematisch ist 4:2 = 8:4. Künstlerisch – – nicht. Mathematisch ist 1 + 1 = 2, künstlerisch kann auch 1 – 1 = 2 sein.
Zweitens: sind Sie gegen Verdoppelung der Orchesterkräfte? Nun, das ist ja nur Vergrößerung (und also Vercomplizierung) der Mittel. Drittens aber: ich bezwecke gerade (manchmal) durch die Dimension das augenblickliche Übersehen der Bilder zu verhindern. Viertens: ist die Dimension eine Kraft, ein Mittel [...].
Und wer hat Ihnen denn gesagt, daß ich Ihre Bilder nicht liebe? Mir ist nur der Ursprung der „Visionen" nicht klar, und ich würde mich sehr freuen, *bald* darüber etwas zu hören. Es ist mir für meinen Artikel im „BR" sehr wichtig!!

August Macke: An Franz Marc (8. 1. 1912)

Cohen erzählte mir diese Woche, in den nächsten Tagen werde die Liste der einzuladenden Künstler für die große Sonderbundausstellung festgesetzt (endgültig). [...] Nun schreib mir umgehend, welche guten Bilder von Pechstein, Kirchner etc. in Betracht kämen [...] Bitte sprich auch mit Onkel Bernhard von der Sache und bitte ihn, die besten Sachen eventuell zur Verfügung zu stellen. [...] Reiche ist nun glücklich auch für Kandinsky und wollte was geschickt

43. Fritz Hellmut Ehmcke: Umschlagentwurf für den Katalog der Sonderbund-Ausstellung in Köln 1912

haben. […] An Kandinsky schreibe ich gleich wegen der Russen. […] Ich will bei der Sitzung auf einem Zettel all das bereit haben. Verstehst doch? Ich muß möglichst das Werkzeug für Euch Münchener, Russen und Berliner sein.

August Macke: An Franz Marc (5. 2. 1912)

Meine Vorschläge sind im Ganzen angenommen. Kandinsky schrieb mir von Abmachungen mit Hagelstange, über geschlossene Kollektivausstellungen des „Blauen Reiters", „C. B.", „M. B.", „Brücke" etc.[135] […] Müssen denn die Kinder all einen Namen haben? Seien wir zufrieden, daß alle die Einladungen erfolgen, die gut sind und die *in unser aller* Sinne sind. […] Gegen das Prinzip der Nichtvereinseinladerei ist scheinbar nichts zu machen. Es braucht auch nicht jeder Neusezessionist z. B. da zu sein, nicht wahr? Auch Schönberg nicht. Kandinsky soll sich nicht so aufregen. […] Er ist Asiate, der unanständige, sehr interessante, anderen Leuten aber gänzlich schleierhafte Bilder malt. Ich schätze ihn sehr. Doch fehlbar ist auch dieser Papst. Und er tut oft wie ein Papst.

August Macke: An Franz Marc (25. 5. 1912)

Die Ausstellung ist gestern mit kommandierenden Generälen und Oberbürgermeistern aus der Taufe gehoben worden. […] Ich habe viel Krach und Ärger gehabt. Ich hab auf die Jury verzichtet, obgleich zweimal vom Vorstand gewählt. […] Die Ausstellung ist ganz gut. Nolde, Pechstein, Heckel, Kirchner etc. waren sehr zufrieden. Man kann nicht mehr verlangen. Von Dir sind vier Sachen ausgestellt: *Pferde gelb, Tiger, Reh* (Aquarell) und *Kühe* (Aquarell).[136] Besonders das letzte gefällt mir sehr. Kandinskys zwei wirken auch sehr gut. […] 300 Bilder sind zurückgestellt, darunter auch *alle* Campendonks, die ich ausgestellt hätte, auf die ich aber keine Lust hatte, nochmal Krach anzufangen.

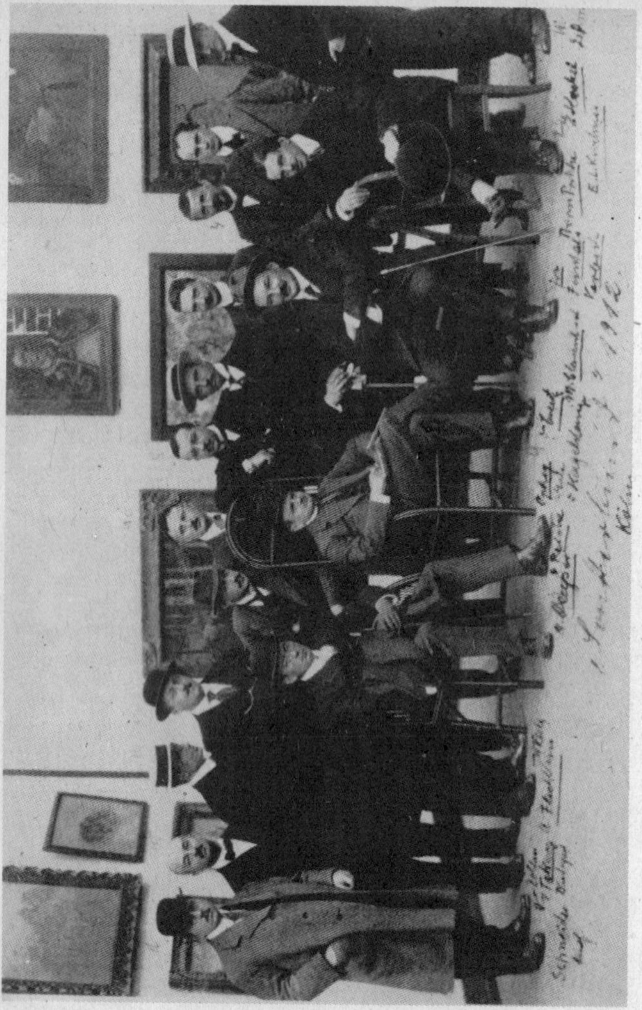

44. Bei der Eröffnung der Sonderbund-Ausstellung in Köln 1912: Alfred Flechtheim (dritter von links); Richard Reiche (fünfter von links); Johan Thorn-Prikker (dritter von rechts); Erich Heckel und Wilhelm Lehmbruck (ganz rechts) sowie Ernst Ludwig Kirchner (ganz rechts, sitzend)

Paul Ferdinand Schmidt: Die internationale Ausstellung des Sonderbundes in Köln 1912

Leider gibt es auch, wahllos unter die Talente gemischt, eine nicht unbeträchtliche Anzahl von Mitläufern, die das gesamte deutsche Niveau hinabdrücken und von einer gewissenhaften Jury überhaupt nicht hätten zugelassen werden dürfen. In bedingter Weise möchte man dazu auch die Münchner („Blauer Reiter" mit Anhang) rechnen; aber *Franz Marc* besitzt eine so reiche Phantasie, daß man für ihn alles Gute erhoffen darf, und *Kandinsky* ist wenigstens theoretisch und in seiner Farbwahl ein origineller Künstler. Das Fiasko *seiner* Abstraktion vom Gegenstand kann man an einem Vergleich mit dem größeren Künstler Picasso messen. [...] Voller Phantasie und Beweglichkeit, nicht immer gleich qualitätvoll, der Bonner *August Macke.*

Franz Marc: An Wassily Kandinsky (1. 6. 1912)

Also Walden nimmt die Sache; Eröffnung zwischen 10. und 15. Juni. Bleibt nur der eine Fall, daß der Sonderbund den Harmlosen spielt und sämtliche Sachen nachträglich zur Ausstellung bringen will, was ich durch das Telegramm an Reiche vielleicht verhindert habe, hoffentlich. Ich unterschrieb es mit uns 5, Klee, Bloch, Campendonk.

Franz Marc: An August Macke (1. 6. 1912)

Es tut mir leid, hier Deinem Rat, die Ausstellung „refusierter" Bilder des Sonderbundes fallen zu lassen, nicht nachgeben zu können[137] [...] Z. B. nur mein eigener Fall: Ich habe ausdrücklich mit Reiche (telefonisch) besprochen, daß ich nur ausstelle, wenn die Zusammenstellung dessen, was ich ausstelle, mir überlassen bleibt. Ich stellte sechs Bilder (die von Reiche angegebene Zahl) mit allem Bewußtsein zusammen. Die sechs zusammen ergeben einen klaren künstlerischen Gedankengang [...] Ausstellungen sind da, um dem Publikum Klarheit über künstlerische Ideen und Persönlichkeiten zu geben; wie kann man das, wenn man z. B. von Jawlensky nichts von den neuen eingesandten Arbeiten ausstellt, sondern alte Arbeiten (die zufällig in Barmen lagerten) [...] Reiche kam wieder und wieder, redete und redete, bis er uns zur Teilnahme (unter ganz bestimmten Versprechungen) überredete; der Sonderbund hat sich an uns gedrängt, wir uns wahrhaftig nicht an ihn.

Franz Marc: Ideen über Ausstellungswesen

Die Friedfertigen werden das Himmelreich nicht sehen.[138] Unzufriedenheit ist ein wunderbares Ferment. Wir sind unzufrieden und erwarten den Dank aller, die das Bessere wollen. *Künstler sind nicht von den Ausstellungen abhängig, sondern die Ausstellungen ganz und gar von den Künstlern.* Mit diesem Fundamentalsatz sollten alle Ausstellungsstatuten beginnen.

[...] Es gibt nur dies Ziel: Ungebrochene Kraft neben Kraft zu setzen, reinen Klang neben Klang, Maß neben Maß. Künstlerische Ideen stehen dann nebeneinander wie Säulen, die den Bau der Kunst tragen. Große Ausstellungen sind dazu da, um große Kunstwirkungen zu erzeugen.

[...] Die Herren des Sonderbundes erstreben [...] große Kunstwirkungen. Vorbedingungen für großes Gelingen sind – latent – auch unzweifelhaft vorhanden. Aber die Praxis versagt. Durch ungleiche Gewichtsverteilung werden alle Urteile und Maße verzerrt und die ganze lebendige Architektur, deren Grundprinzip *Maß* ist, gründlich verdorben. [...] Man stellt uns aus; wir möchten sagen „leider", denn man glaubt damit genug getan zu haben. Man ignoriert, daß in den großen Ausstellungen von heute das entscheidende Problem unserer künstlerischen Kultur liegt, liegen könnte. Man sieht hier, wie es scheint, überhaupt kein Problem. An dieses heranzugehen, gelingt nur, wenn man die Künstler selbst mitarbeiten läßt, jeden Kreis, jede organische Kraft für sich, unabhängig bis zum Letzten. [...] Der kleine Kreis süddeutscher Künstler, der hier seine im Sonderbund nicht ausgestellten Werke zeigt, hat wenig Freude an dem, was der Sonderbund von ihm ausgestellt hat. Es nagt an unserem künstlerischen Gewissen, wir geben dort nicht bewußte und abgewogene Kunstwirkung, die wir beabsichtigen; alles von uns dort ist Bruchteil. Zerrissene Kunstwirkung ist keine Kunstwirkung. Wie viel andere mögen ein ähnliches, schlechtes Gewissen vor den

Ideen haben, die sie dort herausstellen wollten. Ein andermal: *ganz oder gar nicht!*

August Macke: An Franz Marc (5. 6. 1912)

Wer hat Euch denn bei Gott dazu aufgereizt, plötzlich diese hirnverbrannten Krachschlägereien anzufangen. Erbslöh war hier. Ist er der gottbegnadete Künstler, dem nicht genügend Gelegenheit geboten scheint, sich herzlich zu „blamieren"? Ich denke, seine Sachen genügen völlig. [...] Die Werefkin? – Na, das eine Bild ist schon zu viel. Kanoldt? Du kennst ihn! Dürfte fehlen. Mogilewsky. Von drei Bildern sind zwei zuviel, und zwar die größeren. Jawlensky wirkt mit seinen ewigen Spiegeleiern wie der Maler Jungblut mit seinem Mondschein. Hat vier Bilder. Die Münter fehlt Gott sei dank und wird infolgedessen recht geflattert haben. Von Dir sind fünf Sachen da (eins übersah ich neulich: *Die zwei Katzen*). Kandinsky zwei *(Kahnfahrt* und *Improvisation).*[139] Was Du in Deinem Artikel betonst, ist Blödsinn. Was heißt: Die Ausstellungen sind von den Künstlern abhängig? Wer ist Künstler? Hätte man im Sonderbund die einzelnen Vereinigungen mit eigener Jury ausstellen lassen, so hätte man den ganzen Anhang immer dabei gehabt, als da ist ... Eine Masse Leute, die keine Künstler sind.

August Macke: An Franz Marc (23. 7. 1912)

Tatsache ist, daß Herr Deußer damals gegen Erweiterung der Jury war, trotzdem der Vorstand mich zweimal gewählt hatte. Reiche wollte sein Amt niederlegen (drei Tage vor Eröffnung); der Vorstand drückte Reiche sein größtes Vertrauen aus und bat ihn, die Arbeit doch ja weiterzumachen. Die Jury tagte, trotzdem man sich gegenseitig haßte, und sich am liebsten gefressen hätte. Ich hatte verzichtet, nur weil mir Deußers unverschämter Ton nicht paßte. Die Franzosen wurden von Hagelstange und Reiche, die Deutschen von Clarenbach und Deußer gehängt (die in der fünfstimmigen Jury nebenbei drei Stimmen! hatten).[...] Du siehst also, wer an der Auswahl Eurer Bilder die Schuld trug. Ich war der Ansicht, man sollte solche Krachsachen nicht in die Öffentlichkeit tragen (die in diesem Falle übrigens im „Sturm" ja gar nichts gemerkt hat).

Paul Klee: Die Ausstellung des Modernen Bundes im Kunsthaus Zürich (Juli 1912)

Auf landschaftlichem Gebiet hat der Kubismus wohl schon Genießer gefunden, während auf dem figürlichen die Lächerlichkeit scheints nicht zu vermeiden ist. Ich erwähne dies, einmal, weil ich selber gewisse Inkonsequenzen als störend empfunden habe, besonders aber, um daraus die Berechtigung des letzten Schrittes, der Weglassung des Gegenstandes, verständlich zu machen. Die reine Landschaft verträgt in der Tat mehr – und auch weniger –, wenn man z. B. die Proportionen der in ihr vorkommenden Dinge gegenüber ihrer auf der Netzhaut fixierten Größe in vereinfachter Weise verändert, erst umfühlt, dann umspekuliert, so bleibt das Resultat immer noch eine Landschaft. Strengere Organismen vertragen solche Umwertungen weniger gut. Tier und Mensch, welche eigentlich da sind, um zu leben, verlieren an Lebensfähigkeit bei jeder Umrechnung. Oder gar, wenn sie sich einem heterogenen Bildorganismus einzuordnen haben, oder – wie bei Picasso – in einzelne Motive zerschnitten, dahin gesetzt werden, wo es die Bildidee fordert. Zerstörung, der Konstruktion zuliebe? Gleichgültigkeit dem Gegenstand gegenüber und zugleich Reklame für ihn durch seine krasse Maltraitierung? Dieser Inkonsequenz hat derjenige Künstler, der an ihr gerade besonders laborierte, Delaunay, einer der geistvollsten unserer Zeit, in verblüffend einfacher Weise dadurch abzuhelfen gewußt, daß er den Typus eines selbständigen Bildes schuf, das ohne Motive aus der Natur ein ganz abstraktes Formdasein führt. Ein Gebilde von plastischem Leben, notabene, von einem Teppich fast ebensoweit entfernt wie eine Bachsche Fuge. Zu dieser letzten Epoche in Delaunays Schaffen war in Zürich ein sehr benachbartes Bindeglied zu sehen, die Fensteraussicht, zweites Motiv, erster Teil.[140] Ich habe den kubistischen Fall der Weglassung des Gegenstandes vorweggenommen, weil mir dieser am plausibelsten vorkam und obwohl sich der andere Fall im nicht kubistischen Expressionismus zeitlich etwas früher zugetragen hat. Nie mit besonderer Innigkeit in den Formgefügen dieser Welt lebend, aber auch ohne den logischen Zwang und die Bedrängnis des vorausgenommenen Falles des verfei-

nerten Franzosen, ist Kandinsky mit bedeutendem Instinkt in leidenschaftlichem Freiheitsdrang prinzipiell zum selben Resultat gelangt.
Es ist zum Staunen, wie sich so ein russischer Mann ohne Ballast in Europa umsieht, wo wir bepackt und ermüdet herumgehen, und stets befürchten müssen, mit hinzustürzen, wenn es eine Last abzuschütteln gilt. Wir sind ja schon von der Schule so durch und durch infiziert. Wir lasen Laokoon[141], wir kannten und werteten Bilder und Museen, bevor wir sie gesehen hatten. Es ist sehr fraglich, ob wir's bei ebenso radikaler Anlage des Charakters je gewagt hätten. Die Stärke des Geistes nimmt bei ihm ohne weiteres produktive Formen an, verschwendet sich nicht an die Ernährung von Hemmungen. Museen beleuchten nicht ihn, er sie, und die Größten daselbst vermögen ihm den Wert der eigenen geistigen Welt nicht herabzumindern. Seine Werke sind einander ähnelnde Kinder seines Denkens. Freie, zur Schöpfung sich eignende Formen reichen sich in ihnen leicht die Hände. Der Reichtum ist groß, er braucht nicht zu geizen. Form steht an Form, konstruktive Ideen binden, aber herrschen nicht vor. Nichts despotisches, freies Atmen. Und auch wieder Werke eines treuen Kindes seines Volkes, durchaus national. [...] Le Fauconnier mußte durch den Kubismus erlöst werden. Aus ungeschlachten Formen wurden figurale und landschaftliche Gebilde von stolzer Formpracht und -weisheit. Das Maß dieser Persönlichkeit ist bewundernswert, die Ruhe, mit der er Klippen vermeidet, einzig. Ein ähnliches Maß weiß auch der Münchner Marc einzuhalten, der einen plötzlichen Sprung aus einem ihm nicht besonders liegenden Impressionismus in den neuen Stil gemacht hat. Sein gegenwärtiges Fortschreiten von weicheren zu herben Formen ist sehr vielversprechend. Von diesen beiden Arten zeigte der moderne Bund zwei charakteristische Proben. Gabriele Münter mahnt zuweilen direkt an Kinderkunst. Auch sie hat damit den richtigen Ausdruck ihrer Persönlichkeit gefunden. Ein sinniges Gemüt mit schalkhaftem Einschlag durfte sich mit Recht diese Sprache aneignen.

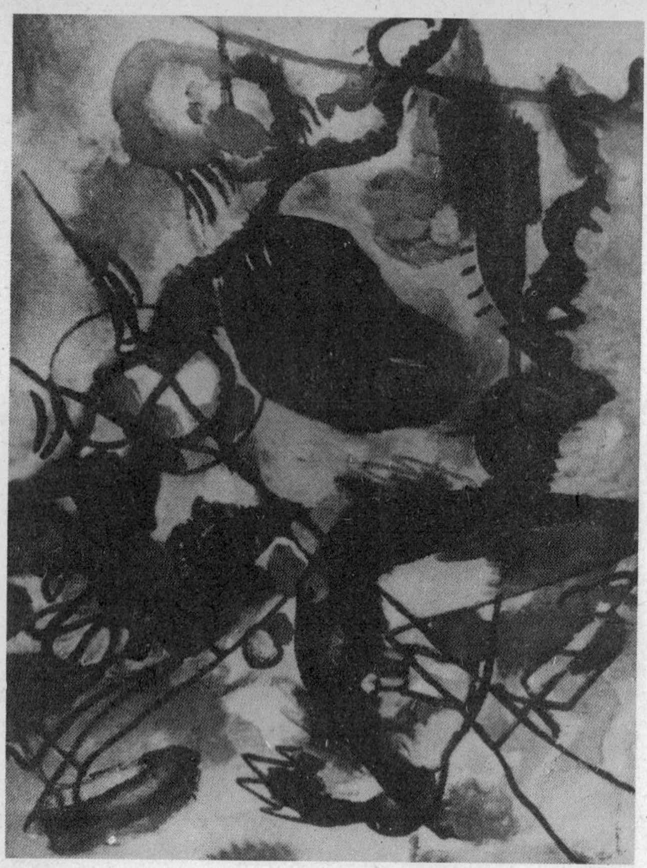

45. Wassily Kandinsky: Schwarzer Fleck I. 1912, Öl

Neue Zürcher Nachrichten (13. 7. 1912)

Die Inspiration überkam mich vor den Bildern W. Kandinskys, die auch das Stärkste, was wir bisher zu sehen bekamen [...] weitaus in den Schatten stellten. [...] Das hervorstechendste Bild scheint mir das zu sein, das der Maler in unnennbarer Bescheidenheit das „Bild mit schwarzem Fleck“ genannt hat.[142] Hieran enthüllte sich mir das Chaos des menschlichen Lebens, das am Anfange war; das dann langsam sich entfaltete und klärte bis zu regenbogen-feuergoldtrunkener Reinheit visionärer Farbkomplexe. Im Anfang der Welt schon tritt uns die Widgartschlange entgegen, deutlich schlängelt sie sich auf dem Bilde von der oberen Mitte nach rechts unten. Dann erscheint das Weltenei aus der Spekulation der Inder, eitlen Goldes, diskret rechts oben angedeutet. Das Untier, das – wie die germanische Mythologie so rührend zu berichten weiß – die Sonne verschluckt,[143] erscheint in Gestalt einer Kaulquappe links unten und hat gefährliche Absichten gegen das Weltenei. Hier steht ein blutiger Kampf bevor, der durch einige rote Flekken, die zwischen beiden Gegnern angebracht sind, sinnig symbolisiert wird. Die Verwandlung des germanischen Untiers in eine impressionistisch gefaßte Kaulquappe scheint mir der großartigste Zug des Bildes zu sein. Der Künstler zeigt dadurch, daß er die in den Mythologien vorkommenden Verwandlungen der äußeren Gestalt wohl erfaßt hat. Während diese Gewalten kämpfen, erblüht in einem stillen Winkel links oben die Erde in saftigstem Grün. Verwirrung herrscht, Schicksalslinien durchschneiden sich. – – – Noch ist Zweifel über den Ausgang des Kampfes – (durch eine zitternde Schlangenlinie links unten angedeutet). – Da tritt in der Mitte, – alles beherrschend, der Urgeist aus Fausts 1. Teil, das einheitliche Prinzip: – der schwarze Fleck! Der dunkle Punkt des Gemäldes. Anhänger Bergsons haben das Bild anders gedeutet: im Anfange war die Harmonie (= Leinwand), die Flecken aber bedeuten das zweckstrebende Chaos[144] [...] Ein weiteres herrliches Bild ist: „Lyrisches“. Aus einem so trivialen Objekt, wie es nur eine mit Gurkensalat untermischte Hummermayonnaise sein kann, entwickelt der Künstler die höchsten Impressionen und Expressionen einer purpurwangigen, vibrierenden, futuristischen Seele.

Volksrecht (17. 7. 1912)

Eine höchst interessante Gruppe bilden die Arbeiten [...] von *W. Kandinsky* in München, böse Potpourris von wilden, unzusammenhängenden Formen, kühnen Farbenklecksen und Krakelfüßen, die nichts weniger als eine Augenweide sind, dafür aber wahrscheinlich einen tiefen mystischen Sinn haben. Vernünftige Leute werden sich freilich nicht mit dessen Ergründung abmühen, sondern gerne dem Psychiater den Vortritt lassen, der die richtige Diagnose stellen wird.

Neue Zürcher Zeitung (24. 7. 1912)

In dem prächtig ausgestatteten Heft „Der blaue Reiter", in welcher Publikation *W. Kandinsky* und *Franz Marc*, die beide bei uns ausgestellt haben, ihren neuen Bestrebungen ein Organ schufen, steht gleich zu Beginn ein Aufsatz Marcs: Die „Wilden" Deutschlands. [...] Vom „Modernen Bund" ist noch nicht die Rede [...]. Man stellt sich nicht ohne ein gelindes Grauen vor, wie die Mentalität der Menschen beschaffen sein müßte, denen aus [...] den Bildern Kandinskys [...] oder [...] Robert Delaunays ein künstlerischer Genuß erwachsen würde. [...] Der oben erwähnte Franz Marc ist von einer farbigen Buntheit, die an naive Bauernmalerei gemahnt.

5. Die Futuristen

Franz Marc: An Paul Klee (11. 10. 1912)

In Köln hingen wir gestern mit Walden die Futuristen,[145] wir sind ganz überrascht, wie *gut* sie sind, glänzende Bilder; das dumme Geschrei gegen sie ist wirklich unfaßlich. (Sie haben nur einen ganz schwachen Künstler unter sich, den Russolo, der wirklich thöricht schlecht ist.)

Franz Marc: An Wassily Kandinsky (23. 10. 1912)

Ich schreib […] nur kurz; Dinge, die Sie interessieren, z. B. daß ich die Futuristen in Köln gesehen habe und von dem größern Teil der Bilder (vor allem Carra, Boccioni und auch Severini, in ihren reifen Sachen) rückhaltlos begeistert bin; hoffentlich werden Sie nicht gleich böse. Erinnern Sie sich der „geputzten Knöpfe“, einer Forderung, die Sie an ernste Kunst stellten?[146] Die Futuristen haben sie; es sind glänzende Maler; natürlich Impressionisten, strengster Naturalismus; es sind nicht die Ideen des bl. Reiters und das, was Sie als Kommendes sehen; aber ich glaube, daß wir uns beide (ich für meinen Teil jedenfalls) geirrt haben, wenn wir dachten, daß sich der Naturalismus in Picasso in die letzte mögliche Form verflüchtigt hat; müdegeflogen; ich schrieb ein paar Zeilen im Sturm von meinem Eindruck über die Futuristen; sie stehen mit beiden Füßen in der Wirklichkeit; die Titel ihrer Bilder sind wie japanische Gedichte; dabei ist von „literarischer“ Malerei keine Spur; herb und hart; auch ihre berüchtigte „Süßlichkeit“ ist hart, fast wild. „Wenn ich das Fenster öffne, dringt der Lärm der Straße in das Zimmer“[147]; so etwas malen, ohne zu straucheln! Mir ist eigentlich ganz wohl bei dem Gedanken, daß diese großen Naturalisten leben; ich gehe dabei ruhiger und langsamer meinen Ideen nach. Die Pariser Cubisten sind jetzt meistenteils von den Futuristen angesteckt, aber schlecht, unintelligent und äffisch. Gute Dinge, d. h. *echte*, lassen sich eben nicht nachmachen.

Paul Klee: Tagebuchaufzeichnungen (1912)

Nun schrieb Delaunay und schickte einen Artikel von sich über sich.[148] Aus Köln schrieb öfter Franz Marc über seine Pariser Eindrücke, über Walden und seinen „Sturm“, über den Kölner Gereonsklub. Ich sollte eine gute Kollektion zusammenstellen für Köln und Berlin, eventuell noch weiter tournierend. Kubin taucht auf, Wolfskehl bei Münter kennengelernt. Dann Marc persönlich, anderntags Walden mitbringend. Der verhielt sich ganz still, ich bin sehr Numero zwei für ihn. Aber da Franz es will, läßt er sich ein paar Zeichnungen für den Sturm in die Rocktasche gleiten. Marc erkennt den Wert der Candideln, packt sie und bringt sie zu Piper. Nochmals, tags darauf, konnte man den kleinen Herwarth Walden beim Hängen der Futuristen in der Galerie Thannhauser beobachten. Lebt von Zigaretten, befiehlt und rennt wie ein Stratege. Er ist wer, aber irgend etwas fehlt. Er liebt die Bilder aber auch gar nicht! Er riecht nur was dran, mit seinem guten Riechorgan. Carrá, Boccioni und Severini sind gut, sehr gut, Russolo mehr typisch. „Diese Bilder sind unverkäuflich, so berühmt sind sie, die Leute können gar nicht genug malen", sprach Herwarth zu mir. Ich hörte es.

Franz Marc: Die Futuristen

Was dem Hundezüchter die schwarzen Lefzen und andere Merkmale der reinen Rasse seiner Hunde sind, das ist für den modernen Bilderkenner der Begriff der „peinture". Wer sich nicht näher auskennt, sieht in das Züchterbuch. Die „peinture" ist bei Bildern, was die „Blume" der guten Weine ist, Gefühlssache. Wer sich auch hier nicht auskennt, sieht auf die Etikette, die die Firma aufklebt. Und dann kommt die Blamage. Der Picassosammler läuft in die Futuristenausstellung und schreit: sehr schön, wunderschön, aber keine peinture, meine Herren. Da antwortet ihm ein Klügerer: ma pittura, signore. Damit hört die Unterhaltung auf. Man kann ihm dann ein japanisches Gedicht oder etwas, das mindestens so schön ist und nicht immer nur von Kranichen und Pflaumenblüten handelt, vorlesen: „Wenn man ein Fenster öffnet, tritt der ganze Lärm der Straße, die Bewegungen und die Gegenständlichkeit der Dinge draußen plötzlich in das Zimmer" oder: „Die Macht der Straße, des Lebens, der Ehrgeiz, die Angst, die man in der Straße beobachten kann, das erdrückende Gefühl, das der Lärm verursacht".[149] Und solche Dinge zu malen gelang den Futuristen, vorzüglich sogar. Carrá, Boccioni und Severini werden ein Markstein der Geschichte der modernen Malerei sein. Wir werden Italien noch um seine Söhne beneiden und ihre Werke in unseren Galerien aufhängen.

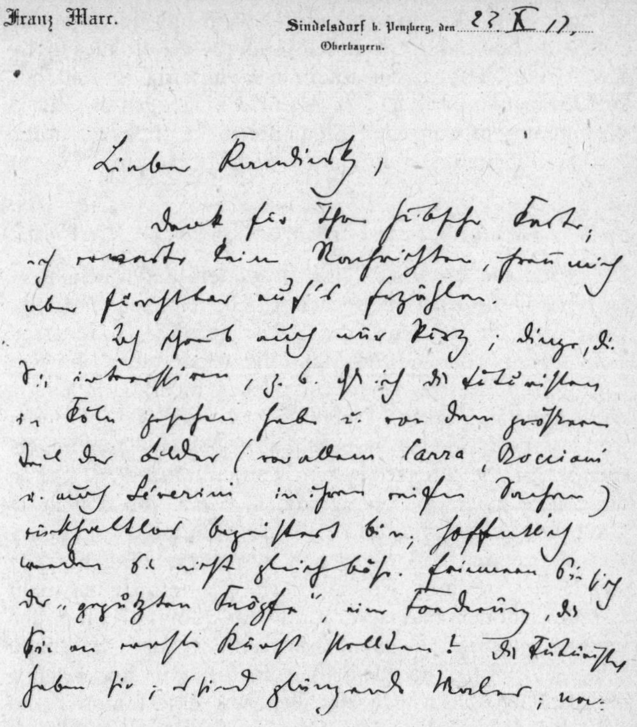
Franz Marc.

Sindelsdorf b. Penzberg, den 23 X 12,
Oberbayern.

Lieber Kandinsky,

Dank für Ihre liebe Karte; ich erwarte keine Nachrichten, freue mich aber furchtbar auf's Erzählen.

Ich schreibe auch nur kurz; Dinge, die Sie interessieren, z. B. daß ich die Futuristen in Köln gesehen habe u. von dem größten Teil der Bilder (vor allem Carra, Boccioni u. auch Severini in ihren reifsten Sachen) rückhaltlos begeistert bin; hoffentlich werden Sie nicht gleich böse. Erinnern Sie sich der „geputzten Frösche", eine Forderung, die Sie an meine Kunst stellten! Die Futuristen haben sie; es sind glänzende Maler; von

46. Erste Seite des Briefes von Franz Marc an Wassily Kandinsky vom 23. 10. 1912

Wassily Kandinsky: An Herwarth Walden (12. 11. 1913)

Wenn möglich die Futuristen nicht besonders unterstreichen.[150] Sie wissen, wie ich im allgemeinen zu ihnen stehe, und das letzte Manifest (Malerei der Geräusche und Gerüche – ohne Grau! ohne Braun! usw.)[151] ist fast noch leichtsinniger als die früheren. Nehmen Sie es mir nicht übel, Herr Walden. Es ist mir auch nicht angenehm, darüber zu sprechen. Aber Kunst ist tatsächlich eine heilige Sache, die man nicht so leichtfertig behandeln darf. Und die Futuristen spielen mit den wichtigsten Ideen, die sie hier und da bringen. Aber alles so wenig durchdacht und durchgefühlt. Solche Sachen tun mir weh. Ich weiß, das gehört alles in unser heutiges Leben, das unendlich vielseitig ist und beispiellos mannigfaltig schafft. Aber doch habe ich das Recht, die mir unsympathischen Elemente nicht direkt zu unterstützen. Es genügt, wenn ich sie nicht bekämpfe.

Wassily Kandinsky: An Herwarth Walden (15. 11. 1913)

Sie haben die Futuristen nie „besonders hervorgehoben". [...] In dem futuristischen Katalog habe ich jetzt wieder gewissenhaft die zeichnerische Seite der Bilder untersucht. Zum dritten oder vierten Mal. Und wieder sehr objektiv. Und nein! Gezeichnet sind die Sachen nicht! Kompositionell ist nur die *Rüttelnde Droschke*[152] gut – die übrigen Bilder sind kompositionell akademisch, also so, wie wir sie in Museen sehen, die „überschwemmt werden müssen"[153]. (Schon diese Idee zeigt, wie wenig „die Museen" von den Futuristen verstanden werden.) [...] Ich habe mein ganzes Leben beobachtet, daß Menschen, die etwas können (ganz gleich auf welchem Gebiet), sich nie vernichtend über fremdes Können aussprechen und am wenigsten öffentlich und noch weniger im Gymnasiastenstil.[154] Also: die Zeichnung selbst ist ohne Ausnahme im futuristischen Katalog oberflächlich. Ich weiß tatsächlich, was eine Linie ist und wann sie durch kalte oder heiße Hand gezogen wurde. Es ist wahr, daß eine gute Zeichnung (speziell Linie) sehr selten ist. Wenn man aber keine richtige Gabe (Zauberhand) besitzt und sich sogar außerdem keine Mühe gibt, so entsteht unvermeidlich eine tote Zeichnung. Die Farbe, die an sich immer schön ist, kann diese böse Seite vertuschen, die Reproduktion legt sie aber bloß. Ich kann nichts dafür, wenn ich in diesem Fall Augen habe: die Zeichnung war für mich eine ganz besonders schwierige Frage in der Kunst – ich habe an ihr jahrelang verzweifelt, wenn auch langsam gearbeitet –, so wurde mein Auge geübt. Die Leichtsinnigkeit und die hastige Eile sind heute für viele radikale Künstler charakteristisch, dadurch haben sich die Futuristen, wie ich schon gesagt habe, auch das Gute ihrer Ideen verdorben. Ich spreche so ausführlich darüber, damit Sie nicht denken, daß ich in meinem Urteil an dem erwähnten

Leichtsinn und der Eile selbst leide. Solche Künstler können sich nur freuen, daß unsere Kunstkritik impotent ist. Offen gestanden mußte ich oft meinen Wunsch unterdrükken, gegen die schädlichen Elemente in der Kunst loszulegen. Es ist aber besser, nicht die Rolle der Zeit zu spielen.

6. Personalausstellungen

Robert Delaunay: An Wassily Kandinsky (undatiert)

Ich habe Ihre Bilder mehrfach und lange angesehen, und wenn ich mit Ihnen sympathisiere, so, weil mir gewisse Dinge verständlich waren. Ich habe diese Dinge nicht zu analysieren: das Wichtigste ist daran, daß ich ein reelleres Verhältnis zu Ihren letzten Einsendungen gefunden habe als zu denen des vergangenen Jahres – ein fühlbares Fortschreiten in Ihren letzten Bildern[155] [...].

Herwarth Walden: Kandinsky (Oktober 1912)

Herr Stahl bestätigt ihm eine „sehr starke aber einseitige Begabung". Eine sehr starke Begabung ist stets einseitig. Wenn Herr Stahl aber auf den Bildern wenigstens die sehr starke Begabung zu sehen glaubt, so sollte er doch lieber an sich irre werden, als in dem Künstler einen Irren oder Irrenden zu suchen. [...] Herr R. Breuer ist noch immer so kunstlos, wie er war. Und er hat einen Nachteil gegen Herrn Stahl, er ist sogar physisch blind. Sonst wäre es unmöglich, daß jemand diese Sätze über Kandinsky schreibt: „Die Analyse des Kandinsky ist sehr rasch getan. Er hilft uns zu ihr nachdrücklich durch die Vorführung seiner früheren Bilder, von denen er selbst sagt, daß sie die Vorläufer der jetzigen Arbeiten seien. Nun: Diese früheren Bilder sind höchst harmlos und nur in einem absolut: nämlich im Mangel an Talent." Man sollte wirklich glauben, daß das Talent selbst ein Blinder sieht. Solche Torheiten kann nur ein Blind*wütiger* schreiben. [...] Beide empfehlen dem Künstler, Weber zu werden.

Rudolf Leonhard: Kandinsky (Oktober 1912)

Die Dinge sind nicht nur sie selbst – und dies ist hier gemalt: *die Vieldeutigkeit der Dinge.*

Wassily Kandinsky: Vortragsentwurf zu einer Ausstellung (Januar 1914) [156]

Die Seele kann selten das, was die Schule, der Lehrer von ihr verlangt. Sie ist nicht eine schöne Maschine, die einzustellen ist, sie ist von vornherein *bestimmt,* geheimnisvoll befohlen, ihre ganze Kraft restlos, d. h. ihr ganzes Licht nach *einer* Seite zu werfen, nur einem einzigen Punkt zu.

[...] Nicht der Mensch lenkt diese Kraft. Sondern diese Kraft lenkt den Menschen. Dieser *inneren* Bestimmung gehorchend, kann der Künstler *von vornherein* seine im Grunde seiner Seele klingende Stimmgabel nicht umstimmen. Sein Weg, seine Sturm- und Drangperiode, sein „suchen" in der Kunst ist *von Anfang* bestimmt. Das heißt, bestimmt, unabänderlich prädestiniert ist der *Inhalt* seiner Kunst. Kurz und knapp gesagt: Die „Entwicklung" jedes Künstlers ist *sein* Suchen nach *seiner* Form. Der Kern der Seele ist göttlichen Ursprungs und geistig. Im Menschen ist er vom Fleisch bewachsen, vom Seelenfleisch, das vielen und verschiedenen äußeren Einflüssen unterliegt, von ihnen gefärbt wird. So können auch die Werke diesen „Stimmungen" unterliegen und durch sie gefärbt werden. Unter dieser Färbung erkennt man das unveränderte Klingen der unveränderten Stimmgabel. Die allgemeine Kraft dieses Durchklingens, also der im großen und ganzen aus dem Gesamtwerk des Künstlers herausleuchtende Inhalt bestimmt die Bedeutung des Künstlers und seines Gesamtwerkes. Vor dieser Kraft fallen alle Bedenken, schweigen zum Schluß alle traditionellen theoretischen, logischen Forderungen, die gerade dem eigenen Inhalt gegenüber so gern angewendet werden. Also besteht der richtige Werdegang des Künstlers ausschließlich in *seinem* Suchen nach *seiner* Form.

[...] Auf diesem langen Weg, welchen ich gehen *mußte,* habe ich viele Kräfte im Kampf mit dem Traditionellen verbraucht. Nur langsam fiel ein Vorurteil nach dem anderen. Außer den zahllosen Versuchen habe ich viel nachgedacht,

vieles auf logischem Weg lösen wollen. Und das, was logisch so leicht war, wollte in der Praxis nicht kommen.
[…] Sind Intuition und Logik gleichberechtigte Erzeuger des Werkes? […] Die Entstehung des Werkes ist kosmischen Charakters. Der Urheber des Werkes ist also der Geist. Das Werk existiert also abstrakt vor seiner Verkörperung, die den menschlichen Sinnen das Werk zugänglich macht. Für diese also notwendige Verkörperung ist jedes Mittel recht. Also die Logik ebenso wie die Intuition. Beide Faktoren werden vom schaffenden Geist geprüft, und das Falsche in beiden wird von ihm verworfen. So darf die Logik nicht verworfen werden nur darum, weil sie einer der Intuition fremden Natur ist. Aus demselben Grunde darf die Intuition nicht verworfen werden. Beide Faktoren sind aber ohne die Kontrolle des Geistes an und für sich fruchtlos und tot. Also bei abwesendem Geist kann weder die Logik noch die Intuition das vollkommen richtige Werk schaffen. –
[…] Auf „Komposition 2“[157] sieht man die freie Anwendung der Farben ohne Rücksicht auf perspektivische Forderungen. Es war mir aber stets unangenehm, oft widerwärtig, die Figur im Reiche ihrer physiologischen Gesetze zu lassen und an ihr gleichzeitig kompositorische Verrenkungen anzuwenden. Es schien mir, daß, wenn ein physisches Reich zertrümmert wird zugunsten der malerischen Notwendigkeit, so hat der Künstler das künstlerische Recht und die künstlerische Pflicht, auch die übrigen physischen Reiche zu negieren. Ich sah nicht gern dem Körperbau widersprechende Verlängerungen oder anatomische Verzeichnungen auf fremden Bildern und wußte genau, daß nicht dies für mich die Lösung der gegenständlichen Frage sein darf und wird. So löste sich von selbst allmählich immer mehr der Gegenstand in meinen Bildern auf. Dies ist auf beinahe allen Bildern von 1910 zu sehen. Der Gegenstand wollte und sollte noch nicht vollkommen aus meinen Bildern verschwinden. Erstens ist die Reife einer Zeit nicht künstlich hervorzurufen. Und nichts ist schädlicher und sündhafter, als gewalttätig seine Form zu suchen. […] So war ich gezwungen, mit Geduld die Stunde abzuwarten, die meine Hand zum Schaffen der abstrakten Form bringen wird. Zweitens […] wollte ich nicht vollkommen den Gegenstand

fallenlassen. [...] ich war noch zu stark mit dem Wunsch verbunden, die rein malerischen Formen mit *diesem* seelischen Klang zu suchen. Ich löste also auf demselben Bild die Gegenstände mehr oder weniger auf, damit sie nicht alle auf einmal erkannt werden können, und damit also diese seelischen Mitklänge allmählich, der eine nach dem anderen vom Beschauer erlebt werden können. Und hier und da kamen von selbst rein abstrakte Formen herein, die also rein malerisch wirken mußten ohne die erwähnte Färbung. [...]
In meinem „Geistigen" definiere ich die heutige Harmonie als das Zusammenstoßen und dramatisches Kämpfen der einzelnen Elemente unter sich. Diese Harmonie habe ich zu der Zeit noch gesucht, aber nie hatte ich den inneren Wunsch, sie auf die Spitze zu treiben und alle malerischen Kräfte so zu behandeln, daß sie der reinsten Tragik alle gleich dienen. Das innere Maßgefühl ließ mich nie zu dieser Einseitigkeit heruntersteigen. So habe ich z. B. in der „Komposition 2" das Tragische in der Komposition und Zeichnung durch gleichgültigere und gleichgültige Farben gemildert. Der Tragik der Farbe suchte ich unwillkürlich die Erhabenheit der zeichnerischen Formen entgegenzustellen („Bild mit Kahn"[158], mehrere Landschaften). [...] Die Farben, die ich später anwendete, liegen wie auf einer und derselben Fläche, ihr inneres Gewicht war verschiedener Art. So kam das Mitwirken verschiedener Sphären von selbst in die Bilder. Dadurch vermied ich auch das Flache in der Malerei, das leicht zum Ornamentalen führen kann und schon so oft geführt hat. Diese Verschiedenheit der inneren Flächen gab meinen Bildern eine Tiefe, die die frühere perspektivische Tiefe glänzend ersetzte. Die Gewichte zerstreute ich so, daß sie kein architektonisches Zentrum zeigten. Oft war das Schwere oben und das Leichte unten. Manchmal ließ ich die Mitte schwach und verstärkte die Ekken. Zwischen leicht wiegende Teile legte ich ein erdrükkendes Gewicht hinein. So ließ ich das Kalte heraustreten und trieb das Warme zurück. Ebenso behandelte ich die einzelnen Farbtöne, die warmen abkühlend, die kalten erwärmend, so daß schon eine einzelne Farbe zu einer Komposition erhoben wurde. [...]
Der für Deutschland ungewohnt heiße Sommer von 1911

dauerte verzweifelnd lange. Jeden Morgen sah ich beim Erwachen aus dem Fenster den glühenden, blauen Himmel. Die Gewitter kamen, ließen einige Tropfen fallen und gingen fort. Ich hatte das Gefühl, daß ein Schwerkranker zum Schwitzen gebracht werden muß, und daß alle Mittel versagen: kaum zeigen sich einige Schweißtropfen, und von neuem glüht der geplagte Körper. Die Haut reißt. Der Atem vergeht. Plötzlich kam mir die Natur weiß vor; das Weiß (das große Schweigen – voll Möglichkeiten) zeigte sich an allen Stellen und verbreitete sich sichtbar. An dieses Gefühl habe ich mich später erinnert, als ich eine besondere Rolle und Pflege des Weiß auf meinen Bildern beobachtete. Seitdem weiß ich, welche ungeahnten Möglichkeiten diese Urfarbe in sich birgt. Hier sah ich, wie falsch ich diese Farbe bisher auffaßte, da ich sie in großen Massen nur zur Hebung des zeichnerischen Elementes für notwendig hielt, und vor dem Leichtsinn ihrer Kraft Angst hatte. Diese Erfahrung war für mich von einer ungeheuren Wichtigkeit. Ich fühlte mit einer noch nicht erlebten Präzisität, daß der Hauptklang, der der Farbe angeborene Charakter durch verschiedene Anwendungen sich unendlich umdefinieren läßt.
[...]
Für mein damals noch vollkommen unbewußtes Gefühl kleidete sich die höchste Tragik in die höchste Kühle, also sah ich, daß die höchste Kühle die höchste Tragik ist. Und das ist die kosmische Tragik, in der das Menschliche nur ein Klang ist, nur eine einzige mitsprechende Stimme, und in der das Zentrum in eine Sphäre verschoben wird, die sich dem Göttlichen nähert. [...] Es zog mich jetzt aus demselben Grunde das Ungeschickte immer stärker an. Ich kürzte das Ausdrucksvolle durch Ausdruckslosigkeit ab. Ein an und für sich im Ausdruck nicht sehr klares Element unterstrich ich durch die äußere Lage, in die ich es stellte. Den Farben nahm ich ihre Deutlichkeit im Klang, ich dämpfte auf der Oberfläche und ließ ihre Reinheit und ihre wahre Natur wie durch ein Mattglas herausleuchten. [...] Die Komposition 2 ist ohne Thema gemalt, und vielleicht wäre ich damals bange gewesen, ein Thema als Ausgangspunkt zu nehmen. Dagegen nahm ich ruhig zu Komposition 5 die Auferstehung zum Thema und die Sintflut für die sechste.[159] Es gehört eine gewisse Kühnheit dazu, solche ab-

genutzten Themata als Ausgangspunkt reiner Malerei zu nehmen. Es war für mich eine Kraftprobe, die nach meiner Meinung gut ausgefallen ist. Die seitdem gemalten Bilder haben weder ein Thema zum Ausgangspunkt noch Formen, die körperlichen Ursprungs sind. Das kam ohne jede Gewalt und ganz natürlich von selbst. [...] So werden die drei größten Gefahren, die ich von vornherein auf meinem Weg sah, umgangen und in der Vergangenheit gelassen.
Diese waren:

1. Die Gefahr der stilisierten Form, die entweder totgeboren auf die Welt kommt oder lebensschwach bald stirbt.
2. Die Gefahr der ornamentalen Form, die hauptsächlich die Form der äußeren Schönheit ist, indem sie äußerlich ausdrucksvoll und innerlich ausdruckslos sein kann und in der Regel ist.
3. Die Gefahr der experimentalen Form, die auf experimentalem Weg, also ganz ohne Intuition entsteht, wie *jede* Form einen gewissen inneren Klang hat, der trügerisch die innere Notwendigkeit vortäuscht.

[...] Ich will keine Musik malen.
Ich will keine Seelenzustände malen.
Ich will nicht farbig oder unfarbig malen.
Ich will in der Harmonie der Meisterwerke der vergangenen Zeit keinen Punkt ändern, bekämpfen oder umwerfen.
Ich will nicht der Zukunft ihre richtigen Wege zeigen.
Abgesehen von meinen theoretischen Arbeiten, die bis jetzt objektiv wissenschaftlich viel zu wünschen lassen, möchte ich nur gute, notwendige, lebendige Bilder malen, die wenigstens von wenigen Beschauern richtig erlebt werden.

Maria Marc: An Lisbeth und August Macke (21. 1. 1913)

Nach drei Tagen trafen Münter und ich uns in der Ausstellung von Franz bei Thannhauser; wir sprachen sehr nett. Münter beschäftigte sich eingehend mit den Bildern, und sie und ich saßen über eine Stunde ruhig und harmonisch zusammen, um auf die anderen zu warten. –, da kam Lasker-Schüler. Nach ganz liebenswürdiger Begrüßung und gemeinsamem Herumgehen sagt Lasker-Schüler etwas schwärmerisch und pathetisch: „Dies Bild hat mich am tiefsten berührt." Münter fragt: „Welches? Der Tiger oder der

Affe?"[160] Lasker-Schüler: „Der Tiger." Münter: „Was berührt Sie so an dem Bild?" Lasker-Schüler: „Das Gefährliche in dem Bild." Dann geht man auseinander, ganz harmlos, sieht andere Bilder an etc. Plötzlich kommt Lasker-Schüler festen Schrittes auf Münter zu und fängt an: „Gnädige Frau, wie kommen Sie dazu, mich zu beleidigen? Ich bin Künstlerin durch und durch", und in dem Sinne redete sie weiter auf Münter ein. Ich lege mich furchtbar aufgeregt dazwischen und will vermitteln, aber Lasker-Schüler fährt fort, über die Größe und Schönheit der Bilder zu reden – aber immer wütend gegen Münter, und sagt plötzlich noch: „Ich bin Künstlerin, ich bin ganz stark, ein ganz starker Mensch und lasse mir das nicht bieten von solch einer *Null*!" Ja was sagt Ihr nun? August? Du hättest Dich „kapot" gelacht. Aber mir kam nicht das Lachen – ich ging vor Aufregung ganz „kapot". Es war eine Szene wie in einem bösen Traum, oder wie man sie sich manchmal vorstellt oder auf dem Theater sieht. [...] Und ich stehe dabei, und es wird mir grüner und blauer vor Augen, als es auf den Bildern vom Franz ist. Lasker-Schüler hat einen fabelhaften Instinkt, und Münters Seele lag vom ersten Moment an offen vor ihr; sie kann *unheimlich* die Menschen beurteilen. Aber – – der Anlaß, Münter die Wahrheit in's Gesicht zu schleudern, war *nicht da*. Ich war so verdonnert, daß Münter mich beruhigen mußte.

Hermann Nohl: Eröffnungsrede zur Marc-Ausstellung (Februar 1913) [161]

Glauben Sie zunächst, daß diese Kunst trotz Tiger und Affen und scheinbarem Urwald gar nichts Exotisches sein will, sondern völlig deutsch, [...] zum Beispiel auf dem Tigerbild. Der dunkle Bergrücken und das Abendrot, das ist unsre Heimat und deutsches Abendlicht trotz des Tigers. Oder jenes Waldbild: das ist jene unheimliche farbige Angst, die uns im einsamen Wald erfaßt, wo die Natur so fremdelt, alles wie mit Augen auf uns sieht. Bis ein Vogel plötzlich mit seinem richtigen kleinen Leben uns die Ruhe der Wirklichkeit wiedergibt.[162] Und das können Sie auf allen Bildern ähnlich verfolgen. Und diese Wirklichkeit auf den Bildern redet nun zu uns von dem Sinn ihrer Gestalten und von den Erlebnissen, die ein tiefer Mensch in Stunden ihnen gegenüber hat, um derentwillen allein sich ihm dieses Dasein lohnt. Und diese Erlebnisse haben wieder einen eigentümlichen deutschen Charakter: Märchen- und Traumcharakter. Wie uns im Traum Bilder kommen, die alles übersteigen, was der wache Tag uns zeigt: geheimnisvoll Glühendes, sonderbar vieldeutig, sinnvoll und doch gar nicht aussprechbar; – solche Erlebnisse malt er. Das ist deutsch. [...] Den realen Zusammenhang des Raumes darf man im Traum nicht suchen, das ist nicht seine Stärke, im Gegenteil, dadurch daß er ihn unterbricht, schafft er seine neuen Beziehungen. So ist es auch auf diesen Bildern: Der reale räumliche Zusammenhang ist völlig aufgehoben, trotzdem ist der Bildraum ganz gestaltet und klar bis ins letzte, nur sind die Beziehungen von anderer Natur und ganz Ausdruck des Seelischen. Die ferne Röte, das tiefe Nachtblau in der Nähe mit seiner Schlafkühle, die Blässe der Figuren als Ausdruck der Unwirklichkeit ihres realen Daseins: Real ist ihr Traum.

Der Zusammenhang der Landschaft ist ganz unfaßbar, wie eben in der Erinnerung des Traumes, und doch voller Beziehungen. [...] Diese Liebe, Ehrfurcht vor dem Tier, vor ihrer geheimnisvollen Existenz ist ein letzter und eigentlich der ergreifendste und ganz originale Zug seiner Kunst. Auch das ist ja ein deutscher Zug, zugleich doch auch eine uralte menschliche Empfindung. Das Tier ist in diesen Bildern in seinem ganzen Leben empfunden: nicht bloß als Fell oder als gleichgültiges Tier eines Nachbarn, sondern in seinem letzten Wesen und zugleich als Symbol doch auch von Seiten *unserer* Existenz. So zeigt er sie nie bloß als Stillleben, sozusagen ausgestopft, sondern immer in ihrem höchsten Leben, in dem gesteigerten Ausdruck ihrer eigentümlichen Energie. So die Katzen[163]: die animalische Bewegung der blauen mit ihrem sich Dehnen, die Sprunggier der gelben. Der Ball erinnert an das Spielerische, die rote Maus deutet die Gier an. Die Farben sind rein symbolisch und drücken die Ungewißheit und das Bestialische der Katzen aus: das Giftgrün des Balls, das Blut des Rot. Schön ist dazu die Blume mit ihrer so gefährlich schönen Form. Ebenso nun alle anderen Tiere; der Tiger, die Kühe: immer in der schweren Kraft ihres Sprunges. Vor allem aber die Pferde. [...]

Und nun bitte ich Sie, die Wand da drüben anzusehen. Ich meine, jeder von Ihnen wird fühlen, daß sich der große Aufwand der künstlerischen Arbeit nicht lohnen würde, wenn die Kunst nicht mehr zu sagen hätte. [...] Es war wirklich nicht unsere Absicht, eine solche Gegenüberstellung zu provozieren; es sollte eigentlich nur Marc gezeigt werden. Es wurde aber von den Mitgliedern der Wunsch ausgesprochen, auch diese Bilder zu sehen, vor allem Schramm-Zittau. So ist aus unserer Ausstellung diese Tierbilderausstellung geworden und zugleich diese wundervolle Konfrontierung. Diese Bilder sind ja sicher technisch sehr geschickt, die Rassen der Hunde und Hühner sicher tadellos getroffen: aber im Grunde doch nichts anderes als eben der gleichgültige Hund des Nachbarn auch, der zur Erinnerung nur hier ausgestopft oder photographiert worden ist. Wie sie denn auch gar keine Schmuckwirkung besitzen. Sie haben einen Wert für die Besitzer jener Hunde, für einen Fremden aber nicht mehr als irgendeine Photographie einer Unbekannten. Es fehlt ihnen eben die Eigenschaft, die den Wert der Kunst ausmacht: ein Mittel zu sein, die geheimnisvolle Existenz unseres Lebens uns so fühlen zu lassen, daß sie uns ergreift.

Adolf Behne: Der Maler Franz Marc (März 1913)

Das kahle, nüchterne und kalte Atelier, in dem der „Sturm" ausstellt, ist durch die Bilder Franz Marcs in einen Festsaal verwandelt worden – allerdings in einen menschenleeren [...] Was uns an Franz Marc vom ersten Moment an so stark bindet, ist der tiefe, unbeirrbare Ernst, mit dem er schafft und der ergreifend aus jedem Bilde spricht. [...] Es gibt keine Kunstwerke, die echter und aufrichtiger geschaffen wären, als die Bilder Franz Marcs. Gerade deshalb ist jedem, der zu der modernen Kunst noch immer nicht in ein Verhältnis kommen konnte, dringend zu raten, sich den Schöpfungen Marcs voller Vertrauen und ohne Voreingenommenheit geduldig hinzugeben. Derjenige, für den diese Bilder erst einmal angefangen haben zu sprechen, wird um ein glückliches Erlebnis reicher sein; derjenige, für den sie tot und stumm bleiben, darf getrost glauben, daß ihm für Kunst ein Gefühl nicht angeboren sei! [...]

In formaler Beziehung haben die Bilder Franz Marcs mit der Natur nicht das geringste zu tun. Es wäre ganz falsch, ihre Formenelemente mit der sichtbaren Natur zu vergleichen. – Und doch hängen Marcs Bilder in ihren Wurzeln auf das tiefste und innigste mit der Natur zusammen, ja ich muß gestehen, daß ich kaum einen zweiten Maler heute zu nennen wüßte, der so ergreifend uns die Natur im Innersten und Tiefsten fühlen macht. Im Innersten und Tiefsten – das ist es! Die äußerliche Sichtbarkeit, die äußerliche Form, die äußerliche Richtigkeit der Natur – sie ist ihm nichts! Aber *alles* ist ihm das tiefe Ahnen, das innerste Leben, das Herzblut, der Pulsschlag der Natur! Hier schafft Franz Marc Wunder an Innigkeit der Empfindung und an Größe der Gestaltung! [...] Der Geist des Malers ist gerichtet auf das *Innere* der Natur, und dieses Innere der Natur *gestaltet* er durch die Erschaffung von Symbolen. Der Künstler ist wieder ein Schöpfer, ein Bildner und Gestalter!
[...] Wer diese Bilder einmal wirklich „gesehen" hat, vergißt sie nie. Und wie „deutsch" sind diese Bilder, deutsch, wie die Schriften der alten Mystiker.

Franz Marc: An August Macke (4. 4. 1912)

Am Montag haben wir mit viel Freude Deine Ausstellung gehängt; [...] Der ganze Saal wirkt ungeheuer lebendig und anregend; mir persönlich ist das Bild *Am Rhein mit Segelschiff* im Grunde das liebste. [...] Mit den zwei großen bin ich, aufrichtig gestanden, nicht sehr einverstanden; manches scheint mir von ihnen, vor allem in den Farbquantitäten, direkt unrichtig; sie wirken sehr zahm, man hat aber nicht das Gefühl, daß sie zahm gedacht sind. [...] Kandinsky hat vieles sehr gern, wie er sagt, z. B. *Schulgang*, das Tegernseer Hausbild mit den runden Baumformen und zwei Figuren, – ich weiß nicht mehr, wie Du's betitelt hast,[164] auch die großen neuen Kompositionen, Münter kam nicht in unserer Gegenwart in die Ausstellung, Gott sei Dank!

Herwarth Walden: An Robert Delaunay (8. 11. 1912)

Ich bin sehr gern bereit Ihre Gemälde in Berlin auszustellen und im Ausland weitergehen zu lassen. Ich möchte die Ausstellung gern am 15. Januar in Berlin eröffnen.[165]

Elisabeth Erdmann-Macke: Erinnerungen an August Macke

Am 21. Januar 1913 hatten wir Besuch von Apollinaire und Delaunay. Sie waren in Köln gewesen, soviel ich weiß, von Berlin aus, wo sie die Ausstellung im „Sturm" besucht hatten und Walden ihnen ein großes Paket mit Nummern der Zeitschrift gleichen Namens mitgab. Sie kamen am Nachmittag und wollten eigentlich mit dem Nachtzug von Köln aus nach Paris zurückfahren. Aber wie das so geht, wenn begeisterte, verwandte Seelen sich finden, dann gibt es nicht so leicht ein Ende. Sie blieben über Nacht. Apollinaire war lebhaft, temperamentvoll, sprach gut deutsch [...] Delaunay dagegen war sehr still, nachdenklich und fast etwas scheu, vielleicht nur deshalb, weil er kein Wort Deutsch verstand. Wir mußten deswegen mit ihm französisch sprechen, und da August sich meistens mit ihm unterhielt, kann ich mich an den Inhalt der Gespräche nicht mehr erinnern. [...] Am frühen Morgen schon mußten sie unser Haus verlassen, [...] und August stand früh auf, um ihnen noch einen kleinen Imbiß zu machen. Sie konnten sich schwer trennen, Apollinaire, der etwas hinkte, drängte zum Gehen: „Il est temps, il nous faut aller"[166]; ich sah oben hinter der Gardine wie er durch die Dämmerung die schmale Straße entlang ging, in der einen Hand das dicke Bündel „Sturm" schwenkend, das er an einer langen Kordel trug, während August noch mit Delaunay am Gittertörchen unseres Vorgärtchens stand und die beiden, die wirkliche Freunde geworden waren, sich immer wieder die Hände schüttelten.

August Macke: An Robert Delaunay (28. 1. 1913)[167]

Um die Freude zu schildern, die ich über das Album hatte, müßte ich schon über einen Wortschatz, wie Mr. Apollinaire ihn hat, verfügen. In einem Lexikon suchte ich Worte aus seinem Gedicht, die ich nicht fand.[168] Die farbige Reproduktion ist sehr, sehr gut. Es ist selten, daß man Sachen sieht, die einem das Seltsame der Wirklichkeit so stark vermitteln. Ich freue mich sehr über Ihre Bilder.

Robert Delaunay: An Herwarth Walden (28. 1. 1913)

Ich denke immer noch mit großem Vergnügen an unsere Reise. [...] In Köln und Bonn wurden wir sehr herzlich empfangen. Erst im Zug hatten wir den Einfall gehabt, dort Station zu machen. Wir waren völlig übermüdet, und das hat uns gut getan und die Reise unterbrochen.

Herwarth Walden: An Robert Delaunay (5. 2. 1913)

Ihre Collektion schließt hier am 20. Februar und geht von hier zunächst an den Gereonsclub, Cöln. Von dort nach München. Berliner Besprechungen sind noch nicht erschienen.

Herwarth Walden: An Robert Delaunay (25. 2. 1913)

Ihre Bilder sind jetzt zur Ausstellung nach Cöln gesandt worden. Mit München verhandele ich noch. Sowie etwas abgemacht ist, erhalten Sie Nachricht.

Franz Marc: An Robert Delaunay (undatiert)

Herr Walden fragt mich sehr höflich, ob ich mich an unsere Korrespondenz zu Ihrer Ausstellung im Sturm erinnere, deren Transportkosten Paris – Berlin zu Ihren Lasten gehen sollten. Tatsächlich habe ich Ihnen diese Bedingungen klar mitgeteilt und Sie haben sie schriftlich mit einer Karte akzeptiert. Herr Walden wird es gerne übernehmen, Ihre Kollektion in anderen Städten unterzubringen. Da der Sturm sich pekuniär nur mit großer Schwierigkeit behauptet, schicken Sie ihm doch bitte die 49 Mk (ungefähr 58 Francs), die der Transport nach Berlin gekostet hat. Ich arbeite viel und intensiv.

August Macke: An Robert Delaunay (10. 3. 1913)

Ihre Ausstellung ist ganz ausgezeichnet. Ich habe sehr viel Freude daran. Nur die Fußballspieler[169], von denen Sie sprachen, vermißte ich. Übrigens war ich überrascht, unter den wirklich Verständigen, die sonst nur vorsichtig über

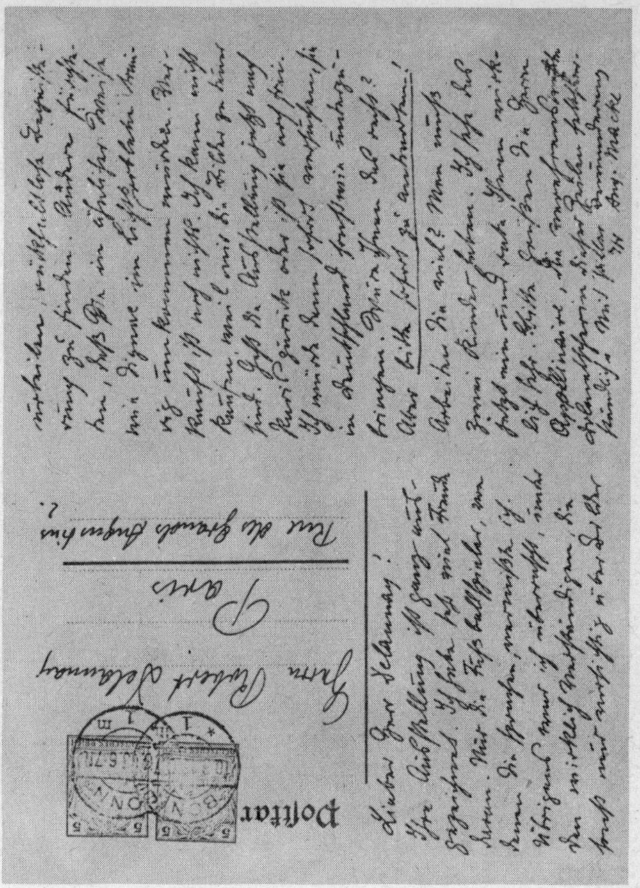

47. Postkarte von August Macke an Robert Delaunay vom 10. 3. 1913

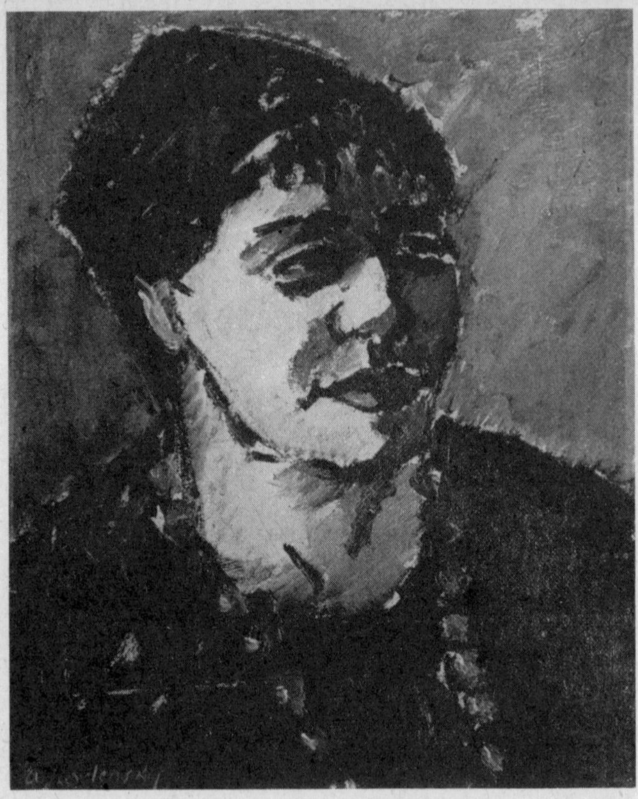

48. Alexej von Jawlensky: Bildnis Elisabeth Epstein. Um 1907/09, Öl

Bilder urteilen, rückhaltlose Begeisterung zu finden. Andere fürchteten, daß Sie in ähnlicher Weise wie Signac im Lichtproblem traurig umkommen würden. Verkauft ist noch nichts. Ich kann nicht kaufen, weil mir die Bilder zu teuer sind. Geht die Ausstellung jetzt nach Paris zurück oder ist sie noch frei. Ich würde dann sofort versuchen, sie in Deutschland sonstwie unterzubringen. Wäre Ihnen das recht? Aber *bitte sofort zu antworten!* Arbeiten Sie viel?

August Macke: An Robert Delaunay (16. 3. 1913)

Wegen der Weitersendung der Ausstellung hatte ich mich schon bemüht, leider ist mir noch nichts Endgültiges gelungen. Aachen geht nicht, schrieb mir Walden. Hagen ist nicht frei, ich habe zweimal dort angefragt. Jetzt warte ich auf Antwort aus Jena. Wenn Jena annimmt, senden wir die Bilder dorthin weiter. Wenn nicht und wenn Walden inzwischen keine Abmachungen mehr trifft, müssen Sie mir oder Fräulein Worringer Nachricht zukommen lassen, wohin die Bilder geschickt werden sollen.

Wassily Kandinsky: An Robert Delaunay (25. 2. 1912)

Heute also wird Ihre Ausstellung eröffnet. Ich gratuliere Ihnen und wünsche Ihnen einen großen Erfolg. Ich hoffe sehr, daß Sie alle Bilder erhalten haben. Frau Epstein schrieb mir, daß Herr Princet das Vorwort gemacht hat. Ich erwarte mit Ungeduld Ihren Katalog. Würden Sie mir 2–3 oder mehr! Exemplare schicken. Ich werde also ein Exemplar nach Moskau und eines an *„Apollo"* nach Petersburg schicken.[170] Man könnte gern auch die Kataloge in unserer hiesigen Weiß und Schwarz Ausstellung verkaufen. Sie sind dort mit der konstruktiven Zeichnung „Ville" vertreten, die Ihnen bei der offiziellen Ausstellung gegenüber dem Publikum der modernen Kunst gute Dienste tun wird.

Wassily Kandinsky: An Robert Delaunay (28. 2. 1912)

Außerdem werden wir im Juli eine Ausstellung im Museum von Hagen haben (dem liberalsten Museum in Deutschland) und im September eine in Frankfurt. Gestern habe ich Mme. Epstein eine Anzahl Adressen für Ihren Katalog geschickt. Wollen Sie mir 30–40 schicken, damit wir sie hier verkaufen und den Kunstfreunden etc. schicken können?

Neue Zürcher Zeitung (30. 10. 1910)

Klee [...] hat sich einen impressionistischen Zeichnungsstil geschaffen, der des Reizes nicht entbehrt: er notiert mit ei-

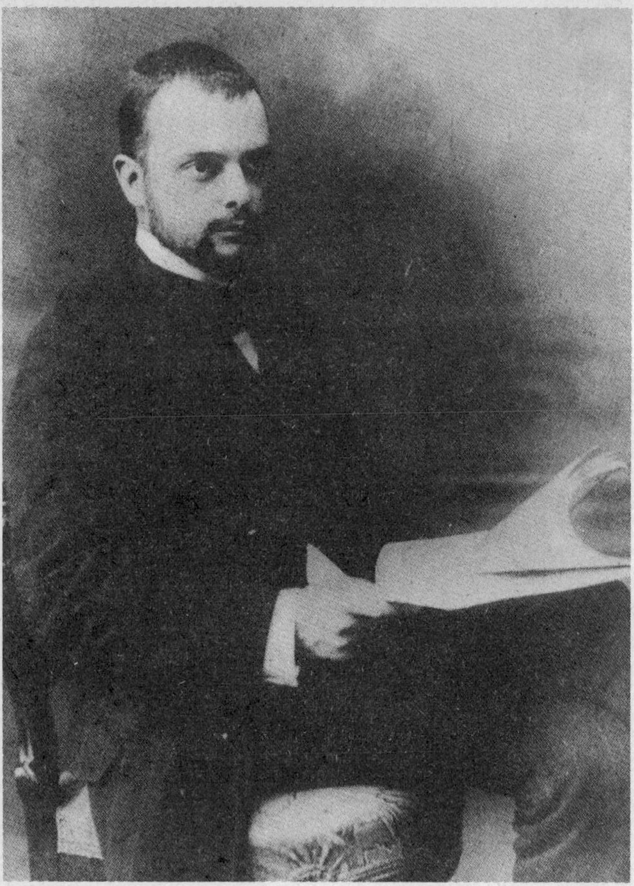

49. Paul Klee 1911

nigen raschen, gleichsam stenografischen Strichen einen Eindruck, [...] immer mit dem Bestreben, das Ambiente[171] von Licht mit zur Erscheinung zu bringen. Diese flimmernde Lichtfülle um die Objekte herum interessiert ihn mehr als die Formen der Objekte an sich. [...] Aus gehöriger Entfernung will das alles betrachtet sein, nur dann vereinigen sich die Notierungen der Feder und die mindestens ebenso wichtigen weißen Flächen zu der richtigen Gesamtwirkung. Mit einem Minimum von Mitteln erreicht Klee da nicht selten ganz überraschende Wirkungen.

Volksrecht (1. 11. 1910)

Die Zeichnungen und Aquarelle von Paul Klee, Bern–München, bieten keinen Kunstgenuß. Die Aquarelle [...] können noch ernst genommen werden, dagegen sind die Zeichnungen übergeschnappter Impressionismus in Schwarz und Weiß, der sich durch eine souveräne Verachtung von Form und Perspektive auszeichnet. Wenn uns noch der Vortrag, die Linienführung entschädigen könnte, aber auch die ist gesucht verschroben. Da sind Köpfe wie Landkarten behandelt, Figuren in Baumschlagmanier und landschaftliche Entwürfe, die aus einigen Krakelfüßen bestehen. Natürlich alles feierlich gerahmt, numeriert und mit Titeln versehen! Und alles wahrscheinlich äußerst „interessant" für die Superklugen und Blasierten, hauptsächlich aber für den Psychiater.

Basler Nachrichten (28. 1. 1911)

Die flüchtigste der Erscheinungen läßt sich in solcher Kabbalistik[172] der Schrift wohl festhalten, das Psychologische in einem Gesicht und in einer Landschaft bleibt diesem flüchtigsten aller Impressionisten ein Rätsel und ungelöst.

Hans Bloesch: Ein moderner Graphiker (1910)

Was Paul Klee will, ist der künstlerische Ausdruck seines subjektiven Schauens; es ist das ehrliche Suchen nach dem diesem Schauen und Empfinden gemäßen Ausdrucksmittel. [...], da Paul Klee nicht etwa als ein gänzlich Isolierter und Eigenbrötler dasteht, wie man hier in Bern anzunehmen scheint, sondern einer unter vielen jungen ernst strebenden Künstlern ist, die neue Wege suchen. [...] Er und die ähnlichen Zielen zustrebenden Maler – (der Zufall will, daß gerade in diesen Tagen in München eine Gruppe dieser Neuerer eine Ausstellung veranstaltet hat, und ein noch überraschenderer Zufall läßt gerade Klee in unserem Münchener Brief sich mit dieser Ausstellung auseinandersetzen[173] [...]) – sehen in der noch unbeeinflußten Kunst des

Kindes und der primitiven Völker einen Wegweiser für ihr eigenes Schaffen.

Franz Marc: An Paul Klee (20. 8. 1912)

Ich sprach hier kürzlich Herrn Walden, der mir sagte, daß er sich *jederzeit* sehr freuen würde, Zeichnungen von Ihnen in seinem Lokal ausstellen zu können. Wenn Sie können und Lust haben, schicken Sie ihm Einiges zu, damit sich die zwei Blätter vom Sonderbund nicht so vereinzelt dort finden.

Franz Marc: An Paul Klee (8. 10. 1912)

Ich war gestern mit Macke im Gereonsclub in Köln (geleitet von der Schwester von Dr. W. Worringer), der sehr gern eine Kollektion Ihrer Arbeiten in seinen Räumen bringen möchte. Ich kann mit ehrlichem Herzen eine Ausstellung im Gereonsclub befürworten, der sich sehr vorteilhaft von kunsthändlerischen Unternehmungen unterscheidet und ein wirklicher Brennpunkt künstlerischen Interesses am Rhein ist.

Paul Klee: An Alfred Kubin (9. 12. 1912)

Ich dachte, Sie bald zu sehen, d. h. nicht Sie, sondern Ihren Geist, Ihren schwarzweißen. Aber es ist bisher noch nichts bei Thannhauser. Ich erinnere Sie noch an mein Anerbieten, Sie zu hängen. Auch davon war nicht die Rede. Bei Thannhauser mich zu diesem Geschäft anzutragen, fiele mir schwer. Der Scharfrichter hat seinen Künstlerstolz.

Paul Klee: An Alfred Kubin (7. 2. 1913) [174]

Heute Freitag habe ich Ihre vortreffliche ganz prachtvolle Ausstellung geordnet und hängen lassen. Es stimmte mit der Anzahl (50). Nur steht ein einziger, allerdings sehr günstiger Raum zur Verfügung, und er blieb auch nach meiner Reklamation. Es sei nichts anderes ausgemacht worden. Doch ist es nicht wichtig, wie ich zuletzt für mich einsehen mußte. Die Sachen bleiben in drei Reihen gedrängt, so daß auch die oberste Reihe für mich mittelgroßen Mann bequem liegt, in bester Wirkung. – Ich [hängte] links die rein künstlerischen Blätter an 2 Halbwänden u. rechts die Historien u. Milieus an zwei Halbwänden. Eigentlich würde sichs lohnen herzureisen!! Auch der Picasso ist teilweise glänzend vertreten. Der Unterschied in Ihren beiden Entwicklungen!! Dieser sprunghaft und Sie stetig![175]

Franz Marc: An Alfred Kubin (5. 3. 1913)

Ihre Ausstellung bei Thannhauser war herrlich. Ich war öfters mit meiner Frau dort; wir freuten uns jedesmal mehr daran.

Wassily Kandinsky: Einführungstext zu einer Ausstellung (undatiert)

Wir können hier nur mit besonderer Genugtuung feststellen, daß die urwüchsige, innerliche, sagen wir gleich echt deutsche Begabung von Gabriele Münter in keinem Fall als eine männliche und auch nicht als eine „fast männliche" taxiert werden darf. [...] Die Bilder sind durchweg mit einem fein und richtig empfundenen Maße der äußeren Kraft gemalt, wo jede Spur von weiblicher oder männlicher Koketterie der „Mache" fehlt. Wir möchten fast sagen, die Bilder sind bescheiden gemalt, d. h. nicht des äußeren Aufwandes wegen, sondern aus rein innerem Trieb entstanden. [...]
Die Bilder sind größtenteils düster: dunkle Farben und auf derselben Stufe liegende dunkle Flächen, oft sehr dunkel Grau in Schwarz übergehend, wozu Ocker, Ultramarin, Krapp und dunkles Grün gestimmt ist. Grellere hellere Flecken sprechen in diesen Flächen mit einer richtig gezügelten Kraft. Die Zeichnung ist vollkommen mitklingend. Auch hier ist nur das Nötige gemacht, das dem Ausdruck der einzelnen Bilder unentbehrliche – was in der Malerei nicht oft zu finden ist.
[...] Alles ist durch eine ernst und nachdenklich klingende Note intimen Gefühls durchtränkt.

Zeitungskritik (1912) [176]

Mme. Münter zeigt, was im Haushalt eines armen Vegetariers vorgeht, und das ist ganz und gar nicht erfreulich.

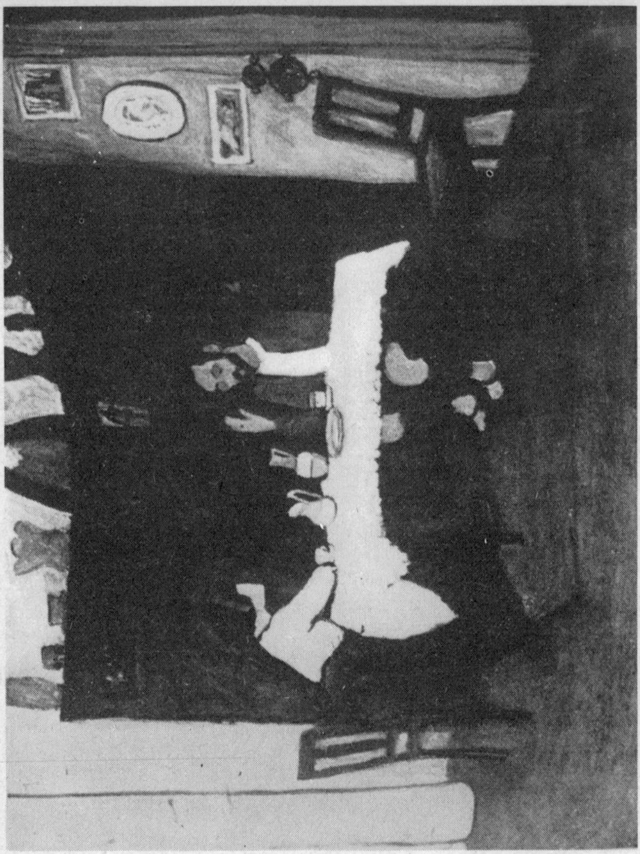

50. Gabriele Münter: Kandinsky und Erma Bossi am Tisch. 1912, Öl

1. Wassily Kandinsky

Franz Marc: Kandinsky

Wie freue ich mich, über Kandinsky schreiben zu dürfen. Wenn ich ihn mir im Geiste vorstelle, sehe ich ihn immer in einer breiten Straße, in der sich fratzenhafte schreiende Gestalten drängen; mitten durch sie geht ruhig ein kluger Mensch: das ist er. Kubin müßte ihn so zeichnen. Kandinskys Bilder dagegen sehe ich in meiner Vorstellung ganz abseits der Straße in die blaue Himmelswand getaucht; dort leben sie in Stille ihr Feierleben. Sie sind heute noch da und werden bald ins Dunkle der Zeitenstille entweichen und strahlend wiederkommen wie Kometen. Wenn ich an diese Bilder denke und zugleich an das, was der Europäer „Malerei" zu nennen sich gewöhnt hat, so habe ich ein Bild in meiner Vorstellung, wie der „Geist" die Malerei heimsucht; ja und schwer heimsucht! Sie hatte sich so wohl ohne ihn gefühlt und ist nun höchst erschrocken und schlägt verzweifelt um sich, um den „Geist" nicht eindringen zu lassen. Das müßte Paul Klee zeichnen. Nur er könnte das. Und noch etwas empfinde ich, wenn ich an Kandinskys Bilder denke: eine unsagbare Dankbarkeit, daß es wieder einmal einen Mann gibt, der Berge versetzen kann. Und mit welch vornehmer Geste hat er dies getan. Es ist eine unaussprechliche Beruhigung, dies zu wissen. [...] Wir Maler kennen jenen geheimnisvollen Moment in unsrer Arbeit, in dem das Werk zu atmen beginnt. Es fällt von uns ab und beginnt sein eigenes Leben. Waren wir auch zu Beginn Herr des Bildes, so werden wir in diesem Moment sein

Sklave. Es sieht uns fremd, groß, mahnend, zwingend an. Das Früh oder Spät dieses wunderbaren Augenblickes gibt ein feines Kriterium der Kunst ab. Wir Maler wissen dies. Manche, all zu viele, bleiben bis zum Ende die Herren ihrer Bilder. [...] Die echten Werke lösen sich nach dem ersten Anfang schon von dem Willen des Schöpfers ab. Es scheint mir, daß heute gar nicht viel solche Werke entstehen. Zu den seltenen Ausnahmen gehören die Werke Kandinskys; sie sind nicht aus sterblichem Willen geformt; ihr Eigenleben läuterte sein Wollen und hielt ihn bei der Arbeit in Bann; ihr Sein ist unsterblich. Ich sehe sie wieder, an die Himmelswand gestellt – warum sollen wir nicht glauben, daß ein Erzengel sie dort gemalt hat, Dinge aus seinem Reich, durch die Hand unseres Freundes Kandinsky?

Gabriele Münter: Beichte und Anklage

Mein Toilettenschränkchen hat K. bemalt (ebenso Spiegel drauf und Nachtkastl) zart und humoristisch. Am mittleren Fach rennen ein „blauer Reiter“ und eine dunklere Reiterin. Er wendet sich um nach ihr und winkt, und sie rennt, was sie kann. – Manchmal hat mich dieser Scherz geärgert, weil er unwahr ist – denn er wandte sich nie um und sagte nie „Komm mit“.

Wassily Kandinsky: Komposition 4 [177]

1. Massen (Gewichtsmassen):

Farbe — unten Mitte – Blau (gibt dem Ganzen kalten Klang)
oben rechts – getrenntes Blau, Rot, Gelb

Linie — oben links – schwarze Linien der Pferde im Knoten
unten rechts – langgezogene Linien der Liegenden

2. Gegensätze:

der Masse zur Linie, des Präzisen zum Verschwommenen, des Linienknotens zum Farbenknoten und *Haupt*gegensatz: spitze, scharfe Bewegung (Schlacht) zu hell-kalt-süßen Farben.

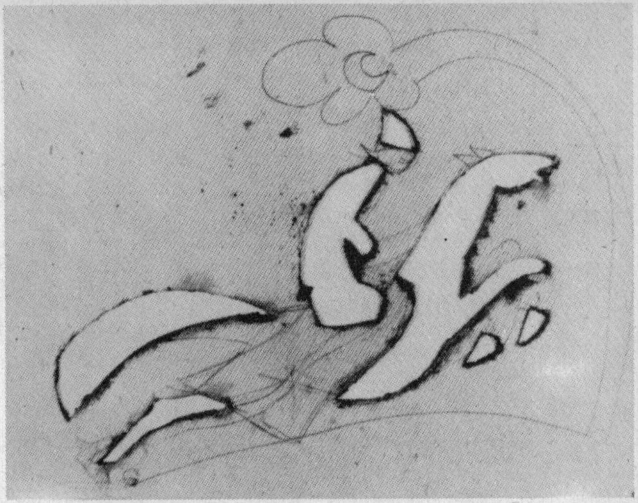

51. Wassily Kandinsky: Schablone mit Reiter. 1911; für die Treppenwange des „Russenhauses“ in Murnau

3. Überfließungen:

der Farbe über die Konturen. Das vollkommene Konturieren nur der Burg wird abgeschwächt durch das Hineinfließen des Himmels über die Kontur.

4. Zwei Zentren:

1. Linienknoten, 2. modellierte Spitze des Blau sind voneinander durch die zwei senkrechten schwarzen Linien abgeteilt (Spieße). Die ganze Komposition ist sehr hell gemeint mit vielen süßen Farben, die oft ineinanderfließen (Auflösungen), auch das Gelb ist kalt. Dieses Hell-Süß-Kalte zum Spitz-Bewegten (Krieg) ist der Hauptgegensatz im Bilde. Hier ist, scheint mir, dieser Gegensatz (im Vergleich mit Komposition 2) noch stärker, aber dafür auch härter (innerlich), deutlicher, was als *Vorteil* das präzisere Wirken hat und als *Nachteil* eine zu große Deutlichkeit dieser Präzisität.
Hier liegen zugrunde folgende Elemente:
1. Zusammenklang *ruhiger* Massen miteinander.

2. *Ruhige* Bewegung der Teile hauptsächlich nach rechts und nach oben;
3. hauptsächlich *spitze* Bewegung nach links und nach oben.
4. Der *Widerspruch* in beiden Richtungen (in der Richtung nach rechts gehen kleinere Formen nach links u. dgl.).
5. *Zusammenklang* der Massen mit den Linien, die bloßliegen.
6. *Gegensatz* der verschwommenen Formen zu den konturierten (also Linie als Linie und als Kontur, wo sie auch als Linie mitklingt).
7. Das *Überfließen* der Farbe über die Grenze der Form.
8. Das *Überwiegen* des Farbenklanges über den Formklang.
9. *Auflösungen.*

Wassily Kandinsky: Komposition 6[178]

Dieses Bild habe ich anderthalb Jahre in mir getragen, und oft mußte ich denken, daß ich es nicht fertigbringe. Der Ausgangspunkt war die Sintflut. Der Ausgangspunkt war ein Glasbild, das ich mehr zu meinem Vergnügen gemacht habe. Hier sind verschiedene gegenständliche Formen gegeben, die teilweise lustig sind [...]: Akte, Arche, Tiere, Palmen, Blitze, Regen usw. Als das Glasbild fertig wurde, entstand in mir der Wunsch, dieses Thema für eine Komposition zu bearbeiten, und es war mir damals ziemlich klar, wie ich es machen soll. Sehr bald verschwand aber dieses Gefühl [...]. Statt Klarheit gewann ich Unklarheit. [...] Und das kam nur daher, weil ich dem Ausdruck der Sintflut selbst unterlag, statt dem Ausdrucke des *Wortes* „Sintflut" zu gehorchen. Nicht der innere Klang sondern der äußere Eindruck beherrschten mich. [...] Endlich kam der Tag, und eine mir bekannte ruhige innere Spannung machte mich vollkommen sicher. [...] Es ging schnell, und beinahe alles wurde sofort gut. In zwei bis drei Tagen war das Bild im allgemeinen da. [...]
In diesem Bild sieht man zwei Zentren: 1. links das zarte, rosige, etwas zerschwommene Zentrum mit schwachen unsicheren Linien in der Mitte, 2. rechts (etwas höher als das linke) das grobe, rot-blaue, etwas mißklingend, mit scharfen, etwas bösen, starken, sehr präzisen Linien. Zwischen

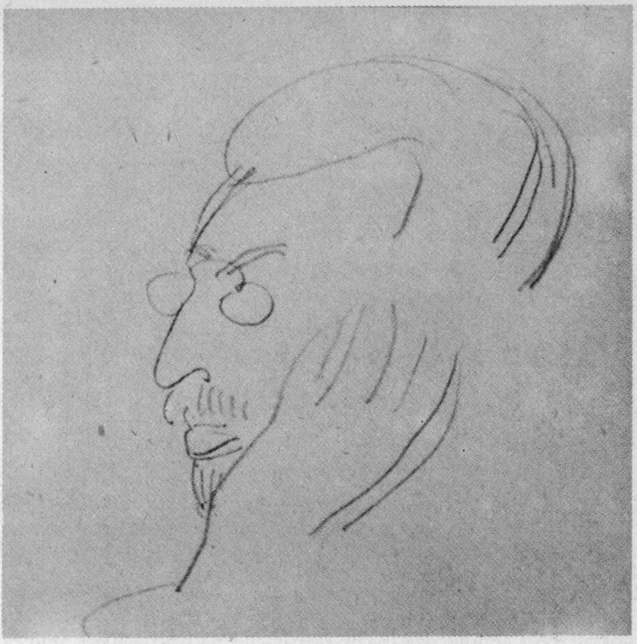

52. Alexej von Jawlensky: Bildnisskizze Wassily Kandinsky. Um 1912, Bleistift

diesen zwei Zentren das *dritte* (dem linken näher liegend), welches erst später als Zentrum erkannt werden kann und doch im letzten Grunde das *Hauptzentrum* ist. Hier schäumt die rosa und weiße Farbe so, daß sie weder auf der Fläche der Leinwand zu liegen scheint noch auf irgendeiner idealen Fläche. […] Dieses „Irgendwo" des Hauptzentrums bestimmt den inneren Klang des ganzen Bildes. […] Die sämtlichen kleineren Formen verlangten in diesem Bilde etwas, das sehr einfach und sehr breit („largo") wirkt. Ich habe zu diesem Zweck die langen feierlichen Striche verwendet […]. Diese Striche sind mit den oberen quer und präzis zu ihnen gehenden dicken Strichen verbunden, mit denen sie direkt zusammenprallen. Um die zu dramatisch klingende Handlung der Linien zu mildern, […] ließ ich auf dem Bild eine ganze Fuge von verschieden gefärbten Rosaflecken sich abspielen. Sie kleiden die große Unruhe in große Ruhe und objektivieren den ganzen Vorgang. Diesen feierlich ruhigen Charakter unterbrechen andererseits verschiedene blaue Flecken, die innerlich warm wirken. Das warme Wirken der an sich kalten Farbe steigert also das dramatische Element in einer wieder objektiven und vornehmen Art. Die ganz tiefen braunen Formen (besonders links oben) bringen eine abgestumpfte und sehr abstrakt klingende Note, die an das Element des Hoffnungslosen erinnert. Grün und Gelb beleben den Seelenzustand und geben ihm die fehlende Aktivität.

2. Franz Marc

Wassily Kandinsky: Franz Marc

Er stellte ein seltenes Exemplar Mensch dar. Sein Äußeres stimmte haargenau mit seinem Inneren zusammen: eine harmonische Kombination von „hart" und „weich". Seine große Statur, seine breiten Schultern, sein fast hageres Gesicht, sein schwarzes Haar, sein sicherer und langer Schritt gaben ihm das Aussehen eines Bergbewohners. Ich liebte es, ihn in den Bergen, auf den Weiden und in den Wäldern zu sehen. Dort war er „zuhause". Er war immer von seinem großen, weißen Hund begleitet. „Russi" (Rußland zu Ehren) glich in seiner Größe, Kraft und Ruhe seinem Meister. Er zeigte dieselbe Verbindung von „hart" und „weich". Sie ergänzten sich sehr gut und verstanden sich vortrefflich. Der Schwarze sagte es zum Weißen, und der Weiße machte mit dem Kopf ein bestätigendes Zeichen. Marc hatte, allgemein, direkte Beziehungen zur Natur, wie ein Bergbewohner oder gar wie ein Tier. Ich hatte manchmal den Eindruck, daß die Natur befriedigt war, ihn zu sehen. Alles in der Natur zog ihn an, aber vor allem die Tiere. Zwischen dem Künstler und seinen „Modellen" existierte ein gegenseitiger Kontakt, und deshalb hatte Marc „Zutritt" zum Leben der Tiere, und es war dieses Leben, das ihn inspirierte. Aber er verlor sich nie in Details, und das Tier war für ihn immer nur eines der Elemente des Ganzen, oft sogar nicht

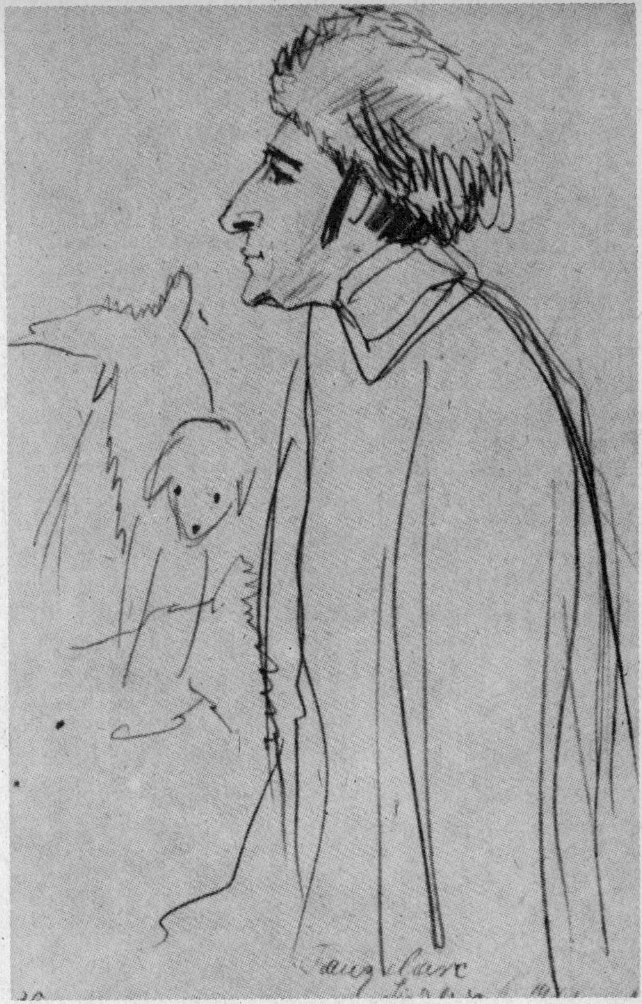

53. August Macke: Franz Marc mit seinem Hund Russi. 1911, Bleistift

einmal ein wesentliches. Er baute seine Bilder wie ein Maler, nicht wie ein „Erzähler“. Aus diesem Grund war er nie ein „Tiermaler“. Was ihn anzog, war das große Organische, das heißt die Natur im allgemeinen. Darin liegt die Erklärung der durch Marc geschaffenen originalen Welt, deren Wiederholung versucht wurde, aber ohne Erfolg.

Wassily Kandinsky: Unsere Freundschaft

Marc kam oft nach München um zu sehen „was hier los ist“, ich fuhr nach Sindelsdorf, wo mich immer neue Bilder von Marc und die Musik seiner Frau Maria erwartete – wunderbare Stunden. Marc arbeitete auch im Winter auf dem Speicher seines Bauernhauses. Außen alles weiß – [...]. Oben auf dem niedren Speicher (fortwährend stieß man mit dem Kopf an den Balken) stand „Der Turm der blauen Pferde“[179] auf der Staffelei, Franz Marc stand da mit seinem Pelzmantel, großer Pelzmütze und selbstgeflochtenen Strohschuhen an den Füßen. „Nun sagen Sie aufrichtig, wie Sie das Bild finden.“ Nicht der Pelz allein wärmte Marc, sondern, denke ich, viel mehr die innere Flamme, die stets mit gleicher Kraft in seiner Seele brannte. Diese Flamme äußerte sich in seiner künstlerischen Tätigkeit, war in seiner Malerei zu sehen und in seinem Wort zu hören. Er sprach aber nie zu laut mit seiner tiefen Stimme, er bewegte sich ruhig, machte nie hastige Bewegungen und verlor auch zu kritischen Stunden seine Ruhe und sein inneres Gleichgewicht nie.

Wassily Kandinsky: An Karl Wolfskehl (31. 12. 1911)

Ich möchte auch dem Marc irgendwie nützlich sein. Ich dachte mir, ich will mal Thannhauser raten, ein Bild von ihm zu kaufen. Es würde für Th. direkt ein Spekulationsgeschäft sein. Aus der ersten Selektion (die voriges Jahr bei Th. war) hat Marc 3 Bilder an Museums verkauft (Köln, Barmen, Hagen) und *mehrere* an Privatsammler.[180] D. h. Marc wird sicher bald im Preis steigen. Dann dachte ich wieder: mein Wort gilt bei Thannhauser nicht viel. Und mein Gedanke fiel wieder auf Sie. Wenn *Sie* einen derartigen Wink Th. machen, so wird es vielleicht nicht ohne Erfolg bleiben. Ich sage „vielleicht“, da man bei Th. niemals was im voraus sicher wissen kann. Sein Wille ist ein winziges Segelboot auf dem Ocean der zufälligen Ratschläge, der „öffentlichen Meinung", des „Volksgewissens" (Preuße!) usw. usw. [...] Marc ist momentan in Berlin. Mitte Januar wollte er wieder hier sein und Sie unbedingt besuchen. [...] Natürlich weiß er nichts von meiner Bitte.

Maria Marc: Franz Marc

Er war ein tiefreligiöser Mensch und erfüllt von einer starken, reinen Liebeskraft für alles Lebendige, die ihm eine große Hingabefähigkeit verlieh, während andererseits eine ebenso starke Neigung zum Gegenteil bestand, so daß eine ungeheure Spannung zwischen zwei weit auseinander liegenden Polen sein inneres Gleichgewicht bedrängte. Denn seinem reichen Gefühlsleben, das in seiner Jugend mit einem leicht romantischen Einschlag verwoben war, wurde die Waage gehalten durch ein Streben nach dem Gesetzmäßigen im Menschen wie in der Natur, dem alles Lebende sich einzufügen hatte, eingeordnet in ein großes Ganzes, in dem auch der Mensch nur ein Teil war. Der Weg zu einem solchen reinen Sein mußte dazu führen, sich selbst zu überwinden, das kreatürliche „Ich" zu verwandeln, um zum Geistigen zu kommen – zu einem unpersönlichen Leben, durchdrungen vom Streben nach Reinheit. Den gleichen Weg, den er als Mensch suchte, mußte er ebenso als Künstler finden; er war von Jugend auf nicht imstande, etwas zu zeichnen oder zu malen, was nicht seiner inneren Entwicklungsstufe entsprach. Und wie in seinem romantisch befangenen Leben und Tun viel Leid über ihn kam, und er durch menschliche Enttäuschungen immer wieder aus aller Sentimentalität herausgerissen wurde, so geschah es im Verlauf seiner Arbeit, daß er fast jedes Jahr das große Hauptbild des Sommers zerstören mußte, weil es die Anforderungen, die sein Verantwortungsgefühl von ihm verlangte, nicht befriedigte.

Wilhelm Hausenstein: Die bildende Kunst der Gegenwart

Das glänzende Talent Franz Marcs bleibt immer ein persönlicher Ausdruck und gerade in seinem persönlichen Aus-

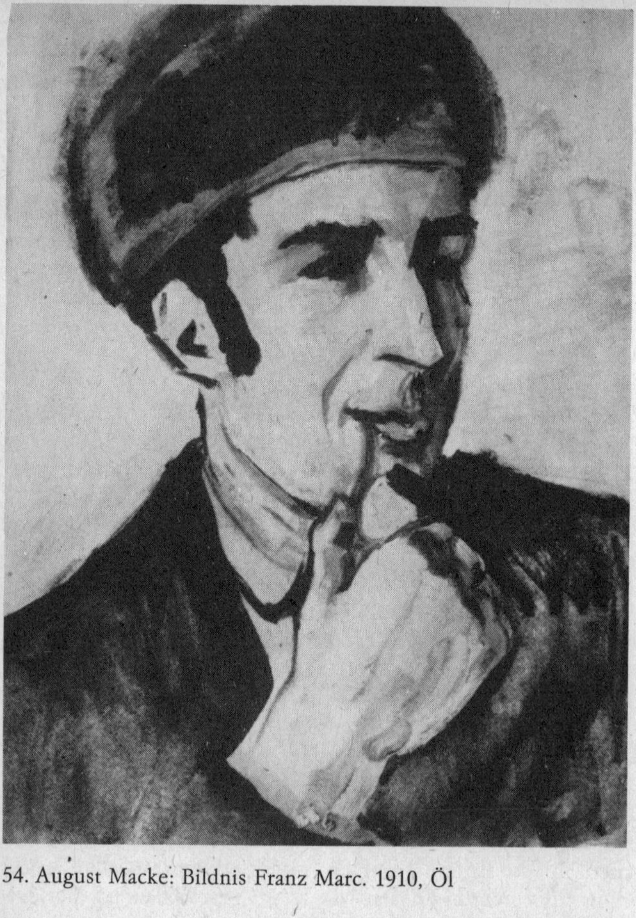

54. August Macke: Bildnis Franz Marc. 1910, Öl

druck wertvoll, sosehr just dieses Talent bestrebt ist, einen anonymen Stil, den Stil der Zeit schlechthin auszusprechen. Marc hat sich mit einer wundervollen Geschmeidigkeit den Rhythmen unseres Kunstzeitalters eingelebt. Seine Kunst hat den Kubismus und den Futurismus in sich aufgenommen. Sie hat sich mit den künstlerischen Idealen Kandinskys, die er wohl als das Höchste unserer Zeit verehrt, prächtig bereichert. Sie hat den Gedanken des dekorativen

Stils, einen wesentlichen Gedanken unserer Zeit, so stark durchgeprägt wie wenige, und hat zugleich weit jenseits aller bloß dekorativen Oberflächlichkeit die frühen Schauer der modernen Mystik mit tiefem Gefühl erlebt. Fast alle wichtigen Kunstgedanken der jungen Generation haben sich in diesem zugleich von einer sublimen Intelligenz und von einem feinwägenden Gefühl geleiteten Werk versammelt; und dennoch stehen wenige Künstler unserer Zeit mit dem geschlossenen persönlichen Ausdruck da, mit dem Marc dasteht.

3. August Macke

Robert Delaunay: An August Macke (undatiert)

Ihr Gleichnis vom freien Menschen[181] erscheint mir nicht ganz richtig, oder es ist eine Ermüdungserscheinung. Ich finde, daß die Berge zu dicht gestaffelt sind. Es ist der Nebel, der ihnen eine Simultaneität verleiht, aber es wäre Sonne nötig. Alles übrige ist Irrtum. Besuchen Sie uns doch mal ... [...] es gibt Platz für Alle, es gibt eine Fülle von Luxus, von *Schönheit in der Bewegung des Lebens.* Ich lebe; die Kunst ist ein Mittel, sich zu erfreuen oder zu leben, und das ist alles. [...]
Es gibt Bewegung [...]
Die Dinge kommen zur Ruhe, werden Elemente. Steigen und fallen.
Schweben.
Sensibilität
Das ist mehr als interessant
das ist passionierend.
Von ganz nahem sehen und von sehr fern.
Simultan.

Robert Delaunay: An August Macke (Juli 1913)

Unmöglich können Sie in diesem entscheidenden Moment den Zustand verlängern, in dem sich Ihre Vision in Gefahr befindet. Ich sage dieser entscheidende Moment, weil sich

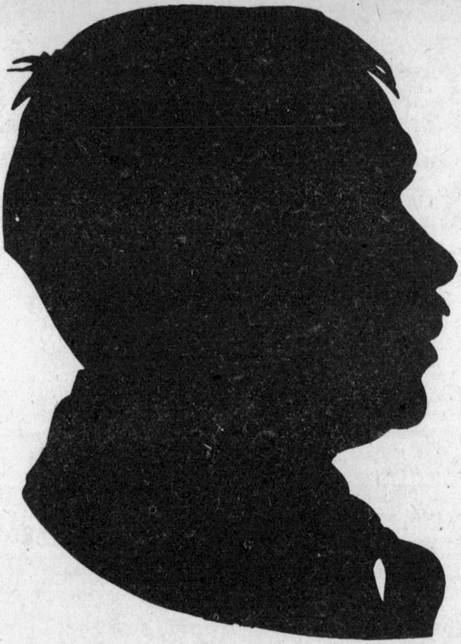

55. Ernst Moritz Engert: August Macke. 1913, Scherenschnitt

überall eine vollständige Veränderung der Vision und besonders der Mittel der Darstellung, mit denen sich die Menschen ausdrücken, vollzieht. Wenn ich Ihnen über Ihre Arbeit schreibe, dann weil ich Sie inmitten Ihrer Arbeiten gesehen habe und sehr klar den Zustand gesehen habe, den Sie durchmachen und der auch durch Ihren Brief bestätigt wird. Es handelt sich um die Darstellung, die unsere Herzen, unsere Sensibilität berührt, den Grund unseres Selbst, in einem Wort: unser Leben. [...] Für mich unterscheidet sich jeder begabte Mensch durch sein Wesen, seine persönliche Bewegung gegenüber dem Universalen, und das finde ich in Ihren Werken, die ich in diesem Winter in Köln gesehen habe.[182] [...] Aber ich will nicht philosophieren und will in dem Bereich der Sensibilität bleiben, der allein zur Kunst gehört, und überhaupt, mein Lieber, Sie tragen ein bißchen zum Mut und zur Freundschaft bei; nun nehmen Sie es mir nicht übel, denn das ist nur in Richtung auf das Leben gemacht, auf eine Bewegung, die ich von mir zu Ihnen gefühlt habe, die ich schon seit langem fühlte und die Ihr Brief nur noch verstärkt hat.

August Macke: An Bernhard Köhler (16. 10. 1913)

Meine Ansichten über Kunst sind verschieden von Kandinsky und Marc. Ich fühle mich jetzt für mich allein verantwortlich.

Walter Eucken: Wiedersehen mit Bildern August Mackes

Charakteristisch war bereits die erste Begegnung im Herbst 1911: wie der schon damals in der Vollkraft seines Schaffens stehende junge Maler den ihm unbekannten Studenten der Nationalökonomie aufnahm, der ihm nur eine kurze Mitteilung überbringen wollte; wie er den Ankömmling, dem er zufällig selbst die Tür öffnete, mit der ihm eigenen Impulsivität sofort in das Haus hineinzog und ihn von diesem Moment so lange festhielt, daß über dem Zeigen von Bildern und über Kunstgesprächen nicht nur alle meine Kollegs vergessen waren, sondern Mitternacht bereits hinter uns lag, als wir uns schließlich trennten. Aber nur, um so bald wie möglich jene Gespräche über Cézanne, Manet, die Japaner und viele andere Maler, die ihn damals beschäftigten, wiederaufzunehmen. So völlig lebte Macke in der Kunst, daß, wer und was ihm auch begegnete, sogleich mit Haut und Haaren in dieses Element verschlungen wurde. Das Besondere an der Erscheinung dieses jungen Mannes, der einem blond, breitschultrig, kraftvoll entgegentrat, lag in der Konzentration seines Auges. Macke lebte als Augen-Mensch; feurig und energisch wirkte er in allem, was seine Aufgabe betraf, dagegen phlegmatisch allem gegenüber, was ihn nichts anging. Sein Haus, die Stätte eines ungewöhnlich glücklichen und fröhlichen Familienlebens, strahlte – bis in den letzten Winkel mit Bildern angefüllt – vom Leuchten heller Farben. Oft habe ich ihm zugesehen, wenn er arbeitete. Aber konnte man das überhaupt Arbeit nennen, was da vor sich ging? Wenn er sich begeistert auf eine weiße Leinwand stürzte, die der Gestaltungskraft noch alle Möglichkeiten bot; wenn er sich immer wieder mit den Dingen seiner nächsten Umwelt auseinandersetzte, fern aller Reflexion, ganz hingegeben an die Eindrücke, die diese Welt, die andere stumpf durchmessen, täglich neu in seiner Seele weckte. Das war überhaupt das Charakteristische an ihm: diese Abwesenheit aller Reflexion, die ihm zwar im Gespräch vielleicht gar nicht immer so fernlag, ihn aber völlig verließ, sobald es sich um das Malen selbst handelte. Leben und Schaffen waren untrennbar eins. Ganz plötzlich packten ihn unmittelbar und stark irgendwelche Eindrücke: Laub, das nächtlich von elektrischen Birnen angestrahlt wurde, oder Reflexlichter auf einem Pferderücken oder Dächer im Sonnenschein vor seinem Fenster. Vollkommen anders arbeitete etwa *Hodler*, dem ich vorher oft zugesehen hatte: viel grübelnder, viel berechnender, viel mehr prüfend und sichtend. Macke war demgegenüber der aus dem Unbewußten gestaltende Künstler; das Malen war ihm ein Musizieren in Farben, wie er überhaupt für Musik als verwandte Kunst eine besondere Empfänglichkeit besaß und sich ja auch mit viel Glück im Entwerfen von Opernausstattungen versucht hat. Noch sehe ich uns aus langen, weißen, holländischen Tonpfeifen rauchend einander gegenübersitzen und zwischen ausgedehnten Diskussionen über Malerei und Maler auch das Problem der Verwandtschaft von Musik und Malerei erörtern, das ihm besonders am Herzen lag. „In den Farben gibt es geradeso Kontrapunkt, Violin-, Baßschlüssel, Moll, Dur wie in der Musik." So hatte er es einmal ausgedrückt. „Nur gehört eine unmenschliche Kraft dazu, die Farben in ein System zu bringen, wie die Noten." Mackes ganzer Natur lag es im letzten fern, ein solches System zu konstruieren, aber seine Bilder sind lebendige Verkörperungen eines geheim geahnten Gesetzes.

Karl Otten: 1914 – Sommer ohne Herbst

Als ich August Macke zum erstenmal besuchte, stand er, eine lebendig gewordene Barlach-Plastik, in weitem Sweater und an den Knöcheln zusammengebundenen Samthosen, inmitten seines hohen Ateliers. In der Hand hielt er

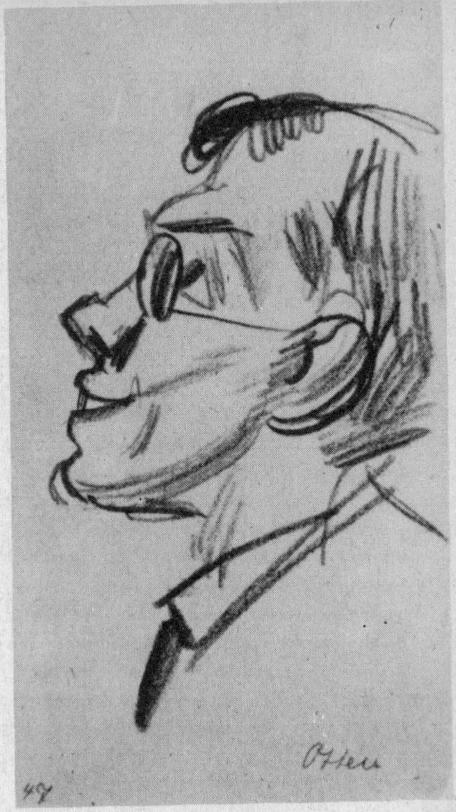

56. August Macke: Karl Otten. 1913, Bleistift

ein Buch, Däublers *Nordlicht,*[183] und rezitierte wie Däubler selbst brüllend:

> Mein Grab ist keine Pyramide,
> Mein Grab ist ein Vulkan!

Macke hatte den Frühling malend mit Moilliet und Klee in Tunis erlebt. Macke trug die Farben mit dem Palettmesser ungemischt auf die Leinwand auf. Die Idee von der Reinheit der Farben diskutierte er unausgesetzt mit uns. Dann wiederum vertiefte er sich in die Möglichkeiten abstrakter Formen, wie sie Kandinsky und Klee eigentümlich waren. Er suchte für alle Äußerungen des modernen Lebens eine zeitgemäße Erklärung, ohne je das Dichterische und Phantasievolle des Künstlers zu negieren. „Die neuen Elemente, Auto, Schnellbahn, Flugzeug, Film und Maschinen müssen ja einen neuen Künstler erzeugen, ihm Eindrücke vermitteln, die unsern Böcklins und Lenbachs fehlten. Die Maschine erobert den Menschen. Der Künstler muß sich diesem Eingriff unterordnen, ohne den Rhein, Maria im Kapitol, die Madonna mit der Wickenblüte zu opfern.[184] Diese Synthese wird unser Ziel sein." Macke war ein universeller Mensch, es gab nichts auf dem Gebiete der Kunst, das ihm entging. Kairouan und das Kölner Museum für ostasiatische Kunst brachten ihm den Orient, namentlich China und Java nahe. Die rheinischen Primitiven, Negerplastiken, das Russische Ballett[185] – an allem entzündete sich sein schöpferisches Bewußtsein. Eines Morgens überraschte er mich mit einer neuen Idee, die stark von seinem javanischen Traumschloß, dem Burubudur, inspiriert war: „Der Maler muß die Formen plastisch herausarbeiten, sozusagen ihre Schwere erleben, dahinterkommen, was diese Symbole eigentlich in der Natur vorstellen. Natur ist alles, was wir hervorbringen. Genauso wie wir von Natur natürlich sind, so sind auch Geist, Idee, Seele, Kunst, Schöpfung natürlich." Und er zeigte mir im Garten eine Reihe von Basreliefs, die er mit einem elektrischen Bohrer aus dicken Holzblöcken herausgearbeitet hatte: zwischen großen Blüten und Ranken versteckten sich Menschen, Tiere, Häuser. Zum Schluß bemalte er das Ganze, und es sah wie ein gewachsener Macke aus. Macke war trotz seiner westfälischen Abstammung ein fanatischer Rheinländer, ein Verehrer des großen Stromes, den er stundenlang, nein, tagelang, betrachtete, um auch die letzte Nuance aus seinem schaumgelben Leibe herauskristallisieren zu können. Wenn wir auf den Waldwegen und Dorfstraßen um Bonn und Graurheindorf[186] umherschlenderten, Macke schnaubend und lachend wie Pan, groß und mächtig in Körper und Seele, strotzend vor Lebenslust und voll echter Sanftheit des Herzens wie ein Kind, kamen die Bilder und Gestalten zu ihm wie Eingebungen der Heimat selbst. Die Vereinfachung der Form, um die er damals kämpfte sah so aus: „Als allgemein gültige Form der männlichen Erscheinung setze ich den Männern den steifen Kuppelhut auf. Die Frauen sind gedrechselt um Hüfte und Hals, mit Kuppelschirmen, durch die das Licht brennt. Und die Mädscher, die Mädscher tragen blaue und weiße Spielschürzen und wippende Florentiner Strohhüte. Mit diesen Formelementen mische ich den Kastanienbaum, dessen Blatt das Klarste Symbol von Baum, Allee, Schatten und Raumgestaltung ermöglicht. Und da ist der Rhein, fließender Raum an sich, ein fließender Himmel, fließende Ufer und Dörfer. Bewegung kann gar nicht klarer und sinnvoller dargestellt werden."

4. Paul Klee

Wassily Kandinsky: Der Blaue Reiter (Rückblick)

Mein Nachbar in Schwabing war Paul Klee. Er war damals noch sehr „klein". Ich kann aber mit berechtigtem Stolz behaupten, daß ich in seinen damaligen ganz kleinen Handzeichnungen (er malte noch nicht) den späteren großen Klee gewittert habe. Eine Zeichnung von ihm ist im Blauen Reiter zu finden.[187]

Gabriele Münter: Erinnerungen an Paul Klee

Ein so verinnerlichter Mensch, wie Klee es war, der nicht mit seiner Person prunkte, sondern ganz in seiner Kunst aufging, ist kein Held für Anekdoten und Plauderei. Wortlos zeigte er seine Arbeiten, und still erlebten wir ihm Nahestehenden seine Kunst. Wenn ich mein Gedächtnis durchforsche, finde ich nicht, daß er damals je von Formproblemen und Sinndeutung gesprochen hätte. Er war noch nicht berühmt, als ich ihn kannte, in den Jahren vor dem ersten Weltkrieg. Aber er wirkte so gesammelt, in sich sicher, schweigend schöpferisch, ganz wesentlich, daß man ihn gleich als einen der Großen empfand, die damals die Epoche der Kunst unseres Jahrhunderts heraufführten. Der äußere Verlauf unserer Bekanntschaft war einfach und ereignislos. Vermittelt war sie wohl durch Kubin. Sooft dieser von Wernstein in die Stadt kam – nach München –, besuchte er, voll von Anregungen, Kandinsky in unserer Wohnung Ainmillerstr. 36, und es gab nie reichere Unterhaltung über Gott und Welt, Kunst und Menschen, als wenn Kubin da war. Eines Tages – es wird in der Zeit gewesen sein, als die „Neue Künstler-Vereinigung München" schon auseinandergefallen war, erzählte er von einem Künstler, dessen Wesen und Technik so interessant seien, daß wir ihn kennenlernen müßten: Paul Klee.[188]

Ich weiß nicht mehr, wer dann den Anfang mit dem Zusammenkommen gemacht hat. Klee wohnte nur ein paar Nummern weiter in derselben Straße Schwabings, deren Gartenhäuser damals zum Teil noch auf freie Wiesen blickten, und es entspann sich mit ihm ein zwangloser Verkehr. Sein von allem äußeren Schein freies, durch und durch echtes, zurückhaltendes Wesen sagte uns in jeder Weise zu. Er war dem Unwesentlichen feind, das sich unter den Menschen breitmacht, und hielt sich von Klatsch, Eifersucht und Verstimmungen zwischen den Kollegen fern. Trat dergleichen an ihn heran, so lehnte er offen ab, sich damit zu befassen. Seine Erscheinung, damals noch der Zeit entsprechend mit Bart an Lippe und Kinn, war unauffällig. Nichts künstlerhaft Genialisches sprang einen an. Desto fesselnder war seine Kunst, die aus dem eigenen Gesetz und Fühlen hervorging, ohne sich um den Erfolg in der breiten Öffentlichkeit zu kümmern. […] Wir waren manches Mal bei ihm, um zu sehen, was er neu gearbeitet hatte. Er gab uns dabei Einblick auch in seine Technik. Eigentümlich war sein Verfahren, Blätter zu immer geschlossenerer Wirkung zu bringen. Er erklärte, daß er schon fertige Zeichnungen durch Abschneiden mit der Schere noch weiter auf das Wesentliche zusammendrängte. […]

Wie seine Kunst liebten wir sein Musizieren, das Duo von Geige und Klavier, das er mit seiner Frau, der Pianistin, pflegte. Ich war nicht selten bei ihren kleinen Hauskonzerten, wo vor allem die Klassiker von Bach bis Beethoven gespielt wurden. Ebenso kam auch Klee gerne zu uns. Er hatte von Anfang an Verständnis und Bewunderung für das Schaffen Kandinskys, das damals noch nicht immer zur vollen Abstraktion durchdrang, sondern in vielen Werken die schwierigen Übergänge zeigte, wo die gegenständliche Welt, einigermaßen erkennbar, seltsam aufgelöst erscheint. Klee erging sich nicht in lobendem Besprechen; sein Verständnis und Einverständnis bekundeten sich in verweilendem Betrachten und Wiederkommen.

Auch für meine Arbeit hatte er Aufmerksamkeit, und es ist wohl bezeichnend für seine künstlerische Kapazität, daß er nicht an dem vorbeiging, was seiner eigenen Bestrebung fernlag. So verweilte er einmal vor einem Kinderbildnis, das ich gemalt, worauf er seinen Eindruck in die sparsamen Worte zusammenfaßte: „Das ist wie Munch in seiner besten Zeit." Ein anderes Mal betrachtete er eine Porträtstudie und sagte bloß: „Das könnte ich nicht." Kandinsky (der wohl nur zweimal in seinem Leben Porträt gemalt hat, nämlich seinen Vater und mich)[189] fügte hinzu: „Ich auch nicht." So bescheiden sprach sich der Weltverzicht der großen eigenschöpferischen Meister aus.

Gewöhnlich saßen wir, wenn Klee kam, in meinem Arbeitsraum, weil dieser das größte und behaglichste Zimmer in der Wohnung war. [...] Als 1913 die heißen Tage kamen und Klee zum erstenmal, gebührend bewundert, in seiner weißen Sommerhose in meinem Atelier saß, sah ich ihn bildhaft vor der Wand mit den alten Hinterglasbildern, neben dem Tischchen, auf dem sich holzgeschnitzte Figuren der Volkskunst häuften. Ich ließ die Männer die Rede führen und hielt indessen die Erscheinung in wenigen Bleistiftstrichen fest. Daraus entstand das große Gemälde, dem Kandinsky im „Ersten Deutschen Herbstsalon" [...] einen Ehrenplatz gab.[190] Es will kein Porträt sein, wie das schon der Titel „Mann im Sessel" anzeigt, sondern ist ein Bild gewordenes Augenerlebnis von einem Ganzen, in dessen Dunkelheiten und geheimnisvoller Vielfältigkeit die weiße Hose fast ironisch leuchtet. Und doch liegt unversehens vielleicht der wahre Wesensausdruck des Menschen und Künstlers Klee in dieser paradoxen Darstellung: Das leibliche Dasein in der Welt ist verwunderlich, und der Geist führt sein Eigenleben, versunken in dem Klingen der Dinge und in sich selbst. In dieser Vision beschließt sich mehr denn in erzählbaren Begebnissen und Unterhaltungen meine Erinnerung an Paul Klee.

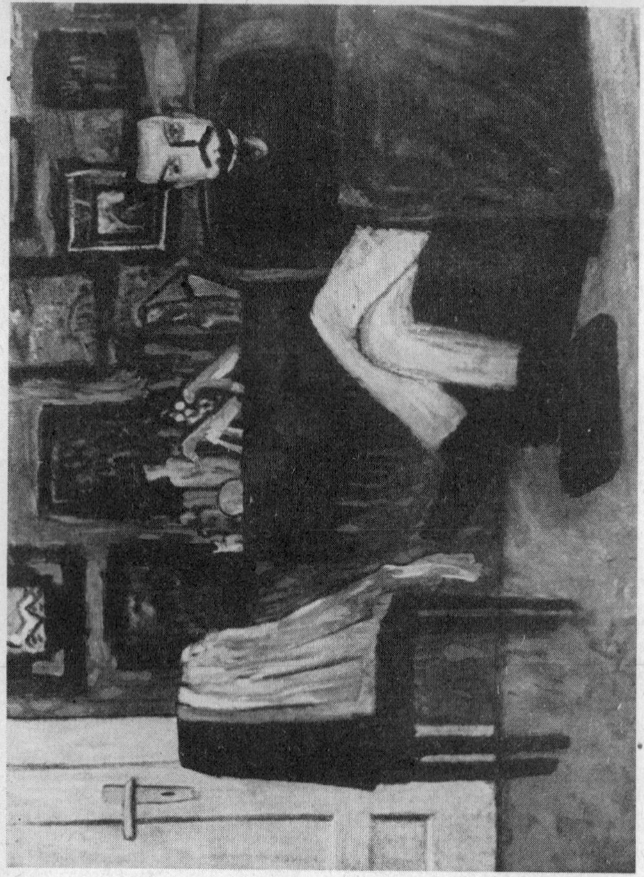

57. Gabriele Münter: Mann im Sessel (Paul Klee). 1913, Öl

Reinhard Piper: Mein Leben als Verleger

Ich lernte auch den zartgliedrigen, brünetten Paul Klee kennen, der aus Bern stammte und ein guter Geiger war. [...] Klees graziös-ironische Linienarabesken erinnerten mich an die Wortarabesken Christian Morgensterns. Der Künstler hatte mit umständlichen, trockenen, sehr literarischen Radierungen begonnen, etwa in der Art Marcus Behmers. Ich konnte mir nicht vorstellen, daß sich daraus noch etwas Lebensfähiges entwickeln werde. Er wurde aber überraschend immer freier und überlegener. Schließlich beschenkte er die Welt mit unerschöpflichen Einfällen. Nur ein eigensinniger Pedant konnte sie nicht liebgewinnen.

Franz Marc: An Paul Klee (11. 12. 1912)

Zu meinem bitteren Ärger lehnt Piper die Übernahme Ihres Candidc ab;[191] er fürchtet, geschäftlich auf den Sand zu fahren. Es gäbe nun noch drei Verlage, an die man denken könnte: Rowohlt in Leipzig, Delphin-Verlag und Müller. Wenn Sie keine andere Idee noch damit haben oder nicht lieber selbst mit einem von diesen verhandeln wollen, übernehme ich den Versuch, es da oder dort anzubringen, mit Freuden. Es *muß* herauskommen.

Franz Marc: An Paul Klee (14. 12. 1912)

Wie steht es mit Candide? Wollen Sie ihn mir nicht als Wertpaket schicken? Ich möchte die Zeichnungen Frau Lasker-Schüler und eventuell Kainer zeigen, da ich glaube, daß wir von dieser Seite am leichtesten einen kollegialen Rat, die Sache irgendwo zu verlegen, erhalten.

Franz Marc: An Paul Klee (August 1913)

Ich habe einen sehr ernsthaften Interessenten für Ihre Zeichnungen, Herrn W. Beffie aus Amsterdam, der bei mir ein paar Tage vor meiner Abreise für 2 600 kaufte![192] Was sagen Sie dazu?

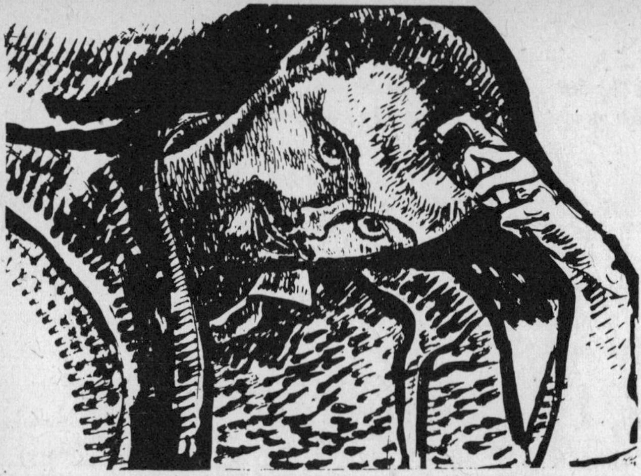

58. Paul Klee: Junger Mann, ausruhend (Selbstbildnis). 1911, Tusche

Wilhelm Hausenstein: Die bildende Kunst der Gegenwart

Man geht wohl nicht fehl, wenn man unter den Graphikern der jungen Generation nächst Kubin den Schweizer Paul Klee als den interessantesten bezeichnet. Dasselbe Land, das den trotz aller menschlichen Munterkeit künstlerisch philiströsesten Richtigkeitstechniker, den emsigen Stauffer-Bern, hervorgebracht hat, dies Land brachte in unseren Tagen auch den maßlosesten Deformator hervor, den die Geschichte der neueren Graphik überhaupt erlebt hat. [...] Heute hat Klee einen Stil erreicht, dessen Wert ganz im Formalen, in der eigentümlich morbiden Handschrift beruht. Seine Zeichnungen – unter denen die übrigens noch einer älteren Periode angehörenden Illustrationen zu Voltaires Candide hervorragen – sind etwa so zu definieren: sie sind der letzte überhaupt noch graphisch materialisierbare psychologische Reflex sinnlicher und mehr noch übersinnlicher Erlebnisse. Die Handschrift gewinnt dabei die äußerste Verdünnung; das Objekt gewinnt in der Zersetzung die äußerste Durchsichtigkeit; die Vision zittert in der Luft wie ein halber Gedanke, der sich nicht bestimmen läßt. Aus diesem absolut Vagen, sachlich Vagen macht Klee etwas formal ungewöhnlich Bestimmtes. Man hat ähnliche Gefühle wie bei Picasso; man hat das Gefühl einer bis zur Kindlichkeit sublimen Verderbtheit, die aber keinen Moment im Stofflichen bleibt, sondern sich sofort mit größter Intensität in künstlerische Anschauung umsetzt und das verwischteste Erlebnis mit einer Handschrift von namenloser, dennoch präziser Erotik niederzuschreiben weiß. Begriffe wie Dekadenz sind hier sinnlos: die Intensität und die Schärfe der Form überwindet zuletzt jegliche Zerrüttung, und am Ende bleibt nichts übrig als der sichere Eindruck einer in ihrer Weise vollendeten Musik.

Paul Klee: An Alfred Kubin (29. 12. 1914)

Hausensteins Buch habe ich heut erhalten.[193] Wir kommen gut weg, wir zwei. Und es ist trotzdem ein ganz normales Buch, „gar nicht snobistisch meine ich", und seine kühle Vernunft wird Gutes für uns wirken. Er ist so gescheit, der Hausen, daß er einsieht, daß man Mut haben muß.

5. Alfred Kubin

Wilhelm Hausenstein: Kubin

Kubin zeigt nicht die in sich geschlossene Kausalität des einzelnen Dinges, der einzelnen Situation: er zeigt […] die unendliche Parallelität der Wesen und Vorgänge. Ein Ding geschieht auf einem und demselben Blatt neben anderen Dingen, die zu dem ersten nach der gewöhnlichen Kausalität gar keine Beziehung haben, aber vor dem Angesicht des Künstlers […] dadurch zusammenhängen, daß sie in dem einzigen großen vegetabilischen Unsinn dieser Welt so sonderbar coexistent sind wie die einander so gleichgiltigen Amphibien in einem Aquarium. Kubin schreibt die Amphibiologie unserer Zivilisation – und es ist kein Wunder, daß er, der Mensch zu Mensch, Ding zu Ding addiert, bis unser Abendland in einem einzigen Mysterium des Aberwitzes untergeht, mit gleicher Unbarmherzigkeit die Tiere und Pflanzen der Tiefsee, mit gleich vegetativer Überlegenheit

die vegetative Lebenzeugung und Lebenverwüstung des Orients zeichnet. Er zeichnet mit einer Schrift, die den kompakten Majoritäten unleserlich sein mag. Sie ist gleichwohl bedeutsam. Sie erscheint schief, zerknittert, linkisch. Sie erscheint „ungenügend". [...] Verschiedene Kunstgelehrte sind sehr unzufrieden mit Kubin und raten dem jungen Mann, noch einen Zeichnungskurs – etwa bei Franz von Stuck – mitzumachen. Es ist noch immer nicht als selbstverständlich anerkannt, daß es in der Kunst allen Akademien zum Trotz keine Normalkalligraphie gibt.
[...] Kubin [...] erscheint das Ding, von dem er Eindrücke erhält, just nicht in einem Licht, das nur die materielle Tatsächlichkeit der Erscheinung zur Geltung bringt. Man möchte sagen: das Ding erscheint ihm nie in einfach begrenzter Richtigkeit. Es erscheint ihm verbogen; es dreht das Innere nach außen. Es windet sich. Das alles nicht im Sinn literarischer Allegorie, sondern im Sinn ausschließlicher Sinnlichkeit. So ergibt sich die zerquetschte Zeichnung als Resultat einer auf Metaphysisches gestimmten, mysteriös-passiven Sinnlichkeit. Wir berühren hier Besonderes, Formeln von begrenzter Geltung. Es wäre Torheit, das Spezielle an Kubins Ausdrucksmitteln, das gleichsam Unterliegende, Erdrückte seiner technischen Sprache zu verallgemeinern. Das Allgemeine an ihr ist ihre religiöse Sinnlichkeit: ihre sinnliche Leidenschaft für den sinnlich faßbaren Hintersinn der endlichen Erscheinungen. Es gibt im Gesamtstil unserer Zeit, der ein Stil von objektiver Art ist, Künstler, denen die Objekte und ihre Bewegungsgesetze glücklicher im Lot sind. Sie sind geboren, das Positive in der Zeit zu sehen. Die Dinge werden ihnen, ihren robusteren Organismen, nicht zum Schmerz, sondern zum Hymnus. Auch sie gehören zur Zeit. Entweihen wir nicht die Lebensnot eines einzelnen Geistes dieser Zeit, indem wir dulden, daß sie ihm entwendet und geschäftig profaniert werde. Not gebietet Ehrfurcht.

Wassily Kandinsky: An Alfred Kubin (14. 6. 1911)

Diese letzten Tage habe ich gedacht, daß man gar nichts mehr von Ihnen hört, wo Sie wohl sein können was Sie treiben. Und es ist auch eine Nachricht von Ihnen gekommen,

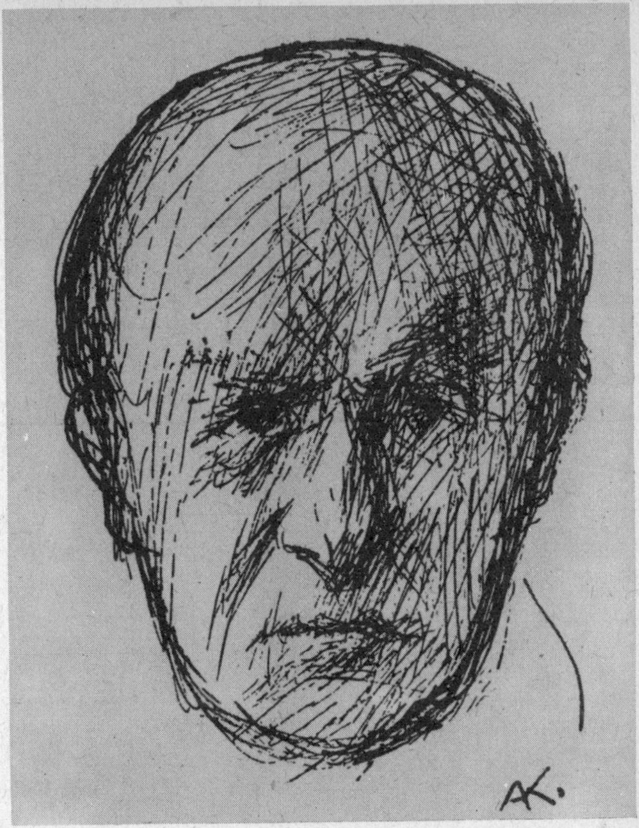

59. Alfred Kubin: Selbstbildnis. Undatiert, Tusche

die mir aber nicht sehr gefällt. Versuchen Sie doch, energisch die dunklen Gedanken zu verjagen, sie unterzukriegen. Sie sind doch ein Mensch von feinen Gefühlen, feiner Empfindlichkeit. Wie können Sie denn nun nur *eine* Seite des „Lebens" *fühlen*? Wodurch bleibt die andere für Sie verdeckt? Oder besser: warum sehen Sie nur *Die andere Seite?* In diesem famosen Buch haben Sie tausendmal recht. Es ist beinahe eine Vision des Bösen. Sie müssen aber jetzt Ihrer Wachspuppe den Kopf abschlagen u. mit Füßen zertreten zu Staub.[194] Aber da Sie so stark den Bösen gesehen haben, so kommen Sie ganz bestimmt auch zum anderen Sehen. Das fühle ich plötzlich ganz deutlich.

Wassily Kandinsky: An Alfred Kubin (26. 6. 1912)

Klee erzählte mir, daß Sie *viele* gute Sachen gemacht haben. Ich denke immer mit großem Vergnügen und warmem Gefühl an alle Ihre Arbeiten. Die kleine Tanzskizze [...] hängt bei mir in München vor dem Schreibtisch. Und hier habe ich die Ziege, die neben einer Picassoskizze hängt: wie verschieden! und wie lebendig, durch und durch durchgefühlt beides.[195]

Franz Marc: An Alfred Kubin (5. 3. 1913)

Ich war auch mit Herrn Koehler, einem Berliner Sammler, dort;[196] er verhandelte mit Thannhauser über einige Ihrer Sachen. – Hoffentlich kommt etwas zu Stande; es wäre schön, wenn Sie auch in seiner wirklich sehr, sehr verständigen Galerie vertreten wären.

Franz Marc: An Alfred Kubin (7. 9. 1913)

Ihr Buch[197] [...] ist herrlich, ich versteh jetzt schon, daß Sie so entrüstet waren, daß ich es noch nicht kannte. Es wirkte auf mich wie eine großartige hommage à Balzac, eine Krönung seines Lebenswerkes, die nur Ihr Genie vollbringen konnte; es ist die große Abrechnung mit dem 19. Jahrhundert. Unheimlich wurde es uns, meiner Frau und mir, als wir durch das Städtchen Insterburg wanderten, – es ist ja die Stadt Perle, manche Straßen haben eine geradezu grausige Ähnlichkeit mit Ihrer Geschichte.

Franz Marc: An Alfred Kubin (13. [?] 1914)[198]

Ein sehr ernsthafter holländischer Sammler W. Beffie (Amsterdam, 27 Groeneburgwal), der von Kandinsky, Le Fauconnier, mir, Jawlensky u. a. gut gekauft hat, bittet mich, einen Kauf von ein paar Zeichnungen von Ihnen zu vermitteln; er sah (ich weiß nicht wo) Sachen von Ihnen, die ihm

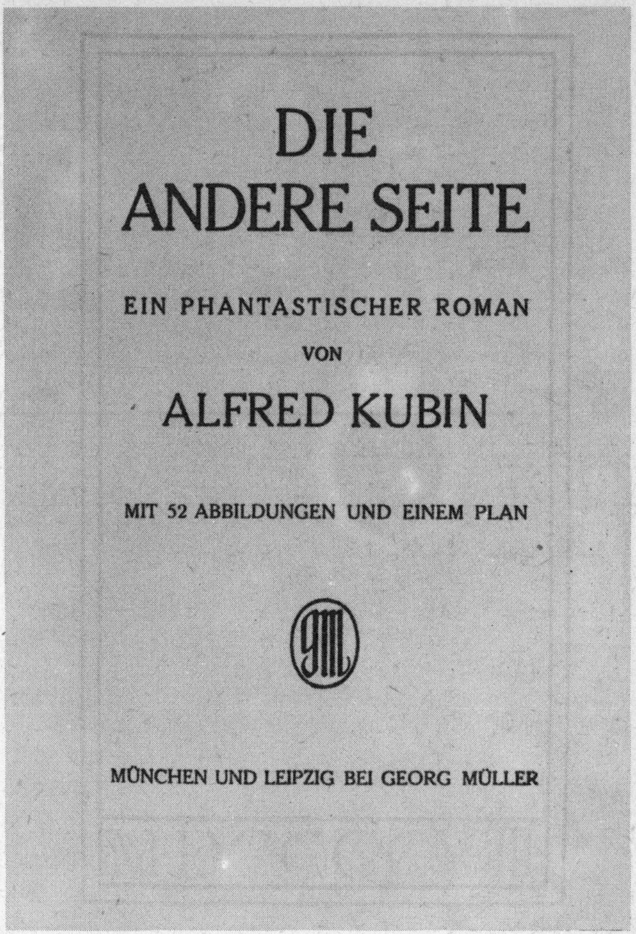

DIE
ANDERE SEITE

EIN PHANTASTISCHER ROMAN

VON

ALFRED KUBIN

MIT 52 ABBILDUNGEN UND EINEM PLAN

MÜNCHEN UND LEIPZIG BEI GEORG MÜLLER

60. Innentitel der Erstausgabe von Alfred Kubins Roman „Die andere Seite“, München/Leipzig 1909

aber zu hoch angesetzt waren; da er ziemlich viel und vielseitig kauft, will er natürlich billig kaufen, wie alle, ähnlich wie Koehler. Er sandte mir heute 250 Mk, um für ihn einige Kleezeichnungen, ganz nach meiner und Klee's Wahl auszusuchen. Ähnlich wird er es wohl bei Ihnen machen wollen; ich schrieb ihm schon, daß Sie an ziemlich hohe Preise für Ihre sehr gesuchten Zeichnungen gewohnt seien. Können Sie mir, als Basis für eine Unterhandlung angeben, wieviel Zeichnungen Sie für etwa 400 und wieviel für 600 Mk durchschnittlich geben würden. Ich denke dabei an das Format der Herbstsalonzeichnungen. Zeigen Sie sich nicht absolut stolz, – ein Verkauf an Beffie ist immer eine ganz gute Sache und Amsterdam für solche Werke ein ziemliches Neuland.

Alfred Kubin: Aus meinem Leben

Meine künstlerischen Fähigkeiten und ihre Grenzen erkannte ich jetzt klar. Ich weiß, ich besitze kein starkes formales Talent, und gewisse Härten werden meinen Arbeiten wohl immer anhaften; ich bin nächst Künstler Grübler, Seher. Meine neuen Probleme, die mich aufs äußerste fesselten, waren beim rechten Lichte betrachtet wieder die alten, aber durch ein rein künstlerisches Medium gegangen. Eine weitere bemerkenswerte Änderung im Stofflichen war, daß das Darstellen absurd kombinierender Phantastik, wie beispielsweise Schweine mit Heiligenscheinen, Häuser mit großen Ohren, Vulkane, denen Blutfontänen entspringen usw., nun nicht mehr diesen starken Reiz wie einst auf mich ausübte. Vielleicht ist diese Art der Phantastik überhaupt ein jugendliches gärendes Stadium mancher Phantasie. Jetzt waren es nicht mehr die rein persönlichen Herzensnöte, die aus mir schrien und auf sonderbare, ruckartige Weise in Visionen sich auslösten. Jetzt ergriff mich mehr das allgemeine Leben, das so mysteriös in den Menschen, Tieren und Pflanzen, in jedem Stein, in jedem geschaffenen oder ungeschaffenen Ding webt. Wieder waren es Menschenmassen und Tierherden, Prunk und Moder, üppige Laster und ekelerregende Fäulnis, Anbetung des Erhabenen und fassungslose Qual, kurz alles, was mein Herz von jeher beschäftigt hatte; aber im künstlerischen Ausdruck waren die neuen Blätter erheblich besser. Ich verzichtete auf alle Abtönungen und Farben und pflegte ausschließlich die Federzeichnung. Das einfachste Mittel, Striche, Flecken und Punkte, soll den ganzen imaginären Bau der Zeichnung tragen. Nach langen Irrfahrten glaubte ich endlich gefunden zu haben, was mir zukomme, und ich habe die Hoffnung, meine Art immer noch weiter zu vervollkommnen und diese verdrehte Welt zu spiegeln.

Hans Carossa: Die starke Seele

Verschiedene Rassen, wilde und überzüchtete, westliche und östliche, mochten zusammengespielt haben, um diesen Kopf zu bauen und dieses Gesicht zu bilden, dieses Gesicht eines vor der Zeit weise gewordenen Knaben, eines Priesters der Unterwelt, in dessen Zügen hohe nervöse Spannungen mit Müdigkeit wechselten, dieses Gesicht, das eher dem Reich des Mondes als der Sonne anzugehören schien. [...] mit Dankbarkeit und Rührung rufe ich mir heute jenen Frühlingstag des Jahres 1910 zurück. Mit Dankbarkeit vor allem für die Geduld, mit welcher der junge Meister den Neuling in die Welt seiner Visionen einführte. Eine Welt rührte mich an, die ich als fremd und zugleich als unheimlich wahr empfand, nicht die Welt des gewohnten luftgemilderten Erdentags, wo es bunte Blumen und einen blauen Himmel gibt, sondern die eines anderen Planeten, wo keine versöhnende Atmosphäre die Kreaturen miteinander in sanftem Einklang hält, wo vielmehr die Sonne weißgrell in einem schwarzen Himmel steht und auf der Grenze zwischen Licht und Urnacht ein graues Zwischenreich unaufhörlich wird und vergeht, ein abgründiges Reich der Untergänge, der Strandungen, des Wahnsinns, der Marterungen, Schändungen, ein Reich des Ausgesetztseins ohne Hoffnung. Es war gewiß nicht das Stoffliche dieser Bilder allein, was mich ergriff, sondern die starke Seele, die sich in ihnen verhüllte. Diese Seele war verwundet, war verschattet; aber sie war nicht zaghaft; sie hatte den Mut, ihren unheimlichen Gesichten ins Gesicht zu schauen, ja man konnte den Triumph des Entzückens spüren, womit sie sich in ihren leeren und öden Bezirken erging, und die Hand, die da Angstträume auf das Papier bannte, war keineswegs eine ängstliche, sondern eine sehr sichere, griffstarke Hand, der gerade dann, wenn sie die Symbole der Vergänglichkeit aufzeichnete, Unvergängliches gelang.

6. Robert Delaunay

Wassily Kandinsky: An Robert Delaunay (20. 12. 1911)

Also *St. Séverin* ist verkauft. Außerdem gibt es da einen Künstler, der Ihr *Ville* (die „kleine") gern kaufen möchte. Er bittet Sie, ihm einen Künstlerpreis zu machen. Wenn dies unmöglich ist, wird er die 500 Frs. zahlen. Wenigstens – das Etikett „Verkauft" hängt schon dran! Und noch eins! Herr Koehler, einer der seriösesten Sammler in Berlin, unser Mäzen, der 3 Bilder in diesen 2 Tagen bei uns gekauft hat, was uns materiell sehr hilft, den Blauen Reiter herauszubringen, möchte gern Ihren *Tour* für 1200 Frs. haben. Telegraphieren Sie mir bitte. Sie würden uns allen einen sehr großen Gefallen tun, wenn Sie von ihm noch etwas weniger verlangen würden, z. B. 1000 Frs. oder 1100 Frs. Ich habe ihm einen ganz außergewöhnlichen Preis für mein Bild gemacht (*Moskau*, das dieses Jahr bei den Indépendants war).[199] Wenn Sie ihm selbst vorschlügen, ihm den *Tour* für 1000 Frs. zu überlassen, wäre er sehr geschmeichelt. Und dieser Verkauf wäre ein guter Anfang – die Besitzer der anderen Sammlungen würden sich sehr wahrscheinlich ein Beispiel daran nehmen. Natürlich würde der Preis unter uns dreien bleiben – wie ich Ihnen schon sagte, würde K. auch 1200 Frs. zahlen.

Robert Delaunay: An Wassily Kandinsky (22. 12. 1911)

Ich bin persönlich gerührt über das Angebot, das dieser Künstler mir macht, und will ihm zustimmend antworten, bitte geben Sie mir noch seine Adresse.

Wassily Kandinsky: An Robert Delaunay (2. 1. 1912)

Der Künstler, der Ihr Bild *„Ville"* gekauft hat, ist Jawlensky. *St. Séverin* wurde von Herrn Erbslöh erworben. Alle beide sind

Mitglieder der Neuen Münchener Künstler-Vereinigung. von der ich einer der Gründer war und zwei Jahre lang Präsident und die ich vor einem Monat verlassen habe. Ich hoffe, Ihnen die Summe von 400 + 700 Frs. = 1100 Frs. schicken zu können. Das heißt allerdings 10% weniger – Provision für Thannhauser, wo wir unsere Ausstellung haben.

$$\begin{array}{lrcr} \text{Also} & 400 - 40 & = & 360 \\ & 700 - 70 & = & \underline{630} \\ & & & 990 \text{ Frs.} \end{array}$$

Herr Koehler wird Ihnen die

$$1100 - 110 = 990 \text{ Frs.}$$

direkt aus Berlin schicken.

Wassily Kandinsky: An Robert Delaunay (15. 3. 1912)

Herr Koehler wäre sehr froh, wenn er eine kleine Beschreibung des *Turmes*, von Ihnen geschrieben haben könnte; wann und unter welchen Umständen Sie dieses Bild gemalt haben usw.

Robert Delaunay: An Bernhard Koehler (21. 3. 1912)

Ich komme auf das zurück, was Sie mich über das Bild *„Tour“*, das Sie haben, gefragt haben [...]. Ich kann mich über all das nicht in literarischer Form äußern, über diese Mittel verfüge ich leider nicht. Ich kann nur sagen, daß ich mit Ihnen nur über die handwerklichen Dinge reden kann, die aber machen noch nicht das ganze Geheimnis der Kunst aus. Ich muß Ihnen auch sagen, daß *auch ich* gerne wüßte, was Sie denken; weil die Worte in verschiedener Anwendung den Sinn wechseln, und ich würde dem Eindruck, den Sie von diesem Bild haben, mehr vertrauen; denn das ist es, was das Wertvollste ist. Ich habe dieses Bild zu einem Zeitpunkt gemacht, als ich mich bevorzugt mit Ästhetik beschäftigte, aber sie noch nicht in vollem Umfang beherrschte; die Mittel fehlten mir, das zu finden, wonach ich mehrere Jahre gesucht hatte. Nun zeigt es sich, daß dies dem Stil von damals anzumerken ist, daß er aber dennoch diesen dramatischen und starken Ausdruck

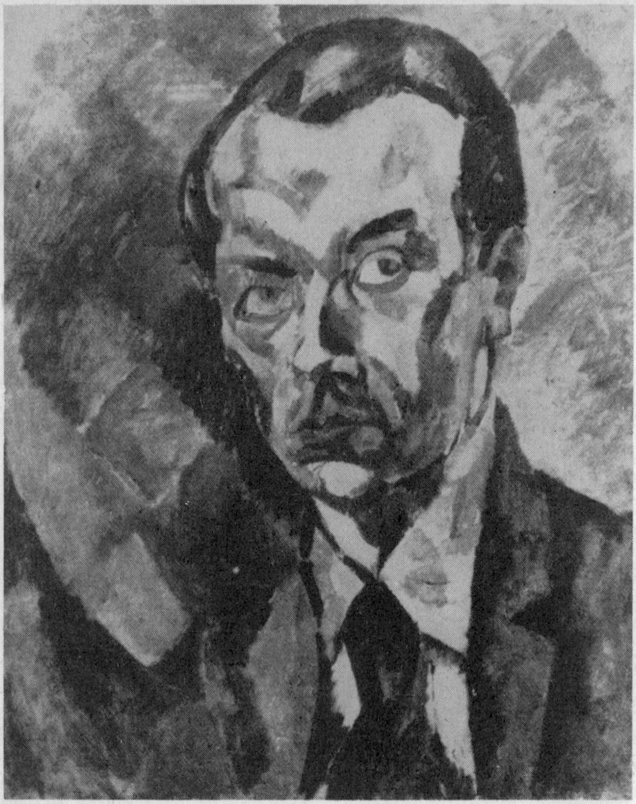

61. Robert Delaunay: Selbstbildnis. 1909, Öl

hervorgebracht hat. *„St. Séverin"* ist vorher entstanden, und bei diesem Bild wird schon der Anfang dessen, wovon ich spreche, spürbar: ich beginne die Beziehungen der Linien in der Natur zu entdecken und in der Folge davon das Zueinander der Farben, aber da ist nur Zaudern und Zweifel: wirklich frei werde ich erst im *„Fenster zur Stadt"*, das schon eine *strengere* Synthese ist, aber ruhiger und gereifter und persönlicher: dort habe ich neue Mittel außerhalb der großen impressionistischen Bewegung gewonnen, die mit der Reaktion von *Neo-Impressionismus und Kubismus* endet. All das setzt Punkte, die für uns alle sehr interessant sind. 1. Impressionismus in der *Farbe*, Neo-Impressionismus. 2. Impressionismus *der Linie, die Zeichnung der Form*, Kubismus. Mein Stadt-Bild markiert die Verbindung der beiden bildnerischen Methoden Farbe und Konstruktion, d. h. *farbige Formen*, ebenso die Studien zu *Ville de Paris*, und dieses letzte Bild ist das greifbare Ergebnis und die Anwendung dieser Methode, aber entstanden in der ständigen Sorge, sie durch die Mannigfaltigkeit des Sujets bis ins Unendliche zu bereichern bei der realsten Umsetzung der Natur, was die Kunst klassisch und groß macht, und danach suchen wir alle.[200]

Franz Marc: An Wassily Kandinsky (5. 10. 1912)

Er arbeitet sich zu wirklich konstruktiven Bildern durch, ohne jede Gegenständlichkeit, man könnte sagen: rein klanglichen Fugen; es scheint mir, daß er sich dabei noch viel zu sehr auf Complementärfarben und Prismenwirkung stützt; aber die Sachen sind zweifellos talentiert, und er steckt voll großen Wollens.

Robert Delaunay: An Franz Marc (Februar 1913)

Seit ich Sie das letzte Mal sah, habe ich in meiner Kunst große Bewegung realisiert. Ich finde, daß Sie sich ziemlich gut in Ihrer Kunst selbst definieren ... Jetzt ist es an mir, eines Tages Ihr Werk mir anzusehen und darauf zu reagieren. Ich bin nicht ganz derselben Meinung in bezug auf die Religion. Ich finde, daß man für die Kunst, für die *Bewegung* in der Kunst *keinen Mystizismus braucht*, weder einen christlichen noch einen jüdischen noch sonst einen ... Was meine Kunst von dem unterscheidet, was ich *ein wenig*, ich sage ein wenig, und das stimmt, in Ihrem Lande, bei den interessantesten der jungen Deutschen, gesehen habe, das ist diese mystische Vorliebe oder besser Betäubung [das mystische Begeistertsein oder besser Entgeistertsein], die das Leben paralysiert und hindert.[201]

[...] Sie haben, als Sie von meiner Kunst sprachen, gesagt, sie sei europäisch, ich fügte hinzu, ich strebte nach der universellen Kunst. Meine Kunst läßt sich nicht einzwängen in eine Manier, ein Genre, das man klassifizieren muß wie

zum Beispiel die Kubisten, die sich selber klug und fügsam einordnen
Ich habe alles zertrümmert
und liebe die Kunst
die die Bewegung
besitzt
den Rhythmus
den Keim der Wahrheit   das Licht.

In der Kunst beschäftigen mich nicht die Gegenstände wie die Schaufensterdekoration, von der Sie anläßlich das Salon d'Automne sprachen. Die habe ich schon überwunden. Ich hätte durchaus Zeit, eine Religion daraus zu machen; doch wozu? Ich stamme nicht mehr aus der Epoche der Kreuzzüge, bin auch kein sanfter Greis von Montrouge in seiner Abgeschiedenheit.[202] Jetzt geht es um andere Dinge. Die Art der Alten ist tot, die Geometrie, die Perspektive usw. Alles versunken. Es gibt die Wirkungszonen. Lassen wir die Geschichte und die archäologischen Ausgrabungen. Seien wir vor allem Menschen.

August Macke: An Bernhard Koehler (10. 3. 1913)

Ich hatte damals in Paris schon das Gefühl, sehr bedeutende Sachen vor mir zu haben. Jetzt, nachdem ich sie noch zweimal gesehen und die neuen dazu, bin ich ganz begeistert.[203] Im Grunde genommen weine ich bittere Tränen, daß Du nichts davon gekauft hast. Und im stillen denke ich, könntest Du mir Vollmacht geben, eins der Bilder auszusuchen. Wenn ich durch diese sonnendurchleuchteten Fensterscheiben die Häuser und den Eiffelturm sehe – die letzten Bilder sind das –, so geht mir das Herz auf. Wenn Du also nicht laut Kriegsgerücht[204] oder ganz starker Antipathie gänzlich abgeneigt bist und Dich darauf verlassen willst, daß diese Bilder vor allen anderen imstande sind, einen mit einer geradezu himmlischen Freude an der Sonne und am Leben zu überschütten – sie sind gar nicht abstrakt, sondern größte Wirklichkeit, ich sehe es ganz genau –, so schreibe sofort.

August Macke: An Robert Delaunay (12. 3. 1913)

Es wäre mir viel daran gelegen, wenn mein Onkel Koehler eins oder zwei Ihrer neuen Bilder kaufte. Ich habe auch Auftrag von ihm, nachdem ich ihm ausdrücklichst geschrieben habe, etwas auszusuchen und mit Ihnen zu verhandeln. Er schrieb, er hat zuviel gekauft und wird bestimmt nur kaufen, wenn er billige Preise hört.

Sonia Delaunay: An August Macke (14. 3. 1913)

Ich wiederhole hier die Zahlen im Falle, daß im Telegramm Fehler vorgekommen wären.

18.	Les Fenêtres 2 Motif 1 partie Réplique	2700 MK
16.	Les Fenêtres	1800 MK
4.	Lè Représentation Les Fenêtres simultanée ville 1ère partie 2 motif	1800 MK
18	und *16*	4000 MK
16	und *4*	3400 MK

Das sind Preise, die ich nur für Herrn Koehler mache, da es mich freuen würde, wenn er von meinen neuen Bildern auch welche in seinem Besitze haben würde, und mir deren immer weniger nach jeder Ausstellung bleiben.[205] Die Studien kann ich nicht billiger machen, sie waren den niedrigsten Preis taxiert. Was Sie anbelangt, wenn Sie ein Bild oder eine Studie kaufen möchten, so wählen Sie sich eins aus und schreiben Sie mir den Preis, den Sie dafür geben können, denn zwischen uns Leuten vom gleichen Metier und Freunden soll die Handelsfrage nicht existieren, ich würde Sie bitten, die Antwort auch zu telegraphieren.

August Macke: An Robert Delaunay (16. 3. 1913)

Koehler nimmt Nr. 18 Les Fenêtres 2 motif 1 partie réplique und die *ganz kleine* Studie *in Goldrahmen* (ich glaube N. 21) zusammen für 2700 MK. [...] Mit meinen Kaufgedanken sieht es so aus, daß ich die teuersten Bilder am höchsten schätze, aber den Preis nicht bieten kann, den die Bilder wert sind.

August Macke: An Bernhard Koehler (17. 3. 1913)

Eben erhalte ich Antwort von Delaunay. Ich denke fast immer daran in der letzten Zeit. Reflektierende Spiegelscheiben, durch die man an einem sonnigen Tag die Stadt und den Eiffelturm sieht, die tief tiefvioletten Reflexe, links das herrliche Orange, unten die blaßblauen Häuser, aus denen sich immer wieder überfangen von dem scharf abgesetzten Glänzen der Scheibe der grüne Turm steil bis in den azurblauen Himmel erhebt. Das ist der äußere, an sich sehr einfache Vorgang. Aber zu welchen Klängen vereinfacht er dieses einfache Motiv. Du mußt besonders einmal sehen, wie bei weiterem Wegtreten die Farben eine wunderbare Tiefe annehmen. Das alles ist so herrlich ausgewogen, daß die ganze sonnige Natur sich drin spiegelt. Ich freue mich, daß Du diese Bilder hast. Das kleine so einfach und wunderbar intim. Man kann es neben jeden Holländer hängen.

August Macke: An Robert Delaunay (Juli 1913)

Ihr großes, neues Bild hat mir in der Photographie sehr viel Freude gemacht. Ich hatte es lange Zeit in unserem Zimmer an der Wand hängen.[206] [...] Wegen dieses kleinen Bildes hatte ich doch so telegraphiert, daß Koehler es kaufen sollte. Ich hatte wirklich nicht so viel Geld. Wenn Sie mal ein Bild zuviel haben, leihen Sie es mir. Manchmal kommen Leute zu mir, die auch etwas kaufen können.

Franz Marc: An Robert Delaunay (14. 4. 1913)

Wenn es eines von Ihren letzten Bildern ist, so muß ich gestehen, daß ich eine dem Stil dieses Bildes völlig entgegengesetzte Entwicklung erwartet hatte. Das ist doch reinster Impressionismus, Augenblicksbewegung der Photographie [...] Das einzige, was mich frappiert, ist, daß das Bild sehr pariserisch, sehr französisch ist, aber sehr weit von meinen Ideen. Das was ich im Herbst in Ihrem Atelier gesehen habe, das lange Bild mit der dreifachen Tour,[207] hat mich viel mehr aufgeregt.

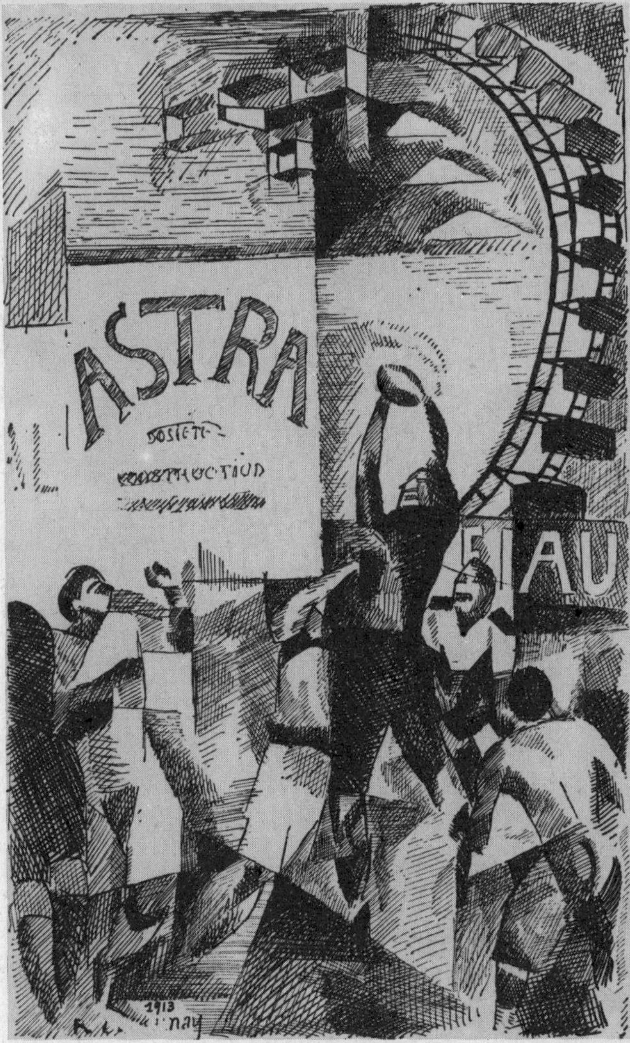

62. Robert Delaunay: L'equipe de Cardiff. 1913, Tusche

Robert Delaunay: An Franz Marc (April 1913)

Da Sie mich darum bitten, und nicht nur deshalb, verzeihe ich Ihnen Ihre Äußerung über mich. Zunächst einmal bin ich nicht erstaunt, daß Sie auf diese Reproduktion so reagieren, die nur ein Hilfsmittel ist, um die Erinnerung festzuhalten. Aber in diesem Bild, das das schönste und reifste Sujet ist, habe ich meine anderen Werke selbst übertroffen. [...] Es ist das Bild, welches das [...] neueste meiner Kunst ist, das in der Darstellung repräsentativste. [...] Seit einem Jahr habe ich die Farbe als Mittel der Konstruktion (Simultankontrast) im Licht befreit. Seit fünf Jahren war ich ausschließlich damit beschäftigt, *mittels der Farbe darzustellen;* denn ich versuche, die *ideale Malerei* an die Reinheit heranzuführen – Malerei nur noch zur Freude der Augen. Sie machen mir ein großes Kompliment, das ich ernst nehme und für wahr halte: daß meine Kunst sehr französisch ist und folglich auch, wie ich hinzufüge, sehr frei. Diese Freiheit der Inspiration, die mit großem Getöse Orphismus (Poesie)[208] genannt wird, läßt sich aus diesem Bild ablesen. Alle diese Dinge wären vor dem Bild selbst so einsichtig und vor unseren Augen empfänden wir hier evidente Simultaneität dieser *Bewegung*; doch die Zukunft trennt uns noch – die Distanz – Aber ich glaube nicht an dieses Nacheinander, ich glaube im Gegenteil, daß wir miteinander übereinstimmen, denn beide lieben wir Rousseau!

7. Arnold Schönberg

Arnold Schönberg: An Wassily Kandinsky (24. 1. 1911)

Sie wissen vielleicht nicht, daß ich auch male. Aber mir kommt es so sehr auf die Farbe (nicht auf die „schöne" Farbe, sondern auf die ausdrucksvolle, im Zusammenklang ausdrucksvolle) Farbe an, daß ich nicht weiß, ob jemand etwas davon hat, der die Reproduktionen sieht. Freunde glauben zwar daran, aber ich bin unsicher. Nur wenn es sie interessiert, schicke ich Ihnen einiges. Obwohl ich ganz anders male, werden Sie doch Berührungspunkte finden. Ich finde wenigstens solche in den Photographien. Vor allem darin, daß Sie scheinbar sehr wenig gegenständlich sind. Ich kann auch nicht glauben, daß die Malerei unbedingt gegenständlich sein muß. Ich glaube sogar bestimmt das Gegenteil. Wenn die Fantasie uns trotzdem Gegenständliches eingiebt, dann, meinetwegen. Das mag ja daher kommen, daß wir mit dem Auge nur Gegenständliches aufnehmen. Worin das Ohr besser dran ist! Aber wenn der Künstler einmal dahin gelangt, in den Rhythmen und Tonwerten nur den Ausdruck innerer Vorgänge, innerer Bilder zu wünschen, dann hat das „Objekt der Malerei" aufgehört, bloß dem reproduzierenden Auge anzugehören.

Wassily Kandinsky: An Arnold Schönberg (6. 2. 1911)

Ich bin direkt begeistert für Ihre Bilder: eine natürliche Notwendigkeit und ein feines Gefühl sind ihre Quelle.

Arnold Schönberg: An Wassily Kandinsky (8. 3. 1912)

Zunächst muß ich Ihnen sagen, daß mir Ihr Aufsatz über meine Bilder eine ganz ungeheure Freude gemacht hat.[209] Vor allem die Tatsache, daß Sie meine Bilder für der Mühe wert halten. Dann aber auch, was Sie sagen. Und was Sie außerdem sagen: Sie sind ein so voller Mensch, daß Sie die geringste Erschütterung immer zum Überfließen veranlaßt. Deshalb spenden Sie auch bei dieser Gelegenheit eine Fülle der schönsten Ideen. – – Ich bin sehr stolz darauf, Ihre Achtung gefunden zu haben, und freue mich riesig über Ihre Freundschaft.

Wassily Kandinsky: Die Bilder

Die Bilder Schönbergs zerfallen in zwei Arten: die einen sind direkt nach der Natur gemalte Menschen, Landschaften; die anderen – intuitiv empfundene Köpfe, die er „Visionen" nennt. Die ersten bezeichnet Schönberg selbst als ihm notwendige Fingerübungen, legt keinen besonderen Wert auf sie und stellt sie nicht gern aus. Die zweiten malt er (ebenso selten wie die ersten), um seine Gemütsbewe-

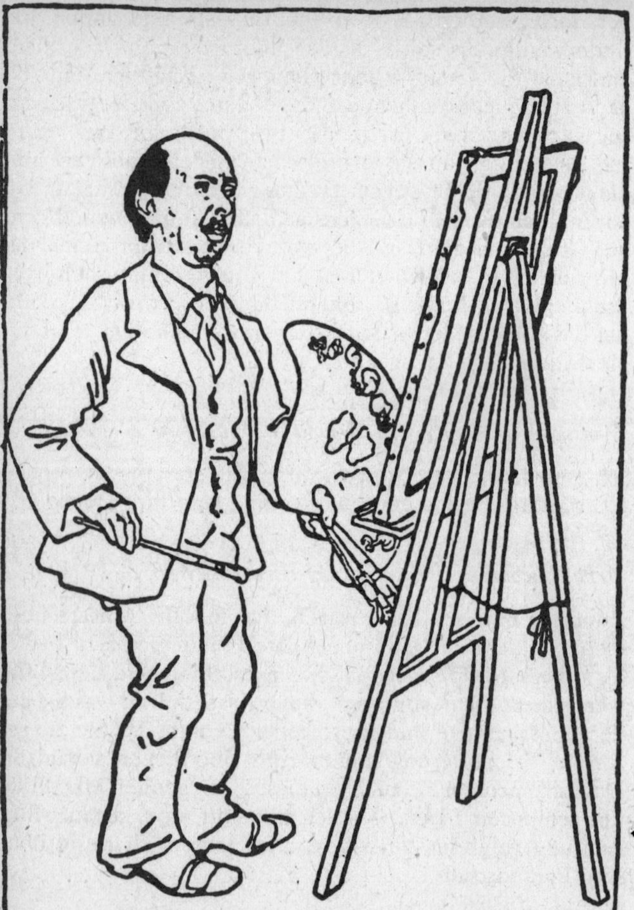

63. Rudolf Herrmann: Arnold Schönberg als Maler. Karikatur

gungen, die keine musikalische Form finden, zum Ausdruck zu bringen. Diese beiden Arten sind äußerlich verschieden. Innerlich stammen sie aus einer und derselben Seele, die einmal durch die äußere Natur zum Vibrieren gebracht wird, ein anderes Mal – durch die innere. [...] Bei dem Künstler wird das Äußere durch das Innere nicht nur bestimmt, sondern auch geschaffen, wie in jeder anderen Schöpfung bis zur kosmischen hinauf. Von diesem Standpunkt aus gesehen, lassen uns die malerischen Werke Schönbergs unter dem Stempel seiner Form seinen seelischen Komplex erkennen. Erstens sehen wir *sofort*, daß Schönberg malt, nicht um ein „schönes", „liebenswürdiges" usw. Bild zu malen, sondern daß er beim Malen sogar eigentlich an das Bild selbst nicht denkt. Auf das objektive Resultat verzichtend, sucht er *nur* seine subjektive „Empfindung" zu fixieren und braucht dabei *nur* die Mittel, die ihm im Augenblicke unvermeidlich erscheinen. [...] Schönberg geht geradeaus, seinem Ziele entgegen, oder durch sein Ziel geleitet nur dem hier notwendigen Resultat entgegen.

[...] Das Bild ist ein äußerer Ausdruck des inneren Eindrucks in malerischer Form. Wer diese Definierung des Bildes nach sorgfältiger genauer Prüfung annimmt, der bekommt in ihr einen richtigen und, was zu betonen ist, einen *unveränderlichen* Maßstab für jedes Bild, ganz gleich, ob es, erst heute entstanden, noch naß auf der Staffelei steht oder bei der Ausgrabung einer durch lange Zeit in der Erde verhüllten Stadt als Wandmalerei entdeckt wird. [...] Wenn wir den bezeichneten Maßstab an die malerischen Werke Schönbergs anlegen, so sehen wir sofort, daß wir hier mit *Malerei* zu tun haben, mag diese Malerei „abseits" von der großen „heutigen Bewegung" stehen oder nicht. Wir sehen, daß in jedem Bild Schönbergs der innere Wunsch des Künstlers in der ihm passenden Form spricht. Ebenso wie in seiner Musik (soviel ich als Laie behaupten darf) verzichtet auch in seiner Malerei Schönberg auf das Überflüssige (also auf das Schädliche) und geht auf direktem Wege zum Wesentlichen (also zum Notwendigen). Alle „Verschönerungen" und Feinmalereien läßt er unbeachtet liegen. Sein „Selbstporträt" ist mit dem sogenannten „Palettenschmutz" gemalt. Und welches Farbenmaterial könnte er sonst wäh-

len, um diesen starken, nüchternen, präzisen, knappen Eindruck zu erreichen? Ein Damenporträt zeigt in der Farbe mehr oder weniger ausgesprochen *nur* das kränkliche Rosa des Kleides – sonst keine „Farben“. Eine Landschaft ist graugrün, *nur* graugrün. Die Zeichnung ist einfach und richtig „ungeschickt“. Eine „Vision“ ist auf einer ganz kleinen Leinwand (oder einem Stück Verpackungspappe) *nur* ein Kopf. Stark sprechend sind *nur* die rot umrandeten Augen.[210] Ich möchte die Schönbergsche Malerei am liebsten die *Nurmalerei* nennen.
Schönberg selbst wirft sich die „mangelnde Technik“ vor. Ich möchte diese Vorwürfe nach dem oben gegebenen Maßstab ändern: Schönberg täuscht sich – er ist nicht mit seiner Maltechnik unzufrieden, sondern mit seinem inneren Wunsch, mit seiner Seele, von der er mehr verlangt, als sie heute geben kann. Diese Unzufriedenheit möchte ich jedem Künstler wünschen – für alle Zeiten. Es ist nicht schwer, äußerlich weiter zu kommen. Es ist nicht leicht, innerlich fortzuschreiten. Es möge uns das „Schicksal“ gönnen, daß wir das innere Ohr von dem Munde der Seele nicht abwenden.

8. Campendonk, Lasker-Schüler, Bloch

Franz Marc: An August Macke (9. 11. 1911)

Flechtheim schrieb ganz begeistert über die Idee des Blauen Reiters! Weniger über Campendonk. Dieser verfluchte Trottel von einem Nauen! Ich schreib Dir die Stelle ab:
„Nun zu Campendonk. Ich habe ihm über meinen Eindruck betreffs seiner letzten drei Temperabilder noch nicht geschrieben, möchte es auch nicht tun, da ich von diesen Arbeiten alles andere als entzückt bin. Während seine früheren Ölbilder ein starkes und freies Temperament zeigen, finde ich, daß diese drei Arbeiten durch die zu starke Luft, die von Ihnen und Kandinsky ausgeht, zu stark beeinflußt sind, so daß Campendonk viel von seiner Ursprünglichkeit verloren hat. Nauen teilt meine Meinung, auch Dücker, der

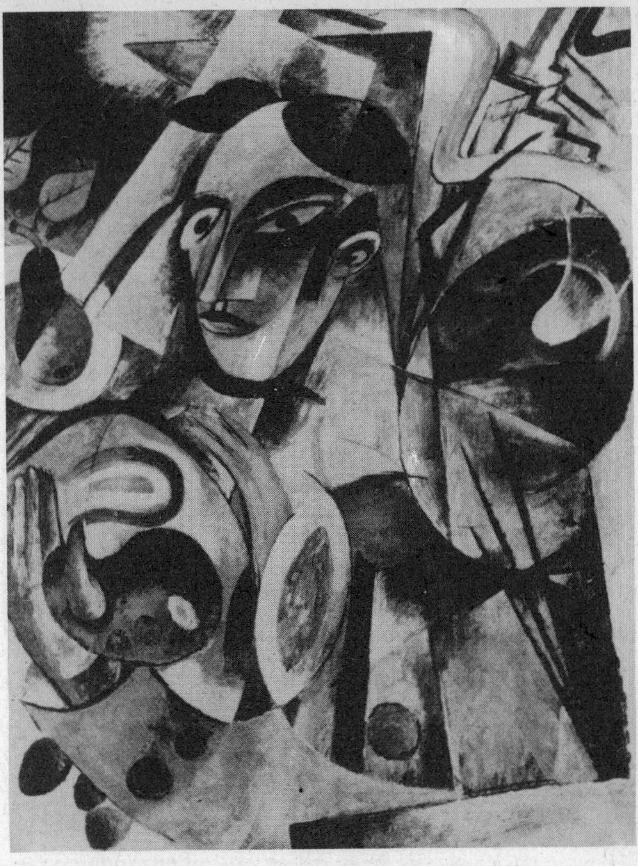

64. Heinrich Campendonk: Selbstbildnis. 1912/14, Öl

sich Campendonks Selbstporträt gekauft hat. Halten Sie es nicht für richtiger, Campendonk arbeitet wieder allein? Ich sprach mit Nauen, der ihn eventuell nach Brüggen nähme. Ich befürchte wirklich, daß die Münchner Luft zu stark ist. Was meinen Sie?“

Den Salat hat Nauen angerührt, respektive *nicht* verhindert. Nauen hat eine nicht gelinde Wut auf uns Münchner; aber statt sich an die direkte Adresse zu wenden, läßt er seinen

Unmut über uns an jemandem wie Campendonk aus, dessen ohnehin prekäre Lage er völlig erschüttert hat, statt, wie er es mit einem entschlossenen Wort gekonnt hätte, zu festigen. Warum haben wir erst kommen müssen, um seinem früheren Schüler, für den er nichts getan hat, aus der Patsche zu helfen? Und jetzt kommt er und pfuscht noch mit seiner Eifersucht herein.[211] [...]
Ich schreibe Dir dies, damit Du unterrichtet bist und eventuell auch gelegentlich für Campendonk eintreten kannst. Er hat jetzt ein paar Ölbilder (allerdings genauso „scharf" wie seine Temperasachen), die famos sind. Ich schreibe natürlich Flechtheim; ob's was hilft, bezweifle ich fast. Sonst müßt ich mich an andere Leute zu wenden suchen, aber wo? Ich weiß noch nicht. Hols der Satan?

Wassily Kandinsky: An Franz Marc (25. 4. 1912)

Es handelt sich um die Blätter von Campendonk. [...] Die Blätter sind in meinen Augen vollkommen Picasso [...]. Der Unterschied ist der, daß Picasso weniger „geschickt" ist. [...]. Bei Campendonk sind es, für mein Gefühl, ziemlich steife und nicht erlebte Formen. Dabei äußerlich sehr „schön", d. h. liebenswürdig und gleichgültig (nicht im guten Sinne).

Franz Marc: An Wassily Kandinsky (27. 4. 1912)

Meine Ideen hängen vollkommen und unzertrennlich mit den 6 Bildern zusammen, die er gestern zum Sonderbund absandte.[212] [...] Daß Picasso der Anreger dieser Bilder ist, ist klar; sicher ist mir auch, daß er aus einem anderen Geiste arbeitet als Picasso; nur bestreite ich leidenschaftlich, daß er aus *dem* Geiste arbeitet, den Sie hier vermuten. [...] Mit Geschicklichkeit macht man solche Arbeiten nicht.

Maria Marc: An August Macke (21. 1. 1913)

Nun noch einmal Lasker-Schüler, sie ist in *schrecklicher* Geldnot, hat einen Sohn von 13 Jahren – ist selbst momentan so krank, daß sie nicht arbeiten kann. Ihre Freunde Karl Kraus, Dehmel, Fürstin Wied, Adolf Loos, Lagerlöf usw. haben einen Aufruf ergehen lassen für Lasker-Schüler. Der

Kreis vom Blauen Reiter hat ja kein Geld – außerdem würde Lasker-Schüler von unbemittelten Künstlern nichts nehmen – und darum soll bei *Schmidt* eine Versteigerung gemacht werden. Möchtest Du auch ein paar Sachen geben? Bild oder Zeichnung – es tun auch Berliner mit; Schmidt gibt auch aus seinem Bestand etwas. Wenn Du etwas geben willst, schicke es *möglichst bald* an *Schmidt*, Königinstr. 44 „Neuer Kunstsalon" mit der Bemerkung „Zur Versteigerung für Lasker-Schüler".[213]

Franz Marc: An Alfred Kubin (23. 1. 1913)

Sie werden vielleicht schon von dem Aufruf gelesen haben, den ein Kreis von Freunden der Dichterin E. Lasker-Schüler (Richard Dehmel, Karl Kraus, Selma Lagerlöf, Pauline Fürstin zu Wied, Adolf Loos, Arnold Schönberg u. a.) erläßt, um eine Geldsammlung für L.-Sch. einzuleiten, deren materielle Lage ein solches Unternehmen wirklich rechtfertigt. Ich weiß ja nun nicht, wie Sie zu den Dichtungen und der künstlerischen Persönlichkeit von Frau L.-Schüler stehen, jedenfalls erlauben Sie mir, Ihnen einen Plan von uns

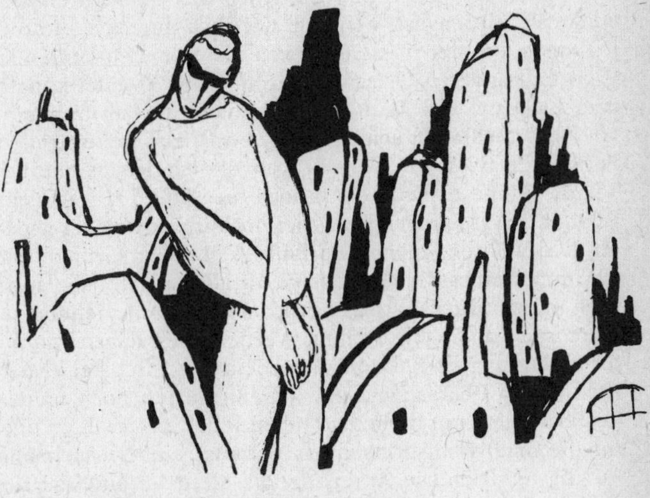

65. Albert Bloch: Studie. Um 1911, Tusche

zu erzählen: wir möchten unsern Teil an dem Werke für L.-Sch. beitragen und planen eine Versteigerung von freiwillig zu diesem Zwecke gespendeten Arbeiten, deren Reinerlös dem Fond des Aufrufes überwiesen werden soll. Dr. P. F. Schmidt v. „neuen Kunstsalon" in München, Königinstraße 44 hat mit Freuden das Geschäftliche der Versteigerung übernommen, eine Reihe von Werken sind auch schon gesichert, – wollen Sie sich nicht daran beteiligen? Wenn ja, senden Sie doch (mit Berufung auf den Zweck der Sammlung) etwas an die obige Adresse des Herrn Dr. P. F. Schmidt, – *möglichst* bald, da die Versteigerung schon bald geplant ist. Frau Lasker-Schüler darf von dem Plane keinesfalls voraus was erfahren; sie ist sehr krank.

Albert Bloch: An E. A. Maser (1955)

Marc und Kandinsky machten einfach beide den Fehler, daß sie mich als „modernen" betrachteten und dachten, ich wollte „moderne" Bilder malen, während ich das gar nicht beabsichtigte. Ich war im wahren Sinne des Wortes kein Moderner, weder in der Theorie noch in der Praxis – darin liegt der eigentliche Unterschied – sympathisierte ich mit den Zielen der neuen Bewegung. Ich war vielmehr ein bewußter Traditionalist, wenn ich mir auch durchaus die Anregungen zunutze machte, die von diesen neuen Leuten in Paris und anderen Orten ausgingen. Ohne Zweifel konnte man z. B. viel von Matisse lernen, ohne ihn zu imitieren. Ich kann auch nicht ableugnen, daß es Vieles in der frühen Periode Picassos (ca. 1908–12) gab, das ich damals sehr bewunderte und es heute auch noch tue. Aber ich war nicht Schüler dieser anregenden Maler noch irgendwelcher anderer. […] Während meiner Zugehörigkeit zu der Gruppe war ich immer eines der abseitigsten Mitglieder; ich habe auch nach meiner Rückkehr aus Europa nie meine Beziehung zu Marc und Kandinsky erwähnt, – ganz zu schweigen von ihrer Benutzung als Reklame. Trotzdem wurde ich bei keiner Ausstellung übergangen, und ich bin beiden noch immer dankbar, nicht nur dafür, daß sie mich bekanntmachten und für die daraus entspringenden Vorteile, sondern vielmehr für die unglaubliche Anregung, die diese Verbindung für mich bedeutete.

V. MUSIK UND DICHTUNG

1. Arnold Schönbergs Musik

Franz Marc: An Maria Franck (1. 1. 1911)

Heute abend bin ich nochmals bei Jawlensky; mit Kanoldt stehe ich jetzt sehr freundschaftlich und nett. Er ist ein riesig frischer und aufrichtiger Mensch, den man schnell gern hat. Morgen erwartet mich (vielleicht) ein Ereignis: ich gehe ins Konzert von Arnold Schönberg; du weißt, jener modernste Wiener Komponist, dessen künstlerisches Programm (in ein paar Zeilen dem Konzertprogramm beigedruckt – ich werde es Dir im nächsten Brief aufschreiben) dem Katalog der Neuen Vereinigung restlos vorgedruckt sein könnte.[214] Das unheimlichste bei ihm scheint das völlige Verlassen der Tonalität zu sein, – er macht also nicht mehr einen *Quer-schnitt* durch die Stimmreihen, sondern *Längs-schnitte,* was, meine ich, mit den Ideen des Kandinsky eine Verwandtschaft haben muß. Ich bin jedenfalls riesig gespannt und glaube im voraus daran! Wenn Du irgend Gelegenheit in Berlin hast, von Schönberg etwas zu hören, thue es *unbedingt,* auch um meinetwillen ... Es kann meinen Ideen unendlich nutzen, wenn gerade *Du* diese Musik hörst und über die *technische* Seite dieser merkwürdigen Kunst etwas nachdenken kannst. Und wo Du mit Musikern zusammenkommst, such über diesen Mann etwas zu erfahren. Ich habe in diesem kurzen Aufenthalt unendlich viel Theorien und Wissenschaften und Kenntnisse zusammengetragen, die mir nützlich sein werden.

Franz Marc: An Maria Franck (2. 1. 1911)

Ich bin heute etwas eilig, vor dem Schönberg-Konzert, in dem wir uns natürlich mit der ganzen „Vereinigung" treffen, die alle wie ich gespannt sind auf den Abend. Gestern Abend war ich mit Helmut bei Jawlensky und hab mich den ganzen Abend mit Kandinsky und Münter unterhalten – fabelhafte Menschen. Kandinsky übertrifft alle, auch Jawlensky an persönlichem Reiz; ich war völlig gefangen von diesem feinen innerlich vornehmen Menschen, und äußerlich patent bis in die Fingerspitzen. Daß *den* die kleine Münter, die mir *sehr* gefiel, „glühend" liebt, das kann ich ganz begreifen. Sie wollen mich und Helmut nun alle in Sindelsdorf besuchen, desgleichen wir Kandinsky und Münter in Murnau. Ach, wie freue ich mich, später mit Dir mit diesen Menschen zu verkehren, Du wirst Dich sofort wohl fühlen, auch mit Münter, glaube ich.

Franz Marc: An Maria Franck (4. 1. 1911)

Das Schönberg-Konzert erfüllte ganz, was ich erwartete, sogar bis auf die Mängel, die ich bei der Vereinigung auch oft empfinde und die keinesfalls ausschlaggebend sind für die Beurteilung. Jedenfalls gehört die Kunst beider zusammen. Das Publikum benahm sich wie Schulbuben, ein steter, feiger und ungezogener Protest durch Unruhe, Kichern und Scharren *während*! des Spielens. Während sie einen hinterher ruhig applaudieren ließen. Man schämte sich als Münchner.

Franz Marc: An August Macke (14. 1. 1911)

Ein musikalisches Ereignis in München hat mir einen starken Ruck gegeben; ein Kammermusikabend von *Arnold Schönberg* (Wien). Zwei Quartette, Klavierstücke und Lieder.[215] Es war das einzige Konzert, das ich diesen Winter besuchte, – ich roch den Braten und bewog die Vereinigung, mitzukommen; sie hatten übrigens auch schon einen Duft davon in der Nase. Das Publikum benahm sich pöbelhaft wie Schulfratzen, nießte und räusperte sich unter Kichern und Stuhlrücken, so daß es sehr schwer war, der Mu-

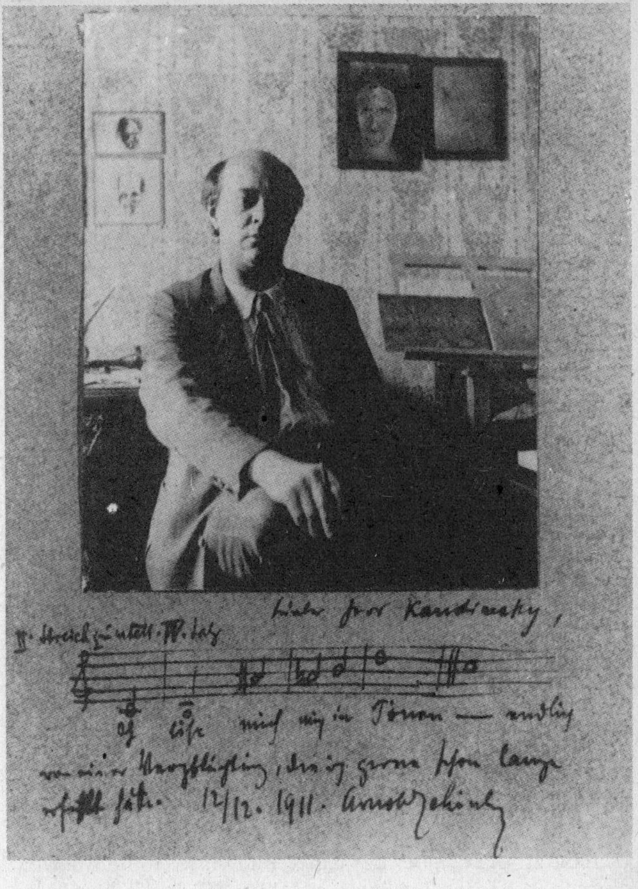

66. Foto Arnold Schönbergs mit Widmung an Wassily Kandinsky: „Lieber Herr Kandinsky, II. Streichquartett. IV. Satz (Noten) Ich löse mich nun in Tönen – endlich von einer Verpflichtung, die ich gerne schon lange erfüllt hätte. 12/12. 1911 Arnold Schönberg“

sik immer zu folgen. Kannst Du Dir eine Musik denken, in der die Tonalität (also das Einhalten irgendeiner Tonart) völlig aufgehoben ist? Ich mußte stets an Kandinskys große Komposition denken, der auch keine Spur von Tonart zuläßt (im *Gegensatz* zu Bechtejeff und Erbslöh) und auch an Kandinskys „springende Flecken" bei Anhören dieser Musik, die jeden angeschlagenen Ton für sich stehen läßt (eine Art *weißer Leinwand* zwischen den Farbflecken!). Schönberg geht von dem Prinzip aus, daß die Begriffe Konsonanz und Dissonanz überhaupt nicht existieren. Eine sogenannte Dissonanz ist nur eine weiter auseinanderliegende Konsonanz. – Eine Idee, die mich heute beim Malen unaufhörlich beschäftigt und die ich in der Malerei so anwende: Es ist durchaus nicht erforderlich, daß man die Komplementärfarben wie im Prisma nebeneinander auftauchen läßt, sondern man kann sie so weit man will „auseinanderlegen". Die partiellen Dissonanzen, die dadurch entstehen, werden in der Erscheinung des ganzen Bildes wieder aufgehoben, wirken konsonant (harmonisch), sofern sie in ihrer Ausbreitung und Stärkegehalt komplementär sind. Ich male z. B. ein Waldinterieur. Statt nun die Bäume komplementär in Licht-, Kern- und Schatten-Seite und in ihrem Verhältnis zum Boden und Hintergrund zu malen, male ich den einen rein blau, den nächsten rein gelb, grün, rot, violett usw. (soviel Farben mir im Naturbilde, hier aber gemischt und nebeneinander erscheinen).

Desgleichen trenne ich die Farben des Terrains und der Laubpartien in einzelne, abgegrenzte reine Farbpartien, die ich mit künstlerischem Geschmack und Instinkt (aber ohne genaue Rücksichtnahme auf das Nebeneinander der Komplementärfarben) über das ganze Bild verteile. Den Beweis, ob ich die Farben in einem richtigen Wertverhältnis angewendet habe, liefert das Prisma, das im letzteren Falle ein ganz reines Bild spiegelt. [...] Schönberg scheint, wie die Vereinigung, von der unaufhaltsamen Auflösung der europäischen Kunst- und Harmoniegesetze überzeugt und greift zu den musikalischen Kunstmitteln des (bis heute) primitiv gebliebenen Orients. Ich bin leider musikalisch zu ungebildet, um diese Musik näher zu erläutern und Dir vorstellbar zu machen; aber vielleicht weiß man in Euren Kreisen etwas darüber; (kaum da, wo immer Beethoven gespielt wird, wie bekommt er Dir?) Nach dem Konzert tranken wir mit Kandinsky, Jawlensky, Münter und Werefkin einige Fläschlein im Ratskeller. Werefkin ließ sich eine Artischocke servieren. Helmuth, der diese Blüte nicht kannte, frug ganz unschuldig, ob das ein Lotos sei, – tableau!!!

Wassily Kandinsky: An Arnold Schönberg (18. 1. 1911)

Ich habe eben Ihr Concert hier gehört und habe viel wirkliche Freude daran gehabt. Sie kennen mich, d. h. meine Arbeiten natürlich nicht, da ich überhaupt nicht viel ausstelle und in Wien nur flüchtig und schon vor Jahren ein Mal ausgestellt habe (Secession). Unsere Bestrebungen aber und die ganze Denk- und Gefühlsweise haben so viel Gemeinsames, daß ich mich ganz berechtigt fühle, Ihnen meine Sympathie auszusprechen.
Sie haben in Ihren Werken das verwirklicht, wonach ich in freilich unbestimmter Form in der Musik so eine große Sehnsucht hatte. Das selbständige Gehen durch eigene Schicksale, das eigene Leben der einzelnen Stimmen in Ihren Compositionen ist gerade das, was auch ich in malerischer Form zu finden versuche. Es ist momentan in der Malerei eine große Neigung, auf construktivem Wege die „neue" Harmonie zu finden, wobei das Rhythmische auf einer beinahe geometrischen Form gebaut wird. Auf diesem Wege kommt mein Mitfühlen und Mitstreben nur halb mit. *Construktion* ist das, was der Malerei der letzteren Zeiten so fast hoffnungslos fehlte. Und das ist gut, daß sie gesucht wird. Nur denke ich über die *Art* der Construktion anders.
Ich finde eben, daß unsere heutige Harmonie nicht auf dem „geometrischen" Wege zu finden ist, sondern auf dem direkt antigeometrischen, antilogischen. Und dieser Weg ist der der „Dissonanzen in der *Kunst*", also auch in der Malerei ebenso, wie in der Musik. Und die „heutige" malerische und musikalische Dissonanz ist nichts als die Consonanz von „morgen". (Dabei ist selbstverständlich das so zu sagen akademisch-„harmonische" nicht prinzipiell auszuschließen: man nimmt das, was man braucht, ohne sich zu kümmern, *wo* man es nimmt. Und gerade „heute", zu Zeiten des kommenden „Liberalismus", sind so viele Möglichkeiten vorhanden!)

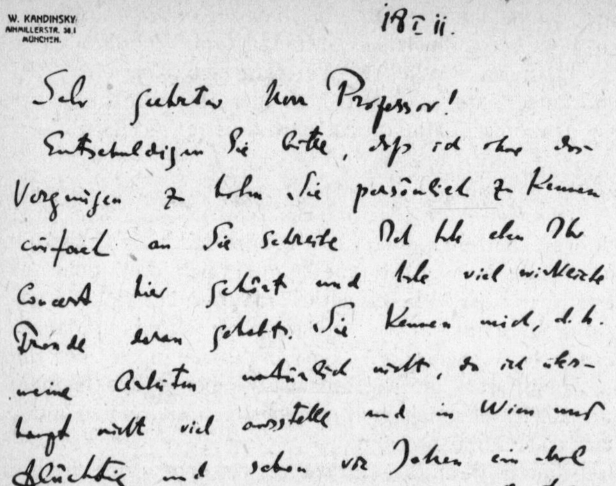
W. KANDINSKY
AINMILLERSTR. 36 I
MÜNCHEN.

18 I 11.

Sehr geehrter Herr Professor!
Entschuldigen Sie bitte, dass ich ohne das Vergnügen zu haben Sie persönlich zu kennen einfach an Sie schreibe. Ich habe eben Ihr Concert hier gehört und habe viel wirkliche Freude daran gehabt. Sie kennen mich, d. h. meine Arbeiten natürlich nicht, da ich überhaupt nicht viel ausstelle und in Wien nur flüchtig und schon vor Jahren ein Mal ausgestellt habe (Secession). Unsere Bestrebungen aber und die ganze Denk- u. Gefühlsweise haben so viel Gemeinsames, dass ich mich ganz berechtigt fühle, Ihnen meine Sympathie auszusprechen.
Sie haben in Ihren Werken das verwirklicht, wonach ich in freilich unbestimmter Form in der Musik so eine große Sehnsucht

67. Erste Seite des Briefes von Wassily Kandinsky an Arnold Schönberg vom 18. 1. 1911

Es hat mich unendlich gefreut den selben Gedanken bei Ihnen zu finden. Nur eins tut mir leid: ich habe die 2 letzten Sätze in Ihrem Programm (Plakat) nicht verstanden. Trotz wiederholter Bemühung konnte ich nicht zu einer ganz *genauen* Erklärung kommen.
Ich erlaube mir, Ihnen eine Mappe von mir zu schicken (die Holzschnitte sind beinahe 3 Jahre alt),[216] und diesem

Brief lege ich ein paar Photos bei nach den vorletzten Bildern. Von der ganz letzten Zeit habe ich noch keine. Ich würde mich sehr freuen, wenn diese Sachen sie interessieren würden.

Arnold Schönberg: An Wassily Kandinsky (24. 1. 1911)

Es ist meinen Werken vorläufig versagt, die Massen zu gewinnen. Um so sicherer erobern sie sich die Einzelnen. Jene wirklich wertvollen Einzelnen, auf die es mir allein ankommt. Und ich freue mich außerordentlich, wenn es ein Künstler ist, in einer andern Kunst schaffend als ich, der Beziehungen zu mir findet. Es giebt sicher unter den Besten, die heute streben, solche unbekannte Beziehungen, Gemeinsamkeiten, die wohl nicht zufällig sind. Ich bin stolz darauf, solchen Sympathiebezeugungen öfter bei den besten begegnet zu sein.

Franz Marc: An Maria Franck (5. 2. 1911)

Für Deinen langen, lieben, klugen Brief über Schönberg vielen Dank. Ich kann unmöglich auf alles eingehen. Mich läßt vor allem die Erinnerung an seine Musik allgemach im Stich. Du magst recht haben mit Deinem Gefühl von der Unreinheit seiner Farben. Wenn wir Koloristen z. B. neben eine *violette* Fläche statt des komplementären *Gelb*, erst sagen wir z. B. eine dissonante blaue Kontur ziehen, so müssen wir das komplementäre Gelb, das irgendwo dann doch kommen muß (und sollte es sich in einem mächtigen Orange verstecken!) um so stärker, ergiebiger greifen, um gegen die blauviolette Dissonanz aufzukommen und um die komplementäre Verbindung zwischen Gelb und Violett über die blaue Grenze hinweg aufrechtzuerhalten. Hier dient also die Dissonanz dazu, um eine *„Steigerungsmöglichkeit der malerischen Mittel" zu ermöglichen.* Darauf beruht überhaupt unsere moderne Koloristik, wenigstens *meine*. Ein *extremes Auseinanderlegen* der zusammengehörigen Farben schien mir damals beim ersten Hören Schönbergs die einzige Erklärung seiner Musik, die, wenigstens in den Klavierstücken, für ein ungeübtes Ohr wie das meine, ganz auseinanderfiel. Daß er unreine (prismatisch) unauflösbare

Töne anwendet, wäre doch noch kein Gegenbeweis, daß sie keine komplementären Beziehungen (Harmoniebeziehungen im alten Sinne) versteckt enthalten. Ich schrieb Dir, ohne mir ganz über den Sinn und die Berechtigung dieser Auffassung klarzusein. Vielleicht ist es Unsinn. Aber ich denke, mit der Erklärung: schmutzige Töne kann doch diese Musik nicht abgethan oder erklärt sein. Daß ich prismatische Farben anzuwenden suche und mir mittels Prisma Rechenschaft zu geben suche, ist *nicht* das Bestimmende meiner Farbenkunst. Es ist eine persönliche Begeisterung für diese reinen Farben (wie auch bei Kandinskys großer Komposition, die ja unter seinen anderen Bildern vereinzelt steht).[217] Die komplementären Gesetze herrschen ebenso unter schmutzigen, unauflösbaren Farben. Unauflösbar ist überhaupt *keine*. Arbeite Dich nur weiter in diese Ideen; nützlich ist es jedenfalls. Du wirst Dich wahrscheinlich später am besten mit Kandinsky bereden können. Der scheint von dem allen am meisten zu verstehen; aber ein Klavier müssen wir haben!

Franz Marc: An Maria Franck (10. 2. 1911)

Ich erwähnte, daß Du Schönberg spieltest, worauf Kandinsky und Münter mich sofort bestürmten, ich sollte ihnen Deine Ansicht sagen. Ich hatte Deinen Brief in der Tasche und drückte mich nun so gut ich konnte darüber aus; und da kam das Überraschende: Kandinsky ist ganz Deiner Meinung und sieht in diesem trüben Gemisch Schönbergs dessen ungeheuerliche Größe; er sagte: Sehen Sie, ich komme noch nicht ohne die „schönen, reinen" Farben aus; ich male noch, gegen meinen Willen, in alten Farbenharmonien, um die es mir doch nicht im geringsten zu thun ist. Schönberg hat diesen großen Schritt über mich hinaus gemacht. Ich möchte absolut schmutzig malen, dann erst werden meine Gedanken ganz das ausdrücken, was sie sollen. Meine jetzigen Farben sind ein faute de mieux.[218] Die Franzosen (wie Rouault, Braque, Derain etc.) die dies Jahr mit der Vereinigung ausstellten, enthielten alle schon, grade durch die auffallende Farblosigkeit, ein Stück Schönberg. Das ist alles höchst interessant. Ich stehe ja dieser Kunst noch sehr fern und weiß auch nicht, ob sie mich je locken wird; aber nun beginne ich wenigstens vieles, gerade bei den jüngsten Franzosen, bei Kandinsky und Schönberg zu begreifen; ich hatte ja stets schon die Ahnung, daß es etwas sehr feines und fabelhaftes intelligentes in diesen Bildern sein müsse; heute verstehe ich sie vollkommen und werde nicht mehr diese Unruhe vor ihnen haben.

Franz Marc: An August Macke (14. 2. 1911)

Ich schrieb Dir, glaube ich, schon einmal von Arnold Schönberg, – Maria „ringt" gerade mit diesem starken Engel, ohne gerade einen großen Segen zu verspüren. Mit Kandinsky unterhielt ich mich letzthin lang über Schönberg und unterbreitete ihm die mir etwas überraschende Konsequenz, die Maria aus dieser Musik gezogen (sie behauptet, daß er mit völlig unauflösbaren Mischklängen arbeitet, ohne jeden Farbklang, *nur Ausdruck,* Geste). Kandinsky war darüber ganz begeistert: das ist sein Ziel; seine „Schönfarbigkeit", die Auflösung seiner Farben in einer großen Harmonie ein faute de mieux in seinem Schaffen, über das er noch hinwegkommen müsse; die jungen Franzosen (Rouault, Braque, Fauconnier, Picasso etc.) hätten dies Schönbergsche Prinzip auch schon erfaßt etc. Ich sah auch die letzten Sachen von Kandinsky in seinem Atelier und gestehe, kaum je einen so tiefen und schaurigen Eindruck von Bildern erhalten zu haben als hier; Kandinsky bohrt am tiefsten von allen. Ich freue mich, mit ihm und Frl. Münter im Sommer etwas Nachbarschaft halten zu können (Murnau – Sindelsdorf).

Maria Marc: An August und Lisbeth Macke (7. 11. 1912)

Nach einigen stillen Sindelsdorfer Tagen hören wir, daß ein Schönbergkonzert stattfindet, und schon saßen wir wieder auf der Bahn, um endlich Schönberg zu hören. Es wurde aus dem Manuskript „Lieder des Pierrot-Lunaire" von Giraud-Hartleben aufgeführt – Klavier, Flöte, Klarinette, Geige, Cello und eine Sprechstimme.[219] Wir waren etwas enttäuscht; die ganze Geschichte ist zu stark wienerisch – Egon Schiele, Klimt – auch wie die Köpfe mit den grünen Augen von Schönberg. Es hat uns natürlich sehr interes-

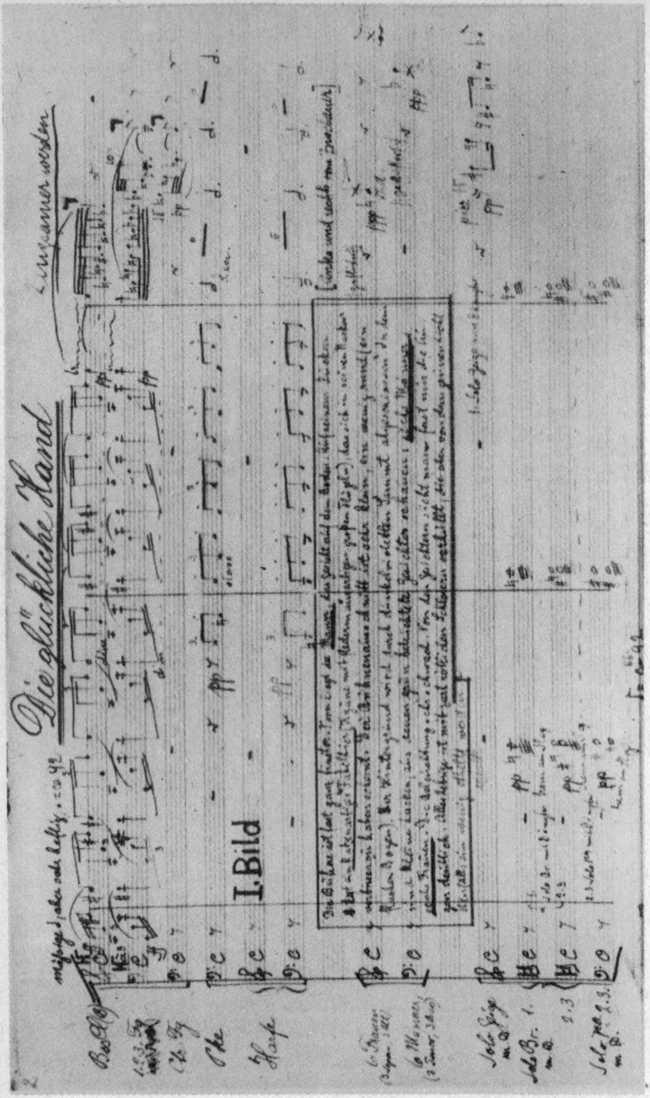

68. Arnold Schönberg: Beginn der Partitur zu dem Drama mit Musik „Die glückliche Hand“, op. 18

siert, und manches war auch direkt gut. Aber das Ganze nicht recht rein. Der Stich Sentimentalität, der drinsteckt, nimmt einem das Vertrauen, selbst wenn man manches gern mag!

Paul Klee: Konzertrezension (Oktober 1912)

Damit das Maß voll wird, erwähne ich noch einen Schönberg-Abend. Leider kann ich eine gewisse Enttäuschung nicht verhehlen. Es war eine etwas monotone Folge von Leckerbissen, melodramatische Vertonungen zu den Pierre-Lunaire-Gedichten von Giraud. Amüsant, bizarr, komisch und grotesk, gewiß; aber man müßte zuerst einmal selbständigere Schönbergsche Musik hören.

2. Arnold Schönbergs Drama

„Die glückliche Hand"
Drama mit Musik, op. 18[220]

Personen:

EIN MANN
EIN WEIB
EIN HERR
SECHS FRAUEN
SECHS MÄNNER

I. Bild
(Links und rechts vom Zuschauer.)

Die Bühne ist ganz finster. Vorn liegt der MANN, *das Gesicht am Boden. Auf seinem Rücken sitzt ein katzenartiges* FABELTIER *(Hyäne mit fledermausartigen großen Flügeln), das sich in seinen Nacken verbissen zu haben scheint. Der Bühnenausschnitt ist sehr klein, ein wenig rund (ein flacher Bogen). Der Hintergrund wird durch dunkelvioletten Samt abgeschlossen. In dem sind kleine Luken, aus denen grün beleuchtete Gesichter schauen:* SECHS MÄNNER, SECHS FRAUEN. *Die Beleuchtung sehr schwach. Von den Gesichtern sieht man fast nur die Augen deutlich. Alles übrige ist mit zart rötlichen Schleiern verhüllt, die aber von dem grünen Licht ebenfalls etwas erhellt werden.*

Die sechs Männer und die sechs Frauen *sehr leise gesprochen, mit tiefstem Mitleid:* Still, o schweige; Ruheloser! – Du weißt es ja; du wußtest es ja; und trotzdem bist du blind? Kannst du nicht endlich Ruhe finden? So oft schon! Und immer wieder? Du weißt, es ist immer wieder das gleiche. Immer wieder das gleiche Ende. Mußt du dich immer wieder hineinstürzen? Willst du nicht endlich glauben? Glaub der Wirklichkeit; sie ist so; so ist sie und nicht anders. Immer wieder glaubst du dem Traum; immer wieder hängst du deine Sehnsucht ans Unerfüllbare; ans Unerfüllbare; immer wieder überläßt du dich den Lockungen deiner Sinne; die das Weltall durchstreifen, die unirdisch sind, aber irdisches Glück ersehnen! Irdisches Glück! Du Armer! – Irdisches Glück! – Du, der das überirdische in dir hast, sehnst dich nach dem irdischen! Und kannst nicht bestehn! Du Armer!

Sie verschwinden (die Luken werden finster); auch das Fabeltier *verschwindet. Es bleibt eine Weile alles still und bewegungslos. Dann senken sich langsam schwarze Schatten (Schleier) auf den* Mann. *Plötzlich erklingt hinter der Szene laute gemein-lustige Musik, die in einem Jubel der Instrumente ausklingt. In den Schluß-Akkord der Bühnenmusik hinein schallt grelles, höhnisches Lachen einer Menschenmenge. Im selben Moment erhebt sich der* Mann *mit einem kraftvollen Ruck. Gleichzeitig zerreißen hinten die dunklen Abschlußwände des Bühnenabteils. Der* Mann *steht aufrecht da. Er trägt eine schmutzig-braungelbe Jacke aus kotzenartigem, sehr dickem Stoff.*[221] *Seine schwarze Hose reicht auf dem linken Bein nur etwas unter das Knie; von da an hängen Fetzen herunter. Das Hemd ist halb offen, so daß die Brust zu sehen ist. Die Füße, ohne Strümpfe, sind mit sehr zerrissenen Schuhen bekleidet: der eine Schuh ist so zerrissen, daß man den bloßen Fuß sieht, der oben eine große offene Wunde, wie von einem Nagel herrührend, zeigt. Gesicht und Brust sind von vielen teils blutigen, teils alten Narben entstellt. Das Haar ist fast ganz kurz geschoren. Nachdem er sich erhoben hat, bleibt er einen Augenblick mit gesenktem Kopf stehen, dann sagt er mit tiefer Ergriffenheit:*

Mann: Ja; o ja! *gesungen.*

Verwandlung

Im selben Augenblick wird die Bühne hell und zeigt nun folgendes Bild:

II. Bild

Ein etwas größerer Bühnenausschnitt; tiefer und breiter als der erste. Im Hintergrund eine zartlichtblaue, himmelartige Leinwand. Unten, links, ganz nahe dem hellbraunen Erdboden ein 1 1/2 Meter durchmessender kreisförmiger Ausschnitt, durch den grelles gelbes Sonnenlicht sich über die Bühne verbreitet.
Keine andere Beleuchtung als diese, aber die muß äußerst intensiv sein. Die Seitenwände werden durch faltige, herabhängende zart gelbgrüne Tücher gebildet.
MANN *singt*: Das Blühen: o Sehnsucht!
Hinter ihm, links, tritt aus einer Falte der Seitenwand ein jugendliches, schönes WEIB *hervor; sie ist in ein zart hellviolettes, hängendes, faltiges Kleid gehüllt; gelbe und rote Rosen im Haar; zarte Figur. – Der* MANN *erschauert (ohne sich umzusehen). Das* WEIB *bleibt nach einigen kleinen Schritten etwa im Viertel der Bühnenbreite stehen und schaut mit unsäglich mitleidsvollem Ausdruck den Mann an.*

MANN: O du! Du Gute! Wie schön du bist! Wie wohl es tut, dich zu sehen, mit dir zu sprechen, dir zuzuhören! Wie du lächelst! Wie deine Augen lachen! Deine schöne Seele!

Das WEIB *nimmt einen Becher in die rechte Hand und bietet, indem sie den rechten Arm vorstreckt (an welchem bis zum Handgelenk die Flügel ihres Kleides hängen), ihn dem* MANN. *Auf den Becher fällt von oben violettes Licht. Pause, die Entzücken ausdrückt. Plötzlich hat der* MANN *den Becher in der Hand, ohne daß sich einer von beiden vom Platze gerührt, ohne daß der* MANN *sich nach ihr umgesehen hat. (Der* MANN *darf nie zu ihr hinsehen; er blickt immer nach vorn, sie steht immer hinter ihm). Der* MANN *hält den Becher in der rechten Hand, den Arm vorstreckend. Betrachtet ihn mit Entzücken. Dann wird er einen Augenblick tief ernst, fast traurig; sinnt eine Weile; dann hellen sich seine Mienen wieder auf, und mit einem fröhlichen Entschluß setzt er den Becher an den Mund und leert ihn langsam. Während er trinkt, sieht das* WEIB *mit abnehmendem Interesse auf ihn; ein kalter Zug kommt in ihren Gesichtsausdruck. Sie rafft mit einer wenig schönen Gebärde ihr Kleid, legt es in andere Falten und läuft unhörbar auf die andere Seite der Bühne. Bleibt in der Nähe der rechten Seitenwand (immer hinter ihm) stehen. Der* MANN *ist während des Trinkens langsam einige Schritte nach links vorn gegangen, so daß er jetzt ungefähr in der*

Mitte steht. Wenn er die Hand mit dem Becher sinken läßt, drückt ihr Gesicht Gleichgültigkeit aus, über die manchmal ein feindlicher Zug schlüpft. Er steht in tiefem Sinnen da, aufs äußerste ergriffen; hingerissen.

MANN: Wie schön du bist! Ich bin so glücklich, weil du bei mir bist! Ich lebe wieder – –

Er streckt beide Arme vor, als ob sie vor ihm stände.

MANN: O du Schöne! – –

Inzwischen hat sie sich langsam abgewendet. Wenn sie sich so weit gedreht hat, daß sie ganz auf die rechte Seitenwand blickt, nehmen ihre Mienen einen hellen Ausdruck an. Gleichzeitig erscheint dicht vor der rechten Seitenwand ein HERR *in dunkelgrauem Überzieher, Spazierstock in der Hand, elegant-modisch gekleidet, vornehm-schöne Figur. Der streckt ihr ein wenig die Hand entgegen; sie geht lächelnd auf ihn zu; ruhig wie auf einen alten Bekannten. Er nimmt sie rasch in die Arme und verschwindet mit ihr in der rechten Seitenwand. Wie sie beginnt, dem* HERRN *zuzulächeln, wird der* MANN *unruhig. Er dreht ruckweise, wie witternd, einige Male den Kopf. Leicht vorgebeugt. Wie der Herr ihr die Hand entgegenstreckt, erstarrt des* MANNES *Linke krampfartig, und wie sie dem Herrn in die Arme eilt, stöhnt der*

MANN: O – – – –

läuft einige Schritte nach links vorn, wo er in gebrochener Haltung stehenbleibt. Aber nach einigen Augenblicken kniet das WEIB, *rasch aus der linken Seitenwand hervoreilend, vor ihm, zu seinen Füßen. Er bemerkt sie, ohne hinzusehen (er blickt aufwärts), sofort; sein Gesicht hellt sich auf. Ihr Gesicht drückt Demut aus, bittet um Verzeihung.*

MANN: Du Süße, du Schöne!

Sie erhebt sich langsam, sucht seine linke Hand, um sie zu küssen. Er kommt ihr zuvor, indem er sich auf die Knie niederläßt und nach ihren Händen greift, ohne sie aber zu berühren. Wie sie steht und er kniet, ändert sich ihr Mienenspiel ein wenig und nimmt einen leicht sarkastischen Zug an. Er blickt selig zu ihr auf, hebt die Hand und berührt leise die ihre. Während er, den Blick auf seine Hand gerichtet (mit erhobenem Arm), selig ergriffen kniet, entflieht sie rasch in die linke Seitenwand. Der MANN *achtet nicht darauf, daß sie fort ist. Er hat sie an seiner Hand, auf die er ununterbrochen hinsieht. Nach einer Weile erhebt er sich mit kolossaler Kraft, wirft die Arme hoch in die Luft und bleibt auf den Zehenspitzen riesengroß stehen.*

MANN: Nun besitze ich dich für immer!

VERWANDLUNG

Es wird ganz finster und sofort wieder hell. Nun ist bei vollständig ausgenützter Bühnentiefe und -breite folgendes Bild zu sehen:

III. Bild

Wilde Felsenlandschaft; schwärzlichgraue, mit wenigen Nadelbäumen (die silbergraue Äste haben) bewachsene Felsen. Ungefähr von der Mitte der Bühnentiefe an sind Felsenpartien aufgebaut, die hier ein kleines Plateau bilden. Dieses ist von hohen, steilen Felsen (die rechts und links bis vorne an die Rampe reichen) umschlossen. Das Plateau senkt sich vorne ein wenig. Etwas rechts von der Mitte der Bühnenbreite stürzt es steil ab (etwas schräg gestellt). Hier ist eine Schlucht anzudeuten, die zwischen zwei Felsstücken liegt und deren Rand sichtbar ist. Vor ihr liegt ein niedriges Plateau, das vorn mit dem höheren zusammenhängt. Vor der Schlucht ragt ein mannsgroßes Felsstück in die Höhe. Hinter dem Plateau (aber höher als dieses) liegen zwei Grotten, die durch dunkelviolette Stoffe vorläufig verborgen sind. Die Szene darf nur hinten von oben beleuchtet werden, so daß die Felsen über die sonst ziemlich helle Bühne Schatten werfen. Das Ganze soll nicht die Nachahmung eines Naturbildes, sondern eine freie Kombination von Farben und Formen sein. Anfangs fällt (bloß von hinten) graugrünes Licht auf die Szene. Später, wenn die Grotten beleuchtet werden, wird von vorn auf die Felsen gelbgrünes und auf die Schlucht dunkelblau-violettes Licht geworfen. Sowie die Szene erhellt ist, sieht man den MANN *aus der Schlucht heraussteigen (deren Rand soll deshalb über den Bühnenboden hervorragen). Er steigt mühelos, obwohl es anscheinend schwierig sein müßte. Er ist so gekleidet wie im ersten Bild, nur hat er um den Leib einen Strick als Gürtel, an dem zwei Türkenköpfe hängen,*[222] *und er hält ein entblößtes, blutiges Schwert in der Hand. Knapp bevor der* MANN *oben ist, erhellt sich langsam die eine der beiden Grotten (links), indem von dunkelviolettem Licht ziemlich rasch über Braun, Rot, Blau und Grün zu hellem, dünnem Gelb (Zitronengelb) übergegangen wird. (Nicht sehr hell!) In der Grotte, die ein Mittelding zwischen einer Mechaniker- und einer Goldschmiedewerkstatt darstellt, sieht man einige* ARBEITER *in realistischen Arbeitskostümen an der Arbeit. (Einer feilt, einer sitzt an der Maschine, einer hämmert usw.) Die Beleuchtung der Grotte scheint nunmehr hauptsächlich von den über den Arbeitstischen hängenden*

Lampen auszugehen (Zwielichtstimmung). In der Mitte steht ein Amboß, neben diesem liegt ein schwerer eiserner Hammer. Wenn der MANN *ganz oben ist, geht er hinter dem Felsstück vorbei gegen die Mitte zu, bleibt stehen und betrachtet nachdenkend die* ARBEITER. *Ein Gedanke scheint in ihm zu werden; er atmet schwer. Dann wird er heller, freudiger und sagt ruhig und schlicht:*

MANN: Das kann man einfacher!

Geht auf den Amboß zu, läßt den Säbel fallen, hebt ein Stück Gold, das am Boden liegt, auf, legt es auf den Amboß und ergreift mit der Rechten den schweren Hammer. Ehe er zum Schlag ausholt, springen die ARBEITER *auf und machen Miene, sich auf ihn zu stürzen. Unterdessen betrachtet er, als ob er die Drohung nicht bemerkte, seine erhobene linke Hand, deren Fingerspitzen von oben hellblau beleuchtet werden. Er blickt sie erst in tiefer Ergriffenheit an, dann strahlend, kraftgeschwellt. Die Bewegungen der* ARBEITER *dürfen nicht bis zu jenem Punkt gelangen, daß sie sich wirklich auf ihn stürzen könnten, sollen aber so weit gehen, daß man ihnen diese Absicht anmerkt. Ehe sie dazu kommen, hat er mit beiden Händen den Hammer ergriffen und zu einem gewaltigen Schlage mit leichtem Schwung ausgeholt. Wie der Hammer niederfällt, erstarren die Gesichter der* ARBEITER *vor Staunen: der Amboß ist in der Mitte geborsten, das Gold in den dadurch entstandenen Spalt gesunken. Der* MANN *bückt sich und hebt es mit der linken Hand auf. Hebt es langsam hoch empor. Es ist ein Diadem, reich mit Edelsteinen geschmückt.*

MANN *schlicht, ohne Ergriffenheit:* So schafft man Schmuck!

Die Mienen der ARBEITER *werden wieder drohend; dann verächtlich; sie reden aufeinander ein und scheinen neuerdings einen Anschlag gegen den Mann zu planen. Der* MANN *wirft ihnen lachend das Geschmeide zu. Sie wollen sich auf ihn stürzen. Er hat sich umgedreht und sieht sie nicht. Bückt sich, um sein Schwert aufzuheben. Wie er es mit der linken Hand berührt, wird die Grotte wieder dunkel. Die dunklen Stoffe lassen jede Spur der Werkstatt verschwinden. Sowie es finster wird, erhebt sich Wind. Erst schwach säuselnd, dann immer drohender anschwellend. Gleichzeitig mit diesem Crescendo des Windes geht ein Crescendo der Beleuchtung. Es beginnt mit schwach rötlichem Licht (von oben aus), das über Braun in ein schmutziges Grün übergeht. Daraus entwickelt sich ein dunkles Blaugrau, dem Violett folgt. Dieses spaltet ein intensives Dunkelrot ab, das immer heller und schreiender wird, indem sich, nachdem es Blutrot erreicht hat, immer mehr Orange und dann Hellgelb hineinmischt, bis das gelbe schreiende Licht allein bleibt und von allen Sei-*

ten auf die zweite Grotte geworfen wird. Diese war bei Beginn des Lichtspiels schon geöffnet und macht dieses Crescendo mit, indem sie (schwächer als die übrige Bühne) von innen heraus nach der gleichen Skala beleuchtet wird. Nun strahlt sie ebenfalls in gelbem Licht. Der MANN *hat dieses Crescendo des Lichts und des Sturmes so darzustellen, als ginge beides von ihm aus. Er sieht erst (beim rötlichen Licht) auf seine Hand; die sinkt dann, sichtlich ermattet, langsam; seine Augen werden aufgeregt (schmutzig-grünes Licht). Seine Aufregung wächst; die Glieder spannen sich krampfartig; er streckt zitternd beide Arme von sich (Blutrot), reißt die Augen weit auf und öffnet entsetzt den Mund. Wenn das gelbe Licht da ist, muß sein Kopf so aussehen, als ob er platzen würde. Der* MANN *dreht sich nicht zur Grotte um, sondern sieht nach vorn. Wenn es ganz hell ist, hört der Sturm auf, und das gelbe Licht geht rasch in ein schwach bläuliches, mildes Licht über. Die Grotte ist in dieser Beleuchtung einen Augenblick leer; dann hüpft mit schnellen, leichten Schritten das* WEIB *von links in den Raum. Sie ist wie im zweiten Bild gekleidet, nur fehlt die linke obere Hälfte ihres Kleides, so daß diese Hälfte des Oberleibes bis zur Hüfte vollständig nackt ist. Wenn das* WEIB *über die Mitte der Grotte hinaus ist, bleibt sie stehen und blickt eine Weile suchend um sich. Dann streckt sie die Arme dem* HERRN *entgegen, der im gleichen Augenblick auf der rechten Seite der Grotte sichtbar wird. Er hat das Stück ihres Kleides, das ihr fehlt, in der rechten Hand und winkt ihr damit. Des* MANNES *Verzweiflung nimmt inzwischen immer mehr zu. Er krümmt die Finger zu Krallen, preßt die Arme an den Leib, biegt die Knie nach vorn aus und beugt den Oberkörper nach hinten. Wie der* HERR *mit dem Kleiderfetzen winkt, wirft er sich mit einem heftigen Ruck herum, fällt auf die Knie, dann auf die Hände und trachtet, auf allen vieren in die Grotte zu gelangen, kann aber nicht hinauf.*

MANN *singt:* Du – – – – du! du bist mein! – –!
du warst mein – –! sie war mein – –!

Er erhebt sich und macht verzweifelte Anstrengungen, zur Grotte hinaufzuklettern. Es gelingt ihm nicht, denn die Wand ist marmorartig glatt. Wie er singt, bemerkt ihn der HERR, *gibt das aber nur dadurch kund, daß er ruhig den Blick auf den Mann richtet. Wie dieser dann versucht hinaufzuklettern, wirft der* HERR *ihm den Kleiderfetzen mit einer ruhigen, kalten Bewegung zu und geht mit höchster Gleichgültigkeit, ohne die Miene zu verändern, ab. Sofort wird die Bühne ganz finster und gleich darauf wieder hell. Halbhell: fahles grünlichgraues Licht. Die Grotte ist wieder dunkel, wie zu*

Anfang. Sowie es hell ist, springt das WEIB *aus der Grotte auf das Plateau, um den Kleiderfetzen zu suchen. Sie sieht ihn in der Nähe des Mannes liegen, eilt hin, nimmt ihn auf und legt ihn um. Der* MANN *hat, den Kopf an die Wand gelehnt und dem Weib den Rükken gekehrt. Wie sie den Kleiderfetzen anlegt, dreht er sich um, wirft sich auf die Knie und singt (flehend):*

MANN: Du Schöne – – bleib bei mir – –!

Er trachtet, auf den Knien rutschend, an sie heranzukommen, aber sie entschlüpft ihm und läuft auf das vorn gelegene Felsstück. Er springt ihr nach und rutscht auf den Knien weiter. Sie ist sofort wieder oben und eilt zu dem Stein neben der Schlucht. Im Augenblick, in dem sie aufs Plateau springt, beginnt dieser (von innen) in grell grünem Licht zu leuchten. Seine Spitze sieht nun wie eine gräßlich-höhnische Fratze aus, und der ganze Stein wirkt so, daß man ihn für das jetzt aufrechtstehende Fabeltier aus dem ersten Bild halten kann. Der MANN *befindet sich zur gleichen Zeit unten, ihr genau gegenüber, so daß, wie sie durch einen leichten Stoß mit dem Fuß den Stein hinunterstößt, dieser auf den Mann fällt.*

VERWANDLUNG

Im Augenblick, in dem der Stein den Mann begräbt, wird es finster, und die laute Musik und das höhnische Lachen (wie im ersten Bild) ertönen.

IV. Bild

Es wird sofort wieder hell. Das Bild der ersten Szene: DIE SECHS MÄNNER UND DIE SECHS FRAUEN. *Deren Gesichter sind nun graublau erleuchtet, das* FABELTIER *hat sich wieder in den Nacken des* MANNES *verbissen, der an derselben Stelle auf dem Boden liegt, auf die ihn der Stein hingeschleudert hat, wodurch die Vorstellung verstärkt wird, daß der Stein das Fabeltier ist.*

DIE SECHS MÄNNER UND DIE SECHS FRAUEN *anklagend streng:* Mußtest du's wieder erleben, was du so oft erlebt? Mußtest du? Kannst du nicht verzichten? Nicht dich endlich bescheiden? Ist kein Friede in dir? Noch immer nicht! – – Suchst zu packen, was dir nur entschlüpfen kann, wenn du's hältst. Was aber in dir ist und um dich, wo du auch seist. Fühlst du dich nicht? Hörst du dich nicht? Fassest nur, was du greifst! Fühlst du nur, was du berührst, deine Wunden erst an deinem Fleisch, deine Schmerzen erst an deinem Körper?

Und suchst dennoch!
Und quälst dich!
Und bist ruhelos!

In das Graublau, das auf die Gesichter fällt, mischt sich etwas Rot.

Du Armer!

Es wird langsam ganz finster, und der Vorhang fällt.

3. Dichtung von Wassily Kandinsky

Reinhard Piper: Mein Leben als Verleger

Wassily Kandinsky, geboren in Moskau, zwölf Jahre älter als Marc, war im Gegensatz zu dem hochgewachsenen bartlosen Freund untersetzt, brünett, mit breiten Backenknochen und einem Spitzbart. [...] Er war der Theoretiker der Gruppe und wurde einer der Väter der abstrakten Kunst. Gleichzeitig mit dem „Blauen Reiter" brachte ich seine Schrift „Das Geistige in der Kunst" und 1913 seine „Klänge", Gedichte in Prosa, heraus – einen großen, violett gebundenen Quartband mit vielen farbigen Holzschnitten. Ich selbst war von dieser abstrakten Kunst nicht gerade begeistert, aber es schien mir dankenswert und nützlich, daß einmal jemand auskundschaftete, wie weit man in dieser Richtung kommen konnte. Ich schickte beide Bücher an Barlach, um seine Meinung zu hören.[223]

Piper-Verlag: An Wassily Kandinsky (10. 9. 1912)

Nachdem sich nun ein Überblick über die voraussichtlichen Kosten der Klänge erzielen läßt, möchten wir Ihnen unsere Vorschläge zum Vertragsentwurf machen. Die Kosten des Werkes werden sich einschließlich der vereinbarten 20 % Verlagsspesen auf ca. 2500 M stellen. Sie garantieren die Kostensumme, über die Sie detaillierte Aufstellung erhalten werden derart, daß Sie am 1. Oktober 1913 den bis dahin an der Kostendeckung noch fehlenden Betrag an uns zahlen. Dagegen erhalten Sie von jedem abgesetzten Exemplar eine Tantieme von 50 % des Ladenpreises, der M 30,– betragen

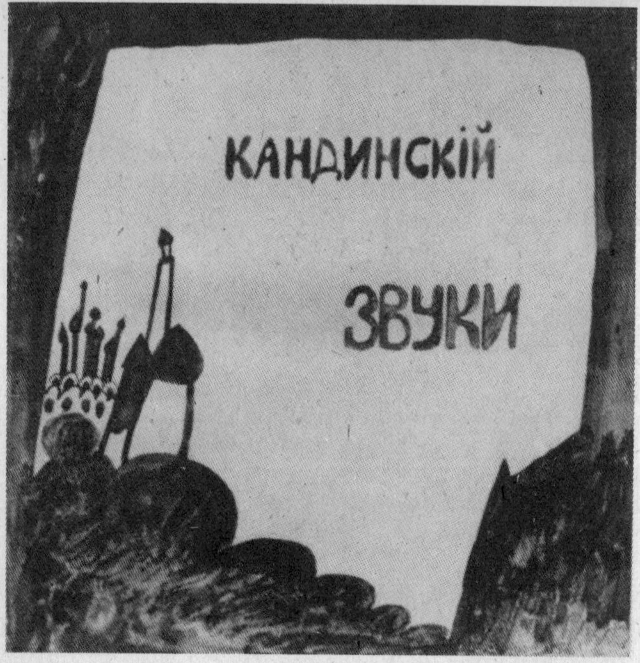

69. Wassily Kandinsky: Umschlagentwurf für die russische Ausgabe der „Klänge". 1910, Bleistift und Deckfarben.

soll. Abrechnung findet zum erstenmal im Oktober 1913 statt und zwar wird dann ihre Tantieme gegen die ev. noch zu zahlende Garantiesumme verrechnet. Das ist also derselbe Modus wie beim Blauen Reiter, und Sie werden wohl damit einverstanden sein. Gleichzeitig möchten wir Sie bitten, doch sämtliche 300 Exemplare zu signieren, weil wir ja eine Vorzugsausgabe nicht veranstalten und die Signierung für manchen Käufer von besonderem Wert ist. Außerdem sind Sie wohl damit einverstanden, daß über die Auflage von 300 Exemplaren hinaus 30 unsignierte Exemplare tantiemefrei als Frei- und Rezensionsexemplare gedruckt werden. Davon würden 10 für Sie und 20 für Rezensionszwecke bestimmt sein.[224] Bitte geben Sie uns bald Bescheid, ob Sie mit den Vorschlägen einverstanden sind, damit wir Ihnen den Vertragsentwurf senden können. Die Druckerei haben wir heute nochmals energisch gemahnt, die Arbeit zu beschleunigen.

Wassily Kandinsky: Prospekt zu „Klänge"

Das Buch heißt „Klänge". Ich wollte nichts als Klänge bilden. Sie bildeten sich aber von selbst. Das ist die Bezeichnung des Inhaltes, des Inneren. Es ist der Grund, der Boden, auf welchem allerhand, teils von selbst, teils dank der Hand des berechnenden Gärtners, wuchs. Diese Hand war aber nicht kalt und zog nie die „richtige" Stunde gewalttätig an sich: auch im Rechnen mußte die von selbst gekommene Stunde bestimmen. – Alle „Prosagedichte" habe ich im Laufe der letzten drei Jahre geschrieben. Die Holzschnitte gehen bis in das Jahr 1907 hinauf. Die Zeit paßte die Form dem sich verfeinernden „Inhalt" an.

HÜGEL

Eine Masse von Hügeln in allen Farben, die sich einer denken kann und will. Alles verschiedene Größen, aber Formen immer gleich, d. h. nur eine: Dick unten, geschwollen an den Seiten, flachrund oben. Also einfache, gewöhnliche Hügel, wie man sie sich immer denkt und nie sieht.
Zwischen den Hügeln schlängelt sich ein schmaler Pfad einfach weiß, d. h. weder bläulich noch gelblich, weder ins Blaue noch ins Gelbe.
In einem langen schwarzen, faltenlosen Rock, welcher sogar die Fersen bedeckt, gekleidet, geht auf diesem Pfad ein Mann. Sein Gesicht ist blaß, aber auf den Backen sind zwei rote Flecken. Ebenso rot sind die Lippen. Er hat eine große Trommel umgehängt und trommelt.
Sehr komisch geht der Mann.
Manchmal läuft er und gibt seiner Trommel fieberhafte, unregelmäßige Schläge. Manchmal geht er langsam, vielleicht in seine Gedanken vertieft und trommelt fast mechanisch in einem lang gezogenen Tempo: eins … eins … eins … eins … Manchmal bleibt er ganz stehen und trommelt wie das weichfellige Spielhäschen, welches wir alle so lieben.
Dieses Stehen dauert aber nicht lange.

Da läuft der Mann schon wieder und gibt seiner Trommel fieberhafte, unregelmäßige Schläge.
Wie gründlich erschöpft liegt er da, der schwarze Mann, lang gestreckt auf dem weißen Pfad,[225] zwischen den Hügeln in allen Farben. Seine Trommel liegt neben ihm und auch die zwei Schläger.
Er steht schon auf. Er wird schon wieder laufen.
Das alles habe ich von oben gesehen und bitte auch euch, von oben darauf zu schauen.

OFFEN[226]

Bald im grünen Gras langsam verschwindend.
Bald im grauen Kot steckend.
Bald im weißen Schnee langsam verschwindend.
Bald im grauen Kot steckend.
Lagen lange: dicke lange schwarze Rohre.
Lagen lange.
Lange Rohre.
Rohre.
Rohre.

VORFRÜHLING

Ein Herr nahm in der Straße seinen Hut ab. Ich sah schwarzweiße, fest mit Pomade rechts und links vom Scheitel klebende Haare.
Ein anderer Herr nahm seinen Hut ab. Ich sah eine große rosige, etwas fette Glatze mit bläulichem Glanzlicht.
Die beiden Herren sahen sich an, gegenseitig zeigten sie sich schiefe, gräulich gelbliche Zähne mit Plomben.

UNVERÄNDERT[227]

Meine Bank ist blau, aber nicht immer da. Erst vorgestern habe ich sie wieder gefunden. Neben ihr steckte der abgekühlte Blitz, wie immer. Dieses Mal war das Gras um den Blitz herum etwas verbrannt. Vielleicht glühte der Blitz plötzlich im Geheimen, mit der Spitze in der Erde. Sonst fand ich keine Änderung: alles an der alten Stelle. Es war wie immer. Ich saß auf *meiner* Bank. Rechts der Blitz in der Erde – mit der Spitze versunken: er, der vielleicht allein glühte. Vor mir die große Ebene. Rechts fünfzig Schritt weit von mir die Frau mit dem schwarzen Tuch an die Brust gepreßt, wie eine Banane. Sie guckt auf den roten Pilz. Links von mir dieselbe verwitterte Inschrift:

„Bann! Ahne!"

Ich habe es oft gelesen und wußte von weitem, was auf dieser weißen Tafel verwittert klingt. Wie gewöhnlich wuchsen zweihundert Schritt weit von mir die vier grünen Häuschen aus dem Boden heraus. Geräuschlos. Die Tür des zweiten von links ging auf. Der dicke rothaarige Mann in seinem blaßvioletten Trikot (immer denke ich an Wassersucht, wenn ich ihn sehe) zog sein scheckiges Pferd aus dem letzten Häuschen rechts am Hügel heraus, sprang darauf und ritt (wie man so sagt) wie der Wind davon. Wie immer donnerte furchtbar sein Geschrei von weitem: „Wart nur du! Ha! Ich zahle dir die Furcht bar!"

Dann kam sofort darauf wie immer aus dem zweiten Häuschen (von rechts) mit seiner weißen Gießkanne der hagere Türke heraus, begoß mit bunten Tinten sein dürres Bäumchen, setzte sich, lehnte den Rücken an den Stamm und lachte. (Das Lachen konnte ich nicht hören.) Und ich bekam denselben wahnsinnigen Gedanken, daß ihn die bunten Tinten kitzelten. Dann hörte man von einer weiten, unsichtbaren Glocke das „tin-ten" schlagen. Und die Frau wendete zu mir ihr Gesicht.

HOBOE[228]

Nepomuk hatte seinen schönen neuen Gehrock an, als er sich auf dem kleinen runden flachen Hügel niederließ.

Unten stach der kleine blaue grüne See die Augen.

Nepomuk lehnte sich an den Stamm der kleinen weißen grünen Birke an, zog seine große lange schwarze Hoboe heraus und spielte viele schöne Lieder, die jedermann kennt. Er spielte sehr lange mit sehr viel Gefühl, vielleicht an die zwei Stunden. Als er gerade „Es kam ein Vogel geflogen" anfing und zum „geflo..." kam, so lief ganz erhitzt und außer Atem Meinrad den Hügel herauf und schlug mit seinem krummen, spitzen, scharfen, gebogenen, glänzenden Säbel ein gutes Stück von der Hoboe ab.

KLÄNGE

Gesicht.
Ferne.
Wolke.
....
....
Es steht ein Mann mit einem langen Schwert. Lang ist das Schwert und auch breit. Sehr breit.
....
....
Er suchte mich oft zu täuschen, und ich gestehe es: das gelang ihm auch – das Täuschen. Und vielleicht zu oft.
....
.....
Augen, Augen, Augen ... Augen.
.....
.....
Eine Frau, die mager ist und nicht jung, die ein Tuch auf dem Kopf hat, welches wie ein Schild über dem Gesicht steht und das Gesicht im Schatten läßt.
Die Frau zieht am Strick das Kalb, welches noch klein ist und wacklig auf den schiefen Beinen. Manchmal läuft das Kalb hinterher ganz willig. Und manchmal will es nicht. Dann zieht die Frau das Kalb am Strick. Es beugt den Kopf und schüttelt ihn und stemmt die Beine. Aber die Beine sind schwach und der Strick reißt nicht. Der Strick reißt nicht.
.....
.....
Die Augen schauen in die Ferne.
Die Wolke steigt.
.....
......
Das Gesicht.
Die Ferne.
Die Wolke.
Das Schwert.
Der Strick.

WASSER

Im gelben Sand ging ein kleiner dünner roter Mann. Er rutschte immer aus. Es schien, daß er auf Glatteis ging. Es war aber gelber Sand der grenzenlosen Ebene.

Von Zeit zu Zeit sagte er: „Wasser … Blaues Wasser“. Und verstand selbst nicht, warum er das sagte.

Ein im grünen farbigen Rock angezogener Reiter ritt auf einem gelben Pferd rasend vorbei.

Der grüne Reiter spannte seinen dicken weißen Bogen, drehte sich im Sattel um und schoß den Pfeil auf den roten Mann. Der Pfeil pfiff wie Weinen und wollte sich ins Herz des roten Mannes hineinzwingen. Der rote Mann nahm ihn im letzten Augenblick mit der Hand und schmiß ihn zur Seite. Der grüne Reiter lächelte, beugte sich an den Hals des gelben Pferdes und verschwand in der Ferne.

Der rote Mann ist größer geworden und sein Schritt wurde fester. „Blaues Wasser“, sagte er.

Er ging weiter und der Sand bildete Dünen und harte Hügel, die grau waren. Je weiter, desto härtere, grauere, höhere Hügel, bis endlich Felsen anfingen.

Und er mußte zwischen den Felsen sich durchzwingen, da er weder stehenbleiben konnte, noch zurückgehen. Zurück kann man nicht. Als er an einem sehr hohen, spitzen Felsen vorbei ging, so merkte er, daß der oben hockende weiße Mensch einen dicken grauen Block auf ihn fallen lassen will. Zurück konnte man nicht. Er mußte in den engen Gang. Und er ging. Gerade als er unter dem Felsen war, gab der Mann da oben mit schnaufender Mühe den letzten Hieb.

Und der Block fiel auf den roten Mann. Er fing ihn mit seiner linken Schulter auf und schmiß ihn hinter seinen Rükken. – Der weiße Mann lächelte und nickte ihm freundlich mit dem Kopf. Der rote Mann wurde noch größer, das heißt noch höher. – „Wasser, Wasser“, sagte er. – – Der Gang zwischen den Felsen wurde immer breiter, bis endlich flachere Dünen kamen, die noch flacher wurden und noch flacher, so daß sie überhaupt nicht da waren.

– Sondern nur wieder eine Ebene.

DER RISS

Der kleine Mann wollte die Kette zerreißen und konnte natürlich nicht. Der große Mann zerriß sie ganz leicht. Der kleine Mann wollte sofort durchschlüpfen.
Der große Mann hielt ihn am Ärmel, beugte sich zu ihm und sagte leise in 's Ohr:
„das müssen wir verschweigen". Und sie lachten beide von Herzen.

ANDERS

Es war eine große 3 – weiß auf dunkelbraun. Ihr oberer Haken war in der Größe dem unteren gleich. So dachten viele Menschen. Und doch war dieser obere
ETWAS, ETWAS, ETWAS
größer als der untere.
Diese 3 guckte immer nach links – nie nach rechts. Dabei guckte sie auch etwas nach unten, da die Zahl nur scheinbar vollkommen gerade stand. In Wirklichkeit, die nicht leicht zu bemerken war, war der obere
ETWAS, ETWAS, ETWAS
größere Teil nach links geneigt.
So guckte diese große weiße 3 immer nach links und ein ganz wenig nach unten.
Es war vielleicht auch anders.

IM WALD[229]

Der Wald wurde immer dichter. Die roten Stämme immer dicker. Die grünen Kronen immer schwerer. Die Luft immer dunkler. Die Büsche immer üppiger. Die Pilze immer zahlreicher. Man mußte schließlich auf lauter Pilze treten. Es war dem Mann immer schwerer zu gehen, sich durchzudrängen, nicht auszurutschen. Er ging aber doch und wiederholte immer schneller und immer denselben Satz: – –

Die heilenden Narben.
Entsprechende Farben.

Links von ihm und etwas hinter ihm ging eine Frau. Jedesmal als der Mann mit seinem Satz fertig wurde, sagte sie sehr überzeugt und das R stark rollend:

Sehrrr prrraktisch.

VORHANG

Der Strick ging nach unten und der Vorhang ging nach

oben. Auf diesen Augenblick haben wir alle schon so lange gewartet. Der Vorhang hing. Der Vorhang hing. Der Vorhang hing. Er hing noch unten. Jetzt ist er oben. Als er nach oben ging (zu gehen anfing), haben wir uns alle so sehr gefreut.

WEISSER SCHAUM

Ich möchte gern wissen, wozu das so ist und nicht anders. Anders könnte das sein, ganz, ganz anders.
Auf einem rabenschwarzen Pferd reitet eine Frau durch flache grüne Wiesen. Ich kann das Ende dieser Wiesen nicht sehen. Die Frau ist rot angezogen, das Gesicht ist durch kanariengelbe Schleier verhüllt. Die Frau schlägt erbarmungslos das Pferd. Es kann ja doch nicht schneller laufen. Es saust ja ohnehin und wird immer weißer durch den weißen heißen Schaum. Die Frau sitzt gerade und wackelt nicht und schlägt das schwarze Pferd. Glaubt ihr nicht, daß es besser wäre, wenn das schwarze Pferd sterben könnte? Es wird ja ganz weiß vom weißen heißen Schaum! Es kann aber nicht sterben. O nein! *Das* kann es nicht.
Wie anders das sein könnte, ganz anders.

HYMNUS

Innen wiegt die blaue Woge.
Das zerrissene rote Tuch.
Rote Fetzen. Blaue Wellen.
Das verschlossene alte Buch.
Schauen schweigend in die Ferne.
Dunkles Irren in dem Wald.
Tiefer werden blaue Wellen.
Rotes Tuch versinkt nun bald.

SPÄTER

In der tiefen Höhe finde ich dich schon. Dort wo das Glatte sticht. Dort wo das Scharfe nicht schneidet. Du hältst den Ring in der linken Hand. Ich halte den Ring in der rechten Hand. Keiner sieht die Kette. Aber diese Ringe sind die letzten Glieder der Kette.

Der Anfang.
Das Ende.

LIED

Es sitzt ein Mann
Im engen Kreis,
Im engen Kreis
Der Schmäle.
Er ist vergnügt.
Er hat kein Ohr.
Es fehlen ihm die Augen.
Des roten Schalls
Des Sonnenballs
Er findet keine Spuren.
Was ist gestürzt,
Das steht doch auf.
Und was nicht sprach,
Das singt ein Lied.
Es wird der Mann,
Der hat kein Ohr,
Dem fehlen auch die Augen
Des roten Schalls
Des Sonnenballs
Empfinden feine Spuren.

BUNTE WIESE

Auf einer Wiese, auf der kein Gras war, sondern nur Blumen, die höchst bunt waren, saßen in gerader Linie fünf Männer. Ein sechster stand seitwärts.
Der erste sagte:
„Das Dach ist fest … Ist fest das Dach … Fest …"
Nach einer Weile sagte der zweite:
„Rühr mich nicht an: Ich schwitze … Schwitzen tu ich … Ja!"
Und dann der dritte:
„Nicht über die Mauer!
Nicht über die Mauer. Nein!"
Der vierte aber:
„Reifende Frucht."
Nach langem Schweigen schrie der fünfte mit greller Stimme:
„Weckt ihn! Macht ihm die Augen groß!
Es rollt ein Stein vom Berge.

Ein Stein, ein Stein, ein Stein, ein Stein! Vom Berge!
Er rollt herunter! Macht ihm die Ohren gierig!
Oh macht ihm die Augen groß!
Macht ihm die Beine lang! Lang, lang, die Beine."

Der sechste, der seitwärts stand, schrie auf kurz und stark:

„Schweigen!"

BLICK

Warum schaust du auf mich durch den weißen Vorhang? Ich rief nicht nach dir. Ich bat dich nicht, durch den weißen Vorhang zu schauen auf mich. Wozu verbirgt er dein Gesicht vor mir? Warum sehe ich nicht dein Gesicht hinter dem weißen Vorhang? Schau nicht auf mich durch den weißen Vorhang! Ich rief nicht nach dir. Ich bat dich nicht. Durch die geschlossenen Lider sehe ich, wie du auf mich schaust, da du durch den weißen Vorhang schaust. Ich ziehe den weißen Vorhang zur Seite und werde dein Gesicht sehen, und du wirst meins nicht sehen. Warum kann ich nicht den weißen Vorhang zur Seite ziehen? Wozu verbirgt er dein Gesicht vor mir?

Franz Marc: An Wassily Kandinsky (4. 2. 1913)

Ihr Buch ist *ganz wunderschön,* auch vor allem der Text mir viel näher, als ich es früher beim Vorlesen fühlte; ich bin ganz begeistert.

Piper-Verlag: An Wassily Kandinsky (2. 2. 1914)

Besten Dank für Ihren Brief vom 1. II. Wir bedauern, daß Ihnen die Vereinbarungen unseres Vertrages aus dem Gedächtnis gekommen waren, aber der Vertrag enthält ausdrücklich den Vermerk, daß die noch nicht gedeckten Kosten 6 Wochen nach der im Oktober 1913 zu erteilenden Abrechnung an uns zu zahlen sind. Es wäre ja eigentlich schon ein viel früherer Termin in Frage gekommen. Wir haben Ihnen doch auch den Kostenbetrag von M 2500,– die ganze Zeit über kreditiert, so daß, da Sie vom Verkauf 50 % erhalten, schließlich nicht einmal die Zinsen aus den 2500 M für uns übrig bleiben. Der Absatz ist übrigens

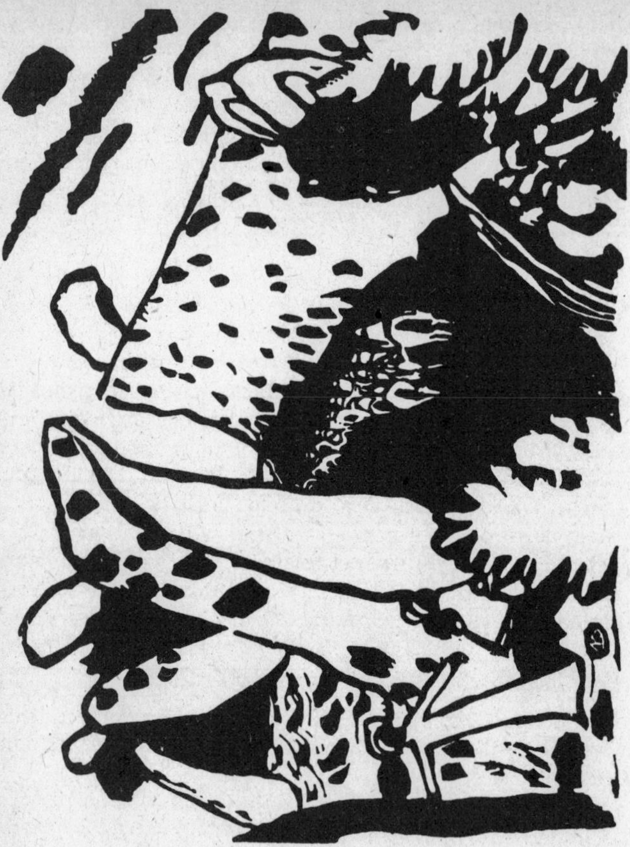

70. Wassily Kandinsky: Reiterweg. 1911, Holzschnitt zu „Klänge“

nicht, wie Sie annehmen, sehr befriedigend. Es sind bestimmt bis heute noch keine 100 Exemplare verkauft. Es wäre uns also sehr lieb, wenn Sie uns jetzt wenigstens die Hälfte der fraglichen Summe zahlen könnten, den Rest können wir dann auf die Herbstabrechnung verschieben, oder auf einen Zwischentermin, den Sie festlegen können. Bitte geben Sie uns also an, ob und wann wir auf den hälftigen Betrag rechnen können.

Piper-Verlag: An Wassily Kandinsky (20. 12. 1915)

Hiermit erteilen wir Ihnen Abrechnung über den Absatz Ihrer Bücher vom 1. Juli 1914 bis 30. Juni 1915. Es sind verkauft:

Das Geistige in der Kunst	
257 Exemplare à 45 Pfg. Tantieme = M 115,65	
Klänge	
19 Exemplare à M 15,– Tantieme = M 285,–	M 400,65
Laut Abrechnung vom 26. Jan. 1915 hatten	
wir noch ein Guthaben von	M 1130,23
Dasselbe vermindert sich um obige	M 400,65
beträgt also jetzt noch	M 729,58
um deren Überweisung wir bitten.	

Börsenblatt für den deutschen Buchhandel (5. 2. 1913)

So ist bei vielen bibliophilen Neuerscheinungen nichts zu achten als die Geschicklichkeit des Buchbinders und des Druckers. Die ärgsten Sünder sind hier aber die Kubisten und Futuristen. Lieber Justinus Kerner! Deine harmlosen Klecksographien mit ihren vierdimensionalen Deutungen haben so viele angemutet als ein Zeichen psychologischer Grenzzustände. Und doch war all dein Mühen nur ein Kinderlallen gegen die hehren Offenbarungen unserer ff. differenzierenden Künstler. „Blaue Reiter" und „Kandinsky-Klänge" durchschwirren die Luft. „Links kein Gelände, rechts kein Gelände; nirgends, nirgends Gegenstände." Und der Text? Gepriesen seist du, Friederike Kempner! Ihr Heerscharen der Proktophantasten, steht uns bei! Auf gut oberbayrisch übersetzt: Vüi z'vüi füi![230]

In diesen Gedichten in Prosa werden mit ungleichem Können lyrische Stimmungen angeschlagen, die aber immer in inneren Erlebnissen des Dichters eingeschlossen bleiben; sie übertragen sich nur gelegentlich, wie durch zufälliges Zusammentreffen von Bedingungen, auf den Leser. Von den malenden Wörtern fällt manches taub und leer zur Erde, denn es mangelt die Konzentrierung die den Wörtern ihre erste unabgenützte Schlagkraft zurückgibt und sie allgemein menschliche Empfindungen zu tragen befähigt. [...] Das Altmodische, fast Gespenstische dieser Lyrik mag sich bei einem Bahnbrecher wie Kandinsky so erklären, daß er sich zu einer Ausdrucksweise genötigt hat, die seiner Veranlagung nicht entspricht, und daß dieser ungewöhnlich scharf denkende Kopf, der hier eine Theorie durch eine erfundene Praxis zu stützen sich bemüht, nichts anderes als eine kalt ersonnene Schreibtischlyrik, ein totgeborenes Produkt hervorbringen konnte. [...]
Bei aufmerksamer Betrachtung [...] [der Holzschnitte] wachsen ihnen von allen Seiten inhaltliche Assoziationen zu [...]. Sicher sind gedankliche Elemente in diese Bilder verarbeitet, und infolgedessen lösen diese Gnomenschlachten und spukhaften Reiter und Boote auf schwarzen Seen ebensolche Assoziationen im Beschauer aus. Andrerseits aber scheint auch die dekorative Wirkung dieser gut gefüllten Flächen, dieser stark und sicher nebeneinandergesetzten Farben unzweifelhaft zu sein, und so sehen wir die Kunst Kandinskys von dem Zentrum, auf dem sie zu balancieren versucht, nach den beiden Extremen fortgerissen, die sie verpönt. Daß dies geschieht und diese Holzschnitte halb intellektuell, halb dekorativ wirken, zwischen Hieroglyphik und Buntpapieren die Mitte halten, kommt daher, daß ihre Ausdrucksfunktion, von ihren natürlichen Lebensbedingungen losgerissen, existenzunfähig ist; mit anderen Worten, daß diese Kunst nicht aus der Kraft eines schöpferischen Ingeniums heraus geboren, sondern zur Belegung einer Theorie entstanden ist. Der Künstler Kandinsky ist dem Denker Kandinsky nicht gewachsen; von diesem zum Schaffen vergewaltigt, bringt jener aus Verstand und Geschmack eine Leistung zuwege, die im Zwielicht der

neuen Theorien grell und unheimlich flackert, dennoch aber um nichts moderner ist als Kandinskys Lyrik. Sie arbeitet mit intellektuellen Verknüpfungen wie der Symbolismus des endenden neunzehnten Jahrhunderts, mit einem unorganischen Schmucktrieb wie der Dekorationsstil der gleichen Zeit; Kandinskys Kunst ist – durch ihr Durchtränktsein mit modernstem Intellekt zur Schwerkenntlichkeit verzerrt – eine Art nachblühenden Jugendstils. Sie bleibt weit unter den Theorien, die sie illustrieren soll; Schaffen und Denken sind durch eine tiefe Kluft getrennt, und ein Künstler, den die Vergangenheit nicht losläßt, hängt an dem Denker, der uns – klarer und sicherer als andere – Wege der Zukunft weist.

Wilhelm Hausenstein: Die bildende Kunst der Gegenwart

Kandinsky ist Slawe. [...] Wenn man seine theoretischen Verkündigungen liest, etwa „das Geistige in der Kunst", oder in seinen Gedichten blättert, so muß man schon westeuropäisch befangen sein, um sich an diesen Dingen nur zu stoßen und keinerlei positiven Sinn darin zu entdecken. Es muß ohne weiteres zugegeben werden: „das Geistige in der Kunst" ist nach unserem literarischen Maßstab eine schwache Leistung, und das, was wir unter dem Sinn eines Gedichtes verstehen, ist in Kandinskys „Klängen" nicht – auch wenn wir sehr tolerant sind. Aber das ist es gerade, daß wir nicht das Recht haben, an diese Dinge den gewohnten Maßstab anzulegen, der auch im besten Fall noch immer etwas westeuropäisch Rationelles hat und für die Mystik, die unsinnige Mystik, das unverständliche Stammeln der russischen Seele nicht zureicht. Genau besehen sind Kandinskys literarische Leistungen wirklich schwach nur im Rationalen. Aber dabei muß man nicht stehenbleiben. Man muß den eigentlichen Wert dieser Dinge, nicht ihre allzu offenbare Schwäche herausholen. Mit einem Satz: man muß an Kandinsky überhaupt [...] vor allem die Vegetation der russischen Psyche, das seltsam Wuchernde, das Objektive sehen, jenes Mystische, Irrationale, Unsinnige, Kindisch-Märchenhafte und Kindisch-Krasse, das über alle subjektive Verständigung erhaben ist und gerade darum immer so merkwürdig groß bleibt. [...] Man wird Kandinsky schließlich am besten verstehen, wenn man bei seinen theoretischen Erörterungen nicht allzulange verweilt. [...] Was Kandinskys neue Bilder wollen, geht am besten aus ihnen selber hervor. [...] Das Ausdrucksmittel Kandinskys ist die Farbe. Wohlgemerkt: die Farbe, nicht die Malerei. Malerei ist für ihn immer noch ein materieller Prozeß. Er aber will die Farbe an sich. Doch auch nicht einmal die Farbe an sich. Er will ihren Emotionswert, will den Erregungsgehalt, der in ihr gefangen ist, durch ein positives Aussprechen der Farbe freigesetzt wird und in der Verbindung der Farbe mit anderen Farben eine Unendlichkeit von Abwandlungen durchläuft. [...] Nichts ist – trotz Kandinskys ruhiger Besonnenheit, trotz der Klarheit seiner Vorstellung – falscher, als bei ihm nur das Geordnete zu sehen. Ohne Zweifel: auch das Geordnete ist in seiner Malerei. [...] Aber der letzte Grund der Malerei Kandinskys, das, was wir an seinem Schaffen als Reichtum empfinden, ist jene wundervolle russische Seele, die zugleich mystisch und radikal, zugleich pedantisch dialektisch und schlechthin unbewußt, zugleich exzessiv individualistisch, subjektiv bis zum Nihilismus und unvergleichlich objektiv, zugleich besonnen zurückhaltend und voll von schmelzender Hingebung, zugleich kraftvoll bis zum Fanatismus und schwärmend bis zur Schwäche ist. Kandinsky ist vielleicht die größte Verkörperung dieser Psyche unter den lebenden russischen Bildnern. Aber in allen den modernen Russen ist etwas von seiner Art. Sie alle haben ein wenig das im besten Sinn Bornierte seines künstlerischen Geistes, das immer bleibt, auch wo seine Kunst von einer unendlichen Sinnlichkeit bis zur dünnsten Abstraktion reicht.

4. Dichtung für Wassily Kandinsky

Albert Verwey: De schilder. Aan Kandinsky [231]

Zie nu mijn ziel: als het licht in de morgen:
Opengebloesem van kleur om een top.
Nergens een ding, maar in't boeien verborgen
't Wezen van't vaste en van damp en van drop.

O welk een woeling, die vlammen doorsplijten,
O welk een botsing, die wijkt voor een zucht.
Snijdende lijnen die de afgrond doorrijten,
Cirkelbeweging die suist cloar de lucht.

Zijn er geheimen in hemel en aarde:
Mengling van ether en troebelheid bei;
Donkere dreuning van diepte die baarde,
Siddrende lichtglans op hemelsche wei;

In mij ontmoeten die polen elkander,
Knettrende vonk smeedt hun gloeden aaneen.
O niet voor mij de klassieke meander,
Maar van dien bliksem 't zigzaggend gebeen.

Wat maakt het mij of er vormen zich klaren,
Of aan gedaanten uw kinderhart hangt,
Waar zich in kleuren voor 't oog openbaren
Wondren waar ziel, dubbel-zalig, voor bangt.

Wondren: 't heelal in beweging vervloten,
Zichtbre beweging wier innerlijk spel
De eeuwige wissling onthuld en ontsloten
Uitstort in ons met niet eindend gewel:

Wel van 't heelal, die zijn vloedende leven,
Wieling en warling van kleur en van lijn,
Saam met ons eigen vervloeien doet beven
Tot een verstroomende glimrende schijn.

Die is ons wezen: het licht en de glansen
Waar zich de vaart en de vorm in verliest
Van wat temidden van de eindlooze dansen
De oogenbliks-vastheid geen oogwenk verkiest.

Albert Verwey: An Karl Wolfskehl (21. 12. 1912)

Ein Gedicht widmete ich Kandinsky, dessen Ausstellungen in Rotterdam, Leiden und Amsterdam tiefen Eindruck machten.

Hanna Wolfskehl: An Albert Verwey (Januar 1913)

Karl hat Kandinsky das seine übersetzt! der war lieb und stolz darüber!

Wassily Kandinsky: An Albert Verwey (31. 1. 1913)

Ich möchte mich herzlich bei Ihnen bedanken für das schöne, starke ausdrucksvolle Gedicht, das mir Dr. Wolfskehl kürzlich übersetzte. Mir fehlt leider die Möglichkeit, die Form des Gedichtes zu genießen, von dem Wolfskehl ganz begeistert spricht. Ich habe aber gehört, daß Paul Zech das Gedicht ins Deutsche übertragen will, was mir sicher erleichtert, Ihre künstlerische Form zu verstehen. Eine Anerkennung eines Künstlers (d. h. i. künstlerischer Form) ist eine ganz große Freude, wie man sie nicht oft erleben kann. Sie ruft eine Geistesverwandtschaft hervor, und im Namen *dieser* Verwandtschaft drücke ich herzlich Ihre Hand.

Albert Verwey: Der Maler. An Kandinsky
(Übertragung: Paul Zech)

Sieh meine Seele nun: ein wundervoller Morgen,
Der fern in ungeheurem Farbenspiel erglüht.
Nichts Lautes, doch wie in Verhaltung halb verborgen
Das neue Wesen, das zu vollem Lichte sprüht.

O diese Leidenschaften solche Glut zu splittern!
O diese Kraft, die alles Schwankende zerschellt!
Schneidende Linien, die den Abgrund übergittern,
Zirkelnder Rhythmus sausend durch die Luft geschnellt.

Was sind des Himmels und der Erde Heimlichkeiten:
Verschwistertes aus Düsternis und Ätherblau;
Tiefdunkles Dröhnen wie aus dumpfen Urweltszeiten,
Flimmernder Glanz auf dionysisch trunkener Au.

In mir nur strömen diese Pole all zusammen,
Knisternder Funke hat ihr' Lohn zu eins geschweißt.
Der klassische Mäander kann mich nicht entflammen,
Doch das Gezack der Blitze, wolkenwärts vergreist.

Soll ich hier dumpf die abgebrauchten Formen wahren,
Verwittertes, woran kein Kinderherz mehr glaubt,
Wo sich dem Auge neue Farben offenbaren
Und Wunder dreimal glutend über deinem Haupt?

Weltwunder in Bewegung strömend hingegossen,
Sichtbares Wogen, dessen blutpulsierendes Gefühl
Ein ewig Wechselndes enthüllt hat und erschlossen,
Ergießt sich in uns wie ein nimmerendendes Gewühl.

Quelle des Weltalls, die ihr flutendes Geschehen
(Sprudel und Schlund, durch Farbenspiel und Linien
gezeucht)
Zusammengeschweißt mit unsrem Kommen und Verwehen
Zu einem schimmernden, verflimmernden Geleucht.

Dieses ist unsre Seele: *Licht* sein und ein *Glänzen*,
Worin sich alle Kraft und alle Form ergießt
Und keinen Augenblick bei den nervösen Tänzen
Die Zucht vergessen, die den Ring der Schöpfung
schließt.[232]

Karl Wolfskehl: An Albert Verwey (April 1913)

Haben Sie die sehr schlechte Übersetzung Ihres schönen Kandinsky-Gedichtes in dem Rüpelblatt „Sturm“ gesehen! Kandinsky war über Ihr Gedicht, ich übersetzte es ihm so gut es ging, sehr beglückt und ich hätte gern eine dichterische Traduktion gemacht, wenn mir die „Sturm“-Version nicht den Spaß verdorben hätte. Ihr Gedicht ist wundervoll weisend und vom Centrum erhellt!

Albert Verwey: An Hanna Wolfskehl (18. 4. 1913)

Karl schrieb mir vor ein paar Wochen aus Berlin, [...] eben wegen des Sturm-versuchs würde es mich freuen, wenn noch jetzt eine gute Übersetzung erschiene. Die Verdeutschung von Zweig und Zech[233] ist scheußlich. Sie hat keine einzige gute Zeile; gibt auch den Sinn nirgends wieder. Sie erschien ohne meine Einwilligung, wurde mir einfach nach der Erscheinung zugesandt. Nach meiner Gewohnheit habe ich nicht geantwortet, bin auch auf sonstige Annäherung der Redaktion [...] nicht eingegangen. Dennoch sticht es mich, daß der Non-sens auf meinem Namen steht.

Albert Verwey: An Kandinsky
(Übertragung: Karl Wolfskehl)

Seele nun sich gleich dem leuchtenden Morgen
Offen um Gipfel erblühtes Bunt
Keinerlei Ding doch bezwungen verborgen
Ursinn von Feuchte und Dampf und Grund

Welch Gefüge das Flammen zerreißen
Welch ein Gepralle von Seufzern geduckt
Linien die schneidend den Abgrund zerreißen
Ringelndes Weben das Lüfte durchzuckt

Himmel und Erde Geheimes verheißen
Äther und Trübung quirlend in Eins
Dunkel Gedröhn aus den Tiefen die kreisen
Himmlische Weide voll zitternden Scheins

In mir empfangen die Pole einander
Knisternder Funke schweißt Gluten hinein
Nimmer für mich der antike Mäander
Mein von den Blitzen das Zick-zack Gebein

Was gilt es mir ob Formen sich klären
Ob Euer Kind-Herz Gewesenem anhangt
Wo sich in Farben dem Auge gebären
Wunder: das Seele zwieseelig vor-bangt

Wunder das All in Bewegung verflossen
Sichtbare: Drinnen ihr Spielgesell
Ewiger Wechsel enthüllt und verschlossen
Stürzet in uns ein endloser Quell

Quelle des Alls sein flutendes Leben
Wirbel von Wurl von Farb und Gezack
Mit ihm zerrinnen wir mit ihm verweben
Wir in ein strömendes Glimmer-Geflack

Dies unser Wesen, das Licht und die Glänze
Wo sich Fahren und Formen verlor
Wo inmitten der endlosen Tänze
Augenblicks Starre kein Nu sich erkor.

Albert Verwey: An Karl Wolfskehl (10. 5. 1913)

Leidenschaft, Momente und Bewegungen, alles ist da. Von kleinen Abweichungen: Worten, Satzverbindung, ist vielleicht nur der Ausdruck „zwieseelig", der mir dunkel bleibt (dubbelzalig = zweifach-selig, erstens wegen des farbigen Ausdrucks, dann wegen des Wunders, das auch im Ausdruck Wunder, nämlich dem Verstand und auch der Vorstellung unerklärlich, bleibt). Vor allem bin ich froh, daß Kandinsky nun wirklich die Verdeutschung hat, die er wünschte (Sie gaben ihm doch die Abschrift?) [...] Könnte die Übertragung in Deutschland gedruckt werden, so daß der schlechte Eindruck von Zech weggenommen würde, dann sollte mich das gewiß freuen.[234]

5. Dichtung von und für Franz Marc

Franz Marc: Aufzeichnung im Skizzenbuch 1913

Das Gewitter schrie
Ich trat in das Haus und sah alles
Eine rote Frau; schwarze Kätzchen auf dem grünen Tisch – Gellaa, der Blitz verzehrte das Gefährt – die Kätzchen spielten mit der Frau, die lächelte – ach ach Mann und Pferd sind tot der Engel der Furcht schlägt an die Fenster; ich sah das rote Herz der Frau zittern und schwarze Kätzchen auf dem grünen Tisch – was ist das, rot und schwarz und grün? geben drei Farben einen Gedanken? Wenn man dem Rot die Form des Herzens gibt, dem Schwarz die Form kleiner Kätzchen und dem Grün die Form des Vierecks
Ich will diesen Gedanken denken.
Das rote Herz der Frau zerbricht
aus ihm strömt ein roter Blutstrom in den Bach der fließt nun rot durch grüne Wiesen auf denen weiden schwarze Schafe.

Das Gewitter hat seine Hand von der Erde gezogen. Der blaue Himmel glotzt wie ein riesiges Glasauge auf die Szenerie Rot, Grün, Schwarz, ist dieser Gedanke nicht schrecklich! Versteht ihr, was die Maler malen?

Else Lasker-Schüler: An Franz Marc

Lieber, blauer Reiter [...] Tummelskopf möchte ich schlagen, blauer Franz, weil wir Du sagen, und weiß nicht, was ich noch alles tun möcht', wenn morgens Deine wunderherrlichen Postkarten ankommen!! Großkatzen sind die souveränen Bestien. Der Panther ist eine wilde Enziane, der Löwe ein gefährlicher Rittersporn, die Tigerin eine wütende, gelbschimmernde Ahornin. Aber Deine glückseligen blauen Pferde sind lauter wiehernde Erzengel und galoppieren alle ins Paradies hinein, und Deine heiligen, geheiligten Lamas und Hirschkühe und – und Kälber – sie ruhen in geweihten Hainen.

Else Lasker-Schüler: Gebet. Meinem teuren Halbbruder, dem blauen Reiter

Ich suche allerlanden eine Stadt,
Die einen Engel vor der Pforte hat.
Ich trage seinen großen Flügel
Gebrochen schwer am Schulterblatt
Und in der Stirne seinen Stern als Siegel.

Und wandle immer in die Nacht ...
Ich habe Liebe in die Welt gebracht, –
Daß blau zu blühen jedes Herz vermag,
Und hab ein Leben müde mich gewacht,
In Gott gehüllt den dunklen Atemschlag.

O Gott, schließ um mich deinen Mantel fest;
Ich weiß, ich bin im Kugelglas der Rest,
Und wenn der letzte Mensch die Welt vergießt,
Du mich nicht wieder aus der Allmacht läßt
Und sich ein neuer Erdball um mich schließt.

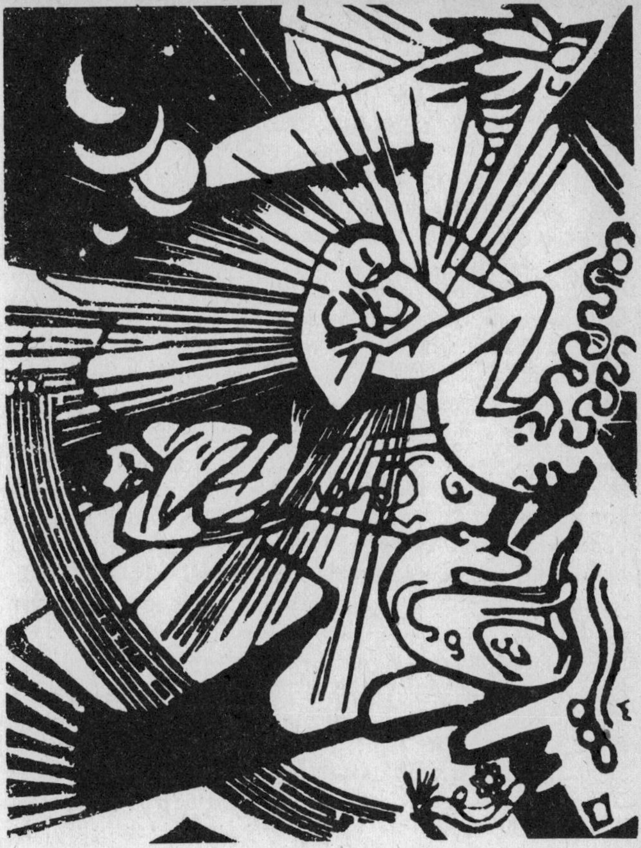

71. Franz Marc: Versöhnung. 1912, Holzschnitt zum gleichnamigen Gedicht von Else Lasker-Schüler

Else Lasker-Schüler: Nachruf auf Franz Marc

Der blaue Reiter ist gefallen, ein Großbiblischer, an dem der Duft Edens hing. Über die Landschaft warf er einen blauen Schatten. Er war der, welcher die Tiere noch reden hörte; und verklärte ihre unverstandenen Seelen. Immer erinnerte mich der blaue Reiter aus dem Kriege daran: es genügt nicht alleine, zu den Menschen gütig zu sein, und was du namentlich an den Pferden, da sie unbeschreiblich auf dem Schlachtfeld leiden müssen, gutes tust, tust du mir.
Er ist gefallen. Seinen Riesenkörper tragen große Engel zu Gott, der hält seine blaue Seele, eine leuchtende Fahne, in seiner Hand. Ich denke an eine Geschichte im Talmud[235], die mir ein Priester erzählte: wie Gott mit den Menschen vor dem zerstörten Tempel stand und weinte. Denn wo der blaue Reiter ging, schenkte er Himmel. So viele Vögel fliegen durch die Nacht, sie können noch Wind und Atem spielen, aber wir wissen nichts mehr hier unten davon, wir können uns nur noch zerhacken oder gleichgültig aneinander vorbeigehen. In dieser Nüchternheit erhebt sich drohend eine unermeßliche Blutmühle, und wir Völker alle werden bald zermahlen sein. Schreiten immerfort über wartende Erde. Der blaue Reiter ist angelangt; er war noch zu jung zu sterben.
Nie sah ich irgendeinen Maler gotternster und sanfter malen wie ihn. „Zitronenochsen" und „Feuerbüffel" nannte er seine Tiere, und auf seiner Schläfe ging ein Stern auf. Aber auch die Tiere der Wildnis begannen pflanzlich zu werden in seiner tropischen Hand. Tigerinnen verzauberte er zu Anemonen, Leoparden legte er das Geschmeide der Levkoje um; er sprach vom reinen Totschlag, wenn auf seinem Bild sich der Panther die Gazell vom Fels holte. Er fühlte wie der junge Erzvater in der Bibelzeit, ein herrlicher Jakob er, der Fürst von Kana. Um seine Schultern schlug er wild das Dickicht; sein schönes Angesicht spiegelte er im Quell, und sein Wunderherz trug er oftmals in Fell gehüllt, wie ein schlafendes Knäblein heim, über die Wiesen, wenn es müde war.
Das war alles vor dem Krieg.

1. Das Prinzip der inneren Notwendigkeit (Kandinsky)

Georg Müller Verlag: An Wassily Kandinsky (15. 10. 1909)

Soviel des Interessanten und Richtigen Ihre Schrift über das Geistige in der Kunst enthält, bedaure ich doch, von der Herausgabe derselben absehen zu müssen. – Das Publikum, das für diese Art kunsttheoretischer Schriften in Betracht kommt, ist leider nicht groß genug, um dem Werk einen buchhändlerischen Erfolg zu sichern, und ich fürchte, auch die Kritik dürfte dem Buch in vorliegender Form nicht allzu gewogen sein, da man dem Stil, der an zahlreichen undeutschen Wendungen krankt, doch noch zu sehr den Ausländer anmerkt.

Alfred Kubin: An Wassily Kandinsky (12. 11. 1909)

Nun zum Manuskript! Es hat mir *ausgezeichnet* gefallen; die Gedanken sind vollkommen originell, aus dem Tiefsten zum Teil geschöpft, was Sie über Farben sagen, ungemein reizvoll, ich würde raten, über Komposition, Form, Zeichenkunst ebenfalls noch größere Teile anhängen. Das Buch würde bedeutend mehr anschwellen und den *allgemeinen* Charakter zugunsten eines seltenen und wichtigen Specialwerkes mehr dienen. Sie fassen die künstlerischen Strebungen so interessant auf, daß Sie dann, wenn Sie den Stoff vergrößern und zugleich abrunden, sicher noch viel Freude an dem Werk erleben werden. – Nur im Punkte des Stiles und der Sprachreinheit mangelt es noch – ich könnte Ihnen einen ganzen Haufen Störungen und Unmöglichkeiten aufweisen, doch das ist ja secundär und bei Ihnen sehr begreiflich, da Sie nicht Deutscher sind. Wenn Sie mit einem guten Schriftsteller die ganze Sache auf Druckreife einmal durchgehen, so ist alles derartige bald corrigiert.

Piper-Verlag: An Wassily Kandinsky (20. 6. 1910)

Zu unserem Bedauern müssen wir aus verschiedenen Gründen auf die Verlagsübernahme Ihres Werkes über „Das Geistige in der Kunst" verzichten. Wir haben es, wie wir Ihnen ja sagten, von einem uns nahestehenden Gelehrten prüfen lassen und es auch selbst noch einmal gelesen. Wir verkennen nicht, daß eine ganze Reihe feiner und origineller Gedanken in der Arbeit behandelt sind, aber für eine Buchausgabe scheint uns die Arbeit in dieser Form doch nicht auszureichen. Dazu kommen formale, besonders stilistische Bedenken: Die Arbeit müßte vor allen Dingen noch stilistisch durchgefeilt werden.[236]

Wassily Kandinsky: Über das Geistige in der Kunst

I. Einleitung

Jedes Kunstwerk ist Kind seiner Zeit, oft ist es Mutter unserer Gefühle. So bringt jede Kulturperiode eine eigene Kunst zustande, die nicht mehr wiederholt werden kann. Eine Bestrebung, vergangene Kunstprinzipien zu beleben, kann höchstens Kunstwerke zur Folge haben, die einem totgeborenen Kind gleichen. [...]
Es gibt aber eine andere äußere Ähnlichkeit der Kunstformen, der eine große Notwendigkeit zugrunde liegt. Die Ähnlichkeit der *inneren* Bestrebungen in der ganzen moralisch-geistigen Atmosphäre, das Streben zu Zielen, die im Hauptgrunde schon verfolgt, aber später vergessen wurden, also die Ähnlichkeit der inneren Stimmung einer ganzen Periode kann logisch zur Anwendung der Formen führen, die erfolgreich in einer vergangenen Periode denselben Bestrebungen dienten. So entstand teilweise unsere Sympathie, unser Verständnis, unsere innere Verwandtschaft mit

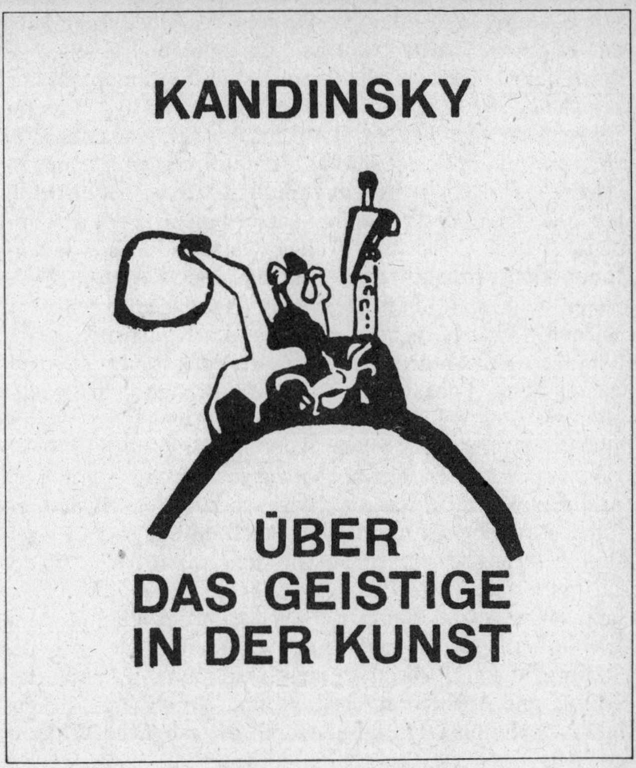

72. Umschlag des Buches „Über das Geistige in der Kunst". München 1912, mit Vignette von Wassily Kandinsky

den Primitiven. Ebenso wie wir, suchten diese reinen Künstler nur das Innerlich-Wesentliche in ihren Werken zu bringen, wobei der Verzicht auf äußerliche Zufälligkeit von selbst entstand. Dieser wichtige innere Berührungspunkt ist aber bei seiner ganzen Wichtigkeit doch nur ein Punkt. Unsere Seele, die nach der langen materialistischen Periode erst im Anfang des Erwachens ist, birgt in sich Keime der Verzweiflung des Nichtglaubens, des Ziel- und Zwecklosen. [...] Dieser Zweifel und die noch drückenden Leiden der materialistischen Philosophie unterscheiden stark unsere Seelen von der der „Primitiven". [...] Deswegen kann der Zug ins Primitive, wie wir ihn momentan erleben, in der gegenwärtigen ziemlich entliehenen Form nur von kurzer Dauer sein. [...] Gröbere Gefühle, wie Angst, Freude, Trauer usw. [...] werden den Künstler wenig anziehen. Er wird suchen, feinere Gefühle, die jetzt namenlos sind, zu erwecken. Er lebt selbst ein kompliziertes, verhältnismäßig feines Leben, und das aus ihm entsprungene Werk wird unbedingt dem Zuschauer, welcher dazu fähig ist, feinere Emotionen verursachen, die mit unseren Worten nicht zu fassen sind. Der Zuschauer heutzutage ist aber selten zu solchen Vibrationen fähig. Er sucht im Kunstwerk entweder eine reine Naturnachahmung, die praktischen Zwecken dienen kann (Porträt im gewöhnlichen Sinne u. dgl.), oder eine Naturnachahmung, die eine gewisse Interpretation enthält, „impressionistische" Malerei, oder endlich in *Naturformen verkleidete Seelenzustände* (was man Stimmung nennt). Alle diese Formen, wenn sie wirklich künstlerisch sind, erfüllen ihren Zweck und bilden (auch im ersten Falle) geistige Nahrung, besonders aber in dem dritten Falle, wo der Zuschauer einen Mitklang seiner Seele findet. [...] Jedenfalls halten solche Werke die Seele von der Vergröberung ab. Sie erhalten sie auf einer gewissen Höhe, wie der Stimmschlüssel die Saiten eines Instruments. Aber Verfeinerung und Ausdehnung in Zeit und Raum dieses Klanges bleibt doch einseitig und erschöpft die mögliche Wirkung der Kunst nicht.

Ein großes, sehr großes, kleineres oder mittelgroßes Gebäude in verschiedene Räume geteilt. Alle Wände der Räume mit kleinen, großen, mittleren Leinwändern behängt. Oft mehrere Tausende von Leinwändern. Darauf durch Anwendung der Farbe Stücke „Natur" gegeben: Tiere in Licht und Schatten, Wasser trinkend, am Wasser stehend, im Grase liegend, daneben eine Kreuzigung Christi, von einem Künstler dargestellt, welcher an Christus nicht glaubt, Blumen, menschliche Figuren sitzend, stehend, gehend, auch oft nackt, viele nackte Frauen (oft in Verkürzung von hinten gesehen), Äpfel und silberne Schüsseln, Porträt des Geheimrats N., Abendsonne, Dame in Rosa, fliegende Enten, Porträt der Baronin X., fliegende Gänse, Dame in Weiß, Kälber im Schatten mit grellgelben Sonnenflecken, Porträt Exzellenz Y., Dame in Grün. Dieses alles ist sorgfältig in einem Buch gedruckt: Namen der Künstler, Namen der Bilder. Menschen haben diese Bücher in der Hand und gehen von einer Leinwand zur andern und blättern und lesen die Namen. Dann gehen sie fort, ebenso arm oder reich, wie sie eintraten, und werden sofort von ihren Interessen, die gar nichts mit der Kunst zu tun haben, absorbiert. Warum waren sie da? In jedem Bild ist geheimnisvoll ein ganzes Leben eingeschlossen, ein ganzes Leben mit vielen Qualen, Zweifeln, Stunden der Begeisterung und des Lichtes. Wohin ist dieses Leben gerichtet? Wohin schreit die Seele des Künstlers, wenn auch sie in der Schaffung tätig war? Was will sie verkünden? „Licht in die Tiefe des menschlichen Herzens senden – Künstlers Beruf", sagt Schumann. „Ein Maler ist ein Mensch, welcher alles zeichnen und malen kann", sagt Tolstoj.[237] Von diesen zwei Definitionen der Tätigkeit des Künstlers müssen wir die zweite wählen, wenn wir an die eben beschriebene Ausstellung denken – mit mehr oder weniger Fertigkeit, Virtuosität und Brio entstehen auf der Leinwand Gegenstände, die zueinander in gröberer oder feinerer „Malerei" stehen. Die Harmonisierung des Ganzen auf der Leinwand ist der Weg, welcher zum Kunstwerk führt. Mit kalten Augen und gleichgültigem Gemüt wird dieses Werk beschaut. Die Kenner bewundern die „Mache" (so wie man einen Seiltänzer bewundert), genießen die „Malerei" (so wie man eine Pastete genießt). Hungrige Seelen gehen hungrig ab. Die große Menge schlendert durch die Säle und findet die Leinwänder „nett" und „großartig". Mensch, der was sagen könnte, hat zum Menschen nichts gesagt, und der, der hören könnte, hat nichts gehört. Diesen Zustand der Kunst nennt man l'art pour l'art. [...] Für seine Geschicklichkeit, Erfindungs- und Empfindungskraft sucht sich der Künstler in materieller Form den Lohn. Sein Zweck wird Befriedigung des Ehrgeizes und der Habsucht. Statt einer vertieften gemeinsamen Arbeit der Künstler entsteht ein Kampf um diese Güter. Man klagt über zu große Konkurrenz und Überproduktion. Haß, Parteilichkeit, Vereinsmeierei, Eifersucht, Intrigen werden zur Folge dieser zweckberaubten, materialistischen Kunst. Der Zuschauer wendet sich ruhig ab von dem Künstler, der in einer zweckberaubten Kunst den Zweck seines Lebens nicht sieht, sondern höhere Ziele vor sich hat. *„Verstehen“* ist Heranbildung des Zuschauers auf den Standpunkt des Künstlers. Oben wurde gesagt, daß die Kunst das Kind ihrer Zeit ist. Eine derartige Kunst kann nur das künstlerisch wiederholen, was schon die gegenwärtige Atmosphäre *klar* erfüllt. Diese Kunst, die keine Potenzen der Zukunft in sich birgt, die also nur das Kind der Zeit ist und nie zur Mutter der Zukunft heranwachsen wird, ist eine kastrierte Kunst. Sie ist von kurzer Dauer und stirbt moralisch in dem Augenblicke, wo die sie gebildet habende Atmosphäre sich ändert. Die andere, zu weiteren Bildungen fähige Kunst wurzelt auch in ihrer geistigen Periode, ist aber zur selben Zeit nicht nur Echo derselben und Spiegel, sondern hat eine weckende prophetische Kraft, die weit und tief wirken kann. Das geistige Leben, zu dem auch die Kunst gehört und in dem sie eine der mächtigsten Agentien ist, ist eine komplizierte, aber bestimmte und ins Einfache übersetzbare Bewegung vor- und aufwärts. Diese Bewegung ist die der Erkenntnis. Sie kann verschiedene Formen annehmen, im Grunde behält sie aber denselben inneren Sinn, Zweck. In Dunkel gehüllt sind die Ursachen der Notwendigkeit, „im Schweiße des Angesichts“[238], durch Leiden, Böses und Qualen sich vor- und aufwärts zu bewegen. Nachdem eine Station erreicht ist und manche bösen Steine aus dem Weg geschafft sind, werden von einer üblen unsichtbaren Hand neue Blöcke auf den Weg geworfen, welche manchmal scheinbar diesen Weg gänzlich verschütten und unerkennbar machen. Da kommt aber unfehlbar einer von uns Menschen, der in allem uns gleich ist, aber eine geheimnisvolle in ihn gepflanzte Kraft des „Sehens“ in sich birgt. Er sieht und zeigt. Dieser höheren Gabe, die ihm oft ein schweres Kreuz ist, möchte er sich manchmal entledigen. Er kann es aber nicht. Unter Spott und Haß zieht er die sich sträubende, in Steinen steckende schwere Karre der Menschheit mit sich immer vor- und aufwärts. Oft ist schon lange nichts von seinem körperlichen *Ich* auf Erden geblieben, dann sucht man alle Mittel, dieses Körperliche aus Marmor, Eisen, Bronze, Stein in gigantesken Größen wiederzugeben. Als ob etwas läge an diesem *Körperlichen* bei solchen göttlichen Menschendienern und Märtyrern, die das Körperliche verachteten und nur dem *Geistigen* dienten.

Jedenfalls ist dieses Heranziehen des Marmors ein Beweis, daß eine größere Menschenmenge zu dem Standpunkt angelangt ist, wo einst der jetzt Gefeierte stand.

II. Die Bewegung

Ein großes spitzes Dreieck in ungleiche Teile geteilt, mit der spitzesten, kleinsten Abteilung nach oben gewendet – ist das geistige Leben schematisch richtig dargestellt. Je mehr nach unten, desto größer, breiter, umfangreicher und höher werden die Abteilungen des Dreiecks. Das ganze Dreieck bewegt sich langsam, kaum sichtbar nach vor- und aufwärts, und wo „heute" die höchste Spitze war, ist „morgen" die nächste Abteilung, d. h., was heute nur der obersten Spitze verständlich ist, was dem ganzen übrigen Dreieck eine unverständliche Faselei ist, wird morgen zum sinn- und gefühlvollen Inhalt des Lebens der zweiten Abteilung. An der Spitze der obersten Spitze steht manchmal allein nur ein Mensch. Sein freudiges Sehen ist der inneren unermeßlichen Trauer gleich. Und die, die ihm am nächsten stehen, verstehen ihn nicht. Entrüstet nennen sie ihn: Schwindler oder Irrenhauskandidaten. [...] In allen Abteilungen des Dreiecks sind Künstler zu finden. Jeder von denselben, der über die Grenzen seiner Abteilung hinaufblicken kann, ist ein Prophet seiner Umgebung und hilft der Bewegung, der widerspenstigen Karre. Wenn er aber nicht dieses scharfe Auge besitzt, oder dasselbe aus niederen Zwecken und Gründen mißbraucht oder schließt, dann wird er von allen seinen Abteilungsgenossen völlig verstanden und gefeiert. Je größer diese Abteilung ist (also je tiefer sie gleichzeitig liegt), desto größer ist die Menge, der des Künstlers Rede verständlich ist. Es ist klar, daß eine jede solche Abteilung nach dem entsprechenden geistigen Brot bewußt oder (viel öfter) gänzlich unbewußt hungert. Dieses Brot wird ihr von ihren Künstlern gereicht, und nach diesem Brot wird morgen schon die nächste Abteilung greifen.

Diese schematische Darstellung erschöpft freilich das ganze Bild des geistigen Lebens nicht. Unter anderem zeigt sie eine Schattenseite nicht, einen großen toten *schwarzen Fleck*. Es geschieht eben zu oft, daß das erwähnte geistige Brot zur Nahrung manchen wird, die schon in einer höheren

Abteilung leben. Für solche Esser wird dieses Brot zu Gift: in kleiner Dosis wirkt es so, daß die Seele aus einer höheren Abteilung in eine niedere allmählich sinkt; in großer Dosis genossen, bringt dieses Gift zu einem Sturz, welcher in immer tiefere und tiefere Abteilungen die Seele wirft. [...] Der Künstler braucht seine Kraft, um niederen Bedürfnissen zu schmeicheln; in einer angeblichen künstlerischen Form bringt er einen unreinen Inhalt, er zieht die schwachen Elemente an sich, vermengt sie ständig mit schlechten, betrügt die Menschen und hilft ihnen, sich zu betrügen, indem sie sich und andere überzeugen, daß sie geistigen Durst haben, daß sie von der reinen Quelle diesen geistigen Durst stillen. [...] Solche Perioden, in welchen die Kunst keinen hochstehenden Vertreter hat, in welchen das verklärte Brot ausbleibt, sind *Perioden des Niederganges* in der geistigen Welt. Unaufhörlich fallen Seelen aus höheren Abteilungen in tiefere, und das ganze Dreieck scheint unbeweglich zu stehen. Es scheint sich ab- und rückwärts zu bewegen. Die Menschen legen zu diesen stummen und blinden Zeiten einen besonderen ausschließlichen Wert auf äußerliche Erfolge, sie kümmern sich nur um materielle Güter und begrüßen einen technischen Fortschritt, welcher nur dem Leibe dient und dienen kann, als eine große Tat. Die rein geistigen Kräfte werden im besten Falle unterschätzt, sonst überhaupt nicht bemerkt. Die vereinsamten Hungerer und Seher werden verspottet oder für geistig anormal gehalten. [...] Die Kunst, die zu solchen Zeiten ein erniedrigtes Leben führt, wird ausschließlich zu materiellen Zwecken gebraucht. Sie sucht ihren inhaltlichen Stoff in der *harten Materie,* da sie die feine nicht kennt. Die Gegenstände, die wiederzugeben sie für ihr einziges Ziel hält, bleiben unverändert dieselben. Das „Was" in der Kunst fällt eo ipso aus. Nur die Frage, „wie" derselbe körperliche Gegenstand vom Künstler wiedergegeben wird, bleibt allein da. Diese Frage wird zum „Credo". Die Kunst ist entseelt. Auf diesem Wege „Wie" geht die Kunst weiter. Sie spezialisiert sich, wird nur den Künstlern selbst verständlich, die über Indifferenz des Zuschauers zu ihren Werken zu klagen anfangen. Da der Künstler durchschnittlich zu solchen Zeiten nicht viel sagen braucht und schon durch ein geringes „Anders" bemerkt wird und von gewissen Häufchen Mäzenen und Kunstkennern dadurch hervorgehoben wird (was weiter eventuell große materielle Güter mitbringt!), so stürzt sich eine große Menge äußerlich begabter, gewandter Menschen auf die Kunst, die scheinbar so einfach zu erobern ist. In jedem „Kunstzentrum" leben Tausende und aber Tausende solcher Künstler, von denen die Mehrzahl nur nach neuer Manier sucht und ohne Begeisterung mit kaltem Herzen, schlafender Seele Millionen von Kunstwerken schafft. Die „Konkurrenz" nimmt zu. Das wilde Jagen nach Erfolg macht die Suche immer äußerlicher. Kleine Gruppen, die sich zufällig aus diesem Künstler- und Bilderchaos durchgearbeitet haben, verschanzen sich in ihren eroberten Stätten. Das zurückgebliebene Publikum schaut verständnislos zu, verliert das Interesse für eine derartige Kunst und dreht ihr ruhig den Rücken.

Aber trotz aller Verblendung, trotz diesem Chaos und dem wilden Jagen bewegt sich in Wirklichkeit langsam, aber sicher, mit unüberwindlicher Kraft das geistige Dreieck vor- und aufwärts. [...] Schon in derselben Frage „Wie" liegt ein verborgener Kern der Genesung. Wenn dieses „Wie" auch im großen und ganzen fruchtlos bleibt, so ist doch im selben „Anders" (was wir auch noch heute „Persönlichkeit" nennen) eine Möglichkeit vorhanden, nicht das rein harte Materielle allein am Gegenstande zu sehen, sondern auch noch das, was weniger körperlich als der Gegenstand der realistischen Periode ist, den man allein und „so wie er ist", „ohne zu phantasieren" wiederzugeben versuchte. Wenn weiter dieses „Wie" auch die Seelenemotion des Künstlers einschließt und fähig ist, sein feineres Erlebnis auszuströmen, so stellt sich schon die Kunst an die Schwelle des Weges, auf welchem sie später unfehlbar das verlorne „Was" wiederfindet, das „Was", welches das geistige Brot des jetzt beginnenden geistigen Erwachens bilden wird. Dieses „Was" wird nicht mehr das materielle, gegenständliche „Was" der hintengebliebenen Periode sein, sondern ein *künstlerischer Inhalt,* die Seele der Kunst, ohne welche ihr Körper (das „Wie") nie ein volles gesundes Leben führen kann, ebenso wie der einzelne Mensch oder ein Volk.

Dieses Was ist der Inhalt, welchen nur die Kunst in sich fassen kann, und welchen nur die Kunst zum klaren Ausdruck bringen kann durch die nur ihr gehörenden Mittel.

Das geistige Dreieck bewegt sich langsam nach vor- und aufwärts. Heute erreicht eine der untersten größten Abteilungen die ersten Schlagworte des materialistischen „Credo" [...] Da diese Einwohner dieses großen Abteiles des Dreiecks nie selbständig zur Lösung einer Frage gekommen sind und stets in der menschlichen Karre durch sich selbst opfernde Mitmenschen, die stets hoch über ihnen standen, gezogen wurden, so wissen sie nichts von diesem Schieben, welches sie stets nur aus großer Entfernung beobachtet haben. Sie stellen sich deswegen das Schieben sehr leicht vor und glauben an einwandfreie Rezepte und an unfehlbar wirkende Mittel. [...] Die höheren Abteilungen sind religiös nicht nur blind atheistisch, sondern sie können ihre Gottlosigkeit durch fremde Worte begründen [...]. Politisch sind sie noch öfter Republikaner, kennen verschiedene parlamentarische Bräuche, lesen in den Zeitungen die politischen Leitartikel. Ökonomisch sind sie Sozialisten verschiedener Nuancen und können ihre „Überzeugungen" durch viele Zitate unterstützen. [...] In diesen höheren Abteilungen kommen allmählich noch andere Rubriken vor, die in den eben beschriebenen fehlten: Wissenschaft und Kunst, wozu auch Literatur und Musik gehören. Wissenschaftlich sind diese Menschen Positivisten und anerkennen nur das, was gewogen, gemessen werden kann. Das übrige halten sie für denselben manchmal schädlichen Unsinn, für welchen sie gestern die heute „erwiesenen" Theorien hielten. In der Kunst sind sie Naturalisten, wobei sie bis zu einer gewissen Grenze, die von anderen gezogen wurde und an die sie deswegen unerschütterlich glauben, Persönlichkeit, Individualität und Temperament des Künstlers anerkennen und auch schätzen.

In diesen höheren Abteilungen ist trotz der sichtbar großen Ordnung, Sicherheit und trotz den Prinzipien, die unfehlbar sind, jedoch eine versteckte *Angst* zu finden [...]. Und dies ist dank ihrer Bildung. Sie wissen, daß der heute angebetete Gelehrte, Staatsmann, Künstler noch gestern ein ausgespotteter, keines ernsten Blickes würdiger Streber, Schwindler, Pfuscher war. Und je höher in dem geistigen Dreieck, desto sichtbarer tritt mit ihren scharfen Kanten diese Angst, die Unsicherheit zutage. Erstens finden sich hier und da Augen, die auch selbst sehen können, Köpfe, die zu Zusammenstellungen fähig sind. [...] Zweitens finden sich Augen, die das sehen können, was von der heutigen Wissenschaft „noch nicht erklärt" wurde. [...] Und wenn wir noch höher steigen, so sehen wir noch größere Verwirrung, wie in einer großen, fest nach allen architektonisch mathematischen Regeln gebauten Stadt, wo plötzlich solche Kräfte wirken, mit welchen die geistigen Architekten und Mathematiker nicht gerechnet haben. [...] In dieser Stadt leben auch taube Menschen, die fremde Weisheit betäubt hat, die keinen Sturz hören, die auch blind sind, da sie fremde Weisheit geblendet hat, und die sagen: Unsere Sonne wird immer heller, und bald sehen wir die letzten Flecken verschwinden. Aber auch diese Menschen werden hören und sehen. Und noch höher ist *keine Angst* mehr zu finden. Da geht eine Arbeit, die kühn an den von den Menschen gestellten Pfeilern rüttelt. Hier finden wir auch professionelle Gelehrte, die die Materie wieder und wieder prüfen, die keine Angst haben, vor keiner Frage, und die endlich die Materie, auf welcher noch gestern alles ruhte und das ganze Weltall gestützt wurde, in Zweifel stellen. [...] Andererseits endlich mehrt sich die Anzahl der Menschen, welche keine Hoffnung setzen auf die Methoden der materialistischen Wissenschaft in Fragen, die mit „Nichtmaterie" oder einer Materie zu tun haben, die unseren Sinnen nicht zugänglich sind. Und ebenso wie in der Kunst, welche bei den Primitiven Hilfe sucht, wenden sich diese Menschen halbvergessenen Zeiten zu mit ihren halbvergessenen Methoden, um da Hilfe zu finden. Diese Methoden sind aber noch lebendig bei Völkern, auf welche wir von der Höhe unserer Kenntnisse mitleidig und verächtlich zu schauen gewohnt waren. [...] Die Frau H. P. Blawatzky war wohl die erste, die nach langjährigen Aufenthalten in Indien ein festes Band zwischen diesen „Wilden" und unserer Kultur gebunden hat. Von hier ab beginnt in dieser Beziehung eine der größten geistigen Bewegungen, die heute eine große Anzahl von Menschen vereinigt und sogar eine materielle Form dieser geistigen Einigung in „Theosophischer Gesellschaft" gebildet hat.[239] [...] Wenn die Religion, Wissenschaft und Moral (die letzte durch die starke Hand

Nietzsches) gerüttelt werden, und wenn die äußeren Stützen zu fallen drohen, wendet der Mensch seinen Blick von der Äußerlichkeit ab und *sich selbst zu*. Die Literatur, Musik und Kunst sind die ersten empfindlichsten Gebiete, wo sich diese geistige Wendung bemerkbar macht in realer Form. Diese Gebiete spiegeln das düstere Bild der Gegenwart sofort ab, sie erraten das Große, was erst als ein kleines Pünktchen nur von wenigen bemerkt wird und für die große Menge nicht existiert. [...] Einer von solchen Dichtern auf dem Gebiete der *Literatur* ist Maeterlinck. Er führte uns in die Welt, die man phantastisch oder richtiger übersinnlich nennt. [...] So ist Maeterlinck vielleicht einer der ersten Propheten, der ersten künstlerischen Berichterstatter und Hellseher des oben beschriebenen Niederganges. Die Verdüsterung der geistigen Atmosphäre, die zerstörende und gleichzeitig führende Hand und die verzweifelte Angst vor ihr, der verlorene Weg, der vermißte Führer spiegeln sich deutlich in diesen Werken. (Zu solchen Hellsehern des Niederganges gehört in der ersten Linie auch Alfred Kubin. Mit unüberwindlicher Gewalt wird man in die schauerliche Atmosphäre der harten Leere hineingezogen. Diese Gewalt entströmt den Zeichnungen Kubins ebenso wie seinem Roman „Die andere Seite".) [...] *Das Wort ist ein innerer Klang.* Dieser innere Klang entspringt teilweise (vielleicht hauptsächlich) dem Gegenstand, welchem das Wort zum Namen dient. Wenn aber der Gegenstand nicht selbst gesehen wird, sondern nur sein Name gehört wird, so entsteht im Kopfe des Hörers die abstrakte Vorstellung, der dematerialisierte Gegenstand, welcher im „Herzen" eine Vibration sofort hervorruft. So ist der *grüne, gelbe, rote Baum* auf der Wiese nur ein materieller Fall, eine zufällige materialisierte Form des Baumes, welchen wir in uns fühlen, wenn wir das Wort Baum hören. Geschickte Anwendung (nach dichterischem *Gefühl*) eines Wortes, eine *innerlich* nötige Wiederholung desselben zweimal, dreimal, mehrere Male nacheinander kann nicht nur zum Wachsen des inneren Klanges führen, sondern noch andere nicht geahnte geistige Eigenschaften des Wortes zutage bringen. Schließlich bei öfterer Wiederholung des Wortes (beliebtes Spiel der Jugend, welches später vergessen wird) verliert es den äußeren Sinn der Benennung. Ebenso wird sogar der abstrakt gewordene

Sinn des bezeichneten Gegenstandes vergessen und nur der reine *Klang* des Wortes entblößt. Diesen „reinen" Klang hören wir vielleicht unbewußt auch im Zusammenklange mit dem realen oder später abstrakt gewordenen Gegenstande. Im letzten Falle aber tritt dieser reine Klang in den Vordergrund und übt einen direkten Druck auf die Seele aus. Die Seele kommt zu einer gegenstandslosen Vibration, die noch komplizierter, ich möchte sagen „übersinnlicher" ist als eine Seelenerschütterung von einer Glocke, einer klingenden Saite, einem gefallenen Brette usw. [...] Und das *Wort*, welches also zwei Bedeutungen hat – die erste direkte und zweite innere –, ist das reine Material der *Dichtung* und der Literatur, das Material, welches nur diese Kunst anwenden kann und durch welches sie zur Seele spricht. Etwas Ähnliches tat in der *Musik* R. Wagner. [...] Die modernsten Musiker, wie *Debussy*, bringen *geistige* Impressionen, die sie oft aus der Natur entnehmen und in rein musikalischer Form in geistige Bilder verwandeln. [...] Einen großen Einfluß auf Debussy hat die russische Musik gehabt (Mussorgsky). So ist es nicht verwunderlich, daß er eine gewisse Verwandtschaft mit den jungen russischen Komponisten hat, zu welchen in erster Linie Skrjabin gerechnet werden muß. Es ist ein verwandter innerer Klang in den Kompositionen der beiden. Und derselbe Fehler verstimmt oft den Zuhörer. Das heißt, manchmal werden beide Komponisten ganz plötzlich aus dem Bereiche der „neuen" „Häßlichkeiten" herausgerissen und folgen dem Reize der mehr oder weniger konventionellen „Schönheit". Der Zuhörer fühlt sich oft im wirklichen Sinne beleidigt, da er wie ein Tennisball fortwährend über das Netz geschleudert wird, über das Netz, welches die zwei gegnerischen Parteien trennt; die Partei des äußeren „Schönen" und die des inneren „Schönen". Dieses innere Schöne ist das Schöne, welches mit Verzicht auf das gewohnte Schöne aus befehlender innerer Notwendigkeit angewendet wird. Dem nicht daran Gewöhnten erscheint *natürlich* dieses innere Schöne häßlich, da der Mensch im allgemeinen zum Äußeren neigt und nicht gerne die innere Notwendigkeit erkennt. (Und das ganz besonders heute!) Mit diesem vollen Verzicht auf das gewohnte Schöne, *alle* Mittel, die zum Zwecke der Selbstäußerung führen, heilig heißend, geht heute noch allein, nur von wenigen begeistert anerkannt, der Wiener Komponist Arnold Schönberg. [...]. Schönbergsche Musik führt uns in ein neues Reich ein, wo die musikalischen Erlebnisse keine akustischen sind, sondern *rein seelische.* Hier beginnt die „Zukunftsmusik". Nach den idealistischen Idealen kommen die diese ablösenden impressionistischen Bestrebungen in der *Malerei.* Die letzteren enden in ihrer dogmatischen Form und rein naturalistischen Zielen in der Theorie des Neo-Impressionismus, welcher zur selben Zeit ins Abstrakte greift [...]. Auf eine andere Art, die den *reinen malerischen Mitteln* näher steht, ging zu ähnlicher Aufgabe der Sucher des neuen Gesetzes der Form – *Cézanne.* Er verstand aus einer Teetasse ein beseeltes Wesen zu schaffen oder, richtiger gesagt, in dieser Tasse ein Wesen zu erkennen. Er hebt die „nature morte" zu einer Höhe, wo die äußerlich „toten" Sachen innerlich lebendig werden. Er behandelt diese Sachen ebenso wie den Menschen, da er das innere Leben überall zu sehen begabt war. Er bringt sie zu farbigem Ausdruck, welcher eine *innere malerische Note* bildet, und preßt sie in die Form, welche zu abstrakt klingenden, Harmonie ausstrahlenden, oft mathematischen Formeln heraufgezogen werden. Nicht ein Mensch, nicht ein Apfel, nicht ein Baum werden dargestellt, sondern das alles wird von Cézanne gebraucht zur Bildung einer innerlich malerisch klingenden Sache, die Bild heißt. So nennt auch schließlich seine Werke einer der größten neuesten Franzosen – Henri *Matisse.* Er malt „Bilder", und in diesen „Bildern" sucht er das „Göttliche" wiederzugeben. Um dieses zu erreichen, braucht er keine anderen Mittel als den Gegenstand (Mensch oder sonst etwas) als *Ausgangspunkt* und die der Malerei und nur ihr eigenen Mittel – *Farbe und Form.* [...] Immer durch Selbstäußerungszwang geführt, oft stürmisch hingerissen, wirft sich *Picasso* von einem äußeren Mittel zum anderen. Wenn eine Kluft zwischen diesen Mitteln liegt, so macht Picasso einen tollen Sprung, und da steht er auf der anderen Seite zum Entsetzen seiner unmenschlich dichten Schar der Nachfolger. [...] wenn ihn die Farbe im Problem der rein zeichnerischen Form stört, so wirft er sie über Bord und malt ein Bild mit Braun und Weiß. Diese Probleme sind auch seine Hauptkraft. Matisse – Farbe. Picasso – Form. Zwei große Weisungen auf ein großes Ziel.

So stellen sich allmählich verschiedene Künste auf den Weg, das zu sagen, was sie am besten sagen können, und durch die Mittel, die jede von ihnen ausschließlich besitzt. Und trotz oder dank dieser Absonderung, nie standen in den letzten Zeiten die Künste, als solche, einander näher als in dieser letzten Stunde der geistigen Wendung. In allem Erwähnten sind die Keime des Strebens zum Nichtnaturellen, Abstrakten und *zu innerer Natur.* [...] Und aus diesem Streben kommt von selbst die natürliche Folge – das *Vergleichen* der eigenen Elemente mit denen einer anderen Kunst. In diesem Falle zieht man die reichste Lehre aus der Musik. [...] Daher kommt das heutige Suchen in der Malerei nach Rhythmus, nach mathematischer, abstrakter Konstruktion, das heutige Schätzen der Wiederholung des farbigen Tones, der Art, in welcher die Farbe in Bewegung gebracht wird usw. Dieses Vergleichen der Mittel verschiedenster Künste und dieses Ablernen einer Kunst von der anderen kann nur dann erfolg- und siegreich werden, wenn das Ablernen nicht äußerlich, sondern prinzipiell ist. Das heißt, eine Kunst muß bei der anderen lernen, wie sie mit *ihren* Mitteln umgeht, sie muß es lernen, um dann *ihre eigenen* Mittel *prinzipiell* gleich zu behandeln, d. h. in dem Prinzip, welches *ihr allein* eigen ist. Bei diesem Ablernen muß der Künstler nicht vergessen, daß jedes Mittel eine ihm geeignete Anwendung in sich birgt und daß *diese* Anwendung herauszufinden ist. In Anwendung der Form kann die Musik Resultate erzielen, die die Malerei nicht erreichen kann. Andererseits bleibt hinter manchen Eigenschaften der Malerei die Musik zurück, z. B. hat die Musik die Zeit, die Ausdehnung der Zeit zur Verfügung. Die Malerei aber kann dagegen, indem sie den erwähnten Vorzug nicht besitzt, in einem Augenblick den ganzen Inhalt des Werkes dem Zuschauer bringen, wozu wieder die Musik nicht fähig ist. Die Musik, die von der Natur äußerlich ganz emanzipiert ist, braucht nicht irgendwo äußere Formen für ihre Sprache zu leihen. Die Malerei ist heute noch beinahe vollständig auf die naturellen Formen, aus der Natur geliehene Formen angewiesen.

Wenn man die Augen über eine mit Farben besetzte Palette gleiten läßt, so entstehen zwei Hauptresultate: 1. es kommt eine *rein physische* Wirkung zustande, d. h. das Auge selbst wird durch Schönheit und andere Eigenschaften der Farbe bezaubert. Der Schauende empfindet ein Gefühl von Befriedigung, Freude, wie ein Gastronom, wenn er einen Lekkerbissen im Munde hat. Oder es wird das Auge gereizt, wie der Gaumen von einer pikanten Speise. Es wird auch wieder beruhigt oder abgekühlt, wie der Finger, wenn er Eis berührt. Dies alles sind jedenfalls physische Gefühle, welche als solche nur von kurzer Dauer sein können. [...] Und ebenso, wie das physische Gefühl der Kälte des Eises, wenn es tiefer eindringt, andere tiefere Gefühle erweckt und eine ganze Kette psychischer Erlebnisse bilden kann, so kann auch der oberflächliche Eindruck der Farbe sich zu einem Erlebnis entwickeln. Nur die gewohnten Gegenstände wirken bei einem mittelmäßig empfindlichen Menschen ganz oberflächlich. Die aber, die uns zum erstenmal begegnen, üben sofort einen seelischen Eindruck auf uns aus. [...] Ebenso ist es mit der Farbe, die bei niedrigem Stand der seelischen Empfindsamkeit nur eine oberflächliche Wirkung verursachen kann, eine Wirkung, die bald nach beendigtem Reiz verschwindet. Aber auch in diesem Zustand ist diese einfachste Wirkung verschiedener Art. Das Auge wird mehr und stärker von den helleren Farben angezogen und noch mehr und noch stärker von den helleren, wärmeren: Zinnoberrot zieht an und reizt, wie die Flamme, welche vom Menschen immer begierig angesehen wird. Das grelle Zitronengelb tut dem Auge nach längerer Zeit weh, wie dem Ohr eine hochklingende Trompete. Das Auge wird unruhig, hält den Anblick nicht lange aus und sucht Vertiefung und Ruhe in Blau oder Grün. Bei höherer Entwicklung aber entspringt dieser elementaren Wirkung eine tiefergehende, die eine Gemütserschütterung verursacht. In diesem Falle ist 2. das zweite Hauptresultat des Beobachtens der Farbe vorhanden, d. h. die *psychische* Wirkung derselben. Hier kommt die psychische Kraft der Farbe zutage, welche eine seelische Vibration hervorruft. Und die erste, elementare physische Kraft wird nun zur Bahn, auf welcher die Farbe die Seele erreicht. Ob diese zweite Wirkung tatsächlich eine direkte ist, wie man aus den letzten Zeilen annehmen kann, oder ob sie durch Assoziation erreicht wird, bleibt vielleicht eine Frage. Da die Seele im allgemeinen fest mit dem Körper verbunden ist, so ist es möglich, daß eine physische Erschütterung eine andere, ihr entsprechende durch *Assoziation* hervorruft. Zum Beispiel die rote Farbe kann eine der Flamme ähnliche seelische Vibration verursachen, da das Rot die Farbe der Flamme ist. Das warme Rot wirkt aufregend, dieses Rot kann bis zu einer schmerzlichen Peinlichkeit steigen, vielleicht auch durch Ähnlichkeit mit fließendem Blut. Hier erweckt also die Farbe eine Erinnerung an ein anderes physisches Agens, welches unbedingt eine peinliche Wirkung auf die Seele ausübt. Wenn dies der Fall wäre, so würden wir leicht durch die Assoziation eine Erklärung auch der anderen physischen Wirkungen der Farbe finden, d. h. zu den Wirkungen nicht nur auf das Sehorgan, sondern auch auf die anderen Sinne. Man kann eben annehmen, daß z. B. helles Gelb einen sauren Eindruck macht aus der Assoziation mit der Zitrone. Es ist aber kaum möglich, derartige Erklärungen durchzuführen. […] Manche Farben können unglatt, stechend aussehen, wogegen andere wieder als etwas Glattes, Samtartiges empfunden werden, so daß man sie gern streicheln möchte (Ultramarinblau dunkel, Chromoxydgrün, Krapplack). Selbst der Unterschied zwischen Kalt und Warm des Farbtones beruht auf dieser Empfindung. Es gibt ebenso Farben, die weich erscheinen (Krapplack), oder andere, die stets als harte vorkommen (Kobaltgrün, grünblau Oxyd), so daß die frisch aus der Tube ausgepreßte Farbe für trocken gehalten werden kann. Der Ausdruck „duftende Farben" ist allgemein gebräuchlich. Endlich ist das Hören der Farben so präzis, daß man vielleicht keinen Menschen findet, welcher den Eindruck von Grellgelb auf den Baßtasten des Klaviers wiederzugeben suchen oder Krapplack dunkel als eine Sopranstimme bezeichnen würde. Diese Erklärung (also eigentlich doch durch Assoziation) wird aber in manchen Fällen, die für uns von ganz besonderer Wichtigkeit sind, nicht genügen. Wer von Chromotherapie gehört hat, weiß, daß das farbige Licht eine ganz besondere Wirkung auf den ganzen Körper verursachen kann. Es wurde verschiedentlich versucht, diese Kraft der Farbe auszunützen und bei verschiedenen Nervenkrankheiten anzuwenden, wobei man wieder bemerkte, daß das rote Licht belebend, aufregend auch auf das Herz wirkt, das blaue dagegen zu zeitlicher Paralyse führen kann.[240] Wenn man eine derartige Wirkung auch auf Tiere und sogar Pflanzen beobachten kann, was der Fall ist, so fällt hier die Assoziationserklärung gänzlich weg. Diese Tatsachen beweisen jedenfalls, daß die Farbe eine wenig untersuchte, aber enorme Kraft in sich birgt, die den ganzen menschlichen Körper, als physischen Organismus, beeinflussen kann. Wenn uns aber die Assoziation in diesem Fall nicht ausreichend erscheint, so werden wir uns auch in der Wirkung der Farbe auf die Psyche mit dieser Erklärung nicht begnügen können. Im allgemeinen ist also die Farbe ein Mittel, einen direkten Einfluß auf die Seele auszuüben. Die Farbe ist die Taste, das Auge ist der Hammer. Die Seele ist das Klavier mit vielen Saiten. Der Künstler ist die Hand, die durch diese oder jene Taste *zweckmäßig* die menschliche Seele in Vibration bringt. *So ist es klar, daß die Farbenharmonie nur auf dem Prinzip der zweckmäßigen Berührung der menschlichen Seele ruhen muß.* Diese Basis soll als *Prinzip der inneren Notwendigkeit* bezeichnet werden.

VI. Formen- und Farbensprache

Diese Lage ist der Ausgangspunkt des Weges, auf welchem die Malerei durch Hilfe ihrer Mittel zur Kunst im abstrakten Sinne heranwachsen wird und wo sie schließlich die rein malerische *Komposition* erreichen wird. Zu dieser Komposition stehen ihr zwei Mittel zur Verfügung: 1. Farbe. 2. Form. Die Form allein, als Darstellung des Gegenstandes (realen oder nicht realen) oder als rein abstrakte Abgrenzung eines Raumes, einer Fläche, kann selbständig existieren. Die Farbe nicht. Die Farbe läßt sich nicht grenzenlos ausdehnen. Man kann sich das grenzenlose Rot nur denken oder geistig sehen. Wenn man das Wort Rot hört, so hat dieses Rot in unserer Vorstellung keine Grenze. Dieselbe muß mit Gewalt, wenn es nötig ist, dazu gedacht werden. Das Rot, was man nicht materiell sieht, sondern sich abstrakt vorstellt, erweckt andererseits eine gewisse präzise und unpräzise innere Vorstellung, die einen rein inneren, physischen Klang hat. Dieses aus dem Wort klingende Rot hat auch selbständig keinen speziell ausgesprochenen Übergang zu Warm oder Kalt. Dasselbe muß noch dazu gedacht werden, wie feine Abstufungen des roten Tones. Deswegen nenne ich dieses geistige Sehen unpräzis. Es ist aber auch zur selben Zeit präzis, da der innere Klang bloß bleibt, ohne zufällige, zu Einzelheiten führende Neigungen zu Warm und Kalt usw. Dieser innere Klang ist ähnlich dem Klang einer Trompete oder eines Instrumentes, welchen man sich vorstellt bei dem Wort „Trompete" usw., wobei die Einzelheiten ausbleiben. Man denkt sich eben den Klang ohne die Unterschiede, welche er erleidet durch Klingen im Freien, im geschlossenen Raum, allein oder mit anderen Instrumenten, wenn ihn ein Postillion, ein Jäger, ein Soldat oder ein Virtuose hervorruft. Wenn aber *dieses Rot* in materieller Form gegeben werden muß (wie in der Malerei), so muß es 1. einen bestimmten Ton haben aus der unendlichen Reihe der verschiedenen Rot gewählt, also sozusagen *subjektiv charakterisiert* werden, und 2. muß es auf der Fläche abgrenzt werden, *von anderen Farben abgegrenzt,* die *unbedingt* da sind, die man in keinem Falle vermeiden kann und wodurch (durch Abgrenzung und Nachbarschaft) die subjektive Charakteristik sich verändert (eine objektive Hülse erhält): hier spricht der objektive Beiklang mit. *Dieses unvermeidliche Verhältnis zwischen Farbe und Form bringt uns zu Beobachtungen der Wirkungen, welche die Form auf die Farbe ausübt.* Die Form selbst, wenn sie auch ganz abstrakt ist und einer geometrischen gleicht, hat ihren inneren Klang, ist ein geistiges Wesen mit Eigenschaften, die mit dieser Form identisch sind. Ein Dreieck (ohne die nähere Bezeichnung, ob es spitz, flach, gleichseitig ist) ist ein derartiges Wesen mit dem ihm allein eigenen geistigen Parfüm. In Verbindung mit anderen Formen differenziert sich dieses Parfüm, bekommt beiklingende Nuancen, bleibt aber im Grunde unveränderlich, wie der Duft der Rose, der niemals mit dem des Veilchens verwechselt werden kann. Ebenso Kreis, Quadrat und alle anderen möglichen Formen. Also derselbe Vorfall wie oben mit Rot: subjektive Substanz in objektiver Hülse. Hier kommt die Gegenwirkung der Form und Farbe klar zutage. Ein Dreieck mit Gelb ausgefüllt, ein Kreis mit Blau, ein Quadrat mit Grün, wieder ein Dreieck mit Grün, ein Kreis mit Gelb, ein Quadrat mit Blau usw. Dies sind alle ganz verschiedene und ganz verschieden wirkende Wesen. Dabei läßt sich leicht bemerken, daß manche Farbe durch manche Form in ihrem Wert unterstrichen wird und durch andere abgestumpft. Jedenfalls spitze Farben klingen in ihrer Eigenschaft stärker in spitzer Form (z. B. Gelb im Dreieck). Die zur Vertiefung geneigten werden in dieser Wirkung durch runde Formen erhöht (z. B. Blau im Kreis). Natürlich ist es andererseits klar, daß das Nichtpassen der Form zur Farbe nicht als etwas „Unharmonisches" angesehen werden muß, sondern umgekehrt als eine neue Möglichkeit und also auch Harmonie. Da die Zahl der Farben und der Formen unendlich ist, so sind auch die Kombinationen unendlich und zur selben Zeit die Wirkungen. Dieses Material ist unerschöpflich.

Die Form im engeren Sinne ist jedenfalls nichts weiter wie die Abgrenzung einer Fläche von der anderen. Dies ist ihre Bezeichnung im Äußeren. Da aber alles Äußere auch unbedingt Inneres in sich birgt (stärker oder schwächer zum Vorschein kommend), so *hat* auch *jede Form inneren Inhalt. Die Form ist also die Äußerung des inneren Inhalts.* Dies ist ihre Bezeichnung im Inneren. [...] *So ist es klar, daß die Formenharmonie nur auf dem Prinzip der zweckmäßigen Berührung der menschlichen Seele ruhen muß.* Dieses Prinzip wurde hier als das *Prinzip der inneren Notwendigkeit* bezeichnet. [...]

In dem Doppelklange (geistiger Akkord) der beiden Bestandteile der Form kann der organische den abstrakten unterstützen (durch Mit- oder Widerklang) oder für denselben störend sein. Der Gegenstand kann einen nur zufälligen Klang bilden, welcher, durch einen anderen ersetzt, keine *wesentliche* Änderung des Grundklanges hervorruft. [...]

Die „Natur", d. h. die stets wechselnde äußere Umgebung des Menschen, versetzt durch die Tasten (Gegenstände) fortwährend die Saiten des Klaviers (Seele) in Vibration. Diese Wirkungen, welche uns oft chaotisch zu sein scheinen, bestehen aus *drei Elementen: das Wirken der Farbe des Gegenstandes, seiner Form und das von Farbe und Form unabhängige Wirken des Gegenstandes selbst.* Nun tritt aber an die Stelle der Natur der Künstler, welcher über dieselben drei Elemente verfügt. Und wir kommen ohne weiteres zum Schluß: auch

hier ist das *Zweckmäßige* maßgebend. *So ist es klar, daß die Wahl des Gegenstandes (= beiklingendes Element in der Formharmonie) nur auf dem Prinzip der zweckmäßigen Berührung der menschlichen Seele ruhen muß.* Also entspringt auch die Wahl des Gegenstandes dem *Prinzip der inneren Notwendigkeit.*
Je freier das Abstrakte der Form liegt, desto reiner und dabei primitiver klingt es. In einer Komposition also, wo das Körperliche mehr oder weniger überflüssig ist, kann man auch dieses Körperliche mehr oder weniger auslassen und durch rein abstrakte oder durch ganz ins Abstrakte übersetzte körperliche Formen ersetzen. In jedem Falle dieser Übersetzung oder dieses Hineinkomponierens der rein abstrakten Form soll der einzige Richter, Lenker und Abwäger das Gefühl sein. [...] Es gibt kein „muß" in der Kunst, die ewig frei ist. Vor dem „muß" flieht die Kunst, wie der Tag vor der Nacht. Bei der Betrachtung der zweiten kompositionellen Aufgabe, der Schaffung der *einzelnen* zum Aufbau der ganzen Komposition bestimmten Formen, muß noch bemerkt werden, daß dieselbe Form bei gleichen Bedingungen immer gleich klingt. Nur sind die Bedingungen immer verschieden, woraus zwei Folgen fließen: 1. ändert sich der ideale Klang durch Zusammenstellung mit anderen Formen, 2. ändert er sich auch in derselben Umgebung (soweit das Festhalten derselben möglich ist), wenn diese Form in ihrer Richtung verschoben wird. [...] Jede Form ist so empfindlich wie ein Rauchwölkchen: das unmerklichste geringste Verrücken jeder ihrer Teile verändert sie *wesentlich*. Und dies geht so weit, daß es vielleicht leichter ist, denselben Klang durch verschiedene Formen zu erzielen, als ihn durch die Wiederholung derselben Form wieder zum Ausdruck zu bringen: eine wirkliche genaue Wiederholung liegt außer der Möglichkeit. Solange wir nur für das Ganze der Komposition besonders empfänglich sind, ist diese Tatsache mehr theoretisch wichtig. Wenn aber die Menschen durch das Gebrauchen der abstrakteren und abstrakten Formen (die keine Interpretation von Körperlichem enthalten werden) ein feineres und stärkeres Empfinden bekommen werden, so wird diese Tatsache immer mehr an praktischer Bedeutung gewinnen. Und so werden einerseits die Schwierigkeiten der Kunst wachsen, aber gleichzeitig wird auch der Reichtum an Formen in den Ausdrucksmitteln quanti-

tativ und qualitativ mitwachsen. Dabei wird auch die Frage des „Verzeichnens" von selbst fallen und wird durch eine andere viel künstlerischere ersetzt: wie weit ist der innere Klang der gegebenen Form verschleiert oder entblößt? [...] Das Kombinieren des Verschleierten und des Bloßgelegten wird eine neue Möglichkeit der Leitmotive einer Formenkomposition bilden. [...] Hier finden wir denselben Maßstab und dasselbe Prinzip, welches wir bis jetzt überall als das einzige rein künstlerische, vom Nebensächlichen freie fanden: *Das Prinzip der inneren Notwendigkeit.* [...] dies alles sind die Elemente, die die Möglichkeit eines rein zeichnerischen „Kontrapunktes" bilden und die zu diesem Kontrapunkt führen werden.[241] Und dies wird der Kontrapunkt der Kunst des Schwarz-Weißen, solange die Farbe ausgeschaltet ist. Und die Farbe, die selbst ein Material zu einem Kontrapunkt bietet, die selbst unendliche Möglichkeiten in sich birgt, wird in Vereinigung mit der Zeichnung zum großen malerischen Kontrapunkt führen, auf welchem auch die Malerei zur Komposition gelangen wird und sich als wirklich reine Kunst in den Dienst des Göttlichen stellt. Und immer derselbe unfehlbare Führer bringt sie auf diese schwindelnde Höhe: *das Prinzip der inneren Notwendigkeit!* [...] Blind gegen „anerkannte" oder „unanerkannte" Form, taub gegen Lehren und Wünsche der Zeit soll der Künstler sein. Sein offenes Auge soll auf sein inneres Leben gerichtet werden, und sein Ohr soll dem Munde der inneren Notwendigkeit stets zugewendet sein. Dann wird er zu jedem erlaubten Mittel und ebenso leicht zu jedem verbotenen Mittel greifen. Dieses ist der einzige Weg, das Mystischnotwendige zum Ausdruck zu bringen. Alle Mittel sind heilig, wenn sie innerlich-notwendig sind. Alle Mittel sind sündhaft, wenn sie nicht aus der Quelle der inneren Notwendigkeit stammen. [...] Die Proportionen und Waagen sind nicht außerhalb des Künstlers, sondern in ihm, sie sind das, was man auch Grenzengefühl, künstlerischen Takt nennen kann – Eigenschaften, die dem Künstler angeboren sind und durch Begeisterung erhöht werden zur genialen Offenbarung. In diesem Sinne ist auch die Möglichkeit eines von Goethe prophezeiten Generalbasses in der Malerei zu verstehen.[242] Eine derartige Malgrammatik läßt sich momentan nur vorahnen, und wenn es endlich zu derselben kommt, so wird dieselbe weniger auf Grund der physischen Gesetze gebaut werden (wie man schon versuchte und heute wieder versucht: „Kubismus"), sondern auf den *Gesetzen der inneren Notwendigkeit,* die man ruhig als *seelische* bezeichnen kann. [...]

Aber wie der Körper durch Übung gestärkt und entwickelt wird, so auch der Geist. [...] Deswegen ist es nicht nur unschädlich, sondern unbedingt notwendig, daß der Künstler den Ausgangspunkt dieser Übungen kennt. [...]

Man konzentriert sich zunächst auf *isolierte Farbe,* man läßt *einzelstehende Farbe* auf sich wirken. [...]

Die zwei großen Abteilungen, die dabei sofort ins Auge fallen, sind: 1. Wärme und Kälte des farbigen Tones und 2. Helligkeit oder Dunkelheit desselben. So entstehen sofort vier Hauptklänge jeder Farbe: entweder ist sie I. *warm* und dabei 1. *hell* oder 2. *dunkel,* oder sie ist II. *kalt* und 1. *hell* oder 2. *dunkel.* Die *Wärme oder die Kälte* der Farbe ist eine Neigung ganz im allgemeinen *zu Gelb oder zu Blau.* Dies ist eine Unterscheidung, die sozusagen auf derselben Fläche geschieht, wobei die Farbe ihren Grundklang behält, aber dieser Grundklang wird mehr materiell oder mehr unmateriell. Es ist eine horizontale Bewegung, wobei das Warme sich auf dieser horizontalen Fläche zum Zuschauer bewegt, zu ihm strebt, das Kalte – sich vom Zuschauer entfernt. Die Farben selbst, die diese horizontale Bewegung einer anderen Farbe verursachen, sind auch durch dieselbe Bewegung charakterisiert, haben aber noch eine andere Bewegung, die sie stark voneinander in der inneren Wirkung trennt: sie sind dadurch der *erste große Gegensatz* im inneren Werte. So ist also die Neigung der Farbe zu Kalt oder Warm von einer unermeßlichen *inneren* Wichtigkeit und Bedeutung. Der *zweite große Gegensatz* ist der Unterschied zwischen Weiß und Schwarz, also der Farben, die das andere Paar der vier Hauptklänge erzeugen: die Neigung der Farbe zu Hell oder zu Dunkel. Diese letzten haben auch dieselbe Bewegung zum und vom Zuschauer, aber nicht in dynamischer, sondern statischer – erstarrter Form [...]. Die zweite Bewegung von Gelb und Blau, die zum ersten großen Gegensatz beiträgt, ist ihre ex- und konzentrische Bewegung. Wenn man zwei Kreise macht von gleicher Größe und einen mit Gelb füllt und den anderen mit Blau, so merkt man schon

bei kurzer Konzentrierung auf diese Kreise, daß das Gelb ausstrahlt, eine Bewegung aus dem Zentrum bekommt und sich beinahe sichtbar dem Menschen nähert. Das Blau aber eine konzentrische Bewegung entwickelt (wie eine Schnecke, die sich in ihr Häuschen verkriecht) und vom Menschen sich entfernt. Vom ersten Kreis wird das Auge gestochen, während es in den zweiten versinkt. [...] Wenn man versucht, Gelb (diese typisch warme Farbe) kälter zu machen, so bekommt sie einen grünlichen Ton und verliert sofort an beiden Bewegungen (horizontaler und exzentrischer). Es bekommt dadurch einen etwas kränklichen und übersinnlichen Charakter, wie ein Mensch voll Streben und Energie, welcher durch äußere Zustände in diesem Streben und der Anwendung seiner Energie verhindert wird. Das Blau, als eine ganz entgegengesetzte Bewegung, bremst das Gelb, wobei schließlich bei weiterem Hinzufügen von Blau beide entgegengesetzten Bewegungen sich gegenseitig vernichten und *volle Unbeweglichkeit und Ruhe entsteht. Es entsteht Grün.* [...]
Die Eigenschaft des Gelb, welches große Neigung zu helleren Tönen hat, kann zu einer dem Auge und dem Gemüt unerträglichen Kraft und Höhe gebracht werden. Bei dieser Erhöhung klingt es wie eine immer lauter geblasene scharfe Trompete oder ein in die Höhe gebrachter Fanfarenton. *Gelb ist die typisch irdische Farbe.* Gelb kann nicht weit in die Tiefe getrieben werden. Bei Abkühlung durch Blau bekommt es, wie oben erwähnt, einen kränklichen Ton. Verglichen mit dem Gemütszustand des Menschen könnte es als farbige Darstellung des Wahnsinns wirken, aber nicht der Melancholie, Hypochondrie, sondern eines Wutanfalls, der blinden Tollheit, der Tobsucht. [...] Es entstehen Farben von einer tollen Kraft, welcher die Vertiefungsgabe ganz fehlt. Diese Vertiefungsgabe finden wir im *Blau* [...]. Je tiefer das Blau wird, desto mehr ruft es den Menschen in das Unendliche, weckt in ihm die Sehnsucht nach Reinem und schließlich Übersinnlichem. Es ist die Farbe des Himmels, so wie wir ihn uns vorstellen bei dem Klange des Wortes Himmel. *Blau ist die typisch himmlische Farbe.* Sehr tiefgehend entwickelt das Blau das Element der Ruhe. Zum Schwarzen sinkend, bekommt es den Beiklang einer nicht menschlichen Trauer. Es wird eine unendliche Vertiefung

in die ernsten Zustände, wo es kein Ende gibt und keines geben kann. Ins Helle übergehend, wozu das Blau auch weniger geeignet ist, wird es von gleichgültigerem Charakter und stellt sich zum Menschen weit und indifferent, wie der hohe hellblaue Himmel. Je heller also, desto klangloser, bis es zur schweigenden Ruhe übergeht – weiß wird. Musikalisch dargestellt ist helles Blau einer Flöte ähnlich, das dunkle dem Cello, immer tiefer gehend den wunderbaren Klängen der Baßgeige; in tiefer feierlicher Form ist der Klang des Blau dem der tiefen Orgel vergleichbar. Das Gelb wird leicht akut und kann nicht zu großer Vertiefung sinken. Das Blau wird schwer akut und kann nicht zu großer Steigerung sich heben. Ideales Gleichgewicht in der Mischung dieser zwei in allem diametral verschiedenen Farben bildet das *Grün*. Die horizontalen Bewegungen vernichten sich gegenseitig. Die Bewegungen aus und ins Zentrum vernichten sich ebenso. Es entsteht Ruhe. [...] Die Passivität ist die charaktervollste Eigenschaft des absoluten Grün, wobei diese Eigenschaft von einer Art Fettheit, Selbstzufriedenheit parfümiert wird. Deswegen ist das absolute Grün im Farbenreich das, was im Menschenreich die sogenannte Bourgeoisie ist: es ist ein unbewegliches, mit sich zufriedenes, nach allen Richtungen beschränktes Element. [...] Musikalisch möchte ich das absolute Grün wohl am besten durch ruhige, gedehnte, mitteltiefe Töne der Geige bezeichnen.

[...] Weiß und Schwarz – sind schon im allgemeinen definiert worden. Bei der näheren Bezeichnung ist das *Weiß*, welches oft für eine *Nichtfarbe* gehalten wird (besonders dank den Impressionisten, die „kein Weiß in der Natur" sehen), wie ein Symbol einer Welt, wo alle Farben, als materielle Eigenschaften und Substanzen, verschwunden sind. [...] Es klingt innerlich wie ein Nichtklang, was manchen Pausen in der Musik ziemlich entspricht, den Pausen, welche nur zeitlich die Entwicklung eines Satzes oder Inhaltes unterbrechen und nicht ein definitiver Abschluß einer Entwicklung sind. *Es ist ein Schweigen, welches nicht tot ist, sondern voll Möglichkeiten. [...] Und wie ein Nichts ohne Möglichkeit, wie ein totes Nichts nach dem Erlöschen der Sonne, wie ein ewiges Schweigen ohne Zukunft und Hoffnung klingt innerlich das Schwarz.* Es ist musikalisch dargestellt wie eine vollständig

abschließende Pause, nach welcher eine Fortsetzung kommt wie der Beginn einer andern Welt, da das durch *diese* Pause Abgeschlossene für alle Zeiten beendigt, ausgebildet ist: der Kreis ist geschlossen. [...] Es ist wie das Schweigen des Körpers nach dem Tode, dem Abschluß des Lebens. *Das ist äußerlich die klangloseste Farbe, auf welcher deswegen jede andere Farbe, auch die am schwächsten klingende, stärker und präziser klingt.* Nicht wie auf Weiß, auf welchem beinahe alle Farben sich im Klange trüben und manche ganz zerfließen, einen schwachen, entkräfteten Klang hinterlassen. [...] Das Gleichgewicht dieser beiden Farben, welches durch mechanische Mischung entsteht, bildet *Grau.* [...] *Grau ist klanglos und unbeweglich. Diese Unbeweglichkeit ist aber eines anderen Charakters wie die Ruhe des Grün,* welches zwischen zwei aktiven Farben liegt und ihr Produkt ist. Das Grau ist deswegen die *Unbeweglichkeit, die trostlos ist. [...]*
Das Rot, so wie man es sich denkt, als grenzenlose, charakteristisch warme Farbe, wirkt innerlich als eine sehr lebendige, lebhafte, unruhige Farbe, die aber nicht den leichtsinnigen Charakter des sich nach allen Seiten verbrauchenden Gelb besitzt, sondern trotz aller Energie und Intensität eine starke Note von beinahe zielbewußter immenser Kraft zeugt. [...] Diese Farbe zeigt die Möglichkeit, den Grundton ziemlich zu behalten und dabei charakteristisch warm oder kalt auszusehen. Das helle warme Rot *(Saturn)* hat eine gewisse Ähnlichkeit mit Mittelgelb (enthält auch als Pigment ziemlich viel Gelb) und erweckt das Gefühl von Kraft, Energie, Streben, Entschlossenheit, Freude, Triumph (lauter) usw. Es erinnert musikalisch auch an den Klang der Fanfaren, wobei die Tuba beiklingt – hartnäckiger, aufdringlicher, starker Ton. Im mittleren Zustande, wie *Zinnober,* gewinnt das Rot an der Beständigkeit des scharfen Gefühls: es ist wie eine gleichmäßig glühende Leidenschaft, eine in sich sichere Kraft, die nicht leicht zu übertönen ist, die sich aber durch Blau löschen läßt, wie glühendes Eisen durch Wasser. Dieses Rot verträgt überhaupt nichts Kaltes und verliert durch dasselbe an seinem Klang und Sinn. [...] Das Vertiefen durch Schwarz ist gefährlich, da das tote Schwarz die Glut löscht und auf das Minimum reduziert. Es entsteht aber dabei das stumpfe, harte, wenig zur Bewegung fähige *Braun,* in welchem das Rot wie ein kaum hörba-

res Brodeln klingt. Und trotzdem entspringt diesem äußerlich leisen Klang ein lauter gewaltsamer innerer. Durch notwendige Anwendung des Braun entsteht eine unbeschreibliche innere Schönheit: das Hemmen. Zinnoberrot klingt wie die Tuba und kann in Parallele gezogen werden mit starken Trommelschlägen. Wie jede im Grunde kalte Farbe, läßt sich auch *das kalte Rot* (wie Krapplack) sehr vertiefen (besonders durch Lasur). Es verändert sich auch erheblich im Charakter: der Eindruck des tieferen Glühens wächst, das Aktive verschwindet aber allmählich ganz. [...] Es erinnert doch an die ein Element von Leidenschaften tragenden, mittleren und tieferen Töne des Cellos. Das kalte Rot, wenn es hell ist, gewinnt noch mehr an Körperlichem, aber an reinem Körperlichen, klingt wie jugendliche, reine Freude, wie eine frische, junge, ganz reine Mädchengestalt. Dieses Bild ist leicht durch höhere klare, singende Töne der Geige zu musikalischem Ausdruck zu bringen. [...] Das warme Rot, durch verwandtes Gelb erhöht, bildet *Orange*. Durch diese Beimischung wird die Bewegung in sich des Rot zum Anfang der Bewegung des Ausstrahlens, des Zerfließens in die Umgebung gebracht. Das Rote aber, welches eine große Rolle im Orange spielt, erhält dieser Farbe den Beiklang des Ernstes. Es ist einem von seinen Kräften überzeugten Menschen ähnlich und ruft deswegen ein besonders gesundes Gefühl hervor. Wie eine mittlere Kirchenglocke, die zum Angelus[243] ruft, klingt diese Farbe, oder wie eine starke Altstimme, wie eine Largo singende Altgeige. Wie Orange entsteht durch das Näherziehen des Rot zum Menschen, ebenso entsteht durch das Zurückziehen des Rot durch Blau das *Violett*, welches die Neigung hat, vom Menschen sich weg zu bewegen. Dieses im Grunde liegende Rot muß aber kalt sein, da das Warm des Rot mit dem Kalt des Blau sich nicht mischen läßt (durch kein Verfahren), was auch auf dem Gebiete des Geistigen stimmt. Violett ist also ein abgekühltes Rot im physischen und psychischen Sinne. Es hat deswegen etwas Krankhaftes, Erlöschtes (Kohlenschlacken!), hat etwas Trauriges in sich. [...] Es ist dem Klange ähnlich des englischen Horns, der Schalmei, und in der Tiefe den tiefen Tönen der Holzinstrumente (z. B. Fagott). [...] Beide zuletzt charakterisierten Farben (Orange und Violett) sind der *vierte* und letzte

Gegensatz im Farbenreiche der einfachen primitiven Farbentöne; wobei sie zueinander stehen im physikalischen Sinne so wie die des dritten Gegensatzes (Rot und Grün), d. h. als Komplementärfarben[244] [...]. Wie ein großer Kreis, wie eine sich in den Schwanz beißende Schlange (das Symbol der Unendlichkeit und Ewigkeit) stehen vor uns die sechs Farben, die in Paaren drei große Gegensätze bilden. Und rechts und links die zwei großen Möglichkeiten des Schweigens; das des Todes und das der Geburt [...].

Gegensätze und Widersprüche – das ist unsere Harmonie. Auf dieser Harmonie fußende *Komposition ist eine Zusammenstellung farbiger und zeichnerischer Formen, die als solche selbständig existieren, von der inneren Notwendigkeit herausgeholt werden und im dadurch entstandenen gemeinsamen Leben ein Ganzes bilden, welches Bild heißt.* [...] Logisch fließt daraus auch die Zusammenstellung zweier farbiger Töne miteinander. Auf demselben Prinzip der Antilogik werden jetzt Farben nebeneinandergestellt, die lange Zeit für disharmonisch galten. [...] „Erlaubte", „unerlaubte" Zusammenstellungen, der Zusammenstoß der verschiedenen Farben, das Übertönen einer durch die andere, vieler durch eine, das Herausklingen einer aus der anderen, das Präzisieren des farbigen Fleckes, das Auflösen ein- und vielseitiger, das Zurückhalten des fließenden Farbenfleckes durch zeichnerische Grenze, das Übersprudeln dieses Fleckes über diese Grenze, das Ineinanderfließen, das scharfe Abtrennen usw. usw. eröffnen eine sich in unerreichbare Fernen verlierende Reihe der reinmalerischen (= farbigen) Möglichkeiten. Die Abwendung vom Gegenständlichen und einer der ersten Schritte in das *Reich des Abstrakten* war in zeichnerisch-malerischer Beziehung das *Ausschließen der dritten Dimension, d. h. das Streben, das „Bild" als Malerei auf einer Fläche zu behalten.* Es wurde die Modellierung ausgeschaltet. *Dadurch wurde der reale Gegenstand zum abstrakteren* gerückt, was einen gewissen Fortschritt bedeutete. Dieser Fortschritt hatte aber sofort zur Folge das Annageln der Möglichkeiten an eine reale Fläche der Leinwand, wodurch die Malerei einen neuen durchaus materiellen Beiklang gewann. Dieses Annageln war gleichzeitig eine Beschränkung der Möglichkeiten. Das Streben, sich von diesem Materiellen und dieser Beschränkung zu befreien, vereint mit dem Streben zum Kompositionellen, mußte natürlich zum *Verzicht auf eine Fläche bringen. Es wurde versucht, das Bild auf eine ideelle Fläche zu bringen, die sich dadurch vor der materiellen Fläche der Leinwand bilden mußte.* So entstand aus der Komposition mit flachen Dreiecken eine Komposition mit plastisch gewordenen, dreidimensionalen Dreiecken, d. h. Pyramiden (der sogenannte „Kubismus"). Es entstand aber auch hier sehr bald die Inertionsbewegung[245], die gerade auf diese Form sich konzentrierte und so wieder zur Verarmung an Möglichkeiten führte. Das ist das unvermeidliche Resultat der äußerlichen Anwendung eines aus innerer Notwendigkeit entsprungenen Prinzips. Gerade in diesem Falle von ausschließlich großer Wichtigkeit soll man nicht vergessen, daß es auch andere Mittel gibt, die materielle Fläche zu behalten, eine ideelle Fläche zu bilden und die letztere nicht nur als eine flache Fläche zu fixieren, sondern sie als dreidimensionalen Raum auszunützen. Schon die Dünne oder die Dicke einer Linie, weiter das Stellen der Form auf der Fläche, das Überschneiden einer Form durch die andere sind als Beispiele für die zeichnerische Ausdehnung des Raumes genügend. Ähnliche Möglichkeiten bietet die Farbe, die, richtig angewendet, vor- oder zurücktreten und vor- oder zurückstreben kann und das Bild zu einem in der Luft schwebenden Wesen machen kann, was der malerischen Ausdehnung des Raumes gleichbedeutend ist. Das Vereinen der beiden Ausdehnungen im Mit- oder Widerklang ist eines der reichsten und gewaltigsten Elemente der zeichnerisch-malerischen Komposition.

VII. Theorie

Aus der Charakteristik unserer heutigen Harmonie folgt von selbst, daß es zu unserer Zeit weniger als je möglich ist, eine vollkommen fertige Theorie zu bauen, einen konstruierten malerischen Generalbaß zu schaffen. [...] Wenn wir schon heute anfangen würden, ganz das Band, das uns mit der Natur verknüpft, zu vernichten, mit Gewalt auf die Befreiung loszusteuern und uns ausschließlich mit der Kombination von reiner Farbe und unabhängiger Form zu begnügen, so würden wir Werke schaffen, die wie eine geometrische Ornamentik aussehen, die, grob gesagt, einer Krawatte, einem Teppich gleichen würden. *Die Schönheit der*

Farbe und der Form ist [...] *kein genügendes Ziel in der Kunst.* Wir sind eben infolge unseres elementaren Zustandes in der Malerei sehr wenig fähig, von ganz emanzipierter Farben-, Formenkomposition schon heute ein inneres Erlebnis zu erhalten. [...] Auch die Ornamentik ist freilich kein ganz lebloses Wesen. Sie hat ihr inneres Leben, welches uns entweder nicht mehr verständlich ist (alte Ornamentik) oder nur ein alogischer Wirrwarr ist, [...]. Und trotz dieser Unverständlichkeit oder Unfähigkeit, überhaupt verständlich zu werden, wirkt auf uns die Ornamentik doch, wenn auch zufällig und planlos: ein orientalisches Ornament ist auch innerlich ganz anders als ein schwedisches, negerisches, altgriechisches usw. Nicht ohne Grund ist es z. B. allgemein gebräuchlich, Musterstoffe als lustig, ernst, traurig, lebhaft usw. zu bezeichnen, d. h. mit denselben Adjektiven, welche von den Musikern stets gebraucht werden (Allegro, Serioso, Grave, Vivace usw.), um den Vortrag des Stückes zu bestimmen. [...] Wir sind heutzutage noch fest an die äußere Natur gebunden und müssen unsere *Formen* aus ihr schöpfen. Die ganze Frage ist nur die: wie dürfen wir das machen? d. h., wie weit darf unsere Freiheit gehen, diese Formen zu ändern, und mit welchen Farben dürfen sie verbunden werden? Diese Freiheit darf so weit gehen, so weit das Gefühl des Künstlers reichen kann. Von diesem Standpunkte aus ist zugleich zu sehen, wie unendlich groß die Notwendigkeit der Pflege dieses Gefühls ist. [...] Der Zuschauer ist auch zu sehr gewöhnt, [...] einen „Sinn", d. h. einen äußerlichen Zusammenhang der Teile des Bildes, zu suchen. Wieder hat dieselbe materialistische Periode im ganzen Leben und also auch in der Kunst einen Zuschauer ausgebildet, welcher sich dem Bilde nicht einfach gegenüberstellen kann (besonders ein „Kunstkenner") und im Bilde alles mögliche sucht (Naturnachahmung, Natur durch das Temperament des Künstlers – also dieses Temperament, direkte Stimmung, „Malerei", Anatomie, Perspektive, äußerliche Stimmung usw. usw.), nur sucht er nicht, das innere Leben des Bildes selbst zu fühlen, das *Bild* auf sich direkt wirken zu lassen. Durch die äußeren Mittel geblendet, sucht sein geistiges Auge nicht, *was* durch diese Mittel lebt. [...] Deswegen muß eine Form gefunden werden, die erstens die Märchenwirkung ausschließt und zweitens die reine Farbenwirkung in keiner Weise hemmt. Zu diesem Zweck müssen Form, Bewegung, Farbe, die aus der Natur (realen oder nicht realen) geliehenen Gegenstände, keine äußerliche und äußerlich verbundene erzählerische Wirkung hervorrufen. Und je äußerlich unmotivierter z. B. die Bewegung ist, desto reiner, tiefer und innerlicher wirkt sie. Eine sehr einfache Bewegung, von welcher das Ziel unbekannt ist, wirkt schon an und für sich als eine bedeutende, geheimnisvolle, feierliche. Und das, solange man das äußerliche, praktische Ziel der Bewegung nicht kennt. Dann wirkt sie als reiner Klang. Eine einfache gemeinsame Arbeit (z. B. die Vorbereitung zur Hebung eines großen Gewichtes) wirkt, wenn das Ziel unbekannt ist, so bedeutungsvoll, so geheimnisvoll, so dramatisch und packend, daß man unwillkürlich stehenbleibt, wie vor einer Vision, wie vor einem Leben auf anderer Fläche, bis plötzlich der Zauber fort ist, die praktische Erklärung wie ein Schlag kommt und das rätselhafte Vorgehen und den Grund desselben bloßlegt. In der einfachen Bewegung, die äußerlich nicht motiviert ist, liegt ein unermeßlicher Schatz voller Möglichkeiten. [...] Auf diesem Prinzip sollte und wird der „neue Tanz“ gebaut werden, der das einzige Mittel ist, die *ganze* Bedeutung, den ganzen inneren Sinn der Bewegung *in Zeit und Raum* auszunützen. Der Ursprung des Tanzes ist scheinbar rein sexueller Natur. Jedenfalls sehen wir noch heute dieses ursprüngliche Element im Volkstanze entblößt liegen. Die später entstandene Notwendigkeit, den Tanz als Mittel zum Gottesdienst zu gebrauchen (Mittel zur Inspiration), bleibt sozusagen auf der Fläche der angewandten Ausnützung der Bewegung. Allmählich bekamen diese beiden praktischen Verwendungen eine künstlerische Färbung, die sich durch Jahrhunderte entwickelte und mit der Sprache der Ballettbewegung endete. Diese Sprache ist heute nur wenigen verständlich und verliert immer an Klarheit. Außerdem ist sie für die kommende Zeit viel zu naiver Natur: sie diente eben nur dem Ausdrucke der materiellen Gefühle (Liebe, Angst usw.) und muß durch eine andere ersetzt werden, die imstande ist, feinere seelische Vibrationen zu verursachen. Aus diesem Grunde haben die Tanzreformatoren unserer Zeit ihren Blick zu vergangenen Formen gewendet, wo sie auch noch heute Hilfe suchen. So entstand das Band, welches Isadora Duncan zwischen dem griechischen Tanz und dem kommenden anknüpfte. Dieses ist also aus demselben Grunde geschehen, aus welchem die Maler bei den Primitiven Hilfe suchten. Natürlich ist es auch im Tanz (ebenso wie in der Malerei) nur ein Übergangsstadium. Wir stehen vor der Notwendigkeit der Bildung des neuen Tanzes, des Tanzes der Zukunft. Dasselbe Gesetz der unbedingten Ausnützung des *inneren* Sinnes der Bewegung, als des Hauptelementes des Tanzes, wird auch hier wirken und zum Ziele bringen. [...] so wird bald auch im Tanze der innere Wert *jeder* Bewegung gefühlt, und es wird die innere Schönheit die äußere ersetzen. Den „unschönen" Bewegungen, die jetzt plötzlich schön werden, entströmen sofort eine ungeahnte Gewalt und lebendige Kraft. Von diesem Augenblick an beginnt der Tanz der Zukunft. [...]

VIII. Kunstwerk und Künstler

Auf eine geheimnisvolle, rätselhafte, mystische Weise entsteht das wahre Kunstwerk „aus dem Künstler". Von ihm losgelöst bekommt es ein selbständiges Leben, wird zur Persönlichkeit, zu einem selbständigen, geistig atmenden Subjekt, welches auch ein materielles reales Leben führt, welches ein *Wesen* ist. Es ist also nicht eine gleichgültig und zufällig entstandene Erscheinung, die auch gleichgültig in dem geistigen Leben weilt, sondern, wie jedes Wesen besitzt es weiterschaffende, aktive Kräfte. Es lebt, wirkt und ist an der Schöpfung der besprochenen geistigen Atmosphäre tätig. Aus diesem innerlichen Standpunkte ist auch ausschließlich die Frage zu verantworten, ob das Werk gut oder schlecht ist. Wenn es „schlecht" in der Form ist oder zu schwach, so ist diese Form schlecht oder zu schwach, um in jeder Art rein klingende Seelenvibrationen hervorzurufen. [...] *der Künstler ist nicht nur berechtigt, sondern verpflichtet, mit den Formen so umzugehen, wie es für seine Zwecke notwendig ist.* [...] Diese Notwendigkeit ist das Recht auf unbeschränkte Freiheit, die sofort zum Verbrechen wird, wenn sie nicht auf derselben beruht. [...] ein zweckloses Befolgen der wissenschaftlichen Tatsachen ist nie so schädlich wie ein zweckloses Umwerfen derselben. [...] Die Malerei ist eine Kunst, und die *Kunst* im ganzen *ist nicht ein zweckloses Schaffen* der Dinge, die im Leeren zerfließen, sondern eine

Macht, die zweckvoll ist, und muß der Entwicklung und Verfeinerung der menschlichen Seele dienen – der Bewegung des Dreiecks. Sie ist die Sprache, die in nur ihr eigener Form von Dingen zur Seele redet, die für die Seele das *tägliche Brot* sind, welches sie nur in dieser Form bekommen kann. Wenn die Kunst sich dieser Aufgabe entzieht, so muß die Lücke offen bleiben, da es keine andere Macht gibt, die die Kunst ersetzen kann. [...]
Der Künstler muß etwas zu sagen haben, da nicht die Beherrschung der Form seine Aufgabe ist, sondern das Anpassen dieser Form dem Inhalt. (Es ist doch sicher klar, daß hier die Rede von der Erziehung der Seele ist und nicht von einer Notwendigkeit, gewaltsam in jedes Werk einen bewußten Inhalt hineinzupressen oder diesen erdachten Inhalt gewaltsam künstlerisch zu bekleiden! In diesen Fällen würde nichts als leblose Kopfarbeit entstehen. [...] Nein, wenn die Künstlerseele lebt, so braucht man sie durch Kopfgedanken und Theorien nicht zu unterstützen. Sie findet selbst etwas zu sagen, was dem Künstler selbst im Augenblick ganz unklar bleiben kann. [...]) Der Künstler ist kein Sonntagskind des Lebens: Er hat kein Recht, pflichtlos zu leben, er hat eine schwere Arbeit zu verrichten, die oft zu seinem Kreuz wird. Er muß wissen, daß jede seiner Taten, Gefühle, Gedanken das feine unbetastbare, aber feste Material bilden, woraus seine Werke entstehen, und daß er deswegen im Leben nicht frei ist, sondern nur in der Kunst. Und daraus geht von selbst hervor, daß der Künstler dreifach verantwortlich ist im Vergleich zum Nichtkünstler: 1. muß er sein ihm gegebenes Talent wieder erstatten, 2. bilden seine Taten, Gedanken, Gefühle, wie die jedes Menschen, die geistige Atmosphäre, so daß sie die geistige Luft verklären oder verpesten, und 3. sind diese Taten, Gedanken, Gefühle das Material zu seinen Schöpfungen, welche noch einmal wieder an der geistigen Atmosphäre tätig sind. [...] Wenn der Künstler Priester des „Schönen" ist, so ist auch dieses Schöne durch dasselbe Prinzip des *inneren Wertes* zu suchen, welchen wir überall gefunden haben. Dieses „Schöne" ist nur durch den Maßstab der *inneren* Größe und *Notwendigkeit* zu messen, welche uns bis jetzt überall und durchweg richtige Dienste geleistet hat. *Das ist schön, was einer inneren seelischen Notwendigkeit entspringt. Das ist schön, was innerlich schön ist.*

Die beigefügten [...] Reproduktionen sind Beispiele der konstruktiven Bestrebungen in der Malerei. Die Formen dieser Bestrebungen zerfallen in zwei Hauptgruppen: 1. die einfache Komposition, die einer klar zum Vorschein kommenden einfachen Form unterordnet ist. Diese Komposition nenne ich die *melodische*; 2. die komplizierte Komposition, die aus mehreren Formen besteht, die weiter einer klaren oder verschleierten Hauptform unterordnet sind. Diese Hauptform kann äußerlich sehr schwer zu finden sein, wodurch die innere Basis einen besonders starken Klang bekommt. Diese komplizierte Komposition nenne ich die *symphonische.* Zwischen diesen zwei Hauptgruppen liegen verschiedene Übergangsformen, in welchen das melodische Prinzip unbedingt vorhanden ist. Der ganze Entwicklungsvorgang ist auffallend dem in der Musik ähnlich. [...] Wenn man in der *melodischen Komposition* das Gegenständliche entfernt und dadurch die im Grunde liegende malerische Form entblößt, so findet man primitive geometrische Formen oder die Aufstellung einfacher Linien, die einer allgemeinen Bewegung dienen. Diese allgemeine Bewegung wiederholt sich in einzelnen Teilen und wird manchmal durch einzelne Linien oder Formen variiert. Diese einzelnen Linien oder Formen dienen in diesem letzten Falle verschiedenen Zwecken. Sie bilden z. B. eine Art Abschluß, welchem ich den musikalischen Namen „fermata“ gebe. Alle diese konstruktiven Formen haben einen einfachen inneren Klang, welchen auch jede Melodie hat. Deswegen nenne ich sie die melodischen. Durch Cézanne und später Hodler zum neuen Leben erweckt, bekamen diese melodischen Kompositionen zu unserer Zeit die Bezeichnung der *rhythmischen*. Das war der Kern der Wiedergeburt der kompositionellen Ziele. Daß die Beschränkung des Begriffes „rhythmisch“ auf ausschließlich diese Fälle zu eng ist, ist auf den ersten Blick klar. Ebenso wie in der Musik *jede* Konstruktion einen eigenen Rhythmus besitzt, ebenso wie in der ganz „zufälligen“ Verteilung der Dinge in der Natur auch *jedesmal* ein Rhythmus vorliegt, so auch in der Malerei. Nur ist in der Natur dieser Rhythmus uns manchmal nicht klar, da uns seine Ziele (in manchen und gerade

wichtigen Fällen) nicht klar sind. Diese unklare Zusammenstellung wird deshalb arhythmisch genannt. Diese Teilung in das Rhythmische und Arhythmische ist also vollkommen relativ und konventionell. (Geradeso wie die Teilung der Konsonanz von der Dissonanz, die im Grunde nicht existiert.) Kompliziertere „rhythmische" Kompositionen mit einer starken Andeutung des symphonischen Prinzips sind viele Bilder, Holzschnitte, Miniaturen usw. der vergangenen Kunstepochen. [...] In beinahe allen diesen Werken ist die symphonische Komposition noch sehr stark an die melodische gebunden. [...] Solche Werke gehören zu der Übergangsform. [...]
Als Beispiele der neuen symphonischen Kompositionen, in welchen das melodische Element nur manchmal und als einer der untergeordneten Teile Anwendung findet, dabei aber eine neue Gestaltung bekommt, habe ich [...] Reproduktionen nach meinen Bildern beigegeben. Diese Reproduktionen sind Beispiele von drei verschiedenen Ursprungsquellen: 1. direkter Eindruck von der „äußeren Natur", welcher in einer zeichnerisch-malerischen Form zum Ausdruck kommt. Diese Bilder nenne ich *„Impressionen"*; 2. hauptsächlich unbewußte, größtenteils plötzlich entstandene Ausdrücke der Vorgänge inneren Charakters, also Eindrücke von der „inneren Natur". Diese Art nenne ich *„Improvisationen"*; 3. auf ähnliche Art (aber ganz besonders langsam) sich in mir bildende Ausdrücke, welche lange und beinahe pedantisch nach den ersten Entwürfen von mir geprüft und ausgearbeitet werden. Diese Art Bilder nenne ich *„Komposition"*. Hier spielt die Vernunft, das Bewußte, das Absichtliche, das Zweckmäßige eine überwiegende Rolle. Nur wird dabei nicht der Berechnung, sondern stets dem Gefühl recht gegeben. Welche unbewußte oder bewußte Konstruktion allen drei Arten meiner Bilder zugrunde liegt, wird wohl dem geduldigen Leser dieses Buches klar sein.
Zum Schluß möchte ich bemerken, daß meiner Ansicht nach wir der Zeit des bewußten, vernünftigen Kompositionellen immer näher rücken, daß der Maler bald stolz sein wird, seine Werke *konstruktiv* erklären zu können (im Gegensatz zu den reinen Impressionisten, die darauf stolz waren, daß sie nichts erklären konnten), daß wir schon jetzt die Zeit des zweckmäßigen Schaffens vor uns haben, und

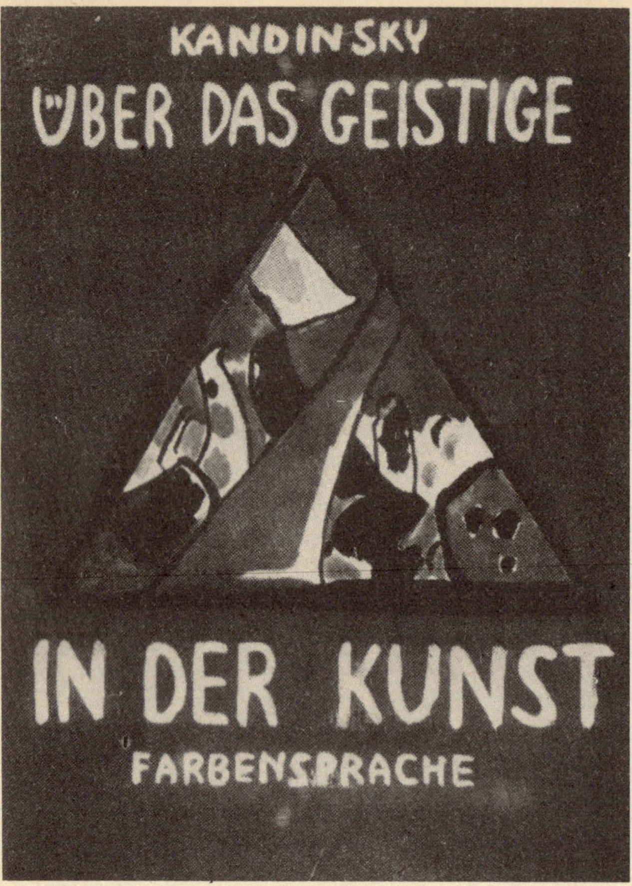

73. Wassily Kandinsky: Umschlagentwurf für „Über das Geistige in der Kunst". Um 1910, Bleistift, Tusche und Deckfarben

endlich, daß dieser Geist in der Malerei im organischen direkten Zusammenhang mit dem schon begonnenen Neubau des neuen geistigen Reiches steht, da dieser Geist die Seele ist der *Epoche des großen Geistigen.*

Anton Mayer: Malerei und Gefühlsausdruck

Die modernste Schule hat sich in München unter dem Sammelnamen des „blauen Reiters“ etabliert [...] Der Maler *Kandinsky* hat in einem Buch „Das Geistige in der Kunst“ die Prinzipien dieser neuen Richtung niederzulegen versucht. Es würde hier zu weit führen, auf das Gemisch von Überspanntheit und ein wenig gesunder Erkenntnis, von törichter Einbildung und ganz tapferem Streben einzugehen. [...] Kandinsky zieht in seinen – also sagen wir – Bildern wirklich die Konsequenz dieser Anschauung. Er malt „abstrakte“ Formen, oder doch das, was er so nennt, und legt in ihnen seinen Gefühlsausdruck nieder. Schade – nur bleibt es dabei, daß kein Mensch irgend etwas von diesem Ausdruck merken kann, denn die Veränderung, die sein Gefühl als Symbol in diese wüsten Schnörkel und Linienkrämpfe hineinlegt, sind nicht zu fassen, weil man ja nicht wissen kann, ob diesem Linienkrampf Nr. 7 vielleicht sechs andere vorhergegangen sind, in denen die Verschnörkelung irgendwie anders gewesen ist. [...] Gewiß kann man sagen: eine stark ansteigende Linie symbolisiert ein lebenstärkendes, ein Lustgefühl, eine stark abfallende ein Unlustgefühl. Wenn aber die aufsteigende Linie nicht von irgend etwas aufsteigt, sondern bloß frei irgendwo herumhängt, kann sie ja ebenso eine absteigende sein und genau das Gegenteil bedeuten. Dies „Etwas“ aber, von dem sie aufsteigt, kann nun und nimmermehr abstrakt sein. In einem Werke aber abstrakte und konkrete Formen (also etwa einen Boden, von welchem eine Linie als Linie an sich aufsteigt) zusammenzuwerfen, ist logischerweise unmöglich. Wenn also Kandinsky behauptet, ein Verzeichnen gäbe es nicht, so ist das Unsinn. Es gibt ganz gewiß ein aus Unfähigkeit hervorgehendes Verzeichnen, das genauso peinlich wirkt, wie eine durch ein starkes Gefühl diktierte Abweichung von der Naturform unser künstlerisches Bedürfnis zu befriedigen vermag. Kandinsky ist übrigens ein guter Beweis für das [...] von Künstleräußerungen über Kunst Gesagte. Er schreibt viel zu gut über diese Fragen, als daß er selbst Künstler sein könnte – seine „Werke“ zeigen das auch.

Arnold Schönberg: An Wassily Kandinsky (14. 12. 1911)

Ich habe Ihr Buch noch nicht ganz gelesen; erst zwei Drittel. Trotzdem muß ich Ihnen aber schon jetzt schreiben, daß es mir außerordentlich gefällt. Sie haben mit so vielem unbedingt recht. Insbesondere was Sie über die Farbe sagen im Vergleich mit der musikalischen Farbe. Das stimmt mit meinen eigenen Empfindungen überein. Höchst interessant ist mir Ihre Theorie der Formen. Sehr neugierig bin ich auf das Kapitel „Theorie“. Mit einigen Kleinigkeiten bin ich nicht ganz einverstanden. Vor allem nicht damit, daß Sie, wenn ich Sie recht verstehe, am liebsten eine genaue Theorie gegeben hätten. Das halte ich jetzt nicht für nötig. Wir suchen noch und suchen noch (wie Sie ja selbst sagen) mit dem Gefühl. Trachten wir doch dieses Gefühl *nie* an eine Theorie zu verlieren!

Robert Delaunay: An Wassily Kandinsky (undatiert)

Das Buch, von dem Sie sprachen, habe ich bei Frau Epstein gefunden; unglücklicherweise ist es mir unmöglich, auch nur eine Zeile zu lesen; aber ich werde sie bitten, es mir zu übersetzen, was ein großes Stück Arbeit sein wird!

Ernst Barlach: An Reinhard Piper (28. 12. 1911)

Kandinskys Schrift über das Geistige in der Kunst zu *lesen* – was das Wort besagen will –, dazu bin ich noch nicht gekommen, aber ich sehe schon, daß ich's so bald auch nicht tun werde. Nicht als ob ich nach dem, was ich so erschnappt habe, dem Verfasser eindringliche Geistigkeit absprechen könnte oder gar möchte, im Gegenteil, das Buch scheint gar nicht, was man so „gutgemeint“ nennt. Um so knackender reagiert aber bei mir – oder funktioniert – der Sperrhaken, das heißt: ich mach' nicht mit, und zwar aus Instinkt. Es klafft ein Abgrund, der nicht tiefer sein kann. Ich

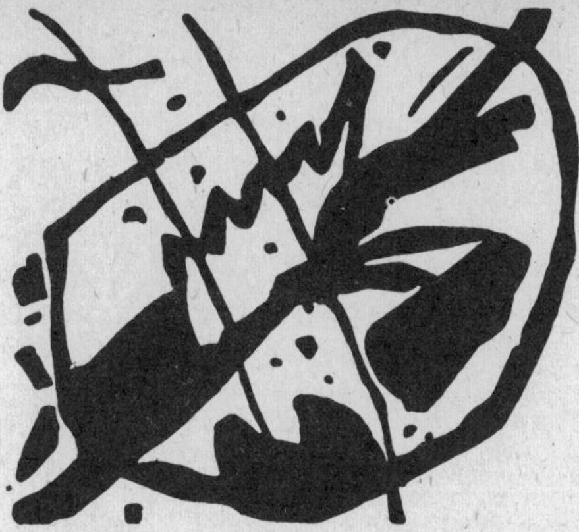

74. Wassily Kandinsky: Reitermotiv in ovaler Form. 1911, Holzschnitt zu „Über das Geistige in der Kunst“

habe mich häufig diese Zeit nach mehreren Seiten mit der Behauptung wenden müssen, daß ich eben Barbar bin. So als Barbar will ich dem redlichen Mann glauben, daß ihm aus Punkten, Flecken, Linien und Tupfen tieferes (das heißt über das Geschmackserlebnis am Ornamentalen hinausgehendes) seelisches Erschüttertwerden widerfährt, aber eben nur glauben. Und dann – guten Tag! Wir können uns tausend Jahre unterhalten, ohne Verständigung. Ich bin nämlich nicht unbewandert, habe selbst Zeiten gehabt, wo ich saß und saß und Linien „schuf“. Das waren denn die Intervalle, die Pausen, in denen wohl Hirn und Hand erbötig, aber alles andere wie verblödet schien. Hier möchte ich ein Wort hinsetzen, das Ihnen als Schopenhauerianer nicht wertlos sein wird: Mitleid.[246] Ich muß mitleiden können – und sei es, wo sich das Mitleid verbietet, mit mir selbst, darüber, daß ich so niedrig, so fern bin, denen zu gleichen, die wohl mit *mir* Mitleid haben können. Mitleid braucht nicht kläglich zu sein. Ich kann es noch an der Lust am Heroischen und Humoristischen nachfühlen. Könnte auch sagen: stellvertretendes Leiden oder stellvertretende Lust – nämlich von mir. Eine Teilnahme, die so weit im Verständnis geht, daß sie sich an die Stelle der zur Anschauung gebrachten Vorgänge setzt. Könnten Sie Mitleid mit den Formvorgängen nach Seite 98 haben oder möchten Sie an Stelle von Seite 88 sein.[247] Es ist eine Frage ohne Fragezeichen. Natürlich könnte ich etwas hineinphantasieren und daraus etwas gestalten. Ich glaube sogar, die meisten und besten Sachen entstehen so, daß Anordnungen des Zufalls oder Gesetzmäßig-Chaotisches die Lust erregen, dem Unberührten und Undeutlichen oder Unbeschriebenen durch Kunst die Virginität zu rauben und fruchtbar-seelisch mitteilsam und bewußt belebt zu machen. Das wäre also die umgekehrte Sache.

Wir müssen uns doch auf ein Sprechen einigen, um überhaupt etwas zu wissen: einer könnte das Schönste, Herrlichste auf chinesisch sagen, und ich würde nicht die Ohren spitzen. Wenn ich also ein seelisches Erlebnis nachfühlen soll, so muß es eine Sprache sprechen, in der ich das Tiefste und Verborgenste nacherleben kann. Meine Muttersprache ist die geeignetste, und meine künstlerische Muttersprache ist nun mal die menschliche Figur oder das Milieu, der Gegenstand, durch das oder in dem der Mensch lebt, leidet, sich freut, fühlt, denkt. Darüber komme ich nicht hinaus. Auf eine Esperanto-Kunst kann ich mich auch nicht einlassen. Gerade das Vulgäre, das Allgemein-Menschliche, die Urgefühle aus der Rasse, das sind die großen, die ewigen. Was der Mensch gelitten hat und leiden kann, seine Größe, seine Angelegenheit (inklusive Mythos und Zukunftsraum), dabei bin ich engagiert, aber mein Spezialgefühlchen oder meine mir eigenste Sensation ist ja belanglos, ist bloße Laune, wenn ich dabei aus dem Ring des Menschlichen heraustrete. Der Mensch als ego muß mit seinem Egoismus interessiert sein, mit dem Hohen und Niederen, wie man will, aber Seite 88 oder 98 berühren meinen Egoismus gar nicht. Ich glaube auch nicht, daß man eine neue Kunstweise *logisch* darstellen kann, so wie der Herr Kandinsky denkt – außer als Literatur, als gedankliche Leistung. Indessen ist meine Kritik nichts wert, denn ich, ihr Verfasser, bin kein Artgenosse des Schriftstellers, ich könnte mir denken, er, der Schriftsteller, könnte bei Anlässen vor Tatsachen, die mich bis ins letzte erschüttern, unberührt dastehen. Er könnte mir sagen: „Sie sind kein Künstler, sondern ein Schauspieler! Sie tun, ‚als ob' die Gefühle da wären – ich dagegen erzeuge Vorstellungen und Gefühle, Stimmungen, Empfindungen, gleichsam funkspruchmäßig – ohne Medium, durch direkte Übertragung." – Das wäre gut, wenn sich Gefühle auf Verabredung einstellten. Blau bedeutet dies, gelb das – läßt sich wohl sagen, aber ob es die Himmelsgewalt hat, sein Soll zum Muß zu machen, ist fraglich. Wenn aber Farben und Linien aus menschlichen Gestalten bestehen – oder umgekehrt –, so haben sie Kraft, denn sie bekommen sie von der menschlichen Seele. Wie oft geschieht es, daß man an Wänden oder Möbeln Farben und Formen sieht, die plötzlich zum Bild werden durch Phantasie und Ergänzung, die sie beseelt. So wird es in meinen menschlichen Egoismus einbezogen, vorher war es draußen. Höchstens rührte es die ewig hungrigen Augennerven dadurch, daß es weniger langweilig, bunter, reizender war als das Andere rundherum. Daß menschlicher Egoismus ganz unkünstlerisch interessiert werden kann, ist eine andere Sache. Ob Sie mir dies abnehmen werden, oder ob Sie mich für klar halten, ist ja auch eine Sache für sich.

2. Dissonanz als Konsonanz (Schönberg)

Wassily Kandinsky: An Arnold Schönberg (9. 4. 1911)

Ich beneide Sie sehr! Sie haben Ihre Harmonielehre schon in Druck.[248] Wie unendlich gut (wenn auch nur verhältnismäßig!) haben es die Musiker in ihrer so weit gekommenen Kunst. Wirklich *Kunst*, die das Glück schon besitzt, auf reinpraktische Zwecke vollkommen zu verzichten. Wie lange wird wohl die Malerei darauf warten müssen? Und das Recht dazu (= Pflicht) hat sie auch: Farbe, Linie an und für sich – was für grenzenlose Schönheit und Macht besitzen diese malerischen Mittel. Und ist schon heute der klarere Anfang dieses Weges zu sehen. Man darf heute von einer „Harmonielehre" auch hier träumen. Ich träume schon und hoffe, daß ich wenigstens die ersten Sätze zu diesem großen kommenden Buch aufstellen werde. Vielleicht tut dasselbe auch ein anderer. Desto besser! Nur so viel wie möglich. Ich nehme mir auch Zeit, etwas in die musikalische Theorie hineinzuschauen (natürlich nur ganz äußerlich und oberflächlich: zum tieferen Blick langen meine Kräfte nicht), damit ich weiß, wie ungefähr diese Theorie gebaut ist. Wenn man einigermaßen kapiert hat, wie der Wiener Stefan[249] gebaut ist, so wird man doch vielleicht in der Lage sein, ein kleines ungeschicktes Hüttchen zusammen zu pappen.

Arnold Schönberg: Harmonielehre

Theorie oder Darstellungssystem?

Es ist geradezu unsere Pflicht, über die geheimnisvollen Ursachen der Kunstwirkungen immer wieder nachzudenken. Aber: immer wieder von vorne anfangend; immer wieder von neuem selbst beobachtend und selbst zu ordnen versuchend. Nichts als gegeben ansehend als die Erscheinungen. Die darf man mit mehr Recht für ewig ansehen als die Gesetze, die man zu finden glaubt.
[...] Zum Teufel mit allen diesen Theorien, wenn sie immer nur dazu dienen, der Entwicklung der Kunst einen Riegel vorzuschieben.
[...] Ein wirkliches System sollte vor allem Grundsätze haben, die alle Ereignisse einschließen. Am besten: genau so viele Ereignisse, als es wirklich gibt; nicht mehr, nicht weniger. Solche Grundsätze sind die Naturgesetze. Und nur solche Grundsätze, die nicht auf Ausnahmen angewiesen sind, hätten darauf Anspruch, für allgemein gültig angesehen zu werden, die mit den Naturgesetzen diese Eigenschaft unbedingter Geltung gemein hätten. Aber die Kunstgesetze haben vor allem Ausnahmen!

Konsonanz und Dissonanz

Kunst ist auf der untersten Stufe einfache Naturnachahmung. Aber bald ist sie Naturnachahmung im erweiterten Sinne des Begriffs, also nicht bloß Nachahmung der äußeren, sondern auch der inneren Natur. Mit anderen Worten: sie stellt dann nicht bloß die Gegenstände oder Anlässe dar, die Eindruck machen, sondern vor allem diese Eindrücke selbst; eventuell ohne Rücksichtnahme auf deren Was, Wann und Wie. [...] Auf ihrer höchsten Stufe befaßt sich

die Kunst ausschließlich mit der Wiedergabe der inneren Natur.
[...] Auf diesen Stufen ist der Rückschluß auf den äußeren Anlaß von fast unbezweifelbarer Unzulänglichkeit. Auf allen Stufen ist die Nachahmung des Vorbildes, des Eindrukkes oder der Eindruckskomplexe nur von relativer Genauigkeit; einerseits wegen der Begrenztheit unserer Fähigkeiten, andererseits, bewußt oder unbewußt, weil sie im Material der Wiedergabe verschieden vom Material oder den Materialien des Anlasses ist, so daß beispielsweise die Wiedergabe von Gesichts- oder Tastempfindungen im Material der Gehörsempfindungen erfolgen mag. [...]
Der Ton ist das Material der Musik. Er muß daher mit allen seinen Eigenschaften und Wirkungen für kunstfähig angesehen werden. Alle Empfindungen, die er auslöst [...] nehmen in irgendeinem Sinn Einfluß auf die Form, deren Bestandteil er ist, auf das Tonstück. [...] Es hängt nur von der wachsenden Fähigkeit des analysierenden Ohrs ab, sich auch mit den fernliegenden Obertönen vertraut zu machen und damit den Begriff des kunstfähigen Wohlklanges so zu erweitern, daß die gesamte naturgegebene Erscheinung darin Platz hat. Was heute fern liegt, kann morgen nahe liegen; es kommt nur darauf an, daß man imstande ist, sich zu nähern. Und die Entwicklung der Musik ist den Weg gegangen, daß sie immer mehr von den im Ton gelegenen Zusammenklangsmöglichkeiten in den Bereich der Kunstmittel einbezogen hat. Wenn ich nun die Ausdrücke Konsonanz und Dissonanz, obwohl sie unberechtigt sind, weiter verwende, so geschieht das deshalb, weil die Anzeichen dafür da sind, daß die Entwicklung der Harmonie das Unzulängliche dieser Einteilung in kurzer Zeit erweisen wird. [...] Da ich jedoch mit diesen Begriffen operieren muß, definiere ich Konsonanzen als die näher liegenden, einfacheren, Dissonanzen als die entfernter liegenden, komplizierteren Verhältnisse zum Grundton.

Die Durtonart und die leitereigenen Akkorde

Die Auffindung unserer Skala war für die Entwicklung unserer Musik ein Glücksfall. [...] diese Tonreihe ist nicht das Letzte, das Ziel der Musik, sondern eine vorläufige Station. Die Obertonreihe,[250] die das Ohr zu ihr geführt hat, enthält noch viele Probleme, die eine Auseinandersetzung nötig machen werden. Und wenn wir diesen Problemen augenblicklich noch entrinnen, so verdanken wir das fast ausschließlich einem Kompromiß zwischen den natürlichen Intervallen und unserer Unfähigkeit, sie zu verwenden. Jenem Kompromiß, das sich temperiertes System nennt, das einen auf eine unbestimmte Frist geschlossenen Waffenstillstand darstellt. Diese Reduktion der natürlichen Verhältnisse auf handliche wird aber die Entwicklung auf die Dauer nicht aufhalten können; und das Ohr wird sich mit den Problemen befassen müssen, *weil es will.* Dann wird unsere Skala ebenso aufgehen in eine höhere Ordnung, wie die Kirchentonarten in der Dur- und Molltonart aufgegangen sind. Ob dann Viertel-, Achtel-, Drittel- oder (wie Busoni meint) Sechsteltöne kommen, oder ob man direkt zu einer 53tönigen Skala übergehen wird, die Dr. Robert Neumann berechnet hat, läßt sich nicht voraussagen.[251] Vielleicht wird diese neue Teilung der Oktave sogar untemperiert sein und mit unserer Skala nur noch wenig gemeinsam haben. [...] Für den Weitblickenden bedeutet auch das nicht das Ende. Er erkennt: jedes Material kann kunstfähig sein, wenn es soweit klar ist, daß man es seinem mutmaßlichen Wesen entsprechend bearbeiten kann; aber doch nicht so klar, daß der Phantasie nicht noch in den unerforschten Bezirken Raum bliebe, um sich durch die Mystik mit dem Weltall in Verbindung zu setzen. Und da uns die Hoffnung bleibt, daß unserem Verstande die Welt noch lange ein Rätsel sein wird, ist wohl allen Beckmessern zum Trotz noch nicht das Ende der Kunst da. [...]

Die Tonalität ist eine sich aus dem Wesen des Tonmaterials ergebende formale Möglichkeit, durch eine gewisse Einheitlichkeit eine gewisse Geschlossenheit zu erzielen. Zu diesem Zweck ist es notwendig, im Laufe eines Tonstücks nur solche Klänge und Klangfolgen, und beide nur in solcher Anordnung zu verwenden, daß die Beziehung auf den Grundton der Tonart des Stückes, auf die Tonika, unschwer aufgefaßt werden kann. Ich werde [...] mich [...] darauf beschränken, bloß zweierlei auszuführen: 1. daß ich sie nicht halte, wofür sie scheinbar alle Theoretiker vor mir gehalten haben: für ein ewiges Gesetz, ein Naturgesetz der Musik, obwohl dieses Gesetz den einfachsten Bedingungen des na-

turgegebenen Vorbilds, des Tons und des Grundakkords, entspricht; daß es aber 2. für den Schüler unerläßlich ist, alles das, worauf diese Wirkung beruht und wie sie erzielt wird, eingehend kennenzulernen. [...] Den Wert einer solchen Darstellungsmethode kann auch der nicht übersehen, der nicht glaubt, daß sie ein unbedingtes Erfordernis aller Darstellung überhaupt ist. [...] Eine der vornehmsten Aufgaben der Lehre ist es, den Sinn für die Vergangenheit zu wecken und gleichzeitig den Ausblick auf die Zukunft zu öffnen. Auf diese Art darf sie historisch sein: daß sie die Verbindungen herstellt zwischen dem, was gewesen ist, dem, was ist, und dem, was mutmaßlich sein wird. Der Historiker kann produktiv werden, wenn er nicht Geschichtsdaten, sondern Geschichtsauffassungen vorbringt, wenn er sich nicht darauf beschränkt, einfach aufzuzählen, sondern sich bemüht, aus der Vergangenheit die Zukunft zu lesen.
Auf unseren Fall angewendet heißt das: Der Schüler lerne die Gesetze und Wirkungen der Tonalität so, als ob sie noch heute herrschend wären, aber er wisse von den Bewegungen, die zu ihrer Aufhebung führen. Er wisse, daß die Bedingungen zur Auflösung des Systems mitenthalten sind in den Bedingungen, durch die es begründet ist. Er wisse, daß in allem, was lebt, enthalten ist, was es verändert, entwickelt und auflöst. Leben und Tod sind im Keim gleicherweise enthalten. Was dazwischenliegt, ist die Zeit. Also nichts Wesentliches, sondern bloß ein Maß, das sich aber mit Notwendigkeit erfüllt. Er lerne an diesem Beispiel erkennen, was ewig ist: der Wechsel, und was zeitlich ist: das Bestehen. So wird sich für ihn ergeben, daß vieles von dem, was man für ästhetisch, d. h. für die notwendige Grundlage des Schönen gehalten hat, durchaus nicht immer im Wesen der Dinge begründet ist. Daß es die Unvollkommenheit unserer Sinne ist, die uns zu jenen Kompromissen nötigt, durch die wir Ordnung erzielen. Weil die Ordnung nicht vom Objekt, sondern vom Subjekt gefordert wird. Daß also die vielen Gesetze, die sich gerne für Naturgesetze gäben, dem Bestreben nach handwerklich richtiger Bearbeitung des Materials entspringen. Und daß die Zustutzung dessen, was der Künstler wirklich darstellen will, die Reduzierung auf jene Grenzen, die die Form, die Kunstform, einschlie-

ßen, nur durch unsere Unfähigkeit, Unübersichtliches, Ungeordnetes zu begreifen, bedingt ist. Die Ordnung, die wir künstlerische Form nennen, ist nicht Selbstzweck, sondern Notbehelf. Als solcher immerhin berechtigt, aber durchaus abzuweisen, wo er sich als mehr gibt: als Ästhetik. Damit soll nicht gesagt sein, daß jemals Ordnung, Klarheit und Verständlichkeit einem Kunstwerk werden fehlen dürfen, wohl aber, daß nicht bloß, was wir als solche begreifen, diesen Namen verdient. Denn die Natur ist auch schön, wo wir sie nicht verstehen und wo sie uns ungeordnet scheint. Ist man einmal geheilt von dem Wahn, daß der Künstler der Schönheit halber schaffe, und hat man erkannt, daß nur das *Bedürfnis zu produzieren* ihn nötigt, hervorzubringen, was nachher vielleicht als Schönheit bezeichnet wird, dann begreift man auch, daß Verständlichkeit und Klarheit nicht Bedingungen sind, die der Künstler ans Kunstwerk zu stellen nötig hat, sondern solche, die der Beschauer erfüllt zu finden wünscht. In solchen Werken, die ihm, wie alle älteren Meisterwerke, länger bekannt sind, findet sie auch der Ungeübte; hier hat er Zeit gehabt, sich anzupassen. Bei neueren, zunächst fremden, muß man ihm Zeit lassen. Doch da der Abstand zwischen der vorauseilenden, hellsehenden Erkenntnis des Genies zwar relativ, das heißt im Verhältnis zu den Zeitgenossen, sehr groß, absolut aber, im Verhältnis zur Entwicklung des menschlichen Geistes, sehr gering ist, stellt sich schließlich doch stets jene Verbindung her, die das einst Unbegreifliche näherbringt. Wenn man verstanden hat, sucht man die Gründe, findet die Ordnung, sieht die Klarheit. Sie ist zufällig da, nicht gesetzmäßig, nicht notwendigerweise. Und was wir als ihre Gesetze erkennen wollen, mögen vielleicht nur Gesetze sein, nach denen wir erkennen, ohne darum die Gesetze zu sein, die das Kunstwerk erfüllen müßte. […] Kann man nun zwar als sicher annehmen, daß der Beschauer im Kunstwerk etwas ganz anderes nicht sehen wird, als darin ist, da ja zwischen Objekt und Subjekt Wechselwirkung besteht, so ist die Täuschungsmöglichkeit doch zu groß, als daß man jeden Zweifel fallenlassen dürfte, ob die vermeintliche Ordnung nicht die des Subjektes ist. Immerhin aber kann man daraus den Zustand des Beschauers erkennen.
Es läßt sich gewiß nicht behaupten, daß durch die Erfüllung

solcher Gesetze, die zudem vielleicht nur dem Zustand des Beschauers entsprechen, das Entstehen eines Kunstwerks gesichert ist. Auch weil diese Gesetze, selbst wenn sie die richtigen, nicht die einzigen sind, denen das Kunstwerk gehorcht. Aber wenn auch ihre Befolgung dem Schüler zwar nicht zu Klarheit, Verständlichkeit und Schönheit verhelfen kann, so wird sie ihm doch ermöglichen, Unklarheit, Unverständlichkeit und Unschönheit zu vermeiden. [...] Und noch eins erzielt die Lehre, wenn sie so vorgeht: Sie führt den Schüler durch alle jene Irrtümer, die das Streben nach Erkenntnis mit sich gebracht hat, an Irrtümern vorbei, vielleicht auch an Wahrheiten. Jedenfalls aber lehrt sie ihn kennen: die Art, wie gesucht wurde, die Denkmethoden, die Arten der Irrtümer, die Art, wie kleine Wahrheiten von lokal begrenzter Wahrscheinlichkeit durch Ausspannung auf ein System absolut unwahr wurden. Mit einem Wort, all das, was unsere Denkart ausmacht. Dadurch ist sie in der Lage, ihn selbst die Irrtümer lieben zu lehren, wenn die nur Denkarbeit, Umsatz, geistigen Stoffwechsel geleistet haben. Und er lernt damit das Werk der Vorfahren lieben, auch wenn er es nicht unmittelbar anwenden kann auf sein eigenes Leben, auch wenn er es transponieren muß, um eine entfernte Nutzanwendung zu erzielen. Er lernt es lieben, sei es Wahrheit oder Irrtum, weil er darin die Notwendigkeit findet.

Verbindung der tonalen Haupt- und Nebendreiklänge zu kleinen Sätzchen

Wird wohl auch beim Sänger der Bereich des Ausführbaren immer größer, so geht die Entwicklung hier doch langsamer als bei den Instrumenten. Immerhin ist es einzusehen, daß das Ohr Dissonanzen (entfernter liegenden Obertönen) nicht bloß im Zusammenklang, im Akkord, sondern auch im Nacheinander, in der melodischen Linie, Widerstand entgegensetzt, sie nicht so rasch begreift, sie als Hemmung empfindet, ihre Entfernung, Auflösung herbeiwünscht. Und sie möglicherweise höchstens wegen der Auflösung, wegen des Wohlbehagens, das diese Wirkung hervorruft, zuläßt. Für den Hörer mag die Dissonanz, ihr Auflösungsbedürfnis und die Auflösung, Genuß sein, dem Sänger aber kann die Hemmung zur Schwierigkeit werden.

So kann man sich auch vorstellen, daß der Zufall einer dissonierenden Durchgangsnote, einmal schriftlich festgelegt, nachdem man erst ihren Reiz empfunden, das Bedürfnis nach einer weniger zufälligen, willkürlich hervorgebrachten Wiederholung provozierte; daß das Bedürfnis, diesen Reiz öfter zu empfinden, dazu geführt hat, von den Methoden, die ihn hervorrufen, Besitz zu ergreifen. Doch: sollte der Reiz des Verbotenen zu unvermindertem Genuß führen, so mußte jenes im Grund verächtliche Kompromiß zwischen Moral und Begierde geschlossen werden, welches hier in einer lässigeren Auffassung sowohl des Verbotes als auch des Verbotenen besteht. Die Dissonanz ward akzeptiert, aber an der Tür, durch die man sie einließ, ein Riegel vorgeschoben, wenn Übermaß drohte. [...] Vorbereitung und Auflösung heißen also die beiden Schutzdecken, in die die Dissonanz vorsichtig eingepackt wird, um weder Schaden zu nehmen noch Schaden anzurichten.

Oktaven- und Quintenparallelen[252]

(Wassily Kandinsky: Kommentar

Ich erlaube mir, allen Kunstliebhabern zu raten, nicht vor der speziell-wissenschaftlich klingenden Überschrift zurückzuschrecken [...]. Und besondere Aufmerksamkeit darauf zu richten, wie stark dieser revolutionäre Komponist den unwandelbaren *organischen* Zusammenhang, die unwandelbare, natürliche Entwicklung der neuen Musik aus der alten, selbst aus den Tiefen ihrer entferntesten, frühesten Quellen, empfindet. „Die Kunst ... geht den Weg der menschlichen Natur.“ Durch den wachsenden menschlichen Geist wird ewig auch die Kunst bereichert, und die Kunst bereichert ihrerseits mit ihren neuen Ausdrucksmitteln den menschlichen Geist. Doch jeder Epoche sind Grenzen des Erreichbaren gesetzt, ebenso wie jedem Lebensalter Grenzen der inneren Erkenntnis gesetzt sind. So denkt auch Schönberg: Erlaubt ist jede Klangkombination, jeder Schritt vorwärts, „ich fühle jedoch bereits heute, daß es auch hier gewisse Bedingungen gibt, von denen es abhängt, ob ich diese oder jene Dissonanz verwende“. – In seinem Denken vereinigt Schönberg eine große Freiheit mit einem großen Glauben an die gesetzmäßige Entwicklung des Geistes.)

Bei der Verbindung von Akkorden entstehen drei Arten von Verhältnissen zwischen zwei sich bewegenden Stimmen: 1. Während die eine Stimme sich bewegt, bleibt die andere liegen *(Seitenbewegung)*; 2. während die eine Stimme abwärts geht, geht die andere aufwärts *(Gegenbewegung)*; 3. beide Stimmen bewegen sich in derselben Richtung, beide gehen gleichzeitig abwärts oder gleichzeitig aufwärts *(parallele Bewegung)*. [...] Während die ältere Theorie Seiten- und Gegenbewegung bedingungslos gestattete, verbot sie die parallele Bewegung in einigen Fällen bedingungsweise, in anderen sogar absolut. Es sind dies jene Fälle, die unter dem Namen Oktavenparallelen und Quintenparallelen bekannt sind. [...] Die betreffenden Gesetze definierten den Gegenstand des Verbotes folgendermaßen: Wenn zwei Stimmen aus einem Oktavenverhältnis in paralleler Bewegung in ein anderes Oktavenverhältnis oder aus einem Quintenverhältnis parallel in ein anderes Quintenverhältnis übergehen, so entstehen *Oktavenparallelen* respektive *Quintenparallelen* (offene Parallelen). Die strengere Fassung dieser Regel lautet: Die parallele Bewegung zweier Stimmen in eine vollkommene Konsonanz (Oktav und Quint) ist verboten. Diese Fassung verbietet auch das, was man *verdeckte Oktaven-* und *verdeckte Quintenparallelen* nennt. [...] Offene Oktaven- oder Quintenparallelen waren unbedingt verboten, gewisse verdeckte hingegen hat man bedingungsweise gestattet. [...] Begründet wurden diese Gebote damit, daß man behauptete, die Selbständigkeit der Stimmen werde durch solches Parallelgehen aufgehoben. Das war die intelligentere Form. Die andere behauptete einfach, derartige Folgen klingen schlecht. Zwischen beiden vermittelte eine dritte durch den Satz, sie klingen schlecht, weil die Selbständigkeit der Stimmen aufgehoben wird. Es ist nun vielleicht nicht unrichtig, daß bei Oktavenparallelen in dem einen Augenblick der Fortschreitung die Selbständigkeit der Stimmen scheinbar verlorengeht. Aber die Behauptung, sie klingen schlecht, oder gar, sie klingen schlecht, *weil* die Selbständigkeit der Stimme aufgehoben wird, ist absolut falsch. Denn, Oktavenparallelen verwendet man als Verdopplung, manchmal auch zur Verstärkung. Natürlich wegen des *guten* Klangs, denn wegen des schlechteren Klanges hätte doch niemand Oktavenparallelen geschrieben. Und die Mixtur auf der Orgel[253] setzt zu jeder Stimme nicht bloß gleichzeitig mitklingende Oktaven, sondern auch gleichzeitig mitklingende Quinten. Wegen des stärkeren Klanges; aber der stärkere Klang ist doch, da es sich um Kunstschönheit handelt, auch der schöne Klang. [...] Gewiß, wenn zwei Stimmen dasselbe singen, sind sie nicht absolut selbständig. Wenn sie annähernd dasselbe singen, nämlich Oktaven (was ja doch nicht ganz dasselbe ist), so singen sie zwar inhaltlich dasselbe, aber klanglich etwas anderes. Singen zwei Stimmen nun längere Zeit hindurch ununterbrochen im Einklang oder in der Oktave (wobei immerhin auch im Fall des Einklanges noch die Frage der Klangmischung, zu der jede Stimme in durchaus selbständiger Weise beiträgt, zu berücksichtigen wäre), dann könnte man von einer relativen Unselbständigkeit des Inhalts sprechen. Singen aber zwei Stimmen etwas inhaltlich durchaus Verschiedenes und treffen sich nur in einem oder einigen wenigen ausnahmsweisen Momenten sozusagen auf demselben Geleise, so ist es immerhin möglich zu behaupten, in solchen Momenten sei ihre Selbständigkeit bis zu einem gewissen Grade vermindert. Aber daß sie darum wirklich unselbständig geworden sind, ist wohl eine pedantische Übertreibung, die übersieht, daß sie inhaltlich die ganze Zeit über voneinander unabhängig waren, mit Ausnahme dieser wenigen Momente, die aber wahrscheinlich die deutliche Unterscheidung der hauptsächlichen Verschiedenheit des Inhalts nicht tangieren; und übersieht, daß sie sich in *allen* Momenten *klanglich* voneinander unterschieden haben. Also von einer *absoluten* Aufhebung der *Selbständigkeit könnte auch hier kaum gesprochen werden.* Mit mehr Recht aber von etwas *anderem*; von Bedingungen, die zu erfüllen *Voraussetzung jedes guten Handwerks* ist: Hat man nach reiflicher Überlegung und Prüfung die Zahl der Stimmen festgesetzt, dann soll sich die getroffene Entscheidung in jedem einzelnen Moment des Stückes dadurch als richtig erweisen, daß sichtlich mit weniger Stimmen nicht alles darstellbar wäre, mehr aber kaum ausreichend beschäftigt werden könnten. Jede

Stimme müßte demnach in jedem Moment etwas zu tun haben, was *nur sie allein tut*. Ist nun in einem dünnen harmonischen Satz die Aufgabe: von d nach e zu gehen, durch eine Stimme schon erfüllt, so ist es, *wenn das wirklich ausschließlich die Aufgabe* war: von d nach e zu gehen, *überflüssig*, also *schlecht*, daß auch eine andere Stimme von d nach e geht. Weiß man mit dieser Stimme nichts anderes anzufangen, dann soll sie pausieren. Aber daß man mit ihr nichts anderes anzufangen weiß, ist im allgemeinen ein Zeichen einer nicht hervorragenden Geschicklichkeit. Man muß sich also bemühen, mit ihr etwas anderes anzufangen! Ist aber *nicht* der Schritt d–e, zu dessen Ausführung tatsächlich eine Stimme genügt, die *Hauptaufgabe*, sondern die *Erzielung* eines *Oktavenklangs* zweier Stimmen, die von d nach e gehen, dann kommt die Frage der Selbständigkeit der Stimmen eben nicht mehr in Betracht, sondern nur die Frage des Klangs. [...]
Etwas mehr Schwierigkeiten hat den Theoretikern die Begründung des Quintenverbotes gemacht. Desto leichter ist es zu widerlegen. Behauptet wurde: Parallele Quintenfortschreitungen klingen schlecht; oder: da die Quint Oberton, ist sie gleichsam nur Schatten des Grundtons, wenn sie sich mit diesem parallel weiterbewegt; soll sie selbständig auffallen, so müßte sie sich anders bewegen als der Grundton, u. dgl. mehr. Merkwürdigerweise waren Quartenfortschreitungen nur bedingungsweise verboten, obwohl sie ja dem harmonischen Inhalt nach ganz dasselbe sind. [...] Aber Quartenparallelen sind gestattet, wenn sie durch eine tieferliegende Terz „gedeckt" sind. Könnte man da nicht auch Quintenparallelen freigeben, wenn sie durch eine solche tieferliegende Terz gedeckt sind? Harmonisch ist ja kein Unterschied vorhanden. Da nun diese parallele Bewegung nicht schlecht, parallele Terzen und Sexten sogar gut klingen, so ist es also speziell die parallele Bewegung in Quinten, die unbedingt schlecht klingt, während alle anderen parallelen Bewegungen mindestens bedingungsweise gut klingen? Oktavenparallelen, beispielsweise, die das Extrem nach der einen Seite darstellen, nämlich die gänzliche Aufhebung der Selbständigkeit der Stimmen (inhaltlich) und (klanglich) das Fortschreiten in der vollkommensten Konsonanz, werden doch wenigstens bedingungsweise als Ver-

dopplungen des *guten* Klanges wegen zugelassen. Und Terzen- und Sextenparallelen, die ja inhaltlich auch die Stimmen unselbständig machen, klanglich aber das Fortschreiten in einer noch weniger vollkommenen Konsonanz, als es die Quint ist, darstellen, sind ebenfalls gestattet! Es ist also weder das Fortschreiten nur in der vollkommensten Konsonanz gestattet, denn Terzen sind unvollkommener als Quinten, noch sind Parallelen etwa nur in unvollkommenen Konsonanzen zugelassen, denn Oktaven sind vollkommenere Konsonanzen als Quinten. Und alle Gründe, die man gegen Quintenfortschreitungen anführt, treffen entweder bei den Oktavenfortschreitungen oder bei den Terzenfortschreitungen auch zu. *Es muß also andere Gründe haben.*

Ich will versuchen, diese Frage auf einfachere Weise zu lösen. Die Entwicklung der Mehrstimmigkeit kann man sich folgendermaßen vorstellen: Den ersten Anstoß mag das Bedürfnis gegeben haben, an dem Lied, das sonst ein einzelner singt, mitwirkend teilzunehmen. Zwei oder mehrere singen dieselbe Melodie. Sollten ganz gleiche Stimmen miteinander singen, also beispielsweise lauter tiefe Männerstimmen, so ist es ziemlich selbstverständlich, daß sie als rein gesungen nur den Gesang im Einklang, im gleichen Ton, in der vollkommensten Konsonanz empfinden konnten. Traten Frauenstimmen dazu und lag die Melodie weder sehr hoch noch sehr tief, so ergab sich die zweite Möglichkeit: in der zweiten vollkommenen Konsonanz zu singen, in Oktaven. Lag nun aber die Melodie so, daß sie für die hohen Frauen- und Männerstimmen zu tief oder für die tiefen Frauen- und Männerstimmen zu hoch reichte, dann entstand das Bedürfnis, für diese Stimmen etwas anderes zu finden. Solange die eigentliche Mehrstimmigkeit nicht erfunden war (wenn man das Oktavensingen nicht schon als relative Mehrstimmigkeit ansehen will), blieb wohl nichts anderes übrig, als die gleiche Melodie von irgendeinem andern konsonanten Ton aus zu singen. Da der Einklang und die Oktav bereits verwendet waren, mußte das Ohr *mit Notwendigkeit die nächstvollkommene Konsonanz wählen: die Quint.* Und so entstand das *Quintenorganum*, oder was in diesem Falle dasselbe ist, das Quartenorganum. Daß man erst viel später darauf gekommen ist, die Terz zu dem gleichen Zweck heranzuziehen, ja daß die Terz in einer noch viel

späteren Zeit sich noch nicht die Anerkennung als Konsonanz errungen hatte, beweist die Richtigkeit der in diesem Buch wiederholt erwähnten Hypothese: daß die Dissonanzen nur graduell verschieden sind von den Konsonanzen; daß sie nichts anderes sind als entfernter liegende Konsonanzen, deren Analyse dem Ohr mehr Schwierigkeiten macht wegen ihrer Entfernung; die aber, wenn die Analyse sie einmal näher gebracht hat, Chance haben, ebenso Konsonanzen zu werden, wie die näher liegenden Obertöne. [...]
Ich stelle mir nun die weitere Entwicklung so vor: Bald nach der Anerkennung der Terz als Konsonanz dürfte man die Möglichkeit der Gegen- und Seitenbewegung gefunden haben. Abgesehen von den Einklangs-, Oktaven- und Quintenparallelen, gab es also die Möglichkeit der Terzenparallelen und wahrscheinlich auch bald nachher, wie gesagt, die Möglichkeit der Gegen- und Seitenbewegung, also eine ungeheure Bereicherung der Mittel. Es scheint mir da nun folgender Gedankengang, der nur zu sehr in der Natur des Menschen begründet ist, eine psychologische Erklärung der Frage zu geben. Das Singen in Oktaven und Quinten hat zweifellos in durchaus natürlicher Weise den Geschmack befriedigt; es entsprach der Natur des Klanges und der Natur des Menschen, also war es schön. Aber die Möglichkeit, zu den Oktaven und Quinten auch noch Terzen zu setzen und die Gegen- und Seitenbewegung zu verwenden, dürfte einen Taumel hervorgerufen haben, der alles, was früher war, für schlecht halten ließ, obwohl es bloß veraltet war; einen Taumel, wie wir ihn ja ähnlich – nicht nur in der Kunst – bei jedem großen Fortschritt beobachten können. Der die Dankbarkeit für die Vorarbeiten der Vorgänger so weit vergißt, daß er sie haßt und nicht bedenkt, daß der Fortschritt ohne sie gar nicht möglich ist. Selbst wenn sie voll von Irrtümern waren. Und die Verachtung für das Veraltete ist ebenso groß, wie sie unberechtigt ist. Wer richtig maßhält, wird sagen: ich selbst möchte nichts Veraltetes tun, weil ich die Vorteile des Neuen kenne und weil es unzeitgemäß wäre. Unzeitgemäß darf man nur sein, indem man voraneilt, aber nicht, indem man nachhumpelt. [...] Gesellt sich der Freude über die Errungenschaft der Zwang der Zunft, so kann das Kind dieser Ehe nur die Orthodoxie sein. Die Or-

thodoxie, die es nicht mehr notwendig hat, durchzusetzen, was neu errungen, findet ihre Aufgabe darin, es durch Übertreibung festzuhalten. Sie denkt zwar alles aus, was ihre Voraussetzungen ergeben; aber durch ihre Übertreibung führt sie nicht nur zu Irrtümern, sondern errichtet auch ein Bollwerk gegen jede neue Errungenschaft.

(Wassily Kandinsky: Kommentar

Diese treffenden kurzen Zeilen erhellen das Wesen allen menschlichen Fortschritts (im geistigen Bereich! Im materiellen Bereich dagegen neigen die Menschen eher dazu, über alles Neue herzufallen. In unseren Tagen z. B. ist es die Flugzeughysterie, insbesondere in Westeuropa).
In panischer Angst, den Kopf im Gebüsch versteckt oder mit allen realen und irrealen Argumenten gegen die neuen Errungenschaften ausgerüstet, müssen die Menschen sie letzten Endes doch als segensreich erkennen und akzeptieren. *Unverzüglich* wird dann ein neues Credo aufgestellt. Was man gestern verdammt und verlacht hat, erhebt man heute zum Götzen. Die „Übertretung" seiner Gebote wird zum Sakrileg. Und wehe dem, der nun kommt und neue Errungenschaften, neue Gebote bringt. Wieder läuft dann dieselbe alte Leier ab. Diese Eigenschaft des Menschen, alles Neue zu verdammen und trotzdem aus dem Neuen sogleich eiserne Formen zu schmieden, – dieser grenzenlose fatale geistige Quietismus[254] ist vielleicht das schrecklichste, tragischste Element im Schicksal des Menschen.)

Wir sind ja heute schon so weit, zwischen Konsonanzen und Dissonanzen keinen Unterschied mehr zu machen. Oder höchstens den, daß wir Konsonanzen weniger gern verwenden. Was möglicherweise nur eine Reaktion auf die vorhergegangenen Epochen der Konsonanz ist; eine Übertreibung vielleicht. Daraus aber den Schluß zu ziehen, Konsonanzen sind verboten, weil sie in den Werken dieses oder jenes Komponisten nicht mehr vorkommen, würde zu ähnlichen Irrtümern führen wie das Quintenverbot unserer Vorgänger. Ich für meine Person könnte ruhig – aber nur weil und solange ich es noch nicht besser weiß – einem Schüler sagen: jeder Zusammenklang, jede Fortschreitung ist möglich. Ich fühle jedoch bereits heute, daß es auch hier gewisse Bedingungen gibt, von denen es abhängt, ob ich diese oder jene Dissonanz verwende. Wir haben heute noch nicht genug Abstand von den Ereignissen unseres Tages, als daß wir bereits deren Gesetze erkennen könnten. Uns drängt sich noch zuviel Unwesentliches in den Vordergrund, Wesentliches verdeckend. [...] Ich habe die Vermutung, der Weg, selbst dieser Weg, werde sich irgendwie logisch angliedern an das früher zurückgelegte Teilstück. Ich glaube, man wird in der Harmonik von uns Allermodernsten schließlich und endlich dieselben Gesetze erkennen können wie in der Harmonik der Alten. Nur entsprechend ausgeweitet, allgemeiner gefaßt. Darum scheint es für mich von hoher Bedeutung, die Erkenntnisse der Älteren zu konservieren. Gerade aus ihnen wird hervorgehen, so hoffe ich, wie richtig der Weg ist, auf dem wir suchen. [...] Der Schüler möge also ruhig den Weg gehen, den die Entwicklung gegangen ist. Lernt er Harmonielehre nur aus Interesse für die Kunstwerke, will er dadurch nur besseres Verständnis für die Meisterwerke gewinnen, dann ist es für ihn ja belanglos, ob er die kurze Zeit über, die er sich mit der Hervorbringung musikalischer Gebilde selbst befaßt, moderne oder unmoderne Übungsbeispiele anfertigt. Von Belang für ihn jedoch ist die Anleitung zur richtigen Stellung gegenüber dem Neuen. Das besorgt eine Lehre, vor deren ästhetischer Vorurteilslosigkeit manches ewige Gesetz das Zeitliche segnet und den Ausblick freigibt auf die Entwicklung des Schönen, das ist: auf jene Veränderung der Auffassung, vermöge welcher das Neue, das das Ohr der Älteren verpönt, das Alte wird, welches dem Ohr nun angenehm ist, um als solches einem neuen Neuen, welches zur Zeit noch verpönt ist, den Zugang zum Ohr zu verbieten. Ist er aber Komponist, dann soll er ruhig warten, wohin ihn seine Entwicklung, seine Natur drängen wird; und soll nicht wünschen, Dinge zu schreiben, deren Verantwortung man nur mit dem Einsatz einer vollen Persönlichkeit zu übernehmen vermag; Dinge, die Künstler fast widerwillig dem Zwange ihrer Entwicklung gehorchend geschrieben haben, aber nicht aus dem hemmungsarmen Mutwillen formunsicherer Voraussetzungslosigkeit.

(Wassily Kandinsky: Kommentar

Hier berührt Schönberg eine der quälenden Fragen, die sogar bei einem „radikalen" Künstler-Pädagogen vielfache Bedenken auslöst. Genauso steht es mit dieser Frage in der Malerei: da der organisch-anatomische Aufbau nicht mehr anerkannt wird, d. h. ständig verletzt wird zugunsten eines zeichnerisch-malerischen Aufbaus – sollte man dann nicht die ganzen stumpfsinnigen organisch-anatomischen Vorbereitungskurse der früheren Schulen aus dem Unterricht eliminieren? Man erinnert sich unwillkürlich vergangener Zeiten und früherer großer Schöpfungen begnadeter Meister, die aus Unkenntnis anatomische Fehler begingen – in unseren Augen unverzeihlich und oft komisch (die Perser, Japaner, alte italienische und deutsche Meister, unter ihnen der große Künstler, Zeichner und Maler Albrecht Dürer). Bei diesen Meistern schienen selbst die Fehler unbewußt der Idee des Werkes zu dienen, und wer würde es wagen, einen von Dürer weggelassenen Fibula-Knochen hinzuzufügen, die Fibula mit ihrer crista fibulae und vor allem mit dem malleolus externus? Andererseits: Soll oder darf der Maler von heute – ähnlich dem Musiker, der die Oktaven- und Quintenparallelen ausschließt – seinem Schüler sagen: Du *mußt* unbedingt wissen, daß der malleolus externus der untere äußere Sproß des Fibula-Knochens ist?[255] Mir scheint vor allem, daß nur ein schlechter Lehrer seinen Schülern die Kunst lehrt wie ein Unteroffizier seine Soldaten das Schießen. Und weiter scheint mir, daß der Lehrer nicht dazu da ist, den Schüler mit „unabänderlichen" Gesetzen zu beladen und dadurch einzuengen, sondern er ist berufen, dem Schüler das Tor des unermeßlichen Arsenals von Möglichkeiten, d. h. der künstlerischen Ausdrucksmittel der Kunst, zu öffnen und zu sagen: Schau! Dort in der staubigen Ecke liegt ein ganzer Haufen von Ausdrucksmitteln, die *heute* aus dem Gebrauch gekommen sind; darunter kannst du den organisch-anatomischen Aufbau finden; wenn du ihn brauchen solltest, weißt du wo er ist ... Heute ist der Tag, das große Tor zu öffnen.)

Septakkorde

Selbst wenn ich eine Regel gegeben hätte, wollte ich das nicht getan haben, ohne hinzuzufügen, daß jede Regel durch eine stärkere Notwendigkeit aufgehoben wird. Ich möchte fast sagen: das ist die einzige Regel, die man geben sollte.

Verbindung von Septakkorden untereinander

In der Dissonanzbehandlung zeigen sich am deutlichsten die Eigentümlichkeiten des Systems der Harmonielehre. [...] Dunkel fühlt jeder den Widerspruch zwischen dieser Ordnung, die natürlich sein will und doch vom guten Gehör des Natürlichen, des Unkultivierten desavouiert[256] wird: Weil sie nicht natürlich ist, sondern künstlich; weil sie Kultur ist. Die Natur ist allerdings so vieldeutig, daß wir selbst unser Künstliches in sie hineinlegen können; und sicher ließen sich auch noch andere Systeme ebenso natürlich aus ihr begründen wie das unsere. Aber auch ebensowenig! [...] Vor allem aber: die Kunst ist nicht ein Gegebenes wie die Natur, sondern ein Gewordenes. Hätte also auch anders werden können. Da ist vielleicht oft für dieses Gewordene der Weg, auf dem es geworden ist, die Entwicklung, charakteristischer als die Natur, aus der es geworden ist. [...] Und dieser Weg, ist er auch nicht immer der kürzeste, so ist er doch gangbar. Und führt er auch nicht immer zu den Tatsachen der Natur – es genügt, wenn er zu den Tatsachen der Kunst führt. Wenn er wirklich nur zu allen erdenkbaren Tatsachen der Kunst führte, dürfte er wohl auch gelegentlich Umweg sein, an jenen Erscheinungen vorbeiführend, die auf seine Richtung keinen heute noch deutlich erkennbaren Einfluß hatten. Es ist jedenfalls der Weg. Ein neuer Weg könnte kürzer sein, könnte überflüssige Aufhaltungen vermeiden. Wer weiß es aber genau, ganz genau, so daß er es in jedem Moment auch für eine zukünftige Entwicklung verantworten könnte, welche dieser Aufhaltungen wirklich überflüssig, wirklich ohne Einfluß auf die Zukunft sind?

Die Molltonart

Es sei [...] erwähnt, daß die Kirchentonarten die Eigentümlichkeit der ionischen, die in ihrem siebenten Ton einen aufwärtssteigenden Leitton besitzt, der bloß einen Halbtonschritt in den achten hat, nachzuahmen bestrebt waren. Ich habe schon gesagt, daß ich dieses Bestreben für die Ursache der Auflösung der Kirchentonarten halte. Dadurch wurden nämlich die unterscheidenden Merkmale aufgehoben und die einzelnen Tonarten einander so ähnlich, daß schließlich nur zwei Haupttypen übrigblieben, die sich deutlich voneinander unterscheiden: *Dur*, welches die Eigentümlichkeiten der ionischen mit den andern durähnlichen, *Moll*, welches die der äolischen mit den mollähnlichen vereinigte. Die Molltonart ist somit ein reines Kunstprodukt, und die Versuche, sie als naturgegeben hinzustellen, sind zwecklos: ihre Natürlichkeit ist nicht unmittelbar, sondern, wie die der Kirchentonarten, mittelbar. [...] Für mich ergibt sich anderes: *man ist dem Willen der Natur näher gekommen.* [...] Unsere Vorfahren haben sicher die Kirchentonarten für ebenso vollkommen gehalten wie wir Dur und Moll; die Siebenzahl hat ebensolche symbolische Kraft wie die Zwei, und statt der zwei von der Wissenschaft anerkannten Hauptausdrucksgebiete gab es wahrscheinlich sieben von der Phantasie geheiligte.[257] Hätte man ihnen die Zukunft gezeigt: daß fünf von ihren sieben entfallen werden, so wie hier die Zukunft gezeigt wird; daß die verbliebenen zwei einmal eins sein werden, so hätten sie gegen solche Möglichkeit ähnlich argumentiert wie unsere Zeitgenossen; hätten von Gesetzlosigkeit gesprochen, von Anarchie, Mangel an Charakteristik, Verarmung der Kunstmittel und so weiter, von all dem, worüber heute geklagt würde, wenn die Entwicklung anderes brächte, als es diejenigen möchten, die gerne hübsch beim warmen Ofen sitzen, die nicht einsehen wollen, daß bei jedem Fortschritt auf der einen Seite etwas verloren werden muß, wenn auf der andern gewonnen werden soll. Die Vorarbeit ist der Einsatz; im Fortschritt, der der Gewinn ist, steckt aber auch die Vorarbeit drin. [...] Nichts ist definitiv in der Kultur; alles ist nur Vorbereitung zu einer höheren Stufe der Entwicklung, zu einer vorläufig nur ahnungsweise vorstellbaren Zukunft. Die Entwicklung ist nicht vorüber, der Höhepunkt nicht überschritten. Sie beginnt erst, und er kommt erst oder vielleicht nie, weil er immer übertroffen werden wird.

Schlüsse und Kadenzen

An ein Gefäß, zum Beispiel eine Vase, aus Porzellan oder Bronze kann man gewiß ohne kompliziertes Verfahren nicht noch ein Stück Porzellan oder Bronze anfügen. Jedenfalls ist es fraglich, ob es dann noch eine Vase und ob das Angefügte auch dran bliebe. Hat man jedoch gesehen, daß ein Musikstück an einen gewissen Punkt angelangt ist (zum Beispiel in der Sonate vor dem Wiederholungszeichen; oder noch besser: im Scherzo vor dem Trio), wo ein Schluß denkbar wäre; hat man gesehen, wie es an diesen und ähnlichen Stellen doch immer weitergeht, so kann man leicht auch dort, wo ein Stück wirklich endet, die Fortsetzungsunmöglichkeit bezweifeln. [...] Man ist also zur Frage berechtigt: Warum, wieso und wann schließt ein Musikstück? Die Antwort kann nur Allgemeines sagen: Sobald der Zweck erreicht ist. [...] Es ist ja nicht unwahrscheinlich (vielleicht ist es sogar sicher), daß in jeder Idee und in der Art ihrer Ausführung etwas liegt, was auf Grenzen hinweist, die erreicht werden sollen, aber nicht überschritten werden dürfen. Es ist nicht unwahrscheinlich, aber doch nicht ganz sicher, daß jede Idee eine solche Proportion in sich trägt, aber es ist auch möglich, daß diese Proportion nicht in der Idee oder wenigstens nicht in ihr allein, sondern auch in uns liegt. Nur muß sie darum nicht als etwas Unveränderliches in uns liegen, als etwas Naturgegebenes, das keiner Veränderung oder Entwicklung fähig wäre, sondern als etwas, das sich mit den Geschmacksrichtungen, ja vielleicht sogar mit der Mode, dem Zeitgeist folgend, umbildet. Ich glaube nicht an den Goldenen Schnitt[258]. Mindestens aber glaube ich nicht, daß er das einzige formale Gesetz für unser Schönheitsempfinden ist, sondern höchstens eines unter vielen, unter unzählig vielen. Ich glaube also nicht daran, daß ein Satz unbedingt so oder so lang werden muß, nicht länger und nicht kürzer; daß ein Motiv, als Keim des Ganzen betrachtet, diese eine, einzige Ausführungsform nur zugelassen hätte. Sonst wäre es ja kaum möglich, daß man über dasselbe Thema zwei oder mehrere verschiedene Fugen schreiben kann, wie es Bach und andere wiederholt getan haben. [...] Aber an etwas anderes glaube ich. Nämlich, daß jede Zeit ein bestimmtes Formgefühl hat, das ihr sagt, wie weit man in der Ausführung einer Idee gehen muß, und wie weit man nicht gehen darf. [...]

[...] Das Formgefühl der Gegenwart fordert nicht diese übertriebene Faßlichkeit durch Herausarbeitung der Tonalität; ihm bleibt ein Stück auch faßlich, ohne daß die Beziehung auf den Grundton fundamental behandelt, es kann auch folgen, wenn die Tonalität sozusagen schwebend erhalten wird. Wie viele Beispiele bezeugen, geht an Geschlossenheit nichts verloren, wenn sie bloß angedeutet, ja sogar, wenn sie verwischt wird. Und – ohne zu behaupten, daß die modernste Musik wirklich atonal ist: denn wir können in ihr vielleicht bloß die Tonalität oder etwas Dementsprechendes noch nicht nachweisen – der Vergleich mit der Unendlichkeit könnte kaum nähergerückt werden als durch eine schwebende, sozusagen unendliche Harmonie, durch eine, die nicht Heimatschein und Reisepaß beständig mit sich führt, Ausgangsland und Reiseziel sorgfältig nachweisend. Es ist ja recht nett von den Bürgern, daß sie gerne wissen möchten, wo die Unendlichkeit anfängt und wo sie aufhören wird. Und man kann es ihnen verzeihen, daß sie einer Unendlichkeit, die sie nicht nachgemessen haben, wenig Vertrauen entgegenbringen. Aber die Kunst, soll sie irgend etwas mit dem Ewigen gemein haben, hat das Vakuum nicht zu scheuen.

Modulation[259]

Jeder Akkord [...], der neben den Hauptton gesetzt wird, hat mindestens ebenso die Neigung, von ihm wegzuführen, wie zu ihm zurückzukehren. Und soll Leben, soll ein Kunstwerk entstehen, so muß dieser bewegungszeugende Konflikt angegangen werden. Die Tonalität muß in Gefahr gebracht werden, ihre Herrschaft zu verlieren, den Selbständigkeitsgelüsten und Meutereibestrebungen muß Gelegenheit gegeben werden, sich zu betätigen, man muß sie ihre Siege erzielen lassen, ihnen gelegentlich eine Gebietsvergrößerung gönnen, weil es einem Herrscher nur Vergnügen machen kann, Lebende zu beherrschen; und Lebende wollen rauben. So entspringen vielleicht die aufrührerischen Bestrebungen der Untergebenen ebenso wie ihren eigenen Neigungen dem Herrscherbedürfnis des Tyrannen; dieses wird nicht befriedigt ohne jene. Und so erklärt sich die Ausweichung vom Hauptton als ein Bedürfnis des Haupttons selbst, in welchem ja in seiner Obertonreihe ganz genau derselbe Konflikt, sozusagen in einer anderen Ebene, vorbildlich enthalten ist. Sogar das scheinbar vollständige Verlassen der Tonalität entpuppt sich als ein Mittel, den Sieg des Grundtons um so glänzender zu gestalten. Und erkennt man, wie jeder andere Akkord, neben den Hauptton gestellt, eine Modulation, wenn schon nicht hervorruft, so doch begünstigt, so wird klar, daß auch die Ausweichungen in entferntere Gebiete dem Grundton organisch sein mögen: entfernter organisch. Sie auf den Hauptton zu beziehen ist schwieriger, aber nicht unmöglich. Die Mittel, die der Hauptton aufzuwenden hat, sich seiner Herrschaft über sie zu bemächtigen, müssen eben stärker, gewalttätiger sein; der gewalttätigeren Natur der Emanzipationslüsternen entsprechend. Und je größer der Vorsprung ist, den der Grundton den sich ihm Entziehenden gewährt, in desto stürmischerem Siebenmeilenstiefellauf wird er bestrebt sein müssen, sie wieder einzufangen. Je größer diese Anstrengung war, desto überwältigender die Wirkung des Sieges. Folgt man also mit Recht den Neigungen der Satrapen, so erkennt man die Notwendigkeit und die Möglichkeit der Ausweichungen, der Modulation. Die sind ohne Grenzen, sofern die Macht der Tonalität ohne Grenzen ist. Hätte diese Macht Grenzen, würde es nichts nützen, die Neigungen der Nebenklänge zu unterdrücken; sie müßten doch den Verband sprengen, denn sie haben keine Grenzen. Es fragt sich also: ist sie stark genug, alles zu bewältigen oder nicht? Beides; sie kann stark genug sein, sie kann auch zu schwach sein. Glaubt sie an sich, dann ist sie stark genug. Zweifelt sie an ihrem Gottesgnadentum, dann ist sie zu schwach. Tritt sie von vornherein autokratisch auf mit dem Glauben an ihre Bestimmung, dann wird sie siegen. Aber sie kann auch skeptisch sein, kann erkannt haben, daß alles, was man als Wohl der Untergebenen bezeichnet, nur ihr eigenes Wohl ist; kann erkannt haben, wie ihre Vorherrschaft für das Gedeihen und Wachsen des Ganzen nicht unbedingt nötig ist. Daß sie zwar zulässig, aber nicht unerläßlich ist. Daß Ihre Autokratie zwar ein Band sein kann, das zusammenhält, daß aber das Wegfallen dieses Bandes das selbsttätige Funktionieren anderer Bänder begünstige; daß, wenn die Gesetze, welche von ihr ausgehen, die Gesetze des Autokraten, aufgehoben würden, ihr früheres Gebiet darum nicht in Zuchtlosigkeit versinken müßte, sondern automatisch, dem eigenen Trieb folgend, sich die Gesetze gäbe, die seiner Natur entsprechen; daß nicht Anarchie einträte, sondern eine neue Form von Ordnung. Aber sie darf hinzufügen, daß diese neue Ordnung bald der alten ähnlich sehen wird, bis sie ihr wieder vollkommen gleicht: denn diese Ordnung ist so gottgewollt wie der Wechsel, der immer wieder zu ihr zurückführt.

Fortsetzung der Modulationen

Vorbereitet, aber doch überraschend, erwartet und dennoch neu: so fordern es Auffassungsvermögen und Geschmack des Zuhörers, und kein Künstler kann sich dem ganz entziehen. Und doch steckt ein Stück Selbstbetrug darin: Man will, daß nur geschieht, was man erwartet, was man also erraten, vorhersagen kann, wünscht aber dann dennoch überrascht zu sein. Ist es der Stolz auf die gelungene Vorhersage, der durch die berechtigten Zweifel eines immerhin schwankenden Selbstgefühls noch erhöht wird, warum das Eintreffen des Erwarteten als so überraschend empfunden wird? Jedenfalls ist zu beachten, daß der Zuhörer die Erfüllung dieser beiden Forderungen auch vom Neuen erwartet. Er wünscht neue Kunstwerke, aber nur solche, die er erwartet, und erwartet im Grund nur ein neues Arrangement alter Bestandteile. Doch kein ganz neues; und nicht allzu alt dürfen die Bestandteile sein. „Modern, aber nicht hypermodern" – Künstler, die diesen Hokuspokus können, werden für kurze Zeit die Öffentlichkeit befriedigen, sie dem Dilemma ihrer zwiespältigen Wünsche entrücken; aber nach kurzer Zeit hat das Publikum sie satt und beweist damit immerhin indirekt einigen Instinkt fürs Gute, wenn auch es diesen fast ausschließlich gegen das Gute anwendet.

An den Grenzen der Tonart

Ich schätze Originalität, ohne – wie meistens die, denen sie fehlt – sie zu überschätzen. Sie ist ein Symptom, das allerdings beim Guten kaum jemals fehlt, aber auch bei Minderem vorkommt, für sich allein also noch kein Maßstab. Dennoch aber glaube ich an das *Neue*, glaube, daß es jenes *Gute* und *Schöne* ist, dem wir mit unserem innersten Wesen ebenso unwillkürlich und unaufhaltsam zustreben wie der *Zukunft*. Es muß irgendwo in unserer Zukunft eine uns jetzt noch verborgene *herrliche Erfüllung* geben, da unser ganzes Streben immer an sie seine Hoffnungen knüpft. Vielleicht ist diese Zukunft eine hohe Entwicklungsstufe unserer Gattung, in der sich jene Sehnsucht erfüllt, die uns heute nicht Frieden finden läßt. Vielleicht ist sie nur der Tod; vielleicht aber ist sie auch die Gewißheit eines höheren Lebens nach dem Tod. Die Zukunft bringt das Neue, und darum vielleicht ist uns das Neue so oft und mit so viel Recht identisch mit dem Schönen, dem Guten.

Übermäßige $^5/_6$-, $^3/_4$-, 2- und 6-Akkorde und einige andere vagierende

Es werden [...] gewöhnlich vagierende Akkorde, sozusagen in Gesellschaft auftretend, dem Charakter der Harmonie eine bestimmte Färbung geben [...]. Da nichts an sich schlecht ist, kann auch nicht behauptet werden, das Einzelvorkommen müsse jedenfalls schlecht sein. Doch leuchtet ein, daß in großer Zahl erscheinende tonartferne Akkorde die Zugrundelegung einer neuen *Auffassungseinheit*: der chromatischen Skala,[260] begünstigen. Daß durch Häufung solcher Ereignisse das feste Gefüge der Tonalität gesprengt werden könnte, soll nicht verschwiegen werden. Aber diese Gefahr ist leicht zu bannen, Befestigung immer zu erzielen. Und geschähe dennoch ein Durchbruch, so müßte er darum noch nicht Auflösung, Formlosigkeit, zur Folge haben. Denn die chromatische Skala ist auch eine Form. Sie hat auch ein Formprinzip, ein anderes als die Dur- oder Mollskala, ein einfacheres und einheitlicheres. [...] Jedenfalls zeigt sich in den vagierenden Akkorden das Bestreben, die chromatische Skala und die Vorzüge der in ihr durchaus enthaltenen Leittonaffinität zum Zweck überzeugenderer, zwingenderer, weicherer Akkordverbindungen zu benutzen. Das glückliche Zusammentreffen so vieler günstiger Umstände darf wohl gedeutet werden als Belohnung für die naturentsprechende Materialbehandlung. Man darf hoffen, in dieser Kleinigkeit den Willen der Natur erraten zu haben, und indem man diesen Verlockungen folgt, gehorcht man ihrem Zwang. So macht es die Natur ja manchmal, daß sie uns als Lust empfinden läßt, was ihre Zwecke erfüllt. Vielleicht auch durch die Sehnsucht. [...]
Wo sich der Verbindung Schwierigkeiten entgegenstellen, konnten natürlicherweise übermäßige Intervalle nicht umgangen werden. Und dort sind sie auch gut. Denn die Not-

wendigkeit ist das stärkste Gebot. Aber wenn [...] die Beziehung solcher Akkorde zueinander auf weit voneinanderliegende Tonarten sich zurückführt, dann wäre es Pedanterie, in der Stimmführung in einer Tonart bleiben zu wollen, und zwar in einer Dur- oder Molltonart. Der Sänger, der solche Intervalle intonieren will, muß eben enharmonisch verwechseln,[261] wenn er sich ein übermäßiges Intervall näherbringen will. Der enharmonisch verwechselte Ton stimmt zwar nicht überein mit dem des temperierten Systems, und das ist ein Problem, das dem Chorgesang heute große Schwierigkeiten macht. Aber es wird natürlicherweise die Entwicklung unserer Musik nicht aufhalten können, denn es ist selbstverständlich, daß man im Chorsatz dieselben harmonischen Mittel anwenden will wie im Instrumentalsatz. Es mag sein, daß so lange wenig Chormusik geschrieben werden wird, bis ein Mittel gefunden ist, das darüber hinweghilft. Doch da dieses Mittel gefunden werden muß, wird man es finden. Instrumentalisten macht die Intonierung solcher Intervalle und noch viel komplizierterer Folgen heute kaum mehr Schwierigkeiten. Immer größer wird der Bereich dessen, was man von ihnen ruhig verlangen darf.

„Harmoniefremde" Töne

Es ist eigentümlich, daß noch niemandem aufgefallen ist: Die *Harmonielehre, die Lehre von den Harmonien, befaßt sich mit harmoniefremden Tönen!* Harmoniefremde Angelegenheiten gehören doch so wenig in ein Lehrbuch der Harmonie wie medizinfremde – bezeichnenderweise gibt es dieses Wort nicht – in ein Lehrbuch der Medizin. Was in ein solches Lehrbuch hineingehört, steht drin, weil es eben nicht medizinfremd ist, oder es stünde nicht drin. Ich kann mir unter dem Wort „harmoniefremde" Töne nur vorstellen: die Behauptung, daß eine Anzahl von Tönen ungeeignet oder unter gewissen Bedingungen ungeeignet ist, Harmonien zu bilden. [...] Aber die harmoniefremden Töne sollen (wie man sieht, ist mindestens der Name falsch) sein: zufällige Zusätze zu den Akkorden des Systems; der durch sie entstehende Zusammenklang soll nicht als Akkord aufgefaßt werden können, weil es unmöglich ist, ihn auf einen Grundton zu beziehen. Ein zweites ihrer Merkmale ist dann der Umstand, daß durch sie mehr oder weniger dissonante Klänge entstehen, also etwas, das einer Auflösung oder sonst einer Rechtfertigung durchs Melodische bedarf. [...] Vor allem also: die harmoniefremden Töne bilden doch Zusammenklänge, sind also nicht harmoniefremd, sondern die durch ihre Mitwirkung entstehenden Ereignisse sind Harmonien wie alles, was gleichzeitig klingt. Aber es sollen zufällige Harmonien sein, das hieße solche, deren Eintreten nicht mit Notwendigkeit erfolgt, deren Vorkommen nicht nach den Gesetzen der musikalischen Logik, sondern dieser Logik geradezu entgegengesetzt, dann sich zeigt, wenn man es am wenigsten – dieser Logik zufolge – erwarten möchte. Also etwas Ähnliches wie etwa ein Meteor oder eine Sternschnuppe, die zwar da ist, aber scheinbar zufällig da ist, weil wir den Zeitpunkt ihres Vorkommens nicht vorher gewußt haben und nicht einsehen können. Aber dieser Zufall tritt wohl zu oft ein, als daß man ihn wirklich unabhängig von den Gesetzen ansehen könnte. Jede Melodie muß, soweit sie nicht bloß die Töne des unter ihr liegenden Akkords nimmt (ein Fall, der relativ selten ist), und wenn sie nur einigermaßen schneller geht als die unter ihr liegende Harmonie, fortwährend solche Klänge hervorbringen. Und etwas, das so oft vorkommt, kann man doch nicht als Zufall bezeichnen, sondern sollte die Gesetzmäßigkeit zu erkennen versuchen. [...] Weil die beiden Ursachen, durch die sie entstehen, gesetzmäßig verlaufen; weil nicht zufällig, sondern notwendig ist, daß diese beiden Ursachen gleichzeitig wirken, und weil man aus dem Wesen des Ganzen ihr Auftreten nicht nur voraussehen, sondern sogar genau vorausberechnen kann. Aber man könnte vielleicht von unwesentlichen, einflußlosen Harmoniebildungen sprechen, was sie immerhin soweit sind, als sie scheinbar auf die weitere Entwicklung der Harmonie keinen Einfluß haben. [...] Keineswegs aber zeugt das gegen ihre Fähigkeit, Akkorde zu bilden von derselben Bedeutung wie die anderen Akkorde. [...] Das primitive Ohr hört den Ton als Unteilbares, aber die Physik erkennt ihn als Zusammengesetztes. Inzwischen haben aber die Musiker schon gefunden, daß er *fortsetzungsfähig* ist, d. h. daß *Bewegung in ihm liegt.* [...] Denn das natürliche Vorbild, der Ton, ist geeignet, noch ganz andere Zusammenklänge als Akkorde zu erklären als diese einfachen.

Und zu diesem Vorbild stehen wir im Verhältnis des Analysierenden, Suchenden; indem wir es nachahmen, entdecken wir mehr oder weniger seiner Wahrheiten. Mehr, immer mehr strebt der schaffende Geist an, weniger genügt dem Genießenden. Zwischen diesem Mehr und diesem Weniger spielen sich die Kunstkämpfe ab. Hier die Wahrheit, das Suchen – dort die Ästhetik, das vermeintlich Gefundene, die Reduktion des Erstrebenswerten aufs Erreichbare. Erstrebenswert ist, all dem nachzugehen, was im natürlichen Ton liegt, alles damit zu erzielen, was die kombinationenbildende Assoziationsfähigkeit des Menschenhirns vermag. Das Erreichbare hat dort seine vorläufigen Grenzen, wo unsere Natur und die Instrumente, die wir erdacht haben, ihre vorläufigen Grenzen haben. Das Erreichbare im außer uns Liegenden, im Ton, hat, theoretisch genommen, keine Grenzen. Was noch nicht erreicht ist, ist das Erstrebenswerte. Erreicht wurde ein System, in dem einige Obertöne ziemlich genau, einige andere ziemlich ungenau untergebracht werden konnten. Erreicht wurde die fast restlose Durchkombinierung dieses Systems durch das unbewußte Ohr des schaffenden Musikers, durch seine Intuition. Absolut fehlt noch die richtige Konstatierung des Verhältnisses zwischen dem Erreichten und dem noch Anzustrebenden. Weiter anzustreben bleibt demnach alles übrige: die genaue Unterbringung aller Obertöne, die Beziehung auf die Grundtöne, eventuell die Bildung eines neuen Systems, die Durchkombinierung der sich daraus ergebenden Verhältnisse, die Erfindung von Instrumenten, die das darstellen können ... usw. [...] Aber soweit sind wir noch nicht. Soweit müssen wir gar nicht gehen. Es handelt sich nur darum, ob einzelne Akkorde, die wir sogar verwenden dürfen, ins System hineingehören oder nicht. Ich sage: sie gehören hinein, obwohl das System zu eng für sie ist, obwohl dieses System sich Grenzen gesetzt hat, die es nicht haben müßte. [...] Harmoniefremde Töne gibt es also nicht, sondern nur dem Harmoniesystem fremde. [...]

Aber nun wird mir ein Einwand gemacht, der imstande ist, alles zu schlagen, was ich bisher nachgewiesen habe; nämlich: „Derartige Zusammenklänge sind nicht schön." Und da muß ich sagen: ja, leider, das ist wahr, sie sind nicht schön. Das ist ja das Traurige an der Sache, daß selbst die großen

Meister sich nicht gescheut haben, Stellen zu schreiben, von denen der kleinste Ästhetiker so leicht behaupten kann, daß sie nicht schön sind. Darüber habe ich mich schon oft gekränkt. Und da habe ich neulich erst bei Bach folgende vier Akkorde gefunden, die wohl nie einem Ästhetiker gefallen könnten, wenn er sie bemerkte:

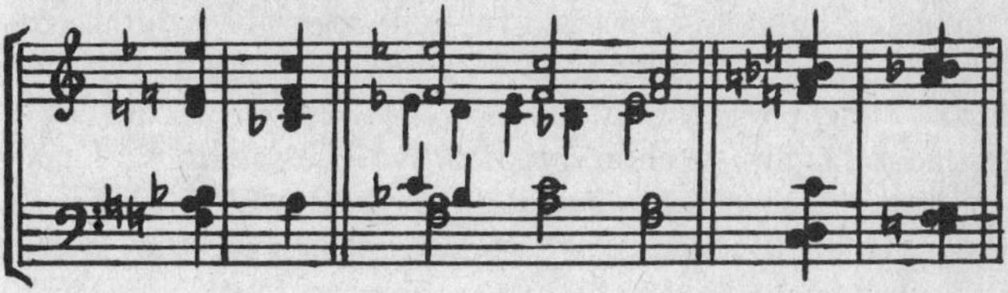

Und natürlich hat sie der Arglistige in Motetten versteckt, die in den alten Schlüsseln geschrieben sind, wo ein Theoretiker sie nicht leicht lesen, und im Durchgang, wo ein Ästhetiker sie nicht leicht hören kann.[262] Man sollte dem alten Herrn doch etwas mehr auf die Finger sehen und ihn zwingen, Farbe zu bekennen, jene graue Farbe, die auf dem Wappen unserer Theoretiker steht.

[...] Wenn das aber wirklich unschön ist, wer hat dann recht? Der Ästhetiker oder der Künstler? Die Geschichte läßt keinen Zweifel darüber übrig, daß der recht hat, der immer recht haben wird: der Schaffende; selbst wenn es unschön ist. Wie verhält es sich denn mit der Schönheit? Damit ist es so: Die Schönheit gibt es erst von dem Moment an, in dem die Unproduktiven sie zu vermissen beginnen. Früher existiert sie nicht, denn der Künstler hat sie nicht nötig. Ihm genügt die Wahrhaftigkeit. Ihm genügt es, sich ausgedrückt zu haben. Das zu sagen, was gesagt werden mußte; nach den Gesetzen *seiner* Natur. Die Gesetze der Natur des genialen Menschen aber sind die Gesetze der zukünftigen Menschheit. Die Auflehnung der Mediokren gegen sie ist genügend erklärt durch den Umstand, daß diese Gesetze gut sind. Die Auflehnung gegen das Gute ist im unproduktiven Menschen ein so starker Trieb, daß sie, um ihre Blöße zu bedecken, sehr dringend die Schönheit braucht, die die Genialen ihr unbeabsichtigt schenken. Aber die Schönheit, wenn sie überhaupt existiert, ist unfaßbar, denn sie ist nur dort vorhanden, wo einer, dessen Anschauungskraft allein imstande ist, sie hervorzubringen, allein durch diese Anschauungskraft sie schafft, sie jedesmal neu schafft, sooft er schaut. Mit dieser Anschauung ist sie da, sowie die zu Ende ist, hört sie wieder auf. Alles übrige ist Gerede. [...] Die Wahrhaftigkeit ist vielleicht auch ein mathematisch Ausdrückbares, vielleicht sogar eher als die Schönheit, bei der man mit der Formel schließlich doch nicht auskommt, sondern Schönheitsgefühle durch das Schönheitsgefühl erklären muß. Die Wahrhaftigkeit ist eine Zahl, welche das Verhältnis des Künstlers zu seinem Werk anzeigt. Damit ist schon ihre Relativität ausgedrückt. Damit ist schon gesagt, daß, obwohl es nur eine volle Wahrhaftigkeit gibt, nämlich dann, wenn dieser Bruch die Eins ergibt, wo also auch die Bewegung aufhört, in Wirklichkeit alle Zwischenstadien vorhanden sind. Das entspricht dem Leben, denn es zeigt das Ziel und die Kritik des Strebens. Darin hat auch der Irrtum Platz, der ebenso zur Wahrhaftigkeit gehört wie die Wahrheit. Er verdiente einen Ehrenplatz, denn ihm verdankt man es, daß die Bewegung nicht aufhört, daß die Eins nicht erreicht wird. Daß die Wahrhaftigkeit nie zur Wahrheit wird; denn es wäre kaum zu ertragen, wenn wir die Wahrheit wüßten.

Die Ganztonskala [...]

Seit ungefähr zehn Jahren kommt in Werken moderner Komponisten eine Skala immer häufiger vor, die aus sechs Tönen besteht, die untereinander gleichen Abstand haben: die Ganztonskala. [...] Manche meinen, die Ganztonskala entstünde unter dem Einfluß der Exotik. [...] Ich glaube dagegen, die Ganztonskala ist in allen Musikerköpfen unserer Zeit ganz von selbst entstanden, als natürliche Folge der letzten Ereignisse der Musik. [...] Ich habe die Ganztonakkorde und die Ganztonskala nie überschätzt. So verlockend der Umstand auch schien, daß durch zwei solche Skalen (es kann ja nur zwei geben, weil die dritte schon eine Wiederholung der ersten wäre) die zwölf Dur- und Mollskalen in ähnlicher Weise verdrängt werden könnten wie seinerzeit die 84 Kirchentonarten[263], so spürte ich doch sofort, daß die ausschließliche Verwendung dieser Tonreihe eine Verweichlichung des Ausdrucks herbeiführte, bei der jede Charakteristik aufhört. Daß es dann nur drei Skalen gäbe: die beiden Ganztonskalen und die chromatische Skala, hätte, wie gesagt, viel Verlockendes. Aber im selben Moment, wo diese Idee Chance hatte, ihre Fesseln um die Entwicklung zu schlagen, war sie auch schon überholt. Die Erkenntnis, daß es widernatürlich und überflüssig sei, sich an derartige Tonreihen zu binden, mußte ihr den Garaus machen. [...] Der Unfreiheit neuer Tonreihen die durchschnittlichen Ereignisse des Schaffens anzubequemen, kann nur wünschen, wer sich in der Beschränkung Meister zeigen möchte, weil er zuwenig kann, um Herr der Freiheit zu sein. [...] Was ich zuvor über Tonalität gesagt habe, geht nicht so weit, daß es als Kritik eines Meisterwerks aufgefaßt werden dürfte. [...] Woran ein Autor theoretisch glaubt, vermag er ja äußerlich in seinem Werk auszudrücken. Zum Glück nur äußerlich. Aber innerlich, dort, wo der Triebmensch beginnt, dort versagt zum Glück alle Theorie, und dort spricht er das aus, was besser ist als seine und meine Theorie. Und wenn der Goethesche Satz „In der Beschränkung zeigt sich der Meister"[264] überhaupt einen Sinn hat – der ist es sicher nicht, den die Kunstphilister immer darunter verstehen wollen; und wenn Goethe ihn selbst gemeint haben sollte, auf ihn paßt er am allerwenigsten; er selbst war viel zu groß für die Enge dieses verfehlten Ausspruchs –, wenn das überhaupt einen Sinn hat, dann kann es nur der sein: in der Beschränkung, die die Enge unseres Vorstellungs- und Begriffsvermögens unserem wahren Geistes- und Triebleben auferlegen möchte, zeigt sich der Meister, indem er die Schranken durchbricht und frei selbst dort ist, wo er unfrei zu sein glaubte, weil äußerer Zwang ihn es wünschen ließ, damit er sich künstlich im Gleichgewicht halte. Meine Kritik trifft also, selbst wenn sie's wollte, nicht den Meister, der Tonalität anstrebt, sondern nur seinen Glauben, nur den Aberglauben, der ihre Bedeutung und ihre theoretische Notwendigkeit überschätzt.

Quarten-Akkorde

War ich dazu gelangt, über das Verhältnis des Handwerks zur Kunst nachzudenken. So kam ich dazu, zu erkennen, daß Kunst und Handwerk miteinander soviel zu tun haben wie Wein mit Wasser. Im Wein ist wohl Wasser drin, aber wer vom Wasser ausgeht, ist ein Pantscher. Man kann auch einmal über das Wasser allein nachdenken; aber dann reinliche Scheidung.

So könnte der Unterricht, der einen Künstler erziehen soll, höchstens darin bestehen, daß man ihm hilft, sich selbst zu hören. Die Technik, die Kunstmittel helfen ihm nicht. Die sollten womöglich Geheimwissenschaft sein, zu welcher nur Zugang hat, wer ihn selbst findet. Wer sich selbst hört, erwirbt diese Technik. [...] Das Schaffen des Künstlers ist triebhaft. Das Bewußtsein hat wenig Einfluß darauf. Er hat das Gefühl, als wäre ihm diktiert, was er tut. Als täte er es nur nach dem Willen irgendeiner Macht in ihm, deren Gesetze er nicht kennt. Er ist nur der Ausführende eines ihm verborgenen Willens, des Instinkts, des Unbewußten in ihm. Ob es neu oder alt, gut oder schlecht, schön oder häßlich ist, er weiß es nicht. Er fühlt nur den Trieb, dem er gehorchen muß. Und in diesem Trieb mag Altes sich aussprechen und Neues. Solches, das von der Vergangenheit abhängt, und solches, das der Zukunft Wege weist. Alte Wahrheiten oder neue Irrtümer. Seine musikalische Natur, wie er sie von einem musikalischen Urahnen geerbt oder durch die Literatur erworben hat, aber auch vielleicht der Ausfluß einer neue Wege suchenden Kraft. Das Richtige oder das Falsche, das Neue oder das Alte, das Schöne oder das Häßliche – wer weiß es, der nur den Trieb spürt? Wer würde wagen wollen, im Instinkt, im Unbewußten, Richtig von Falsch zu unterscheiden; von den Vorfahren vererbtes Wissen und vom Geist verliehenes Ahnungsvermögen auseinanderzuhalten? Der Künstler muß lernen, ob er will oder nicht; denn er hat gelernt, ehe er zu wollen in die Lage kam. In seinem Instinkt, im Unbewußten liegt ein Schatz von altem Wissen, den er heben wird, ohne daß er es will. Dem wahren Künstler wird, was er vom Lehrer lernt, so wenig schaden, wie was er auf diese Art gelernt hat, ehe sein Bewußtsein da war. [...]
Am Klang werden drei Eigenschaften erkannt: seine Höhe, Farbe und Stärke. Gemessen wurde er bisher nur in einer der drei Dimensionen, in denen er sich ausdehnt. In der, die wir Tonhöhe nennen. Messungsversuche in den anderen Dimensionen wurden bisher kaum unternommen, ihre Ergebnisse in ein System zu ordnen, noch gar nicht versucht. Die Bewertung der Klangfarbe, der zweiten Dimen-

sion des Tons, befindet sich also in einem noch viel unbebautern, ungeordnetern Zustand als die ästhetische Wertung dieser letztgenannten Harmonien. Trotzdem wagt man unentwegt, die Klänge bloß nach dem Gefühl aneinanderzureihen und gegenüberzustellen, und noch nie ist es jemandem eingefallen, hier von einer Theorie zu fordern, daß sie die Gesetze, nach denen man das tun darf, feststelle. Man vermag es eben vorläufig nicht. Und wie man sieht, geht es auch ohne das. Vielleicht würden wir noch genauer differenzieren, wenn Messungsversuche in dieser zweiten Dimension bereits ein greifbares Resultat erzielt hätten. Vielleicht auch nicht. Jedenfalls aber wird unsere Aufmerksamkeit auf die Klangfarben immer reger, die Möglichkeit, sie zu beschreiben und zu ordnen, immer näher gerückt. Damit wahrscheinlich auch einengende Theorien. Vorläufig beurteilen wir die künstlerische Wirkung dieser Verhältnisse nur mit dem Gefühl. Wie sich das zum Wesen des natürlichen Klangs verhält, wissen wir nicht, ahnen es vielleicht noch kaum, schreiben aber unbekümmert Klangfarbenfolgen, die sich doch mit dem Schönheitsgefühl irgendwie auseinandersetzen. Welches System liegt diesen Folgen zugrunde? Ich kann den Unterschied zwischen Klangfarbe und Klanghöhe, wie er gewöhnlich ausgedrückt wird, nicht so unbedingt zugeben. Ich finde, der Ton macht sich bemerkbar durch die Klangfarbe, deren eine Dimension die Klanghöhe ist. Die Klangfarbe ist also das große Gebiet, ein Bezirk davon die Klanghöhe. Die Klanghöhe ist nichts anderes als Klangfarbe, gemessen in einer Richtung. Ist es nun möglich, aus Klangfarben, die sich der Höhe nach unterscheiden, Gebilde entstehen zu lassen, die wir Melodie nennen, Folgen, deren Zusammenhang eine gedankenähnliche Wirkung hervorruft, dann muß es auch möglich sein, aus den Klangfarben der anderen Dimension, aus dem, was wir schlechtweg Klangfarbe nennen, solche Folgen herzustellen, deren Beziehung untereinander mit einer Art Logik wirkt, ganz äquivalent jener Logik, die uns bei der Melodie der Klanghöhen genügt. Das scheint eine Zukunftsphantasie und ist es wahrscheinlich auch. Aber eine, von der ich fest glaube, daß sie sich verwirklichen wird. Von der ich fest glaube, daß sie die sinnlichen, geistigen und seelischen Genüsse, die die Kunst bietet, in unerhörter Weise zu stei-

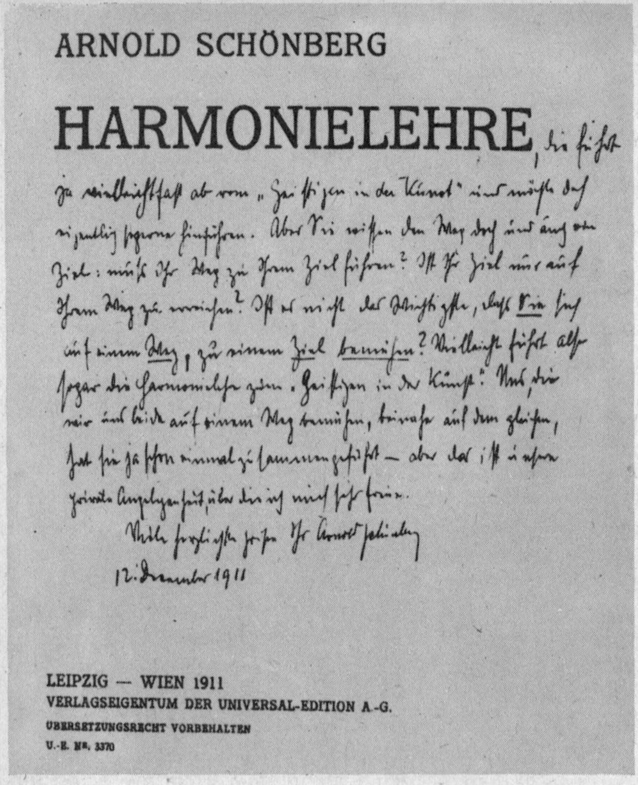

ARNOLD SCHÖNBERG

HARMONIELEHRE

LEIPZIG — WIEN 1911
VERLAGSEIGENTUM DER UNIVERSAL-EDITION A.-G.
UEBERSETZUNGSRECHT VORBEHALTEN
U.-E. Nr. 3370

75. Innentitel von Arnold Schönbergs „Harmonielehre". Leipzig/Wien 1911, mit Widmung an Wassily Kandinsky

gern imstande ist. Von der ich fest glaube, daß sie jenem uns näherbringen wird, was Träume uns vorspiegeln; daß sie unsere Beziehungen zu dem, was uns heute unbelebt scheint, erweitern wird, indem wir dem Leben von unserem Leben geben, das nur durch die geringe Verbindung, die wir mit ihm haben, vorläufig für uns tot ist. Klangfarbenmelodien! Welche feinen Sinne, die hier unterscheiden, welcher hochentwickelte Geist, der an so subtilen Dingen Vergnügen finden mag! Wer wagt hier, Theorie zu fordern!

Arnold Schönberg: Widmung an Wassily Kandinsky (12. 12. 1911)

HARMONIELEHRE, die führt ja vielleicht ab vom „Geistigen in der Kunst“ und möchte doch eigentlich so gerne hinführen. Aber Sie wissen den Weg doch und auch ein Ziel: muß Ihr Weg zu Ihrem Ziel führen? Ist Ihr Ziel nur auf Ihrem Weg zu erreichen? Ist es nicht das Wichtigste, daß *Sie* sich auf einem *Weg*, zu einem *Ziel bemühen?* Vielleicht führt also sogar die Harmonielehre zum „Geistigen in der Kunst“. Uns, die wir uns beide auf einem Weg bemühen, beinahe auf dem gleichen, hat sie ja schon einmal zusammengeführt – aber das ist unsere private Angelegenheit, über die ich mich sehr freue.

Wassily Kandinsky: An Arnold Schönberg (13. 1. 1912)

Ich war fest überzeugt, daß ich mich sofort bei Ihnen für Ihr Buch bedankt habe! Es hat mir wirklich eine sehr große Freude gemacht. Und die Dedikation! Kaum habe ich aber die Nase hineingesteckt, als Hartmann kam und mir gewaltig das Buch wegnahm. Er wollte es *unbedingt* und *sofort* lesen und fand es hier im Handel noch nicht. Ich muß es diese Tage zurückbekommen. Hartmann war ich böse und dankbar, da er mir viel erklärt hat, was ich in Ihrem Buch sicher nicht verstehen würde. Wir haben stundenlang darüber gesprochen. Und das, was ich schon erhielt, hat mich *sehr* gefreut.

das ist ja das dumme und was mich immer ärgert, daß ich die Werke über Musik nicht lesen kann! Das allgemeinverständliche habe ich in Ihrem Buch mit dem *großen* Vergnügen und der feinen Freude gelesen, welche ich von *allen* Ihren Schriften bekomme. So viel ich verstehe, lassen Sie keinen einzigen „Grundsatz", kein einziges „Gesetz" der vorhandenen Theorie ohne Ihre scharfe Analyse stehen. Es wird an allem richtig gewackelt und *bewiesen* (das ist das wichtigste!), daß alles diesem Wackeln unterliegt und daß alles abstrakt genommen nur relativ *und* zeitlich ist. Daß nur die menschliche Engherzigkeit (resp. „Dummheit") unerschütterlich fest stehen bleibt. Und da kämpfen ja die Götter ... usw.! – Was mich aber wie gesagt ärgert ist das, daß ich die positive Seite Ihres Buches nicht verstehen kann. Wie gerne möchte ich einmal darüber mit Ihnen sprechen! [...] Die Sache ist ja die, daß die Musiker heutzutage am allernotwendigsten erst das Umstürzen der „ewigen Harmoniegesetze" brauchen, was die Maler nur in der zweiten Linie brauchen. Bei uns ist das notwendigste, die *Möglichkeiten* der Komposition (resp. Konstruktion) zu zeigen und das allgemeine (sehr allgemeine) Prinzip aufzustellen. Das ist die Arbeit, die ich in meinem Buch angefangen habe – in sehr „liberalen" Strichen. Die *innere Notwendigkeit* ist eben nur ein Thermometer (bzw. Maßstab), welcher aber zur selben Zeit zu der großen Freiheit führt und das innere Fassungsvermögen als die einzige Begrenzung dieser Freiheit aufstellt. In der weiteren Arbeit, die jetzt (und schon jahrelang) in mir Schritt für Schritt reift, berühre ich in glücklichen Augenblicken die allgemeine Wurzel der Ausdrucksformen. Manchmal möchte ich mich am Ellbogen beißen aus Wut, daß die Sache so langsam vor sich geht.

3. Einzelne theoretische Äußerungen (Kandinsky, Delaunay, Schönberg, Marc, Macke, Kubin)

Wassily Kandinsky: Über Kunstverstehen

Alles „Präcise", Analytische, Scharfkantige, Hartbestimmende, im Harten Gesetzliche, das durch Jahrhunderte ging und im neunzehnten Jahrhundert allumfassend uns heute zum Entsetzen sich „entwickelt" hat, ist heute „plötzlich" so fremd, so abgeschlossen und, wie es manchem heute scheint, „unnötig" geworden, daß man sich beinahe mit Gewalt den Gedanken, die Erinnerung aufzwingen muß: „es war erst gestern". Und ... „In mir sind noch manche Überreste dieser Zeit zu finden". Diesen letzten Gedanken glaubt jeder von uns ebensowenig wie den uns persönlich bevorstehenden Tod. Aber auch das Wissen ist hier nicht leicht. [...] Heute ... wer redet heute nicht von Kubus, von Flächenteilung, von Farbenzusammenstellungen, von Vertikalen, vom Rhythmus. Und das ist das, was in Verzweiflung bringt. Einfach gesagt: es ist eine Sache der Unmöglichkeit, daß alle diese Worte mit Verstand angewendet werden. Es ist nur ein Mundspülen mit Worten, die modern angefärbt sind. [...] Zwei altersgraue und ewig junge Gesetze beherrschen die geistige Welt:

1. Die Angst vor dem Neuen, der Haß gegen das Nichterlebte.
2. Die hastige Neigung diesem Neuen, Nichterlebten eine das Leben tötende Etiquette anzuhängen.

Der Böse freut sich. Er lacht, da diese Gesetze die schönsten Blüten seines übelriechenden Gartens sind. Haß und leerer Schall! Alte treue Begleiter des Starken und Notwendigen. Haß ist der Mörder. Leerer Schall ist der Totengräber. Es gibt aber Auferstehung. In unserem Falle ist Auferstehung das Nichtverstehen der Kunst. [...]
Die Erklärung oder das Verstehenmachen der Kunst kann zwei Folgen haben:

1. Es werden durch Worte und deren geistige Wirkung neue Vorstellungen erweckt und

2. was die mögliche und willkommenere Folge der ersten ist, es werden seelische Kräfte durch die obere Wirkung entfesselt, die sich aus dem gegebenen Werk das Notwendige herausholen, das heißt, das Werk wird *erlebt.*

[...] Dieselbe Erklärung kann aber auch andere Folgen haben:

1. Es werden durch die Worte keine Vorstellungen geweckt, sondern es werden durch sie lediglich die kranken Seiten der Seele besänftigt: man sagt „Auch ich *weiß* es jetzt", und man brüstet sich damit.
2. Was die mögliche und unwillkommene Folge der ersten ist, es werden keine seelischen Kräfte durch diese Worte erweckt, sondern an Stelle des lebendigen Werkes wird das tote Wort (die Etiquette) gestellt.

[...] So ist es klar, daß die Erklärungen der Kunst nur indirekt wirken können und deshalb zweiseitig sind und dadurch auf zwei Bahnen weisen: die des Lebens und die des Todes. So ist es klar, welche schrecklichen Folgen die an sich tote Erklärung nach sich ziehen kann. So ist es endlich klar, daß der reine Wille auch durch Liebe verklärt, keine befruchtende Erklärung erzwingen kann. Die Befruchtung entsteht nur und ausschließlich dann, wenn diesem reinen durch Liebe verklärten Willen ebenso ein reiner durch Liebe verklärter Wille gegenübersteht. Also soll man nicht durch Vernunft und Verstand sich der Kunst nähern, sondern durch Seele und Erleben. Vernunft und Verstand sind in der Vorratskammer des fein haushaltenden Künstlers zu treffen, da er alle Mittel zum Zweck haben muß. Und der, für den das Werk geschaffen wurde, soll seine *Seele* weit öffnen und dadurch *erleben.* Dann wird auch er glücklich.

Herwarth Walden: An Robert Delaunay (8. 11. 1912)

Ich bin natürlich auch gern bereit, Ihre Beiträge französisch im Sturm zu veröffentlichen, ich schrieb deshalb bereits Frau Epstein. Bitte lassen Sir mir die Beiträge zugehen, sie werden unverzüglich erscheinen. Auch würde ich mich sehr darüber freuen, von Ihnen einen Holzschnitt im Sturm zu veröffentlichen. [...] Auch gegen eine Conférence[265] hätte ich nichts einzuwenden.

Herwarth Walden: An Robert Delaunay (27. 11. 1912)

Den Essay habe ich mit großer Freude und mit großem Interesse gelesen. Ich werde ihn in der nächsten Nummer des Sturms veröffentlichen.[266] Die Übersetzung ist ganz gut, wenn auch nicht frei von Gallicismen. Ich möchte Sie aber dringend bitten, mir unverzüglich das französische Original einzusenden. Es ist unbedingt nötig, daß für die französischen die entsprechenden deutschen, jetzt gebräuchlichen kunstliterarischen Bezeichnungen angewandt werden. Ich traue mir bei meinem Sprachgefühl für beide Sprachen zu, den richtigen Ausdruck zu finden. Er scheint mir in der Übersetzung an verschiedenen Stellen verfehlt. Den Übersetzer trifft keine Schuld, da er ja unmöglich die termini so kennen kann. [...] Von dem Beitrag erhalten Sie sofort nach Erscheinen eine größere Anzahl von Nummern zugesandt. Ich bitte Sie im Interesse der Verbreitung des Sturms, lieber ganze Exemplare und nicht Sonderabdrucke zu verschicken.

Herwarth Walden: An Robert Delaunay (2. 12. 1912)

Anbei sende ich Ihnen das französische Original mit bestem Dank zurück. Der Beitrag wird in der nächsten Nummer des Sturms, die am Mittwoch nächster Woche herauskommt, erscheinen.[267]

Guillaume Apollinaire: Realité, peinture pure

Robert Delaunay [...] Seine Gestaltung von farbigen Volumen, sein schroffer Bruch mit der Perspektive, seine Betrachtung von Flächen hat eine große Anzahl seiner Freunde beeinflußt. [...] ich war glücklich, als er mir kürzlich seine letzten Werke zeigte, in denen die Wirklichkeit ebenso bewegt ist wie das lebendige Licht. [...] Ich glaube, es ist für die Allgemeinheit nützlich, seine ästhetische Erklärung „über die Konstruktion der Realität in der reinen Malerei“ niederzuschreiben:

„Der Realismus ist in der Kunst das Unvergängliche, ohne ihn gibt es keine dauernde Schönheit, denn er ist der Schönheit wesensgleich. Suchen wir in der Malerei die Reinheit der Mittel, den reinsten Schönheitsausdruck. [...]

Die Lichtwirkung, unbedingt notwendig für jeden lebensfähigen Schönheitsausdruck, ist noch heute das Problem der modernen Malerei geblieben. [...] Der gleichzeitige Kontrast (le contrast simultané) war von den kühnsten Impressionisten noch nicht entdeckt, realisiert worden, und dennoch ist er die einzige Grundlage jedes reinen Ausdruckes der gegenwärtigen Malerei. „Der gleichzeitige Kontrast" sichert die Dynamik der Farben und ihre Konstruktion im Bilde; er ist das stärkste Ausdrucksmittel für die Wirklichkeit. [...] Wir kommen zu einer rein ausdrucksvollen Malkunst mit Ausschluß jeden vergangenen Stiles [...]. Das Licht ist kein Verfahren, es flutet uns zu, wird uns vermittelt durch unser Empfindungsvermögen. – Ohne Lichtempfindung – Auge – keine Bewegung. Denn unsere Augen sind es, die das Empfinden zwischen der Natur und unserer Seele vermitteln. [...] unsere Seele hat ihr vollstes Lebensgefühl in der Harmonie, und die Harmonie wiederum entsteht nur aus der Gleichzeitigkeit, mit der die Maße und Lichtverhältnisse durch die Augen zur Seele [...] gelangen. Und die Seele beurteilt die Formen des Naturbildes im Vergleiche mit der Natur selbst [...] und befiehlt dem Schöpfenden. Der Schaffende trägt allem Rechnung, was durch Wesenheit, Aufeinanderfolge, Einbildung und Gleichzeitigkeit im Weltall vorhanden ist. Die Natur bringt also die Wissenschaft der Malerei hervor. [...] Die Harmonie ist Empfindungsvermögen, durch den Bildner geordnet. [...] Das „Sujet" ist das harmonische Verhältnis, und dieses Verhältnis ist zusammengesetzt aus verschiedenen simultanen Gliedern in einer Aktion. [...] Ohne das „Sujet" keine Möglichkeit: Das bedeutet deshalb noch kein literarisches, folglich anekdotisches Sujet: das malerische Sujet ist durchaus plastisch und entspringt der Vision, es muß der reine Ausdruck der menschlichen Natur sein. Der ewige Vorwurf ist in der Natur selbst gefunden; die Inspiration und klare Vision, welche dem Weisen eigen ist, der die schönsten und kräftigsten Grenzen entdeckt."

Franz Marc: An Robert Delaunay (Dezember 1912)

Ich liebe Ihre Bilder und verneine nicht, daß Ihre philosophischen und historischen Ideen notwendig und vernünftig für

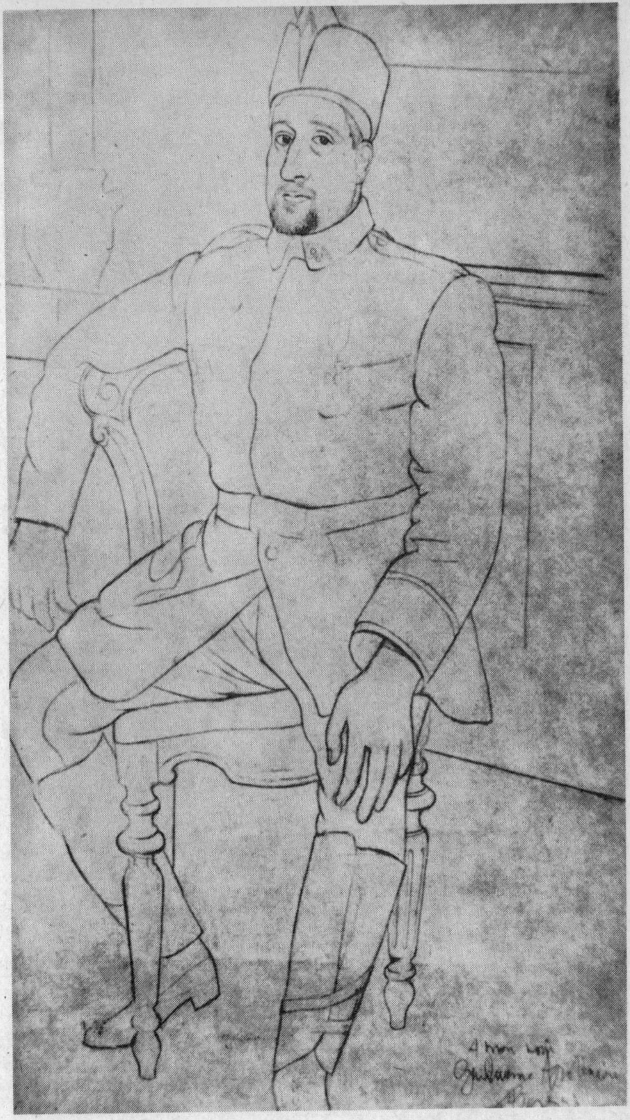

76. Pablo Picasso: Guillaume Apollinaire. 1916, Lithographie

Ihre eigene künstlerische Entwicklung sein mögen und auch für andere, möchte ich annehmen, aber niemals für mich.[268]

Robert Delaunay: An Franz Marc (Dezember 1912)

Über das, was Sie mir über den Artikel von G. A. schreiben, bin ich sehr überrascht. Sie ergehen sich in philosophischen Meditationen über Fragen unseres Handwerks. Sie sagen, daß Sie meine Werke lieben. Meine Werke sind das Ergebnis meiner künstlerischen Bemühungen, die mich zur Reinheit führen sollen. Alles ist aufs engste verwoben. Wie könnte man also bloß einen Teil dieses Ganzen verstehen oder vielmehr lieben, dieser Synthese [...]. Einerseits sagen Sie mir, ich versuchte, mich den geheimnisvollen Gesetzen der Kunst zu nähern, im anderen Teil Ihres Briefes schreiben Sie: „Ich kenne nur die Bilder, das Werk und die Bemühungen und die geheimnisvolle Phantasie der Kunst." Ich habe keine Philosophie. Wie kann man glauben, mit Hilfe von Arbeitsweisen oder einer Methode, die aus dem Mittelalter stammt, ein Werk des 20. Jahrhunderts zu schaffen? Die Klarheit ist eine Eigenschaft der französischen Rasse; eine Eigenschaft, die den französischen Erfindern geholfen hat. [...] Mit diesem Erbe brauche ich mich nicht zu brüsten. In der Kunst bin ich ein Feind der Unordnung. Das Wort Kunst bedeutet für mich Harmonie. Ich rede nie von Mathematik und kümmere mich niemals um das „Geistige". Und das, was ich sage, hängt mit meiner Kunst zusammen und ist infolgedessen mit den Ergebnissen verknüpft. Sie sagen ferner: „Warum erwächst Ihnen die Sensibilität nicht aus dem Licht? Denn ohne Licht gibt es keinerlei Sensibilität." Das ist wahr, ohne Licht gibt es keinerlei Sensibilität des Auges. Dann, „die Bewegung der Farben", was ist denn das? Ein Wort aus der Physik. Alles ist Bewegung. Die Bleistiftlinie ist nichts als Bewegung. [...] Und ich bin nach der Lektüre Ihres Briefes sehr betrübt. Ich finde, daß Sie absolut nichts von meinen Äußerungen zum Handwerk verstanden haben, die einige Erklärungen über meine persönlichen Fähigkeiten in meiner Kunst an Hand von meinen Werken geben. Ich spreche nicht von einer mechanischen Bewegung sondern von einer harmonischen, da es sich hier um Gleichzeitigkeit handelt, das heißt um Tiefe. Wir sehen bis zu den Sternen, das ist Bewegung. Meine visuelle Sensibilität verleiht meiner Kenntnis vom Universum die Tiefe; im Universum der Gleichzeitigkeit kommt kein Sinn dieser Wahrnehmung gleich. Diese Einheit ist nicht teilbar, Ihre Methode der Darlegung, die Sie in Ihrem Brief haben durchblicken lassen, ist divisionistisch. Für mich gibt es keine Kunstphilosophie. Wohl aber eine ästhetische Kritik, die den Mitteln der Darstellung angemessen ist. „Ich bin besessen von Formen der Farben, aber ich versuche sie nicht schulmäßig zu erklären." Ich meine jedoch, daß alles, was Sie sagen, scholastisch ist, denn Sie ersetzen nichts.[269] Sie bringen alles durcheinander durch Worte, durch Abstraktion. Es gebricht Ihnen völlig an Klarheit.

Franz Marc: An Paul Klee (8. 10. 1912)

Viele Grüße von Delaunay, den wir in Paris besuchten und der uns *sehr* interessierte, fast als einziger der jungen Franzosen. Ich habe ein kleines Manuskript von ihm, das ich Ihnen übermitteln soll, als Antwort auf Ihren Artikel, der ihm sehr gut gefallen hat.[270]

Paul Klee: An Robert Delaunay (30. 12. 1912)

Ich habe Ihr zweites Manuskript erhalten, aber bevor ich es lese, muß ich es erst entziffern. Ich habe 13 Nummern notiert und möchte Sie bitten, diese 13 Wörter korrekter zu schreiben.

Paul Klee: An Robert Delaunay (6. 1. 1913)

Ich werde mich bemühen, die Übersetzung des Entwurfes, den Sie mir geschickt haben, ebenso gut wie schnell zu machen. Der andere Korrekturbogen des Artikels von Apollinaire, den Sie reklamieren, muß entweder bei Marc oder Walden sein.[271]

Robert Delaunay: La Lumière

L'Impressionnisme, c'est la naissance de la Lumière en peinture. La Lumière nous vient par la sensibilité. Sans la sensibilité visuelle aucune lumière, aucun mouvement. La lumière dans la Nature crée le mouvement des couleurs. Le mouvement est donné par les rapports *des mesures impaires*, des contrastes des couleurs entre elles qui constitue *la Réalité.* Cette réalité est douée de la *Profondeur* (nous voyons jusqu'aux étoiles), et devient alors la *Simultanéité rýthmique.* La simultanéité dans la lumière, c'est *l'harmonie, le rythme des couleurs* qui crée la *Vision des Hommes.* La vision humaine est douée de la plus grande Réalité puisqu'elle nous vient directement de la contemplation de l'Univers. *L'œil* est notre sens le plus élevé, celui qui communique le plus étroitement avec notre *cerveau, la conscience.* L'idée du mouvement vital du *monde* et *son mouvement est simultanéité.* Notre compréhension est *corrélative* à notre *perception. Cherchons à voir.* La perception auditive ne suffit pas pour notre connaissance de l'Univers, elle n'a pas *de profondeur.* Son mouvement est *successif*, c'est une sorte de mécanisme, sa loi est *le temps* des horloges *mécaniques* qui, comme elle, n'a aucune relation avec notre perception du *mouvement visuel dans l'Univers. C'est la parité des choses de la géométrie.* Sa qualité le rapproche de *l'Objet conçu géométriquement.* L'Objet n'est pas doué *de vie, de mouvement.* Quand il est *simulacre du mouvement,* il devient *successif, dynamique.* Sa plus grande limite est d'un *ordre pratique. Véhicules.* Le chemin de fer est *l'image* de ce successif qui se rapproche *des parelléles: la parité du Rail.* Ainsi de l'Architecture, la Sculpture. Le plus grand objet de la Terre est assujetti à ces mêmes lois. Il devient simulacre de la hauteur: *La Tour Eiffel* de la largeur: *Les Villes* longeur: *Rails.* L'Art dans la *Nature est rythmique et a horreur de la contrainte.* Si l'Art s'apparente *à l'Objet*, il devient *descriptif, divisionniste, littéraire.* Il se rabaisse vers des *moyens d'expression* imparfaits, il se condamne de lui-meme, il est sa propre négation, *il ne se dégage pas de l'Art d'imitation.* Si de même il représente *les relations visuelles* d'un objet ou *des objets entre eux* sans que la *lumière joue le rôle d'ordonnance de la représentation,* il est conventionnel, il n'arrive pas à la *pureté plastique*, c'est une *infirmité*, il est la négation de la vie, *la sublimité de l'art de la peinture.* Pour que l'Art atteigne la limite de sublimité, il faut qu'il se rapproche de notre *vision harmonique: la clarté.* La clarté sera couleur, proportion; ces proportions sont composées de diverses mesures simultanées dans une action. Cette action doit être l'harmonie représentative, *le mouvement synchrone (simultanéité) de la lumière,* qui est la *seule réalité.* Cette action synchronique sera donc le Sujet qui est l'harmonie représentative.

Robert Delaunay: Über das Licht

(Übersetzt von Paul Klee)

Im Verlauf des Impressionismus wurde in der Malerei das Licht entdeckt, das aus der Tiefe der Empfindung erfaßte Licht als Farben-Organismus aus komplementären Werten, aus zum Paar sich ergänzenden Maßen, aus Kontrasten auf mehreren Seiten zugleich. Man gelangte so über das zufällig Naheliegende hinaus zu einer universalen Wirklichkeit von größter Tiefenwirkung (nous voyons jusqu'aux étoiles). Das Auge vermittelt nun als unser bevorzugter Sinn zwischen dem Gehirn und der durch das Gleichzeitigkeitsverhältnis von Teilung und Vereinigung charakterisierten Vitalität der Welt. Dabei müssen sich Auffassungskraft und Wahrnehmung vereinigen. Man muß sehen *wollen.* Mit dem Gehörsinn allein wären wir zu keinem so vollkommenen und universalen Wissen vorgedrungen, und ohne die Wahrnehmungsmöglichkeiten des Gesichtssinnes wären wir bei einer Successiv-Bewegung stehengeblieben, sozusagen beim Takt der Uhr. Bei der Parität des Gegenstandes wären wir verblieben, beim projizierten Gegenstand ohne Tiefe. In diesem Gegenstand lebt eine sehr beengte Bewegung, eine simple Folge von Stärkegraden. Im besten Fall kann man, bildlich gesprochen, zu einer Reihe aneinandergehängter Wagen gelangen. Architektur und Plastik müssen sich damit begnügen. Auch die gewaltigsten Gegenstände der Erde kommen über diesen Mangel nicht hinweg, und wäre es auch der Eiffelturm oder der Schienenstrang als Sinnbilder größter Höhe und Länge, wären es die Weltstädte als Sinnbilder größter Flächenausdehnung. Solange die Kunst vom Gegenstand nicht loskommt, bleibt sie Beschreibung, Literatur, erniedrigt sie sich in der Verwendung mangelhafter Ausdrucksmittel, verdammt sie sich zur Sklaverei der Imitation. Und dies gilt auch dann, wenn sie die Lichterscheinung eines Gegenstandes oder die Lichtverhältnisse bei mehreren Gegenständen betont, ohne daß das Licht sich dabei zur darstellerischen Selbständigkeit erhebt. Die Natur ist von einer in ihrer Vielfältigkeit nicht zu beengenden Rhythmik durchdrungen. Die Kunst ahme ihr hierin nach, um sich zu gleicher Erhabenheit zu klären, sich zu Gesichten vielfachen Zusammenklangs zu erheben, eines Zusammenklangs von Farben, die sich teilen und in gleicher Aktion wieder zum Ganzen zusammenschließen. Diese synchronische Aktion ist als eigentlicher und einziger Vorwurf (sujet) der Malerei zu betrachten.

Herwarth Walden: An Robert Delaunay (20. 12. 1912)

Ich sehe der Übersendung eines neuen Beitrags von Apollinaire mit Interesse entgegen.[272]

Guillaume Apollinaire: Die moderne Malerei

Delaunay glaubte, daß, wenn tatsächlich eine einfache Farbe ihre Komplementärfarbe bedingt, sie diese nicht bedingt, indem sie das Licht zerbricht, sondern indem sie gleichzeitig alle Farben des Prisma erregt. Diese Tendenz kann man Orphismus nennen. Diese Richtung, glaube ich, ist besser als anderen der Empfindsamkeit mehrerer neuer deutscher Maler verwandt. [...] Zu dieser Bewegung gehören – instinktiv – noch die interessantesten deutschen Maler wie Kandinsky, Marc, Meidner, Macke, Jan Censky, Münter, Otto Freundlich etc.[273] [...] Ich liebe die Kunst der neuen Maler, weil ich vor allem das Licht liebe. Und da alle Menschen vor allem das Licht lieben, haben sie das Feuer erfunden.

Robert Delaunay: An Herwarth Walden (28. 1. 1913)

Ich werde Ihnen in den nächsten Tagen eine Zeichnung schicken, die Sie für den „Sturm“ interessieren wird. Sie ist bereits 1910 entstanden. Aber sie würde gut zu einem Artikel über den „Dramatismus“ passen, den Apollinaire gerade für den „Sturm“ schreibt.[274] Es wäre interessant, wenn die Zeichnung *auf der ersten Seite* vom Artikel eingerahmt würde. Sie könnten davon auch etwa dreißig auf schönem Papier abziehen, die ich signieren würde, und zum Verkauf anbieten: da meine Zeichnungen selten sind, könnte das von Interesse sein.

Herwarth Walden: An Robert Delaunay (31. 1. 1913)

Besten Dank für die angezeigte Übersendung [...] der Zeichnung, die ich nach Ihrem Vorschlag zusammen mit dem Beitrag von Apollinaire auf der ersten Seite des Sturms veröffentlichen werde. Auch die Sonderausgabe lasse ich herstellen.

Arnold Schönberg: Schöpferische Konfession

Kunst ist der Notschrei jener, die an sich das Schicksal der Menschheit erleben. Die nicht mit ihm sich abfinden, sondern sich mit ihm auseinandersetzen. Die nicht stumpf den Motor „dunkle Mächte" bedienen, sondern sich ins Laufende stürzen, um die Konstruktion zu begreifen. Die nicht die Augen abwenden, um sich vor Emotionen zu behüten, sondern sie aufreißen, um anzugehen, was angegangen werden muß. Die aber oft die Augen schließen, um wahrzunehmen, was die Sinne nicht vermitteln, um innen zu schauen, was nur scheinbar außen vorgeht. Und innen, in ihnen, ist die Bewegung der Welt; nach außen dringt nur der Widerhall: das Kunstwerk.

Franz Marc: Aufzeichnungen auf Skizzenblättern

Aber die Arbeiten und Wunder sind noch nicht vollendet. Jeder Tag bringt Neues; Länder erwachen. Ein unerbittlicher Wille zwingt alle an die Arbeit. Keiner sieht links und rechts. Selbst für die beiden uralten Tröster, Religion und Kunst, findet der moderne Arbeiter keine Muße. Man steckt ihm schnell Surrogate zu, dummen Tand, aus alten Zeiten bequem und schnell zusammengestückelt; wozu Mühe daran verschwenden. Der moderne Sklavenmensch hat doch keine Zeit! Während dieses ungeheuren Arbeitslebens ringen einige wenige Künstler um das schwere, fast unfaßbare Problem der Kunst, die zu diesem Märchenzeitalter gehört. In Verachtung der Pseudokunst dieser Tage schaffen sie neue Werte, unbekümmert um das verwunderte und oft so häßliche Lachen, mit dem der an seine große Arbeit geschmiedete moderne Mensch seine erstaunlichen Werke ansieht. Wie sollte der, der im Gewühl der Straße steht, die neuen Werke erkennen, wie sollte er unter dem Dröhnen der Maschinen die neuen Worte hören. Wie sollte das wunderbare technische Manifest Marinettis über „Die futuristische Literatur“ an die Ohren des modernen Arbeiters dringen?[275] Wir wundern uns nicht über das Unverständnis, das unsre und unser Kollegen Kunst umstarrt, aber wir wissen, daß eine Zeit der Reife, des Aufatmens kommen wird, in der man erstaunt und beglückt die künstlerische Arbeit erkennen wird, die wir für unser Zeitalter geleistet haben werden; dann wird es wieder eine Kunst in Europa geben. Wir verstehen zu trennen: Form von Farbe, Gegenstand von Form, Durcheinandermengen des einen und anderen, aber immer das Bewußtsein wach halten, daß sie nicht eins sind, sondern 3 Welten, die sich kreuzen. Früher war alles eins Form Farbe Gegenstand; dann begann Farbe und Gegenstand sich zu trennen, – Impressionismus, bis es gelang, auch die Form an sich herauszuholen; jetzt haben wir alle 3 Elemente.

August Macke: An Franz Marc (Dezember 1910)

Ich habe es mir herausgenudelt aus meinen Eingeweiden:

3 Farben Blau Gelb Rot

Auf Anfrage spielte mir unsere Freundin Job die drei entsprechenden Klänge auf dem Klavier, die nach ihrer Behauptung dieselbe große Rolle in der Musik spielen.

Also	*Blau*	*Gelb*	*Rot*
Parallelerscheinung	*Traurig*	*heiter*	*brutal*

(in Tönen, auch in Farben).

Alle Linien (bzw. Melodie) bestimmt die Folge der Farben (bzw. Klänge). Aufsteigende, absteigende Melodien, die sich in der Erfüllung wie Schwestern in die Arme sinken. Dabei kann das absteigende schon in Teilen im aufsteigenden enthalten sein und umgekehrt. Der durch die Linien (Melodien) geführte Farbkomplex ist die Frage auf die Antwort des Gegenkomplexes. [...] Dabei spielt hell und dunkel sehr oft die Rolle der Melodieführung, ebenso gelb und violett, orange, blau, grün und rot. Deshalb auch die Sehnsucht nach reinen Klängen ohne Grau und Mischmasch. Die Grenzen von Gelb, Rot, Blau verschmelzen zu *Orange, Violett, Grün,* wobei das Hellerwerden dem Höhersteigen der Klaviertöne entspricht, wobei die Masse der Oktaven des Klaviers (ich glaube 8) der Zahl der konzentrischen Kreise entspricht. Weiteres Ineinanderfließen der Nachbarfarben gibt noch Blaugrün, Blaurot, außer Blau (d. h. warmes und kaltes Blau), Gelbrot, Blaurot, außer Rot, etc. Die Komposition mit diesen Mitteln hat nun zu „unbestimmter Stunde aus einer heute uns noch verborgenen Quelle"[276] zu geschehen, freudvoll, leidvoll, kraftvoll, gedankenvoll, furzvoll.

Franz Marc: An August Macke (12. 12. 1910)

Ich werde Dir nun meine Theorie von Blau, Gelb und Rot auseinandersetzen, die Dir wahrscheinlich ebenso „spanisch" vorkommt wie mein Gesicht. *Blau* ist das *männliche* Prinzip, herb und geistig. *Gelb* ist das *weibliche* Prinzip, sanft, heiter und sinnlich. *Rot* die *Materie,* brutal und schwer und stets die Farbe, die von den anderen beiden bekämpft und überwunden werden muß! Mischst Du z. B. das ernste, geistige Blau mit Rot, dann steigerst Du das Blau bis zur unerträglichen Trauer, und das versöhnende Gelb, die Komplementärfarbe zu Violett, wird unerläßlich. (Das Weib als Trösterin, nicht als Liebende!) Mischst Du Rot und Gelb zu Orange, so gibst Du dem passiven und weiblichen Gelb eine „megärenhafte", sinnliche Gewalt, daß das kühle, geistige Blau wiederum unerläßlich wird, der Mann, und zwar stellt sich das Blau sofort und automatisch neben Orange, die Farben lieben sich. Blau und Orange, ein durchaus festlicher Klang. Mischst Du nun aber Blau und Gelb zu Grün, so weckst Du Rot, die Materie, die „Erde", zum Leben, aber hier fühle ich als Maler immer einen Unterschied: Mit Grün bringst Du das ewig materielle, brutale Rot nie ganz zur Ruhe, wie bei den vorigen Farbklängen. (Stelle Dir nur z. B. kunstgewerbliche Gegenstände vor, grün und rot!) Dem Grün müssen stets noch einmal Blau (der Himmel) und Gelb (die Sonne) zu Hilfe kommen, um *die Materie zum Schweigen zu bringen.* Und dann noch etwas: (es wird etwas lä-

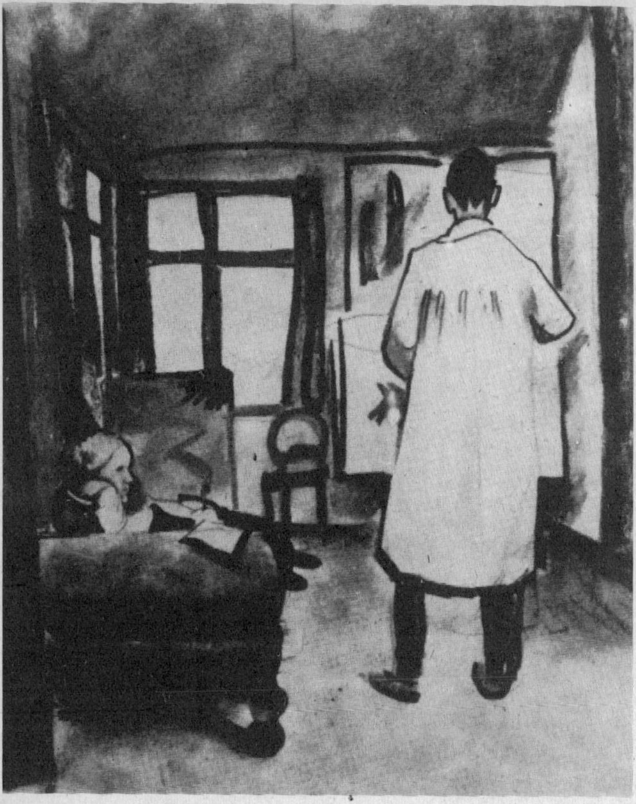

77. August Macke: Maria und Franz Marc in Mackes Atelier in Bonn. 1912, Pastell

cherlich literarisch klingen, aber ich weiß es nicht besser auszudrücken:) Blau und Gelb sind wiederum nicht gleich weit von Rot entfernt. Ich werde trotz aller Spektralanalysen den Malerglauben nicht los, daß Gelb (das Weib!) der Erde Rot näher steht als Blau, das männliche Prinzip. Die Übereinstimmung mit der uralten physiologischen Theorie über das „Weib“ klingt hier etwas komisch, aber sie stützt in meiner Phantasie die Bezeichnungen, die ich für mich den Farben gebe. Daß ich die einzelnen Farben, wie Du siehst, durchaus, maltheoretisch, nicht gleich werte, hängt mit meinen jüngsten Erfahrungen (jung sind sie alle) zusammen, daß ebenso wichtig und viel schwieriger wie das einfache Komplementärproblem das Problem der Farbmassen ist. Daß Blau sich auf Orange stürzt, ist nicht schwer sich einzuprägen, aber welche *Masse* Blau sich in jedem einzelnen Falle neben Orange stellen darf, – da liegt der Has im Pfeffer. Das lassen die Theorien verflucht aus, wenn man nicht bloß angestrichene Zigarrenkisteln malen will. Ich bin auch insofern dem zu starken Herüberziehen musikalisch-technischer Gesetze in die Malerei etwas skeptisch gesinnt. Nicht daß ich nicht überzeugt wäre, daß ganz gesetzmäßige Beziehungen und Analogien zwischen beiden beständen, und weiter Beziehungen zur reinen Mathematik; aber ich denke, die musikalische, theoretische Technik, z. B. Kontrapunkt,[277] ist von den Menschen speziell für das musikalische Schaffen gemacht, die aufsteigenden und absteigenden Melodien sind ein so durchaus musikalischer Begriff, fast „Instrumentalbegriff" (soweit unsere Stimme ja auch „Instrument" ist), daß die Anwendbarkeit auf Malerei doch etwas vage ist und sich praktisch nicht recht über geheimnisvoll gefühlte Analogien erhebt. [...] Zum Schluß will ich ein praktisches Beispiel versuchen. Stell Dir einen Akt in einem Wald vor. Der Grund des Bildes also rote Bäume und grüne Laubpartien. Der Akt wird, um dem Rot der Stämme seine Brutalität zu nehmen, weißgelb sein. Um noch ein bißchen kühle *Geistigkeit* in dieses allzu warme Ragout zu bringen, führen wir noch, eventuell am Arm tragend, ein kaltweißes Tuch ein. Nun malen! Zunächst würde ich ganz theoretisch, wo der Akt z. B. mit seinem Oberarm auf Grün stößt, diesen rot konturieren und sofort mit einer grünen Kontur weiterfahren, wenn der Unterarm eventuell auf Rot zu stehen kommt. Die farbigen Konturen muß der Akt erhalten und nicht der Hintergrund, weil Rot und Grün des Hintergrundes reinere, stärkere Farben sind als das gebrochene Weißgelb des Aktes. Mit dem Tuch ebenso: wo es zum Körper steht, färbt sich's violett, hat der Körper irgendwo ein Orange aufgenommen, so springt ein Stück Blau auf das Weiß, eventuell in einer tiefen Falte. Dabei braucht Blau und Orange durchaus nicht zusammenzustoßen, vor allem, wenn es z. B. nur durch neutrales Weiß getrennt ist; es können sogar zwei im Bilde durchaus entfernte Punkte Komplementärfarben zueinander erhalten, wenn sie durch auffallende, verwandte Form oder Größe dem Auge ihre Verwandtschaft anzeigen. (Wieder das spröde Problem der Massenverteilung.) So, durchaus theoretisch gemalt, wird zwar noch kein Kunstwerk gemacht, aber man gewinnt eine räumliche Plastizität, eine Sicherheit der Wirkung und Reichtum der Farbe, daß man es einem Dilettanten nie verraten dürfte. Es gibt schon so genug, die den Witz etwas heraus haben.

August Macke: An Bernhard Koehler (30. 3. 1913)

Nun merke ich immer mehr, welche wundervollen Möglichkeiten die Kunst einem bietet. Auch über die sogenannte abstrakte Malerei bin ich mir viel klarer geworden. Ich erkenne ihre Bedeutung (ohne ihr allein Bedeutung zuzumessen!) ganz klar, so klar, wie 2 × 2 = 4. Es ist mir in der letzten Zeit besonders klar geworden, daß im Bilde nicht der Raum (die Fläche) allein wirkt, sondern *daß Fläche und Zeit untrennbar sind.* Das spielt beim Betrachten des Bildes eine große Rolle. Die Sache ist sofort klar, wenn das Bild so groß wird und in einem langen schmalen Gang hängt. Man muß dann langsam vorbeigehen. Es ist die Betrachtung eines solchen Bildes, wie wenn man an einem Zaun vorbeigeht und die einzelnen Latten flimmern. Nur besteht der Witz beim Bilde darin, die verschiedenen Linien, Flächen, Farben, menschliche Formen, Fleisch, Blattwerk, Heiligenschein, Rahmenprofile, Säulen (aus dem Rahmen kann eine ganze Kirche werden, in der das schönste Altarbild gerahmt ist), Bögen, Kuppeln, Dächer (das letztere ist schon zur Architektur und Plastik geworden, wobei das enge Band zwischen Zeit und Raum noch deutlicher zutage tritt) zu ordnen. Der Rhythmus ist bei einem Dom, bei einer Statue, bei einem Bilde das Wundervolle. Solch ein Lattenzaun ist langweilig gleichförmig wie ein Sandhaufen, wie eine gestrichene Wand, wie ein Nichts, wie 1:1:1:1. Die Lebendigkeit ist eine große Spannung, sei es nun im Leben selbst, der Sturz von Freud zu Leid, sei es das langsame, stetig sich bewegende Aufbrechen eines Frühlingstages mit all seiner langsam sich entfaltenden Kraft, sei es die Wut, die in einem starken Menschen „erwacht". Das Kunstwerk ist ein Gleichnis der Natur, kein Abbild. (Wäre es ein Abbild, so müßten wir Gott selber sein und Bäume schaffen und Menschen aus Fleisch.) Was wir sind, unser „Ich", das müssen wir aus uns immer nur machen, jeden Moment. Das Leben unseres Ich ist der Funke an der Zündschnur. Die Glut, die abbrennt, aber immer neues Brennmaterial sucht, diese Glut ist das Ich. Aber die Asche ist das Wichtige *nach* der Glut. Die Asche der Ägypter, die Pyramiden und Sphinxe, die Asche der Gotiker, die Asche von Christus, Napoleon, Friedrich dem Großen. Aber wehe denen, die sich in der Asche verlieren, die zurückgehen. Sie gibt dem Funken nur die Richtung an, in der wir weiterbrennen. Im Herbst brennt durch die Berliner Kultur der Funken, der weiterbrennt, trotz Meier-Graefe.[278] Alles Leben, Glühen ist Trotz. Das Kunstwerk ist ein Gleichnis, es ist der Gedanke, der selbständige Gedanke des Menschen, ein Gesang von der Schönheit der Dinge. Das Kunstwerk ist die vornehme, vielfältige Äußerung von Menschen, die mehr gestalten können als das einfältige Wort: „Das ist aber schön." Die Natur muß in uns neu entstehen, wir erfuhren sie neu von Kind an. Das Kunstwerk ist unsere Erfahrung, unser Staunen vom Maß der Dinge. Das Rhythmische im Kunstwerk ist ein Gleichnis für das Rhythmische in der Natur selbst.

Alfred Kubin: Über mein Traumerleben

Das Leben ist ein Traum! Nichts scheint mir zutreffender wie dieses altbekannte Gleichnis! Die seltsame, wie in einem polaren Gegensatz stehende Verwandtschaft der beiden Sphären des Tag- und Nachtbewußtseins enthüllt sich der beständigen Erkundung als ebenso überraschend wie innig vertraut. Jede ist der Probierstein der anderen! Daß der „Schöpfer" des Traums und sein „Geschöpf", das Traumgebilde, irgendwie in identischem Zusammenhang stehen, tritt in träumendem Zustand besonders deutlich hervor. Woher sollten auch sonst diese zahllosen Gestalten, diese eingebildeten Vorgänge, diese weiten Landschaften stammen als „aus uns", d. h. einem Weltwesen, welches sich – und das ist das seltsamste daran – mit dem Leib seiner Spielfiguren zusammenfallend wähnt. Die Durchdringung all meines wachen Fühlens und daher auch aller Einzelempfindungen mit dem Element des Traumhaften war mir von jeher stärkste Lockung; als ich mich diesem abgelegenen Gebiet immer mehr zuwandte, wurde sie zum Bedürfnis. Viele meiner Zeichnungen versuchen, meine Träume festzuhalten. Beim Erwachen bleiben oft nur Spuren davon im Gedächtnis haften; diese Trümmer und Fetzen sind dann alles, woran man sich halten kann. Betrachten wir den Traum als Bild; so wie er komponiert, so wollte ich wissend als Künstler zeichnen und fand erst größere Befriedigung, als ich mich entschloß, die zart auftauchenden Fragmente so zusammenzufügen, daß sie ein Ganzes ergaben. Die kaum bestimmbaren Gesetze wurden nun meiner dem Tag abgewandten vertieften Sinnlichkeit immer fühlbarer und faßbarer und endlich Mittel zur Darstellung.

1. Ausländisches und Entlegenes (Carl Vinnen und die Folgen)

Ein Protest deutscher Künstler [279]

Was wir wollen!
Wir wollen keine chinesische Mauer, keinen Schutzzoll für unsere Kunst, keine chauvinistische Deutschtümelei, kein Absperren gegen Wertvolles, bloß weil es von jenseits der Grenzen kommt. Sonst müßten wir uns ja auch gegen die alten Meister wenden, gegen Werke, die allen Völkern und allen Zeiten verehrungswürdig waren und bleiben. Inzucht bedeutet auch geistig den Verfall. Darum, keine Zollrevision im Reiche des Ideals, sondern freien, edlen Wettkampf der Geister, gegenseitiges Befruchten hoher Kulturen! Aber eben im Namen dieser Freiheit Kampf gegen eine in Deutschland so übermächtig gewordene Interessengruppe und deren Bundesgenossen, die Ästheten und die Snobs! Indem wir so versuchen, Kunstwerte wieder auf ihr eigenes Maß zurückzuführen, glauben wir nicht nur der deutschen Kunst, sondern der Kunst überhaupt zu dienen. Es war nötig, klar und unzweideutig dies Programm vorauszuschikken, damit unsere Gegner uns nicht auf ein falsches Geleise schieben können. Vielleicht noch nötiger, uns zu schützen gegen unwillkommene Verbündete im eigenen Lager, gegen künstlerische Minderwertigkeit, die eine Rechtfertigung ihrer Schwäche herauslesen möchte, gegen die Offiziellen, die glauben könnten, ihr reaktionäres System gebilligt zu sehen.

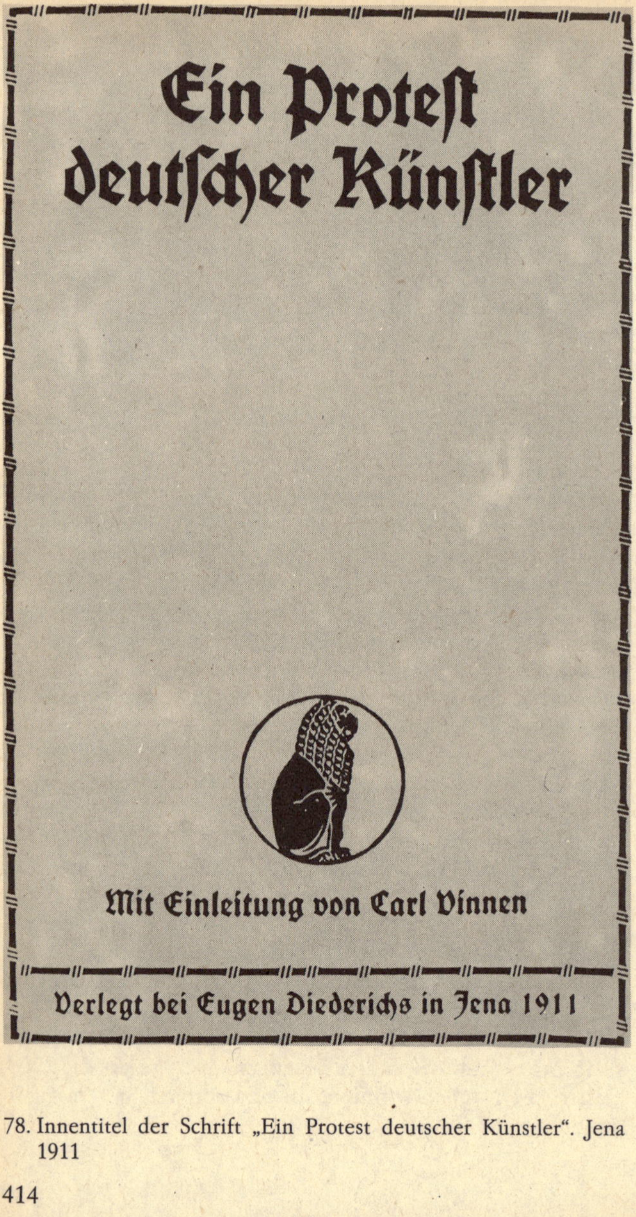

Ein Protest deutscher Künstler

Mit Einleitung von Carl Vinnen

Verlegt bei Eugen Diederichs in Jena 1911

78. Innentitel der Schrift „Ein Protest deutscher Künstler". Jena 1911

Carl Vinnen: Quosque tandem [280]

Angesichts der großen Invasion französischer Kunst, die sich seit einigen Jahren in den sogenannten fortgeschrittenen deutschen Kunstkreisen vollzieht, scheint es mir ein Gebot der Notwendigkeit zu sein, daß deutsche Künstler ihre warnende Stimme erheben, und daß sie vor dem Einwande, sie triebe dazu nur der Neid, nicht zurückschrekken. Künstler sein *verpflichtet* eben auch! [...] allmählich hat sich mit der wachsenden Bedeutung des Kunstliteratentums eine Spezies herangebildet, die ich unter dem Sammelnamen „Ästheten" nicht erschöpfend, aber doch verständlich zusammenfassen möchte, und die in diesem Umfange frühere Epochen nicht kannten. [...] *Vor allem eins, sie schieben die Kunst auf einen falschen Weg, auf den theoretisch-wissenschaftlichen.* [...] In dem bewußten Programm schaffender Künstler bedeuten, trotz aller Verwahrungen an anderer Stelle, diese wissenschaftlich optischen Forderungen einen ausgesprochenen Zwang, persönliche Naturempfindungen in fremde Stilgesetze, in zum Teil psychopathische Anschauung anderer zu pressen, kurz, eine durch abstrakte Denkweise ästhetischer Theoretiker hervorgerufene Irreleitung, *Ersetzung naiven Kunstschaffens durch verstandesmäßige Reflexion.* [...] Fern liegt mir, den großen Nutzen der Befruchtung durch die hohe Kultur der französischen Kunst auf die unserige zu leugnen, und wenn ich kürzlich, um zu lernen, selbst für längere Zeit nach Paris ging, so beweist das hinreichend meine Hochschätzung. Aber die Spekulation hat sich dieser Frage bemächtigt, deutsche und französische Kunsthändler haben sich die Hand gereicht, und unter dem Deckmantel, künstlerische Zwecke zu fördern, wird Deutschland mit großen Massen französischer Bilder überschwemmt. [...] *Worin liegt die große Gefahr dieser Einführung fremder Kunst, sobald die Spekulation sich ihrer bemächtigt?* Nun, vor allem in der Überschätzung fremden Wesens, das unserer eigenen, ursprünglichen Veranlagung nicht adäquat ist. [...] Wenn wir schon einmal bei den modernsten Ästheten, deren Sinn verfeinert wie bei Sterbenden zu sein scheint, für deutsche Bären gelten werden, so ist es naturgeschichtlich unmöglich, uns mit Erfolg in Affen der Franzosen zu verwandeln. [...] *Wohin hat denn in Frankreich selbst der Weg über Monet, Cézanne und van Gogh geführt?* [...] Die großen Salons bergen die schlimmsten Anhäufungen von Minderwertigem, und nur der Salon d'automne[281] bietet ein etwas besseres Bild; der junge, stark dekadente Nachwuchs zehrt vom Ruhme seiner Väter, zeigt meist einen empfindlichen Mangel an dem eisernen Bestande positiven Könnens, der allen Zeiten gemeinsam sein sollte, und sucht dieses Manko durch Bizarrerie, die er für Originalität ausgibt, zu verdecken oder wettzumachen, nur zu oft gebärdet er sich als künstlerischer Exzentrik-Clown. [...] Die Kunst eines Cézannes, eines van Goghs war zu persönlich auf ihren Urheber zugeschnitten, zu wenig konstruktiv angelegt, als Richtung, um Schule machen und Nachfolger ermöglichen zu können. Die *Fehler* wird man nachahmen und steigern können, – das zeigt uns ja jeder Tag, – die *Vorzüge* nicht. [...] Nach dem augenblicklichen Boom in Cézanne und van Gogh scheint sich jetzt ein Corner[282] in Daumier vorzubereiten. Vorher werden wir wahrscheinlich die kaufmännische Gründung Grecos erleben, der künstlerisch bereits vor einigen Jahren von Meier-Graefe neuentdeckt und unter dem Titel: „Größter spanischer Maler" sofort für die modernste Richtung mit Beschlag belegt wurde. Dies blaue Band dürfte er genau so lange tragen wie unsere Zeit die Brille, durch die die jüngsten Richtungen betrachtet werden wollen.[283] [...] Die französische Kunst befindet sich augenblicklich auf dem Grunde einer Welle, die nordische scheint über ihre großen Meister, die sie in den Wettbewerb der Nationen einführten, zu einem Weiterbau auf nationalem Stil nicht kommen zu wollen, die englische Kunst ihre Mission vollendet zu haben und sich auf ihren Lorbeeren auszuruhen! Wäre es endlich möglich, daß wir ohne offizielle und Gott weiß was für Rücksichten noch, [...] nur *das Beste* unserer Kunst hinaussenden könnten in die Welt, so dürften wir Deutschen [...] wohl die Hand nach der Palme ausstrecken. – [...] Wenn auch jeder echte Künstler, alles was groß und schön ist, einerlei wes Stammes es sei, das Gastrecht nie vermissen möge an deutschem Herde, so kann doch ein so mächtig emporstrebendes, großes Kulturvolk, wie das unsere, auf die Dauer nicht ein fremdes Wesen ertragen, das sich die Herrschaft über die Geister anmaßt. – Und da es uns von einer großen, kapitalkräftigen, internationalen Organisation aufgedrängt werden soll, so ist die ernste Warnung wohl berechtigt: haltzumachen auf diesem Wege und sich klarzuwerden, was wir in Gefahr sind zu verlieren, nämlich kein Geringeres als unser eigenes Wesen und die Überlieferung gediegenen Könnens.

Thomas Theodor Heine

Ich stehe gewiß nicht im Rufe des Chauvinismus, aber ich muß gestehen, daß es mich oft in gelinde Wut versetzt hat, wenn erbärmliche Bilder der jüngsten Pariser Schule von den kunstgelehrten Kritikern als Muster und Meisterwerke gefeiert wurden. Über Werke der Dichtkunst und der Musik pflegen nur solche Leute öffentlich ihre Meinung zu äußern, die sich praktisch mit diesen Künsten beschäftigt haben: Schriftsteller und Musiker. Die Malerei ist eine stille Kunst, und daher ist es gekommen, daß über sie nicht die Maler das Wort führen, sondern die Kunstgelehrten, Theoretiker, die wohl oft den besten Willen haben, aber leider niemals wissen, worauf es ankommt. Sie betrachten sich als die Vorgesetzten der Künstler und dekretieren dünkelhaft vom grünen Tisch herab die neuen Kunstgesetze. Da es ihnen früher oft passiert ist, daß sie Meisterwerke für ganz talentlose Arbeiten gehalten haben, glauben sie jetzt ihre Kennerschaft dadurch zu beweisen, daß sie jede Stümperei, an der sie ihre theoretischen Turnübungen vornehmen können, für ein Meisterwerk erklären.

Fritz Erler

Es soll hier nicht eine Beobachtung unterdrückt werden, die unmittelbar mit dem Gesagten zusammenhängt: die Neigung unserer schöngeistigen „jeunesse dorée“[284] nicht sowohl zu dem *Ausländischen*, wogegen man, sofern es besser ist, wohl nicht viel einwenden könnte, als vielmehr zu dem *Entlegenen*. [...] wenn eine besonders distinguierte Kunstzeitschrift, wie „Kunst und Künstler“, gegründet wird, muß den Titel ein Russe entwerfen, der im französischen Rokoko lebt.[285] Diesem etwas muffigen Geschmäcklertum kommt der Handel willig entgegen: „Hier ein Meister, welchen Velasquez schnöde verdunkelt hat, empfohlen von Herrn Meier-Graefe (von dem, der den Hofmaler Philipp des IV. erschlug, wissen Sie), verkannt von der Historie, von einer komplizierten Herkunft, ein spanischer Grieche, gänzlich unbeschrieben, von erlesener Dekadenz, schmückt euren Salon mit seinen verzückten Jesuitergestalten, solange der Vorrat reicht!"[286]

Paul Schultze-Naumburg

Ich teile durchaus Ihre Ansicht über den heutigen Stand der Malerei in Deutschland. Es scheint mir, daß ein großer Teil der modernen Bewegung sich derartig in eine Sackgasse verlaufen hat, daß er sich so bald nicht wieder herausfinden kann. [...] es hat wohl kaum je eine Zeit gegeben, die eine gröblichere Unnatur zum Ausdruck bringt, als es seit einiger Zeit bei uns geschieht. [...] Man kann auf den Tiefstand unserer Malerei, der in den sechziger, siebziger und achtziger Jahren bereits vorhanden war, hinweisen; wir würden aber daraus nur ersehen, daß wir im Grunde nicht weitergekommen sind, wenn auch die Untugenden ihren Namen gewechselt haben. War damals spießige Bravheit, langweilige Korrektheit und sauberer Fleiß etwas, was einem die Allgemeinerscheinung der Malerei verleiden konnte, so ist es heute ein Kokettieren mit Roheit und Äußerungen, die sonst nur Begleiterscheinungen der Paralyse sind.

Friedrich Freiherr von Khaynach

Rechnet man noch die an sich gute, aber weit übertriebene Gastfreundschaft hinzu, die wir mit unseren Ausstellungen Holländern, Dänen, Norwegern, Schweden, Ungarn, Russen, gelegentlich auch anderen Nationen gewähren, die beinahe ausnahmslos in französischem Fahrwasser schwimmen, so ist zu befürchten, daß unter dieser üppig wuchernden Ausländerei die arme deutsche Kunst schließlich erstickt. [...] Völlig unverständlich und als wahre Zeitkrankheit erscheint mir, daß man van Gogh und Cézanne zu Genies und Heroen hat stempeln können. Gewiß sind es Talente, in denen es hier und da funkelt und blitzt, aber doch nur solche, die bereits den Verfall vorbereiten, die mit ihrer trüben, unerfreulichen Atmosphäre und ihren Roheiten, Willkürlichkeiten und Verzeichnungen das Ende der künstlerischen Zucht und Disziplin, des sicheren Könnens, das den gerechten Stolz der französischen Malerei bedeutet, bilden. Und sie ziehen einen ganzen Schwarm der elendesten Schmierer und Nachäffer hinter sich her, die leider auch in der Sezession das große Wort führen, in der „Neuen Sezession“ und der „Münchner Künstlervereinigung“ ihre Frechheiten und Narrheiten aber ganz ungestört treiben.

Eugen Kalkschmidt: Ein Protest deutscher Künstler

Wenn Künstler politisch werden, so ist es noch nicht ausgemacht, daß die Kunst auf dem Spiele steht. Die Lebensinteressen der Kunst sind denen der Künstler nicht immer kongruent, indem so mancher, der sich mit Überzeugung einen Künstler nennt und im Namen der Kunst seine Anträge stellt, zeitlebens nicht über ein ehrsames Handwerk hinauszugelangen pflegt. [...] Das alte Spiel im neuen Gewande: die Interessen der Künstler werden mit denen der Kunst verwechselt. Und wir sollen eine nationale Lebensfrage erkennen, wo es sich wahrscheinlich doch wieder nur um eine mit Prinzipien stolz verbrämte Frage der Versorgung mit Lebensmitteln handelt?
Auch dem neuesten Künstlerprotest wird dieser Einwand entgegengehalten werden. Falsch ist er nicht, im Gegenteil: diese Künstler beanspruchen von ihrem Volke das Recht, zu existieren. Sie bringen ihm gleichsam ihre Existenz nachdrücklich zu Bewußtsein. Sie haben sowohl das innere Recht wie den äußeren Anlaß dazu. Und es wäre sehr falsch, einen Protest von diesem Umfange auf das kleinliche Motiv des alltäglichen Brotneides zurückzuführen und ihn danach zu beurteilen. Es handelt sich um einen Widerspruch von Künstlern und Kunstfreunden gegen die Überschätzung französischer Malerei in Deutschland. Eine Überschätzung, die gleichbedeutend auftritt mit einer Geringschätzung deutschen Kunstschaffens, die verhängnisvoll werden muß, wenn sie in ihrer heutigen Form noch längere Zeit andauert. [...] Ich unterschreibe fast jedes Wort dieses Widerspruches. [...] eine Protestbewegung, der sich Leute wie Karl *Haider* und Wilhelm *Trübner*, Adolf *Oberländer* und Th. Th. *Heine*, Arthur *Kampf* und Fritz *Erler*, Ludwig *Dill* und Franz *von Stuck*, Heinrich von *Zügel* und Richard *Pietzsch* angeschlossen haben, kann nicht auf tönernen Füßen stehen.

Franz Marc: An August Macke (12. 4. 1911)

Du wirst auch aus Deinen Zeitungen von der Kampfschrift Vinnens gehört haben [...] Mir kam sofort die Idee einer Entgegnung, aber natürlich auf breiter Basis, mit dem Rückhalt von Namen (Tschudi, Berliner Sezession, Sonderbund etc.) Aber jemand muß dazu die Anregung geben, – warum sollten wir es nicht tun? Die Vereinigung mit Kandinsky an der Spitze und Tschudi. Kandinsky ist in diesen Dingen erfahren, – und ich sehe ihn nächstens und werde es mit ihm bereden. Geschrieben habe ich ihm schon darüber. Ich finde die Gelegenheit famos, um auch auf diesem Weg das Schlachtgeschrei zu erheben. Ich denke z. B. an eine Gegenüberstellung von Reproduktionen, Maillol neben Taschner und Flossmann und Hahn, Matisse neben Erler, Renoir neben Münzer, Cézanne neben Trübner und Dill und Münchner Sezessionisten (Gröber, Nickl, Habermann), Picasso neben Stuck, Signac neben Oswald, Cross neben Eichler und Worpswedern, Gauguin neben Hofmann etc. Die Sache wäre jedenfalls ebenso amüsant für uns als lehrreich für viele Laien und Käufer.

Süddeutsche Monatshefte (1911)[287]

Bei der „Neuen Künstlervereinigung" München, auf die der Vorwurf, junge deutsche Maler ließen sich zu sehr von den jungen Franzosen beeinflussen, wohl ganz besonders gemünzt war, ist es bekannt geworden, daß wir Künstleräußerungen über den Protest bringen würden, und sie hat uns ersucht, sie auch zu Wort kommen zu lassen. Wir haben der Vereinigung das zugesagt und folgende Erklärung von ihr erhalten:

„Die Kunstentwicklung hat eigene Gesetze, die aus der natürlichen Notwendigkeit entspringen, und durch menschliche Gesetze oder Gewalt nur zeitlich, oberflächlich und nur scheinbar gestört werden können. Deshalb sind alle Bemühungen, Schranken aufzustellen, schließlich erfolglos und also auch ziellos. Die stärkere, das heißt die notwendige Kunst wird doch immer Sieger bleiben und in dieser oder jener Form ihren Einfluß auf alle kunstbegabten Völker ausüben. Diese Tatsache muß nicht gehaßt, sondern geliebt werden. Und geliebt muß sie werden nicht nur platonisch, sondern auch durch Taten. In erster Linie gehören zu diesen Taten das Ausstellungswesen und die Museen. Je reiner von patriotischen, politischen und sonstigen Rücksichten die Ausstellungen und Museen bleiben, desto erfolgreicher wird die künstlerische Tätigkeit des Volkes. – Es ist hier nicht die Stelle, die heutigen Vorzüge der französischen Malerei zu erwägen. Angeblich sind die protestierenden deutschen Künstler in diesem Punkt mit uns einig, trotzdem sie auf eine unlogische Weise von Ein- und Ausfuhr reden und der materiellen Seite der Frage unverdient und ungerechtfertigt zu viel Aufmerksamkeit schenken. Ebenso ist die Sorge wegen den Verirrungen der ‚Jungen' überflüssig, da es keiner starken, gesunden Bewegung wie keinem schönen Garten an Unkraut fehlt. Ein gesundes, starkes Volk hat vor solchen Erscheinungen keine Angst und traut seinen Kräften zu, daß sie alles – und besonders das schon an sich Gute – zum Guten wenden. Das deutsche Volk hat auch schon früher solche Proben ausgehalten und als Sieger *eigene* gesunde und starke Kunst hervorgebracht. – So sehen wir nicht mit ‚Besorgnis', sondern mit Überzeugung und Glauben in die Zukunft. – So erklären wir uns für vollkommene Natürlichkeit der Entwicklung und verlangen die grenzenlose Freiheit auf dem großen Gebiete der Kunst."

Wassily Kandinsky: An Alfred Kubin (14. 6. 1911)

Es freut mich, daß der Protest der N.K.V.M. Ihnen gefallen hat: er stammt von meiner Feder.

Franz Marc: An August Macke (23. 5. 1911)

Nach einem präliminarischen Protestheft der süddeutschen Monatshefte, in dem wir als Vereinigung geschlossen aufmarschieren, erscheint noch demnächst eine Broschüre im Piperverlag mit Einleitung von Alfred Heymel, in der Kandinsky und ich Artikel beisteuern, Kandinsky sehr allgemein, philosophisch, ich ziemlich scharf und als *Münchner*. Du wirst nun gebeten, mit Deiner Stimme ein bestimmtes Ressort zu vertreten, das Dir naheliegt: Meier-Graefe, „Was verdanken die jungen Künstler von heute Meier-Graefe?". Das Thema ist sehr weit und dankbar und muß von irgend jemand mit Entschlossenheit vertreten werden, nachdem M.-Gr. selbst nicht schreiben will, pro domo[288]. Daß aber geschrieben wird, wünscht er selber *sehr*, ebenso wie Tschudi, dessen Ressort wir auch von jemandem hier (vielleicht Voll) vertreten lassen. Du hast ca. *zwei Druckseiten* für Deine Stimme frei. Daß wir Alfred Heymel für uns gewonnen haben, ist unsere letzte Tat, die mit Aufwand von einiger Schläue inszeniert wurde. Bei der Haltung der Münchener Presse zu unserer Ausstellung [...] ging die Sache etwas „um die Wurscht", es mußte etwas geschehen; und es glückte; wir haben heute Piperverlag, süddeutsche Monatshefte (Heymel), Tschudi als offene und erklärte Stützen und das ist schwereres Geschütz als die Tagespresse. Ich sage Dir, es geht gut! Nun noch einiges: Bitte Dr. Cohen und Dr. Reiche im Namen Heymels und des Piperverlages, entweder getrennt oder vereint sich ebenfalls zu äußern in *ihrer Eigenschaft als Museumsdirektoren.* Desgleichen Osthaus, der zwar schon direkt vom Verlag aufgefordert wurde, aber noch einmal von Euch gebeten werden soll. Willst Du das alles machen? Wie ist es mit Thorn-Prikker? Ist er fähig, etwas zu schreiben (meinetwegen zehn Worte)? Kannst Du ihn bitten? Wir wollten, er täte mit.

August Macke: An Bernhard Koehler (Juli 1911)

Bei Piper kommt in kurzem eine Protestschrift gegen Vinnen heraus mit Beiträgen sämtlicher Museumsdirektoren und anderer, denen die Kunst am Herzen liegt. Ich habe darin auch meinem Herzen kräftig Luft gemacht.

Reinhard Piper: Mein Leben als Verleger

Damals erschien bei Eugen Diederichs die Schrift des Worpsweder Malers Carl Vinnen, die gegen den Ankauf eines van Gogh durch die Bremer Kunsthalle protestierte, dann sich aber gegen die angebliche Überschätzung der französischen Malerei und gegen die Tätigkeit der fortschrittlichen Galerieleiter überhaupt richtete. Vinnen hatte eine Menge Maler auf die Beine gebracht, die sich durch diese Überschätzung geschädigt glaubten. [...] Hugo von Tschudi, der kühne Umgestalter der Nationalgalerie, war

IM KAMPF UM DIE KUNST

DIE ANTWORT

AUF DEN

»PROTEST DEUTSCHER KÜNSTLER«

MIT BEITRÄGEN
DEUTSCHER KÜNSTLER · GALERIELEITER
SAMMLER UND SCHRIFTSTELLER

MÜNCHEN 1911

R. PIPER & CO., VERLAG

79. Innentitel der Schrift „Im Kampf um die Kunst“. München 1911

aus Berlin verdrängt worden und hatte seine Tätigkeit an den Münchner Pinakotheken eben erst aufgenommen. Auch gegen ihn richtete sich der Angriff, ebenso gegen das Wirken Meier-Graefes. Eine Zurückweisung war unabweislich. Marc war zugleich mit anderen sehr bemüht, Beiträge wirklich Maßgebender zusammenzubringen. Daraus ergab sich die Schrift: „Deutsche und französische Kunst". Sie ging in ihrer Bedeutung weit über den Anlaß hinaus und ist ein wichtiges Dokument zur Zeitgeschichte geblieben.[289] [...] Wilhelm Trübner hatte schon auf der Gegenseite mit unterschrieben und zog nun seinen „faux pas" bedauernd zurück.

Im Kampf um die Kunst

Gustav Pauli

Welchen Erfolg versprechen sich denn die Protestler? – Glauben sie im Ernst, daß sie einen einzigen ihrer jungen Kollegen von seiner Vorliebe für französische Meister kurieren werden? Glauben sie, daß sie einen einzigen jener intelligenten Großkaufleute und Kunstfreunde, die im Besitze bedeutender Sammlungen sind, veranlassen werden, seine Franzosen abzustoßen? Glauben sie, daß sie den internationalen Kunsthandel oder die Ästheten und Snobs aus der Welt schaffen können? – Nein, ihren Gegnern gegenüber sind sie vollkommen machtlos. Der einzige mögliche Erfolg dieses Protestes kann nur der sein, daß gerade den besseren anregenden öffentlichen Sammlungen moderner Kunst in Deutschland einige Unannehmlichkeiten bereitet werden. Hoffen wir, daß auch dieser Erfolg ausbleiben wird.[290]

Karl Ernst Osthaus

Es ist eine alte Frage, ob Museen dazu da sind, Künstler zu unterstützen oder Kunst zu fördern. Die Künstler und vielfach mit ihnen die Kunstvereine stehen auf dem ersteren Standpunkt, während denkende Museumsleiter längst die Verantwortung erkannt haben, die ihnen eine unbedingte Pflege der Qualität auferlegt. Museen sind auch für den Künstler eine Hohe Schule, und es wird von ihnen mit abhängen, ob unsere Kunst etwas taugen wird oder nicht.

Weil wir das beste Lehrmaterial brauchen, deshalb darf bei Ankäufen nur nach der Güte des Werkes, nicht aber nach der Nationalität des Urhebers gefragt werden.

Alfred Lichtwark

Der Wert eines Kunstwerks hohen Ranges läßt sich in Talern und Groschen nicht ausdrücken. Sein Wesen ist Gnade und Glück. Hunderttausend Menschen können in hunderttausend Jahren fleißiger Arbeit keinen Rembrandt oder Mozart hervorbringen. Der Preis der Kunstwerke richtet sich nach der Ausdehnung, der Kultur und den Mitteln des Marktes, der sie begehrt. Solange sie nicht begehrt werden, haben Kunstwerke auf dem Markt weder Wert noch Preis. Wer den Kunsthandel ausschalten will, muß vorher unsere Gesellschaftsordnung ändern. Der Kunsthandel hat das Recht, alle Macht an sich zu nehmen, die der Staat, die Künstlerschaft und die besitzende Klasse aus Leichtfertigkeit, Unkenntnis oder Kulturlosigkeit aufgeben. Seine herrschende Stellung, die unter Umständen zur Vormacht werden kann, dankt er der kulturellen oder wirtschaftlichen Unzulänglichkeit der anderen Faktoren. Der Einfluß der Kunstschriftstellerei kann wohltätig oder vom Übel sein. Das hängt vom Wert des Schreibers und – ebensosehr – vom Wert des Lesers ab.

Max Pechstein

Es gibt nur eins, womit Ihr Protest nichts zu tun hat, Herr Vinnen, und das ist die Kunst, – für manchen eine Frau, und für andere eine heißumworbene Geliebte. Man kann aber auch eine Markthalle daraus machen. [...] Sollten noch mehr und dickere Proteste erscheinen, so werden wir nur desto freudiger arbeiten.

Otto Modersohn

Wie ich mich über die Erwerbung der van Goghschen Mohnfelder für die Bremer Kunsthalle gefreut habe, als eines der anregendsten Bilder moderner Kunst, werde ich mich über jedes gute Bild fremder Herkunft freuen, das auf deutschem Boden seine Stätte findet, weil es die in guter Entwicklung befindliche deutsche Kunst befruchten wird. Die dafür aufgewandten Mittel sind unerheblich, weil sie reichlich Zinsen tragen werden. Die Kritik, die diese Werke dem Verständnis des Volkes näherbringt, erfüllt eine hohe Mission.

Wassily Kandinsky

Der Welt, dem Kosmos gleich besteht der Mensch aus zwei Elementen: aus dem inneren und aus dem äußeren. Das äußere Element des Menschen, oder der äußere Mensch bleibt in ständiger Verbindung mit dem Äußeren der ihn umgebenden Welt. [...] Das innere Element des Menschen, oder der innere Mensch bleibt in ständiger Verbindung mit dem Inneren der ihn umgebenden Welt. [...] Ganz schematisch gesagt, gebraucht der heutige Mensch sein äußeres Element, um mit dem Leben des Inneren der Welt in Kontakt zu bleiben und daraus seine Lebenskräfte zu saugen. Deshalb gebraucht jede geistige Kraft des Inneren auch ein äußeres Element. Die größte geistige Kraft des Inneren ist die Kunst. So hat auch die Kunst zwei Elemente: das innere und das äußere. [...] Die volle Harmonie des Kunstwerkes ist also das höchste Gleichgewicht des Inneren und des Äußeren, d. h. des Inhaltes und der Form. Deshalb sucht jeder künstlerische Inhalt nach seiner Form. So ändert sich die Form, da sie sich dem Innern des Künstlers anpassen muß. So ändert sich die Form, da sie sich dem Inhalt ihrer Epoche anpassen muß. [...] So treffen sich in jedem Werk zwei Stile: der der „Individualität" und der der „Schule". Das angefangene XX. Jahrhundert im Gegensatz zum vergangenen XIX., welches das des „Äußeren" war, ist das Jahrhundert des „Inneren". Das „verlorene" und wieder „gefundene" innere Leben bringt die schon vorhandene „neue" Kunst zum verlorenen Gleichgewicht der beiden Elemente: des inneren und des äußeren. Es entsteht eine „neue" Harmonie und Schönheit, die, wie immer, erst Disharmonie (Häßlichkeit) genannt wird. Diese Harmonie wird das vollkommene Anpassen oder in weiterer Folge Unterordnen des Äußeren (der Form) dem Inneren (dem Inhalt) sein mit Verzicht auf alle übrigen Rücksichten. Also auch auf die des „Naturellen". Da das innere Leben (wie jedes uns sichtbare Leben) plan- und zweckmäßig ist, so verlangt der Ausdruck dieses Lebens eine plan- und zweckmäßige Form. So ist schon heute die absolute Notwendigkeit der Plan- und

Zweckmäßigkeit, d. h. der Konstruktion, auch in der Kunst vollkommen klar. [...] So erreicht die Malerei die höhere Stufe der *reinen Kunst,* auf welcher die Musik schon einige Jahrhunderte steht. Diesem großen Ziel werden alle „Jungen" oder „Wilden" aller geistig großen Länder dienen. Und dieses Fortschreiten der Kunst kann keine Macht aufhalten. Jedes Hindernis ist diesem hohen Streben wie ein Flaum dem Sturm.[291]

Franz Marc

Was veranlaßt uns jungen Künstler, heute ausländische Werte in Deutschland einzuführen? Kann es etwas anderes sein als die Überzeugung, daß es wirkliche Werte sind, und zwar größere Werte, als momentan auf rein deutschem Boden zu gewinnen sind? Es ist unglaublich kurzsichtig, uns vorzuwerfen, wir folgten damit einem unpatriotischen Instinkte, der kindisch nach Ausländischem greift; als ob der Künstler Herr wäre über jenen rätselhaften Trieb, der seinen Ideen die Richtung und seiner Kunst den Stil gibt. Ein starker Wind weht heute die Keime einer neuen Kunst über ganz Europa, und wo gutes, unverbrauchtes Erdreich ist, geht die Saat auf nach natürlichem Gesetz. Der Ärger einiger Künstler der deutschen Scholle, daß gerade Westwind geht, wirkt wirklich komisch. Sie bevorzugen Windstille. Den Ostwind mögen sie nämlich auch nicht, denn von Rußland her weht es denselben neuen Samen. Was ist da zu machen? Nichts. Der Wind fährt, wohin er will. Der Same stammt aus dem Reichtum der Natur; und selbst wenn ihr ein paar Pflänzchen mit Füßen tretet oder ausreißt, so macht das der Natur gar nichts aus. Es ist nur etwas unkollegial und verrät auch eine traurige Anschauung über Kunst. Es gibt nur einen Weg der Verständigung: den ehrlichen Vergleich. [...] Dem von Lehrern übernommenen oder persönlich ersonnenen Rezept des malerischen Vortrags wird heute in Deutschland eine ganz lächerliche Bedeutung beigelegt. [...] Dieser Tatsache gegenüber bedeutet unsere, mit begreiflichem Unverständnis aufgenommene Bestrebung ein Zurückbesinnen auf den Urgrund künstlerischen Erlebens und Schaffens; wir fühlen uns hierin verwandt mit einigen französischen Kollegen und reichen ihnen lediglich darum unsere Hand. Ebenso ist unsere Liebe zu den Primitiven nicht eine Laune, sondern der tief sehnsüchtige Traum, das längst vergessene einfache Verhältnis vom Menschen zur Kunst wiederherzustellen. Welche schwere Aufgabe wir uns damit stellen, sind wir uns ebensowohl bewußt als der Wahrscheinlichkeit, dabei oft Fehlschritte und Umwege zu gehen wie Leute, die auf einen hohen Berg den ersten Pfad bahnen. Aber wir haben das große Ziel erkannt, und wir oder unsere Nachkommen werden es einmal erreichen. Alles übrige ist gleichgültig. Die liebe Kollegenschaft, die uns auf unserem dornenvollen Pfade noch beschimpft und verhöhnt, könnte sich bei der Versicherung beruhigen, daß sie uns in materieller Beziehung, für die sie so heißes Interesse zeigt, nicht zu beneiden hat.

Heinrich Nauen

Armes altes Bremen! Ich hatte von dir den Eindruck, du könntest dir nicht nur *einen* van Gogh leisten, sondern zum mindesten *sechs*.

August Macke

Die Kenntnis auch der fremden Kunst weitet den Blick und lehrt strengere Selbstkritik. Wo sind die Leute, die uns die Mittel verschaffen, durch Sehen zu lernen? Es sind nicht die Akademieprofessoren. Es sind viel eher die Museumsdirektoren, die Kunsthändler und die Kunsthistoriker, die uns ein weites Gesichtsfeld verschaffen können. Dic Arbeit dieser drei Stände wird sicher vom größten Teil der jüngeren Maler nicht so unverständig verkannt wie von den Protestlern. Der Museumsdirektor, verantwortlich für die Anwendung fremden Geldes, kauft nicht impulsiv wie der Sammler mit dem eigenen. Er geht zum Kunsthändler der Großstadt, der einen Kreis von Beratern um sich hat, die die Kunst leidenschaftlich lieben, Sammler, Maler und Kunsthistoriker, die seine Speicher besuchen, um zu sehen und zu prüfen. In der Zentrale des Kunstmarktes ist man doch schließlich sicherer, ein gutes Bild zu finden, wie abends beim Bier in der Künstlerkneipe. Für dieses vorsichtige Umgehen mit staatlichen und städtischen Geldern muß die Mehrzahl unserer Museumsdirektoren unglaubliche Bemerkungen gewisser immer schimpfender Maler und Zeitungskritiker hinnehmen. In köstlicher Naivität verkündet der alte von Perfall in der „Kölnischen Zeitung“: „Es ist jetzt bald genug, daß der deutsche Bürger sein Geld für solches Zeug hergibt.“ Ebenso unanfechtbar komisch wirkt es, wenn der Schleifchen- und Modemaler Erler vor Bildern von Greco sagt, der sei nur ein spanischer Maler zweiter Güte. [...] Als hervorragendste der Kunsthändler und Museumsdirektoren, die, frei von allem Kleinlichen, ihre Persönlichkeit eingesetzt haben für eine Förderung malerischer Kultur, sind wir Maler Paul Cassirer und Hugo von Tschudi zu großem Dank verpflichtet. Und auch alle andern, die unerschrocken und wahrhaftig nicht zu ihrem eigenen Vorteil für die Durchsetzung guter Kunst in Deutschland gekämpft haben, besonders die Leiter unserer Museen, haben sich dadurch den Dank einer jungen, aufstrebenden Generation verdient. Ebenso manche Kunsthistoriker und Kunstschriftsteller. Vor allem Meier-Graefe, der Vielgeschmähte, dessen Namen man in Gesellschaft gebildeter Deutscher nur mit Vorsicht nennen darf. [...] Unsere Alten haben geliebt, was sie wollten, sind nach Rom gefahren oder nach Paris, sooft sie wollten, und viele Akademieprofessoren finden sich wahrhaftig auch nicht unter den wahren Meistern deutscher Malerei. Wir brauchen in der Kunst volle Freiheit und keine Bezirksfeldwebel.

Wilhelm Worringer: Entwicklungsgeschichtliches zur modernsten Kunst

Die Krise, in der wir mit unseren Kunstvorstellungen und Kunsterwartungen stehen, kann nicht vertuscht werden: sie muß zur offenen und entschiedenen Aussprache führen. Von diesem Gesichtspunkt aus muß ich allerdings bedauern, daß die prinzipiellen Fragen in jener Tendenzschrift kaum ernsthaft behandelt werden [...] Denn es geht doch wohl nicht an, dem breiten Publikum, das in dieser Beziehung schon aus natürlicher Trägheit und aus Selbsterhaltungstrieb leichtgläubig ist, die willkommene Überzeugung beizubringen, es handle sich bei der angegriffenen Bewegung nur um ein sinnloses Spiel impotenter, sensationslüsterner Künstler, urteilsloser, der Modesuggestion unterlegener Kunstschreiber und abgefeimter Kunsthändler, die unter verhaltenen Lachausbrüchen den Profit aus dieser

Komödie ziehen. [...] Wo das unvorbereitete und entwicklungsträge Publikum nur Ausgeburten subjektiver Willkür und blöder Sensationsmache sieht und sehen muß, da empfinden wir das Entwicklungsgeschichtlich-Notwendige, da sehen wir vor allem eine Einheitlichkeit der Bewegung, die etwas Elementares an sich hat und vor der alles Subjektiv-Scheinende verschwindet. Ja, ich glaube nicht fehlzugehen, wenn ich die tiefste Wurzel dieses neuen künstlerischen Wollens gerade in der Überwindung des Subjektiv-Willkürlichen und nur Individuell-Bedingten sehe. Mit diesem unverkennbaren Drang zum Objektiven, zur zwingenden Vereinfachung der Form, zu einer elementaren Vorurteilslosigkeit der künstlerischen Wiedergabe, hängt jener Grundcharakter der neuen Kunst zusammen, den man als sinnlose Primitivitäts- und Kindlichkeitskomödie vor dem erwachsenen Europa lächerlich machen zu können glaubt. [...] Aus derselben Notwendigkeit heraus, aus der wir den jungpariser Synthetisten und Expressionisten ein williges Verstehen entgegenbringen, ist in uns ein neues Organ lebendig geworden für die primitive Kunst. Wie selbstverständlich erscheint es uns heute, daß der Stilcharakter dieser primitiven Kunst nicht durch ein unentwickeltes Können, sondern durch ein andersgerichtetes Wollen bedingt ist, durch ein Wollen, das auf großen elementaren Voraussetzungen beruht, wie wir mit unserem heutigen wohltemperierten Lebensgefühl es uns kaum ausdenken können. Wir fühlen nur dunkel, daß die groteske Unnatürlichkeit und die zwingende Einfachheit dieser primitiven Kunst (zwingend allerdings nur für die, die den Zwang einer Formung nicht mit dem Zwang der Illusionswirkung identifizieren) von einem stärkeren Spannungsgehalt des künstlerischen Ausdruckswollens herrühren, und wir lernen erkennen, daß es nicht nur ein gradueller, sondern ein genereller Unterschied ist, der zwischen unserem und dem primitiven Kunstschaffen liegt. Ein genereller Unterschied, der darin besteht, daß man den Wirkungsertrag, den man von der Kunst erwartete, nicht wie heute in der Auslösung sinnlicher oder seelischer Luxusgefühle, sondern in der Auslösung elementarer Notwendigkeitsempfindungen sah. Eine Beschwörung der Vieldeutigkeit der Erscheinungen: darin lag der Sinn, darin lag die Notwendigkeit, darin lag die Mystik dieser Kunst.

Ihr natürliches Element war die Synthese, um die wir heute wieder ringen, nachdem wir uns an der ganzen Ausschlürfung jener Vieldeutigkeit ermüdet haben. Wir können uns gewiß heute nicht künstlich auf das Niveau des primitiven Menschen zurückschrauben, aber was heute unterirdisch in uns drängt, das ist doch schließlich eine Reaktion nicht nur auf den Impressionismus, sondern auf die ganze vorhergehende Entwicklung, in der wir seit der europäischen Renaissance stehen und deren Ausgangspunkt und Richtung durch Burckhardts lapidares Wort von der Entdeckung des Individuums umfassend bezeichnet wird.[292] Der große äußere Erkenntnisreichtum der vergangenen Epoche hat uns arm zurückgelassen, und aus diesem Armutsgefühl heraus stellen wir heute wieder bewußt Forderungen an die Kunst, die sich mit denen in etwa decken, die der primitive Mensch naiv an sie stellte. Wir wollen wieder eine Suggestionskraft der Kunst, die stärker ist als die Suggestionskraft jenes höheren und kultivierten Illusionismus, der seit der Renaissance das Schicksal unserer Kunst ist. Um das zu erreichen, versuchen wir uns zu emanzipieren von jenem Rationalismus des Sehens, der dem gebildeten Europa als das natürliche Sehen erscheint und an dem man sich nicht versündigen darf, wenn man nicht als kompletter Narr hingestellt werden will. Um das zu erreichen, zwingen wir uns zu jener primitiven – durch kein Wissen und keine Erfahrung gebrochenen – Art des Sehens, die das schlichte Geheimnis der mystischen Wirkung primitiver Kunst ist. Den äußeren Symbolismus [...] wollen wir in das innerste Innere des Kunstwerkes zurückdrängen, damit er von hier mit elementarer Notwendigkeit ausstrahlt, befreit von jedem Dualismus von Form und Inhalt. Kurz, die primitive Art des Sehens, zu der wir uns zwingen, ist nur ein Mittel, den letzten elementaren Wirkungsmöglichkeiten der Kunst nahezukommen. [...]
Eine kurze Bemerkung noch zu dem äußeren Anlaß der ganzen Diskussion: zur Stellungnahme unserer Museumsleiter zu der neuen Bewegung. Das Problem für sie ist, kurz formuliert, folgendes: sollen sie nur gute Bilder kaufen, d. h. gute im Sinne des herrschenden Durchschnittsgeschmacks, oder sollen sie hier und da diese relative Güte opfern zugunsten des Entwicklungsgeschichtlich-Bedeutsa-

men, aber noch nicht durch den Mehrheitsgeschmack Sanktionierten? Die Frage wird für unsere Museen jetzt erst akut, weil sie selbst vor eine Entwicklungskrise gekommen sind und sich über den Weg entscheiden müssen. Entstanden sind sie ja als Luxusinstitute fürstlicher Höfe: Wagelust und Propaganda lag ihnen naturgemäß fern. Sollen sie diesen reifen, kulturgesättigten, rückwärtsgewandten Luxuscharakter behalten, oder sollen sie sich dem Rhythmus der Zeit anpassen und aus einem toten Entwicklungsherbarium zu einem lebendigen Entwicklungsinstrument werden? Sollen sie nur Geschichte registrieren, oder sollen sie selbst Geschichte machen? Ich denke, die Generationen nach uns werden von unseren Museen nicht nur wissen wollen, welches die Durchschnittsphysiognomie unserer Zeit war, sie werden vielmehr die Entwicklungsvorgänge kennenlernen wollen, die sich jenseits dieser Durchschnittsphysiognomie abspielten und die vielleicht gerade die feinsten und entscheidendsten waren.

Wilhelm Niemeyer: Die Kunst und der Kunstschriftsteller

Herr Vinnen überschätzt uns, so schmerzlich es sein mag, das zu gestehen. Niemals ist in Stilfragen der Ästhetiker führend, niemals hat er Einfluß auf die jüngere Künstlergeneration. [...] Daß aus Cézanne und van Gogh die jüngsten französischen Künstler, die Derain und Braque, Vlaminck und van Dongen, Matisse und Othon Friesz eine neue malerische Stilform ausgebildet haben, das wußten die jüngsten deutschen Künstler viel früher als die eiligsten Kunstschreiber. Denn sie brauchten darum nicht nach Paris zu gehen. Ihnen genügten flüchtigste Andeutungen, denn sie trugen die Ahnung und Vorbedingung dieses Neuen im eignen innern Formgefühl, als Kinder der Gegenwart, in denen die gleiche Kraft der Formlogik wirkt, die in den französischen Künstlern lebendig ist. Längst ehe die neue Malform in die literarische Diskussion trat, ist in Deutschland eine Malerei heraufgekommen, der französischen verwandt und doch wieder verschieden und national.

Richard Reiche: Rheinische und französische Künstler

Sollten ängstlich unsere Jungen die künstlerische Auseinandersetzung mit den Nachkommen jener großen Franzosen meiden, denen unsere Alten den Anstoß zu ihrem besten Schaffen danken? Auch für unsere junge Generation hegen wir nicht die Befürchtung, daß sie französischer Art erliegen werde, wir sehen vielmehr durch die innigen Beziehungen zu ihren Freunden in Paris unseren Künstlern eine Fülle der Anregungen aus gallischer Leichtigkeit, geistvoller Erfindung, feinster Empfindsamkeit erstehen, welche die Schwere deutschen Geblüts, das den bildenden Künstler oft zu unfruchtbaren Tiefen der Spekulation zu ziehen droht, in erfrischende Wallung versetzen. Wenn wir Vertrauen zu der sieghaften Kraft germanischer Kunstbegabung haben und neue Möglichkeiten tiefster künstlerischer Beseligung durch unsere Rasse erhoffen, dann müssen wir aus allen Gründen der Vergangenheit für die Gegenwart der deutschen Kunst eine Auseinandersetzung mit dem französischen Schaffen suchen, welches ein integrierender Bestandteil europäischen Kunstwillens ist, damit die nationale Kunst, nach der wir uns sehnen, groß und frei und weit werde.

Wilhelm Hausenstein: Mittelstandspolitik

Was verkündet man? Man beurteilt französische Maler. Man beurteilt deutsche Kunstschriftsteller. Man wird statistisch. Man organisiert Proteste. Und man ist in allen Registern deutsch. [...] Fritz Erler, der Mann mit der Kurve, und Carl Vinnen, der Niedersachse, finden es insbesondere smart, Meier-Graefe und den franzosenfreundlichen Kunsthandel in einem Atem zu nennen. Meier-Graefe hat es den siebeneinhalb Aufrechten[293] überhaupt angetan. [...] Meier-Graefe ist aber ein Schriftsteller, der eindringlich wie kein zweiter in die Genealogie der modernen Malerei hineingesehen hat. [...] Meier-Graefe hat freilich das Unglück, glänzend zu schreiben. Wäre seine Sprache akademisch, so wäre er vermutlich einwandfrei. Aber nun ist er anders. Und daher vermöbelt man ihn. Man nimmt sich die Mühe nicht, das zu erwerben, was er bietet. [...] Wenn unsere Künstler begreifen wollten, daß auch ihr Schaffen in der sozialökonomischen Gesamtkultur unserer Zeit wurzelt! Daß selbst der Stil einer Kunst mit der sozialökonomischen Struktur der Zeiten korrespondiert! Dann würde der Protest, der jetzt nur ein Durcheinander vager Empfindungen bedeutet, sich zu einer positiven Waffe, zu einer Zukunft bereitenden Handlung verdichten.

Walter Cohen

Ich möchte nur erfahren, warum die angegriffenen Männer immer nur dann sich blamieren, wenn es sich um neue Kunst handelt. Was Tschudi in München über die Altniederländer, Swarzenski in Frankfurt über frühmittelalterliche Kunst, Pauli in Bremen über die deutschen Kleinmeister veröffentlicht haben,[294] war alles so vortrefflich, durchdacht und einleuchtend, daß ich Männern von solcher Geistesklarheit, solchen Verdiensten um die Forschung wahrlich mehr Widerstandskraft gegen diese infamen Kunsthändler, von denen man jetzt so viel spricht, zugetraut hätte. Aber vielleicht ist ihnen diese Kenntnis längst vergangener und doch so lebendiger Kunstperioden auch nur „suggeriert" worden. [...] Es tritt eine immer noch wachsende Anzahl von Kunsthistorikern offen für die von der zünftigen Kunstkritik mit den allerherbsten Worten, ja mit Beschimpfungen überschütteten Maler der Neuen Künstlervereinigung München, der Brücke, der Neuen Secession und für abseits stehende verwandte Talente ein. Sie nehmen hier ein Anknüpfen an große, verlorengegangene Traditionen wahr, ein oft fast erbittertes Ringen um Gesetzmäßigkeit der Form und um den nun schon so lange vergessenen Reiz der Lokalfarbe. Und es sind wahrlich nicht reintheoretische Erwägungen, die für diese Haltung bestimmend sind. Seit langer Zeit zeigt sich hier wieder ein Wollen, das nicht an der Naturabschrift oder an altmeisterlichem Eklektizismus Genüge findet, das wie die Kunst der großen Meister der Kunst des fünfzehnten und sechzehnten Jahrhunderts einen strengen Linienrhythmus oder die Leitung glühender Farbenlavaströme in das Bett ruhevoller Farbenkomposition anstrebt. Den besten dieser jungen Maler fehlt, um Erfolge auch bei einem kunstfreundlichen und gutwilligen Publikum zu erzielen, nichts, als daß sie die Bedingungen des Staffeleibildes, das sie unterschätzen und an das sie

doch gebunden sind, besser zu verstehen lernen. Oft scheint mir, daß in diesen Kreisen – trotz Greco – die Errungenschaften des siebzehnten Jahrhunderts, des Jahrhunderts von Rembrandt, Frans Hals und Velasquez, den Urvätern fast aller großen Meister des modernen Naturalismus, zu gering eingeschätzt werden.
[...] Sehe ich etwa die Tierbilder des Bayern Franz Marc, die jetzt im kunstfrohen Barmen einen so starken Eindruck auf die rheinischen Kunstfreunde machen, oder Heinrich Nauens wagemutige Landschaftsgemälde, so habe ich das lebhafte und starke Gefühl, daß sich hier ohne viel Lärm und Aufheben eine Kunst vorbereitet, der mit „Protesten" ebensowenig beizukommen sein wird wie – den Galeriedirektoren.

Paul Cassirer: Vom unwissenden Künstler

Ich frage mich, was bekämpft Herr Vinnen? Daß schlechte Werke berühmter Meister nach Deutschland importiert werden? [...] Ist nun Herr Vinnen wirklich der Meinung, daß Herr Direktor Pauli das Bild, das er so teuer bezahlt, für eine flüchtige Studie hält, der diese drei seltsamen Dimensionen – Zeichnung, Farbe und Stimmung – fehlen.[295] Das ist doch nicht ganz glaubhaft. Festzustehen scheint nur, daß Vinnen dieses Bild für schlecht und Dr. Pauli es für gut hält. Also richtet sich der Protest Vinnens in diesem Falle augenscheinlich dagegen, daß Dr. Pauli eine andere Meinung von dem Bilde hat als er, und er wendet sich an die deutschen Künstler mit der Bitte, sie möchten gegen das Bild, das sie nicht kennen, protestieren. [...] Nach meiner Schätzung beträgt die Einfuhr französischer Impressionisten nach Deutschland im Durchschnitt noch keine halbe Million Mark. [...] Meine Schätzung ist ziemlich genau. Nach allem, was Herr Vinnen schreibt, wird der Eindruck erweckt, daß es sich um viele Millionen handelt. Glaubt Herr Vinnen, daß die wirkliche Summe überhaupt von Belang ist für den deutschen Kunsthandel? Es wäre traurig um den deutschen Künstler bestellt, wenn diese minimale Summe irgendeinen Einfluß auf die materielle Lage der deutschen Künstler hätte. [...] Aber was will es nun sagen, wenn Herr Vinnen, der weder den Kunstmarkt noch die Galerien der Amateure kennt, sagt, nach Deutschland kä-

men alte Atelierreste von Manet, Sisley und Pissarro [...] Ist die „Lisa" von Renoir ein Atelierabfall? Sind der „Bon Bock", der „Desboutin", die „Dame in Rosa", der „Hafen von Bordeaux" von Manet Atelierreste?[296] [...] Solange er nicht sorgfältiger seine Behauptungen stützt, wird wohl selbst der Fernstehende sich der Überlegung nicht verschließen, daß doch die meisten Amateure große Kaufleute sind, Leute, die nicht in Berlin und nicht in Schrimschroda angenagelt sind, deren Gesichtskreis wohl bis Paris reicht und die sich da wohl erkundigt haben werden, ob sie wirklich von „Kunstjobbern" bestohlen werden. Herr Vinnen als Vormund dieser großen Kaufleute! [...]
Das einzige, was mir schließlich im Gedächtnis haftenblieb, ist seine Sorge um die Zukunft der Jugend. Das ist nicht meine Sache. Ich will ihm nicht auf das ästhetische Gebiet folgen. Aber ich glaube nicht, daß man die Jugend durch Proteste lenkt. Ich denke, diese Jungen, die längst die Kinderschuhe ausgetreten haben, werden sich ihren Weg selbst suchen, und als Führer werden sie wohl niemanden nehmen wollen als die, die sie lieben. Und sie lieben eben weder Vinnen noch die Künstler, die mit unterschrieben haben, lieben vielleicht nicht einmal Menzel, und lieben vielleicht nicht die, die zu lieben gerecht wäre. Aber mit der Jugend ist es halt eine eigene Sache. Wer die Jungen gängeln will, der scheint mir kein weiser Mann zu sein. Ich habe es noch nicht gesehen, daß sich ein Junger seinen Lehrer hat aufdrängen lassen. Die Jungen wollen lieber in ihr Unglück rennen auf ihre Art als an der Hand Vinnens in ihr Glück.

Alfred Walther Heymel

Wir [...] benutzen die Gelegenheit, zum erstenmal öffentlich ein Bekenntnis abzulegen. Wir können uns unser heutiges Verhältnis zur Kunst nicht ohne Meier-Graefe denken. Er hat viele unserer Generation gezwungen, sich vor den Bildern der Meister so lange Mühe zu geben, bis wir sie verstehen. [...]
Der jüngere Max Beckmann weist mit vielen anderen die Bevormundung der jungen Malergeneration zurück, die selbst stark genug sei, ihren richtigen Meister zu finden. [...] Die Jüngsten, Kandinsky, Marc u. a., sprechen über ihre malerischen Absichten, und Fritz Erler wird sich hier

ganz besonders über die Pflege des Primitiven freuen können. [...] Wir danken Otto Modersohn aufrichtig, daß er die Ehre Worpswedes rettet, und freuen uns vor allem, daß Wilhelm Trübner die Unterschrift unter einen Blankowechsel [...] zurückgezogen hat. Ihm scheint es wie Georg Biermann gegangen zu sein, der auch nicht gewußt hat, was er eigentlich unterschrieb.[297]

2. Neue Kunst und neue Persönlichkeiten (Marc – Beckmann)

Franz Marc: Die neue Malerei

Die denkwürdigsten Jahre der modernen Kunstentwicklung bleiben die neunziger Jahre des vergangenen Jahrhunderts, in denen der französische Impressionismus sich in seinem eigenen Feuer verzehrte, während aus seiner Asche sich phönixgleich ein Schwarm neuer Ideen erhob, Vögel mit bunten Federn und mystischen Schnäbeln. Es entstand in der Kunst eine Spannung ohnegleichen; sie tötete den starken, armen van Gogh; Gauguin flüchtete nach Tahiti; Seurat blieb der Welt die schönsten Werke schuldig; Cézanne allein blieb stark und ganz groß und schuf als Mittler zweier Zeiten doch vollkommene Werke; wie muß er gelitten haben an dieser Aufgabe! Der kluge Matisse umging die Gefahr, ein Charakter ähnlich wie Hodler. Die beiden beachten die Gewissensnot ihrer Zeit nicht, sondern zeigen ihr, wie sie schnell und einfach gesunden könnte. Sie sehen nicht weit in die Zukunft und unterschätzen den Charakter der Jungen, deren Weg heute steinig und schwer zu finden ist. Diese gingen auch nicht lange mit Matisse und Hodler, sondern scharten sich um Picasso, den Kubisten und logischen Exegeten Cézannes; denn in dessen zauberhaften Werken liegen latent alle Ideen des Kubismus und der neuen Konstruktion, um welche die neue Welt ringt. [...] Wir suchen heute unter dem Schleier des Scheines verborgene Dinge in der Natur, die uns wichtiger scheinen als die Entdeckungen der Impressionisten und an denen diese einfach vorübergingen. Und zwar suchen und malen wir diese innere, geistige Seite der Natur nicht aus Laune oder Lust am anderen, sondern weil wir diese Seite *sehen*, so wie man früher auf einmal violette Schatten und den Äther über allen Dingen „sah". Das Warum können wir für jene sowenig bestimmen wie für uns. Es liegt in der Zeit. [...] Unter den Verständigen und Vorurteilsfreien geht der Streit nur um *Qualität*. [...] Ich glaube, daß nur wenige unsrer unfreundlichen Gegner mit derselben Sehnsucht und Tatkraft wie wir die Welt nach Künstlern absuchen, die den modernen Ausstellungen eine „Qualität" zuführen, die auch den Widerwilligsten auf die Knie zwingt. Wer andrerseits ist der Richter, der sich unterfängt, laut zu entscheiden, ob wir nicht die eine oder andere Qualität in unseren Reihen haben? [...] *Jede Zeit hat ihre Qualität.* [...] Glaubt man denn im Ernste, daß wir neuen Maler unsre Formen nicht aus der Natur holen, sie nicht der Natur abringen, so gut wie jeder Künstler aller Zeiten? Es gibt kaum eine lächerlichere und verständnislosere Form, unsre Bestrebungen abzutun, als ebendiese: uns Hochmut und Kälte vor der Natur vorzuwerfen. Die Natur glüht in unseren Bildern wie in jeder Kunst. Nur ein Auge, das nicht sehen will und sich auch vor jeder historischen Kunsterinnerung verschließt, kann uns so gröblich mißverstehen. [...] Gegenüber der Welt der Philister haben wir eine Kampfesweise, die uns vor *ihr* sicher zum Siege hilft: wir werden vor ihr einen solchen Reichtum von Bildern aufstellen, daß sie bald kleinlaut wird und verstummt. Woher wir diesen Reichtum nehmen? Von allen Enden der Welt! Die Kunst selbst kommt uns zu Hilfe; sie zeigt uns täglich, daß wir mit unseren Ideen und Bildern nur Werkzeug eines großen, neuen Wachstums sind, das sich überall regt, an Orten und in Ländern, die nie einen Picasso oder Cézanne gesehen; der Wind führt die neuen Ideen über die Länder. Es hilft nichts, sich dagegen zu wehren; unsere Kinder kommen damit auf die Welt; und die Kinder werden gegen die Väter zeugen. Und die Einsichtigen? Warum wollen sie die Kunst in Bahnen zwingen? Können sie den freien Winden ihre Bahnen vorschreiben? Sie können sich höchstens Schutzhütten bauen, Akademien, die einem frierenden, alternden Geschlechte Zuflucht gewähren; die Jungen werden immer wieder ihre

Brust im Winde baden. Oder ohne Bild gesprochen: Natur ist überall, in uns und außer uns; es gibt nur etwas, das nicht ganz Natur ist, sondern vielmehr ihre Überwindung und Deutung, und dessen Kraft von einem *uns bekannten* Stützpunkte ausgeht: die Kunst. Die Kunst war und ist in ihrem Wesen jederzeit die kühnste Entfernung von der Natur und der „Natürlichkeit", die Brücke ins Geisterreich, die Nekromantik[298] der Menschheit. Unverständnis und Angstgefühl vor ihren immer neuen Formen verstehen wir – Kritik nicht.

Max Beckmann: Gedanken über zeitgemäße und unzeitgemäße Kunst

Im letzten Heft des „Pan" spricht Herr Marc über eine Malerei, welche er nicht ohne Selbstbewußtsein die neue nennt. Ich entsinne mich zufällig, von Cézanne, den er als besonderen Schutzpatron anruft, ein Wort zu kennen, das gar nicht recht zu diesem Aufsatz passen will. [...] „Ich habe den Mangel an Plastik und Tonwerten nie gewollt und werde mich nie damit befreunden, das ist ein Nonsens. Gauguin war kein Maler, er hat nur chinesische Bilder gemalt."[299] [...] Aber auch wenn Cézanne nichts dergleichen gesagt hätte, steht es doch in seinem ganzen Werk geschrieben, daß seine Begabung im wesentlichen koloristisch war [...]. Ich selbst verehre in Cézanne ein Genie. [...] Seine schwachen Sachen unterscheiden sich wenig von einer geschmackvollen Tapete oder einem Gobelin, während seine guten Bilder durch die größere Sachlichkeit und dadurch bedingte räumliche Tiefe herrlich sind [...]. Da ist der Baum nicht nur eine geschmackvolle Arabeske oder eine Konstruktionsidee [...] sondern auch noch Organismus an sich, an dem man die Rinde spürt, die Luft, die ihn umgibt, und das Terrain, in dem er steckt.
Wie komisch ist es überhaupt, so viel von Kubismus oder Konstruktionsideen zu reden. Als ob nicht in jedem guten Bilde alter und neuer Zeit eine Konstruktionsidee, meinetwegen sogar auf kubischen Wirkungen berechnet, stäke. Nur ist es gerade die große Kunst, diese gewissermaßen prinzipielle Konstruktionsidee so zu verstecken, daß die Komposition wieder ganz natürlich und dabei doch

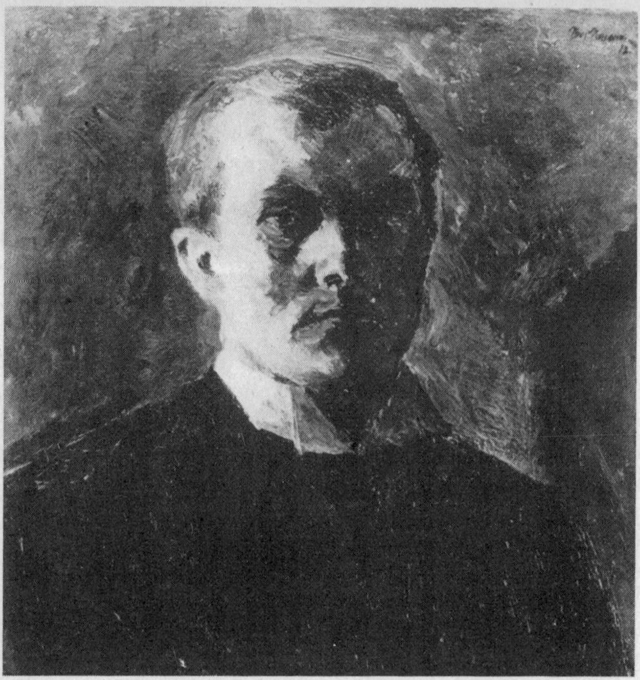

80. Max Beckmann: Selbstbildnis. 1911, Öl

rhythmisch und ausgeglichen, im guten Sinn konstruiert, wirkt. Das ist das Schwächliche und zu Ästhetische dieser sogenannten neuen Malerei, daß sie den Begriff einer Tapete, eines Plakates nicht mehr von dem eines „Bildes" unterscheidet. Gewiß, auch ich kann beim Anblick einer schönen Tapete angenehme, wenn ich will und gerade in der Stimmung bin, auch mysteriöse Gefühle haben. [...] Aber es ist ein sehr ernster Unterschied zwischen diesen Gefühlen und denen, die man vor einem Bilde hat. Bei dem einen habe ich ein ganz allgemeines ästhetisches Behagen, was mir auch ein schönes Kleid, ein guter Schrank oder Leuchter verschafft. Das Bild aber suggeriert mir ein individuelles, organisches Weltganzes. [...] Etwas gibt es, was sich bei jeder guten Kunst wiederholt. Das ist die künstlerische

Sinnlichkeit, verbunden mit der künstlerischen Gegenständlichkeit und Sachlichkeit der darzustellenden Dinge. Wenn man diese aufgibt, gerät man unweigerlich auf den Boden des Kunstgewerbes. [...]
Auch ich will nun einmal von Qualität reden. Qualität, wie ich sie verstehe. Den Sinn nämlich für den pfirsichfarbenen Schimmer einer Haut, für den Glanz eines Nagels, für das künstlerisch Sinnliche, was in der Weichheit des Fleisches, in der Tiefe und Abstufung des Raumes, nicht nur in der Fläche, sondern auch in der Tiefe liegt. Und dann vor allem in dem Reiz der Materie. Den Schmelz der Ölfarbe, wenn ich an Rembrandt, Leibl, Cézanne denke, oder die geistvolle Struktur des Striches bei Hals. Dann möchte ich noch einmal auf eine der Anpreisungen dieser Kunst zurückkommen, nämlich die, diese Malerei immer als die neue hinzustellen. Ich halte Gauguin nicht für einen erschütternden Erneuerer, aber immerhin für eine geschmackvolle Persönlichkeit, die es verstanden hat, aus Cézanne und Insulanermotiven eine für den Augenblick amüsante Dekoration zu komponieren. Schwächlich finde ich sein Anlehnungsbedürfnis an alte primitive Stile, die in ihrer Zeit organisch aus einer gemeinsamen Religion und einem gemeinsamen mystischen Volksbewußtsein herausgewachsen sind. Schwächlich, weil er nicht fähig war, aus unserer Zeit heraus mit all ihren Unklarheiten und Zerrissenheiten Typen zu bilden, die uns Heutigen das sein könnten, was denen damals ihre Götter und Helden gewesen sind. Matisse ist ein noch traurigerer Vertreter dieser Völkerkunde-Museumskunst, Abteilung Asien. Nur daß er auch dies schon wieder aus zweiter Hand von Gauguin und Munch nimmt. Wie ich zu dem Kubismus eines Picasso stehe, habe ich oben bereits auseinandergesetzt. Was ist also neu an dieser Kunst? Man könnte sie höchstens als renoviert bezeichnen, wenn auch nicht mit allerzweckmäßigstem Material. Aber es ist ja die alte Geschichte. [...] Auch bei Böcklin sah man keine andere Möglichkeit, als ihn nachzuahmen, wenn man nicht als unmodern oder akademisch verschrien sein wollte. [...] Wo waren damals Leibl, Corinth oder Liebermann? Arme gedankenlose, rohe oder nüchterne Menschen, die vom neuen Heil der Kunst nichts wissen wollten. Und sie existieren merkwürdigerweise doch noch.

Es ist ja verständlich, daß sich die Herren berufen fühlen zu siegen, denn nichts wirkt im Augenblick sicherer als eine möglichst große Anzahl von Leuten, die sich zu ein und derselben Tendenz zusammengetan haben. […] Wenn diese vereinigten Scharen für Kunst und Kunstgewerbe erst noch weitere zehn Jahre ihre Gauguintapeten, Matissestoffe, Picassoschachbrettchen und sibirisch-bajuvarische Marterlnplakate[300] fabriziert haben werden, greifen sie sich vielleicht eines Tages verwundert an die Stirn, weil sie bemerken, daß nun wirklich *neue Persönlichkeiten* existieren, die, ach, doch immer so gar nicht modern, so gar nicht zeitgemäß waren. Ich sage mit Willen *neue Persönlichkeiten,* denn das ist das einzig Neue, was es gibt. Die Gesetze der Kunst sind ewig und unveränderlich, wie das moralische Gesetz in uns.[301]

Franz Marc: An Wassily Kandinsky (März 1912)

Im „Pan" Nummer 17 ist eine Erwiderung von Max Beckmann, – unglaublich schwach und gedankenlos; schade! Denn mit dem kann man nicht ernsthaft diskutieren. Ich schrieb Cassirer um kurze Erwiderung, die er kaum drukken wird, und bat, vor allem meinen Artikel 2 als Erwiderung zu drucken.

Wassily Kandinsky: An Franz Marc (21. 3. 1912)

Beckmann's „Erwiderung" ist schon wirklich sehr schwach. Dies nennt man russisch, einen Brei im Kopf zu haben. Noch besser wäre: italienischer Salat.

Richter – Berlin: Maler-Kritiker. Eine Erwiderung

Im selben Heft […] spricht Herr Maler Max Beckmann „nicht ohne Selbstbewußtsein" über eine Kunst, die er als die einzig erlaubte hinstellen möchte, nämlich über seine eigene. […] Meinung gegen Meinung, Herr Beckmann. Oder stützen Sie sich auf Autoritäten? War es vielleicht Herr Paul Cassirer? […] Dann haben Sie wohl auch aus derselben Quelle die schon etwas verbrauchte Behauptung, daß wir zwischen dem „Begriff eines Plakates" – was Sie so darunter verstehen – „und dem eines Bildes nicht unterscheiden"? Daß Sie als Maler den Unterschied nicht selbst gefunden haben, entschuldigt sich vielleicht damit, daß Sie selbst keinen gemacht haben. Vor zwei, drei Jahren las ich in der Zeitung (wenn ich nicht irre, Stahl im „Tageblatt"), der Maler Beckmann habe auf der Sezession (alte) ein Plakat für eine Schaubude ausgestellt; ich glaube, der Titel war: „Der Untergang von Messina".[302] Ich habe allerdings seinerzeit keinen Unterschied zwischen diesem Plakat und Ihren Bildern finden können. „Wie komisch ist es überhaupt." Da habe ich mich früher gewundert, bei Ihnen nie etwas wie Kompositionsidee zu finden, und nun schreiben Sie: „Es ist gerade die große Kunst, die Kompositionsidee zu verstecken." [...] Nein, Herr Beckmann, man kann nicht mit allgemeinen Redensarten beweisen, daß Absichten und Ansichten anderer solche sind.

Franz Marc: Anti-Beckmann

Es macht den Eindruck, daß Herr Beckmann meine Ausführungen kaum recht gelesen hat. Zum Belege kann ich fast jede Zeile heranziehen; so z. B. die Erzählung von Cézannes Urteil über Gauguin, das mir wohlbekannt ist. Ich habe aber nicht Gauguin, sondern Picasso und seinen Kreis als Nachfolger Cézannes bezeichnet. Picassos ganzes Werk geht im unablässigen Studium von „Plastik und Tonwert" auf, das auch Cézannes Leitstern war. Und wie ist es nur möglich, als Maler von „Matisse-Stoffen" und „Picasso-Schachbrettchen" zu reden! Diesen Ton könnte Herr Beckmann ruhig den Herren von Ostini, Eßwein und Konsorten überlassen. Jedenfalls sehe ich, daß mein aufrichtiges Bemühen, die Diskussion „auf eine förderliche Basis zu stellen, damit sie mit männlicherem Verstand und mehr Sachkenntnis geführt wird", nichts gefruchtet hat. [...] Nein, Herr Beckmann, Qualität erkennt man nicht am Glanz des Nagels oder am schönen Schmelz der Ölfarbe; mit *Qualität* bezeichnet man die *innere* Größe des Werkes, durch die es sich von Werken der Nachahmer und kleinen Geister unterscheidet. Leibls Werke haben Qualität – die Werke seiner Nachfolger meist nicht, da der Geist nicht hinter ihnen steht. Und die alte Geschichte mit dem Kunstgewerbe! Ich werden von heut ab alle Kritiker in Schutz nehmen; die

Professionsmaler sind ja um kein Haar besser. Nein, wirklich, hier kann man nicht nutzbringend diskutieren. Da verstände ich selber noch besser, mich zu widerlegen; statt dessen suchte ich aber lieber meinen ersten Artikel durch einen folgenden zu ergänzen, in dem ich über die konstruktiven Ideen der neuen Malerei sprach.

Franz Marc: Die konstruktiven Ideen der neuen Malerei

Die Kunst des Volkes und der Künstler wurde in einem kleinen Sarge zu Grabe getragen: der Kamera. Dagegen setzt heute gleichzeitig eine ganz neue, in der Kulturwelt universale Bewegung ein, der alle Künste unterliegen. Diese Bewegung nimmt, soweit sie heute überhaupt historisch zu fassen ist, eine umgekehrte Richtung als alle früheren, in denen das Wollen und Können zu immer größerer Übereinstimmung mit dem äußeren Naturbilde strebte, das mit seinem hellen Tageslichte die geheimnisvollen und abstrakten Vorstellungen des Innenlebens verscheucht. Im Gegensatz hierzu strebt die neue Bewegung auf einem anderen Wege zurück zu den Bildern des Innenlebens, das die Forderungen der wissenschaftlich faßbaren Welt nicht kennt. Wir sagen mit Nachdruck: auf einem *anderen* Wege, denn soweit die neuen Maler nur die Ausdrucksformen der ihnen wesensverwandten Primitiven wiederholen, bereiten sie vielleicht den Boden und leiten zu Neuem über, aber geben unserer Zeit nichts Positives an neuen Werten. Aber der neue Weg ist heut schon begangen, und jeden Tag brechen sich zu ihm neue Künstler ihre Bahn. Sprach man früher von der „Göttlichkeit“ der Kunst, so kreisen heute die Ideen um das tiefe Problem, die Gesetzmäßigkeit dieser göttlichen Wirkungen zu erforschen und den Eigengehalt von bis jetzt noch fast ganz unerkannten Gesetzen zu zeigen, den jedes Kunstwerk versteckter oder offener enthält; und zwar stimmen diese Gesetze durchaus nicht überein mit den Gesetzen unserer Naturwissenschaft. Die künstlerische Wirkung eines gemalten Aktes hat nicht das geringste mit den wissenschaftlichen Bildungsgesetzen einer Figur zu tun; sie *kann* ihnen äußerlich folgen, sie *muß* aber durchaus nicht. Ja, man entdeckte, daß die reinkünstlerische Wirkung meist stärker ist, wo die wissenschaftlichen Bildungsgesetze nicht gewußt oder ignoriert werden. Dieser Widerstand gegen die naturalistische Form entspringt nicht etwa einer Laune oder Originalitätssucht, sondern ist vielmehr das Begleitmoment eines viel tieferen Wollens, von dem unsere Generation durchglüht ist: Dem Drang nach Erforschung der metaphysischen Gesetze, den bisher fast nur die Philosophie praktisch kannte. [...] Volkskunst, d. h. Gefühl im Volke für künstlerische Form, kann erst dann wieder erstehen, wenn der ganze Wirrwarr von verdorbenen Kunstbegriffen des 19. Jahrhunderts aus dem Gedächtnis der Generationen getilgt ist; die großen Werke, die das Jahrhundert hervorgebracht hat, sind wie alle großen Werke unverletzlich. Aber wohl nicht alle werden bleiben, die heute noch in höchster Schätzung stehen. Daß z. B. ein gutes Bild von Sisley uns künstlerisch ergreift, beruht natürlich darauf, daß Sisley als Künstler jene tiefere Gesetzlichkeit der Bildform instinktiv erfaßte; aber zuweilen gelang ihm dies in der Befangenheit seines pleinairistischen Programms, das ihn verwirrte, auch nicht; und manchem seiner Zeitgenossen erging es ähnlich. Man erschrickt vor der Leere dieser Bilder, die nur dem „Scheine der Natur" nachgebildet sind.

In diesem Gedankengange sind die oft schwierigen Unterscheidungsmerkmale von „starken" und „schwachen" Bildern zu suchen. Sehr instruktive Beispiele liefert zu diesem Thema die japanische Kunst. Ein mit ihr innig Vertrauter könnte kein glücklicheres Material von Beispielen und Gegenbeispielen finden, um eine Dogmatik des „Seelenstaates"[303], der seine eigenen Gesetze und Organisationen hat, aufzubauen. Heute liegen, soweit ich es zu übersehen vermag, nur zwei Versuche vor, die Grundlagen einer solchen Dogmatik zu schaffen. Einmal das geistreiche Buch von *Wilhelm Worringer,* Abstraktion und Einfühlung, das heute die allgemeinste Beachtung verdient und in welchem von einem streng historischen Geiste ein Gedankengang niedergeschrieben wurde, der den ängstlichen Gegnern der modernen Bewegung einige Beunruhigung verursachen dürfte.[304] Das andere, „Über das Geistige in der Kunst", ist von dem *Maler W. Kandinsky* geschrieben; es enthält Ideen zu einer *Harmonielehre der Malerei,* in der die uns heute faßbaren Gesetze über die Wirkungen von Formen und Farben formuliert werden und zugleich in seinen Bildern die lebendigste

Gestalt gewonnen haben. [...] Es ist ungeheuer schwer, ohne Bildmaterial dem Laien einen Begriff von dem Sinn der konstruktiven Ideen in der neuen Malerei zu geben; vielleicht versteht man mich, wenn ich damit anfange, daß unsere konstruktiven Ideen so ungefähr das *Gegenteil vom „Stilisieren"* sind; um von vornherein dem unheilvollsten Mißverständnisse zu begegnen, das diese beiden Begriffe zusammenzuwerfen liebt. Es geschieht dies wirklich und leider auch von „modernen" Malern und Plastikern. Um durch Stilisieren seiner Kunst resp. seiner eigenen Armut auf die Beine zu helfen, stellt man sich vor die gütige, immer geduldige Natur und hobelt und biegt an ihr herum, bis das Bild den ersehnten modernen Schnitt hat; es ist Pseudo-Kunst, mit der wir uns nicht auseinanderzusetzen haben. Der echte Künstler ging zu allen Zeiten von konstruktiven Bildideen (der Inspiration) aus, die so alt sind wie die Kunst selbst; neu ist ihre heutige, nackte *Anwendung,* die keinen „Fremdkörper" im Bilde leidet, von denen die Kunst unserer Vorgänger zuweilen wohl zuviel hatte. Dies ist die „große Umwälzung" – in Dingen der Kunst, allerdings groß genug, um diesen Titel zu verdienen; denn es bedeutet nicht mehr und nicht weniger als die kühne *Umkehr alles Gewohnten.* Man hängt *nicht mehr am Naturbilde,* sondern *vernichtet* es, um die mächtigen Gesetze, die hinter dem schönen Scheine walten, zu zeigen.

3. Falsche Futuristen (Pechsteins Pech)

Berliner Korrespondenz: Pechsteins Pech *oder* Das Unheil der Futuristen

Berlin lacht! Es hat wieder einmal Anlaß zu riesengroßer Schadenfreude. Man kennt die Futuristen, man weiß, daß ihre Kunst den einen als heiligste Offenbarung, den andern als Zeichenversuche des kleinen Moritz erscheinen. Diese letzteren haben sich nun mit den ersteren einen köstlich gelungenen Spaß erlaubt. Einige junge Maler in Barmen, die noch zur „alten Richtung" gehören, machten sich einen Ulk daraus, Futuristengemälde zu „malen". Sie klitschten die verworrensten Farben auf die Leinwand, hunderterlei Sinnlosigkeiten, den absichtlichsten Wahnsinn. Diese „Gemälde“ sandten sie mit einem Brief, in dem sie sich als begeisterte Futuristen vorstellten, dem Führer der Futuristen, dem Maler M. *Pechstein*, ein und baten ihn um sein Urteil und um seine Protektion bei der bekannten Futuristenzeitschrift „Der Sturm“, deren Redaktion er diese Gemälde zur Reproduktion empfehlen sollte. Und siehe – der Futuristenführer erkannte die – Dupierung nicht; er sandte dem Barmener Künstler postwendend folgendes Schreiben:

Berlin-Friedenau, Offenbarerstr. 1

Sehr geehrter Herr! Danke Ihnen für den Beweis, daß sich überall die Kräfte regen. Es gefallen mir Ihre Arbeiten (!) und werde dieselben H. Walden, Herausgeber des Sturm geben, *damit er einiges verwendet* (!). Werde mich sehr interessieren, gelegentlich einmal Bilder zu sehen. Herbst dieses Jahres stelle eine Kollektion Zeichnungen für eine *Ausstellung* in einem Museum zusammen, und werde Ihnen dann nach Barmen schreiben, etwa 10 Arbeiten dafür zu geben (!).

Hochachtung

M. Pechstein

Der anerkannte Führer des Futurismus erlag also einer plumpen Mystifikation – ein Beweis, wie unsicher selbst bei den Futuristen das Gefühl für die von ihnen propagierten „neuen Werte“ ist, wenn sie eine absichtliche Verhöhnung nicht von einer Offenbarung unterscheiden können. Die Kunstwerke der Barmener Künstler, die Herrn Pechstein gefielen, sind jetzt im Schaufenster einer Berliner Zeitungsredaktion ausgestellt und – Berlin lacht!

Münchner Neueste Nachrichten: Redaktionelle Notiz

Zu dieser Notiz schickt uns nun ein Freund Pechsteins, der Maler Franz Marc in Sindelsdorf bei Penzberg, eine Erwiderung. Marc gehört dem Kreise des „Blauen Reiters“ an, ist also, wenn auch kein „Futurist“[305], so doch ebenfalls ein Maler, der noch sehr an die Zukunft zu appellieren hat.

Franz Marc: Erwiderung

Der Ulk, den Barmer Künstler sich mit Max Pechstein erlaubt haben, läßt sich auch von einer anderen Seite ansehen als nur von der lächerlichen und schadenfrohen. Durch eine geschickte Fälschung einen ehrlichen, offenen Künstler zu täuschen, ist nicht schwer. Werden schon Kunsthistoriker unausgesetzt mit Fälschungen düpiert, trotz alles historischen Rüstzeuges, das ihnen zu Gebote steht – wie soll ein Maler auf den Gedanken einer Fälschung kommen, wenn ihm Kollegen mit ehrlichem Gesicht Arbeiten zeigen, deren ganzen Ideengehalt und äußere Form sie von kühnen italienischen Künstlern übernommen haben, um zu düpieren. Als Herr van Volberth aus Barmen Herrn Pechstein die bewußten Zeichnungen sandte, waren futuristische Bilder in Deutschland überhaupt noch nicht gezeigt worden, und Pechstein nahm an, die merkwürdigen Zeichnungen seien wirklich das ehrlich gewollte Erzeugnis der Barmer Künstler, die zudem von einer begeisterten Anhängerschaft am Futurismus wohlweislich nichts verlauten ließen.[306] Daß ferner Pechstein nicht „Futuristenführer" ist, sollte bekannt sein. Seine Kunst steht dem Futurismus ganz fern. Zieht denn nun niemand den einzig möglichen und wichtigen Schluß, daß wenn jemand wie Pechstein diese Zeichnungen interessant und anregend fand, dies ein überraschender Beleg für die Kraft futuristischer Gedanken ist, die auch durch Nachahmungen hindurch ihren Ideenwert behalten und anzuregen vermögen? Es ist ein großer Irrtum zu glauben, daß Kopien und Fälschungen immer ohne Kunst- und Anregungswert sein müssen, Anregungen aber geben die Jung-Italiener uns Deutschen unbedingt, pro et contra. Wir werden diesen italienischen Neuerern noch Dank wissen, daß sie mit malerischen Ideen hervorgetreten sind, die zu äußern Mut und Kraft gehört und die die Deutschen sicher in irgendeiner Form ihrem Denken assimilieren werden. Das Gelächter, das man vor ihnen anstimmt, gleicht sehr dem bekannten Lachen des Bauern und ist billiger als Nachdenken. Pechstein hat dieses Nachdenken bewiesen, indem er auch jene Zeichnungen nicht belächelte, sondern ihnen den Weg in die Öffentlichkeit zu ebnen suchte.

4. Die Gesellen des Idiotismus (Für Kandinsky)

Kurt Küchler: Kandinsky (15. 2. 1913)

Bei Louis Bock & Sohn hat wieder einmal einer jener unglückseligen Monomanen ausgestellt, die sich für die Propheten einer neuen Malkunst halten. Wir sind schon mehrfach mit guten ästhetischen Gründen gegen die unsinnige Theorie dieser Leute und gegen ihre ganze Pfuscherei zu Felde gezogen, daß wir heute diesen Russen Kandinsky rasch und ohne Aufregung erledigen können. Wenn man vor dem greulichen Farbengesudel und Liniengestammel [...] steht, weiß man zunächst nicht, was man mehr bewundern soll: die überlebensgroße Arroganz, mit der Herr Kandinsky beansprucht, daß man seine Pfuscherei ernst nimmt, die unsympathische Frechheit, mit der die Gesellen vom „Sturm", die Protektoren dieser Ausstellung, diese verwilderte Malerei als Offenbarungen einer neuen und zukunftsreichen Kunst propagieren, oder den verwerflichen Sensationshunger des Kunsthändlers, der seine Räume für diesen Farben- und Formenwahnsinn hergibt.

Schließlich aber siegt das Bedauern mit der irren, also unverantwortlichen Malerseele, die, wie ein paar frühere Bilder erweisen, vor der Verdüsterung schöne und edle malerische Formen schaffen konnte: gleichzeitig empfindet man die Genugtuung, daß diese Sorte von Kunst endlich an den Punkt gelangt ist, wo sie sich glatt als den Ismus offenbart, bei dem sie notwendig landen und stranden mußte, als den Idiotismus.

August Macke: An Herwarth Walden (19. 2. 1913)

Schade, daß ich das erbauliche Schriftstück nicht Sonntag hatte, jetzt kann ich unmöglich zu all den Leuten gehen. Es sind außerdem nicht viele. Nach meinen Erlebnissen (am Sonntag vor Bildern von Kölschbach) muß ich schon sagen, daß ich es als eine direkte Ehre ansehe, als Idiot angesehen zu werden. Ich habe das früher nie so bewußt als unumgänglich notwendig angesehen. In „Kunst und Künstler" schrieb neulich Direktor Pauli auch so mitleidig über Kan-

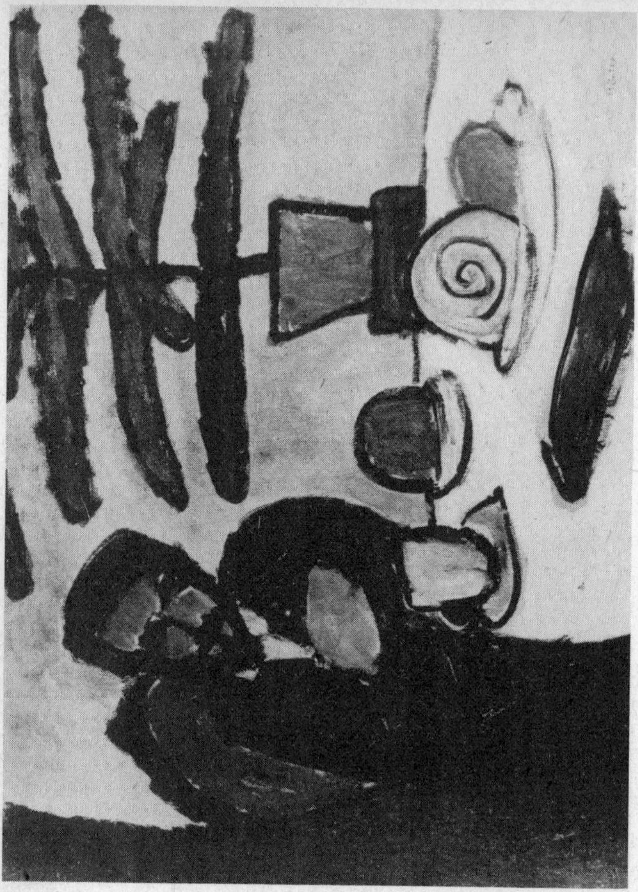

81. Gabriele Münter: Mann am Tisch (Wassily Kandinsky). 1911, Öl

dinsky und Picasso.[307] Also so stehen wir. Hier die Hoffnung des Jahrhunderts Beckmann, Rösler, Brockhusen, Cassirer, Lehmbruck, Meier-Graefe, Corinth, Pauli etc. – Dort die Idioten Kandinsky, Picasso, Marc, Kokoschka, Nolde, Delaunay, Heckel, Rousseau, Matisse, Walden, Däubler. Hurrah ich werde blödsinnig!

Herwarth Walden: An Robert Delaunay (25. 2. 1913)

Ich schickte Herrn Apollinaire ein Protestschreiben in Sachen Kandinsky, das Sie und Ihre Freunde auch unterschreiben sollten. Bitte veranlassen Sie doch die schleunigste Rücksendung. Ich brauche das Material.[308]

Franz Marc: An Wilhelm Hausenstein [?] (20. 2. 1913)[309]

Beiliegend den Protest mit unseren Unterschriften zurück. Ich finde ihn doch ganz berechtigt; jedenfalls sehe ich keinen Grund, hier Waldens Vorgehen durch Nichtbeteiligung zu lähmen. In einem Punkt verstehe ich Sie nicht: W. scheint mir unbedingt ein Recht zur Klage zu haben.

Für Kandinsky

Richard Dehmel

Lassen Sie dieses Kurt Küchlein doch piepsen; für solche Hühnergehirnchen zerbricht sich Kandinsky wohl nicht den Kopf.

Georg Swarzensky

Außergewöhnlich scheint mir nur der Artikel in seiner Form in der Vorliebe für ehrenkränkende Beleidigungen, mit denen der Künstler und der Kunsthändler bedacht werden, hiergegen sollte zwar nicht der Künstler – denn nach meiner unmaßgeblichen Meinung widerspricht das etwas der Würde des Künstlers –, wohl aber der betroffene Kunsthändler mit allen Mitteln energisch vorgehen.

Wilhelm Hausenstein

Es ist ganz im allgemeinen gewöhnlich, chauvinistische Instinkte zu reizen. Es ist doppelt gewöhnlich, wenn ein Herr, der beansprucht, als Kunstkritiker betrachtet zu werden, einen Fremden, der wie Kandinsky mit allem Takt die Gastfreundschaft Deutschlands genießt, mit einem eignen Ton als „diesen Russen" der nationalen Verachtung anempfiehlt. [...] Die Sache ist übrigens typisch. Vor wenigen Tagen hat ein Herr Fahrenkrog in Barmen [...] die Höhe der deutschnationalen Noblesse und des kritischen Scharfsinns erklommen, indem er die Münchener Maler Alexei von Jawlensky und Wladimir von Bechtejeff als „Polacken" qualifizierte. (Weshalb nicht lieber gleich als Juden? Es ist übrigens sehr vergnüglich zu sehen, daß dieser Jargon gerade auf zwei Maler loshagelt, die in den feudalsten russischen Regimentern Offiziere gewesen sind – Personen, vor denen, wären sie Deutsche, mancher malende und kritisierende Untertan bei uns instinktiv innerlich strammstehen würde. Die Vorstellung hat uns amüsiert.) [...]
Ich schätze mich glücklich, mit Kandinsky persönlich bekannt zu sein. Bevor ich ihn persönlich kannte, hatte ich ein lebhaftes abstraktes Interesse für seine Arbeiten. Sie gefielen mir und reizten mich. Seit ich ihn persönlich kenne, verbindet mich noch mehr mit ihm: ein ganz konkretes menschliches Vertrauen zu seinen künstlerischen und moralischen Gesinnungen und eine hohe persönliche Achtung vor seiner den Dingen des Lebens überlegenen, differenzierten, dabei ruhigen und einfachen Intelligenz. Er ist ein Mensch, an den ich glaube. [...] Als ich Kandinsky kennenlernte, war ich von nichts so verblüfft wie von seiner unbedingten Duldsamkeit. Ich hatte mir immerhin einen Radikalen gedacht: einen Prinzipiellen, einen Gewaltsamen. Das erste, was er mir sagte, war die einfache Bemerkung, daß er seine Kunst für etwas höchst Relatives halte. [...] Es ist, wie ich glaube, in Kandinsky mancherlei Didaktisches – vielleicht sogar ein gewisses Gefühl für das Recht des Akademischen, ein gewisses Vorwalten der künstlerischen Intelligenz. Aber diese Persönlichkeit ist viel zu komplex, um damit bezeichnet zu sein. Mit diesem Rationalismus ist eine Fülle der irrationalsten Sinnlichkeit verbunden [...]. Und

schließlich ist es auch wieder verkehrt, zu meinen, Kandinskys Malerei sei vollkommen ungegenständlich. Sie ist ohne physisches Motiv. Aber sie ist nicht ohne geistiges Motiv. [...] Was er malt, das ist am Ende nicht rein abstrakt, sondern es ist darin viel Übersetzung irrationaler seelischer Empfindungszustände und Assoziationen in farbige Äquivalente, die eine bestimmte Stärke, eine bestimmte Breite, eine bestimmte Höhe haben. Ein Ausdruck voll von Verhältnissen und von Ordnung.

5. Alte und neue Kunst[310]

Hugo von Tschudi: Vorwort zum Katalog der aus der Sammlung des Kgl. Rates Marczell von Nemes-Budapest in der Kgl. Alten Pinakothek zu München 1911 ausgestellten Gemälde

Und wie die Galerien machen auch die Sammler an der Schwelle der neueren Kunst halt. Nicht nur das, sie stehen gerade ihren lebensvollsten Erscheinungen ablehnend, vielfach feindlich gegenüber. Das ist subjektiv eine bedenkliche Erscheinung. Denn sie regt den Zweifel an, ob solche Sammler auch in der alten Kunst wirklich das Künstlerische empfinden, oder ob sie darin nur den antiquarischen Reiz oder die Sicherheit als Anlage-, oder die Möglichkeit als Spekulationswert schätzen. Objektiv aber ist eine starke Schädigung der modernen Produktion damit verbunden, der gerade die kapitalkräftigsten Kunstfreunde verlorengehen. Denn so paradox es klingen mag, aus der alten Kunst führen nur schwer gangbare Wege zu der Kunst unserer Tage. Der umgekehrte Weg ist der natürliche.

Es ist das zweifellose Verdienst des Pleinairismus und des Impressionismus, mit den neuen und kühnen Problemen, die sie stellten, der modernen Malerei neben erbitterten Feinden ebenso leidenschaftliche Freunde geschaffen zu haben. Auf alle Fälle hat sich das Interesse der Gebildeten in bisher ungewohnter Weise der künstlerischen Produktion der Gegenwart zugewendet. Von hier aus eröffneten sich dann plötzlich unerwartete Perspektiven auf die alte

Kunst. Von Manet aus fiel ein neues Licht auf Velasquez und Goya. Mit der Bewunderung für Cézanne erwachte das Verständnis für Greco. Wie Grecos oder Velasquez' künstlerische Wirkung auf ihre Zeit gewesen war, läßt sich heute nicht mehr nachweisen. Aber wir können sicher sein, daß diese Meister auf uns nicht nur anders, sondern auch intensiver wirken. Schon durch das Ausschalten des gegenständlichen Interesses. [...] Was sich [...] ihrer Malkunst als feinste zukunftsreiche Blüte loszuringen suchte, mögen wohl sie selbst, von ihren Zeitgenossen aber sicher nur wenige besonders begnadete Nachempfinder geahnt haben. Uns ist das leichter gemacht worden. Dank der schöpferischen Tätigkeit unserer modernen Meister – freilich nur der Größten unter ihnen –, die uns die Erkenntnis langverborgener Entwicklungsmöglichkeiten vermitteln. Weder die bösen Kunstschreiber noch die bösen Kunsthändler haben je diese Pfadfindertätigkeit ausgeübt, sondern lediglich Künstler. Das liegt in der Natur der Sache. Denn nur diejenigen Gegenden der alten Kunst treten für uns in eine neue Beleuchtung, deren heimliche Tendenzen auch in dem Schaffen unserer Zeit nach Ausdruck ringen. Die Träger dieser Bewegung sind aber eben die Künstler, mögen die Ästheten dann die gewonnene Wissenschaft auch dem Publikum übermitteln oder kluge Händler ihre Spekulation darauf gründen.

Wilhelm Bode: Die „Neue Kunst"

Es ist gegangen wie mit allem Neuen: es hat sich durchgesetzt und sich einen Platz zu verschaffen gewußt. Kaum hatte sich der Sturm gelegt, [...] da raste der „blaue Reiter" mit seiner Ausstellung durch die deutschen Städte, da entstand die neue Sekte der „Kubisten", es folgten die „Futuristen", die „Expressionisten" e tutti quanti. [...] Mit Philosophie, mit sogenannter Philosophie ist diese neue Kunst ja überhaupt zur Welt gekommen; mit Philosophie ist sie großgepäppelt, von Maler-Philosophen wird sie gerechtfertigt, erklärt und gefeiert. [...] lange Abhandlungen und dicke Bücher haben sie in dem Sinne geschrieben und schreiben lassen, die „Kunstreferenten" aller Blätter, die auf wahre Bildung halten, beten ihre Weisheit nach, und bis auf

die Straßen sind sie durch die Sandwichmen[311] des „blauen Reiters“ verbreitet worden. [...] die Jugend ist ihnen schon zum großen Teil zugefallen, und nicht wenige von den reichen Kunstfreunden und vor allem von Kunstfreundinnen, die etwas auf sich halten und ihre Geldbeutel für Kunst und Künstler öffnen, haben sich in diese neue Kunst hineinzusehen versucht oder hineinreden lassen. [...]
In dieser „neuen Kunst“ tritt das Streben unserer demokratischen Zeit nach Abbruch der lästigen Schranken von Religion und Moral, nach immer stärkerer Nivellierung, nach Unterdrückung der Eigenart und selbständiger Charaktere, das Verschwinden des Qualitätssinnes und dafür das Triumphieren der Mittelmäßigkeit und der Roheit in besonders starker, abschreckender Weise zutage. Die alte Ästhetik ist aufs äußerste verpönt, die Forderung der Schönheit für die Kunst wird für eine Lächerlichkeit erklärt, die „neuen Ästhetiker“ konstruieren eine „neue Schöne“, die man im Häßlichen, im Gemeinen entdeckt haben will; ja man feiert sie als „neue Religion“, deren höchster künstlerischer und sittlicher Ausdruck diese „neue Kunst“ sein soll. Gerade unter der Jugend unserer Kunsthistoriker hat sie manche Anhänger, darunter solche, die an der Spitze von Museen stehen, welche mit reichen Mitteln ausgestattet sind. Diese sehen ihre Aufgabe in der Förderung der neuen Kunst durch Ankäufe für ihre Sammlungen und vernachlässigen dadurch die Sorge für die echte alte Kunst. [...]
Was hat die Kunst mit diesen Philosophen zu schaffen? Wie kann sie sich von der Natur abwenden wollen! Wie kann eine Richtung in der Kunst sich für lebensfähig halten, die sich zum Ziel setzt, die Natur zu reformieren, die völlig unverständlich ist, selbst mit den weitläufigsten, spitzfindigsten Erklärungen, die einen eigenen Kodex zum Lesen ihrer Bilderschrift verlangt! Sie mag für eine kleine Sekte gelehrter und bekehrter Gläubiger eine Zeitlang den pikanten Unterhaltungsstoff bieten, für den einfachen Kunstfreund bleibt sie unverständlich und abschreckend.

Franz Marc: Zur Kritik der Vergangenheit

Um die Kräfte und Werte in der Welt zu vermitteln, bedienen wir uns seit alters her mit immer gesteigerter Geschicklichkeit eines unglaublich mangelhaften Systems, nämlich unsrer zwei- und dreidimensionalen Mathematik, die sich auf einem durch die sogenannten *„Zahlen"* maskierten Trugschluß aufbaut. Zweimal zwei ergibt in Wahrheit niemals vier. Wenn wir von 4 Äpfeln zwei fortthun, bleiben nicht 2 Äpfel, sondern wieder 4, da wir keinen Ort haben, auf den wir zwei Äpfel legen können, daß sie nicht mehr da sind. Dieser vielleicht sophistisch[312] klingende Einwand zielt auf den Kern der Sache – der imaginäre Begriff von *„Besitz"* und *„Größe"* baut sich auf demselben Trugschluß auf wie die Subtraktion und Addition und Dimension, alles Werte, Gesetze, die man in den Sand geschrieben hat und die der Weltenwind verweht. Es gibt keine Naturgesetze, sondern nur Übereinkünfte der Menschen. [...] Alles ist eins, Raum und Zeit, Farbe, Ton und Form sind nur Anschauungsweisen, die der sterblichen Struktur unsres Geistes entstammen. Raum ist eine von uns gedachte Projektion des Seins, Zeit ist eine Berechnung des Seins, in die wir den Begriff „Gegenwart" als imaginäre Größe einführen. Der Tote kennt nicht Raum und Zeit und Farbe, oder nur soweit er in der Erinnerung der Lebenden noch *„lebt"*. Er selbst ist erlöst von allen Teilempfindungen. Mit dem Tode beginnt das eigentliche Sein, das wir Lebende unruhvoll umschwärmen wie der Falter das Licht. Die Sehnsucht nach dem unteilbaren Sein, nach Befreiung von den Sinnestäuschungen unseres ephemeren Lebens ist die Grundstimmung aller Kunst. Ihr großes Ziel ist, das ganze System unsrer Teilempfindungen aufzulösen, ein unirdisches Sein zu zeigen, das hinter allem wohnt, den Spiegel des Lebens zu zerbrechen, daß wir in das Sein schauen. Es gibt keine soziologische oder physiologische Deutung der Kunst. Ihr Wirken ist durchaus metaphysisch. Hier scheint ein Widerspruch zu lauern. Aber daß künstlerische Werke Farben- und Raumgefühle wecken, daß die Musik die rhythmische Zeitenfolge des Geschehens zeigt, ist wiederum nur unsre Aperzeption[313], die sterblich ist, kunstfremd, Verfälschung des Immanenten der Kunst. Aus diesen Gedanken leiten wir die Ideen unsrer Kunst ab.

Ein Schritt zur künstlerischen Einheit ist es schon, wenn wir uns nicht mehr ausschließlich auf unsre Augen verlassen, ihnen sogar sehr mißtrauen und an Stelle des Augensinns uns von Wärmeempfindungen, Gehöreindrücken etc. beim Malen leiten lassen. [...] Heute dröhnt die Welt unter der Schöpfung neuer Formen; alles zittert unter der Arbeit der wunderbaren Maschinen. Es gibt neue Bewegungen, neue Rhythmen, neue Formen, die Welt hat sich bis zum kleinsten Gegenstand verändert; und all dies vollzog sich in atemloser Schnelligkeit. Nun treten, wie zu allen Zeiten, Maler auf den Plan, die es als Selbstverständlichkeit ansehen, sich dieser neuen Formen malerisch bedienen zu dürfen; ja sie denken gar nicht soweit. Ihr Auge begeistert und schult sich am Weltbild; es sieht an Stelle des alten Ornaments den Winkel, und seine Hand malt so. Er braucht nicht Maschinen zu malen – er kann und wird innerlich sogar etwas ganz anderes wollen; aber sein Werk trägt äußerlich den Stempel der Maschinendynamik und Chemie. Wie ist es nur möglich, daß dieselben Menschen, die sich nicht über Dürers Arabesken oder die gothischen Gewandfalten zu wundern scheinen[314], wütend werden über Dreiecke, Scheiben- und Röhrenformen unsrer Bilder? Müssen diese nicht voll sein von Drähten und Spannungen, von den wunderbaren Wirkungen des modernen Lichtes, von dem Geist der chemischen Analyse, die die Kräfte zerlegt und eigenmächtig verbindet? Das alles ist die äußere sinnliche Form unsrer Bilder. Es ist ungemein nötig, daß dies einmal ausgesprochen wird. Aus vielen Gründen. Man muß die Stillen im Lande von dem Glauben befreien, als könnten die Kritiker oder z. B. der Herr Bode einen gegründeten Anlaß haben, den äußerlichen Stil unsrer Bilder mit allen möglichen Schimpf- und Spottnamen zu belegen. Vielleicht dämmert es doch dem oder jenem, daß unsre Bilder gar nicht so unverständlich, „unentzifferbar“ sind. In Paris fällt man förmlich über Picasso-Motive. Das Warenhaus und die moderne Beleuchtungsscenerie drängen uns das simultané von Delaunay geradezu auf. Daß ein Chemiker und Analytiker nicht einmal für die äußere Erscheinungsform Kandinskyscher Bilder Verständnis hat, ist mir völlig schleierhaft. Wahrscheinlich steckt in Kandinsky ein größerer Analytiker als in allen diesen Herren. Und nun gar die Futuristen! Unser modernes Leben und Denken ist so durch und durch futuristisch vom Telefon bis zu den X-Strahlen – Nun haben sie mich; so viele, die das lesen, freuen sich diebisch; nun haben wir ihn: platt, platt; das ganze Geistige, das Abstrakte ist erlogen; nein, meine Herren, es ist nicht erlogen; ich zeigte Ihnen bescheiden das Äußerliche, Zeitliche, Vergängliche an unsrer Kunst – nur das. Ich zeigte Ihnen unser instinktives, aber offensichtliches Bemühen, uns mit dem Weltbild von heute malerisch auseinanderzusetzen, um unsre künstlerische Offenheit zu zeigen; um zu zeigen, daß wir genau so um das Weltbild unsrer Zeit ringen wie die Impressionisten um das ihre. Und das *Geistige*, das wir so feierlich prophezeiten? [...] *materielle Formen* können für die Sehenden *abstrakte* Bedeutung erlangen. Eine solche Bedeutung besteht nie *„an sich"*, sondern immer nur für den Sehenden.

Karl Scheffler: Die Jüngsten

Da die neue Malergeneration über den Impressionismus nicht mehr legitim hinaus konnte, so blieb ihr kaum etwas anderes übrig, als zu den neuen auf Gesamtkultur zielenden Bestrebungen Beziehungen zu suchen. Sie taten es als gehorsame Söhne des Zeitgeistes, indem sie das Dekorative des Impressionismus gesondert ausbildeten. Daß sie dabei von neuer Klassik, seelischer Ausdruckskunst, Monumentalität, Rhythmus, Synthese, Bildkomposition und anderen hohen Dingen sprachen, daß sie verkündeten, nun erst käme die wahre Malerei herauf, ist menschlich verständlich. [...] Überall wird das Bild infolge dieses Einflusses mehr und mehr zum Teppich, zum Gobelin, zur Tapete, zum Glasfenster, zum Mosaik, zum Buchschmuck oder zum beziehungslosen Ornament. Es wird immer mehr Flächendekoration. Und das wird nicht einmal als Verarmung empfunden, sondern als Bereicherung. Da jedes Ornament, jede Kurve sogar, geheimnisvoll wirkt, wird vor den neuen Bildornamenten tiefsinnig von einer neuen Ausdruckskunst gesprochen. [...] Die deutschen Maler der neuen Generation unterscheiden sich von den französischen Genossen, wie sich die deutsche Malerei überhaupt von der französischen unterscheidet. Ihnen fehlen die klassischen Traditionen, ihnen fehlt das Louvre. Darum wirken ihre Tendenzmalereien so leicht roh, darum erscheinen ihre Bildornamente oft so ungerechtfertigt. [...] Mit mehr Kraft tritt aus dem

Getümmel sodann Marc in einigen seiner assyrisch beeinflußten Tierdarstellungen hervor; und an Lebendiges rührt zuweilen ein Maler wie Erbslöh mit seinen statuarisch komponierten Akten. In der Produktion Kandinskys versinkt das neue Wollen dann ganz im Dogmatischen.

August Macke: An Herwarth Walden (30. 11. 1913)

Ich lese [...] weniger begeistert „Kunst und Künstler“: Ich hatte einige saugrobe Briefe an den feinen Herrn aufgesetzt. Ich lasse ihn aber nun ruhig seinem Publikum meinen Aufsatz abdrucken. Der ist so sachlich, daß er sich selbst blamiert.

August Macke: Das neue Programm [315]

Die Spannung zwischen den Dingen in der Natur bewegt uns. Wir reagieren auf diese Spannung, indem wir sie zu formen suchen. Das Leben ist unteilbar. Das Leben im Bilde ist unteilbar. Das Leben im Bilde ist die gleichzeitige Spannung verschiedener Teile. Die Lebendigkeit einer Spannung nimmt ab, je gleichartiger die Teile und Gruppen des Ganzen werden. Das Tropfen oder Rauschen einer Wasserleitung. Eine angestrichene Leinwand. Die Lebendigkeit einer Spannung wächst mit der Ungleichförmigkeit der Einzelteile und Gruppen. Eine Sonate von Mozart. Ein Stilleben von Renoir oder Cézanne. Ausschnitte aus alten Bildern zeigen meist ruhige Übergänge. Die Einzelspannungen gehen mit der Gesamtspannung meist in ruhigem Kontrast zusammen (es giebt natürlich Ausnahmen, z. B. Greco). Das Raumbildende farbiger Kontraste im Gegensatz zum einfachen Helldunkel scheint mir von Delacroix und den Impressionisten zuerst in seiner ganzen Bedeutung für die Lebendigkeit des Bildes erkannt worden zu sein. Seitdem wird immer versucht, dieses Mittel zur einheitlichen Gestaltung des Bildraumes zu verwenden. Bei Pissarro und Signac z. B. sind die Kontrastgruppen vorhanden. Aber sie sind bei ihnen unter sich gleichartiger, mehr nebeneinander geordnet, wie die Buchstaben auf einer gedruckten Seite, so daß ein fast grauer Eindruck der Gesamtheit entsteht. Bei Cézanne sind die Kontrastgruppen zu ei-

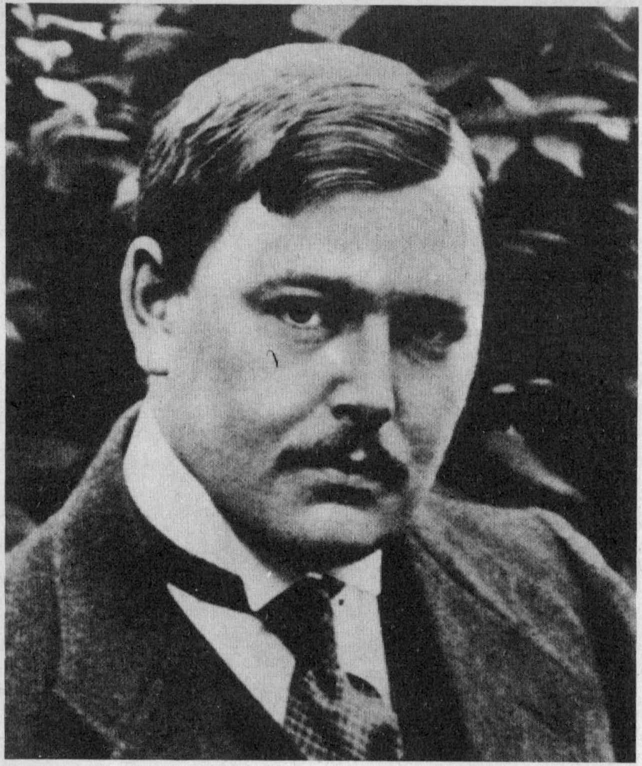

82. August Macke um 1913

nem gleichzeitigen Ganzen gebändigt, so daß der Eindruck mehr der geschlossenen Einheit einer einzelnen Initiale gleicht.
Eine Eigentümlichkeit der „neuen" Bilder ist, daß man in allen Ausschnitten Kontrastgruppen findet, entweder farbige, ein aufeinanderprallendes Rot-grün-gelb oder mehr formale, aufeinanderprallende Flächen, Kanten. Die meisten neuen Bilder scheinen mir so aufgebaut zu sein, daß der scharfe Gesamtkontrast aller Kontrastgruppen das Kompositionsmittel ist, im Gegensatz zu einem ruhigen Zusammenfluten ruhiger Kontrastgruppen bei früheren Bildern.

Ich glaube, in dem Streben, durch den Kontrast das Leben im Bilde aktiver zu gestalten, sind sich die meisten der „neuen“ Maler ähnlich bei aller Verschiedenheit der Einzelinteressen. Picasso läßt die altmeisterliche Ruhe seiner Frühbilder und sucht die lebendige Spannung, die er aus farbig wenig kontrastreichen Flächen aufbaut. Die Bewegung in seinen Bildern ist ein gleichzeitiger Ruck aufeinanderprallender Flächen. Matisse entwickelt die impressionistischen Mittel auf seine Art zu einer freien ausdrucksvollen Gestaltung eines Natureindrucks. Es gelingt ihm nicht immer, der Farbe die Tiefe zu geben, so daß die Farbe zweidimensional bleibt. Delaunay arbeitet ohne Helldunkel die farbigen Kontrastgruppen so zusammen (oder vielleicht besser gesagt: er arbeitet sie auseinander, aber zu einer Einheit), daß in seinen Bildern eine heftige Vor- und Rückwärtsbewegung entsteht, eine Bewegung, die er in absolut realistischen Bildern ebenso gestaltet wie in Dingen, bei denen die Bewegung Selbstzweck wird. Er gibt die Bewegung selbst, die Futuristen illustrieren die Bewegung (wie die Japaner die Bewegung des Regens illustrieren, die Höhlenmenschen eine laufende Renntierherde, oder wie Wilhelm Busch den betrunkenen Meyer illustriert[316]). Sobald ein Futurist die Bewegung im Bilde erreicht, ist er gut.
Übrigens ist man auch manchem alten Bilde geneigt, alles Frömmelnde, Pathetische, Feudale oder Gemütliche als illustrative Beigabe zu kennzeichnen, unter der die einfache Gestaltung des Lebendigen leidet, sobald der Maler sich mehr für dieses Illustrative interessiert. Es giebt manche Stelle auf manchen Bildern des XV., XVI., XVII. Jahrhunderts, die falsch ist und oberflächlich. Eine falsche Lasur, aber eine gute Bauernkirmeß. Das Kunstempfinden hat sich aller Kunst gegenüber geändert. Und zwar sehr schnell. Seit wann schätzt man die Ägypter, die Frühgriechen, die frühchristlichen und romanischen Maler, die Chinesen und die exotische Kunst als wirkliche große Kunst? Vor kurzem noch entschuldigte man sie alle, daß sie es nicht besser konnten. Damit man mir aber nicht Freude am Primitiven vorwerfe, will ich bekennen, daß ich Giotto, die Sienesen, die Kölner Meister, die frühen Flamen, die Schule von Ferrara, manchen holländischen Stillebenmaler, Manet, Renoir und noch vieles andere außerordentlich liebe, indem ich

die Empfindlichkeit für das „Lebendige“ sehe. Das Lebendige braucht sich nicht immer mit Naturnachahmung zu decken. Ich glaube, daß nicht viele „Kunstfreunde“ die Ansicht teilen, die Herr Geheimrat Bode kürzlich bei einem Angriff auf die „neue Kunst“ äußerte, die Kunst sei Naturnachahmung. Es war der Drang nach lebendigem Ausdruck, der gothische Kirchen gebaut hat, der Mozartsche Sonaten und auch Negertänze samt den dazugehörigen Masken geschaffen hat, ohne Erlaubnis der Kunstkritiker. Und so wird es, denke ich, noch lange bleiben.

VIII. HERBSTSALON UND FRÜHJAHRSREISE

1. Der Erste Deutsche Herbstsalon

Nell Walden: Aus meinen Erinnerungen an Herwarth Walden und die „Sturmzeit“

Diesmal ging es nach München, wo wir ankamen wie der lebendige STURM, wie Marianne von Werefkin, die russische Malerin in der Blauen Reitergruppe, feststellte. Am 5. März kamen wir in München an. An der Bahn hatten sich die „Blaue-Reiter“-Künstler fast vollzählig eingefunden. Wir gingen rasch ins Hotel und waren nachher die ganze Nacht im Café Odéon zusammen. Nächsten Tag, einem Sonntag,[317] waren wir in Schwabing, wo wir Kandinsky und Gabriele Münter besuchten. Sie bewohnten eine reizende kleine Atelierwohnung mit schönen Bildern an den Wänden. In Kandinskys Atelier befand sich auch ein Harmonium. [...] Der Montag sah uns schon in Sindelsdorf, wo wir bei Franz Marc und seiner Frau Maria zu Gaste waren. Auch hier ein reizendes Künstlermilieu in einfach ländlichem Stil. Franz Marcs schöne Tierbilder an den Wänden und Maria Marcs selbstgewobene, buntfarbigen Decken und Teppiche. Am 9. März fuhren wir nach Frankfurt a. M. weiter.

August Macke: An Herwarth Walden (21. 3. 1913)

Also, Köhler übernimmt die Garantie in Höhe von 4000 M unter der Bedingung, ungenannt zu bleiben. Vielleicht sprechen Sie denn sofort mit Appollinaire und Delaunay über die Vertretung der Pariser Kunst. Ich denke, es ist vor allen Dingen auch wichtig, mit Matisse und Picasso zu ver-

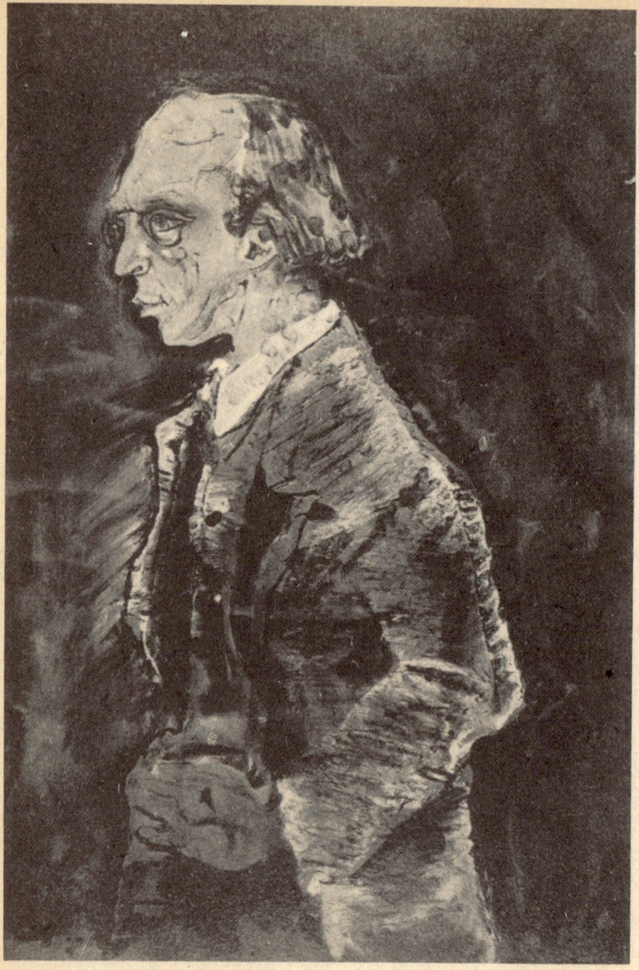

83. Oskar Kokoschka: Herwarth Walden. 1910, Öl

handeln. Keiner der in diesem Berliner Herbstsalon ausstellt, darf bei Cassirer ausstellen. Über Einzelheiten können wir ja noch sprechen! Ich werde Marc sofort auch schreiben. Das Wichtigste ist, daß wir sofort die Hauptkräfte auf unserer Seite haben. Sie werden das schon machen. Mir macht es Freude, daß die Sache so gedreht ist.

Franz Marc: An Wassily Kandinsky (2. 4. 1913)

[...] Hier finde ich die interessante Nachricht vor, daß der Herbstsalon durch Walden in den Lepke-Räumen auch finanziell gesichert ist, ich soll den financier nicht nennen, also nehmen wir alles als angenehmes fait accompli.[318] Die Sache gelang durch August Macke. Die Franzosen scheinen alle mitzuthun. Gedächtnisausstellung Henri Rousseau geplant, Matisse und die Kubisten. Jeder wird ca. 3–4 Bilder haben können, aufgrund persönlicher Einladungen, über die wir uns mit Walden unschwer einigen werden. Die Sache steht meine ich ziemlich so, daß Sie und ich für die Münchner verantwortlich sind, August-Walden-Delaunay für die Berliner und Franzosen; das kann uns auch ganz angenehm sein. [...]
Ich traf Kubin in München, sagte ihm von dem Herbstsalon; natürlich begeistert, aber noch mehr von unsrer Bibelidee.

Franz Marc: An Alfred Kubin (27. 4. 1913)

Herbstsalon im „Sturm" (in schönen Räumen) ist gesichert. Wir richten einen graphischen Saal ein, wesentlich Sie und Klee, Glasbilder von uns etc.

Paul Klee: Tagebuchaufzeichnungen (1913)

Walden plant einen Herbstsalon zu Berlin, und ich soll da zusammen mit Kubin ein graphisches Kabinett erhalten! Franz Marc verrät außerdem noch, daß Köhler[319] Geld gibt und daß er selber hängen wird. Sein Sammetauge glüht bei dieser Mitteilung.

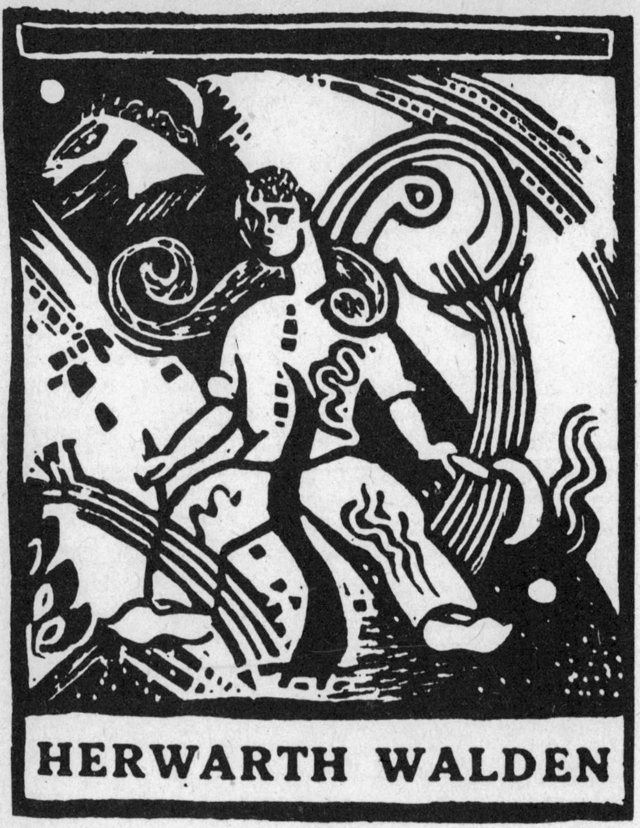

84. Heinrich Campendonk: Exlibris Herwarth Walden. 1913, Holzschnitt

Franz Marc: An August Macke (12. 4. 1913)

Vater vieler Kinder und des Herbstsalons, antworte dem Vater der Sezession betreff der berühmten Tradition ganz wie Du schreibst: Beckmann, Rösler und Corinth sind und haben keine Tradition, und in Liebermann „verdunstet der Impressionismus". Es ist ja alles Geschwätz. Cassirer kriegt es mit der Angst,[320] – das ist das wahrhaft Gute an diesem

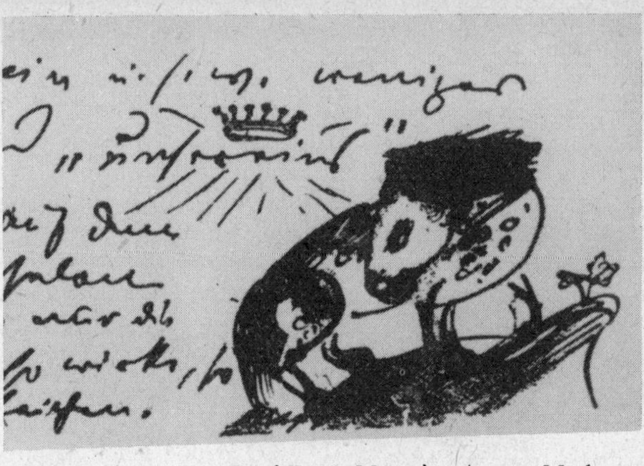

85. Ausschnitt aus dem Brief Franz Marcs an August Macke vom 12. 4. 1913

Herbstsalon, abgesehen davon, daß dieser wirklich eine anständige Ausstellung zu werden verspricht; denn ich wüßte niemand und nichts, das sie uns aus den Händen winden könnte; auch die fehlenden Gelder nicht [...] Walden war auch hier; der ganze süddeutsche und Pariser (Delaunay) Kreis ist vollkommen sicher. Ohne Antwort bin ich bis jetzt aus Berlin; aber die werden es sich schon überlegen, nicht mitzutun; ich habe keine große Sorge. Und wenn sie nicht mittun, wäre es nicht das tiefste Unglück; nur um Heckel und Nolde ist mir leid. Nolde stellt aber dann ganz gewiß *auch nicht* bei Cassirer aus;[321] ich schrieb ihm auch persönlich. [...] Die Bilder jedes Künstlers werden nebeneinander gehängt, so daß jeder die Hängekommission für sich selbst im Atelier spielen kann; das übrige besorgen wir (Du, Delaunay, Kandinsky, ich) in Berlin.[322] Eine Art von Jury wird insofern ausgeübt, daß bei den Einladungen einem jeden die ihm zur Verfügung stehenden laufenden Meter angegeben werden (z. B. Segall, die Schweizer, Epstein, Laurencin usw. weniger als Kokoschka, Nolde und „unsereins“).

August Macke: An Herwarth Walden (21. 4. 1913)

Es ist schon schandbar, daß die Berliner nicht mittun. Für wen soll man sich schließlich als Künstler halten, wenn Künstler so traurig auf etwas hereinfallen, was sie vorher verachtet haben. Ich habe auf jeden Fall ziemlich die Nase voll von „Zusammenarbeiten". Munch schrieb mir einen überaus sympathischen Brief, daß er sehr gern mit uns ausstellte, leider aber schon für die Sezession verpflichtet sei, wo er seine großen Dekorationen ausstellt.[323] Weshalb stellt Nolde prinzipiell nicht in Berlin aus. Ich möchte ihm schreiben, weiß aber die Adresse nicht. Bitte schreiben Sie sie mir. Heckel werde ich aber doch die Sache gründlich unter die Nase reiben. Haben Sie die letzten Sonderbundmitteilungen gelesen. Zu den Leuten glaubt Herr Schmidt-Rottluff (alias Niemeyer)[324] halten zu müssen. Er schrieb an Marc „Die Interessen des Sonderbundes leiden, wenn wir zugleich in Berlin und Frankfurt ausstellen" (Hört, Hört!).

August Macke: An Herwarth Walden (20. 7. 1913)

Übrigens noch etwas. Ich halte es aus ausstellungstechnischen Gründen für sehr wichtig, möglichst verschiedene Formate zu haben. Es wäre sehr gut, wenn Sie den Künstlern, die wichtiger sind, schrieben, doch noch kleinere Sachen, Zeichnungen oder ganz kleine Bilder, mitzuschicken, wie wir überhaupt den wichtigen Leuten mehr Raum geben müssen. Der Eindruck muß durch die Hauptpersönlichkeiten hervorgerufen werden. Schreiben Sie den Betreffenden doch noch eine besondere Einladung.

August Macke: An Robert Delaunay (Juli 1913)

In den Deutschen Kunstverhältnissen hat sich viel geändert. Die Berliner Secession ist gesprengt. Cassirer (der Kunsthändler) ist mit den meisten Mitgliedern zusammen ausgetreten. Um nun unserem Herbstsalon zu schaden, erzählt er überall, er fände nicht statt. Wollen Sie bitte selbst, Herr Apollinaire und Herr Fort in Paris Ihr möglichstes tun, damit die Sache Waldens nicht von Cassirer aus gefähr-

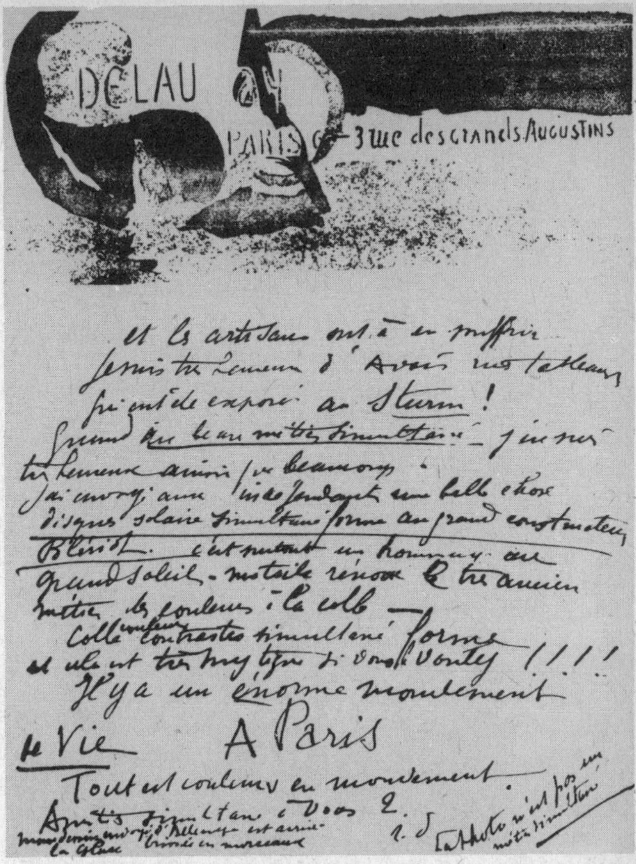
DELAU
PARIS 3 rue des grands Augustins
Sturm!
Il y a un énorme mouvement
A Paris
Tout est couleurs en mouvement.

86. Seite aus einem Briefentwurf Robert Delaunays an Franz Marc von Anfang 1914

det wird. Besonders, damit er keine neueren Pariser Maler zu einer Ausstellung bei sich in derselben Zeit bewegt. Man hat Walden zwar schriftlich zugesagt. Allein es kommt darauf an, den Leuten klarzumachen, daß dies eine gut financierte Sache ist und *bestimmt stattfindet.* Also bitte warnen Sie die Leute vor Cassirer, der nur beabsichtigt, den Zusammenhang der Jüngsten zu sprengen. Hier am Rhein sind jetzt auch mehrere Maler, die ganz gute Sachen malen. Ich arbeite viel, ob gut ist eine andere Frage. Ich weiß es nicht. Ich habe merkwürdig viel Zweifel und schlechte Stimmungen. Auf Ihre Sonnenbilder bin ich sehr neugierig. Sie schicken sie doch nach Berlin?[325] Schicken Sie ruhig mehr wie auf dem Einladungszettel steht, damit man vielleicht mehr hängen kann.

Herwarth Walden: An Robert Delaunay (8. 7. 1913)

Ich erhielt Ihre Preisliste. Die Preise sind nach meiner Ansicht viel zu hoch. Sie werden auf diese Weise garnichts in Deutschland verkaufen. Die Preise entsprechen im Übrigen auch nicht den Preisen der allerersten Deutschen Maler der Bewegung. Unter diesen Umständen übernimmt kein Kunsthändler außerhalb Berlins die Kollektion, da er nicht die geringsten Verkaufschancen hat. Ich füge die Liste nochmals bei und bitte die Preise wie früher anzusetzen, nur in Mark statt in Francs.[326] [...] Ich vermisse auch noch von Ihnen eine Mitteilung, welche Bilder von Rousseau von Ihnen bestimmt im Herbstsalon zur Ausstellung kommen. Ich bitte um genaue Liste. Die Bilder Rousseaus, soweit mir deren Besitzer in Deutschland bekannt sind, erhalten wir gleichfalls.

Franz Marc: An Lyonel Feininger (undatiert)

Gestatten Sie, daß ich auf Anregung Kubins mich an Sie wende, um Sie zur Beschickung des Herbstsalons bei Herrn Walden [...] anzuregen. Herr Kubin sprach uns bereits von Ihren Bildern, daß Sie uns mit Ihrer Teilnahme an dieser Ausstellung eine große Freude machen würden. Herr Walden wird Ihnen die Einladung zugehen lassen. [...] P. S. daß Ihnen nicht schon früher eine Einladung zuging, lag nur daran, daß niemand unseres engeren Kreises von Ihren Bildern erfuhr, bis uns jetzt Kubin aufmerksam machte.

Lyonel Feininger: An Franz Marc (18. 7. 1913)

Ich kann Ihnen nicht verhehlen, daß mein „Unbekanntsein" bis jetzt ein selbstgewählter Zustand war, um in Ruhe und strenger Consequenz an meiner Entwicklung zu arbeiten. Ich bin durchaus nicht am Ende meines Weges.

Lyonel Feininger: An Julia Feininger (15. 9. 1913)

Jene Kreise denen der „Sturm" angehört oder dessen Organ die Zeitschrift ist, sind uns bis dato so etwas fremd und vielleicht etwas *zu* „stürmisch", und ich kann mich einer gewissen Bangigkeit nicht erwehren, mit was für Werten, eventuell ganz oberflächlichen und Ruhmsüchtigen wir uns abfinden müssen!? Ich weiß nur das Eine *ganz gewiß,* an meinem Arbeitsleben wird nichts modifiziert. Zum Teil aber hege ich die Erwartung, daß ich elastischer zum Schaffen kommen werde jetzt wo positiv Leute sich um mich kümmern und an mich vielleicht hohe Erwartungen knüpfen.

Lyonel Feininger: An Alfred Kubin (17. 9. 1913)

Der Einladungsbrief kam gerade an meinem 42ten Geburtstag an: 17. Juli, und schien mir das verheißungsvollste Geschenk zu sein.

August Macke: An Herwarth Walden (29. 7. 1913)

Können Sie noch eine Einladung an Herrn Moilliet, Gunten am Thunersee schicken. Er bat mich darum. Aber bitte nichts von juryfrei, damit wir nicht gebunden sind. Aber einladen und Papiere schicken, ist ohne Risiko. Er ist ein ganz feiner Kerl, den Kandinsky, Klee und Marc gut kennen. Ich habe noch keine Zeit gehabt, die Postkarte zu machen. Fragen Sie doch Marc an, ob er die kleinen Pferde nicht hergibt, die mal im „Sturm" waren.[327] Das ist Postkartenformat. Und nicht leicht zu überbieten. Nur müßte der Text sehr anständig sein und dazu passen. Vielleicht schneidet Marc ihn, das ist meines Erachtens die beste Lösung. ... Übrigens schreiben Sie mir bitte, ob Sie späte Picassos, Derain, Braque bekommen. Ich kann einige haben.

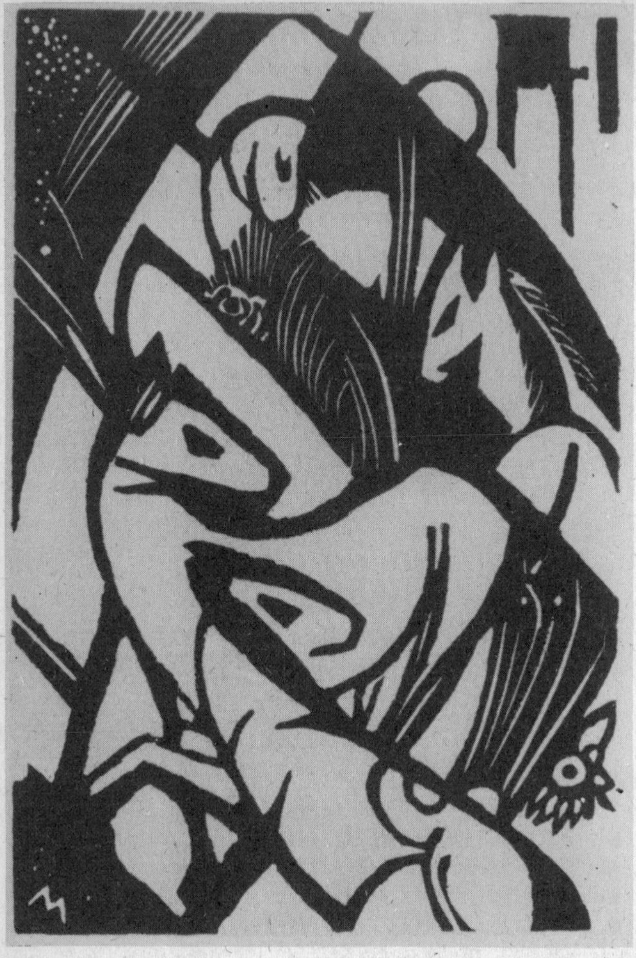

87. Franz Marc: Springende Pferdchen. 1913, Holzschnitt

Herr Flechtheim ist nicht sonderlich auf Cassirer zu sprechen und will die Bilder von Picasso ect. leihen (verkäuflich). Wir müssen das tun. Er macht dann viel Reklame.

August Macke: An Herwarth Walden (18. 8. 1913)

Eben schreibt mir Flechtheim, daß er seine Zusage der Picassos ect. zurücknähme, aus den Gründen, die auch Herrn Käsbach und Nauen veranlaßten, den Herbstsalon nicht zu beschicken. Hat Nauen Ihnen nicht zugesagt; Sie schrieben mir, alle hätten zugesagt. Nauen ist sehr eingebildet. Aber hinter dem Ganzen steckt Cassirer. Können Sie auf keine Weise durch Apollinaire Picassos haben.[328] Es ist ja nicht absolut nötig, aber es wäre gut.

Herwarth Walden: Einladung zur Teilnahme am Ersten Deutschen Herbstsalon

Der Erste deutsche Herbstsalon findet in Berlin vom 20. September bis 1. Dezember Potsdamerstraße 75 statt. Wir erlauben uns, Sie zur Beschickung einzuladen und stellen Ihnen den Raum von drei laufenden Metern *juryfrei* zur Verfügung.[329] Mit der Annahme dieser Einladung verpflichten Sie sich, während der Zeit des Herbstsalons an keiner anderen Stelle in Berlin und Charlottenburg auszustellen. Wir tragen Frachtgutspesen. Die Einsendung der Kunstwerke kann vom 1. August erfolgen. Der letzte Termin ist der 5. September. Adresse: Zeitschrift Der Sturm Berlin. W. Potsdamerstraße 75. Eine Adressierung an bestimmte Berliner Spediteure ist nicht zulässig. Über die Annahme der Einladung wird *postwendende* Nachricht erbeten. Die Benennung der Kunstwerke sowie deren äußerster Nettopreis muß bis zum 1. August an den Verlag Der Sturm Berlin W. Potsdamerstr. 134a erfolgen. Wir erbitten die Übersendung einer sehr guten Photographie für den Katalog bis zum 1. August. Es können nur Photographien der ausgestellten Kunstwerke Verwendung finden. Etikette zur Bezeichnung der Kunstwerke und der Kisten gehen Ihnen rechtzeitig zu. Zur Ausstellung gelangen nur Werke von Künstlern, die wir einladen.

Franz Marc: An Alfred Kubin (7. 9. 1913)

Morgen reisen wir wieder ab [...] und sind ab Dienstag den 9. bis 21. September in Berlin, um zusammen mit Walden, Macke und Koehler den Herbstsalon zu hängen.

Franz Marc: An Alfred Kubin (27. 9. 1913)

Nun hab ich endlich die Riesenarbeit des Herbstsalons hinter mir; er ist ungeheuer interessant, reich und differenziert, – mir brummt der Kopf davon noch schwer! Den Katalog wird Ihnen Walden geschickt haben, er gibt gar kein Bild und ist in vielem schwach; eine Reihe von Bildern, die drin reproduziert sind, wurden von uns gar nicht gehängt, Walden hat ihn im voraus zusammengestellt nach den eingesandten Photos; die Ausstellung selbst ist im Grunde etwas ganz anderes geworden. Überhaupt diese langweiligen Photographien!

Nell Walden: Aus meinen Erinnerungen an Herwarth Walden und die „Sturmzeit"

Am 20. September 1913 wurde die STURM-Ausstellung „Erster Deutscher Herbstsalon" eröffnet. Es war künstlerisch ein durchschlagender Erfolg. [...] Materiell war die Ausstellung ein Defizit, wie nicht anders zu erwarten war, da sie von der gesamten Kunstkritik verrissen und, was noch mehr geschadet hat, perfide als belanglos und uninteressant hingestellt wurde. Daß die Spesen sehr groß waren, ist selbstverständlich. Der Umfang der Ausstellung, die großen Ausstellungsräume, Transporte, Versicherungen, Katalog – sehr schön gedruckt, [...] Propaganda, Personal, Inserate und Plakate, verschlangen Unsummen. Drei Monate dauerte die Ausstellung. [...] Natürlich kamen alle die ausstellenden Künstler während der Ausstellungszeit nach Berlin und zu uns: Franz Marc und seine Maria aus Sindelsdorf; Kandinsky und Gabriele Münter; Jawlensky und Marianne von Werefkin; Klee mit seiner Frau aus München. [...] Aus Paris kamen Robert und Sonja Delaunay, und gleichzeitig August Macke aus Bonn. Es war reizend, Delaunay und Macke zusammen zu sehen. Der Rheinländer

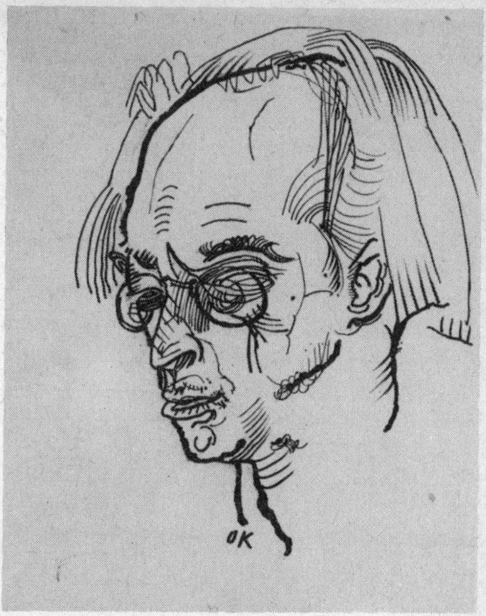

88. Oskar Kokoschka: Herwarth Walden. 1910, Tusche

und der Pariser hätten dem Aussehen nach Brüder oder sogar Zwillinge sein können. Beide blond, blauäugig und lebensbejahend, verband sie eine ganz große Freundschaft.

Katalog „Erster Deutscher Herbstsalon"

Herwarth Walden: Vorrede

Mit diesem Ersten Deutschen Herbstsalon wird ein Überblick über die neue Bewegung in den bildenden Künsten aller Länder gegeben. Ein Überblick, der zugleich das Blickfeld der Zeitgenossen erweitern wird. Der größte Teil der Zeitgenossen ist zu stolz auf seine Augen, mit denen er nicht einmal sehen gelernt hat. Er verlangt vom Bildwerk die Wiedergabe des eigenen optischen Eindrucks, der nicht einmal sein eigener ist. Hätte er ihn, so wäre er schon künstlerisch. Künstler sein heißt eine eigene *Anschauung* haben und diese eigene Anschauung gestalten können. Die Einheit von Anschauung und Gestaltung ist das Wesen der Kunst, ist die Kunst. [...] Der Maler malt, was er schaut mit seinen innersten Sinnen, die Expression seines Wesens, alles Vergängliche ist ihm nur Gleichnis, er spielt Leben, jeder Eindruck von außen wird ihm Ausdruck von Innen. Er ist der Träger und der Getragene seiner Visionen, seiner inneren Gesichte. Kann er dafür, daß Gesichter anders aussehen? [...] Ich fühle mich zur Veranstaltung dieser Ausstellung berechtigt, weil ich von dem Wert der hier vertretenen Künstler überzeugt bin. Weil ich mit den bedeutendsten Künstlern dieser neuen Bewegung persönlich befreundet bin. Befreundet durch eine Freundschaft, die durch gleiche künstlerische Anschauungen und Empfindungen entstanden ist. Der materiellen und tatkräftigen Hilfe eines reinen Kunstfreundes dieser Bewegung habe ich das äußere Zustandekommen dieser internationalen Ausstellung zu verdanken.

Die Aussteller: Vorwort [330]

Wir leben heute nicht in einer Zeit, in der die Kunst die Helferin des Lebens ist. Was heute an echter Kunst entsteht, scheint eher der Niederschlag aller Kräfte zu sein, die das Leben nicht aufzubrauchen, aufzusaugen vermag; sie ist die Gleichung, die abstrakt gesinnte Geister aus dem Leben ziehen, wunschlos, zwecklos und ohne Hader. In anderen Zeiten ist die Kunst die Hefe, die den Teig der Welt durchsäuert; solche Zeiten sind heute fern. Bis sie erfüllt sind, muß sich der Künstler in gleicher Ferne vom offiziellen Leben halten. Das ist der Grund unserer selbstgewählten Abschließung gegen die Anträge, die die Welt uns macht; wir wollen uns nicht mit ihr vermischen. Unter dieser „Welt" rechnen wir auch die uns wesensfremden Künstler, mit denen gemeinsam zu arbeiten uns unmöglich scheint, nicht aus „kunstpolitischen" Gründen, von denen heute so viel geredet wird, sondern aus rein künstlerischen Gründen.

Max Osborn: Ausstellungen in Berlin (Oktober 1913)

Das ganze Ungestüm und wilde Gebaren der Jüngsten aber spiegelt sich in der Ausstellung, die der „Sturm" unter dem reichlich stolzen Titel „Erster Deutscher Herbstsalon" eröffnet hat. [...] Eine solche Fülle von Proben der Bewegung haben wir noch nicht beieinander gesehen; aber man wünschte, daß weniger auf die Quantität als auf die Qualität geachtet worden wäre, mehr auf das Talent und nicht so sehr auf die radikale Gesinnung. [...] Man muß dauernd auf eigene Faust sondern und findet nun unter den Gruppen, die sich voneinander scheiden, am meisten festen Halt bei den Malern, die die Tradition irgendwie fortzusetzen suchen. Dazu gehören der Rheinländer August Macke, der durchaus von der Farbe ausgeht und mit angeborenem Temperament malerische Vorstellungen zum Bildausdruck bindet, der Münchener Albert Bloch, der in einem Gemälde „Der tote Pierrot" eine unmittelbar wirkende Vision gibt, der Berliner Lionel Feininger, der diesmal eine Landschaft mit einer Kirche aus sicherer Anschauung interessant aufbaut und in einem „Radrennen" der Bewegung mit origineller Kraft kommandiert, der in München lebende Slave Wladimir von Bechtejeff, der vom Farbenrhythmus Cézannes ausgeht. Die Tierbilder von Franz Marc gehen einen Schritt weiter zu leidenschaftlichen Kompositionen, die Phantastisches mit großem Griff zusammenschließen.[331] Eine andere Gruppe bilden die Primitiven, die des toten Henri Rousseau Gefolgschaft darstellen, ohne seine Naivität zu besitzen. Rousseau selbst ist kollektiv vertreten. [...] Kandinsky, dem wieder großer Raum gewährt wird, scheint mir dagegen immer rettungsloser ins Spintisieren zu versinken.[332]

Adolf Behne: Der Erste Deutsche Herbstsalon (September 1913)

Giotto, den wir heute als Primitiven empfinden, wurde von seinen Zeitgenossen als „Affe der Natur" verspottet.[333] Heute wird Delaunay verspottet, weil er kein „Affe der Natur" sein will. – Die Wege der Kunstkritik sind wunderbar! Die neuen Arbeiten Delaunays sind wohl die größte Überraschung des „Ersten Deutschen Herbst-Salons", der am 20. September in Berlin eröffnet wurde. Auch Franz Marc und Kandinsky haben prachtvolle Bilder gegeben, und eine nicht geringe Zahl bis dato völlig unbekannter Talente macht einen ganz besonderen Wert der Ausstellung aus, die im übrigen durch ihre Vollständigkeit ein kunstgeschichtliches Ereignis ist! Aber während sich Marc und Kandinsky nicht wesentlich verändert haben, stellt sich Delaunay – und das nicht zum ersten Male! – als ein Neuer dar. So wie Robert Delaunay heute erscheint, darf er als der Fortsetzer van Goghs gelten. Delaunay hat mit einer Entschlossenheit wie niemand vor ihm die Farbe zum Ausdrucksmittel seiner Kunst gemacht und ist zu Resultaten gelangt, die man nur mit musikalischen Wirkungen vergleichen kann! In den meisten seiner Bilder spielt der Gegenstand überhaupt keine Rolle mehr, es sind vollkommen freie malerische Schöpfungen. „Schützenscheiben-Bilder" – höhnt eine verständnislose Kritik.[334] Wer in diesen strahlend schönen Gebilden nicht die hinreißende Genialität eines reinen und adligen Geistes empfindet, der ist für künstlerische Angelegenheiten wirklich noch nicht ganz reif. Diese farbigen Flächen, die dem Publikum zumeist so flüchtig und roh erscheinen, bergen in sich eine wundervolle Lebendigkeit und Beseeltheit. Wie Delaunays Farben atmen und klingen, das macht ihm heute nicht leicht einer nach! Herrlich, wie da ein Blau, ein schwebendes, licht beschwingtes Blau, im Ganzen steht – ergreifend und unvergeßlich! Wem diese Bilder nicht zu einem tiefen Erlebnis werden können, der soll uns doch nicht glauben machen wollen, daß er an einem Rembrandt, einem Michelangelo jemals mehr gesehen hat als das Modell! Und auch derjenige wäre weit vom Schuß, der Delaunay etwa glaubt als kunstgewerblichen Dekorateur hinstellen zu können. Gewiß sind seine Sachen in hohem Grade dekorativ, aber vom Kunstgewerbe trennt sie entscheidend die Stärke und Intensität des Erlebnisgehalts! Mit dem Begriff „Geschmack" kommt man den Arbeiten Delaunays nicht im geringsten nahe! – Das Bild mit der Fußballmannschaft, dem Turm und dem Aeroplan[335] gehört zu den tiefsten künstlerischen Eindrücken der letzten Jahre. Es ist so voller Gehalt, daß das ergriffene Auge stets wieder dankbar zu ihm zurückkehrt. Und es ist vielleicht die schönste Inkorporation des modernen Lebensgefühls! Es ist wahr, daß uns nach der schlackenlosen Klarheit Delaunays Kandinsky leicht etwas dumpf und absichtsvoll erscheint! Doch wäre ein solcher unmittelbarer Vergleich ungerecht. Die beiden Künstler sind verschiedene Temperamente, verschiedene Charaktere und nicht zum letzten verschiedene Racen! Delaunays glanzvolle heitere Klarheit ist ein Erbteil seiner französischen Heimat – Kandinskys größere Schwere ist weniger Sache der Qualität als der Empfindung, des Blutes. Seine Formen- und Farben-Phantasie ist nach wie vor erstaunlich, wenn sie sich gleich selten zum wirklich Abstrakten erhebt. Das Entscheidende bleibt, daß seine Bilder voll inneren Lebens und voller Ausdrucksstärke sind. Franz Marc stellt eine Reihe neuer Arbeiten aus, von denen das große „Tierschicksale"[336] genannte Bild als eine Zusammenfassung seiner Absichten gelten kann. Es ist wirklich merkwürdig, daß ein solches Bild ohne Wirkung auf die Zeitgenossen bleibt, daß die ergreifende Naturinnigkeit, die in den kühnen Erfindungen Marcs liegt, so gar nicht empfunden wird! Spürt man denn nicht, daß Dinge wie das zusammenbrechende Reh, wie das Rudel, das die Köpfe zusammensteckt, in ihrer Freiheit vom Photographischen hundertmal mehr „Natur" enthalten wie die ganze naturalistische Malerei zusammengenommen? – Wie Delaunay in jeder Faser Franzose ist, so ist Marc in jeder Faser deutsch. Kein Deutscher könnte jemals ein Bild malen wie „Le Manége de Cochons" – kein Franzose jemals „Die ersten Tiere"[337]! Neben Kandinsky und Marc muß wohl Campendonk erwähnt werden, der sich mit ihnen zu einer losen Gruppe zusammenschließt, die man nach ihrem Wohnsitz als München-Sindelsdorfer Gruppe bezeichnen müßte. Wie Marc in seinem Bilde „Tirol" gewisse Einflüsse Kandinskys verwertet, so schließt sich Campendonk in der Farbe an Marc an.[338] Am reifsten erscheinen vorläufig seine Glasbilder. Mit einer größeren Kollektion ist noch August Macke vertreten, dessen von fern an Renoir erinnernde Mädchen-Bilder dem Publikum am ehesten eingehen. Fast nur noch „Dekoration" sind die Bilder Bechtejeffs, die bei aller Schönheit etwas Blutloses haben. Neu ist in diesem Kreise Lyonel Feininger. Seine Bilder können mich aber noch nicht so ganz überzeugen. [...] Außerordentlich viel Schönes enthält die Graphische Abteilung. Mit vielen prachtvollen Blättern ist Alfred Kubin zur Stelle. Am meisten aber fesselt Paul Klee,[339] dessen außerordentlich freie und künstlerisch reine Blätter einzig sind. [...] Ein besonderes Zimmer ist dem Gedächtnis Henri Rousseaus gewidmet.

Der Salon findet in der 3. Etage eines Berliner Geschäftspalastes, in der Potsdamer Straße 75, statt. Die meisten der vertretenen Künstler waren aufgefordert und stellen juryfrei aus. Die übrigen Arbeiten hatten sich einer Jury zu unterwerfen, der u. a. Kandinsky und Walden angehörten. Marc, Macke und Walden waren Hängekommission. Walden hat als der eigentliche Veranstalter der Ausstellung zu gelten, die ohne die nie ermüdende Unterstützung Bernhard Köhlers nicht möglich gewesen wäre!

Wassily Kandinsky: An Franz Marc (29. 9. 1913)

Ich habe viel über Ihre Erzählungen vom Salon nachgedacht und mich gefragt, warum mir Klebereien auf Leinwand unsympathisch sind. Ob das rein persönlich ist? Oder einen objektiven Grund hat? Ich weiß ganz gut, daß man aus jedem Material ein Werk, und ein großes Werk, schaffen kann. Andererseits weiß ich ebenso gut, daß die Wahl des Materials in gewissem inneren Zusammenhang mit der Absicht steht. So glaube ich kaum, daß ein sehr (für den Künstler) wichtiger Wunsch an einem sehr vergänglichen Material sich vergreifen würde. Diese Vergänglichkeit (innere Schlamperei) diskreditiert in meinen Augen den Wunsch des Künstlers. D. h. solche Werke sagen zu mir: „Man *kann* auch so machen" – was ich ja selbst weiß: ich weiß, daß man „auch so" machen kann. Meinen vollen Respekt verdienen aber nur die Werke, die zu mir sagen: „man *muß* so machen". Ein bitterer Nachgeschmack ist mir geblieben. Ich suche, in jede Arbeit, wenn nicht die ganze, so doch einen Teil meiner Seele hineinzulegen, und es tut mir weh, neben meinen Arbeiten Werke zu wissen, die „auch so" gemacht sind. Ich empfinde immer eine große Freude, wenn Sie von Bildern erzählen, und oft beneide ich Sie: Sie sehen immer zuerst das Gute. Ich sehe vielleicht erst das Schlechte, oder beides zusammen. Nun bin ich aber ganz entschieden gegen Experimente, Beweise und das Theoretisieren in der Ausstellung selbst. Und hier habe ich von *meinem* Standpunkt unbedingt recht: das Werk ist für die Seele bestimmt, und also auch das Gesamtwerk (Ausstellung). So würde *ich* das Pferdchen von Delaunay, die Kreise von Jakulow ausschließen. Solche Sachen sind für mich ebenso nicht

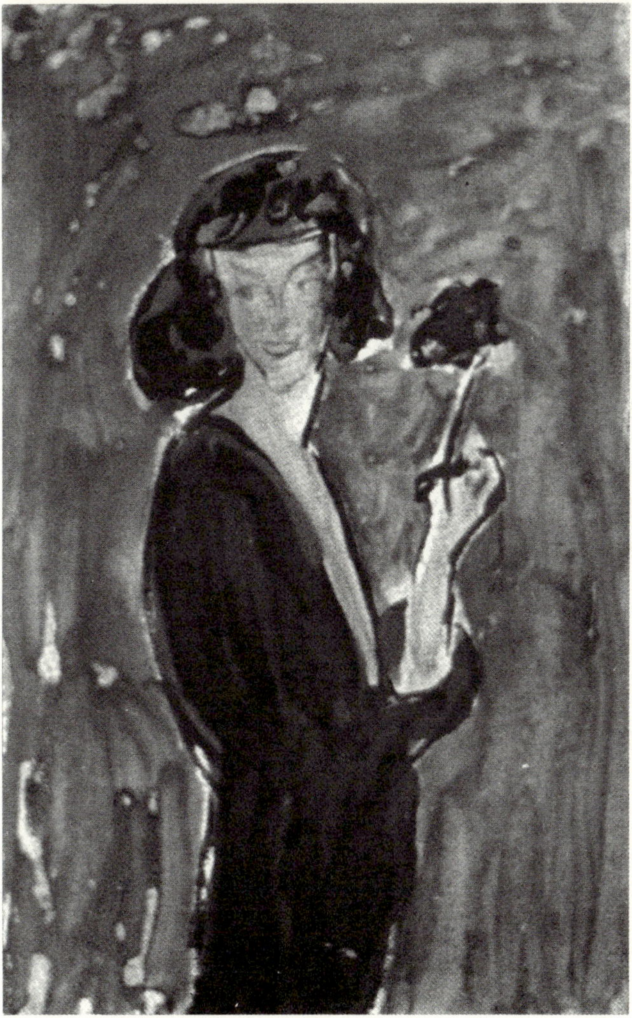

1. Marianne von Werefkin: Sacharow. 1909, Gouache

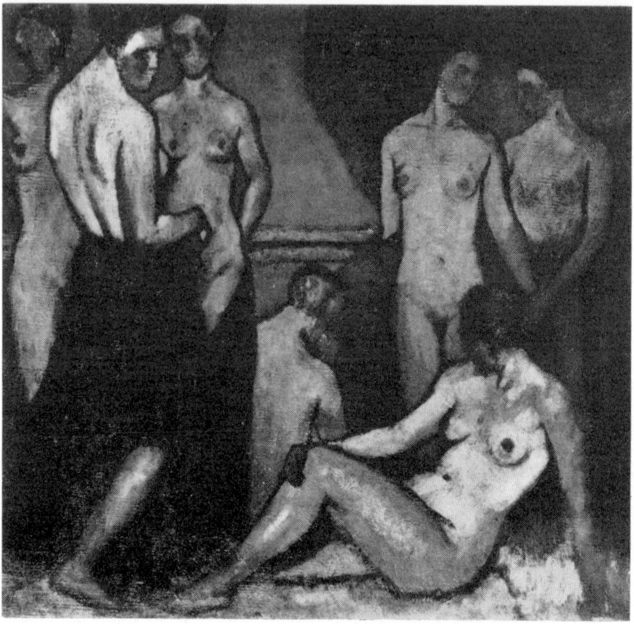

2. Adolf Erbslöh: Komposition. 1911, Öl

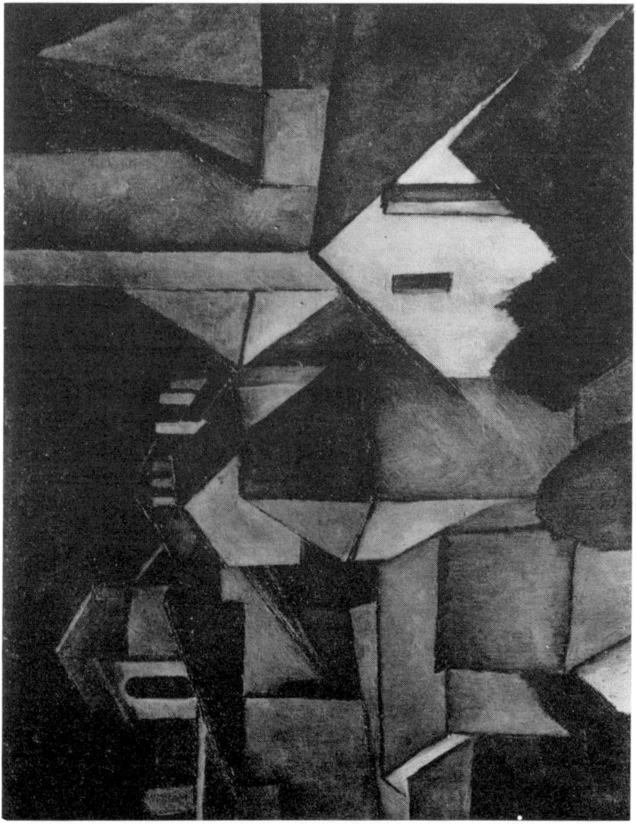

3. Alexander Kanoldt: Stadtbild. Um 1911, Öl

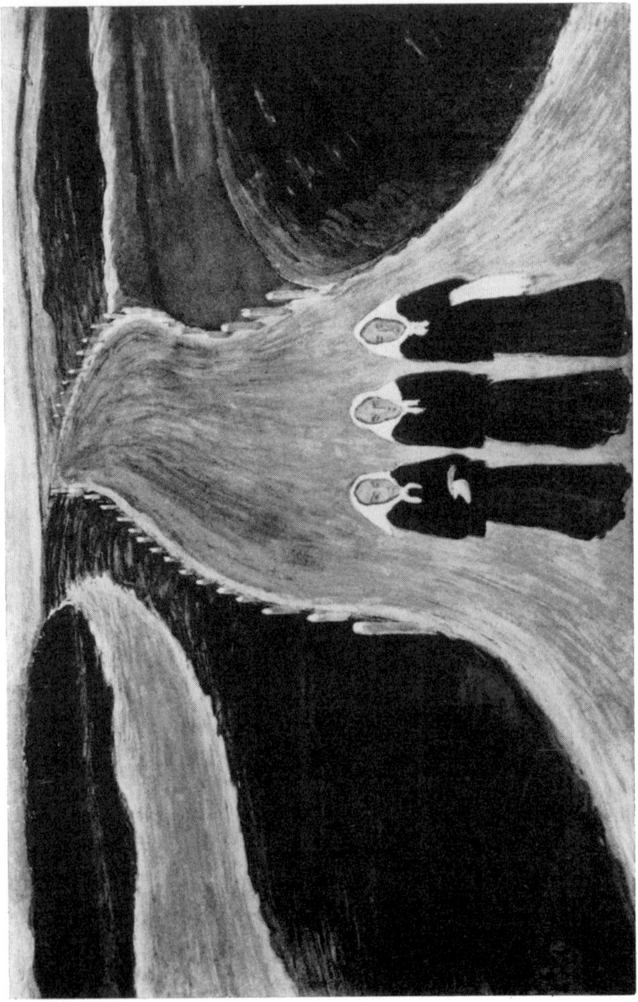

4. Marianne von Werefkin: Die Landstraße. Um 1911, Öl

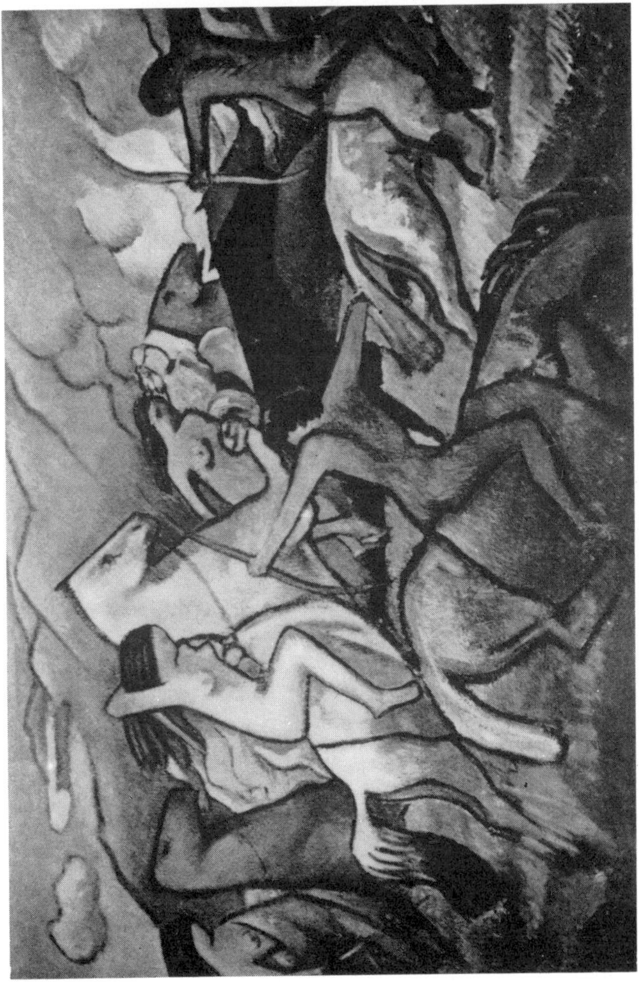

5. Wladimir von Bechtejew: Amazonenschlacht. 1909, Öl

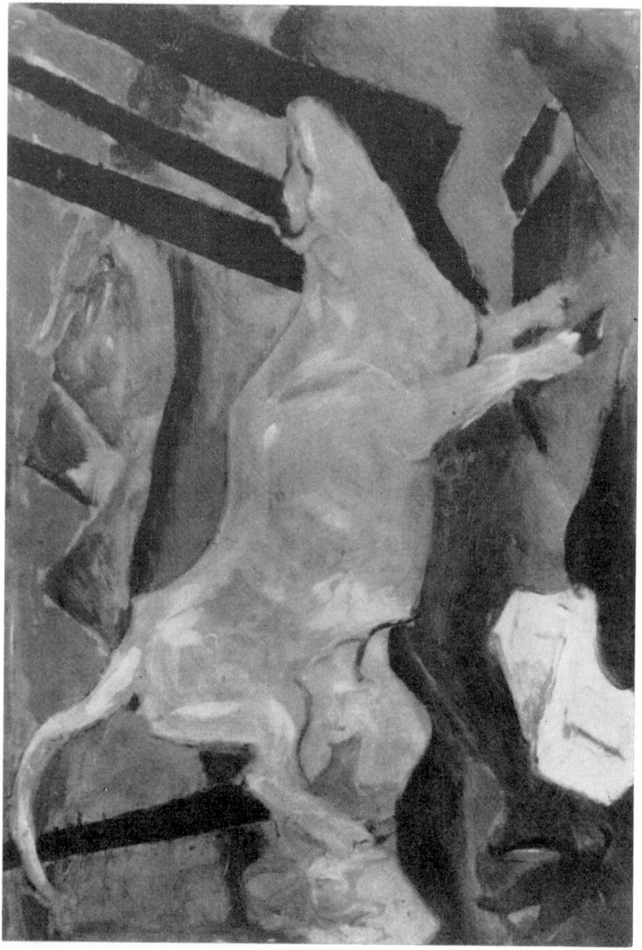

6. Franz Marc: Gelbe Kuh. 1911, Öl

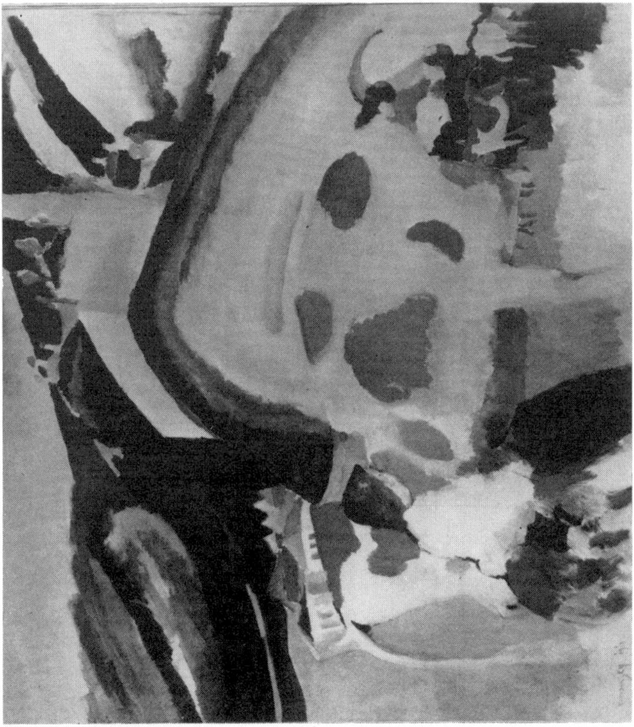

7. Wassily Kandinsky: Die Kuh. 1910, Öl

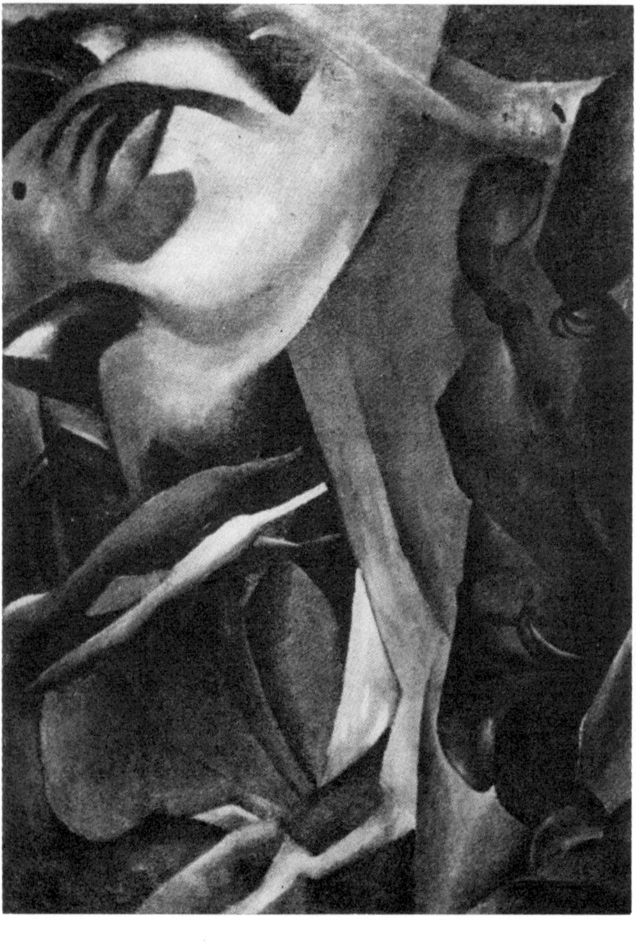

8. August Macke: Sturm. 1911. Öl

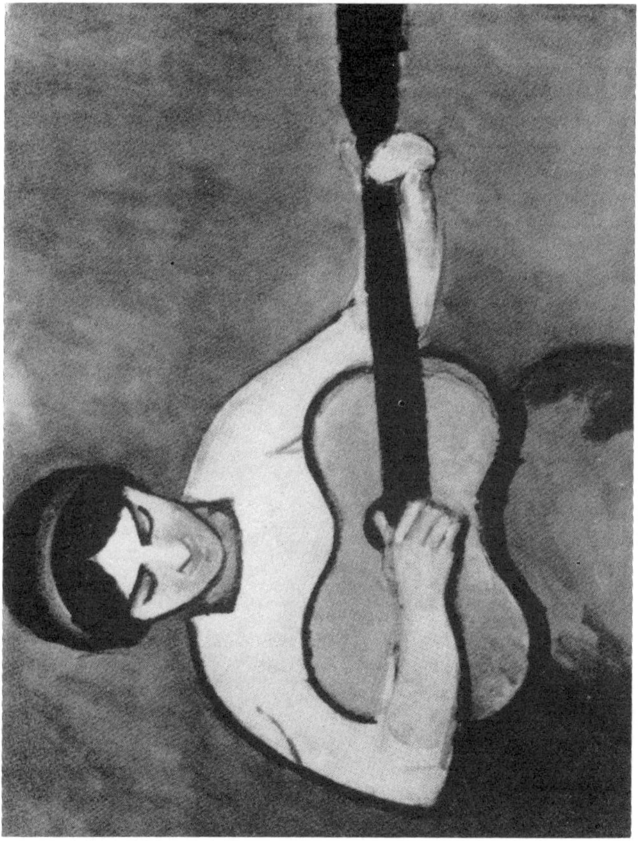

9. August Macke: Frau mit Guitarre. 1911, Öl

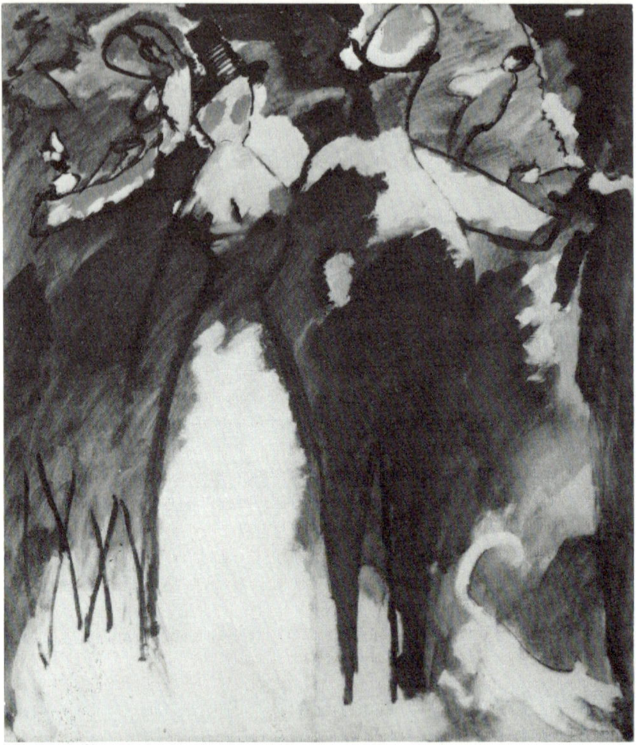

10. Wassily Kandinsky: Impression II (Moskau). 1911, Öl

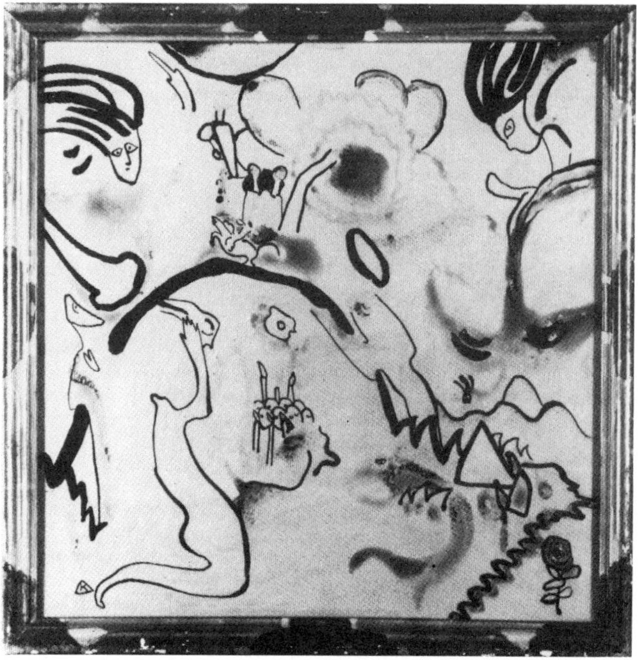

11. Wassily Kandinsky: Große Auferstehung. 1911, Hinterglas

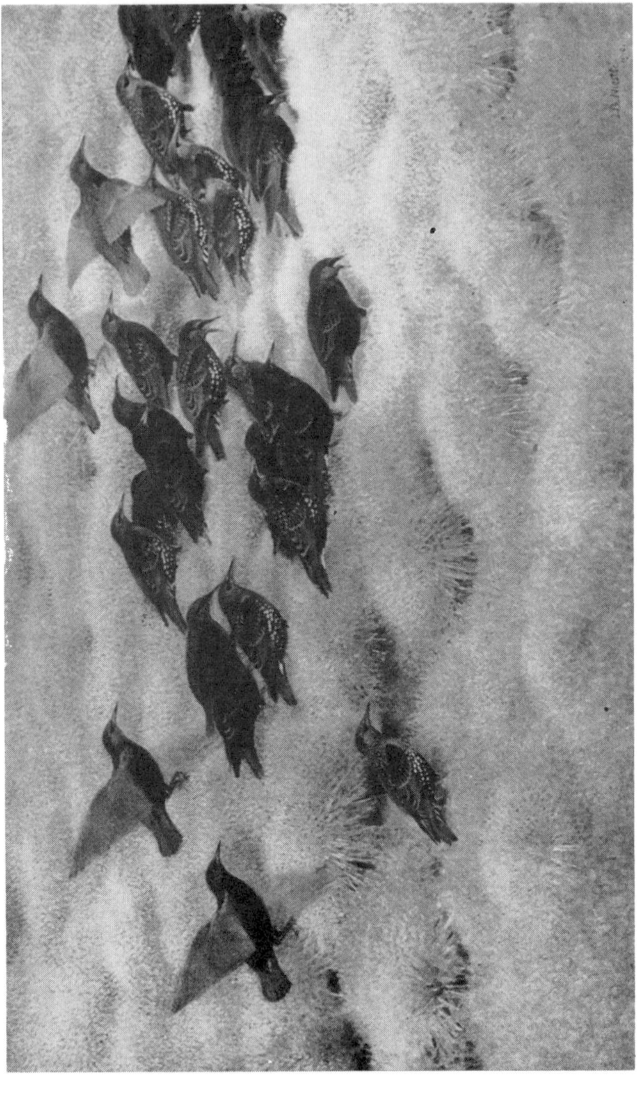

12. Jean Bloé Niestlé: Ziehende Stare. 1910, Öl

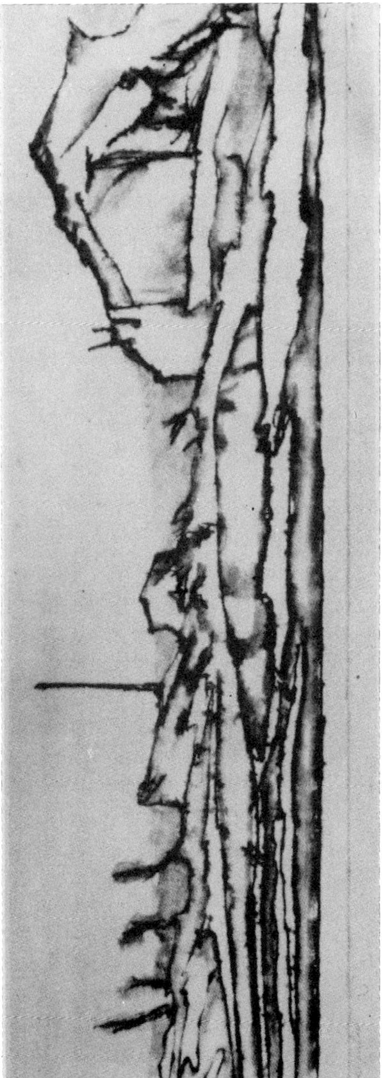

13. Paul Klee: Bremer Hafen. 1910, Tusche

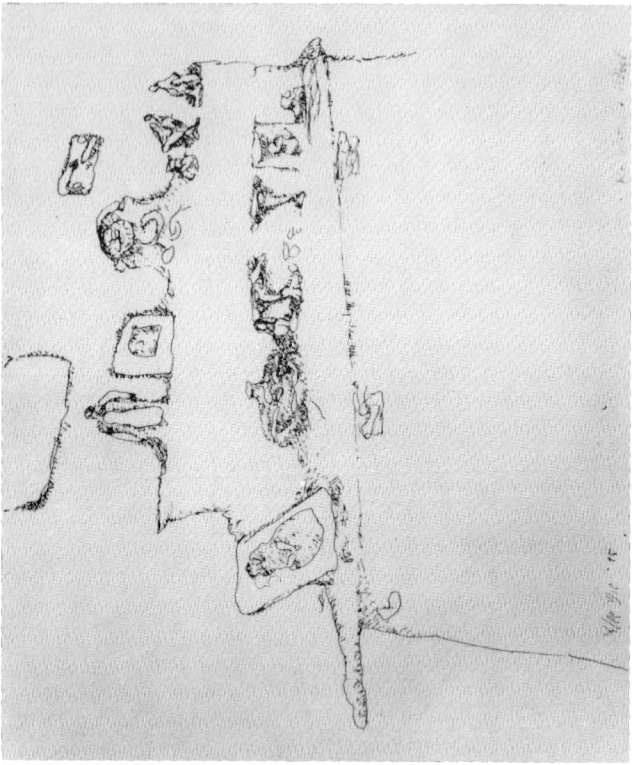

14. Paul Klee: Karikatur eines Möbels. 1910, Tusche

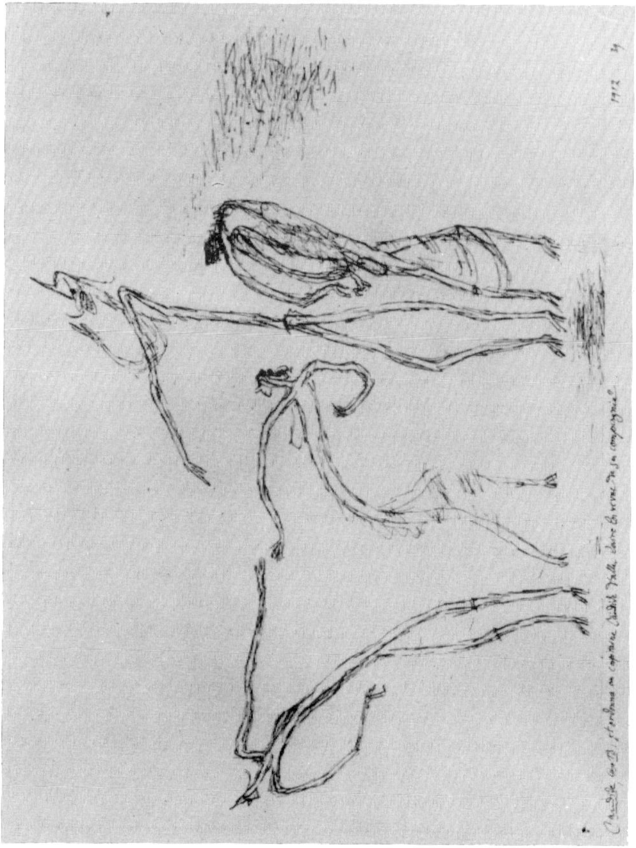

15. Paul Klee: Illustration zu Voltaires „Candide“, 13. Kapitel. 1912, Tusche

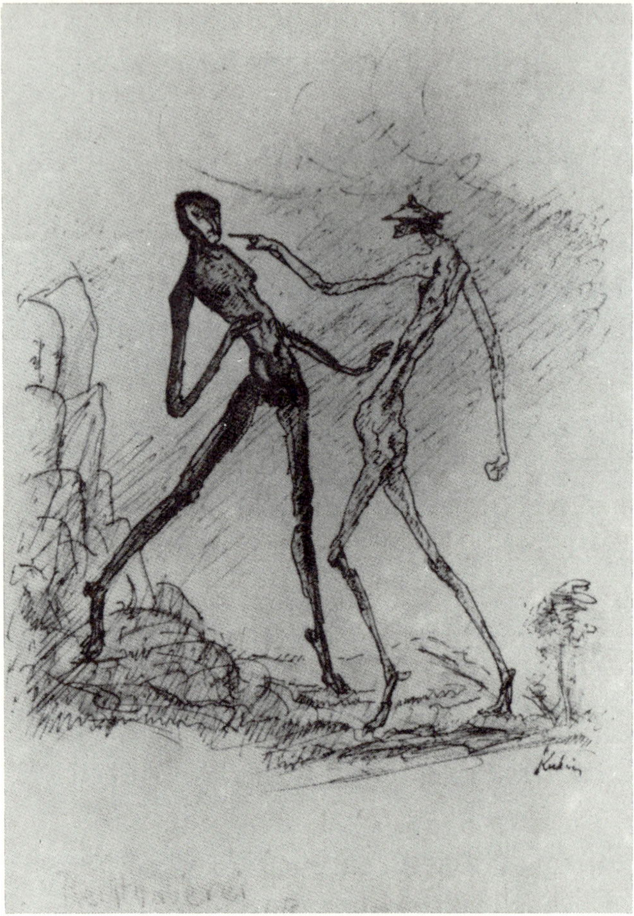

16. Alfred Kubin: Rechthaberei. 1912–1915, Tusche

richtig wie die futuristischen Bilderklärungen im Katalog.[340] Das alles ist vollkommen den früheren Erklärungen gleich: „links General X., in der Mitte Kaiser Y., rechts das Husarenregiment Z.". Hat das alles mit der Malerei und besonders mit dem Bild zu tun? Das alles heißt in meiner Empfindung – Gehirn zwischen Seele und Bild stellen. – Ich fühlte mich verpflichtet, Ihnen über diese Zweifel und Schmerzen zu schreiben. Von diesem Standpunkt ist der Salon für mich eine zwar etwas vorgeahnte, aber doch bittere Enttäuschung. „Kunstpolitisch" ist das alles vielleicht von Nutzen (starkes Vorwärtskommen, Ausrüstung usw.). *Mir* aber wäre weniger Donner und mehr innere Empfindung lieber.

Franz Marc: An Wassily Kandinsky (30. 9. 1913)

Sie schreiben so richtig über die Materialfrage des Künstlers, und doch kann ich Ihnen nicht Recht geben, wenigstens nicht für diesen Fall. Sie unterschätzen und überschätzen gleichzeitig die geistigen Kräfte von heute, die ich im Herbstsalon kennen lernte. Ihr Saal wirkt völlig rein und abgeklärt, es liegt sogar für mich ein ausgesprochen altmeisterlicher Zug über ihm, dessen sich sonst kein Saal der Ausstellung rühmen kann, – aber wollen Sie deshalb nicht neben den Jüngeren hängen? Ich weiß was Sie erwidern wollen: „neben ernst gewollten Werken schon"; ich bestreite aber sehr, daß Ihre Psychologie stimmt, daß ein nichtiges Material *jederzeit* auf „innere Schlamperei" deutet. Z. B. das kleine Bildchen von Kölschbach ist sicher das Gegenteil davon; ich bin überzeugt, daß ihn eine Zaghaftigkeit und ein sehr feiner Instinkt dieses Versuchsmaterial ergreifen ließ, – für mich wirkt es auch vollkommen in diesem geistigen Sinne, – in Ölfarbe wäre es wahrscheinlich „Spielerei" geworden, d. h. „nicht gekonnt"; es hätte einen falschen Schein erweckt, wie es z. B. bei dem Bilde Jakoulof's mit dem grünen Fleck in rot ist. Daß das partout um der verdammten 3 mt. willen hängen mußte, fand ich blöd, wie manches andere auch, – aber eine so mächtige Ausstellung schluckt schon ein paar schwache Bilder. Warum übrigens das bißchen Experiment und Theorie, solange sie rein *pädagogisch* auf den Beschauer wirken, so völlig verbannen?

Auch sie sind für die Seele des Beschauers bestimmt, gewissermaßen ein Schlüssel, um ihm Schranken „äußerer“ Widerstände zu öffnen, wegzuräumen. Vor allem sehe ich keinen Schaden, solange das theoretische und pädagogische Experiment *als solches* erkennbar ist, wie bei dem Pferdchen Delaunay's. In die Werke selbst darf es sich nicht einschleichen, wie bei Jakoulof; z. B. auch bei Larionoff, im entgegengesetzten Sinn: er hat eine kleine soldateske „Salve“ gemalt, in der das „Kindliche“ des Bildes für mich auch einen leichten pädagogischen Beigeschmack hat („seht Ihr, so kann man's auch malen“). Kulbin wirkt auf mich komplett dilettantisch, – das ist wirkliches Gift für das Publikum.[341] Meine leitende Idee beim Hängen und Wählen der Bilder war jedenfalls die: die ungeheure geistige Vertiefung und künstlerische Regsamkeit zu zeigen, – und dieser Eindruck ist sehr wohl für die *Seele* bestimmt; ich glaube, ein Mensch, der seine Zeit liebt und in ihr nach Geistigkeit sucht, wird nur klopfenden Herzens und voll guter Überraschungen durch diese Ausstellung gehen. Ich war jedenfalls beschämt vor allen diesen Bildern, da ich mir gestehen mußte, daß ich in meinem Sindelsdorf mir vorher nicht vorgestellt hatte, daß so viel Geist am Werke ist; und vor allem: daß die Ziele weit mannigfacher sind, mit vielen Perspektiven, die ich nicht kannte. (Gerade das kleine geklebte Severiniporträt[342] muß auf die *Seele* wirken als unheimliches Nebeneinander von stärkstem Tagesrealismus und abstrakter geistiger Struktur. Ich kann mir das Bild in andrem Material gar nicht denken.) Für mich persönlich ist das Fazit auch überraschend: ein bedeutendes Überwiegen (auch an Qualität) der abstrakten Formen, die nur als Form sprechen, fast ganz ohne gegenständlichen Beiklang über die gegenständlichen Bildideen; (ich weiß wohl, daß dieser Gegensatz nicht eigentlich besteht, – alle Formen sind Erinnerungen –). Für meinen eigenen Fall fühlte ich, wie unklar ich im Grunde meine Bilder malte; ich ging gewissermaßen von zwei völlig getrennten Seiten aus an meine Bilder und malte solange, bis sie sich scheinbar verbunden hatten, – leider nur scheinbar. Vielleicht gibt es keine restlose, schlackenlose Verbindung, aber es gibt Künstler, die dem Ziel näher kommen, das Ziel klarer sehen. Unter diese zähle ich auch unbedingt Delaunay, trotz allem Problematischen und persönlich Unreifem, das diesem Menschen anhaftet. Es ist schade, daß Sie seine beiden Bilder bei Koehler nicht gesehen haben.[343] Sie sind sicher schon ungeduldig; Sie merken, daß es auf eine große Apologie des Herbstsalons hinausläuft; glauben Sie mir wenigstens, daß ich seine schweren Fehler wirklich nicht sehe, nicht nur hinterher nicht „sehen will". Ich hätte auch nicht so viel geschrieben, stünde nicht in Ihrem Briefe, daß Sie nur mit Weh Ihre Werke neben Bildern wissen, die Sie als beliebig gemacht empfinden. Ich empfinde: Sie hängen lebendig neben Lebendigen; alles in der Ausstellung „arbeitet", manches wühlt in sich, manches ruft den Beschauer an und zeigt seine Wunde. Und das wenige Dumme, das da hängt, – das ärgert hoffentlich alle so wie mich, – dann wird es keinen Schaden thun.

Lyonel Feininger: An Alfred Kubin (5. 10. 1913) [344]

Glücklich und angeregt kehrte ich vorhin von meinem ersten Besuch im Herbst-Salon des „Sturm" zurück, und während noch der Eindruck in mir lebendig ist, will ich Ihnen einiges darüber berichten. [...] Die, die Sie „Diaboliker" (und weiß Gott was sonst für schöne Titel!) nennen,[345] wenn sie von Ihren Arbeiten schreiben, kennen *meinen* Kubin garnicht! Ich habe den liebevollsten, innigsten Eindruck von Ihren Zeichnungen empfangen, heute, und nur immerzu darin den sehnsüchtigen, schwerreichen Gestalter von Visionen erkannt. Ich habe mich unglaublich *mit* Ihnen gefreut, über jedes einzelne Blatt: vielleicht noch mehr als Sie es können – denn uns ist die letzte Freude über unsere eigenen Werke versagt; es bleibt immer ein Rest von Schmerz, Zweifel, Wehmut in uns; schon wollen wir weiter, höher! Rein *kritisch*, insoweit mir die Gabe hierfür beschieden, habe ich erkannt, wie Ihre *Form* in letzter Zeit gereifter ist, gegen frühere Arbeiten. Sie haben ganz festgefügten Aufbau und großen Rhythmus erreicht, ohne irgendwie an der fabelhaften luminösen Qualität, die Sie von jeher besaßen, einzubüßen, und der Gedanke ist zur *formalen* Vision geworden, rein von allem etwa „Erzählerischen". In der Umgebung der Anderen haben Sie vollkommen Ihren Platz behauptet; es ist als sähe ich Ihre Arbeiten schon dadurch mit neuen Augen. Seien wir nur froh, über den Zusammenbruch der unmöglichen Promisenität der „Secession"; die war wahrhaftig schon von Übel! Die Herbst-Ausstellung ist ein großes Blatt in der Kunstgeschichte Deutschlands. Im Ganzen geradezu glänzend! [...] Es ist eine große Fülle von schönen Bildern zusammen, wahrhaftig erstaunlich anregend. Für *eine* Größe habe ich wenig Verständnis, und ich sehe in den Arbeiten des Delaunay nur sterile und verrannte, nicht einmal abgeklärte Versuche über rein physikalische Lichtprobleme. Spectralanalyse können uns *Apparate* unendlich viel klarer und wertvoller geben. Neben pretensiösem Auftreten erkennt man eine Armut an Gestaltung die auf ein vollkommen mechanisiertes Innenleben schließen läßt. Dennoch, vielleicht wirkt das was er will [...] productiv auf Andere die genügend Kraft besitzen um zur Gestaltung zu gelangen. Es ist am Ende das Schöne eben, heute, daß es ungezählte Möglichkeiten giebt, Kunst zu schaffen. [...] Ich, zum Beispiel, *könnte* nicht anders als ich's eben tue; und dies ganz unabhängig davon, ob Andere in gleicher Weise sich betätigen oder nicht, ob meine Arbeiten „modern" oder „neue Kunst" sind oder nicht. [...] denken Sie an meine gewisse Härte und, wie Sie schrieben, Kühle, Klarheit – Ordnung – und dann an das gänzliche Gelöstsein aller formalen Fesseln eines Kandinsky! Ich täte Unrecht heut ein abschließendes Urteil zu fällen. – K. giebt mir vorläufig viel zu denken und zu knabbern. Das was er zum Ausdruck bringt, das will ich ja *gerade nicht*, sondern ziemlich das Gegenteil. Bewundern *muß* ich ihn, und mich über ihn freuen, aber einstweilen wie man sich über etwas ganz fremdartiges freut. [...] Ich sehe und empfinde seit Kindheit in einer bestimmten Richtung und ringe nur um die Verwirklichung meiner ununterdrückbaren Sehnsucht. Die Gesetze suche ich in der Natur zu ergründen aber die Natur selbst ist für mich als Ziel ausgeschaltet und erledigt, in dem Augenblick wo ich diese Gesetze entziffert habe. Die *äußere* Gewandung tut's nicht; *„Neue Kunst"* giebt es nur mit der Entstehung einer eigenen unbeirrbaren Persönlichkeit. [...] Durch das jetzige Zusammenhängen mit anderen wirklichen *Gestaltern* sehe ich [...] zum ersten Male, zugleich meine Schwächen und meine Eigenart. Der Gedanke „Partei" ist mir von jeher greulich gewesen. Aber das Bewußtsein, mit Anderen, die Jeder in seiner *eigenen* Weise zum innersten Ausdruck gelangen wollen, zusammenzuwirken, ist ein stärkendes Gefühl. [...] Marc konnte mir heute Direktes, Unmittelbares geben, es liegt ein wahrhaft großer Wurf, eine starke Kraft in seinen Bildern. Mir schien namentlich sein Turm von blauen Pferden überweltlich schön, und in der Form wie in der Farbe! prachtvoll.[346]

Lyonel Feininger: An Alfred Kubin (23. 12. 1913)

Paul Klee [...] *Ganz famos!* Prickelnd und aufreizend, von verblüffendem Ausdruck und Neuartigkeit der Form – wie ich's empfinde, steckt die Kraft drin, die manchmal in Kinderzeichnungen verborgen liegt, und die Einen ganz trostlos machen kann, daß sie für uns Erwachsene nicht bewußt zu erreichen ist. *Malt* Klee? Da wäre ich neugierig! Daß er *Geige* spielt, scheint mir *selbstverständlich* – Eine Welt der Töne aus 4 Saiten hervorzuzaubern, ist gleich: eine Weltanschauung aus Federstrichen und Kreuzen und Dreiecken hervorzuzaubern!

August Macke: An Franz und Maria Marc (11. 11. 1913)

Mein malerischer Zustand ist der, daß Kandinsky für mich sanft entschlafen ist, indem die Bude von Delaunay daneben aufgeschlagen war und indem man darin so recht sehen konnte, was *lebendige* Farbe ist im Gegensatz zu einer unglaublich komplizierten, aber absolut *seichten* Farb*flecken*-Komposition. Man möchte darüber weinen, daß einem Hoffnungen enttäuscht wurden. Aber Delaunay hat eben mit dem räumlichen Eiffelturm angefangen und Kandinsky mit Lebkuchen. Eine Tischplatte ist mystischer wie alle seine Bilder. Sie klingen gar nicht mehr für mich.

Herwarth Walden: An Robert Delaunay (26. 11. 1913)

Ich habe auf den Herbstsalon ohne die geringste materielle Entschädigung 3/4 Jahr verwandt, Herr Koehler daran 14000– Mk. verloren. Sie sehen, daß wir nicht gerade habgierig veranlagt sind. Die beiden Kojen, die wir Ihnen zur Verfügung stellten, kosten 1600 Mk. Die obengenannte

Summe ist verloren worden, obwohl alle Einnahmen ohne jeden Abzug Herrn Koehler zustanden und übergeben wurden.[347]

Herwarth Walden: Die Presse und der Herbstsalon

Eine Gegenüberstellung

Frankfurter Zeitung Es wird die Vorstellung erweckt, als ob es in dieser Ausstellung etwas zu sehen gäbe von den Entwicklungsfortschritten. Nie war eine Prätention anmaßender, nie weniger begründet.	*Dresdener Neuste Nachrichten* Der Tag, an dem der erste deutsche Herbstsalon eröffnet wurde, darf als historisches Datum gelten. Es hat etwas Überwältigendes, allüberall Kämpfer und Vertreter der neuen Prinzipien am Werke zu sehen.
National-Zeitung Es ist heute keine Frage, mehr, daß die Kräfte, die hier an der Arbeit sind, bestimmt sind, Anregungen und Ausgangspunkte für die Wege zu geben, die die Kunst der Zukunft einst gehen wird!	*Hamburger Nachrichten* Es ist in der Tat grober Unfug, diese Unsumme von Lächerlichkeiten, von blöden Schmierereien. – Man glaubt aus der Gemäldegalerie eines Irrenhauses zu kommen.
Casseler Allgemeine Zeitung (Herr Robert Breuer) Ernsthafte Leute werden mit dieser Ausstellung sehr schnell fertig sein; es gibt da gar kein Problem, es gibt nur Bedauern und Lachen.	*Vorwärts* (Derselbe Herr Robert Breuer) Es ist eine Kunst der Extreme … Es wäre dennoch eine schwere Befangenheit, sie, wie das neulich Meier-Gräfe tat, für toll und dilettantisch zu erklären.[348]
Herr Fritz Stahl Gegen die Zumutung, diese Fatzkereien als Kunst	*National-Zeitung* Daher sei man vorsichtig, ehe man neue Kunstfor-

auch nur negativ zu behandeln, gibt es keinen ernsten Protest mehr. Wir lachen!

men verurteilt oder gar bespöttelt, wie es vielfach leider Sitte ist.

Vorwärts
(Wieder Herr Robert Breuer)
Man braucht nur die Titel all dieser tollwütigen Pinseleien zu lesen, um zu wissen, daß es sich hier wirklich nicht um Malerei, sondern um Kaffeehausliteratur handelt.

Hamburger Nachrichten
Weiter heißt es, „Komposition". – Dann wieder „Kontraste" oder „Mystisches Bild" oder „Improvisation", zuweilen auch bloß Bild 1, Bild 2, Bild 3. Man spürt, wie schwer es den Malern geworden ist, ihren Bildern Bezeichnungen zu geben.

Deutsche Tageszeitung
Hier aber sind die Talentlosen in Reihe und Glied aufgestellt.

Volkszeitung
Täuschungen sind ausgeschlossen. Diese „Jüngsten" sind keine Revolutionäre; gereift und abgeklärt, aber reichlich exzentrisch sind die meisten.

Vossische Zeitung
Man sieht, es lohnt nicht den Besuch.

Volkszeitung
… Ausstellung ist das weitaus Interessanteste, was man in der letzten Zeit an Kunstausstellungen sehen konnte.

Pan
Nun, dachte ich, kann niemand in 55 Minuten ein bestauntes Bild schaffen, noch Werke von der Tiefe eines *Delaunay* in einer Saison täuschend nachmachen.

Vorwärts
(Immer wieder Herr Robert Breuer)
Oder Herr *Delaunay*. Er zeigt uns die Sonne in vier verschiedenen Fassungen. Aber was er gibt, sind Schützenscheibenbilder,

wie trunkene Dorfburschen sie fabrizieren.

Herr Fritz Stahl über *Kandinsky*
1912
Der Reiz bleibt rein optisch und wird im Vergleich mit dekorativen Arrangements durch die Gewaltsamkeit der willkürlichen Linien überdies gestört. In dieser Wirkung steht aber der Aufwand *eines großen Bildes in lächerlichem Kontrast.* Die kann man auf einem Läppchen Papier erreichen.

Herr Fritz Stahl über *Kandinsky*
1913
Ich empfinde bei dem Anblick solchen Bildstückes (von Kandinsky) einen so anregenden und befriedigenden Genuß, daß es mir genug als Kunstwerk wäre. ... Er (Kandinsky) ist ein *Genie der Farbe.*

B. Z. am Mittag
Die Tierbilder von *Franz Marc* gehen einen Schein weiter zu leidenschaftlichen Kompositionen, die Phantastisches mit großem Griff erblicken.

Hamburger Nachrichten
...ebenso unverständlich wie die apokalyptischen Wölfe von *Franz Marc.*[349]

Berliner Börsencourier
Alfred Kubin macht seine dämonisch-metaphysischen Zeichnungen ohne jeden Nachdruck.

Berliner Lokalanzeiger
Alfred Kubin, jenem bekannten Diaboliker, der zu einer immer vertiefteren Form gelangt.

Leipziger Tageblatt
Paul Klee zeigt Zeichnungen, die sich in den Tiefsinn der Kindeszeichnungen geschult haben.

Berliner Börsencourier
Paul Klee ist derjenige, der das Gerücht von den Max-und-Moritz-Zeichnungen verursacht hat.

Paul Klee: Tagebuchaufzeichnungen (1914)

Die große Phalanx von Putz bis Kandinsky sollte aufgestellt werden. Hausenstein und Weisgerber wollen kommandieren. Wer ist Weisgerber? Das verstand ich nie und werd' ich nie verstehen. Hausenstein, ja! Der ist geistreich und malt nicht so mäßig, weil er gar nicht malt. Sie brachten es aber nicht ganz zusammen. Putz wollte keine Majorität bekommen, und Marc und Kandinsky sagten ab, hauptsächlich auf Betreiben von Marc. So wird die Phalanx von Püttner auf Klee sich erstrecken, über Caspar als Zentrum. Schade um die geschwächte Spitze. Neue Münchner Sezession wurde es genannt.

Franz Marc: An Alfred Kubin (6. 7. 1914)

Betreff neuer Sezession bin ich weit pessimistischer als Sie. Was sind das für Leute! Mir ist viel sympathischer, den offiziellen Wind in den Segeln des Herrn Habermann, Kaulbach, Zügel usw. blasen zu hören, als um eine Horde, die auf unsren Feldern herumtrampelt ohne Sinn und Verstand und vor allem ohne Ehrfurcht. Ich war ja auch das Karnikel, das Kandinsky abgehalten hat, mitzuthun. Klee that aus materiellen, wohlberechtigten Gründen mit, ist ihm aber auch nicht wohl dabei.

2. Die Reise nach Tunis (Klee, Macke, Moilliet)

Elisabeth Erdmann-Macke: Erinnerungen an August Macke

Am 8. Januar hatten wir den Besuch von Paul Klee und seiner Frau, die mit Moilliets sehr befreundet waren und den alten Vater Klee in Bern besucht hatten. Klee, damals noch mit Spitzbart und mit einer großen Pelzmütze auf dem Kopf, sah eigenartig fremdländisch aus, ein fast maurischer Typ. Lily, eine echte lebhafte Münchnerin, bildete einen Gegensatz zu seiner oft sehr verschlossenen, zurückhaltenden Art. Damals ging er mit dem Gedanken um, im kom-

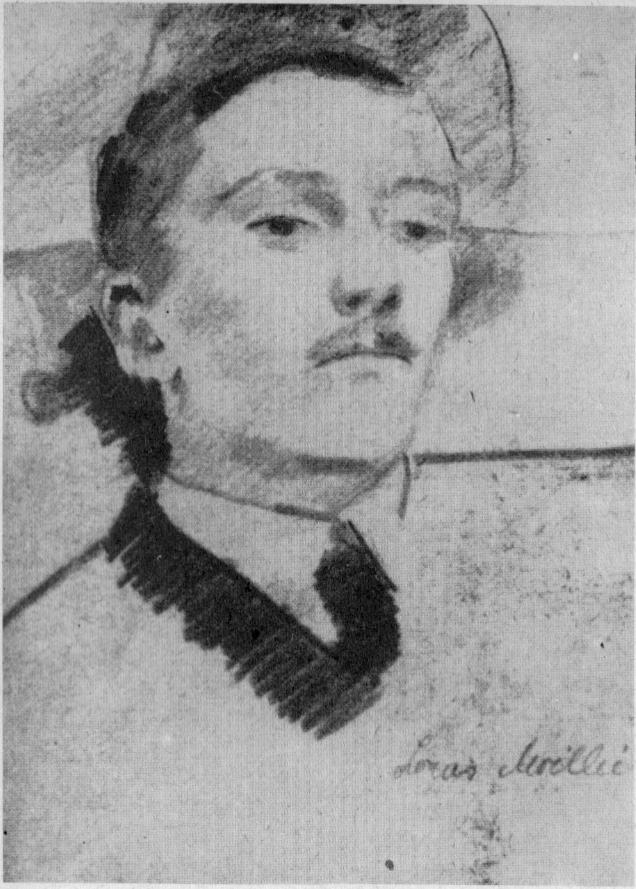

89. August Macke: Louis Moilliet. Um 1913, Bleistift

menden Frühling eine Reise nach Tunis zu machen, und wollte gerne Louis und August für diesen Plan gewinnen. So kam zum ersten Male die Möglichkeit dieser Reise zur Sprache, die für alle drei Künstler so entscheidend sein sollte. Die beiden waren natürlich sofort Feuer und Flamme, besonders Louis, der schon in Tunis gewesen war und einen guten Freund, den Arzt Dr. Jäggi, dort wohnen hatte, der ihn gastfreundlich aufnehmen würde. Es handelte sich jetzt nur darum, das nötige Reisegeld zusammenzubekommen, denn jeder mußte doch einige hundert Mark für die gemeinsamen Kosten beisteuern. Jeder überlegte nun, wie er diese Summe auftreiben könnte, und da lag es nahe, daß August an unseren Freund und Gönner Onkel Bernhard dachte. [...] Die Vorbereitungen zur Tunis-Reise waren beendet. Louis raste auf dem Motorrad seines Bruders Alex von einem Bekannten zum anderen, um das nötige Reisegeld zusammenzubekommen, und hatte auch Erfolg. Onkel Bernhards Spende war eingetroffen, und nun konnte es losgehen.

August Macke: An Bernhard Koehler (15. 1. 1914)

Er [Klee] ist ein feiner Kerl. Ein hiesiger Apotheker zahlt ihm eine Reise nach Tunis im April. Louis Moilliet [...] wird mit Klee gehen, war schon ein Jahr da und ist sehr gut bekannt dort. Die zwei versuchen mich zu verleiten, so leichtsinnig zu sein, diese Studienreise über die Provence, Marseille, Tunis, zurück durch Sizilien und Italien mitzumachen, und ich werde mich wohl dazu entschließen, da sich eine solche Gelegenheit nicht oft bietet, und da ich wahrscheinlich viel davon haben würde in künstlerischer Beziehung.

August Macke: An Sofie Gerhardt (2. 2. 1914)

Fand dann noch [...] von Onkel Bernhard einen Brief, der sehr nett war und wo unten drunter so ganz nebenbei steht, ob er mir wohl zu einer Tunisreise 500 M. zusteuern dürfe. Natürlich darf er. Für mich ist dadurch dieses Projekt bedenklich näher gerückt. Schwarz bin ich schon, Geld hab ich.

Paul Klee: Studienreise nach Tunesien

April 1914. Die Vorgeschichte ist die, daß der Louis Moilliet, jener schweizerische Graf, schon einmal dort war (natürlich). Und zwar indem, daß dort ein Berner Arzt sich niederließ, namens Jäggi, welcher ihn aufnahm. Nun ist je-

ner Graf nicht nur unverschämt anmaßend seinem Glück gegenüber, sondern auch ein guter Kerl zu denen, die er mag. Und er mag zwei Leute, das ist August Macke und das ist: mich. (Außerdem mag er viele junge Damen.) Jener Macke lebt seit kurzem am Thunersee, und letzten Dezember haben wir zu drei geschworen, daß es sein soll. Louis gönnt es mir, will für Geld sorgen gegen Bilder von mir. Macke sorgt für sich selber, der verkauft ganz gut. Der Apotheker Bornand in Bern sollte meine Reisekosten übernehmen,[350] und der Doktor „Jegi" sollte mich und Louis beherbergen. Das ist die Vorgeschichte.
Sonntag, den 5. 4. [Marseille] [...] Am Kai des alten Hafens Umschau nach Macke. Endlich ihn gefunden. Dort das Kindergesicht, ißt und trinkt wie ein junger Fürst. Sieht uns nicht. Es ist ein Trottoir-Restaurant, durch Barriere von der Straße abgegrenzt. Wir kauern hinter der Barriere, damit er nur unsere beiden Köpfe sehen soll. Da, er sieht – sah uns, errötete leicht, guckte schnell weg, als ob er nichts gesehen habe. Dann lustige Begrüßung. Er ganz erfüllt von diesem Marseille und seiner Umgebung. Hat sogar ein Stiergefecht gesehen. Wurde ihm fast schlecht.
Montag, den 6. 4. [...] Mittags, zwölf Uhr schiffen wir uns ein. Ein schönes großes Gebäude der Compagnie transatlantique, „Carthage" mit Namen, nimmt uns auf. Hübsche saubere Kabinen. Kleine Brechtöpfe sauber und verheißungsvoll. Die Fahrt durch den Hafen sehr spazierlich und amüsierlich. Draußen auf der Mole noch eine Gruppe Abschiedwinkender. Und nun wird's ernst, und das Schiff beginnt zu rollen. Der Golf du Lyon ist bekannt dafür. Il fait beau temps, pourtant.[351] Wer's glaubt. Gabriele Münters Mittel wird geschluckt, die beiden andern nehmen lila und grüne Kugeln zu sich und lächeln über mich und Münter. Ich glaube an beide Mittel nicht, weder an das eine noch an das andere. Deshalb wird mein Befinden eher schlechter, wenn auch ganz allmählich. August Macke zeichnet für mich eine kleine Komposition, wie es aussehen wird, wenn ich speien muß (er glaubt nicht an Münter). Daraufhin laß ich mir auch von seinen lila und grünen Kugeln geben. Und siehe, mein Mut kehrt zurück. Und ein wenig später zünde ich mir eine Pfeife an. August Macke schließt daraufhin Freundschaft mit mir. Er hielt mich bis dahin für ein Unge-

heuer an Vollkommenheit, und nun rauche ich eine gemütliche Pfeife. Das findet er ganz hinreißend schön. [...]
Dienstag, den 7. 4. [...] Nachmittags erscheint die afrikanische Küste. [...] Unser stolzer Dampfer verläßt die offene See. Der Hafen und die Stadt Tunis liegen rückwärts etwas versteckt. Man passiert erst einen langen Kanal. Am Ufer ganz nah die ersten Araber. Die Sonne von einer finsteren Kraft. Die farbige Klarheit am Lande verheißungsvoll. Macke spürt das auch. Wir wissen beide, daß wir hier gut arbeiten werden. Die Landung in dem einfach-ernsten Hafen sehr eindrucksvoll.
[...] Im Auto zum Doktor Jäggi und zum Abendessen. Alles schwankt hier weiter. Zum Schluß unter seiner Führung noch ein Spaziergang durch die nächtliche Araberstadt. Materie und Traum zu gleicher Zeit, und als Drittes ganz hinein verfügt mein Ich. Das muß ja gut werden. [...]
Mittwoch, den 8. 4. Tunis. Den Kopf voll von den nächtlichen Eindrücken des gestrigen Abends. Kunst – Natur – Ich. Sofort ans Werk gegangen und im Araberviertel Aquarell gemalt. Die Synthese Städtebauarchitektur – Bildarchitektur in Angriff genommen. Noch nicht rein, aber ganz reizvoll, etwas viel Reisestimmung und Reisebegeisterung dabei, eben das Ich. Das wird später schon noch sachlicher werden, wenn der schöne Rausch etwas verrauchen wird.
[...] Dann eine Autofahrt in die Umgebung der Stadt gemacht. Jäggi als Chauffeur ohne Patent. Heftiger Schirokko[352], Bewölkung, zarteste Bestimmtheit der Farben. Nicht wehtuend Helles wie zu Hause. [...] Wir gehen ein wenig zu Fuß. Zunächst in eine Parkanlage mit sehr eigenartiger Pflanzung. Grün-gelb-terrakotta. Der Klang geht tief und wird bleiben, auch ohne Malen, an Ort und Stelle. Dann begegnete uns ein Leichenzug. Die Klageweiber hörte man schon von weitem. [...] Der Sarg ist farbig, golden und blau. Eine Kutsche, von sechs Maultieren gezogen. Das sei der Bei gewesen, behauptet Louis. Kein Regen, der Abend wieder schön. [...]
Donnerstag, den 9. 4. Wetter wieder ganz klar. Aber windig. Im Hafen gemalt. Der Kohlenstaub in den Augen und in den Aquarellfarben. Trotzdem! [...]
Karfreitag, den 10. 4. Tunis und St. Germain bei Tunis. [...] nach Tisch will er uns alle, Kind und Kegel, auf sein Land-

gut führen, allwo es schön und friedlich. […] Das Landhaus liegt schön, dicht am Meeresstrand, auf Sand gebaut. Ein sandiger Garten mit Artischocken usw. […]

August Macke: An Lisbeth Macke (10. 4. 1914)

Wir sitzen hier mitten in der afrikanischen Landschaft, zeichnen, schreiben, Klee aquarelliert. Heute morgen bin ich in der Stadt herumgelaufen und habe gearbeitet. Dann, per Auto, Hühnerragout in der Kochkiste, Sardinenbüchsen, Betten etc. Der arabische Diener Ahmed als Rennfahrer hinterher. Zwei Kinder, das Landhaus von Dr. Jägghi ist prachtvoll am Meer gelegen. Wir liegen in der Sonne, essen Spargel etc. Dabei kann man sich herumdrehen und hat Tausende von Motiven, ich habe heute schon sicher 50 Skizzen gemacht. Gestern 25. Es geht wie der Teufel und ich bin in einer Arbeitsfreude wie ich sie nie gekannt habe. Die afrikanische Landschaft ist noch viel schöner wie die Provence. Ich hätte mir das nie vorgestellt. 200 Schritte von uns ist ein Beduinenlager mit schwarzen Zelten, Eselherden, Kamele etc. laufen um uns herum. Wir bleiben zur Nacht hier. In Tunis wohne ich im „Grand Hotel de France". Louis und Klee bei Jägghis, abends esse ich meist bei Jägghis, die sehr nett sind. Gestern waren wir in den verschiedenen arabischen Liebesvierteln. In der Sonne saßen oder standen die Weiber an der Tür. Es war ein herrlicher Anblick. So bunt und dabei so klar wie Kirchenfenster. Aber in gesundheitlicher Beziehung habe ich einen schrecklichen Horror vor dem ganzen Volk hier. Bazillen sind sicher genug da. Man darf nur nicht darüber nachdenken. Ich glaube, ich bringe kolossal viel Material heim, was ich dann in Bonn erst verarbeiten kann.

Frau Jaeggi im Gespräch

In Dr. Jaeggis Haus in St. Germain malten Macke und Klee ein Zimmer aus. Auf einer Wand in der Größe von etwa 3 × 3 Metern malte Macke in die Mitte zwei Körbe Orangen, dahinter einen kleinen schwarzen Esel und auf beide Seiten zwei Araber mit roten Fessen. Klee malte in beiden Kaminecken konstruktiv einen Araber und eine Araberin in

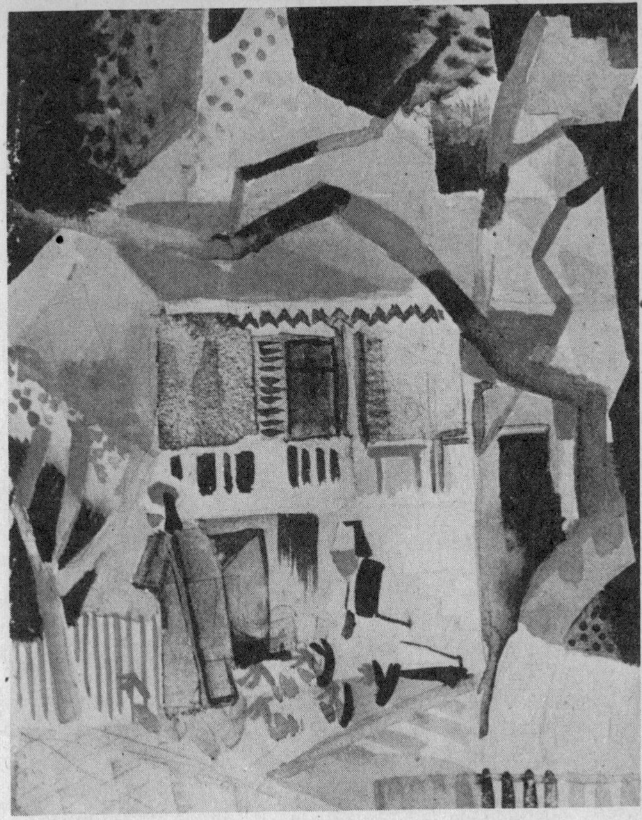

90. August Macke: Innenhof des Landhauses in St. Germain. 1914, Aquarell

Wasserfarben. Man hatte vorher gemeinsam mit dem arabischen Diener Dr. Jaeggis, Achmed, Ostereier gefärbt. Die von ihm bemalten hatten Macke und Klee begeistert mitgenommen, ehe sie sich an die Wand machten. Offenbar wollten sie sich für die Wandmalerei von Achmeds arabischer Anschauung führen lassen.

Samstag, den 11. 4. St. Germain bei Tunis. Einige Aquarelle am Strand und vom Balkon aus. Das Strandaquarell noch etwas europäisch. Könnte auch bei Marseille gemalt sein. Im zweiten traf ich zum ersten Male Afrika. [...] Die Hitze über mir tat wohl das Ihrige dazu. [...] Abends [...] eine Kalkwand des Eßzimmers bemalt. August gleich ins Format, eine ganze Szene, Esel und Treiber usw. Ich begnügte mich mit zwei kleinen Gebilden in den Ecken, die ich abschloß.

Ostersonntag, den 12. 4., St. Germain. [...] Der Abend ist unbeschreiblich. Zum Überfluß geht auch noch der Vollmond auf. Louis reizt mich: ich sollte es malen. Ich sage: es wird höchstens eine Übung. Natürlich versage ich dieser Natur gegenüber. Aber ich weiß doch etwas mehr als vorher. Ich weiß die Strecke von meinem Versagen bis zur Natur. Das ist eine innere Angelegenheit für die nächsten Jahre. Ich bin gar nicht deprimiert deshalb. Es darf nicht eilen müssen, wenn man soviel will. Der Abend ist tief in mir drin für immer. Mancher blonde Mondaufgang des Nordens wird als gedämpftes Spiegelbild mich leise mahnen und immer wieder mahnen. Es wird meine Braut sein, mein anderes Ich. Mich zu finden ein Anreiz. Ich selber aber bin der Mondaufgang des Südens.

Ostermontag, den 13. 4. St. Germain – Tunis. Vormittags gemalt und gebadet. Ein Pillenmistdrehkäferheiliger[353] tut vor mir seine Arbeit. So werde ich auch arbeiten, immer wieder probieren, ob es rollt, abnehmen, herummessen. Einmal wird es auch gehen. [...] Nachher im Auto zurück nach Tunis zum Essen. Nach Tisch Ostermontagsfahrt im Auto nach Sidi-Bou-Said, der Stadt, die wir zuerst vom Schiff aus sahen. Bis hinauf gefahren. [...] Die Stadt liegt so schön da oben und blickt weit ins Meer, das hoch aufatmend mit uns hinaufsteigt. An einem Gartentor haltgemacht und eine Aquarellskizze angelegt. Thalatta!![354] [...]

Dienstag, den 14. 4. Tunis – Hammamet. Sechs Uhr früh zum Bahnhof mit Macke zusammenbestellt. [...] In Hammamet angelangt, ist noch ein kleiner Weg in die Stadt. Was für ein Tag! In allen Hecken singen die Vögel. Wir blicken in einen Garten, wo ein Dromedar an der Zisterne arbeitet.

Das ist ganz biblisch. Die Einrichtung ist sicher die gleiche geblieben. Stundenlang könnte man zusehen, wie das Kamel, von einem Mädchen gelenkt, mürrisch auf und ab geht und dadurch das Herablassen des Schlauches, das Schöpfen, das Aufziehen desselben und seine Entleerung bewirkt. Allein wäre ich hier sehr lange verweilt. Aber es ist, es gibt noch so viel zu sehen, meint Louis. Die Stadt ist fabelhaft, am Meer gelegen, winklig und rechtwinklig und wieder winklig. Dann und wann von der Ringmauer ein Blick!! In den Straßen sieht man mehr Weiblichkeit als in Tunis. Kleine Mädchen ganz unverschleiert, wie bei uns. Auch darf man hier die Friedhöfe betreten. Einer liegt köstlich am Meer. Auf ihm weiden ein paar Tiere. Das ist gut. Ich versuche zu malen. Das Ried- und Buschwerk ist ein schöner Fleckrhythmus. In der Umgebung köstliche Gärten. Riesige Kakteen bilden Mauern. Ein Weg ganz „hohle Gasse" in Kakteen. Viel gemalt und geschlendert. […]
Mittwoch, den 15. 4. Wir sollten nun nach Kairuan und vermeiden, mit der Bahn zu sehr umzufahren. […] Um zwei Uhr Kairuan. Kleine französische Vorstadt mit zwei Hotels. Teedurst wird ausgiebig gestillt, um die Entdeckung des Wunders Kairuan würdig durchzuführen. Zunächst ein großer Taumel, der nachts beim Mariage Arabe[355] kulminiert. Nichts einzelnes, nur das Ganze. Und was für ein Ganzes!! Tausendundeine Nacht als Extrakt mit neunundneunzig Prozent Wirklichkeitsgehalt. Welch ein Aroma, wie durchdringend, wie berauschend, wie klärend zugleich. Speise, reellste Speise und reizendes Getränk. Aufbau und Rausch. Wohlriechendes Holz verbrennt. Heimat?
Donnerstag, den 16. 4. Früh vor der Stadt gemalt, leicht gestreutes Licht, mild und klar zugleich. Kein Nebel. Dann drin gezeichnet. […] Ein Abend von ebenso zarter als bestimmter Farbigkeit. […] Glückliche Stunde. Louis sieht koloristische Leckerbissen, und ich soll sie festhalten, weil ich das so genau könne. Ich lasse jetzt die Arbeit. Es dringt so tief und mild in mich hinein, ich fühle das und werde so sicher, ohne Fleiß. Die Farbe hat mich. Ich brauche nicht nach ihr zu haschen. Sie hat mich für immer, ich weiß das. Das ist der glücklichen Stunde Sinn: ich und die Farbe sind eins. Ich bin Maler.
Freitag, den 17. 4. Vormittags wieder vor der Stadt gemalt,

dicht an der Mauer, auf einem Hügel aus Sand. Dann allein gegangen, weil ich so übervoll war, durch ein Tor hinaus, wo ein paar Bäume standen, Seltenheiten und Seltenheit. In der Nähe als kleiner Park festgestellt. Ein Bassin voller Wasserpflanzen, Frösche und Schildkröten. Zurück durch die Staubgärten vor der Stadt, stehend ein letztes Aquarell gemalt. [...] Ich packte meine paar Sachen, um elf Uhr mittags geht mein Zug. Die zwei folgen später, nachmittags oder am andern Tag. Heute mußte ich allein sein, es war zu stark, was ich erlebte. Und fort mußte ich auch, mich zu besinnen. Die zwei reisen doch mit mir, sie haben scheint's auch Erlebtes in sich. Gute Jungen. Sehr begabt. Macke leicht und glänzend. Moilliet verträumt. [...]
Samstag, den 18. 4. Tunis. [...] Leichter Regen, „der erste seit Herbst", fällt während einer kleinen Stunde. [...]
Sonntag, den 19. 4. Abreise aus Tunis. Zunächst Vorbereitungen für die Abreise. Viele Aquarelle und sonst allerlei. Das meiste in mir drin, tief drin, aber so voll, daß es jederzeit offenbar wird. [...] Nachmittags fünf Uhr zu Schiff. Ma und Mo bleiben noch ein paar Tage. Ich habe eine gewisse Unruhe, mein Karren ist zu voll geladen, ich muß an die Arbeit. Die große Jagd ist zu Ende. Ich muß zerwirken. Ein sehr mäßiges Schiff, „Capitaine Pereire", nimmt mich auf. [...] Unten steht das hübsche schwarze Auto, der Gastwirt Jäggi, der es nicht mag, wenn man sich bei ihm bedankt. Sein Töchterchen, ferner Ma und Mo, die mir die Ehre des Geleites antaten. [...] Ma macht so oft ein köstlich dummes Gesicht. Er ist gar nicht ergriffen beim Abschied. Reichte mir rasurscharfe Wangen zum Kuß und heuchelte Wehmut. Eigentlich sollte es nur eine Farce von ihm sein, ich aber machte Ernst und küßte dies Kindergesicht. Ich hatte ja auch immer du zu ihm gesagt, ohne Förmlichkeit, und er sprach auch so ein gebrochenes Schweizerdeutsch, das man nicht ganz ernst nahm; hochdeutsch konnte ich ihn nie duzen. [...] Auf See.

Louis Moilliet im Gespräch

Klee glaubte, „das Seelenheil der beiden anderen bewahren" zu müssen. [...] Macke lebte ganz als Augenmensch. Das führte ihn zu jenen Schönen des Araberviertels, die dem schaulustigen Macke die köstlichsten Aquarelle und Zeichnungen eintrugen. Die Besuche waren von einem Polizisten eskortiert. Macke konnte Bemerkungen nicht unterdrücken – und Klee mochte es verdrießen. [...] Klee trennte sich in Tunis von den beiden anderen. Er sah, daß auch sie Eigenes fanden. [...] Eine gewisse Selbstherrlichkeit, alle Umstände besonders auf sich zu beziehen, mochte mitsprechen. [...] Macke, dessen Freiheitsgefühl jeden leisen Anflug von Hybris unweigerlich mit Humor parierte, das Doktrinäre in Kandinsky schon früher durch köstliche Karikatur persifliert hatte, erfand zu Klees zweifelhaftem Behagen den Ausdruck „Plätzlimalerei" für die „Vierecke" kubistischer Observanz, mit denen sie alle drei der Theorie der reinen Farbe und der Grundform huldigten. Macke wandte sie in dem Blatt „Helles Haus"[356] gewiß mit höchstem Nutzen an. Er erreichte damit über ein Vorstadium die lauterste Kristallisation seines Aquarells. Aber sein Ingenium hielt erfrischenden Abstand von jedem Zwang des Gedankens. [...] Er arbeitete mit rastloser Geistigkeit und setzte sich ununterbrochen mit Problemen auseinander, die er sofort zugunsten neuer fallenließ, wenn sie für ihn erledigt waren. [...] In Tunis tauchte man mit allen Sinnen in die Welt des Islam unter. Überhaupt die arabische Formenwelt! Sie hat Macke zu Kompositionen gebracht, in denen er die islamische Abstraktion mit seinen europäischen Gedanken aufs glücklichste zum Stil kostbarer Augenblicke vereinte. [...] Die Umsetzung der Folklore in die eigene schöpferische Arbeit ist bei Macke deutlich zu fassen. Sie bleibt bei ihm aber in architektonischen und wenigen landschaftlichen Formen äußerlich monumentaler als bei Klee, der sie ganz im Sinne vergeistigter Jenseitigkeit, seiner eigenen skurrilen Transzendenz verarbeitete.

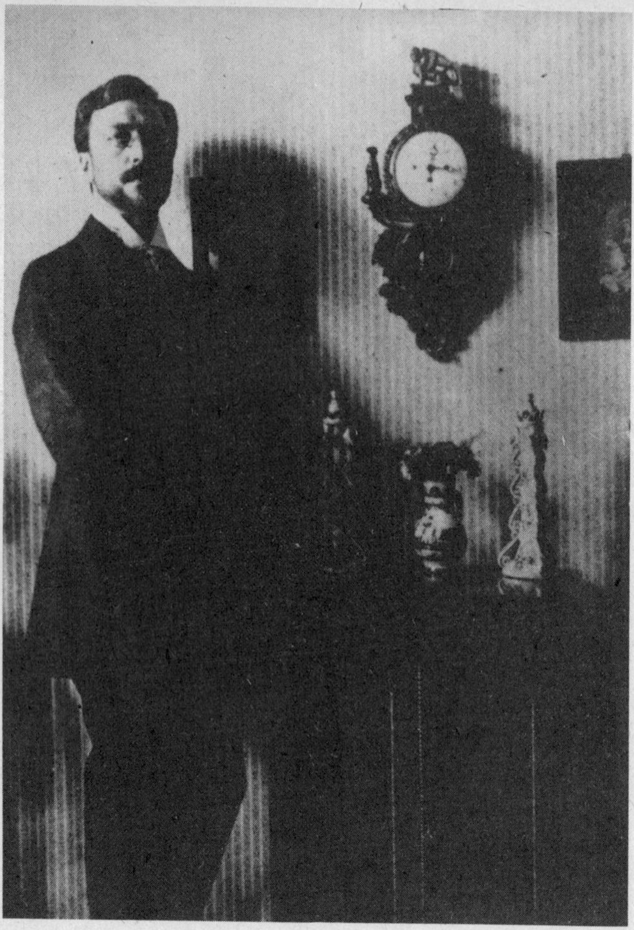

91. Wassily Kandinsky in seiner Münchener Wohnung 1911

1. Der zweite Band des „Blauen Reiters"

Wassily Kandinsky: Der Blaue Reiter (Rückblick)

Mein nächster Plan für den nächsten Band des Blauen Reiters war, die Kunst und die Wissenschaft nebeneinanderzustellen: Ursprung, Werdegang in der Arbeitsart, Zweck. Heute weiß ich noch viel besser als damals, wie viele kleinere Wurzeln zu einer einzigen großen zurückzuführen sind – Arbeit der Zukunft. Aber damals kam der Krieg und schwemmte auch diese bescheidenen Pläne fort. Was aber durchaus notwendig ist – innerlich! –, kann verschoben, aber nicht mit der Wurzel herausgerissen werden.

Franz Marc: An Wassily Kandinsky (1. 1. 1912)

Eine riesige Sammlung von Tafelmalereien vom Athos.[357] [...] für den bl. Reiter reproduziere ich was davon, ich denke Fragmente für den 2. Band.

Franz Marc: An Wassily Kandinsky (11. 5. 1912)

Ich denke jetzt oft an den 2. Band und habe meine Ideen darüber; ich denke an einen langen Beitrag mit vielen Illustrationen als Niederschlag sehr persönlicher „Lernjahre", die ich jetzt durchmache; kennen Sie den Zustand: es quält uns eine ganz präzise Idee, aber wir kennen sie nicht; wir fühlen aber ganz deutlich, daß sie wesenhaft da ist, in uns sitzt und an uns zerrt, aber wir können nicht darauf kommen, welche es ist. (Ähnlich wie im Traum: man fühlt ihn beim Erwachen ganz genau, aber man kann ihn nicht sagen.) Sie erschrecken vielleicht und sagen sich: „Das kann gut werden, – er schreibt des langen und breiten über eine Idee, die er nicht kennt.“ Ich denke doch, es ist ein zeitgemäßes Thema. Das leichtsinnige Volk der Futuristen (Futilisten)[358] soll einen deutschen Kopf kennen lernen, – verzeihen Sie, ich fabuliere; aber versuchen will ich es, Gedanken zu denken, die hinter einem schwarzen Vorhang tanzen.

Wassily Kandinsky: An Franz Marc (14. 5. 1912)

Das zweite Buch: mein Wunsch wäre, daß wir damit gar nicht eilen, ruhig an uns das Material kommen lassen (d. h. auch ruhig sammeln und viel strenger wie das erste Mal). Dazu mein *egoistischer* Wunsch: eine Zeit lang (jedenfalls den Sommer) ganz zum Reifen meiner weiteren Gedanken zu behalten. Ich bin sehr aus dem Geleise.

August Macke: An Wassily Kandinsky (30. 7. 1912)

Theodor Däubler [...] einen ganz hervorragenden Menschen. Er wird Sie sicher in München einmal aufsuchen. Er ist dreimal so groß und so dick wie ich [...] Es sprudelt in seinen Gedichten wie in Ihren Bildern. Ich habe ihn gefragt, ob er unter Umständen an einem zweiten Band des blauen Reiters seine literarische Mitarbeit zusagte. Er ist mit Freuden dabei, da er den blauen Reiter außerordentlich schätzt.

Wassily Kandinsky: An Franz Marc (5. 6. 1913)

Ich glaube, daß wir kaum schon in der nächsten Wintersaison mit dem 2. Band ausrücken werden. Wo soll man das Material finden, vor allem gute Artikel? Bis jetzt bekam ich Angebote von Busse, Räuber (Berlin), Larionoff. Ich habe alle um Einsendung gebeten, versprach aber nichts. Wolfskehl würde gerne etwas schreiben und da kann man doch sicher sein, daß es nicht schlecht wird. Ich habe außerdem zwei Russen in Aussicht. Beide können, glaube ich, etwas Gutes schreiben. Ob sie es aber machen und wann, das ist eine andere Sache! Und Bildermaterial? Ich habe bis jetzt nur eine Idee, die ich Sie bitte vorläufig vollkommen im Geheimen zu halten– mit Ausnahme Ihrer Frau natürlich. Das sind alte Geschäftsschilder und Reklamebilder, zu welchen ich die Budenmalereien rechne (z. B. Oktober-Wiese). Ich möchte versuchen, hier an die Grenze des Kitsches zu gehen (oder wie viele meinen werden, *über* diese Grenze). Im Zusammenhang damit Naturaufnahmen, besonders einzelne Gegenstände und Teile der Gegenstände. Usw.

Franz Marc: An August Macke (undatiert)

Dort [in Ried] wird die Geburtsstätte des 2. Blauen Reiter-Bandes, – lach nur; er wird doch! Ich brüte wie eine Henne darüber; diesen 2. Band werde ich allein, d. h. natürlich mit Mitarbeitern, wozu ich Dich auch zähle, hoffentlich, herausgeben. Einen späteren wird dann Kandinsky übernehmen. Diese Arbeitsteilung ist die einzige Möglichkeit, die Bände weiterzuführen und etwas Einheitliches zu machen.

Franz Marc: Der Blaue Reiter.
Vorrede zum zweiten Buch [359]

Noch einmal und noch *vielemale* wird hier der Versuch gemacht, den Blick des sehnsüchtigen Menschen von dem schönen und guten Schein, dem ererbten Besitz der alten Zeit hinweg zum schauerlichen, dröhnenden Sein zu wenden. Wo die Führer der Menge nach rechts weisen, gehen wir nach links; wo sie ein Ziel zeigen, kehren wir um; wovor sie warnen, da eilen wir hin. Die Welt ist zum Ersticken voll. Auf jeden Stein hat der Mensch ein Pfand seiner Klugheit gelegt. Jedes Wort ist gepachtet und belehnt. Was kann man thun zur Seligkeit als alles aufgeben und fliehen? als einen Strich ziehen zwischen dem Gestern und dem Heute? In dieser That liegt die große Aufgabe unsrer Zeit; die eine, für die es sich lohnt zu leben und zu sterben. In diese That mischt sich keine Verachtung gegen die große Vergangenheit. Wir aber wollen Anderes; wir wollen nicht wie die lustigen Erben leben, leben von der Vergangenheit. Und wenn wir es wollten, könnten wir es nicht. Das Erbe ist aufgezehrt; mit Surrogaten macht sich die Welt gemein.

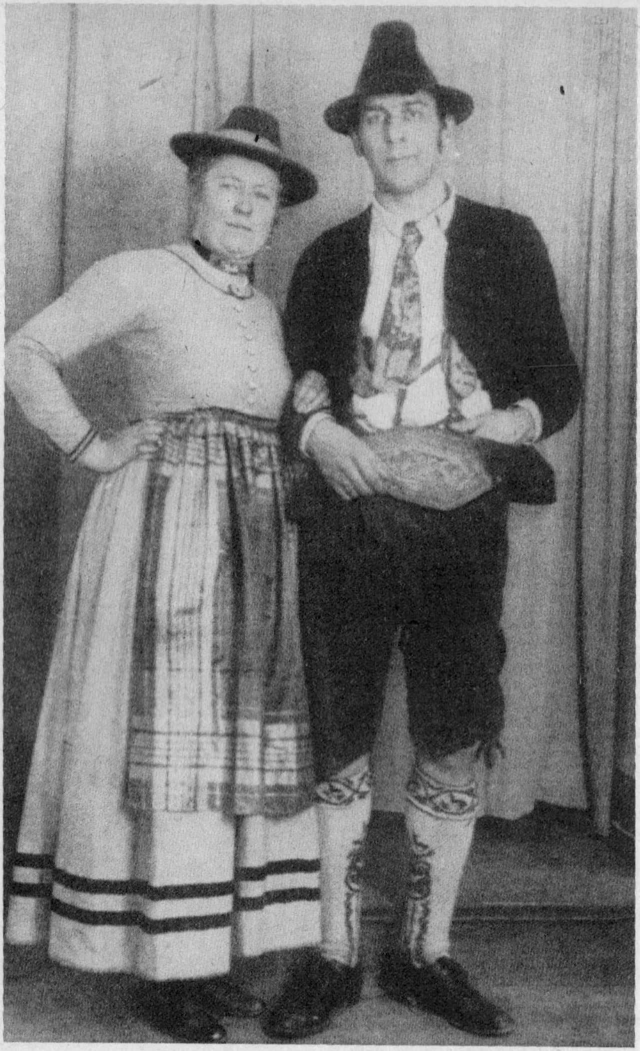

92. Maria und Franz Marc in bayerischer Tracht beim „Russischen Fest“ 1912

So wandern wir fort in neue Gebiete und erleben die große Erschütterung, daß alles noch unbetreten, ungesagt ist, undurchfurcht und unerforscht. Die Welt liegt rein vor uns; unsre Schritte zittern. Wollen wir wagen zu gehen, so muß die Nabelschnur durchschnitten werden, die uns mit der mütterlichen Vergangenheit verbindet. Die Welt gebiert eine neue Zeit; es gibt nur eine Frage: ist heute die Zeit schon gekommen, sich von der alten Welt zu lösen? Sind wir reif für die vita nuova? Dies ist die bange Frage unsrer Tage. Es ist die Frage, die dieses Buch beherrschen wird. Was in diesem Buche steht, hat nur Beziehung zu dieser Frage und dient keiner anderen. An ihr soll seine Gestalt und sein Wert gemessen werden.

Franz Marc: An Wassily Kandinsky (13. 3. 1914)

Mir selbst ist allerdings bis heute die Lust oder besser der Drang, meine gegenwärtige Arbeitslust durch eine schriftliche Herausgabe zu steigern und zu klären, nicht vergangen; vielleicht versuche ich etwas auf eigene Faust. Ich habe das bestimmte Gefühl, daß gerade *heute von uns* etwas *gesagt werden* müßte, gerade *weil* das Material fehlt. Wenn es einmal nicht mehr fehlen wird, werden andere und mit mehr Recht das Material zeigen.

2. Das Künstler-Theater

Hugo Ball: Die Flucht aus der Zeit

München beherbergte damals einen Künstler, der dieser Stadt vor allen andern deutschen Städten durch seine pure Anwesenheit einen Vorrang der Modernität verlieh: Wassilij Kandinsky. Man mag diese Einschätzung übertrieben finden, damals empfand ich es so. Was könnte einer Stadt auch Schöneres und Besseres begegnen, als einen Mann zu beherbergen, dessen Leistungen lebendige Direktiven der edelsten Art sind? [...] Die Vielfalt und Innigkeit seiner Interessen war erstaunlich; mehr noch war es die Höhe und

Feinheit seiner ästhetischen Konzeption. Was ihn beschäftigte, war die Wiedergeburt der Gesellschaft aus der Vereinigung aller artistischen Mittel und Mächte. Keine Kunstgattung hatte er versucht, ohne ganz neue Wege zu gehen, unbekümmert um Hohn und Gelächter. Wort, Farbe und Ton waren in seltener Eintracht in ihm lebendig, und er verstand es, noch das Verblüffende stets plausibel und ganz natürlich erscheinen zu lassen. Sein letztes Ziel aber war, Kunstwerke nicht nur zu schaffen, sondern die Kunst als solche zu repräsentieren. Sein Ziel war, in jeder einzelnen Äußerung exemplarisch zu sein, die Konvention zu durchbrechen und zu erweisen, die Welt sei noch immer so jung wie am ersten Tag. Es konnte nicht ausbleiben, daß wir einander begegneten, und ich bedaure noch heute, daß uns der Krieg auseinanderführte.

Als ich im März 1914 den Plan eines neuen Theaters erwog, war dies meine Überzeugung: es fehlt eine Bühne der wahrhaft bewegenden Leidenschaften; ein jenseits der Tagesinteressen experimentierendes Theater. Europa malt, musiziert und dichtet in einer neuen Weise. Zusammenschluß aller regenerativen Ideen, nicht nur der Kunst. Das Theater allein ist imstande, die neue Gesellschaft zu formen. Man muß nur die Hintergründe, die Farben, Worte und Töne so aus dem Unterbewußten lebendig machen, daß sie den Alltag mitsamt seinem Elend verschlingen.

Wenn wir Gewicht und Ausmaß unserer Sache bedachten, konnte die Wahl nur auf das „Künstlertheater“ fallen. Draußen im Ausstellungspark stand ein Theaterbau, der wie geschaffen für unsere Zwecke schien.[360] […] Eine Besprechung im Künstlerhaus kam zustande. […] Nur die Finanzen und die Ausstellungsleitung schienen zu zögern. […]

Das expressionistische Theater, so lautete meine These, ist eine Festspielidee und enthält eine neue Auffassung des Gesamtkunstwerks. Die Kunstform der gegenwärtigen Theater ist impressionistisch. Die Vorgänge wenden sich an den Einzelnen, an den Verstand. Das Unterbewußte wird nicht gestört. Das neue Theater wird wieder Masken und Stelzen benützen. Es will die Urbilder wecken und Megaphone gebrauchen. Sonne und Mond werden über die Bühne laufen und ihre erhabene Weisheit verkünden.

[…] Ich kam von Reinhardt und stand unter dem Eindruck

seiner Aufführungen im Zirkus und in den Kammerspielen. Aber Kandinsky stellte mir Thomas v. Hartmann vor. Der kam von Moskau und erzählte viel Neues von Stanislawsky: wie man dort unter dem Einfluß indischer Studien Andrejew und Tschechow spielte. Das war anders, breiter, tiefer als bei uns, auch neuer, und trug sehr viel dazu bei, meinen Gesichtskreis und meine Forderungen an ein modernes Theater zu erweitern.
Theoretisch sollte das Künstlertheater etwa folgendermaßen aussehen:

Kandinsky	Gesamtkunstwerk
Marc	Szenen zu „Sturm“
Fokin	Über Ballett
Hartmann	Anarchie der Musik
Paul Klee	Entwürfe zu „Bacchantinnen“
Kokoschka	Szenen und Dramen
Ball	Expressionismus und Bühne
Jewrenow	Über das Psychologische
Mendelsohn	Bühnenarchitektur
Kubin	Entwürfe zu „Floh im Panzerhaus“

Carl Einsteins „Dilettanten des Wunders“ bezeichneten die Richtung.[361]

Franz Marc: An Wassily Kandinsky (9. 4. 1914)

Schreiben Sie mir doch bitte baldmöglichst die jetzige Adresse von Schönberg. Die Theatersache begeistert mich sehr. Ich werde „Sturm“ von Shakespeare inscenieren, eine fabelhaft schöne Aufgabe. Ich hoffe dafür von Schönberg oder wahrscheinlich natürlich von Webern oder Alban Berg Musik zu bekommen. Ade Malerei für ein paar Monate!

Franz Marc: An Hugo Ball (18. 4. 1914)

Den Zeitungsnotizen nach zu schließen scheint unser Theaterprojekt in den üblichen Münchner goldenen Mittelweg auszulaufen; die Zeitungen reden um den Begriff „Münchner Künstler“ herum und operieren damit, als wenn dies der eindeutigste Begriff der Welt wäre. (Im Grunde ist

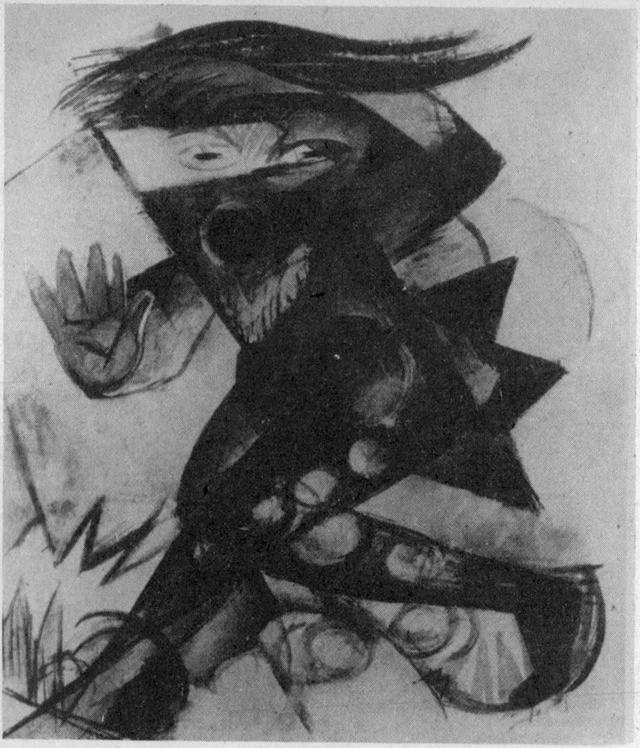

93. Franz Marc: Caliban. 1914, Aquarell und Deckfarben, Figurine für Shakespeares „Sturm"

er ja auch eindeutig.) Es müßte doch unbedingt ausgesprochen werden, daß wir durchaus nicht die Lust haben, dem Künstlertheater schöne neue Dekorationen und „Bühnenbilder" zu schaffen, sondern daß wir die Scene selbst, d. h. also das *Schauspiel* neu organisieren und nach unserem künstlerischen Vorstellungsleben gestalten wollen. Es ist mir völlig klar, daß ich z. B. in meinem Fall in einen unheilvollen Konflikt mit dem Düsseldorfer Ensemble geraten würde, wenn ich versuchte, ihr Spiel meinen Intentionen anzupassen. Nun wird aber der Fall dadurch sehr vereinfacht, daß unter den Künstlern, die Sie zunächst ins Auge faßten, ich wahrscheinlich der Einzige bin, der diesen unvermeidlichen Konflikt zu fürchten hat. So wie ich Bechtejeff, Jawlensky, Seewald und Weissgerber kenne, werden diese gewiß famose Dekorationen und Bühnenbilder schaffen, zu denen das Düsseldorfer Ensemble ein famoses Spiel bieten wird. Ich bin davon fest überzeugt, aber ebenso überzeugt von der Unmöglichkeit meinerseits, hier mitzuthun. Ich warte dann lieber, bis sich einmal *wirklich etwas Neues* schaffen läßt, mit *eigenem Ensemble* und *vollkommener Bewegungsfreiheit.* Sonst kommt nichts Echtes zu Stande. Dann müßte man Kokoschka, Kandinsky, Klee, Macke berufen und als Musiker (die heute für die Bühne garnicht zu entbehren sind) den Schönberg-Kreis (Schönberg, Webern, Alban Berg u. a.) gewinnen, alles zeitig vorbereitet, damit nichts überstürzt wird. Könnte man denn nicht eine Gesellschaft gründen, mit diesem offenen Programm? Vielleicht finden sich doch Garantiezeichner oder Unternehmer. Vielleicht ist es auch eine Utopie für die keine Katze sich interessiert. (Ich traue der Gegenwart alles zu!) Ich schrieb Ihnen dies alles, damit Sie sich ja nicht über meine persönliche Stellungnahme täuschen. Ich habe nicht die geringste Lust, an einer halben Sache mitzuwirken. Ich bin neugierig wie sie weiterläuft (im Grunde weiß ich eben genau, *wie* sie laufen wird, nämlich wie *immer* in München).

Franz Marc: An Paul Marc (9. 7. 1914)

Erkundige Dich doch bitte, ob am Mittwoch oder Donnerstag der „Sturm“ im Künstlertheater gegeben wird, und wenn ja, könntest Du uns 2 nach Möglichkeit billige Plätze verschaffen?[362]

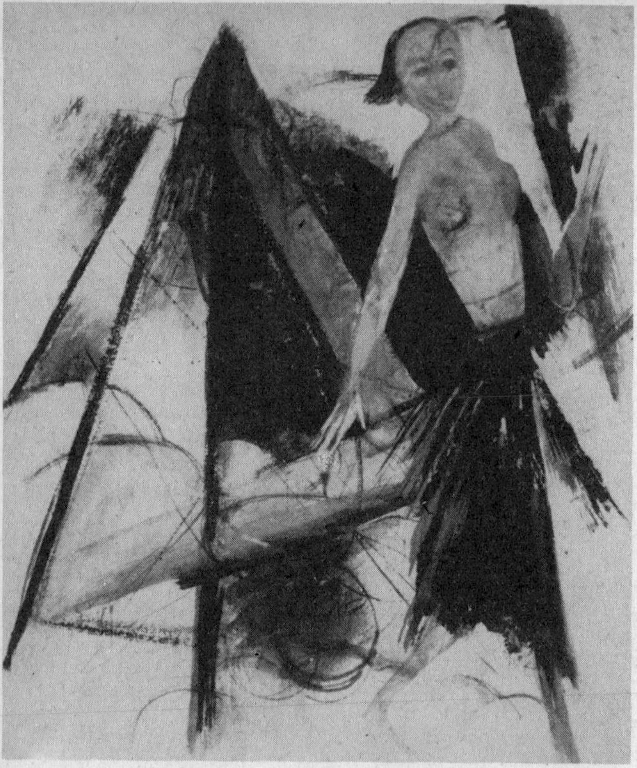

94. Franz Marc: Miranda. 1914, Aquarell und Tempera, Figurine für Shakespeares „Sturm"

Franz Marc: Das abstrakte Theater

I

Jede Zeit hat ihr Theater, jede das ihre, jede ein anderes. Dem künstlerischen Tiefstand unserer Zeit entspricht der Tiefstand ihres Theaters. Aber nachdem heute einige junge Quellen wirklicher Kunst aufgebrochen sind, geht endlich auch über die Bühne die Unruhe der Neuerer. Das Theater, das wir in einigen Jahrzehnten haben werden, ist uns allen ein Geheimnis, da die entscheidenden Werke noch nicht geschaffen sind. [...] Nicht aus Eitelkeit oder Übermut strecken wir Maler einer neuen Kunst unsere Hand auch nach dem Theater aus. Die Arbeit der Erneuerung, die uns ganz erfüllt, kann vor der Bühne nicht haltmachen. [...] Wir kennen nur einen Einwand, der uns bedroht: Ohne Dichtung kann man keine Bühne schaffen. Gut! so wollen wir unsere eigenen Dichter sein, bis die Stunde kommt, in der wir ins Publikum zurücktreten dürfen, um die wahren Dichter zu hören, nach denen wir uns heute sehnen.

II

Man darf uns nicht mißverstehen; wir wollen keine Bühnenreform; wir geben keine Winke, wie man es auf der Bühne noch besser machen könnte, als man es heute schon macht. Man könnte unsren Willen nicht gröblicher mißverstehen. Unsere Bilder und unsre Ideen sind eine neue Daseinsform, ein Gedanke, an dessen Dauer die gegenwärtigen Formen zu Grunde gehen werden. Die heutige Daseinsform [...] kann man mit dem Begriff „Fortschritt" bezeichnen. Zweifellos wird heute entsetzlich viel gearbeitet; alles für den Gott des Fortschritts, der in das Unermeßliche schwillt, da er keine Form hat, sondern wesenlos vor der Arbeit herflieht wie eine Fata Morgana. Der Fortschritt besitzt heute alle Eigenschaften eines Religionssystems, in dem es Propheten, Priester und die ungeheure gläubige Laienwelt gibt. [...] Es sind die modernen „Errungenschaften", deren geheime Kriegslist ist, die innerlichen, ererbten und organischen Fähigkeiten der Menschen durch äußerliche, lernbare, mechanische Fähigkeiten zu ersetzen. Wie eine solche Religion der Selbstverstümmelung die Menschen hat ergreifen können, wissen wir nicht. Bewundernswürdig ist die Geschicklichkeit der Priester dieser Religion, den Menschen diese Verstümmelung ihrer organischen Kräfte zu verbergen durch das Scheinmanöver des sogenannten „Fortschritts", an dem jeder, auch „der Geringste", mitarbeiten darf; die Menschen gehen auch auf den plumpsten Köder; man baut den Menschen Eisenbahnen, um ihnen das Gehen und Lastentragen zu ersparen. In Wirklichkeit aber, um sie körperlich abhängig zu machen. Man er-

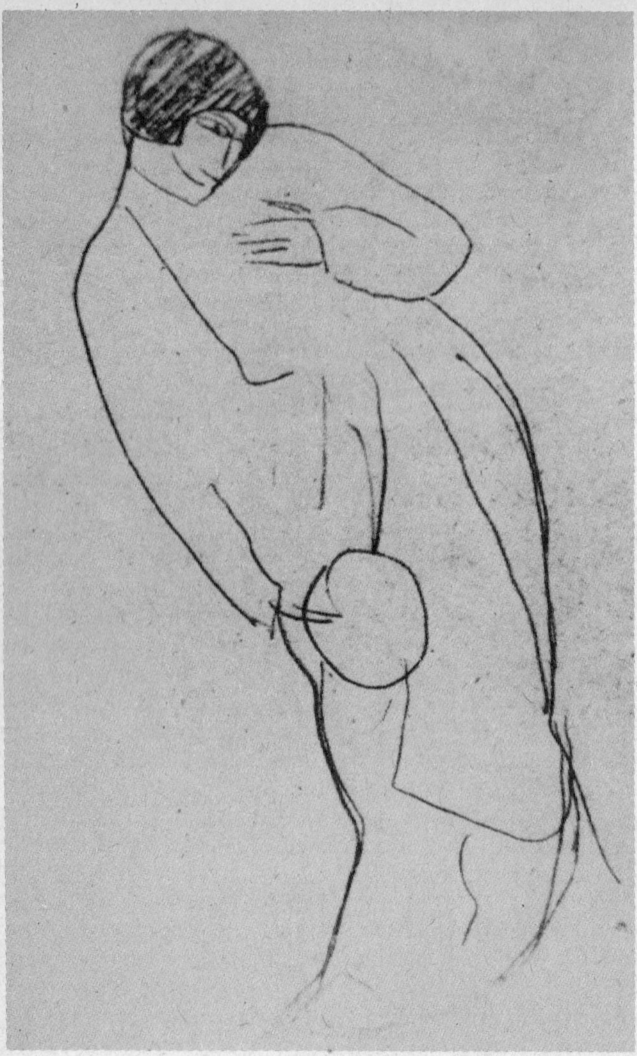

95. Alexej von Jawlensky: Bildnis des Tänzers Alexander Sacharow in Tanzpose. 1912, Bleistift

findet für die Menschen das Telefon, die Schnellpresse und dergleichen, um das selbständige Denken zu verschlechtern. Man baut Maschinen, damit die Menschen ihre wunderbaren kunsthandwerklichen Fähigkeiten verlernen sollen und plump und dumm genug für die Religion des Fortschritts werden. [...] Das große Reinigungswerk der Wissenschaften ist auch noch nicht zu Ende gethan; aber ehe die kritische Besinnung der Menschheit vollendet sein wird, ehe wir vor dem Nichts, vor der letzten Negation stehen, müssen und werden neue Lebensformen entstanden sein, – solche neuen Formen sind unser weniger hohes, sehr fernes Ziel. Heute gibt es überhaupt keine Lebensformen; was wir heute davon schon scheinbar haben, ist wirklich Schein, Reform, erborgt, ererbt; wir leben gar nicht wirklich, da wir keine echten Formen des Lebens haben.

Hugo Ball: An Maria Hildebrand-Ball (27. 5. 1914)

Was diese neue Idee betrifft, so plane ich zusammen mit Kandinsky, Marc, Thomas von Hartmann, Fokin, von Bechtejeff, für den 1. Oktober ein Buch „Das Neue Theater", in dem wir gemeinsam die Ideen, die wir ins Künstlertheater bringen wollten, mit neuen Szenenbildern, Musikbeispielen, Figurinen etc. entwickeln. Am Kochelsee draußen wollten wir uns eigentlich im Juni treffen, um die Sache zu konstruieren. Auch neue Architekturpläne sollen festgesetzt werden. Ein neues Theater von Grund auf. Ein neues Festspielhaus. Wenn ich nur einen roten Heller hätte! Ich bin sehr viel zusammen mit Kandinsky, der mir alle Leute vorstellt, die zwischen Paris und Moskau für unsere Idee bedeutsam sind. Kandinsky ist der heute genialste Russe. Der umstürzlerischste. In der Idee. Noch weiß man es erst unter den „Spitzen", aber sie schätzen ihn alle ungeheuer, und sein geistiger Einfluß ist unberechenbar. Viel höre ich auch bei ihm von Stanislawski. Schwesterchen, da sind sehr große Dinge am Spiel. Wenn es glückt die Broschüre bis 1. Okt. herauszubringen (Verlag Piper, München), dann soll eine „Internationale Gesellschaft für neue Kunst", nicht nur Theater, sondern auch Neue Malerei, Neue Musik, Neuer Tanz [gegründet werden].

Franz Marc: An August Macke (12. 6. 1914)

Was soll man sonst sagen, als daß das Malen heute mit jedem Schritt, den man macht, schwerer wird; ich glaube ja auch nicht, daß wir beide den gleichen Weg schreiten. Ich denke ziemlich wie Klee, dessen Meinung Du ja kennen gelernt haben wirst. Ich bin Deutscher und kann nur auf meinem eigenen Acker graben; was geht mich die peinture der Orphisten[363] an? So schön wie die Franzosen, sagen wir: Romanen, können wir's doch nicht. Wir Deutsche sind und bleiben die geborenen Graphiker, Illustratoren auch als Maler. [...] Du weißt, wie ich die Franzosen liebe, – aber ich kann mich darum nicht zum Franzosen machen. Ich schürfe an mir, immer nur an mir, und suche das, was in mir lebt, meinen Blutrhythmus, darzustellen; ich glaube auch heute bestimmt, daß ich meine guten Bilder erst mit 40 und 50 Jahren malen werde; ich bin noch mit nichts in mir fertig. [...] Aber schreiben, – „Kunstbriefe" – das geht heute nicht mehr, – mir geht's wenigstens nicht mehr aus der Feder; aber im Stillen schreibe ich allerdings, – ich kann's nicht lassen. Eine längere Sache über moderne Theatermöglichkeiten, sehr problematische Ideen, – aber ich glaube, es sind wenigstens „Ideen".

Hugo Ball: An Maria Hildebrand-Ball (23. 6. 1914)

Perfekt mit dem Verlag Piper: [...] Das Buch „Expressionistisches Theater" mit Kandinsky, Marc, Kokoschka, Fokin, v. Hartmann, Larrinaga etc. (Herausgeber ich)

Hugo Ball: Das Münchener Künstlertheater

Im Februar dieses Jahres bildete sich, ausgehend von einer Gruppe jüngerer Künstler und Schriftsteller, ein Interessenkomitee [...], das die Weiterbetreibung des Theaters [...] wieder auf seine Fahne schrieb [...]

Was gedacht war, war ein „Theater der Neuen Kunst", wenn man will: Des Expressionismus. Hervorragende Vertreter neuer malerischer und theatralischer Ideen sahen neue Ziele von umstürzlerischer Bedeutung. Es handelte sich nicht mehr um eine Reformation der Dekoration und des Bühnenraums, sondern um Neuschöpfung. Es handelte

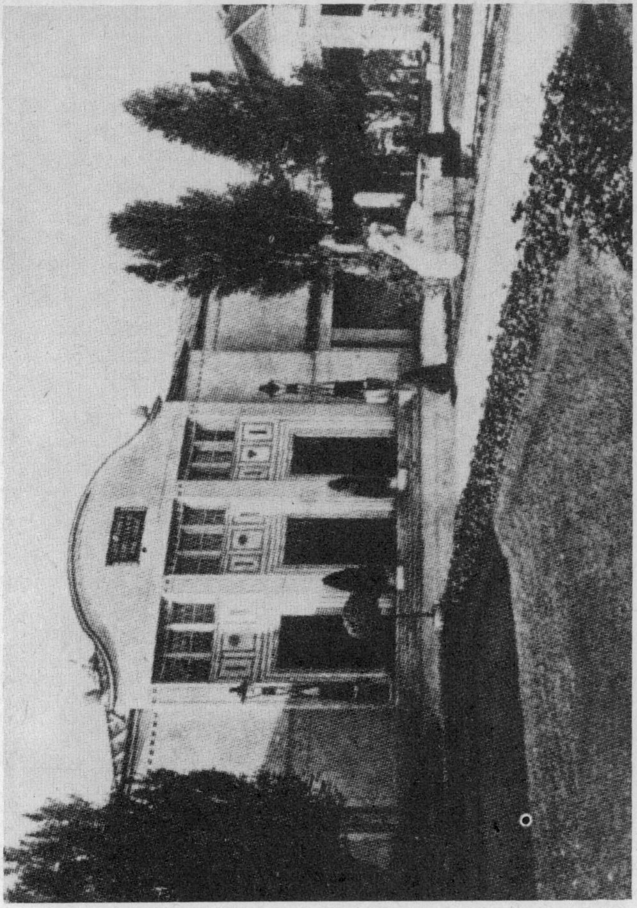

96. Das Münchener Künstlertheater

sich überhaupt nicht mehr um „Dekoration“ und „Bühnenbild“. Sondern um eine Neue Form des ganzen dramatisch-szenischen, des theatralischen Ausdrucks. Es handelte sich darum, ein Repertoire aufzustellen, das zugleich in die Zukunft und in die Vergangenheit wies, Stücke zu finden, die nicht nur „Dramen“ wären, sondern den *Geburtsgrund* alles dramatischen Lebens darstellten und sich so aus der Wurzel heraus zugleich in Tanz, Farbe, Mimus, Musik und Wort entlüden. Den Schwerpunkt legte man dabei auf das Wort „Entladung“, womit sich die Herkunft der Idee aus Kreisen des Expressionismus signiert. Man dachte an die „Bacchantinnen“ des Euripides, an „Sturm“ von Shakespeare [...], an „Chiushingura“ (ein japanisches Nationalstück), an „Elektra“ von Hofmannsthal (nach Tahiti oder Catagonien verlegt), an „Der gelbe Klang“ von Kandinsky.[364] Für die szenische Durchführung: Wladimir von Bechtejeff, Wassily Kandinsky, Paul Klee, Franz Marc, Erich Mendelsohn, Alexander von Salzmann, Arnold Schönberg, unter Zuziehung von Ensembletänzen neuartigen Ausdrucks. Für die schauspielerische Durchführung entsprechende Talente ebenbürtiger künstlerischer Artung, und zwar Kräfte, die nicht als Ensemble, sondern aus organischen Gründen einzeln und ad hoc geworben werden sollten. [...]
Der Plan ist gescheitert. [...] Keine Frage ist, daß er eines größeren Interesses, als es die nahezu ungeprüfte Ablehnung seitens der Ausstellungsleitung bewies, würdig gewesen wäre. Unterliegt es doch gar keinem Zweifel, daß das höchst peinlich situierte Künstlertheater nur auf Grund einer neuen Idee, einer vielfältigen und umfassenden Sensation wieder zum Aufblühen zu bringen ist.

3. Zwischen Genesis und Apokalypse

Reinhard Piper: Mein Leben als Verleger

Kurz vor Kriegsausbruch entwickelte Marc mir den großen Plan einer illustrierten Bibel. Die einzelnen Bücher sollten auf die Künstler, die ihm nahestanden, verteilt werden.

Paul Klee z. B. hatte die Psalmen übernommen. Es kamen aber dann nur die Zeichnungen Kubins zum Buch Daniel zustande.

Franz Marc: An Alfred Kubin (5. 3. 1913)

Heute komme ich mit einem großen, gewichtigen Plane: Haben Sie Lust, irgendetwas aus der – Bibel zu illustrieren? Großformat, sehr reich; Mitarbeiter: Kandinsky, Klee, Hekkel, Kokoschka und ich. Jeder ganz nach seiner Wahl; Erscheinen in Einzelausgaben. Kandinsky nimmt die Apokalypse, ich das 1. Buch Mosis. An Verleger soll erst gegangen werden, wenn der ganze Plan der Mitarbeiterschaft (eventuell schon einige fertige Blätter) fertig ist. Wir bekommen schon einen. Wird als blaue-Reiterausgabe gehen. Ist die Idee nicht schön? (Wenn wir z. B. finanziell keine Basis finden, schlage ich vor, eine gut vorbereitete Versteigerung von Werken der Mitarbeiter zu veranstalten, – Wege der Herausgabe finden wir schon!) Wie denken Sie darüber? Ich zittere vor Freude, wenn die Idee wirklich Gestalt gewänne!

Franz Marc: An Alfred Kubin (18. 3. 1913)

Wie schön, daß Sie mitthun! Kokoschka's Zusage steht noch aus. Sie haben so recht mit dem: nicht umsonst. Es ist nur gut, wenn ein paar dabei sind, die „harte Ansichten" haben, – Kandinsky und ich sind hierin etwas pathologisch veranlagt. Alles Nähere einmal mündlich. Gehetzt wird natürlich nicht.

Franz Marc: An Alfred Kubin (27. 4. 1913)

Wir haben uns jetzt über das Format der Bibelausgabe geeinigt. Blattgröße 23–30 cm. Alle Illustrationen sollen *Hoch*format sein, um das lästige und unschöne Wenden des Buches zu vermeiden. –

Oskar Kokoschka: An Franz Marc (undatiert)

Daß es mich sehr freuen würde, wenn aus Ihrem Vorschlag etwas würde. Ich wähle mir das Buch *Hiob* – und bitte um

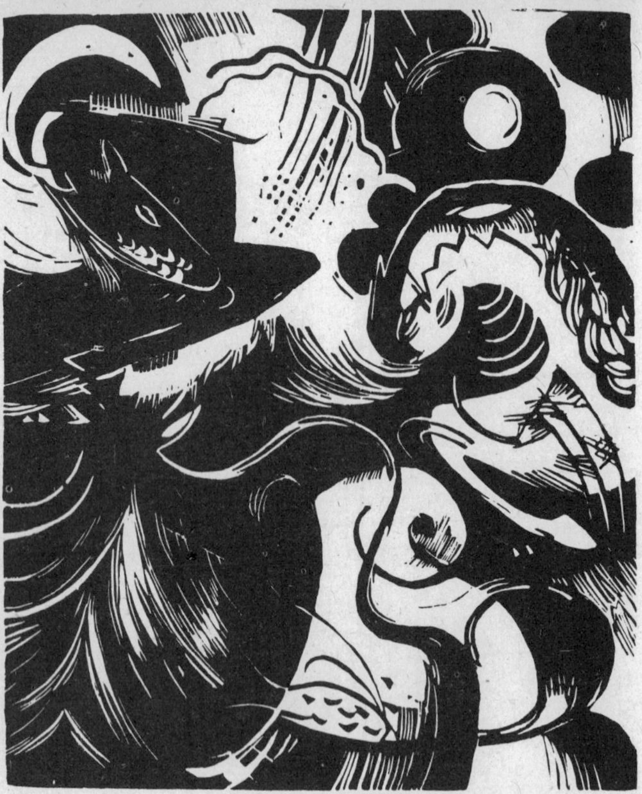

97. Franz Marc: Die Erschaffung der Tiere. 1914, Holzschnitt

nähere Angaben, Format etc. betreffend. Ich würde vorschlagen, das Ganze polychrom zu machen.

Franz Marc: An Alfred Kubin (21. 5. 1913)

Wir haben noch keinen Verleger gesprochen. Ich dachte es ist besser, wenn wir einige Proben gewissermaßen als Belege des ernsthaften Unternehmens vorlegen könnten. – Kokoschka hat seine Beteiligung fest zugesagt, das Buch Hiob. Können Sie einen Verleger vorschlagen? Von Piper rate ich ziemlich ab.

Franz Marc: An Paul Klee (29. 5. 1913)

Kubin schreibt, daß er den Propheten Daniel belegt, Kokoschka Hiob, Heckel ein Evangelium, Kandinsky Apokalypse, ich Buch Mosis, die übrige Welt steht Ihnen offen!

Franz Marc: An Herwarth Walden (21. 4. 1914)

Wo die Bibelausgabe kommen soll und wann, ist noch sehr unbestimmt. Es wäre ja schön, wenn die sechs Mitarbeiter (Kandinsky, Kokoschka, Klee, Heckel, Kubin, Marc) jeder sein Buch zu *gleicher* Zeit herausbringen könnten, daß sie als gemeinsame Ausgabe wirkt und nicht eine Ausgabe der anderen den Atem nimmt. Zugesagt haben ja alle, aber es liegt, glaub ich, noch nicht viel Material vor.

Franz Marc: An Alfred Kubin (8. 6. 1914)

Dämpfen Sie Ihren Zorn über unsere Langsamkeit in der bl.-Bibelsache und thun Sie mir folgende Liebe: wenn Sie Ihren Profeten fertig haben, so sagen Sie mir davon, ehe Sie zum Verleger gehen; Ihr Buch soll dann als erstes der blauen Bibelbücher herauskommen, ausdrücklich mit dieser Bezeichnung; etwa: illustrierte Bibelausgabe d. Redaktion des bl. Reiter, 1. Buch: Profet x: illustr. von A. Kubin, ich glaube, daß ich als 2. rangieren werde. Dem Absatz Ihres Buches kann eine solche Bezeichnung nur nützen. Die Honorarfrage muß doch jeder Zeichner persönlich für sich regeln; wenn man z. B. die Holzstöcke alle selbst schneidet u. liefert, muß das auch anders verrechnet werden, als wenn der Verlag selbst die Clichés anfertigen muß. Schreiben Sie mir gelegentlich, wie Sie über meinen Vorschlag denken.

Franz Marc: An Alfred Kubin (6. 7. 1914)

Sie Glücklicher! Daß Sie Ihren Profeten schon bewältigt haben; ich ringe noch schwer mit dem Engel Gottes; er versetzt mir mehr Stöße als ich ihm; Bis zum *Spätherbst* glaube ich ja auch fertig zu sein; vorher aber keinesfalls. Ich schneide alles in Holz; der ganze Arbeitsprozeß ist dabei ein so langsamer, – nicht etwa das Schneiden – aber das

Denken in Holz, – das ist das Schwere. Ich werde Klee den Bibelgedanken so schwer auf den Rücken binden, daß er in diesem Sommer die Sache machen *muß.* Ebenso schreib ich wieder Heckel. Kandinsky und Kokoschka sind mir die unsichersten; Beide warten mit einer unglaublichen Seelenruhe auf die Stimmung dazu – eher machen sie keinen Strich. Ich bin in den nächsten Tagen in München und rede mal mit *Piper.* – Ich bin immer noch überzeugt, daß er einer der *schlimmsten,* aber auch der *brauchbarste* aller Verleger für eine solche Sache ist. Und sein *Interesse* für eine bl. *Reiterausgabe* ist sehr gespannt, da er sich auch mit der II. Auflage des bl. R. engagiert hat; er *muß* in dieser Richtung weiter *für* uns arbeiten und ist dankbar für Material. Ich stelle mir das wenigstens so vor. Ist Ihnen doch recht, wenn ich mal dort auf den Busch klopfe? Wenn nicht, schreiben Sie es mir so bald als möglich. *Alle zusammen* auf einmal die Sache herausgeben, halte ich nicht mal für ganz glücklich, *stolz* ja, aber materiell sehr unvorteilhaft; aber was ich hoffe: in *ca.* $^1/_2$ *jähriger Folge,* mit ziemlicher Regelmäßigkeit. *Später* kann man dann eine Gesamtausgabe schaffen.

Franz Marc: An Alfred Kubin (10. 7. 1914)

Wenn Sie mir Ihren Daniel (aber gut wertversichert) senden wollen, so erleichtert dies eine Unterredung beim Verleger; ich bringe ihm auch einige Probeblätter; hiervon abgesehen würde es mich natürlich *riesig* interessieren, Ihre Blätter zu sehen. Sie können schon aller Sorgfalt und Vorsicht meinerseits sicher sein. [...] Ich glaube bestimmt, daß wir unsere Bibel mit Anstand unterbringen. Ich drohe Piper einfach mit meinem Browning, den ich mit Stinkpatronen lade.

Franz Marc: An Alfred Kubin (16. 7. 1914)

Ihr Daniel ist *herrlich,* das ist mein erstes und aufrichtiges Gefühl. Die Blätter sind nicht gemacht, sondern *inspiriert,* ich freu mich schrecklich darüber; daß die Arbeit Sie erschöpft hat, kann ich gut verstehen. – Piper war verreist; ich sprach nur Hammelmann; unsere Idee eine Bibel herauszugeben, muß ja jedem Hammel einleuchten, also auch

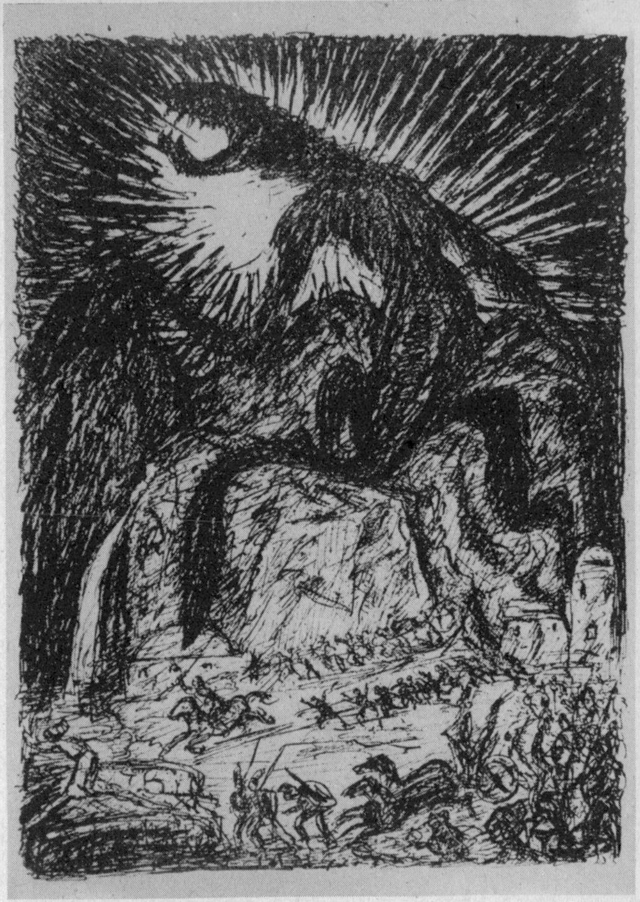

98. Alfred Kubin: Vision aus Daniel 7. 1913, Tusche

ihm. Er schlug, – natürlich ganz ohne Verbindlichkeit, eine Gesamtübernahme durch den Verlag vor, jeder von uns bekäme das *ganz gleiche* Honorar, ohne Rücksicht, ob die Herstellung des einen Buches teurer wird als eines anderen ebenso ohne Rücksicht auf die bessere oder schlechtere Verkäuflichkeit der einzelnen Ausgaben; das Ganze sollte als Subskriptionswerk herauskommen, die Bücher in $^1/_4$- od. $^1/_2$jähr. Abstand. Später dann eine Gesamtausgabe der ganzen Bibel, eben mit einzelnen illustrierten Abschnitten. Daß Sie an ein *großes, dünnes* Buch denken, ist mir etwas fatal, da Ihr Wunsch schwer ganz befriedigt werden wird; ich schrieb Ihnen seinerzeit ausdrücklich das Format 30–23 cm, etwas werden wir es ja wohl überschreiten können, etwa 31–25, aber kaum mehr. Zu große Bücher sind ein Malheur in jedem Bücherschrank, unhandlich und absolut unpopulär; abgesehen davon können wir keine Riesenholzschnitte machen. Zu viel Weiß um Graphik ist immer scheußlich. Da hatten die alten deutschen Holzschnittbücher einen viel feineren Takt. Bild und Schrift muß zusammenrücken, nicht getrennt werden. Auch sollten Sie unbedingt den *ganzen* Daniel drucken; den Illustrationen kann dann auf der Gegenseite der jeweilige Textspruch beigedruckt werden. Das dachten Sie wohl auch so, Sie schrieben in Ihrem Brief etwas unverständlich. Ehe Piper nicht zurückkommt, ist eine Fixierung des Honorars natürlich nicht möglich. Es wird noch harte Kämpfe setzen. Ich werde mein *Möglichstes* daran setzen, eine anständige Bezahlung herauszuholen; aber sie muß für alle gleich ausfallen, sonst nimmt Piper schließlich z. B. Klee überhaupt nicht oder drückt bei dem einen od. dem anderen gemein, – dem muß vorgebeugt werden. Eine mich sehr überraschende Bemerkung machte Hammelmann: Er sträubt sich, daß *Sie* den Anfang mit der Bibelausgabe machen; *gerade da Sie sehr* bekannt und *viel verlegt* sind; er hält dies für die Wirkung der ganzen Herausgabe für unbedingt nachteilig; Es ist schwer, sich in ein Verlegerhirn hineinzudenken; vielleicht hat er von seinem Standpunkt aus recht, – die Dummheit hat in der Welt ja schließlich immer recht. Klee behauptet, *bestimmt* im Herbst fertig zu sein, – ich ebenfalls. Von Heckel, Kokoschka, Kandinsky weiß ich noch nichts Bestimmtes.

Franz Marc: An Erich Heckel (undatiert)

Schade, daß Sie bis jetzt noch nichts Bindendes sagen können; mit Piper bin ich noch nicht zum Schluß gekommen. Er wird wohl die ganze Sache übernehmen; erst sind Einzelausgaben geplant, die später als ganze Bibel zusammen-

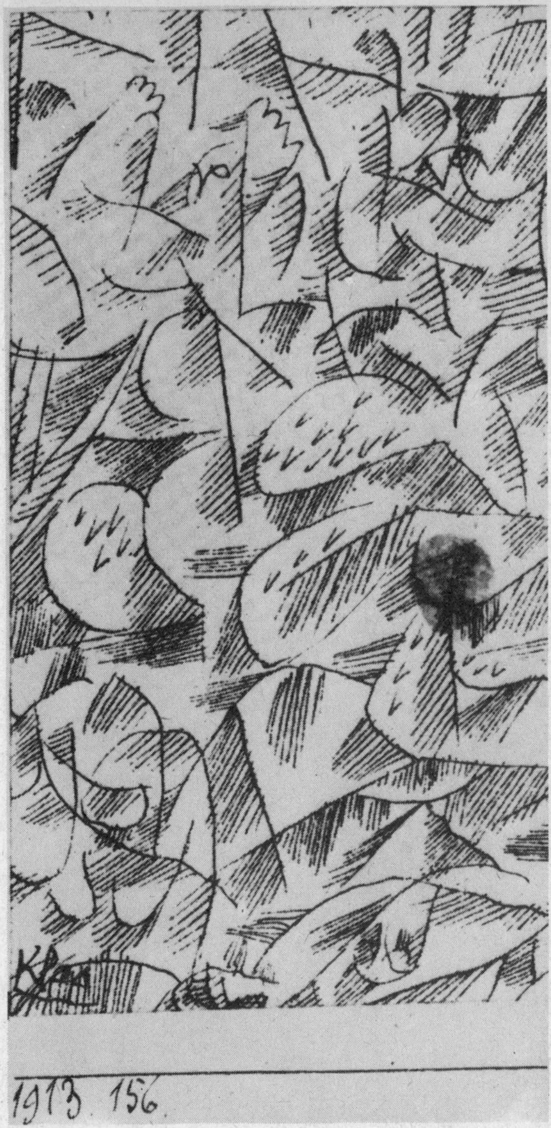

99. Paul Klee: Skizze zum 137. Psalm. 1913, Tusche

gefaßt werden können. Honorar soll jeder das *gleiche* erhalten. Den Ausgleich zwischen den Herstellungskosten der einzelnen Bücher soll der Verlag selber tragen. Was er bei *einem* Buch zusetzt, muß er am anderen gewinnen.

Franz Marc: An Paul Klee (Juli 1914)

Kubin sandte mir gestern seinen Daniel, *wundervolle* Blätter. Ich begreife schon seine Ungeduld, daß das herauskommt. [...] Wir paraphrasieren, er illustriert. Vielleicht wird der Unterschied stark fühlbar werden, aber ich denke, das macht nichts.

Franz Marc: An Reinhard Piper (Juli 1914)

Kubin hat mir seinen Daniel zugesandt, 13 große Blätter, die mir in der Mehrzahl als das *Beste* erscheinen, was ich von ihm kenne. Die Blätter stehen Ihnen jederzeit zur Ansicht zur Verfügung. [...] Ich behalte sie jetzt noch gern bei mir, um sie nächstens Kandinsky zu zeigen. Klee ist bestimmt mit seinen Psalmen im *Herbst* fertig, ich ebenso. Heckel möchte noch den Winter für seine Arbeit haben; von Kandinsky höre ich nächstens Bestimmtes.

Franz Marc: An Alfred Kubin (24. 7. 1914)

Anfang August kommt Piper zurück, dann gehen die Verhandlungen weiter. Kokoschka hab ich geschrieben. Es ist edel von Ihnen, daß Sie nicht auf dem Anfang bestehen, zu dem Sie Ihr „Fleiß", wie Sie sagen, berechtigen würde. Hammelmann sträubte sich wenigstens aus „Verlegerrücksichten" sehr dagegen. Hauptsache ist mir jetzt, daß 1. das Ganze nicht verschleppt wird und würdig herauskommt und 2. daß das Honorar nicht zu schäbig ausfällt.

Paul Klee: An Alfred Kubin (11. 11. 1914)

Wie gern wollte ich die Bibel jetzt ernstlich in Angriff nehmen wenn ich mich nur in diese Welt jetzt richtig concentrieren könnte! In der Kunstwelt bin ich stets vorhanden, aber dem Illustrator kann dies noch nicht alles sein. Vielleicht –?

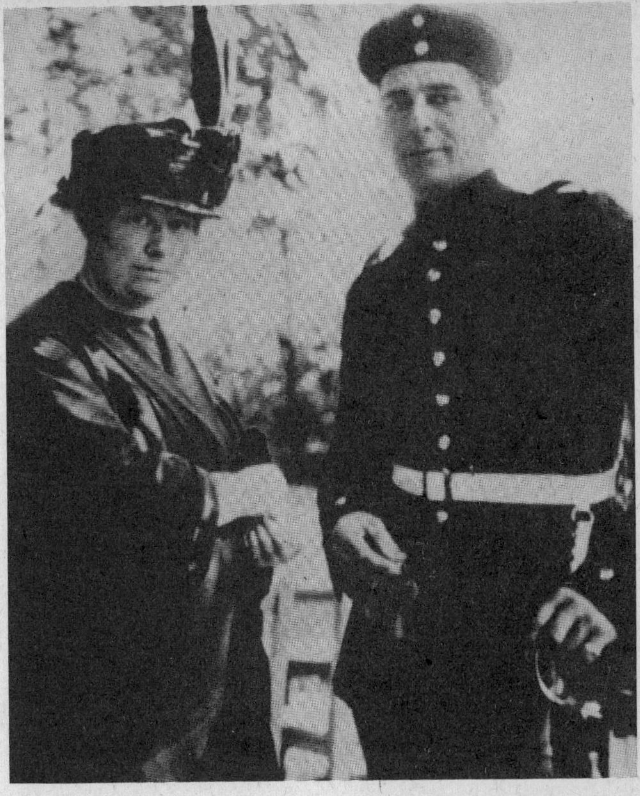

100. Franz Marc während eines Fronturlaubs mit seiner Frau Maria, 1915

Franz Marc: An Alfred Kubin (3. 8. 1914)

Ein letzter Gruß von hier, wo alles noch so friedlich scheint, allerdings schon totenstill, nun müssen wir einmal schweigen und die Weltgeschichte reden lassen. Ich rücke am Donnerstag ein. [...] Ihren Daniel behält meine Frau auch im sicheren Gewahrsam in Ried, ich halte dies für das beste. Ich rate Ihnen; nehmen Sie Ihren ganzen Stoß Zeichnungen und bringen Sie sie auch an feuersicheren Ort.

Franz Marc: An Reinhard Piper (7. 8. 1914)

Nachdem ich auch eingerückt bin, muß wohl die ganze Bibelarbeit ruhen,[365] – wer weiß, wie lange die „Pause in der Kunst“ dauern wird!

Nachwort

Als ich den Artikel Wilhelm von Bodes über die „Neue Kunst“ zum erstenmal las, habe ich lange überlegt, was eine Wichme sei. Ich hatte die Vorstellung von etwas Ähnlichem wie einer Granne, einer Wiepe (Hagebutte) – einem kleinen Samenkorn jedenfalls, mit feinem, scharfen Haar versehen, das vom Wind irgendwo hingetragen wird und sich dort durch die feinsten Ritzen drängt, sich festhakt und vorwärts schiebt, bis es keimen und Wurzeln schlagen kann. Vielleicht war ich da schon von den Gedankengängen Franz Marcs beeinflußt, der mehrfach davon schreibt, wie die neuen künstlerischen Ideen vom Wind als Samen über Europa getragen werden und an unterschiedlichsten Orten gleichzeitig und unabhängig voneinander aufgehen. Ich zog also alle möglichen Wörterbücher und Lexika zu Rate, konnte aber weder Wichmen noch Sandwichmen finden (auch Sand wird vom Wind verweht und dringt unaufhaltsam durch alle Ritzen). Es hat lange gedauert, bis ich darauf verfiel, das Wort, das da steht, englisch auszusprechen: die Sandwichmen des Blauen Reiters, das sind für Bode die Reklamegänger, von denen Plakate mit der anmaßenden und aufdringlichen Schrift „Der Blaue Reiter! Die Neue Kunst! – Die neueste, beste, einzige Kunst!“ überall herumgetragen werden. So sieht es damals, 1912, auch für Max Beckmann aus, bei dem man allerdings annehmen kann, er hätte gern selbst einen ähnlichen Text auf sein Panier geschrieben. Die Riesenformate seiner Bilder deuten darauf hin – und noch in dem Brief vom 8. 2. 1918 an Reinhard Piper scheint er sich gegenüber dem Anspruch des Blauen Reiters auf die „Neue Kunst“ behaupten zu wollen: „Ich kann jetzt durch meine Bilder und Graphik beweisen, daß man neu sein kann, ohne Expressionismus oder Impressionismus zu machen. Neu auf dem alten Gesetz: die Rundheit in der Fläche.“[1]

In einer Analyse der Kontroverse mit Beckmann[2] wird Franz Marc „Lebensfeindlichkeit“ und „Flucht vor der umfassenden Problematik der Welt des Menschen“ angelastet. Das sind im Grunde die gleichen Vorwürfe, die häufig genug gegen Kandinsky erhoben werden – außerdem noch der „elitären" Denkens und Schaffens bzw. des Ausschließlichkeitsanspruchs. Das alles gilt cum grano salis und ist gleichzeitig falsch, wie die Texte, Handlungen und Kunstwerke der beiden „Redakteure" des Blauen Reiters immer wieder zeigen.

„Der Blaue Reiter" ist zu einem beinahe magischen Begriff geworden. Viele verbinden damit ganz konkrete, aber doch verschwommene, ungenaue oder falsche Vorstellungen. Selbst in der Fachliteratur setzt sich die Erkenntnis nur mühsam durch, daß es sich *nicht* um eine Künstlergruppe handelte. Ursprünglich war es nur der Titel des 1912 erschienenen sogenannten Almanachs (der wiederum – wie auch der Europa-Almanach von 1925 – eigentlich kein Almanach war). Dann übertrug sich der Name auf die Ausstellungen „der Redaktion des Blauen Reiters" und wurde so – durch korporative Beteiligung an anderen Ausstellungen – zur Kennzeichnung eines Kreises von Künstlern, über dessen Zusammensetzung die Entscheidung aber immer in den Händen von Kandinsky und Marc blieb. Daß ihnen dabei die Tendenz zur abstrakten Kunst keine conditio sine qua non bedeutete, zeigen sowohl der Nachruf auf Eugen Kahler im Almanach und die Wertschätzung und Einbeziehung Henri Rousseaus und Alfred Kubins als auch Kandinskys mehrfache betonte Aussage, daß sich der Gegenstand für *seine* Entwicklung überflüssig mache, keineswegs aber, daß er in *jedem* Kunstwerk getilgt werden müsse.

Stellt man sich nun die Frage, was den Blauen Reiter also ausmache, so muß man von den beiden zentralen Persönlichkeiten – Wassily Kandinsky und Franz Marc – ausgehen. Im Zusammentreffen dieser beiden Künstler kam es zu der glücklichen Konstellation, die die atemberaubende, knapp fünf Jahre währende künstlerische Entwicklung, verbunden mit intensiven theoretischen Überlegungen, Auseinandersetzungen um geistige Fragen und mit einer kaum überschaubaren Fülle von Aktivitäten ermöglichte. Grundlage dieser Freundschaft war eine weitreichende Toleranz bei grundsätzlicher Ähnlichkeit des künstlerischen Anliegens. Kandinsky tritt uns dabei als der konzentriertere und konzentrierende entgegen, Marc als der extensive, den Gesichtskreis und das Beziehungsfeld ständig erweiternde. Schon aus dieser unterschiedlichen Grundhaltung kam es

zwischen ihnen zu Spannungen, die aber immer produktiv genutzt wurden. Marc spürte an allen künstlerischen Erscheinungen, die ihm neu begegneten, zunächst das Eigenständige, Originale, Vorbildliche auf, prüfte es auf Anwendbarkeit und stellte so sein eigenes Schaffen von außen her immer wieder in Frage. Kandinsky strebte konsequent dem einmal erkannten Zentrum zu, holte sich Anregungen nur, wo sie ihm Wege dorthin zu ebnen versprachen. Dieses Zentrum war für ihn der „innere Klang". Was ihn bloßlegen konnte, war von Interesse – so z. B. die unreinen Farben der Kubisten, während deren Formen als „naturalistisch" (d. h. dem „äußeren Schein" der Wirklichkeit nachstrebend) abgelehnt wurden. Aus ähnlichem Grunde waren für Kandinsky die Expressionisten der „Brücke" nur Randerscheinungen, und die Futuristen übertönten ihm jeden inneren Klang durch äußeren Lärm. Kandinsky hatte gewissermaßen die Welt bereits in sich und hinter sich. Er konnte nun ausschließen, was er nicht brauchte. Marc wurzelte und ruhte in seiner bayrischen Heimat, in die er mit wachsender Energie die Welt hereinholte. Natürlich grenzte auch er sich ab – und unter Umständen sehr heftig und rigoros –, aber entscheidend war seine Begeisterungsfähigkeit, die ihn immer wieder auch für Andersartiges offenhielt.
Um diese beiden Zentren bildete sich nun ein Geflecht von Beziehungen, in dem – näher oder ferner angesiedelt – die „Künstler des Blauen Reiters" ihren Platz fanden. Das Bemerkenswerte daran ist, daß es sich bei einem großen Teil von ihnen nicht um „Trabanten" handelte, die ihr Licht nur von den beiden blauen Sonnen empfingen, sondern um selbständige Sonnen, die deren Bahn schnitten oder sich mit ihr zeitweise beinahe parallel bewegten. Für eine Spektralanalyse ist hier zwar nicht der Ort, aber das bloße Auge entdeckt bereits Farben genug.
Franz Marc war, als er zu Kandinsky Kontakt bekam, bereits mit August Macke befreundet. In Macke wird meist das leichte und fröhliche rheinische Temperament gesehen, in dessen Bildern die ungebrochene Sinnenfreude Triumphe feiert. Selten bemerkt jemand, daß manchmal dahinter auch Einsamkeit, Zweifel und Verzweiflung verborgen sind – die sich allerdings gewiß nicht vordrängen. Macke war oft der Dämpfer für Marcs Begeisterung, stellte in Frage, wo

sich der Freund zunächst bedingungslos engagierte. Dennoch war Macke natürlich auch nicht der Typ des Skeptikers, sondern, wie Zeitgenossen und seine Briefe und Schriften bezeugen, von mitreißender Begeisterungsfähigkeit. Seine ausgesprochen poetische Begabung offenbart sich außer in seinen Bildern auch ganz unmittelbar in seinen Texten. Vor allem der Artikel über die „Masken" im Almanach „Der Blaue Reiter" ist von einer rhythmischen und sprachlichen Schönheit, die mich veranlaßt hat, ihn ungekürzt zu übernehmen.

Durch August Macke und dessen Cousin Helmuth stieß Heinrich Campendonk zum Blauen Reiter – ein stiller und zurückhaltender Maler, der wohl mehr empfangen als gegeben hat. Ihn als Epigonen abzutun, wäre allerdings eine Unterschätzung. Er hat auf eine durchaus eigenartige Weise Elemente der Volkskunst verarbeitet. Das Vorbild Chagall ist oft leicht erkennbar. Was man aber – rückschauend – kaum vermutet, ist der Einfluß Kokoschkas, vor allem auf Campendonks Holzschnitte jener Jahre.

Zu Oskar Kokoschka bestand eine lockere, auf Achtung gegründete Beziehung des Blauen Reiters. Die Wiener Variante des Expressionismus stand dem „Geistigen in der Kunst" wohl näher als die Dresdener, obwohl auch Egon Schiele bei den Münchener Künstlern keinen Anklang fand.

Ein anderer Österreicher gehörte schon zum langjährigen Freundeskreis Kandinskys: Alfred Kubin. Seine skurrile, düstere, von ausgeprägtem Mystizismus gespeiste Phantasie steht in einem merkwürdigen Gegensatz sowohl zu den Farb- und Form-Kompositionen Kandinskys als auch zu den pantheistischen Visionen Franz Marcs. Wenn diese beiden von Mystik reden, meinen sie ganz anderes als Kubin, der Meister Eckhart studierte und wie jener in mystische Verzückung verfallen konnte. Daß Kubin für den Blauen Reiter die Verbindung zu Klee und Feininger angebahnt hat, liegt wohl an deren frühem Hang zur Karikatur, der in seiner jeweiligen Skurrilität Kubins Aufmerksamkeit erregte. Der Einfluß von Klees Candide-Zeichnungen ist bei Kubin zeitweise deutlich zu erkennen.[3]

Klee war damals noch kaum Maler, fast ausschließlich Grafiker. Das muß man sich immer wieder bewußt machen, da sein späteres malerisches Schaffen nahtlos in den Blauen

Reiter hineingepaßt hätte und da Publikationen über den Blauen Reiter fast ausschließlich das Gesamtwerk der Künstler einbeziehen, so daß es schwerfällt, ein optisches Vorstellungsbild des damals tatsächlich Vorhandenen zu erlangen.

Auch Alexej von Jawlenskys stark abstrahierte Köpfe, die höchste Konsequenz seiner immer stärker verinnerlichten Kunst, stammen ja nicht aus der Zeit des Blauen Reiters, sondern erst aus der der Ausstellungsgemeinschaft „Die Blauen Vier" (ab 1924) bzw. aus den dreißiger Jahren. Als „Blaue Vier" hatten sich Kandinsky, Klee, Jawlensky und Feininger zusammengefunden. Diese spätere Tatsache ist jedenfalls ein Zeichen dafür, daß der Bruch zwischen Kandinsky und Jawlensky, als dieser mit Marianne von Werefkin Ende 1911 in der NKVM verblieb, kein grundsätzliches Zerwürfnis bedeutete. Deshalb ist es durchaus berechtigt, beide Künstler – auch wenn sie zunächst nicht mit dem Blauen Reiter ausstellten – in diesem Kreis mit zu behandeln.

Feininger kam später hinzu, zu einer Zeit, als er gerade seinen eigenen Stil gefunden hatte, bei dessen kubistisch beeinflußter Form und lichtdurchtränkter Farbigkeit man eine Verwandtschaft mit Delaunay als selbstverständlich voraussetzt. Desto verblüffter liest man von Feiningers Verständnislosigkeit gegenüber der Kunst des Franzosen.

Robert Delaunay war von Kandinsky aufgrund von Fotos seiner Werke zur Mitarbeit am Blauen Reiter aufgefordert worden. Klee, Marc und Macke stellten dann persönliche Kontakte her, die sich bei Macke am intensivsten ausprägten. Die Auseinandersetzung der Deutschen mit dem Werk des Franzosen war intensiver als umgekehrt. Dabei ist es interessant, zu bemerken, daß nicht nur Macke, sondern auch Kandinsky 1913 mit einigen Studien auf Delaunays Scheibenbilder in Waldens Herbstsalon reagierten.[4]

Die Verbindung des Blauen Reiters zu Herwarth Waldens „Sturm"-Galerie und der gleichnamigen Zeitschrift mag zu Bodes Urteil über die „Sandwichmen" des Blauen Reiters beigetragen haben. Der „Sturm" hatte tatsächlich etwas Marktschreierisches an sich; und Walden befehdete sich mit allen möglichen Leuten, wobei er in der Wahl des Vokabulars sich keine großen Beschränkungen auferlegte und jedenfalls nicht auf den feinen Ton achtete. Das Wort

Wolfskehls vom „Rüpelverlag Sturm" war also nicht unberechtigt. Trotz alledem hat sich aber selbst der sonst aller „Reklamemacherei" abholde Macke mit Walden friedlich arrangiert.

Erstaunlich ist der geringe Kontakt zu Dichtern, denn an sich war der Blaue Reiter – und das ist eins seiner wichtigsten Charakteristika – auf eine Vereinigung aller Künste ausgerichtet. Mit Karl Wolfskehl, einer zentralen Figur des George-Kreises, bestand zwar geistiger Austausch, aber seine Dichtungen wurden nicht in die Projekte des Blauen Reiters einbezogen. Der in Aussicht genommene Beitrag für den zweiten Band ist inhaltlich nicht bestimmbar. Es ist aber zu vermuten, daß er theoretischer Natur sein sollte. Die Verbindung zu Theodor Däubler war erst im Entstehen. Franz Marcs Freundschaft mit Else Lasker-Schüler blieb – abgesehen von der Beteiligung an der Spendenaktion zu ihren Gunsten – fast ganz im privaten Bereich. Das Zeugnis dieser Freundschaft, ein Briefwechsel voller poetischer und malerischer Kostbarkeiten, wurde hier nicht aufgenommen, weil er für den Blauen Reiter von geringer Relevanz ist. Darüber hinaus gehen in ihrem Öffentlichkeitscharakter nur einige Verse der Lasker-Schüler und ein Holzschnitt Franz Marcs zu einem ihrer Gedichte, der im „Sturm" abgedruckt wurde. Die sogenannten Sturm-Dichter fanden beim Blauen Reiter kein Echo. Die einzige Ausnahme ist Oskar Kokoschka, bezeichnenderweise ein Maler. Kandinsky und Marc sahen die bildenden Künstler zur Führung in dem geistigen Umbruch ihrer Zeit berufen. Da sie bei den Dichtern, die in ihren Gesichtskreis gelangten, offenbar wenig Ansatzpunkte für eine Zusammenarbeit fanden, griffen sie auf eigene Texte oder – wie im Falle Kokoschkas – auf die anderer Maler zurück.

Im allgemeinen wurden auch Kunstwissenschaftler und -kritiker mit Skepsis, ja mit Ablehnung bedacht, weil ihnen die lebendige Beziehung zur Kunst fehle, weil sie von ihrem theoretischen Standpunkt aus nicht wissen könnten, worauf es ankäme. So war es erklärtes Programm für den Almanach, nur Texte „schaffender Künstler" aufzunehmen. Davon wurde aber bereits mit dem Text über Delaunay eine Ausnahme gemacht, den der junge Kunsthistoriker Erwin von Busse verfaßt hatte. Daß die Ablehnung keine ab-

solute Geltung hatte und nur im Affekt gegen verständnislose Kritiken entstanden war, zeigt sich darüber hinaus in der Widmung des Almanachs an Hugo von Tschudi, in Marcs Stellungnahme für ihn und Meier-Graefe – von dem man sich erst später lossagte, als die Grenzen seines Verständnisses offenbar wurden – und in der Verteidigung der Museumsdirektoren durch Macke in der Auseinandersetzung mit Vinnens „Protest deutscher Künstler". Klee betrachtete die publizistische Tätigkeit Wilhelm Hausensteins mit zurückhaltendem Wohlwollen, wobei Zurückhaltung im Lob für ihn überhaupt charakteristisch ist. Wilhelm Worringers Dissertationsschrift „Abstraktion und Einfühlung" fand die Zustimmung der Künstler. In ihm sahen sie einen Verbündeten und potentiellen Autoren für den zweiten Band des „Blauen Reiters". Aus diesem Grunde habe ich bei Verzicht auf Auszüge aus der Dissertation, die die Dokumentation gesprengt hätten, Worringers Beitrag zur Schrift „Im Kampf um die Kunst" ausführlicher zitiert.
Auch nichtprofessionelle Deutungen der eigenen Kunst wurden dankbar aufgenommen, wenn sie den Vorstellungen der Künstler entgegenkamen. So hat Franz Marc unter dem Eindruck von Hermann Nohls Eröffnungsrede zu seiner Ausstellung in Jena diesem das große Gemälde „Tierschicksale" zum Vorzugspreis von 1000,– Mark angeboten, was allerdings Nohls finanzielle Möglichkeiten noch immer überstieg. Reaktionen auf mit Kritik verbundene Sympathieäußerungen, wie die von Hans Tietze, liegen leider nicht vor. Sie wären ebenso interessant wie eine Nachricht über die Aufnahme einer so geistvoll-verständnislosen Ausstellungsbesprechung wie derjenigen in den „Neuen Zürcher Nachrichten" vom 13. 7. 1912 (S. 207). Die Eigeninterpretationen nehmen aber – bei Marc allgemein gehalten, bei Kandinsky von der kunsttheoretischen Abstraktion bis zur konkreten Bildanalyse reichend, bei Klee im ironischüberlegenen Gewand – einen breiten Raum ein.
Für die Einbeziehung der Musik in die eigenen Vorhaben war man, trotz weitreichender theoretischer Beschäftigung mit diesem Bereich, auf fremde Hilfe angewiesen. Dazu stand zunächst Thomas von Hartmann zur Verfügung, dessen Spezialwissen genutzt wurde. Er war aber von Kandinskys Gedankengängen so weit abhängig, daß sich die Wie-

dergabe auch nur von Auszügen aus seinem Beitrag zum Almanach in dieser Auswahl erübrigt hat. Über seine kompositorischen Leistungen jener Zeit läßt sich keine Aussage machen, da es an verwertbaren Urteilen fehlt.
Die Begegnung mit Arnold Schönberg ist als ausgesprochener Glücksfall – so folgerichtig sie andererseits ist – und als eines der großen Ereignisse der modernen Geistesgeschichte zu betrachten. Daß das auslösende Moment ein gegen den Willen Schönbergs und verstümmelt auf ein Konzertplakat gesetztes Zitat aus dessen Harmonielehre gelten muß, ist beinahe kurios. Jelena Hahl-Koch hat nachgewiesen, daß es sich bei den zahlreichen Parallelitäten in den Anschauungen und in der Entwicklung Kandinskys und Schönbergs in keiner Richtung um Abhängigkeiten handelt.[5] Weder Schönbergs „Harmonielehre“ noch Kandinskys „Über das Geistige in der Kunst“ konnte in der kurzen Zeit der Bekanntschaft der Autoren bis zur gleichzeitigen Auslieferung der Bücher grundsätzlich umgearbeitet werden, und von den Bühnenstücken bestand vor ihrer Veröffentlichung wechselseitig keine Kenntnis. Jelena Hahl-Koch hat beide Stücke bereits in *einem* Buch zum Vergleich veröffentlicht. Für einen Vergleich der beiden theoretischen Schriften dürfte sich dem Allgemeininteressierten in der vorliegenden Ausgabe eine einmalige Gelegenheit bieten, da eine solche Gegenüberstellung nur in Auszügen sinnvoll ist. Weite Partien in Schönbergs „Harmonielehre“ sind nur für den Musikfachmann – sei er Theoretiker oder Praktiker – von Interesse und verständlich. Die Parallelität der allgemeine Probleme berührenden Abschnitte mit den Äußerungen Kandinskys reicht erstaunlich weit und findet in den hier erstmals in einer deutschen Publikation zu Schönbergs Texten gestellten Kommentaren Kandinskys ihre Bestätigung.
Schönbergs Bilder, für die sich Kandinsky sehr engagierte, stießen bei den anderen Künstlern des Blauen Reiters auf wenig Gegenliebe. Andererseits befaßten sich die meisten von ihnen auf irgendeine Weise mit den Beziehungen zwischen Musik und bildender Kunst. Macke und Marc gingen dabei allerdings nicht soweit wie Kandinsky. Auch er wird oft falsch verstanden, indem ihm – sogar einmal von Marc[6] – unterstellt wird, er wolle Musik durch Malerei ersetzen

oder umgekehrt bzw. *eine* Aussage gleichzeitig mit zwei verschiedenen Mitteln erreichen. Ein solcher Vorwurf würde allenfalls auf Skrjabin zutreffen, der in ähnlicher Weise synästhetisch begabt gewesen zu sein scheint wie Kandinsky. Bei ihm ging es – wie der Artikel im Almanach beschreibt – darum, jeden musikalischen Klang von einem ihm entsprechenden Farbklang begleiten zu lassen und so die Wirkung zu verstärken. Dieser Methode würde in etwa die Orgelmixtur entsprechen,[7] wohingegen das Konzept Kandinskys ausgesprochen sinfonischer Natur ist. Wie nämlich bei der Polyphonie jede Stimme ihren in sich geschlossenen melodischen Verlauf nimmt, und aus dem Zusammentreffen dieser verschiedenen Linien Harmonien oder „Disharmonien" entstehen, so auch bei Kandinsky aus dem unterschiedlichen Verlauf und Zusammentreffen der verschiedenen Künste oder künstlerischen Mittel. Dabei ist es selbstverständlich, daß sich eine solche Gleichberechtigung nur bei weitgehender Ausschaltung des Inhaltlichen erreichen läßt. Schönberg hat da richtig einen Mangel – oder vielmehr einen schädlichen Überfluß – seiner (nicht so) „Glücklichen Hand" gegenüber Kandinskys „Gelbem Klang" erkannt. Die Handlung wirkt bei Schönberg manchmal peinlich banal. Trotz der bedeutenderen Musik zur „Glücklichen Hand" (dies vorausgesetzt, obwohl die Musik für den „Gelben Klang" von Thomas von Hartmann zum Vergleich nicht zur Verfügung steht) sind Kandinskys Bühnenkompositionen das wesentlichere Ereignis für die moderne Theatergeschichte. Leider blieb es so gut wie ohne Wirkung, will man nicht seinen Einfluß auf Oskar Schlemmer und dessen Bühnenprojekte annehmen.

Was vom Blauen Reiter für die Entwicklung des modernen Theaters in Zusammenarbeit mit Hugo Ball noch hätte geleistet werden können, ist nur zu mutmaßen und gehört auf die kulturelle Verlustliste des ersten Weltkriegs. Immerhin war ja eine umfassende Publikation geplant. Über Mackes Vorstellungen dazu, die anscheinend ziemlich ausgeprägt waren, ist nichts bekannt. Auch der Artikel Franz Marcs über das „Abstrakte Theater" wird nicht konkret genug, um genauere Vorstellungen zu entwickeln. Seine strikte Weigerung, schöne Dekorationen für herkömmliches Theater zu entwerfen, ist jedenfalls vielversprechend.

Der blaue Reiter-Himmel, der nun einigermaßen bestückt ist, an dem die Sonnen mit ihren Trabanten die sich kreuzenden oder einander annähernden Bahnen ziehen, hat sich zu einem Teil als Theaterhimmel erwiesen. Das Bild vom Himmel kommt nicht von ungefähr und weist gleichzeitig auf eine Problematik hin, die Hartmut Zelinsky so formuliert hat[8]: „Hinter der ‚Blauen Reiter-Idee' steht der Wunsch nach Unsterblichkeit, nach Ewigkeit, das heißt auch nach Aufhebung der Zeit, und ihr Begriff der Zukunft meint kein Fortschreiten und Fortreiten, sondern ist gerade gegen jeden Fortschritt (= Materialismus) sich wendend als Bewegung zum ‚Himmel' gedacht. Oder anders gesagt, für das Konstruktionsprinzip der gegenstandslosen Malerei, das wie die atonale Musik nur das ‚Ausdrucksbedürfnis' gelten lassen will, wird die Welt der Gegenstände nicht nur unwichtig, sondern gleichgültig; die Welt wird gleichgültig, und man verkehrt mit ihr nur als Richter, Meister, Genie, Prophet, Heiliger, Erlöser, Gott. All die Heiligenbilder im ‚Blauen Reiter' dienen daher vor allem dazu, die Bedeutung des ‚Blauen Reiters' herauszuheben, der als Reiter in die Zukunft ein ‚Himmelsreiter' ist." Zelinsky versucht nachzuweisen, daß sich Schönberg und Kandinsky als neue Gesetzgeber und Erlöser bei dem – vor Eintritt in die „Ewigkeit" natürlich notwendigen – Weltuntergang und Jüngsten Gericht inthronisieren wollten.
Als Vorbilder hatten sie dafür Richard Wagner, Stefan George und Rudolf Steiner. Alle drei gehören ganz gewiß zu dem geistigen Umkreis, dem der Blaue Reiter entwachsen ist. Daß die Vorstellung vom Gesamtkunstwerk, wie sie Schönberg und Kandinsky entwickelten, unmittelbar auf Richard Wagners Ausführungen z. B. in seiner Schrift „Kunstwerk der Zukunft" von 1849 zurückgehen, kann wohl kaum geleugnet werden. Auch die Verbindung zu Stefan George ist deutlich genug. Schönberg vertonte seine Gedichte; Kandinsky, Marc und Klee waren mit Karl Wolfskehl gut bekannt, der zum engen Kreis um George gehörte. Und in diesem Kreis finden sich auch einige zentrale Vokabeln und Vorstellungen des Blauen Reiters. Friedrich Wolters bezeichnete sein 1909 erschienenes George-Buch „Herrschaft und Dienst" als Ideologie eines „Geistigen Reiches". Und Kandinsky deutete den künstlerischen – aber nicht *nur*

den künstlerischen – Umbruch jener Jahre als den Beginn eines „neuen geistigen Reiches“. Wolters gab von 1910 bis 1912 gemeinsam mit Friedrich Gundolf als Sprachrohr des George-Kreises das „Jahrbuch für die geistige Bewegung“ heraus. Wenn heute eine Dokumentensammlung zum Blauen Reiter mit einigem Recht den Untertitel „Dokumente einer geistigen Bewegung“ tragen kann, so ist das unter anderem auch auf diese Verwandtschaft zurückzuführen. In dem ersten „Jahrbuch für die geistige Bewegung“ hat Karl Wolfskehl einen Gedanken ausgesprochen, dem auch Franz Marc nahekommt, wenn er in seinem Artikel über „Die ‚Wilden‘ Deutschlands“ die Hoffnung äußert, daß „manche stille Kraft in Deutschland um dieselben fernen und hohen Ziele ringt und Gedanken irgendwo im Stillen reifen, von denen die Rufer im Streite nichts wissen“. Bei Wolfskehl heißt es: „Und das gibt uns die Furcht und das Hoffen, darin wir heute glühen: daß eine Bewegung aus der Tiefe, wenn in Europa dergleichen noch möglich ist, nur von Deutschland ausgehen kann, dem geheimen Deutschland, für das jedes unserer Worte gesprochen ist, aus dem jeder unserer Verse sein Leben und seinen Rhythmus zieht, dem unablässig zu dienen Glück, Not und Heiligung unseres Lebens bedeutet.“[9]

Zu Rudolf Steiner war die Beziehung des Blauen Reiters allerdings weniger stark. Kandinsky äußert zwar in „Über das Geistige in der Kunst“ seine Sympathie für dessen Theosophie; ein Versuch, ihn zu einem Beitrag für den Almanach zu bewegen (was bei einer so engen Verwandtschaft, wie sie Zelinsky voraussetzt, nahegelegen hätte), ist jedoch nicht bekannt. Die mystisch-religiösen Vorstellungen, wie sie in unterschiedlicher Form bei Kandinsky, Schönberg, Marc oder Kubin zu finden sind, entstammen vielmehr einer weit verbreiteten Zeittendenz. Und hierher gehört auch der apokalyptische Themenkreis, der zumal in Wien, im Umkreis von Schönberg und Kokoschka, eine ganz erhebliche Rolle spielte.[10] Bei den Malern um Gustav Klimt begegnet uns ebenfalls der Gedanke von der Kunst als neuer Religion und dem Künstler als ihrem Propheten und Heiligen, ja als dem Erlöser. Ein ausgeprägtes Sendungsbewußtsein hatten zweifellos vor allem Schönberg und Kandinsky, aber auch Marc. Ähnlich zu bewerten sind die Tagebuchstellen bei Paul Klee, in denen er sich in gottgleicher, mindestens aber in überirdischer Position sieht.[11] Der Herrschaftsanspruch wird allerdings – in solcher Häufung auftretend – zum Eliteanspruch. Und dieser ist nicht zuletzt eine notwendige Selbstverteidigung. Die Isolation, die von den Blauen Reitern keineswegs prinzipiell erstrebt, aber erkannt und angenommen wurde, ist ohne ein solches Elitebewußtsein nicht ohne Schaden zu ertragen. Daraus ergibt sich dann auch eine gewisse Abschirmung gegenüber der Umwelt, die Behauptung eines eigenen, dem Zugriff der anderen unzugänglichen Feldes der „inneren Notwendigkeit". Das mag dazu führen, daß Schönberg sagt, die Harmonielehre sei eigentlich eine Geheimwissenschaft, hat aber z. B. mit Steiners „Geheimwissenschaft im Umriß" (1910) nichts zu tun. Dazu ist sowohl Schönbergs als auch Kandinskys Sprache viel zu klar, fußt ihre Lehre zu weitgehend auf logischem, jedermann einsichtigem und überprüfbarem Denken. Nur für den letzten Schritt vom Artefact zum Kunstwerk bemühen sie die „innere" oder „mystische Notwendigkeit". *Das* ist die Geheimwissenschaft, für die sie *ebenfalls* bestimmte Gesetze annehmen, aber Gesetze, die nicht mehr einfach zu schlußfolgern und die deshalb nur einzelnen, Auserwählten zugänglich sind. Ob man ihnen in diesem Punkt folgt und die „innere Notwendigkeit" – ein Begriff, der auch von Wagner verwendet wurde – als konstituierendes Element anerkennt oder nicht: eine logische, beweisbare Erklärung des damit bezeichneten Schrittes ist jedenfalls bisher nicht gelungen. Daß sich Schönberg und Kandinsky damit in eine alleinseligmachende Position manövrieren wollten, ist meiner Meinung nach eine Fehlinterpretation, die zwar für Schönberg schon von seinem Schülerkreis genährt und von ihm selbst stillschweigend toleriert wurde, die aber im Falle Kandinsky jeder Grundlage entbehrt.

Will man das Kampf- und Herrschaftsvokabular als Indiz für eine solche Tendenz heranziehen, müßte man erst beweisen, daß es damals nicht allgemein üblich war – es war ja noch keineswegs so in Verruf geraten wie heute. Auch die Zerstörung der Traditionen, von der hier und da die Rede ist, fand nicht statt, sondern weitgehend nur die ihrer Verkrustungen. Das Traditionsbewußtsein war im Gegenteil sehr groß. Daß dabei eine bestimmte Auswahl getroffen wurde, war notwendig und ist jeder Zeit und jeder künstlerischen Anschauung eigen. Natürlich wird in dieser Auswahl die Zwiespältigkeit der Situation deutlich, in der sich die Künstler befanden. Vorzugsweise bezogen sie sich auf primitive oder naive Kunst, auf archaische oder vorklassische Epochen. Damit steht der Blaue Reiter nicht allein. 1887 war Gauguin erstmals nach Polynesien gereist, und 1896 ließ er sich endgültig dort nieder. 1903, im Jahr seines Todes, erschien in Paris sein Buch „Avant et après“[12], in dem er schreibt: „Ich bin nicht lächerlich, ich kann nicht lächerlich sein, denn ich bin zweierlei, was nicht lächerlich sein kann: ein Kind und ein Wilder“, und „Der Maler der primitiven Natur besitzt die Einfachheit, den suggestiven Hieratismus, die etwas linkische und eckige Naivität“. Gauguin hatte versucht, sich dieser Welt in seiner Kunst zu nähern. Er wurde darin zum Vorbild vieler Künstler um die Jahrhundertwende und in den Jahren danach. 1905 entdeckte Kirchner für die Brücke-Künstler im Dresdener Völkerkundemuseum die polynesische Plastik, die nicht nur den malerischen und grafischen Stil beeinflußte, sondern auch zu eigenen Skulpturen anregte. In die gleiche Zeit fällt Picassos von afrikanischer Kunst angeregte sogenannte Neger-Periode. 1911 zeichnete Nolde im Berliner Völkerkundemuseum; die Motive tauchten dann in seinen Bildern auf. 1913/14 beteiligte er sich an einer Expedition nach Polynesien, und 1914 reiste auch Pechstein in die Südsee, nach Palau. Bereits 1913 hat Max Sauerlandt aus diesen Zusammenhängen Konsequenzen für das Museum gezogen. In Halle, wo er damals Museumsdirektor war, hängte er ein „Exotisches Stilleben“ von Nolde zwischen die Exponate einer Südsee-Sammlung. Im Almanach „Der Blaue Reiter“ sind beispielsweise eine Lithographie von Kirchner und eine Skulptur aus Südborneo sowie zwei bemalte malayische Statuetten und ein Gemälde von Cézanne („Der Herbst“ 1859/62) nebeneinander abgebildet. Dabei waren sich die Künstler des Blauen Reiters wohl am meisten darüber klar, daß ihnen die Naivität der bewunderten „primitiven“ Kunst fehlte, daß man das Wissen um die abendländische, ja um die gesamte Welt-Kultur nicht zurückdrängen und verleugnen kann.

Eine ähnliche Widersprüchlichkeit bestimmt auch ihre Haltung zum Fortschritt. Kandinskys Vorstellung vom „geistigen Dreieck“, das sich – manchmal kaum merklich, aber unaufhaltsam – vorwärts und aufwärts bewegt, ist ein ausgesprochenes Fortschrittsmodell. Auch das Einbeziehen einer sich ständig erhöhenden Sensibilisierung in die Erörterung der eigenen Gestaltungstheorien bei Schönberg und Kandinsky entspringt einem solchen Modell. So rechnet Schönberg mit einer wachsenden Fähigkeit der Menschen, Tonhöhen zu differenzieren und Klangfarben wahrzunehmen; Kandinsky baut darauf, daß es den Kunstfreunden in steigendem Maße möglich sein werde, den inneren Klang kompliziertester Formen und feinster Farbabstufungen zu empfinden. Franz Marc beruft sich gelegentlich sogar auf Formübereinstimmungen zwischen moderner, technisierter Welt und moderner Kunst. Dennoch stellen sich die Künstler gegen allen Fortschrittsenthusiasmus. In der Begeisterung für die technische und industrielle Entwicklung sehen sie eine Auswirkung des „Materialismus“. Und wenn sie dieses Wort benutzen, meinen sie nicht den philosophischen Materialismus (dem sie allerdings auch nicht anhingen), sondern eine ausschließlich auf materielle Güter ausgerichtete Lebenshaltung. *Ihr* gegenüber, die sich im „materialistischen“ 19. Jahrhundert vor allem seit den Gründerjahren durch die Eskalation der industriellen Entwicklung herausgebildet hatte, proklamierte der Blaue Reiter das „neue geistige Reich“ oder die neue „mystische Religion“.

Und dies war auch der Punkt, an dem sie in der Theosophie eine gleichgerichtete Bestrebung entdeckten. In diesen Anschauungen ausschließlich den Versuch einer Selbstinthronisation zum einzigen Offenbarungsträger zu sehen, ist sicher falsch. Vor allem in Kandinskys Denken nimmt die Verantwortung des Künstlers gegenüber der Gesellschaft eine wichtige Stelle ein. Man muß es gerechterweise schon anerkennen, daß für ihn die Entfernung vom Gegenstand nicht gleichzeitig eine Entfernung von der Welt oder der Wirklichkeit bedeutet. Ebensowenig wird man Marc gerecht, wenn man ihm Menschen-, ja Lebensfeindlichkeit vorwirft, nur weil er ausschließlich Tiere in kristallinen Formen und schließlich noch einige abstrakte Bilder gemalt hat. Beide Künstler gingen davon aus, daß Welt und Wirk-

lichkeit sich nicht in ihrer sichtbaren Erscheinung erschöpfen, sondern möglicherweise durch sie in ihrem eigentlichen Sein sogar verdeckt werden.
Diese Unterscheidung zwischen Sein und Schein hat ihre Ursachen nicht zuletzt in der doppelbödigen Moral der Gesellschaft im deutschen Kaiserreich und in der wachsenden Entfremdung der Menschen im imperialistischen Zeitalter. Der Expressionismus war unter anderem eine Rebellion gegen diese Verhältnisse: Sie nahm natürlich bei den im proletarischen Milieu lebenden Autodidakten der Dresdener „Brücke" eine andere, ungeschlachtere, wenn auch nicht einmal radikalere Form an als bei den mehr oder weniger akademisch gebildeten, aus klein- oder großbürgerlichen Verhältnissen kommenden und der Schwabinger Boheme nahestehenden Künstlern des Blauen Reiters. Entsprechend sind auch die künstlerischen Vorbilder der beiden Gruppen wohl ähnlich, aber doch charakteristisch anders. Gauguin, van Gogh, Munch – Künstler, für die das menschliche Einzelschicksal im Vordergrund stand, die ihr ganzes Leben für einen brennenden Ausdruck der Seele in die Waagschale geworfen haben – sind die Vorväter der Brücke-Kunst. Sie wurden von den Blauen Reitern ebenfalls geschätzt, spielten aber nicht die entscheidende Rolle. – In München konnte der Jugendstil nicht ohne Einfluß bleiben; schließlich gilt es als seine Vaterstadt. Kandinsky hat ihm Jahre hindurch gehuldigt, Klee ist in seinen frühen Arbeiten von ihm abhängig, und bei Marc spürt man ihn in Gemälden, Grafiken und Plastiken noch oft heraus. Auch der Symbolismus eines Franz von Stuck hat sie von seiner suggestiven Ausstrahlung nicht unberührt gelassen. Der wichtigste Impuls kam aber von Cézanne und dessen Raumaufbau aus der Farbe. Daneben waren die Kubisten von Bedeutung, auch wenn man sich theoretisch von ihnen distanzierte. Ähnlich waren ja sowohl Brücke-Maler als auch Blaue Reiter durch die Schule des Impressionismus gegangen, der dann bei ihnen fast als schwärzester Punkt in der Kunstentwicklung galt. Das übelste Schimpfwort, das ihnen zu Gebote stand, war gerade recht für die Impressionisten: sie nannten sie „Naturalisten".
In der Zeit, da sich Brücke-Künstler und zukünftige „Blaue Reiter", ohne voneinander zu wissen, in ihrer Entwicklung

relativ nahe waren, 1907/08 etwa, hatten sie alle die impressionistische Fleckenmalerei noch nicht überwunden, verbanden diese mit Einflüssen der leidenschaftlichen Pinselführung und Farbigkeit van Goghs und gelangten gelegentlich, ähnlich den französischen Fauves, zur Zusammenziehung größerer Farbflächen. Franz Marc legte die Entwicklung etwas später und dafür in kürzerer Zeit zurück. 1911, als sich der Blaue Reiter von der NKVM abspaltete und die Brücke-Maler nach Berlin übersiedelten, waren kaum noch stilistische Gemeinsamkeiten vorhanden. Allein Feininger kann in den nächsten Jahren als Bindeglied gesehen werden. Seine Freundschaft mit Heckel war intensiv, und seine Holzschnitte haben eine offensichtliche Verwandtschaft zu den spitzwinklig gebrochenen Formen der Brücke-Grafik, während die geschwungenen Linien der Holzschnitte Makkes und Marcs ihr fernstehen. Feiningers Gemälde dagegen befinden sich mit ihren kristallinen Formen und ihrem Streben nach Transzendenz in unmittelbarer Nachbarschaft zu denjenigen Franz Marcs.
Die romantischen Züge im Expressionismus sind oft konstatiert worden und auch beim Blauen Reiter zu finden. Schon der Name deutet darauf hin. Die Assoziation zur „blauen Blume der Romantik“ liegt nahe. Dieses Leitsymbol aus Novalis' Romanfragment „Heinrich von Ofterdingen“, das die romantische Sehnsucht nach neuen, von der Alltagswelt (und also, wenn man so will, vom „Naturalismus“ und „Materialismus“) abgehobenen Erkenntnismöglichkeiten verkörpert, mag durchaus bei der „Taufe“ des Blauen Reiters mitgewirkt haben. Wir sollten uns aber nicht dazu verleiten lassen, dieses Symbol als Charakteristikum absoluter Weltflucht oder unkontrollierbarer „Gefühlsduselei“ mißzuverstehen. Das wäre sowohl für die Romantik selbst als auch für den Blauen Reiter falsch. Betrachtet man etwa das Schaffen Runges oder C. D. Friedrichs, so ist zu erkennen, daß es sich keinesfalls in Gefühlsergüssen erschöpft und den Intellekt weitgehend ausschaltet – im Gegenteil. Im *Schaffensvorgang* liegt der Unterschied zu „klassisch“ und damit auch „intellektuell“ orientierten Künstlern offenbar nicht. Da diese Einteilung aber doch bestimmte Phänomene richtig beschreibt, muß ihre Entsprechung in der Wirkungs*absicht*, mindestens aber in der Wirkungs*weise* zu

finden sein.[13] Es muß also die Frage gestellt werden, ob das Gefühl oder der Intellekt stärker angesprochen wird. Während die Waage sich für die Brücke-Kunst stark der Seite des Gefühls zuneigt, bleibt sie in bezug auf den Blauen Reiter in der Schwebe. Das Gefühl durchläuft gewissermaßen den Filter des Intellekts, bevor es im Bild erscheint. Durch diese Ausgeglichenheit kommt es unter anderem dazu, daß über Kandinsky beide Urteile vorliegen: er sei Künstler und solle das unausgegorene Theoretisieren lassen; und, er sei ein hervorragender Theoretiker, seine Kunst sei aber nur ein unvollkommener Ausfluß seiner Theorien. Daß seine theoretische Hauptschrift „Über das *Geistige* in der Kunst" heißt, ist daher ebenso bezeichnend wie der Titel des Almanachs „Der Blaue Reiter".

Nun würde man zunächst annehmen, daß das Gefühl individueller ist als der Intellekt. Tatsächlich zeigt sich aber beim Blauen Reiter eine viel stärkere individuelle Differenzierung der Kunst als bei der Brücke. Das einende Band, das es trotz der erheblichen Verschiedenheiten zwischen dem Werk Kandinskys, Klees, Marcs, Feiningers, Mackes, Kubins oder Jawlenskys möglich macht, von einer „Kunst des Blauen Reiters" zu sprechen, liegt in der Tendenz einer Objektivierung des Subjektiven, die mit einem Hang zur Transzendenz und daher zur Abstraktion einhergeht. Auch diese wenigen Vokabeln sind schon zuviel und andererseits unzureichend. Bei Kubin mangelt es an Objektivierung, bei Macke weitgehend an Transzendenz usw.

Dennoch ist die Beschreibung genau genug, daß man ihr auch Oskar Schlemmer zuordnen will. Und in der Tat sah er sich zwischen die gleichen Pole gespannt: „Ich möchte die romantischste Idee in der abgeklärtesten Form darstellen."[14] Schlemmer war zu jung, um näheren Kontakt zum Blauen Reiter zu bekommen. Daß er bereits 1912 bei Schönberg anfragte, ob er bereit sei, Musik für neues Ballett zu schreiben; daß er sich als Meisterschüler 1919 darum bemühte, Paul Klee als Lehrer nach Stuttgart zu holen, zeigt sein Interesse am Kreis des Blauen Reiters.[15] Ob er den Almanach gleich bei seinem Erscheinen zur Kenntnis genommen hat, ist nicht bekannt. Einige Passagen in einem frühen Ballett-Konzept und die Beschreibung der „beiden Pathetiker" in „Die Bühne am Bauhaus" lassen Anregungen durch Kandinskys „Gelben Klang“ möglich erscheinen.[16] Jedenfalls traf Schlemmer am Bauhaus mit einigen Künstlern des Blauen Reiters zusammen.

Es kann kaum ein Zufall sein, daß die „Blauen Reiter“ Kandinsky, Klee und Feininger nach dem ersten Weltkrieg als „Meister“ und später als „Professoren“ am Bauhaus in Weimar und Dessau tätig wurden. Daß auch Jawlensky gefragt wurde, ob er bereit sei, an dieser Schule zu unterrichten, gibt uns die Überzeugung, daß Franz Marc ebenfalls dort unter den Lehrern zu finden gewesen wäre, wäre er nicht 1916 gefallen. Es war zum einen die Verbindung von Sensibilität und Intellekt, die dem Gründer und Leiter des Bauhauses, Walter Gropius, liegen mochte, zum anderen aber die Beschäftigung mit der Synthese verschiedener Kunstgattungen, die die Blauen Reiter auf die Tätigkeit am Bauhaus vorbereitete. Gropius selbst hatte auch ein ähnliches Kunstverständnis, wie es uns bei Kandinsky oder Schönberg begegnet. So schreibt er: „Es gibt keinen Wesensunterschied zwischen dem Künstler und dem Handwerker. Der Künstler ist eine Steigerung des Handwerkers. Gnade des Himmels läßt in seltenen Lichtmomenten, die jenseits seines Wollen stehen, unbewußt Kunst aus dem Werk seiner Hand erblühen, die Grundlage des Werkmäßigen aber ist unerläßlich für jeden Künstler. Dort ist der Urquell des schöpferischen Gestaltens.“[17] Jawlensky lehnte eine Berufung ans Bauhaus ab, weil Kunst nicht lehrbar sei. Gropius war da nicht anderer Meinung, ebensowenig Kandinsky und Klee, die während ihrer Bauhaus-Zeit ihre Gestaltungslehre weiter ausbauten und in großen Komplexen publizierten. Daß Kandinsky eine Kontinuität vom Blauen Reiter zum Bauhaus sah, wird aus der Verwandtschaft seiner Gedanken zum Almanach und zu dessen geplantem zweiten Band mit denen in seinem Aufsatz über „Die Grundelemente der Form“ deutlich: „Die Arbeit am Bauhaus unterliegt im allgemeinen der endlich beginnenden Einheit verschiedener Gebiete, die noch kürzlich als streng voneinander getrennte aufgefaßt wurden. Diese neuerdings zueinander strebenden Gebiete sind: *Kunst* überhaupt, in erster Linie die sogenannte bildende Kunst (Architektur, Malerei, Plastik), *Wissenschaft* (Mathematik, Physik, Chemie, Physiologie usw.) und *Industrie*, als technische Möglichkeiten und wirtschaftliche Faktoren. *Die Arbeit im Bauhaus ist eine Synthetische.*"[18] Auch Paul Klee strebte nach Synthese, wenn auch – bescheidener – innerhalb der bildenden Kunst: „Manchmal träume ich ein Werk von einer ganz großen Spannweite durch das ganze elementare, gegenständliche, inhaltliche und stilistische Gebiet." Und dann folgt die berühmte Stelle: „Wir fanden Teile dazu, aber noch nicht das Ganze. Wir haben noch nicht diese letzte Kraft, denn: uns trägt kein Volk."[19]

Die Leistung des Blauen Reiters, die über seine Zeit hinaus weist, ist *nicht* der Durchbruch zur abstrakten Kunst bei Kandinsky.[20] So wichtig dieser Entwicklungsschritt ist – er erfolgte gleichzeitig bei Delaunay und – weit weniger spektakulär und noch heute fast unberücksichtigt – bei Adolf Hölzel; und er ist nur eine Facette der Kunst des Blauen Reiters. Das Weiterweisende war das Hinarbeiten auf die Synthese der Mittel, der Formen, der Gattungen, ja der gesamten geistigen Äußerungen des Menschen. Dafür fanden die Künstler im Bauhaus zunächst den Boden, ihre Ideen weiter wachsen zu lassen. Für sie war dabei eine Führung der bildenden Kunst selbstverständlich. Den von Gropius formulierten Führungsanspruch der Architektur vermochten sie noch zu akzeptieren, den sich im Verlaufe der Jahre im Bauhaus immer stärker durchsetzenden der Ingenieurtechnik nicht mehr. So zogen sie sich nach und nach auf ihre private Kunstausübung oder ganz aus dem Bauhaus zurück. Die erstrebte Synthese blieb ein Traum, ein uneingelöstes Versprechen, eine „blaue Blume" – auch am Bauhaus. Die Geschichte des Blauen Reiters hat nach wie vor ein offenes Ende. Sie wurde lange Zeit ausschließlich unter dem Aspekt der Fortentwicklung der Malerei zur abstrakten Kunst betrachtet. Aber das Angebot an bemerkenswerten Ideen, neuen Formulierungen, Vorstößen in unerprobte Bereiche künstlerischen Gestaltens, das damals erarbeitet wurde, reicht weit darüber hinaus. Auch im Zeitalter der Weltraumraketen ist der blaue Himmelsreiter noch nicht abgehalftert, obwohl es manchem so scheinen mag, wenn er lange Zeit – von Geröll und Gerümpel verdeckt – nicht oder nur bruchstückhaft sichtbar ist.

Potsdam, Februar/März 1984 *Andreas Hüneke*

1 Reinhard Piper: Mein Leben als Verleger. München 1964, S. 190.

2 Dietrich Schubert: Die Beckmann-Marc-Kontroverse von 1912: „Sachlichkeit" versus „innerer Klang". In: Max Beckmann – Die frühen Bilder. Kat., Bielefeld/Frankfurt (Main) 1982/83, S. 175–187.

3 Vgl. dazu: Jürgen Glaesemer: Paul Klees persönliche und künstlerische Begegnung mit Alfred Kubin. In: Paul Klee – Das Frühwerk 1883–1922. Kat., München 1979/80, S. 63–78.

4 Abgebildet sind z. B. von August Macke: Farbenkreis II. 1913, farbige Kreiden, 27,3 cm × 24,3 cm. Bonn, Städtisches Kunstmuseum. In: Die Rheinischen Expressionisten – August Macke und seine Malerfreunde. Kat., Recklinghausen 1979, Nr. 244, Farbabb. S. 240; Wassily Kandinsky: Farbstudien mit Angaben zur Maltechnik. 1913, Aquarell und Deckfarben, Bleistift, 23,8 cm × 31,5 cm; Farbstudie: Quadrate mit konzentrischen Ringen. 1913, Aquarell und Deckfarben, schwarze Kreide, 23,9 cm × 31,6 cm; Farbstudie mit Rauten. 1913, Aquarell und Bleistift, 30,3 cm × 24 cm. In: Wassily Kandinsky – Zeichnungen und Aquarelle im Lenbachhaus München. Kat., München 1974, Nr. 260–262 (zu Nr. 261 Farbtaf. XVII). Da auf der Rückseite von Nr. 260 das Etikett des Ersten Deutschen Herbstsalons klebt, müßte noch geklärt werden, wann Kandinsky Delaunays Scheibenbilder gesehen haben kann. Vielleicht hat er sie auch nur beschrieben bekommen. Eine zufällige Übereinstimmung ist nicht wahrscheinlich.

5 Jelena Hahl-Koch: Kandinsky und Schönberg – Zu den Dokumenten einer Künstlerfreundschaft. In: Arnold Schönberg – Wassily Kandinsky; Briefe, Bilder und Dokumente einer außergewöhnlichen Begegnung. Salzburg/Wien 1980, S. 177–209.

6 Franz Marc an Maria Marc (16. 5. 1915). In: Franz Marc – Briefe, Aufzeichnungen, Aphorismen. Leipzig/Weimar 1980, S. 70f.

7 Vgl. Anm. 253 zur Dokumentation.

8 Hartmut Zelinsky: Der „Weg" der „Blauen Reiter" – Zu Schönbergs Widmung an Kandinsky in die „Harmonielehre". In: Arnold Schönberg – Wassily Kandinsky, a. a. O., S. 223–270.

9 Zitiert nach: Zelinsky, a. a. O., Anm. 11.

10 Vgl. hierzu den Katalog: Experiment Weltuntergang – Wien um 1900. Hamburg 1980.

11 Paul Klee: Tagebücher. Nr. 180, 1008.

12 Dt.: Vorher und Nachher. München 1920.

13 Diesen wichtigen Gedanken verdanke ich meiner Frau Saskia.

14 Tagebucheintragung vom 2. 9. 1915. In: Oskar Schlemmer – Briefe und Tagebücher. Stuttgart 1977, S. 21.

15 Oskar Schlemmer an Otto Meyer-Amden (5. 1. 1913); Oskar Schlemmer an Paul Klee (28. 6., 9. 7., 29. 11. 1919). In: Oskar Schlemmer, a. a. O., S. 12, 35f., 39.

16 Tagebucheintragung vom Dez. 1912. In: Oskar Schlemmer, a. a. O., S. 10; Die Bühne am Bauhaus. München 1925.

17 Walter Gropius: Programm des Staatlichen Bauhauses in Weimar. Zitiert nach: Manifeste Manifeste 1905–1933. Schriften deutscher Künstler des zwanzigsten Jahrhunderts. Bd. I, hg. von Diether Schmidt. Dresden 1965, S. 234.

18 Wassily Kandinsky: Die Grundelemente der Form. In: Staatliches Bauhaus Weimar 1919–1923. Weimar/München 1923, S. 26.

19 Paul Klee: Wege des Naturstudiums. In: Staatliches Bauhaus Weimar, a. a. O., S. 24f.

20 Wolf-Dieter Dube: The Expressionists. London 1972, S. 105.

Zu dieser Ausgabe

Die Sammlung stützt sich ausschließlich auf bereits veröffentlichte Texte. Da diese aber zum Teil sehr verstreut publiziert sind, ergibt sich dennoch in der Zusammenschau auch für Fachleute ein neues Bild. Nicht nur aus Platzgründen, sondern auch zur Vermeidung von Längen und Wiederholungen sind die meisten Texte gekürzt wiedergegeben. Diese Kürzungen sind am Anfang und Ende eines Textes nicht, sonst durch [...] gekennzeichnet. Da die vorliegenden Veröffentlichungen vor allem der Briefe von sehr unterschiedlicher Genauigkeit sind, ist mit weiteren Abweichungen vom Original zu rechnen.

Kürzungen und Auswahl erfolgten nach subjektiven Gesichtspunkten. Themen, die auch heute noch die Gemüter bewegen können, wurden bevorzugt behandelt. Ich habe mich aber bemüht, die wichtigsten Gedankengänge des jeweiligen Autoren möglichst klar erkennbar zu lassen. Die Anordnung der Texte erfolgte innerhalb der einzelnen Kapitel chronologisch. Kleine Abweichungen von diesem Prinzip sollen eine zu große Zersplitterung von Einzelvorgängen verhindern. Auswahl und Anordnung legen Wert auf kontroverse Gedankenführung. Gerade in dem Streit der Meinungen und in der Spanne zwischen erhabensten Ideen und kleinlichstem Gezänk tritt Normalität und Großartigkeit dieser Jahre vor uns hin, zeigt sich uns ihre Lebendigkeit.

Grundlage der Auswahl bilden zeitgenössische Texte und spätere Erinnerungen der unmittelbar Beteiligten. In wenigen Ausnahmen wurden Berichte späterer Lebensgefährten der Künstler aufgenommen, weil sich in ihnen deutlich die subjektive Erinnerung des Beteiligten spiegelt.

Das Personenregister enthält kurze biographische Angaben. Die Zeittafel verschafft einen Überblick und entlastet den Anmerkungsapparat von Angaben zu Ausstellungen etc.

Für Anregungen und Unterstützung bin ich den Kunstwissenschaftlern Diether Schmidt und Jürgen Scharfe dankbar. Fachauskünfte für einzelne Anmerkungen verdanke ich der Kunsthistorikerin Rosel Gollek, München, der Cembalistin und Kirchenmusikerin Annelise Pflugbeil, Greifswald, dem Theologen Michael Beintker, Halle, und dem Indologen Hartmut Sörgel, Berlin.

Zur 2. Auflage

Einige wichtige neuere Veröffentlichungen machten eine Überarbeitung der Dokumentation möglich und notwendig.

Leider gelangte mir die schon 1983 erschienene Ausgabe des Briefwechsels zwischen Wassily Kandinsky und Franz Marc zu spät zur Kenntnis, um für die 1. Auflage noch herangezogen zu werden. Mit diesem Buch hat Klaus Lankheit ein weiteres wichtiges Quellenwerk zum Blauen Reiter vorgelegt. Ohne seine grundlegenden und sorgfältigen Editionen ist eine Beschäftigung mit den Künstlern im Umkreis des Blauen Reiters nicht möglich.

Ende 1985 wurde in München die Ausstellung „Delaunay und Deutschland" eröffnet. Der Katalog enthält eine von Karl-Heinz Meißner bearbeitete Zusammenstellung des Briefwechsels mit Robert Delaunay, die endlich die mangelhafte Publikation im Delaunay-Katalog, Baden-Baden 1976, überflüssig macht.

Die entsprechenden Briefe wurden auf den Wortlaut dieser Publikationen gebracht. Einige wichtige, neu erschlossene Briefe konnten in Auszügen entweder in die Dokumentation eingefügt oder in den Anmerkungen erwähnt werden. Dazu wurde auch der Katalog zur Ausstellung „Der Blaue Reiter", Bern 1986/87, herangezogen.

Die Anmerkungen wurden teilweise verbessert und einzelne sachliche Irrtümer und Druckfehler berichtigt.

Hinzuweisen ist noch auf das Buch Franz Marc, Else Lasker-Schüler: „Der Blaue Reiter präsentiert Eurer Hoheit sein Blaues Pferd." Karten und Briefe, das Peter-Klaus Schuster 1987 zur gleichnamigen Ausstellung der Staatsgalerie moderner Kunst in München herausgegeben hat, und auf den Katalog zur Ausstellung „Stationen der Moderne" der Berlinischen Galerie in Berlin (West) 1988, aus dem Näheres zur ersten Ausstellung des Blauen Reiters und zum Ersten Deutschen Herbstsalon zu erfahren ist.

Ich danke Karl-Heinz Meißner, München, für klärende Auskünfte, dem Verlag für die Ermöglichung der 2. Auflage und dem Lektor Heiner Henniger für die stets angenehme, fördernde Zusammenarbeit.

Potsdam, März 1988 *Andreas Hüneke*

Anmerkungen

1 Jawlensky und Werefkin wohnten in München in der Giselastraße 33.
2 Die beschriebene Malweise – nach cloisonné (frz.), der Stegemailtechnik, Cloisonnismus genannt – wurde um 1890 von Paul Gauguin und seinen Schülern in Pont-Aven entwickelt.
3 Tatsächlich begann G. Münter damit, bayrische Hinterglasbilder zu kopieren. Kandinsky schuf zahlreiche Hinterglasbilder, in denen er die alten Motive abwandelte oder auch eigene Kompositionen verwirklichte. Ab 1911 versuchten sich auch Marc und Macke sowie Campendonk hin und wieder in dieser Technik. Klee hatte sie unabhängig davon bereits Jahre zuvor erprobt.
4 Wassily Kandinsky: Blauer Berg. 1909, Öl/Lwd., 105 cm × 96 cm. New York, Solomon R. Guggenheim Museum.
5 Franz Marc (gemeint sind möglicherweise): Pferde in der Schwemme. 1908, Farblithographie, 35,5 cm × 28 cm; Fohlen auf der Weide. 1909, Öl/Lwd., 50,5 cm × 70,5 cm. New York, Privatbesitz; Drei Katzen (Katzenstudie I). 1908/09, Öl/Lwd., Verbleib unbekannt.
6 Franz Marc: Panther, einen Stier anfallend. 1907–1910, anatomische Studie, zerstört; Der tote Spatz. 1905, Öl/Holz, 13 cm × 16,5 cm. Norden, Privatbesitz.
7 Niestlé hat erst 1913 geheiratet.
8 Franz Marc: Badende Frauen. 1910, Öl/Lwd., 108 cm × 142 cm. London, Marlborough Fine Art Ltd.
9 Franz Marc: Pferde. 1908, Lithographie, 14 cm × 9 cm; Badende Frauen. 1908, Lithographie, 26 cm × 29,4 cm.
10 Münchener konservative Künstlervereinigung, 1899 gegründet.
11 Reinhard Piper: Das Tier in der Kunst. München 1910.
12 Franz Marc: Zwei Pferde. 1908/09, Bronze, H.: 16,4 cm. Ein Exemplar in Halle, Staatliche Galerie Moritzburg.
13 Der Katalog enthält außer den beiden zitierten Texten einen von den Brüdern Burljuk, einen weiteren von Odilon Redon und schließlich Auszüge aus dem Vorwort eines Pariser Rouault-Kataloges. In der Ausstellung fanden sich neben den Werken der NKVM auch solche von Gästen, besonders aus Frankreich.
14 Die Vettern Bruno und Paul Cassirer gründeten 1898 in Berlin einen Kunstsalon, den ab 1902 Paul Cassirer allein weiterführte.

Salon d'automne: (frz.) Herbstsalon in Paris, jährliche Kunstausstellung seit 1903.

15 *Farceur:* (frz.) Possenreißer.

16 *Fantasio:* humoristische Pariser Zeitschrift, erschien von 1906 bis 1914.

Fauves (frz. = Wilde) wurden – nach einem Ausspruch des Kunstkritikers Louis Vauxcelles – die Künstler um Henri Matisse genannt.

17 Der Deutsch-Französische Krieg 1870/71 endete mit einer Niederlage Frankreichs. Der Frankfurter Friedensvertrag vom 10. 5. 1871 legte die Zahlung von 5 Milliarden Francs Kriegsentschädigung und die Abtretung von Elsaß-Lothringen an Deutschland fest.

Pendüle: (aus d. Frz.) Pendeluhr, Stutzuhr.

Butte Chaumont: eine Festung südlich von Paris.

18 *Kanaken:* (polynes. = Menschen) Ureinwohner der Hawaii-Inseln; Holz- und Steinplastiken, Rindenstoff- und Federarbeiten.

Dahomey: historischer Staat am Golf von Guinea; Blütezeit 17. bis 19. Jh.; höfische Kunst.

19 *Galimathias:* (aus d. Frz.) Wortgewirr; nach der Verwechslung von galli Matthias (des Hahnes Matthias) mit gallus Matthiae (der Hahn des Matthias) in einem alten französischen Rechtsstreit.

20 Wassily Kandinsky: Komposition II. 1910, Öl/Lwd., 200 cm × 275 cm. Im zweiten Weltkrieg zerstört. Erhalten ist eine Studie. 1910, Öl/Lwd., 97,5 cm × 130,5 cm. New York, Solomon R. Guggenheim Museum.

21 Wladimir von Bechtejew: Amazonenschlacht. 1909, Öl/Lwd.; Anselm Feuerbach hatte das Thema 1873 und Wilhelm Trübner hatte es 1879 gestaltet.

22 Sonderbund Westdeutscher Kunstfreunde und Künstler, 1910 in Düsseldorf gegründet; Deutscher Künstlerbund, 1903 in Weimar gegründet, 7. Ausstellung 1910 in Darmstadt.

23 *en vogue:* (frz.) in Mode.

24 „Alles ist erlaubt" ist natürlich nicht die Meinung Dostojewskis, sondern die mißverstandene Theorie Raskolnikows (F. Dostojewski: Raskolnikow, Teil 3, Kap. 5), nach der „besondere" Menschen das Recht haben, bei der Beseitigung von Hindernissen, die der Verwirklichung ihrer progressiven Ideen entgegenstehen, auch Gesetze zu übertreten, nötigenfalls gar zu morden.

25 *Pointillismus* (von frz. point = Punkt) ist die neo-impressionistische Technik des Nebeneinandersetzens von Punkten reiner Farben, aus denen das Auge die Mischtöne herstellt. Das

Massenverhältnis der einzelnen Farben wurde durch theoretische Überlegungen und Forschungen bestimmt. – Hier wie an anderen Stellen der Dokumentation wird deutlich, wie damals neue Techniken regelrecht „ausprobiert“ wurden.

26 M. v. Werefkin war nicht Jawlenskys Cousine. Mit dieser Bezeichnung sollte offenbar die Lebensgemeinschaft gegenüber Außenstehenden verschleiert werden.

27 Franz Marc: Die weidenden Pferde IV (Die roten Pferde). 1911, Öl/Lwd., 121 cm × 183 cm. Rom, Privatbesitz.

28 E. Erdmann-Macke berichtet in ihren „Erinnerungen an August Macke“, daß Marc als „Ehrenretter“ Marie Schnür geheiratet habe, die ein Kind von dem Maler Angelo Jank erwartete, der Lehrer an der Münchener Frauenkunstschule war. Nun bereitete die Scheidung dieser lediglich juristischen Ehe Probleme, so daß es noch lange dauern sollte, bis F. Marc und M. Franck heiraten konnten (dann auch zunächst nur in England, wo die Rechtslage eine andere war). M. Franck brauchte 1911 einige Zeit, ehe sie nach dem Weihnachtsaufenthalt in Berlin von ihren Eltern die Erlaubnis zur Rückkehr nach Sindelsdorf erwirken konnte.

29 Gemeint sind wahrscheinlich die Maler Hugo Schimmel und Charles J. Palmié.

30 Wassily Kandinsky: Impression II (Moskau). 1911, Öl/Lwd., 120 cm × 140 cm. Ehemals Berlin, B. Koehler, verbrannt.

31 H. Macke und W. Wieger hatten bei Thorn-Prikker studiert. H. Macke konnte aber offensichtlich dessen System Marc nicht recht erklären, so daß sich erst A. Macke danach erkundigen mußte. Er teilte es dem Freund am 26. 12. 1910 mit. Es besteht aus einem über das Bild gelegten Netz diagonaler Linien, an deren Schnittpunkten wichtige Bildelemente plaziert werden. Marc reagierte am 28. 12. mit Distanz. Er scheint es aber doch erprobt zu haben.

32 Jawlensky hat dieses Recht wohl nicht wahrgenommen, jedenfalls ist im Folgenden Erbslöh 1. Vorsitzender der NKVM.

33 Wassily Kandinsky: Komposition V (Das Jüngste Gericht). 1911, Öl/Lwd., 190 cm × 275 cm. Genf, Privatbesitz. – Vgl. § 3.I. 1. der Satzungen der NKVM, S. 19.

34 Wassily Kandinsky: Komposition II (vgl. Anm. 20). – Nach den mir vorliegenden Angaben war es im Gegenteil 10 cm größer; das ergibt für Komposition II $5^1/_2$ m^2 und für Komposition V $5^1/_4$ m^2.

35 Dr. Oskar Wittenstein überflog als erster die Stadt München.

36 Franz Marc: Die gelbe Kuh. 1911, Öl/Lwd., 140 cm × 190 cm. New York, Solomon R. Guggenheim Museum; Reh im Walde I. 1911, Öl/Lwd., 129,5 cm × 100,5 cm. Privatbesitz.

37 Das von Otto Fischer verfaßte Buch über die NKVM „Das neue Bild“ kann geradezu als Gegenschrift zum Almanach „Der Blaue Reiter“ (der 7 Monate eher erschien) aufgefaßt werden, von dessen theoretischen Grundlagen es sich bewußt absetzt und dessen Ausstattung (abgesehen von den Originalgrafiken) es betont übertrifft.

38 Dieser Abschnitt ist offensichtlich antithetisch zu Kandinskys Anschauungen formuliert.

39 Alexej von Jawlensky: Bildnis des Tänzers Sacharow. 1909, Öl/Pappe, 69,5 cm × 66,5 cm; Spanierin. 1913, Öl/Pappe, 67 cm × 48,5 cm. Beide München, Städtische Galerie im Lenbachhaus.

40 Zeh war der Nachname zweier Münchner Kinder, deren Zeichnungen Aufsehen erregten.

41 Im „Technischen Manifest der futuristischen Musik“ (Umberto Apollonio: Der Futurismus. Köln 1972), das Balilla Pratella am 29. 3. 1911 verfaßte, werden als Kennzeichen der neuen Musik folgende Punkte genannt: Interpretation der Melodie als Synthese der Harmonie; eine einzige atonale Tonart; Enharmonie; freier Rhythmus. Das Ziel musikalischen Schaffens wird in der Oper gesehen. Weiter heißt es: „Man muß [...] Die musikalische Seele der Masse, der großen Industriewerke, der Züge, der Überseedampfer, der Schlachtschiffe, der Autos und der Flugzeuge wiedergeben. Zu den großen zentralen Motiven der musikalischen Dichtung die Herrschaft der Maschine und den Sieg der Elektrizität fügen.“

42 In ihrem Atelier im 5. Stock des Hauses Gereonsstraße 18–31 in Köln eröffnete Olga Oppenheimer gemeinsam mit Emmy Worringer und F. M. Jansen am 20. 1. 1911 den Gereons-Club, der sich mit Ausstellungen und Veranstaltungen für die „neue Kunst“ einsetzte.

43 Gemeint ist Tschudis Vorwort zum Katalog der Sammlung Nemes (vgl. S. 453–454).
Am 24. 10. 1911 sandte Marc eine provisorische Fassung des „Blauen Reiters“ mit der Bitte um Durchsicht und Ratschläge an Tschudi, „im Vertrauen auf die achtende Gesinnung und wirksame Hilfe, die Sie bisher der neuesten Bewegung in der Malerei entgegengebracht haben“. Vgl.: Der Blaue Reiter. (Kat.) Kunstmuseum Bern 1986/87, S. 196.

44 Die Theosophen erstrebten eine natürliche, aber auch mystische Schau als göttliche Selbsterkenntnis. Christliche Motive wurden mit buddhistischen und hinduistischen verbunden. Das System ist zwischen Theologie und Philosophie angesiedelt (vgl. S. 331).

45 Franz Marc: Zwei Bilder. Erschienen im Almanach „Der Blaue

Reiter" (vgl. S. 106–107). Offenbar sind Änderungen noch erfolgt, die Bemerkungen beziehen sich wohl auf die Passage mit den „feurigen Zeichen" (Fackeln) und der Morgenröte.

46 Das provisorische Inhaltsverzeichnis vermerkt Beiträge von Burljuk (Die „Wilden" Rußlands), Le Fauconnier (Die „Wilden" Frankreichs), Girieud (Sienna), Hartmann (System Jaworsky), Jewreinoff (Monodrama), Kandinsky (Konstruktion; Einleitung zum Musik-Kapitel; Bühnenkompositionen), v. Kortum (Korrespondenz aus Rußland), Kulbin (Freie Musik), Marc (Die „Wilden" Deutschlands; Ausstellung Nemes), Pechstein (Neue Secession), Schönberg (Neue Musik; Über „Glückliche Hand"), Unkowsky (Farbe-Ton-Zahl); außerdem drei Beiträge, für die noch keine Autoren feststanden (Französische Musik; Die neuen russischen Harmonien; Juryfreiheit in München, Berlin und Wien).

47 *Salon des indépendants:* jährliche Ausstellung der 1884 gegründeten Société des artistes indépendants (frz. = Vereinigung unabhängiger Künstler) in Paris.

48 Die Sienesische Malerschule hatte ihren Höhepunkt im 14. Jh. Sie verband traditionelle byzantinische Elemente mit mittelalterlichem Realitätssinn. Hauptvertreter waren Simone Martini und Ambrogio Lorenzetti. Von ersterem befand sich im Kaiser-Friedrich-Museum in Berlin eine „Grablegung Christi" (1339/44).

49 Wassily Kandinsky: Über das Geistige in der Kunst. Vgl. S. 322–357.

50 *Eh bien! Rira bien, qui rira le dernier:* (frz.) Nun wohl! Wer zuletzt lacht, lacht am besten.

51 Arnold Schönberg: Probleme des Kunstunterrichts. In: Musikalisches Taschenbuch. Wien, II (1911). Der Artikel beginnt mit dem Satz „Kunst kommt nicht von können sondern von müssen". (Vgl. den Brief A. Mackes vom 22. 1. 1912 an Marc, S. 179.)

52 Franz Marc: Geistige Güter. Erschienen im Almanach „Der Blaue Reiter" (vgl. S. 101–104).

53 Gabriele Münter wurde unter den Freunden oft Ella genannt.

54 Die Malerin Elisabeth Epstein hatte Fotos nach Werken Delaunays aus Paris mitgebracht. – Robert Delaunay: La Tour. 1911, Öl/Lwd. Ehemals Berlin, B. Koehler, Kriegsverlust.

55 Wilhelm von Uhde veröffentlichte 1911 in Paris eine Monographie über Henri Rousseau, die Kandinsky von Delaunay geschickt bekam. Am 29. 10. 1911 schrieb Kandinsky an Marc (Wassily Kandinsky – Franz Marc, Briefwechsel. München/Zürich 1983, S. 68): „Was für ein wundervoller Mensch dieser

Rousseau war! Und natürlich mit dem ‚Jenseits' in Verbindung gewesen. Und was für eine Tiefe in den Bildern liegt! Gerade vor ein paar Tagen habe ich gedacht: ‚N° 1 des ›B. R.‹ und kein Rousseau! Da sollten die Redakteure violett werden!' und jetzt wurde ich wie gepeitscht, ganz erschüttert. Ach Gott! Da ist ja die Wurzel des Realismus, des Neuen Realismus! Dieses Stilleben! Und das letzte – diese Cigarrenkistenmalerei! [...] Wie konnte ich nur den Rousseau so vergessen!! Heute Nacht hat er micht aber oft geweckt. Und mich nachts wecken ... da gehört schon was dazu."

56 Wassily Kandinsky: Die Kuh. 1911, Öl/Lwd., 95,5 cm × 105 cm. München, Städtische Galerie im Lenbachhaus. – August Macke: Sturm. 1911. Öl/Lwd., 84 cm × 113 cm. Saarbrücken, Saarlandmuseum. – Franz Marc: Die gelbe Kuh (vgl. Anm. 36); Badende Frauen (vgl. Anm. 8).

57 Dieses Vorwort, während der Redaktionstage im Oktober 1911 entstanden, wurde in den Almanach nicht aufgenommen.

58 Erwin von Busse: Die Kompositionsmittel bei Robert Delaunay (vgl. S. 119–122).

59 Benannt 1857 nach seinem Gründer, dem Kgl. Musikdirektor Julius Stern.

60 August Macke: Sturm (vgl. Anm. 56); Der Blaue Berg – Fenster mit Blumentöpfen. 1910, Öl/Lwd., 53,5 cm × 65,5 cm. Nachlaß Maria Marc; Seeschlacht zwischen Eingeborenen. 1911, Öl/Pappe, 80 cm × 105 cm. Wiesbaden, Privatbesitz; (vielleicht:) Kinder mit Trommel und Puppe. 1910, Öl/Lwd., 80 cm × 59 cm. Verbleib unbekannt; Frau mit Guitarre. 1911, Öl/Papier, 48 cm × 60,3 cm. Nachlaß.

61 Abgebildet wurde von A. Macke „Sturm" und eine Ballettskizze.

62 Arnold Schönberg „Dame in Rosa" wurde im Almanach nicht reproduziert, sondern lediglich in der bei Piper 1912 erschienenen Festschrift für Schönberg. – Im Almanach sind abgebildet: Selbstporträt. 1911, Öl/Pappe, 48 cm × 45 cm. Los Angeles. Arnold Schönberg-Institut; Vision. 1910, Öl/Lwd., 32 cm × 20 cm. Washington, Library of Congress.

63 Es handelt sich um Arbeiten der „Brücke"-Künstler, die Marc aus Berlin mitgebracht hatte (vgl. Marc vom 2. 1. 1912 an Kandinsky, und Kandinsky „Unsere Freundschaft", S. 185). – Im Almanach wurden schließlich abgebildet: Ernst Ludwig Kirchner: Vier Tänzerinnen. 1910, Lithographie. – Erich Heckel: Zirkus. 1910, Lithographie. – Max Pechstein: Badende III. 1911, Farbholzschnitt. – Otto Mueller: Badende. Handzeichnung.

64 Die Änderung wurde vorgenommen (vgl. S. 115).

65 Im April war Klee in Paris und suchte am 11. 4. Delaunay auf.

66 Die Widmung „Dem Andenken an Hugo von Tschudi“ steht auf der Rückseite des Vorsatztitels.

67 *fait accompli:* (frz.) vollendete Tatsache.

68 *Sachsenspiegel:* zwischen 1215 und 1235 von Eike von Repgow verfaßte Zusammenstellung des deutschen Land- und Lehnrechts; ältestes deutsches Rechtsbuch.

69 Die erste Auflage des Almanachs „Der Blaue Reiter“ erschien in drei Ausgaben: 1. allgemeine Ausgabe (kartoniert oder gebunden) 1200 Exemplare; 2. Luxusausgabe (in Leinen gebunden; mit je einem Farbholzschnitt von Marc und Kandinsky) 50 Exemplare; 3. Museumsausgabe (in blaues Maroquinleder gebunden; mit den beiden Farbholzschnitten und je einer Originalarbeit – Handzeichnung bzw. Aquarell – von Kandinsky und Marc) 10 Exemplare.
Außer den hier auszugsweise wiedergegebenen Texten enthält der Almanach: Thomas von Hartmann: Über die Anarchie in der Musik; Wassily Kandinsky: Eugen Kahler (Nachruf); Zitate von Eugène Delacroix, Johann Wolfgang von Goethe, Wassilij Wassiljewitsch Rosanow und ein Gedicht von Michail Kusmin; außerdem die Noten zu: Arnold Schönberg „Herzgewächse“ nach M. Maeterlinck, für Sopran, Celesta, Harmonium und Harfe; Alban Berg „Aus dem ‚Glühenden‘ von Alfred Mombert“, für Sopran und Klavier; Anton von Webern „Ihr tratet zu dem Herde“ aus dem „Jahr der Seele“ von Stefan George, für Sopran und Klavier.

70 Meier-Graefe (Spanische Reise. Berlin 1910) hatte seine Enttäuschung vor den Bildern Velasquez’ und seine wachsende Begeisterung vor denen Grecos beschrieben.

71 Tschudi war als Direktor der Nationalgalerie einer Kabinettsordre Kaiser Wilhelms II. unterworfen, die die Sammlung der deutschen Kunst vorbehielt. Tschudi sorgte deshalb dafür, daß Gemälde französischer Impressionisten als Geschenke in die Galerie kamen. Der daraus resultierende Konflikt mit einheimischen Künstlern und mit dem Kaiser trieb ihn schließlich „freiwillig“ nach München.

72 Der Kgl. Rat Marcell von Nemes besaß eine Sammlung von etwa 80 Gemälden, u. a. von Greco, Goya, Rembrandt, den französischen Impressionisten und Cézanne. Diese Sammlung war in der Nationalgalerie in Budapest zu sehen gewesen, und Tschudi hatte sie als Ausstellung nach München geholt.

73 Auf Widerstand in der Öffentlichkeit stieß auch die sogenannte Tschudi-Spende. Dabei handelte es sich zum Teil um

von Tschudi zum Ankauf reservierte Kunstwerke, die nach seinem Tode durch einen Aufruf Heinz Braunes mit weiteren Schenkungen ergänzt den Münchener Museen als Stiftung übergeben wurden. Dazu gehörten 57 Gemälde vor allem der französischen Impressionisten und Nachimpressionisten (Pissarro, Courbet, Monet, Cézanne, Gauguin, Matisse), aber auch von Daumier, van Gogh, Hodler, Purrmann, Weisgerber u. a., sowie 10 Plastiken von Rodin, Maillol, Minne und Matisse.

74 „Die Brücke", gegründet im Juni 1905 von Bleyl, Heckel, Kirchner, Schmidt-Rottluff. 1906 traten Nolde, Pechstein, Amiet, Gallén-Kallela und Zyl bei, 1908 van Dongen und Nölken, 1910 Mueller, 1911 Kubista. Nolde trat bereits 1907, Pechstein 1912 wieder aus. Im Mai 1913 Auflösung der Künstlergruppe.

75 Die „Neue Sezession Berlin" hatte sich gebildet, nachdem 1910 27 Künstler mit 89 Werken von der Ausstellung der „Berliner Sezession" zurückgewiesen worden waren. Die bedeutendsten Mitglieder der Neuen Sezession waren wiederum die Künstler der „Brücke".

76 *au détriment de la religion:* (frz.) zum Schaden der Religion.

77 Es ist keine Illustration zu Grimms Märchen; „Reinhold das Wunderkind", der Titel der Grafik, weist auf Musäus hin; die Illustration entstammt vermutlich einem Almanach, in dem auch das Grimmsche Märchen „Die drei Schwestern" abgedruckt ist (vgl. Lankheit: Der Blaue Reiter. S. 338). – Wassily Kandinsky: Lyrisches. 1911, Öl/Lwd., 94 cm × 113 cm. Rotterdam, Museum Boymans van Beuningen.

78 Die ägyptische Profilmalerei wurde von Heinrich Schäfer als „geradansichtig-vorstellig" bezeichnet: das Dargestellte setzt sich aus unverkürzt von der Seite gesehenen Teilen zusammen, die von einer Umrißlinie zusammengehalten werden.

79 Vincent van Gogh: Bildnis des Dr. Gachet. 1890, Öl/Lwd., 68 cm × 57 cm. Paris, Louvre; abgebildet im Almanach auf S. 112. – Das vor S. 113 abgebildete Fragment eines japanischen Holzschnittes aus der Schule von Shumman (18./19. Jh.) zeigt keinen japanischen Gaukler, sondern einen Europäer mit einem Affen. – Maske des Krankheitsdämons Maha-cola-sanni-yaksaya. Ceylon, H.: 120 cm, Völkerkundemuseum München; abgebildet nach S. 122. – Benin – historischer Staat im Südwesten des heutigen Nigeria; Blütezeit im 15./16. Jh.; meisterhafte Bronzeplastiken einer höfischen Kunst; abgebildet ist auf S. 59 ein Relief mit einem Krieger, ehem. Völkerkundemuseum München. – Osterinseln – „Kulturzentrum Polynesiens"; Blütezeit im 17./18. Jh.; monumentale, 7 bis 20 m hohe Steinskulpturen, bei denen nur Kopf und Hals, allenfalls noch

der Oberkörper dargestellt sind; abgebildet ist auf S. 22 eine hölzerne Ahnenfigur, H.: 32 cm, Völkerkundemuseum München. – Häuptlingskragen aus Alaska, vermutlich vom Stamm der Tlinkit-Indianer; Weberei auf Leder, L.: 92 cm, Völkerkundemuseum München; abgebildet auf S. 26. – Neukaledonien – melanesische Insel; Ahnen-, Geister- und Totemplastiken, Geheimbundmasken; abgebildet ist auf S. 25 eine hölzerne Maske, H.: 62 cm, Völkerkundemuseum München. – Schimären (aus dem Griech.) – eigentlich Fabeltiere, die vorn Löwen-, in der Mitte Ziegen- und hinten Schlangengestalt haben; im Mittelalter hatten sie dämonische Bedeutung, ihre Gestalt lag aber nicht mehr fest; als Wasserspeier an gotischen Kirchen sollten sie das Böse abwehren; die Bauplastik der Kathedrale Notre Dame de Paris wurde um 1210 begonnen; ohne Abb. – Grabplatte des Ritters Rudolf von Sachsenhausen. 1371, Sandstein. Frankfurt (Main), Dom; abgebildet auf S. 58.

80 Schönberg verarbeitete in seinem Streichquartett fis-Moll op. 10 zwei Gedichte aus Stefan Georges „Der siebente Ring" (vgl. Anm. 215); er vertonte in op. 14 „Zwei Lieder" und in op. 15 „Fünfzehn Lieder auf Texte von Stefan George" aus dessen „Buch der hängenden Gärten".

81 Ein Aphorismus von Karl Kraus lautet: „Die Sprache Mutter des Gedankens? Dieser kein Verdienst des Denkenden? O doch, er muß jene schwängern." In: Karl Kraus: Polemiken, Glossen, Verse und Skizzen. Leipzig 1971, S. 170.

82 Robert Delaunay: St. Séverin I. 1909, Öl/Lwd., 116 cm × 81 cm. Zürich, Privatbesitz; La Tour (vgl. Anm. 54); La ville I. 1910, Öl/Lwd. Ehemals München, A. v. Jawlensky, Verbleib unbekannt; La ville II. 1911, Öl/Lwd., 146 cm × 114 cm. Paris, Musée national d'art moderne.

83 Alexander Skrjabin: Prométhée (La poème du feu), mit Chor, Klavier und Farbenklavier (1911). – Das „Mysterium", das einer kultischen Handlung ähnlich (mit Skrjabin als „Priester") den Unterschied zwischen Interpreten und Publikum aufheben und dabei Musik, Wort, plastische Bewegung, Licht und Duft vereinen sollte, blieb im Stadium der Planung stecken.

84 Skrjabin schuf sich ein eigenes harmonisches System, fußend auf der aus hochzahligen Obertönen aufgebauten Tonleiter c d e fis a b und ihrer Verteilung nach Quarten zu dem „mystischen Akkord" c–fis–b–e'–a'–d".

85 Alexander Skrjabin: Poème de l'Extase. Op. 54 (1907).

86 In Hindustan sind Tonleitern gebräuchlich, die aus 20 Viertel- und 2 Halbtönen bestehen.

87 Im Evangelium des Matthäus, Kap. 3, V. 10, heißt es in der

Bußpredigt Johannes des Täufers: „Es ist schon die Axt den Bäumen an die Wurzel gelegt. Darum, welcher Baum nicht gute Frucht bringt, wird abgehauen und ins Feuer geworfen."

88 Die einzige vergleichbare Stelle steht – allerdings nicht in Zusammenhang mit den Geboten, sondern mit dem Sinn der Kreuzigung Christi – im Evangelium des Johannes, Kap. 16, V. 12: „Ich habe euch noch viel zu sagen; aber ihr könnt es jetzt nicht tragen."

89 Vgl. Anm. 242.

90 Vgl. vor allem Wilhelm Worringer: Abstraktion und Einfühlung. Leipzig/Weimar 1981 (erstmals veröffentlicht 1908).

91 Anspielung auf das vor 1813 während der Befreiungskriege entstandene Lied „Freiheit" von Max von Schenkendorf: „Freiheit, die ich meine, / Die mein Herz erfüllt, / Komm mit deinem Scheine, / Süßes Engelbild."

92 Kandinsky bezeichnete in seinem Artikel „Die Bilder" (vgl. S. 271–274) die Malerei Schönbergs als „Nurmalerei".

93 Franz Marc: Geistige Güter (vgl. S. 101–104).

94 Albrecht Dürer: Lob der Malerei (1512): „Dann ein guter Maler ist inwendig voller Figur, und obs müglich wär, daß er ewiglich lebte, so hätt er aus den inneren Ideen ... allweg etwas Neues durch die Werk auszugießen." (Vgl. Albrecht Dürer: Schriften und Briefe. Leipzig 1973, S. 164.)

95 Anspielung auf den Schluß von Franz Marcs Artikel „Die ‚Wilden' Deutschlands" (vgl. S. 105).

96 Theodor Däubler: Autobiographische Fragmente. München 1914. Aus dem Kap. „Erkundung".

97 Wie Eichner zu diesen Zahlen kam, ist unklar. Von den 131 Seiten des Almanachs entfallen 12 auf Texte von Marc und 59 auf solche von Kandinsky, was prozentual sogar noch deutlicher ist. Eichners Behauptung, die Hälfte des Gesamttextes habe Kandinsky selbst geschrieben, ist also nur eine geringe Übertreibung.

98 Bernhard Koehler sen. sammelte anfangs Münchner, Weimarer und Berliner Maler traditioneller Haltung, gab 1907 A. Macke einen Zuschuß zur Paris-Reise, reiste 1908 gemeinsam mit Macke und dessen Braut nach Paris, wo er Bilder von Cézanne, Renoir, Gauguin, van Gogh u. a. kaufte (Rousseau entgegen der Feststellung im Personenverzeichnis der Ausgabe des Briefwechsels zwischen Macke und Marc, Köln 1964, noch nicht, sondern erst durch Vermittlung Kandinskys 1911/12). Später sammelte er unter Mackes und Marcs Einfluß vor allem den Umkreis der NKVM und des Blauen Reiters. Marc erhielt von ihm ein monatliches Fixum, Niestlé stellte er ein Haus in

Seeshaupt zur Verfügung. Er unterstützte die Drucklegung des Blauen Reiters (vgl. S. 88, 162), die Durchführung des Ersten Deutschen Herbstsalons (vgl. S. 463) und gab A. Macke die Mittel für die Tunis-Reise (vgl. S. 491).

99 Vgl. Anm. 10.

100 Franz Marc: Die roten Pferde (vgl. Anm. 27).

101 Die Karte trägt den Poststempel vom 4. 11. 1911. Die Vermutung Karl-Heinz Meißners, es könnte vier Tage lang vergessen worden sein, den neuen Monat einzustellen, die Karte stamme also vom 4. Dezember, ist von Klaus Lankheit zwingend widerlegt worden (Der Blaue Reiter – Präzisierungen. In: Der Blaue Reiter. Kunstmuseum Bern 1986/87, S. 224–226). Lankheit verweist auf die schon lange bestehenden Spannungen in der NKVM und schließt daraus folgerichtig, daß Kandinsky und Marc schon vor dem Bruch eine eigene Ausstellung vorzubereiten begannen. Rätselhaft bleibt – auch wenn man Verluste in der Korrespondenz voraussetzt – dennoch, warum nach diesem energischen „Startschuß" einen ganzen Monat lang weder in dem Briefwechsel der beiden Initiatoren noch in den Schreiben an Macke oder Delaunay die Ausstellung auch nur andeutungsweise erwähnt wird. Gegen alle guten Gründe und gegen den Augenschein bin ich daher von der Datierung noch nicht überzeugt.

102 *vive le mouvement:* (frz.) es lebe die Bewegung!

103 Der Katalog verzeichnet von Schönberg das Selbstporträt und zwei Visionen (vgl. Anm. 62). – Die Literatur nennt durchgängig den 18. 12. 1911 als Eröffnungstermin der Ausstellung. Ich schließe mich der Angabe Kandinskys (19. 12.) an, zumal der Brief Marcs vom 7. 12. an Macke nur besagt, wann die Säle zur Verfügung standen, und am 18. anscheinend noch bis abends gehängt wurde (vgl. die folgenden Briefe an Delaunay).

104 Der Katalog verzeichnet von Henri Rousseau: La cour. 1896/98, Öl/Lwd; 24 × 33 cm. Paris, Centre Pompidou; La vere fortification. Öl/Lwd; 46 × 55 cm; von Robert Delaunay „La tour" (vgl. Anm. 54) sowie „St. Severin I", „La ville I und II" (vgl. Anm. 82) und eine Zeichnung.

105 Der Katalog verzeichnet von August Macke: Sturm (vgl. Anm. 56); Indianer auf Pferden. 1911, Öl/Holz, 44 cm × 59,5 cm. München, Städtische Galerie im Lenbachhaus; Blumenstrauß und Agave. 1910, Öl/Lwd., 62 cm × 48 cm. München, Privatbesitz.

106 Vgl. Anm. 98.

107 Zu diesen Ankäufen vgl. S. 262–263.

108 Es handelt sich möglicherweise nicht um eine Kritik zur

1. Ausstellung des Blauen Reiters im Gereons-Club im Februar 1912, sondern zu einer Ausstellung mit Bildern der NKVM und des Blauen Reiters um die Jahrhundertwende, die wahrscheinlich schon vor der Trennung vereinbart war. Beide Gruppen waren offenbar so zerstritten wieder nicht, daß sie alle Beziehungen zueinander abgebrochen hätten. Das deutet sich an verschiedenen Stellen dieser Dokumentation an. Der hier erwähnte „Propagandavortrag" scheint der von A. Macke zu sein (vgl. die folgenden Berichte).

109 Die Kölner Sezession wurde erst im Januar 1912 gegründet.

110 Olga Oppenheimer und Emmy Worringer waren die treibenden Kräfte im Gereons-Club, der im Januar 1911 gegründet wurde.

111 Theodor Däubler: Das Nordlicht. Florentiner Ausgabe. München/Leipzig 1910.

112 Emil Nolde: Das Leben der Maria Aegyptiaca (Legende: Die Heilige Maria von Ägypten). a) Im Hafen von Alexandria. 86 cm × 100 cm; b) Die Bekehrung. 105 cm × 120 cm; c) Der Tod in der Wüste. 86 cm × 100 cm. 1912. Öl/Lwd. Hamburg, Kunsthalle.

113 Hier geht es um die 2. Ausstellung „Karo Bube", die im Frühjahr 1912 stattfand (vgl. Anm. 135).

114 Der Katalog verzeichnet von Wassily Kandinsky: Komposition V (vgl. Anm. 33); Improvisation 22. 1911, Öl/Lwd., 120 cm × 140 cm; Impression II (Moskau) (vgl. Anm. 30). – Heinrich Campendonk: Frau und Tier; Springendes Pferd. 1911, Öl/Lwd., 85 × 65 cm. Saarbrücken, Saarlandmuseum. – Eugen Kahler: 2 Zeichnungen. – David Burljuk: Kopf; Pferde.

115 Der Katalog verzeichnet von Franz Marc: Die gelbe Kuh (vgl. Anm. 36); Die großen blauen Pferde. 1911, Öl/Lwd., 105 cm × 181 cm. Minneapolis, Walker Art Center; Landschaft = Gebirge / Steiniger Weg. 1911/12, Öl/Lwd., 130 cm × 100,5 cm. San Francisco, Museum of Art; Reh (vgl. Anm. 36).

116 Vgl. „Vorwort der Redaktion", S. 84–85.

117 Macke hatte offenbar den Artikel „Probleme des Kunstunterrichts" von Schönberg während der Vorbereitung des Almanachs in Sindelsdorf und Murnau gelesen (vgl. Anm. 51).

118 Die Hinterglasbilder sind im Katalog nicht verzeichnet worden.

119 Franz Marc: Affenfries. 1911, Öl/Lwd., 76 cm × 134,5 cm. Hamburg, Kunsthalle; Die roten Rehe II. 1912, Öl/Lwd., 70 cm × 100 cm. München, Bayerische Staatsgemäldesammlungen.

120 Schönberg dirigierte am 29. 2. 1912 in Prag eine Aufführung

seiner sinfonischen Dichtung „Pelleas und Melisande“ op. 5 (1903). Anläßlich dieses Konzertes überreichte ihm Alban Berg die von ihm herausgegebene Schönberg-Festschrift, die u. a. den Artikel „Die Bilder“ von Kandinsky enthält (vgl. S. 271–274).

121 Sollte dieser Brief der Anlaß für die oft anzutreffende Angabe sein, die 1. Ausstellung des Blauen Reiters sei bis Mai in der Sturm-Galerie zu sehen gewesen? Der Brief Kandinskys vom 13. 4. an Sonia Delaunay beweist, daß sie im April bereits nach Bremen ging. Inzwischen ist anscheinend eine Information über die zweite Sturm-Ausstellung erfolgt, in der die Bilder Delaunays zusammen mit denen der italienischen Futuristen gezeigt wurden. Sie läßt sich nach den vorliegenden Briefen auf 12. 4. bis 10. 5. terminieren.

122 Textauszüge aus den Beiträgen im Almanach (vgl. S. 101, 127).

123 „Kandide oder Die beste Welt. Eine Erzählung von Voltaire“ mit den Illustrationen von Paul Klee erschien erst 1920 im Kurt Wolff Verlag München. Die 26 Federzeichnungen waren 1911/12 entstanden (vgl. S. 253).

124 K. H. Meißner merkt im Katalog „Delaunay und Deutschland“, Staatsgalerie moderner Kunst, München 1985/86, S. 489 an, daß die Arbeiten der Franzosen für die zweite Ausstellung des Blauen Reiters aus anderen Quellen kamen und daß von Delaunay nur ein Blatt gezeigt wurde, das sich bereits in München befand, daß Delaunay also wohl nichts geschickt hat.

125 Die Münchner Sezession, 1892 gegründet, ist die älteste Sezession im deutschsprachigen Bereich. Wilhelm Worringer schrieb in Kunst und Künstler VIII (1909), S. 369ff.: „Die Sezession hat Fett angesetzt. Im Frühjahr und Sommer die gleiche Atmosphäre saturierter Existenz, die gleiche Glaspalastluft, die gleiche Marktreife des Gebotenen.“

126 Am 20. 3. 1912 schrieb Kandinsky an Marc u. a. (Briefwechsel, a. a. O., S. 147–148): „Ich weiß nicht, was passiert ist, – vielleicht haben Sie zu mir nicht ausreichend Vertrauen, vielleicht irritieren Sie meine Wünsche, alles nach meiner Art durchzusetzen – Ihr Ton änderte sich aber immer mehr und mehr. […] Ganz besonders merkwürdig verhielten Sie sich auch zu Ella. Das hat natürlich auch mitgesprochen. Kurz und gut: wir sind in eine Sackgasse des gegenseitigen Unverständnisses geraten. Es ist sonderbar! Als ich als junger Mensch sehr unzugänglich war, ging es bei mir mit Menschen gut. Später veränderte ich mich, und da kamen schmerzliche Enttäuschungen – immer neue, immer neue. Es wuchs eine ‚Lebensphilosophie‘ daraus: unbestraft darf man sich Menschen

nicht nähern. [...] Teilweise (und im *wichtigen* Teile) bin ich schuld, da ich so geartet bin, daß ich unbedingt alles nach meinem Wunsch durchsetzen will (in ernsten und mehr abstrakten Sachen). So übe ich unwillkürlich schließlich einen unangenehmen Druck aus, welcher die Menschen erst irritiert, später ärgert."

127 Laut Katalog kann sich diese Bemerkung nur auf Georg Tappert und Moriz Melzer beziehen.

128 Marc bemerkte zunächst, daß die „Berliner" auf dem Impressionismus weiterbauen, schätzte aber ihren „tiefen Ernst und eine ungeheure Arbeitsleistung" (7. 1. 1912). Den Einwand Kandinskys, es könne sich um Warenhaus-Fülle handeln, wies er zurück: „Ich fühle mich unzweifelhaft vor einem ungeheuren quellenden Reichtum, der zu unsern Ideen nicht weniger gehört als die Idee der Stillen im Lande" (10. 1. 1912). Kandinsky zog den Brücke-Künstlern gegenüber die „langsame, vorsichtige Arbeit" der Münchener vor, denen „die Peitschenhiebe des Wetteifers" fehlten, und die auch persönlicher seien. Über die Ansichtssendung aus Berlin schrieb er: „Von 24 Fotos sind 9 + $^1/_2$ Akte mit oder ohne Schamhaare, 5 Badende und 2 Circusbilder. [...] Sehen Sie: Sie machen oft Tiere, Macke – Indianer, Boote, Arp – Riesenköpfe, Delaunay – Städte, Kubin – ‚Träume', Kahler – Phantasien, Schönberg – ‚Visionen' usw. Und alle sind weder Matissisten noch Kubisten. Diese Aufzählung kam von selbst, gerade so wie die Statistik" (14. 1. 1912). Später führte er Näheres aus: „Was machen und was sind die Berliner? Sie sind teilweise Menschen von großem Talent, von imposanter Energie, die vollkommen auf impressionistischem Grunde weiterarbeiten und sich zu Hilfe die neuen *farbigen* Entdeckungen nehmen [...]. Ich sehe in den sämmtlichen Arbeiten, die jetzt bei mir sind, keine Spur von Ausnutzen (bzw. Brauchen) der zeichnerischen Form, von der compositionellen ganz abgesehen! [...] Ich meine: aus solchen Künstlern kann was werden, aus solcher Kunst – nicht. D. h. sie muß so viel ablegen und so viel dazunehmen (wobei ihr *Kern* bleibt und als gesunde Wurzel jedenfalls zu schonen ist), daß sie eigentlich noch nicht da ist" (2. 2. 1912). Nun aber antwortete Marc: „Mit Impressionismus haben diese Bilder *sehr sehr wenig* zu thun, mit dem modernen Leben und der Großstadt sehr viel, sie sind äußerlich häßlich, vor allem Kirchner und Heckel. Aber voll tiefem Sinn und Realismus, so empfinde ich sie. Pechstein ist äußerlich viel schöner, die Konstruktion ist erkennbarer, in seinen schwachen Sachen liegt sie zu sehr auf der Hand; aber seine starken Sachen klingen unbegreiflich wie Glocken; man weiß nicht,

woher und wohin, aber sie sind da" (4. 2. 1912; Briefwechsel, a. a. O., S. 107–113, 128–132).

129 Der Katalog zur 1. Ausstellung des Blauen Reiters verzeichnet von Gabriele Münter: Dunkles Stilleben (Geheimnis). 1911, Öl/Lwd., 78 cm × 100 cm. München, Städtische Galerie im Lenbachhaus; Stilleben (rosa); Gelbes Haus. 1911, Öl/Lwd., 52 × 75 cm. München, Bayerische Staatsgemäldesammlungen; Landstraße im Winter. 1911, Öl/Lwd., 67 × 72 cm. Böblingen, Privatbesitz; Abend; Reiflandschaft. 1911, Öl/Pappe, 52 × 71 cm. Wuppertal, Von der Heydt-Museum.

130 Gemeint ist der Bruder Carl Münter (vgl. S. 54). – Auch aus dem langen Erläuterungsbrief, den Gabriele Münter an Franz Marc schrieb (26./29. 3. 1912), wird nicht recht klar, was eigentlich die Ursache der wechselseitigen Verstimmung war. Es scheinen viele Kleinigkeiten zusammengekommen zu sein, sowohl bei Marcs Besuchen in Murnau als auch bei G. Münters Aufenthalt in Bonn. Kandinsky, der sich nach wie vor bei der ganzen Sache im Recht fühlte, wollte aber nichts Wesentliches aufs Spiel setzen. Am 28. 3. 1912 schrieb er an Marc: „Im heutigen Leben, wo Menschen (und Künstler dazu!) sich so selten innerlich verstehen, wo wir also eine ziemliche seltene Ausnahme bilden könnten, sollten wir alles anwenden, um unsere inneren Beziehungen zu retten und zu schonen. Wenn wirklich keiner von uns dem anderen wehtun *wollte*, so können wir doch leicht die äußeren Taktlosigkeiten, Fehltritte, ‚Beleidigungen' als etwas Unangenehmes, oder doch nicht Wesentliches ansehen und mit geringer Anstrengung überwinden. [...] Ich spreche nicht von der geschäftlichen Seite unserer Beziehungen (die kann ja weiter in jedem Falle existieren), sondern von der menschlichen" (Briefwechsel, a. a. O., S. 153–159).

131 In einem Brief Liesbeth Mackes vom 9. 11. 1911 an Maria und Franz Marc heißt es: „August ist heute nach Köln zu Frl. Worringer, sie wollen noch im Dezember von ihm Sachen ausstellen. So viel ich weiß, hatte doch Münter für Dezember abgemacht, ob das in die Brüche gegangen ist? Wißt Ihr nichts davon?", womit August Mackes „Unschuld" in diesem Punkte erwiesen wäre.

132 Die IV. Ausstellung der Neuen Sezession Berlin enthielt eine geschlossene Kollektion von 38 Arbeiten der Mitglieder der NKVM, darunter vier von Kandinsky.

133 Während Schönberg bei seinem Besuch in Murnau am 14. 9. 1911 bereits Arbeiten von Kandinsky und G. Münter gesehen hatte, war er Marc nur bei diesen begegnet und lernte nun in Berlin erstmals auch seine Bilder kennen.

134 Diese Bemerkung bezieht sich auf den Brief Kandinskys vom 11. 11. 1911 an Schönberg (vgl. S. 165–167).

135 C. B. = Karo Bube. Moskauer progressive Künstlervereinigung, gegründet Ende 1911, benannt nach einer Ausstellung im Dezember 1910; zu den Mitgliedern gehörten Pjotr Kontschalowsky, Aristarch Lentuloff und Ilja Maschkow. M. B. = Moderner Bund Weggis. Schweizer progressive Künstlervereinigung, gegründet im Oktober 1911 von Hans Arp, Walter Helbig und Oscar Lüthy; an seiner 2. Ausstellung beteiligte sich der Blaue Reiter.

136 Franz Marc: Die kleinen gelben Pferde. 1912, Öl/Lwd., 66 cm × 104,5 cm. Stuttgart, Staatsgalerie; Tiger. 1912, Öl/Lwd., 110 cm × 101,5 cm. München, Städtische Galerie im Lenbachhaus; Kauerndes Reh. 1911, Tempera, 40 cm × 50 cm; Ruhende Kühe (Kauernder Stier). 1911, Aquarell.

137 Die Ausstellung „Zurückgestellte Bilder des Sonderbundes" war ab 16. Juni in der Sturm-Galerie zu sehen. Sie enthielt Werke von Bloch, Jawlensky, Kandinsky, Marc, Werefkin und Münter.

138 Abwandlung der Seligpreisungen im Evangelium des Matthäus, Kap. 5, V. 9 und 10: „Selig sind die Friedfertigen, denn sie werden Gottes Kinder heißen. Selig sind, die um Gerechtigkeit willen verfolgt werden, denn das Himmelreich ist ihr."

139 Franz Marc: Zwei Katzen. 1911, Öl/Holz, 98 cm × 74 cm. Verbleib unbekannt. – Wassily Kandinsky: Kahnfahrt. 1910, Öl/Lwd., 98 cm × 105 cm. Moskau, Tretjakow-Galerie; Improvisation 21a. 1911, Öl/Lwd., 96 cm × 105 cm. München, Städtische Galerie im Lenbachhaus.

140 Robert Delaunay: Les fenètres sur la ville – 1re partie, 2e motif. 1912, Öl/Karton, 39 cm × 29,6 cm. Paris, Privatbesitz.

141 Gotthold Ephraim Lessing: Laokoon oder Über die Grenzen der Malerei und Poesie. (1766) – Grundlagen für die Herausbildung einer realistischen Ästhetik.

142 Wassily Kandinsky: Schwarzer Fleck I. 1912, Öl/Lwd., 100 cm × 130 cm. Leningrad, Russisches Museum; im Folgenden wird erwähnt: Lyrisches (vgl. Anm. 77).

143 *Widgartschlange:* gemeint ist wohl Jormungand, die Midgardsschlange, die, sich in den Schwanz beißend, die ganze Erde (= Midgard) umschlingt. – *Weltenei:* in Satapatha Brāhmana XI,1,6,1ff. wird ein Schöpfungsmythos überliefert, nach dem aus dem Ur-Wasser zunächst ein goldenes Ei entsteht, aus dem nach einem Jahr der Mann Prajāpati hervorbricht, dessen Wort nach einem weiteren Jahr Himmel, Erde und Luftraum entstehen läßt (vgl. Alfred Hillebrandt: Aus Brāhma-

nas und Upanisaden. Jena 1921). – *Germanisches Untier:* der Wolf Fenris, Bruder der Jormungand, vorläufig von den Asen gefesselt, wird sich zum Weltuntergang (= Ragnarokr) befreien und die Sonne verschlingen, ehe er vom Urgott Allvadur überwunden wird.

144 Diesen Begriff fand ich bei Bergson nicht. In „Schöpferische Entwicklung" Jena 1921 (1. Auflage 1912) sieht er Zweckmäßigkeit nicht in einem vorgewußten Entwicklungsziel sondern nur in der Richtung des gegen die zur Energiestrahlung „entwerdende" Materie wirkenden ursprünglichen élan vital. Für Bergson gibt es zwei Arten der Ordnung – die geometrische und die natürliche. Der Begriff der Unordnung bzw. des Chaos bezeichnet im praktischen Leben die Abwesenheit der erwarteten Art der Ordnung, gleichzeitig aber die Anwesenheit der anderen Art und nicht Abwesenheit von Ordnung überhaupt. Für die Spekulation ist er daher unbrauchbar. Diese Gedanken haben eine auffällige Verwandtschaft mit denen Kandinskys über „Konstruktion" (vgl. S. 152) und denen Schönbergs über Konsonanzen und Dissonanzen (vgl. S. 363). Ebenso steht Bergsons Analyse des Zufalls in großer Nähe zu Schönbergs Ausführungen (vgl. S. 385).

145 Bei Christian Geelhaar „Paul Klee – Schriften" heißt es in der Anm. 68 zur Futuristenausstellung in München „Die Schau [...] war zuvor in Paris, Berlin, Brüssel, Den Haag, Rotterdam und Amsterdam gezeigt worden und reiste von München weiter nach Wien." Hier ist also Köln einzufügen.

146 Franz Marc hatte im Streit mit dem Sonderbund seinem Artikel „Ideen über Ausstellungswesen" (vgl. S. 202–203) im „Sturm" (3, 1912, Nr. 115/116, S. 79–80) einen Nachtrag „Zur Sache" folgen lassen, in dem es heißt: „Nicht die einzelnen Bilder sind dem Gegenwartsmenschen Selbstzweck und Hauptsache, sondern die Ideen, der Ideenkomplex, den die einzelnen Werke bilden. [...] Das einzelne Bild wird einem späteren Beschauer einmal Hauptsache, Einzelprodukt sein [...]. Wir aber wollen unsern Zeitgenossen ‚Ideen' zeigen, den Gärstoff der neuen Zeit, um die wir ringen." Darauf erwiderte Kandinsky am 21. 6. 1912 (Briefwechsel, a. a. O., S. 180): „Ich denke: natürlich malt man Ideen, aber rein malerische, die ebensogut Gefühle heißen dürfen. Beide Begriffe finde ich aber streng genommen verfehlt: für diese feinere Substanz haben wir kein Wort. Mit dem Wort ‚Idee' ist aber eine präzise Vorstellung verbunden, die, scheint mir, auf falsche Wege leiten könnte. Besonders da Sie die heutige Lage als ein gewisses Gefecht darstellen – keine Zeit zum Knöpfeputzen. [...] Man bekommt etwas das Gefühl, daß ‚wir' heute keine Zeit haben,

unsere Sache gründlich zu machen, und daß deshalb die heutigen Bilder keinen vollen Wert haben können. [...] Was von den heutigen Bildern bleibt, und was nur ein Musterpröbchen sein wird, können wir heute nicht beurteilen. Aber ein *Werk* hat unbedingt geputzte Knöpfe!"

147 Umberto Boccioni: Der Lärm der Straße dringt in das Haus. 1911, Öl/Lwd., 70 cm × 75 cm. Hannover, Niedersächsische Landesgalerie.

148 Robert Delaunay: Über das Licht. Erschienen in Klees Übertragung im Februar 1913 im „Sturm" (vgl. S. 401–404).

149 Umberto Boccioni: Die Macht der Straße. 1911, Öl/Lwd., 100 cm × 80 cm. Basel, Privatbesitz; Der Lärm der Straße ... (vgl. Anm. 147).

150 Es geht wahrscheinlich um das von Walden vorbereitete Resümee des Ersten Deutschen Herbstsalons (vgl. S. 486–488), an dem von den Futuristen Balla, Boccioni, Carra, Russolo, Severini und Soffici beteiligt waren.

151 Carlo Carra verneint in seinem Manifest „Die Malerei der Töne, Geräusche und Gerüche" vom 11. 8. 1913 u. a.: „3. Die grauen und braunen Töne und alle schmutzigen Farben."

152 Carlo Carra: Rüttelnde Droschke. 1911, Öl/Lwd., 52 cm × 67 cm. Kitchawan, Privatbesitz.

153 Marinetti schreibt in seinem „Manifest des Futurismus" vom 20. 2. 1904: „Steckt die Bibliotheken in Brand! Leitet die Kanäle ab, um die Museen zu überschwemmen! ... Ha! Laßt sie dahintreiben, die glorreichen Bilder! Nehmt Spitzhacken und Hammer! Untergrabt die Grundmauern der hochehrwürdigen Städte!"

154 In Marinettis „Manifest des Futurismus" steht: „Was kann man auf einem alten Bilde schon anders sehen als die mühseligen Verrenkungen des Künstlers, der sich abmühte, die unüberwindbaren Schranken zu durchbrechen, die sich seinem Wunsch entgegenstellen, seinen Traum voll und ganz zu verwirklichen?"

155 Kandinsky beteiligte sich in diesen Jahren am Salon des Indépendants.

156 Der Vortrag sollte wahrscheinlich bei der Eröffnung der Kandinsky-Ausstellung verlesen werden, mit der der neugegründete „Kreis der Kunst" in Köln am 30. 1. 1914 eine Ausstellungsreihe im Foyer des Kölner Deutschen Theaters einleitete. Man verzichtete auf das Verlesen, da der Vortrag „die durchaus Unvorbereiteten noch weiter verwirrt haben" würde (Eichner: Kandinsky und Gabriele Münter).

157 Wassily Kandinsky: Komposition II (vgl. Anm. 20).

158 Wassily Kandinsky: Bild mit Kahn. 1909, Öl/Karton, 79 cm × 123 cm. Dänemark, Privatbesitz.

159 Wassily Kandinsky: Komposition V (Auferstehung bzw. Das Jüngste Gericht) (vgl. Anm. 33); Komposition VI (Sintflut). 1913, Öl/Lwd., 195 cm × 300 cm. Leningrad, Staatliche Ermitage.

160 Franz Marc: Tiger (vgl. Anm. 136); Das Äffchen (Der Affe). 1912, Öl/Lwd., 70,4 cm × 100 cm. München, Städtische Galerie im Lenbachhaus.

161 In Jena hatte der Kunstverein bereits unter Vorsitz des Juristen Hans Fehr 1911 die „Brücke" und die Neue Sezession Berlin ausgestellt. Unterstützt wurde diese Linie von dem Archäologen Botho Graef sowie von den Philosophen Hermann Nohl (stellv. Vorsitzender des Kunstvereins) und Eberhard Grisebach (ab 1913, Geschäftsführer des Kunstvereins). Trotz dieser starken Phalanx setzte der konservative Flügel des Vereins durch, daß Marc nur zusammen mit den naturalistischen Tiermalern Rudolf Schramm-Zittau und Alfons Purtscher ausstellen konnte.

162 Franz Marc: Tiger (vgl. Anm. 136); Waldinneres mit Vogel. 1912, Öl/Lwd., 101 cm × 90 cm. Glarus, Privatbesitz.

163 Franz Marc: Zwei Katzen – blau und gelb. 1912, Öl/Lwd., 74 cm × 98 cm. Basel, Kunstmuseum.

164 August Macke: Am Rhein mit Segelschiff (?); Schulgang. 1911, Öl/Lwd., 39 cm × 31 cm. Kriegsverlust; (eventuell:) Vor dem Haus in Tegernsee I. 1911, Öl/Lwd., 69,5 cm × 61 cm. Nachlaß; (oder:) Vor dem Haus in Tegernsee II. 1911, Öl/Lwd., 44 cm × 50 cm. Karlsruhe, Kunstverein.

165 K. H. Meißner nennt in dem Katalog „Delaunay und Deutschland", a. a. O., den 17. 1. 1913 als Eröffnungstermin.

166 *Il est temps, il nous faut aller:* (frz.) Es ist Zeit, wir müssen gehen!

167 Bei Meißner, a. a. O., ist versehentlich der 28. 2. 1913 als Datum des Briefes angegeben.

168 Das „Album", das zur Delaunay-Ausstellung in der Sturm-Galerie vertrieben wurde, war Ende 1912 in Paris gedruckt worden. Es enthält das Gedicht „Les fenêtres" von Apollinaire.

169 Robert Delaunay: L'Equipe de Cardiff. 1912/13, Öl/Lwd., 193,5 cm × 131 cm. Eindhoven, Stedelijk van Abbemuseum. Es handelt sich anscheinend um Rugbyspieler.

170 *Apollo:* Petersburger Kunstzeitschrift, begründet von Sergej Makowsky, erschien bis 1917.

171 *Das Ambiente:* (von lat. ambio = umgeben) das Umgebensein.

172 *Kabbalistik:* (von hebr. Kabbala = Überlieferung) mystische Geheimlehre der Juden, entstanden zwischen 1150 und 1250 in der Provence, breitete sich über Spanien aus. Nach der Ver-

treibung der Juden aus Spanien 1492 wurde sie zu einer Volksbewegung. In der Neuzeit fand sie in abgewandelter Form auch unter Nichtjuden Anhänger.

173 Vgl. S. 168–170.

174 Das Datum des Stempels läßt sich auf der mir vorliegenden Ablichtung mit ziemlicher Deutlichkeit als 3. oder 8. 2. 1910 entziffern. Rosel Gollek hat allerdings meine Vermutung bestätigt, daß an der Jahreszahl mit Bleistift manipuliert wurde. „1910" ist aus zwei Gründen unmöglich: 1. Die Kontaktaufnahme zwischen Kubin und Klee erfolgte erst im November 1910 (vgl. hierzu und zum Folgenden: Jürgen Glaesemer: Paul Klees persönliche und künstlerische Begegnung mit Alfred Kubin. In: Paul Klee – Das Frühwerk 1883–1922, wo auch der Briefwechsel zwischen Klee und Kubin veröffentlicht ist). 2. Die Briefmarke auf der Postkarte ist eine Sonderausgabe zum 90. Geburtstag Prinz Luitpolds von Bayern am 12. 3. 1911 und erschien erst am 10. 3. 1911. Der „Lipsia Permanent-Briefmarken-Katalog – Deutsche Ausgaben bis 1932" (Berlin 1974[2]) verzeichnet „zahlreiche Farbenunterschiede und Druckmängel", die auf übereilte Herstellung zurückzuführen sind. Ein vorzeitiges Erscheinen ist also auszuschließen. Außerdem ist zu berücksichtigen, daß die Karte an einem Freitag geschrieben wurde, also auch Freitag, allenfalls Samstag abgestempelt sein müßte. Der 3. 2. 1911 war ein Freitag, liegt aber noch vor Erscheinen der Briefmarke. In dem Klee-Katalog wird die Karte auf den 8. 2. 1912 datiert, was aber ein Donnerstag war. Glaesemer merkt dazu an: „Es besteht jedoch kaum ein Zweifel, daß Klee über die II. Ausstellung des ‚Blauen Reiter' berichtet." Solche Zweifel sind allerdings angebracht, da Kubin in der Ausstellung „Schwarz-Weiß" nicht 50, sondern nur 11 Blätter hatte (ich lese mit Friedel Lautenbachers Transkription „Anzahl" und nicht – wie Glaesemer – „Angabe"). Nehmen wir als Datum des Stempels den 8. 2. 1913 (aufgrund des Schaltjahres ein Sonnabend, geschrieben wäre die Karte also am 7. 2.), so fügt sich die Nachricht zwischen die vorausgegangene vom 9. 12. 1912 und die folgende von Franz Marc vom 5. 3. 1913.

175 Zu dem Vergleich zwischen Kubin und Picasso vgl. den Brief Kandinskys vom 26. 6. 1912 an Kubin, S. 258.

176 Die Kritik bezieht sich auf die Beteiligung Gabriele Münters am Salon des Indépendants 1912 mit dem Bild: Kandinsky und Erma Bossi am Tisch. 1912, Öl/Lwd., 95,5 cm × 125 cm. München, Städtische Galerie im Lenbachhaus.

177 Wassily Kandinsky: Komposition IV. 1911, Öl/Lwd., 160 cm × 250 cm.

178 Wassily Kandinsky: Komposition VI (vgl. Anm. 159).

179 Franz Marc: Der Turm der blauen Pferde. 1913, Öl/Lwd., 200 cm × 130 cm. Verbleib unbekannt.

180 Von Franz Marc wurden 1911 bei Thannhauser verkauft: Blaues Pferd II. 1911, Öl/Lwd., 112 cm × 86 cm. Köln, Wallraf-Richartz-Museum (heute: Glarus, Privatbesitz); Aktbild auf Zinnober. 1910, Öl/Lwd., 80 cm × 60 cm. Barmen, Ruhmeshalle (heute: Kaiserslautern, Privatbesitz); Weidende Pferde IV (vgl. Anm. 27). Hagen, Folkwangmuseum (heute: Rom, Privatbesitz); Blaues Pferd I. 1911, Öl/Lwd., 112,5 cm × 84,5 cm. Berlin, B. Koehler sen. (heute: München, Städtische Galerie im Lenbachhaus).

181 Es könnte Mackes Bild „Indianer auf Pferden" (vgl. Anm. 105) gemeint sein, das in der 1. Ausstellung des Blauen Reiters und im Ersten Deutschen Herbstsalon zu sehen war.

182 Delaunay besuchte Macke am 21. 1. 1913 in Bonn. In Köln traf er möglicherweise mit Emmy Worringer zusammen, die später seine Ausstellung aus der Sturm-Galerie für den Gereons-Club übernahm (vgl. S. 224).

183 Theodor Däubler: Das Nordlicht. München/Leipzig 1910, II. Teil: „Sahara". Das Zitat ist der Anfang des Kapitels „Die Auferstehung des Fleisches".

184 *St. Maria im Kapitol:* 1065 vollendete romanische Kirche in Köln, die mit ihrem Ostabschluß auf kleeblattförmigem Grundriß späteren Bauten als Vorbild diente. – *Madonna mit der Wickenblüte:* Gemälde von Meister Hermann Wynrich, um 1400. Köln, Wallraf-Richartz-Museum.

185 Das Russische Ballett, geleitet von Sergei Diaghilew, trat seit 1909 in verschiedenen westeuropäischen Ländern mit teils der russischen Tradition, teils der internationalen Avantgarde verpflichteten Inszenierungen hervor. Unter den Tänzern und Choreographen waren Michail Fokin, Anna Pawlowna und Vladimir Nijinsky. Es wurden u. a. Ballette von Strawinsky, Ravel, Debussy, Prokowjew, Poulenc, Auric, Milhaud und Satie aufgeführt. Zu den freien Mitarbeitern gehörten Matisse, Picasso und Cocteau. – Macke malte 1912: Russisches Ballett I. Öl/Pappe, 102 cm × 79 cm. Bremen, Kunsthalle; Russisches Ballett II (Nijinsky und Karsawina). Öl/Lwd., 45 cm × 45 cm. Kriegsverlust.

186 A. Mackes Schwager Walther Gerhardt mietete 1913 gemeinsam mit Franz Kiel die Villa W. v. Plüskow in Graurheindorf, Estermannstraße 158. Im Sommer 1913 bewohnten Henseler, Engert und Otten je ein Zimmer des Hauses. Auch Macke hielt sich häufig dort auf und bildete das geistige Zentrum des kleinen Künstlerkreises.

187 Sowohl im Almanach als auch im Katalog zur „Schwarz-Weiß"-Ausstellung ist abgebildet: Paul Klee: Steinhauer. 1910, Feder, laviert. Verbleib unbekannt.

188 Kubin stand seit November 1910 mit Klee in Verbindung und hatte ihn im Januar 1911 erstmals besucht. Die unmittelbare Begegnung Klees mit Kandinsky wurde durch Moilliet vermittelt. Kandinsky schrieb am 9. 10. 1911 an Marc (Briefwechsel, a. a. O., S. 64): „Gestern durch Moilliet den Klee kennen gelernt. Da sitzt schon was in der Seele", und am 14. 1. 1912 (a. a. O., S. 114): „Heute war Klee bei uns. Er gefällt uns beiden. Gescheut ist er, ernst und einfach." (Vgl. auch S. 184)

189 Ein Porträt von Kandinskys Vater ist nicht bekannt. Als einzige vorhandene Porträts von Kandinsky gelten: Kinderbildnis. 1904, Öl/Lwd., 32 cm × 30,4 cm; Gabriele Münter. 1905, Öl/Lwd., 45 cm × 45 cm. Beide in München, Städtische Galerie im Lenbachhaus.

190 Gabriele Münter: Mann im Sessel. 1913, Öl/Lwd., 95 cm × 125 cm. München, Bayerische Staatsgemäldesammlungen. – Kandinsky war an der Hängung des Herbstsalons anscheinend nicht beteiligt, wohl aber Marc (vgl. S. 474).

191 Vgl. Anm. 123.

192 Marc war im August 1913 auf dem Gut seines Schwagers in Ostpreußen. – Beffie kaufte von Franz Marc u. a.: Das arme Land Tirol. 1913, Öl/Lwd., 131,5 cm × 200 cm; Die Weltenkuh. 1913, Öl/Lwd., 70,5 cm × 141 cm; Das lange gelbe Pferd. 1913, Öl/Lwd., 60 cm × 80 cm. Heute alle drei in New York, Solomon R. Guggenheim Museum.

193 Wilhelm Hausenstein: Die bildende Kunst der Gegenwart. Stuttgart/Berlin 1914 (vgl. S. 311). Der Absatz über Kubin ist hier nicht wiedergegeben, statt dessen im Folgenden ein anderer Text Hausensteins über Kubin.

194 Alfred Kubin: Die andere Seite. Berlin/Leipzig 1909 (zuletzt wieder: Leipzig 1981, RUB 901). In dem Roman wird das „Traumreich" mit seiner Hauptstadt Perle geschildert, in dem Realität nicht recht zu fassen ist. Ähnlich verhält es sich mit dem Diktator/Gott Patera, der von seinem Gegenspieler, dem Amerikaner und Realisten Herkules Bell, als Wachspuppe entlarvt und zerstört wird. Das ist der Untergang des Traumreichs, in dem sich allerdings schon vorher alles in äußerem und innerem Verfall befand. Ob Patera eine Wachspuppe war oder nicht, bleibt in der Schwebe, wie alle Realität im Traumreich.

195 Klee besuchte Kubin Anfang Juni 1912 in Zwicklet. – Zu dem Vergleich mit Picasso vgl. auch Klees Brief vom 7. 2. 1913 an Kubin, S. 231.

196 In der Kubin-Ausstellung (vgl. S. 231 und Anm. 174).

197 Vgl. Anm. 194.

198 Für den Brief kommen Februar oder März 1914 in Betracht, da er sich auf den Umzug nach Ried „in diesem Frühjahr" bezieht, von welchem Plan Marc erstmals am 10. 2. 1914 in einem Brief an Macke Mitteilung machte.

199 Robert Delaunay: St. Séverin I (vgl. Anm. 82) wurde von Erbslöh für 700 Francs gekauft; La ville I (vgl. Anm. 82) von Jawlensky. B. Koehler sen. kaufte von Delaunay: Tour Eiffel (vgl. Anm. 54); von Kandinsky: Impression II (Moskau) (vgl. Anm. 30).

200 Robert Delaunay: Les fenêtres sur la ville (vgl. Anm. 140); La ville de Paris. 1912, Öl/Lwd., 267 cm × 406 cm. Paris, Musée national d'art moderne.

201 Eine andere Übersetzung dieser Briefstelle lautet: „Für die Kunst, für den Fortschritt in der Kunst braucht man, finde ich keinen Mystizismus, weder christlichen noch jüdischen noch sonst einen. Was meine Kunst von dem wenigen, das ich in Ihrem Lande gesehen habe, unterscheidet, ist diese Schwärmerei oder eher mystische Benommenheit der jungen Deutschen, auch der Interessantesten von ihnen, die das Lebendige stört und paralysiert" (Vriesen/Imdahl: Robert Delaunay – Licht und Farbe). Ich habe versucht, eine Formulierung zu finden, die das Wortspiel des Originals „engouement" – „engourdissement" wenigstens andeutet.

202 Gemeint ist Paul Cézanne.

203 Die Delaunay-Ausstellung des „Sturm" war im März in Köln zu sehen. Sie enthielt einige Arbeiten der „Fenster"-Serie.

204 Anfang 1913 wurde die imperialistische Aufrüstung forciert. Am 1. 3. veröffentlichten deutsche und französische Sozialdemokraten ein gemeinsames *Manifest gegen den Rüstungswahnsinn.* Ende März wurde im deutschen Reichstag eine Militär- und Deckungsvorlage eingebracht, die eine Erhöhung des Heeres auf 800000 Mann vorsah und am 30. 6. 1913 verabschiedet wurde.

205 B. Koehler sen. erwarb von Robert Delaunay: Les fenêtres sur la ville – 1re partie, 2e motif, replique. 1912, Öl/Lwd., mit bemaltem Rahmen, 46 cm × 40 cm. Paris, Privatbesitz; sowie eine nicht zu identifizierende Studie.

206 Es handelt sich wahrscheinlich, wie auch im Folgenden, um das Bild: Robert Delaunay: L'Equipe de Cardiff. 1913, Öl/Lwd., 326 cm × 208 cm. Paris, Musée nationale d'art moderne (vgl. die kleinere Fassung des Themas Anm. 169).

207 Robert Delaunay: Les trois fenêtres, la tour et la roue (= Die

drei Fenster, der Turm und das Riesenrad). 1912, Öl/Lwd., 132 cm × 196 cm. Privatbesitz; und vgl. Anm. 207.

208 Der von G. Apollinaire geprägte Begriff Orphismus spielt einerseits auf die 1912 in Paris gegründete Künstlergruppe „Section d'Or" (= Goldener Schnitt) an, andererseits auf Orpheus, den Sänger der griechischen Mythologie, und bezeichnet so den musikalisch-poetischen Charakter dieser Kunst.

209 Der Aufsatz erschien in der Schönberg-Festschrift von 1912 (vgl. Anm. 120).

210 Vgl. Anm. 62.

211 Campendonk schloß sich nach seinem Studium 1910 Nauen, Wieger und H. Macke an und arbeitete ebenfalls in deren Gemeinschaftsatelier in Orbroich bei Krefeld.

212 Campendonk sandte „Musikbilder" ein, Darstellungen von Geige, Cello und Gitarre, die „Klangfiguren" und „Klangtypus" zum Ausdruck bringen sollten.

213 Der Aufruf für Else Lasker-Schüler erschien erstmals am 2. 1. 1913 auf der Titelseite der Nr. 366/67 der von Karl Kraus herausgegebenen Zeitschrift „Fackel". Die Spendenaktion ergab eine Summe von fast 5000,– Mark. Die Versteigerung im Neuen Kunstsalon Schmidt-Dietzel erbrachte laut Brief F. Marcs vom 12. 3. 1913 an A. Macke 1600,– Mark.

214 Auf dem Plakat zum Konzert hatte das Konzertbüro Gutmann ohne Schönbergs Wissen folgende Sätze aus dem in der Zeitschrift „Musik" vorabgedruckten Kapitel über Oktaven- und Quintenparallelen aus der „Harmonielehre" (vgl. Anm. 252) abgedruckt: „In einem Sinne soll man nie unzeitgemäß sein – nach rückwärts! Dissonanzen sind nur graduell verschieden von Konsonanzen; sie sind nichts anderes als entfernter liegende Konsonanzen. Wir sind heute schon so weit, zwischen Konsonanzen und Dissonanzen keinen Unterschied mehr zu machen. Oder höchstens den, daß wir Konsonanzen weniger gern verwenden. Ich glaube, man wird in der Harmonie von uns Allermodernsten schließlich dieselben Gesetze erkennen können, wie in der Harmonie der Alten. Nur entsprechend ausgeweitet, allgemeiner gefaßt. Unsere Lehre führt dahin, auch Hervorbringungen Jüngerer, die das Ohr der Älteren verpönt, als notwendige Ergebnisse der Schönheitsentwicklung anzusehen. Niemals aber sollte man wünschen, Dinge zu schreiben, deren Verantwortung man nur mit dem Einsatz einer vollen Persönlichkeit zu übernehmen vermag. Dinge, die Künstler fast widerwillig im Zwange ihrer Entwicklung geschrieben haben, aber nicht aus dem hemmungsarmen Mutwillen formunsicherer Voraussetzungslosigkeit."

215 Auf dem Programm standen das Streichquartett fis-Moll op. 10

(1907/08) und die Klavierstücke op. 11 (1909). Zu dem Streichquartett ist eine Sopranstimme gesetzt, die zwei Gedichte von Stefan George vorträgt: im 3. Satz „Litanei“, im 4. Satz „Entrückung“. Mit diesem Quartett begann, wie Schönberg in der Österreichischen Musikzeitschrift (1949) 4, S. 247, schreibt, die Werkgruppe, „die auf ein tonales Zentrum verzichtet“. Vor allem im 4. Satz „konnte die überwältigende Vielfalt dissonanter Klänge nicht länger durch gelegentliche Anbringung tonaler Akkorde ausbalanciert werden“.

216 Zu den erwähnten Sätzen, die auf dem Plakat abgedruckt waren, vgl. Anm. 214. Die Kürzungen machen die letzten Sätze tatsächlich schwer verständlich (vgl. den originalen Zusammenhang, S. 375). – Bei der Mappe, die Kandinsky Schönberg schickte, handelt es sich wahrscheinlich um die 1909 in Paris erschienenen „Xylographies“ (frz. = Holzschnitte) von Wassily Kandinsky, keine Originale sondern Heliogravüren (Abzügen von Tiefdruckplatten, auf die die Darstellung fotografisch übertragen wurde). – Nach dem Eindruck des Schönberg-Konzerts entstand wahrscheinlich das Bild von Wassily Kandinsky: Impression 3 (Konzert). 1911, Öl/Lwd., 77,5 cm × 100 cm. München, Städtische Galerie im Lenbachhaus.

217 Gemeint ist wohl: Wassily Kandinsky: Komposition II (vgl. Anm. 20).

218 *faute de mieux:* (frz.) Mangel an Besserem.

219 Arnold Schönberg: Pierrot lunaire, op. 21; dreimal sieben Gedichte von Albert Giraud, übertragen von Otto Erich Hartleben. – Die Tournee nach der Uraufführung am 16. 10. 1912 in Berlin führte am 5. 11. 1912 nach München. Mitwirkende: Albertine Zehme (Sprecherin), Eduard Steuermann (Klavier), Jakob Maliniak (Violine), Hans Kindler (Violoncello), Karl Essberger (Klarinette), H. W. de Vries (Flöte).

220 Die Uraufführung des kurzen, ein sehr großes Orchester benötigenden Werkes (2 Flügel; insgesamt über 100 Musiker) fand erst am 14. 10. 1924 als Abschluß eines Musik- und Theaterfestivals in Wien statt.

221 *Kotzen:* Stoff aus grobem Streichgarngespinst mit pelzartigem dichtem Haar.

222 Im Gefolge des Russisch-Türkischen Krieges 1877/78 hatte Österreich die damals türkischen Gebiete Bosnien und die Herzegowina besetzt. Erst im Oktober 1908 wurde deren Eingliederung in Österreich-Ungarn proklamiert. Die Unabhängigkeit der Balkanländer von der Türkei war noch nicht gesichert. Die Spannungen führten zu den Balkankriegen

1912/13. – „Der Türke“ als Sinnbild des grausamen feindlichen Kriegers war eine verbreitete Vorstellung.

223 Wassily Kandinsky: Über das Geistige in der Kunst. München 1911; Klänge. München 1912. 38 Gedichte in Prosa, 12 farbige und 44 Schwarzweiß-Holzschnitte, Halbleinenband, Deckel purpurrot, Rücken und Schnitt violett, 300 numerierte und signierte sowie 45 unnumerierte Exemplare. – Barlachs Stellungnahme zum ersteren vgl. S. 358–361.

224 Die Anzahl wurde im Vertrag auf 15 Exemplare für Kandinsky und 20 für den Verlag erhöht.

225 Heribert Brinkmann (Wassily Kandinsky als Dichter. Phil. Diss., Köln 1980) liest „Pferd“ und findet daher Anklänge an einen Apokalyptischen Reiter. Er interpretiert so seinen eigenen Schreib- oder Lesefehler.

226 Brinkmann, a. a. O., S. 209ff., meint: „die Form hat hier wirklich den Inhalt verdrängt“. Der Inhalt ist nach meiner Meinung ein einfaches Bild und dessen Dauer (beides mit „offenen“ Enden) durch die Jahreszeiten, wie es die ersten Zeilen ausdrücken. Das Wort „Kot“, über das sich Brinkmann wundert, war noch lange z. B. in der Verbindung „Straßenkot“ gebräuchlich und bedeutet nichts anderes als „Schmutz“ oder „Dreck“. Zu dem von Brinkmann genannten Stabreim „lagen lange“ kommt der doppelte (und schwankende) Sinn des Wortes „lange“ hinzu: es steht für die zeitliche Ausdehnung des Liegens und die räumliche der Rohre.

227 Brinkmann, a. a. O., S. 242ff., erkennt die Parallelitäten: „donnerte *furchtbar* sein Geschrei“ – „ich zahle dir die *Furcht bar*!“ und „die bunten *Tinten*“ – das „*tin-ten*“ der Glocke, übersieht aber: „wie eine *Banane*“ – „*Bann! Ahne!*“ und erkennt daher nicht, daß diese Wortspiele die Struktur des Gedichts bestimmen. Die Inschrift „Bann! Ahne!“ ist nach meiner Meinung keine Warnung der *Nach*fahren vor den Geschehnissen rechts, sondern sowohl Anrufung der *Vor*fahren als auch Aufforderung, etwas zu ahnen.

228 *Hoboe:* alte Form für Oboe, abgeleitet vom Frz.: hautbois (eigtl. = hohes Holz).

229 Brinkmann, a. a. O., S. 324ff., deutet das Gedicht sehr symbolträchtig als Kampf der Geschlechter, wobei die Frau dem Mann Wunden (= Narben) zugefügt hat, denen die düsteren Farben des Waldes entsprechen. Die „Antwort ohne rechten Sinn zeigt in ihrer Ironie die emotionale Überlegenheit der Frau über den Mann“. Ich schlage eine einfachere Deutung vor: Die Frau hat sich nur widerwillig zu dem Spaziergang überreden lassen, auf dem der Mann ungeachtet aller Widrigkeiten über Leben und Kunst philosophiert (der „Klang“ sei-

nes Satzes ist ausgesprochen harmonisch und „positiv"), während die Frau sich über den unbequemen Weg ärgert. – Ihre Sprechweise entspricht übrigens der – in der NKVM oft karikierten – Jawlenskys.

230 *prokto:* der griech. Wortstamm bezeichnet in medizinischen Fachausdrücken den Mastdarm. – *vüi z'vüi füi:* viel zuviel pfui; Abwandlung des geflügelten Wortes: vüi z'vüi G'füi = viel zuviel Gefühl.

231 Das Gedicht entstand am 12. 11. 1912.

232 Vielleicht hat Kandinsky an diesem expressionistischen Wortgebräu immerhin der Klang des vorletzten Verses der vorletzten Strophe amüsiert: Kommen und Verwehen (Verweyen)?

233 In „Der Sturm" III (1913) 148/49 steht: „dt. v. Paul Zech u. Reek". In jedem Falle wird es sich bei dem zweiten Namen um den Hersteller der Rohübersetzung handeln.

234 Immerhin hat der „Rüpel"-Verlag „Sturm" die Übertragung Wolfkehls in dem Sturm-Album „Wassily Kandinsky 1901–1913" veröffentlicht.

235 *Talmud:* neben dem Alten Testament (Thora) wichtigste Schrift der jüdischen Glaubenslehre, entstanden im 2. bis 5. Jh.

236 Wieweit die gehäuften Ratschläge zur stilistischen Überarbeitung von Kandinsky befolgt wurden, ist mir nicht bekannt. Die endliche Drucklegung bei Piper wurde durch Marc vermittelt. Auch an der fertigen Gestalt gab es noch die gleichen stilistischen Bedenken (vgl. Hausensteins Urteil, S. 311). Mir sieht es mehr nach bewußter, sinn- und reizvoller stilistischer Eigenart aus.

237 Robert Schumann äußert „Aphoristisches": „Licht senden in die Tiefe des menschlichen Herzens – des Künstlers Beruf!" (Robert Schumann: Gesammelte Schriften über Musik und Musiker. Bd. 3, Leipzig 1980, S. 156.) – Leo Tolstoi kann die zitierte Aussage nur als negatives Beispiel gemeint haben. Für ihn ist das einzige Kriterium „echter Kunst" ihre Fähigkeit, (möglichst religiöses) Mitgefühl zu erregen. In der Schrift „Über die Kunst" (Berlin 1903^2, S. 88) heißt es: „Die Sorge um Technik und Schönheit beeinträchtigt sehr häufig das Gefühl bei den Malern."

238 Anspielung auf die Vertreibung Adams und Evas aus dem Paradies, 1. Buch Mose, Kap. 3, Vers 19: „Im Schweiße deines Angesichts sollst du dein Brot essen, bis daß du wieder zu Erde werdest, davon du genommen bist."

239 H. P. Blawatzky gründete 1875 in New York die Theosophische Gesellschaft und 1888 in Würzburg deren deutschen

Zweig, dessen Leitung 1902 Rudolf Steiner übernahm. 1912 kam es zum Bruch Steiners mit der Theosophischen Gesellschaft. In der Folge gründete er 1913 in Stuttgart die Antroposophische Gesellschaft, deren Zentrum das Goetheanum in Dornach wurde. In Steiners Theorien spielte das Wissen vom inneren Menschen, vom Geistesmenschen und dessen Erkenntnis der geistigen Welt, eine wesentliche Rolle.

240 Chromotherapie beruht auf dem Zusammenwirken von Farbwahrnehmung und affektiver oder affektiv-vegetativer Resonanz. So wirken z. B. Blau und Grün dämpfend, Gelb und Rot erregend.

241 *Kontrapunkt:* in der Musik die mehrstimmige Satztechnik, bei der in sich selbständige melodische Linien zu einem höheren Ganzen verbunden werden.

242 Der Generalbaß bezeichnet in der Musik die über der Baßstimme liegenden Akkorde; dadurch können beim Musizieren die Harmonien auch bei fehlenden Mittelstimmen ergänzt werden. Zeitweise wurde der Generalbaß als Harmonielehre mißverstanden. – Der Ausspruch von Goethe, auf den Kandinsky hier anspielt, stammt aus einem Gespräch mit Riemer vom 19. 5. 1807 (Goethe im Gespräch. Leipzig 1907[3], S. 94) und wurde im Almanach „Der Blaue Reiter" auf S. 42 abgedruckt; dort steht: „Im Jahre 1807 sagte *Goethe*, ‚in der Malerei fehle schon längst die Kenntnis des Generalbasses, es fehle an einer aufgestellten, approbierten Theorie, wie es in der Musik der Fall ist'."

243 Geläut zur Erinnerung an ein Gebet an die Jungfrau Maria, das mit den Worten „Angelus Domini" (lat. = der Engel des Herrn) beginnt.

244 Komplementärfarben ergeben bei Mischung durch Lichtfarbensynthese weißes Licht. Die wichtigsten Komplementärkontraste sind: Gelb – Violett; Orange – Blau; Rot – Türkis; Purpur – Grün (vereinfacht: Rot – Grün). Davon weicht Kandinsky ab, wodurch in seinem Farbenkreis Violett zwischen Blau und Grün plaziert wird, was unlogisch ist. Dazu kommt es durch den Kontrast Gelb – Blau = warm – kalt, während dafür im Farbtonkreis Rot – Türkis steht (vgl. Lothar Gericke, Klaus Schöne: Das Phänomen Farbe. Berlin 1973).

245 *Inertion:* von inertia (lat.) = Trägheit.

246 Für Schopenhauer „Über das Fundament der Moral" (1840) ist das Mitleid die „allein echte moralische Triebfeder".

247 Barlach hat die Seitenangaben aus der Luft gegriffen. Es finden sich dort Abschnitte grundsätzlicher Natur und keine Untersuchungen bestimmter Farb- oder Formvorgänge.

248 Kandinskys „Über das Geistige in der Kunst" ging zwar später

in Druck, wurde aber gleichzeitig mit Schönbergs „Harmonielehre" ausgeliefert.

249 St. Stephan in Wien (1304–1511) ist einer der berühmtesten gotischen Dome.

250 Obertöne klingen mit dem Grundton mit; ihre Frequenzen sind ganzzahlige Vielfache der Grundfrequenz in arithmetischer Reihe.

251 Die Kirchentonarten waren im Mittelalter und bis zum Ausgang des 16. Jh. allein gültig (vgl. Anm. 257). – *Feruccio Busoni:* Entwurf zu einer neuen Ästhetik der Tonkunst (Triest 1907). Busoni schlägt vor, durch ein „Achtzehndritteltonsystem", das nochmals um einen halben Ton verschoben wird, zu Sechsteltönen zu kommen. – R. Neumann führt aus, daß bei Einteilung der Oktave in 48 Teile Achteltöne entstehen, die Intervalle aber genauso unrein bleiben, wie sie im temperierten System eben sind. Bei Einteilung in 53 Teile sind dagegen die Quint $28^{2}/_{3}$mal und die Terz 9mal reiner (vgl. Schönberg: Harmonielehre, S. 23f.).

252 Auszüge aus diesem Kapitel von Schönbergs „Harmonielehre" waren in der Zeitschrift „Musik" X (1910), 2. Oktoberheft, S. 97–105, abgedruckt. Kandinsky lernte es Ende Januar/Anfang Februar 1911 kennen, kürzte es nochmals, übersetzte es ins Russische und ließ es so, mit seinen eigenen Kommentaren versehen, im Katalog zum 2. Internationalen Salon Isdebskys in Odessa abdrucken (vgl. Anm. 214).

253 Die Orgelmixtur verstärkt die Obertöne, indem durch eine Taste eine ganze Gruppe von Pfeifen betätigt wird.

254 *Quietismus:* (von lat. quies = Ruhe) eigtl. religiöse, mystische Richtung des 17. Jh.; hier für: Bewegungslosigkeit.

255 *Fibula-Knochen:* (lat. = Spange) Wadenbein (dünnerer äußerer Unterschenkelknochen); *crista fibulae:* (lat. = Kamm der Spange); *malleolus externus:* (lat. = äußeres Hämmerchen) äußerer Knöchel. – Im Mittelalter finden sich häufig vor allem in Totentanzdarstellungen Gerippe mit zwei Oberschenkel- und statt dessen nur einem Unterschenkelknochen (noch bei Holbein d. J.). Worauf Kandinsky bei Dürer anspielt, ist unklar. Sowohl bei den Zeichnungen „Scheibenriß mit reitendem Tod" (1502; WV 227) und „König Tod zu Pferde" (1505; WV 432) als auch bei den Holzschnitten „Tod und Narr" (zu Sebastian Brandts „Narrenschiff", Kap. 85; WV 1390) und „Der Tod und der Landsknecht" (1510; WV 1751) sind zwei Unterschenkelknochen zu erkennen, wenn auch ihr anatomischer Zusammenhang nicht ganz geklärt ist. (Vgl. Albrecht Dürer 1471 bis 1528 – Das gesamte graphische Werk. Berlin 1971.)

256 *desavouieren:* (aus dem Frz.) ableugnen, nicht anerkennen, bloßstellen.

257 Die 7-Zahl taucht nur bei den antiken Tonoi im System des Ptolemäus auf, wo sie sicher als Vollkommenheitssymbol galt. Bei den Kirchentonarten ist sie nur zu erreichen, wenn man zu den „authentischen“ Tonarten Dorisch, Phrygisch, Lydisch, Mixolydisch, Äolisch und Ionisch noch das Lokrische hinzufügt, so daß sich über jeder Tonleiterstufe eine Kirchentonart aufbaut. Äolisch und Ionisch sind aber späte Entwicklungen, während Lokrisch bereits in der Antike aufgegeben wurde. Da die Kirchentonarten nicht aus unserem Oktavendenken entstanden sind, sondern orientalische Einflüsse verarbeitet haben, wird das spätere systematische Denken ihnen nicht gerecht.

258 *Goldener Schnitt:* als besonders harmonisch empfundene Teilung einer Strecke in zwei ungleiche Teile, wobei sich die gesamte Strecke zum größeren Teil so verhält wie dieser zum kleineren.

259 *Modulation:* Überführung in eine andere Tonart.

260 Die chromatische Skala fußt im Unterschied zur diatonischen Skala der Dur- und Moll-Tonarten auf der Gleichberechtigung aller 12 Halbtöne.

261 Enharmonische Verwechslung läßt den akustischen Unterschied zwischen übermäßigen Intervallen und den kleinen der nächsthöheren Stufe unberücksichtigt, so daß sie auswechselbar werden.

262 Die ersten beiden Akkorde entstehen auf dem 2. und 4. Viertel des bei Schönberg in der Mitte abgedruckten $^{3}/_{2}$-Taktes aus der Motette „Komm, Jesu, komm“, BWV 229, Takt 14. Die beiden folgenden Akkorde bilden das 4. Viertel von Takt 42 und das 5. Viertel von Takt 41 der gleichen Motette. Diese lauten im Zusammenhang:

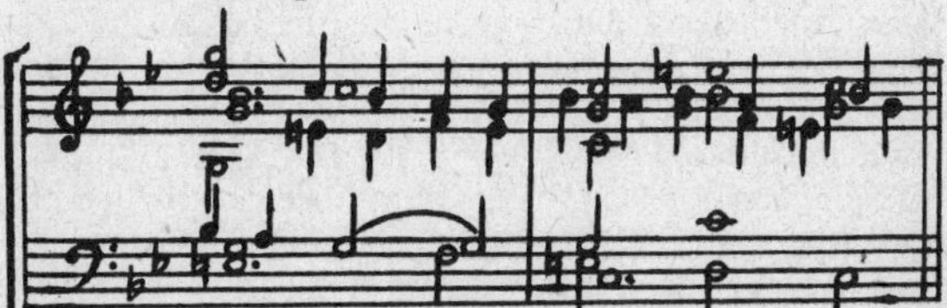

263 Diese Zahl bezieht sich auf die von Schönberg angenommenen 7 Kirchentonarten, jeweils auf den 12 Halbtönen aufbauend (vgl. Anm. 257).

264 Der 19. Auftritt des 1802 uraufgeführten Vorspiels „Was wir bringen“ endet mit dem ersten Sonett, das Goethe veröffent-

lichte. Nach langer Zeit mit vorherrschend reimloser Lyrik in Langversrhythmen hatte sich Goethe kurz zuvor in seinen Balladen wieder gebundeneren Formen zugewandt. Die letzten Zeilen des Sonetts lauten: „In der Beschränkung zeigt sich erst der Meister, / Und das Gesetz nur kann uns Freiheit geben."

265 *conférence:* (frz.) außer „Beratung" auch „Vorlesung", „Vortrag". – Gemeint ist der Vortrag Apollinaires in der Sturm-Galerie am 18. 1. 1913.

266 Gemeint ist offenbar der Artikel Apollinaires „Realité, peinture pure", der im Dezember 1912 im „Sturm" erschien und in dem Delaunay ausführlich zitiert wird. Er war im Original in der Nr. 11 der „Soirées de Paris" erschienen.

267 Der Artikel erschien im 1. Dezemberheft des „Sturm" 1912, Nr. 138/139, S. 224–225.

268 Leider ist mir eine Veröffentlichung des *gesamten* Briefes nicht bekanntgeworden. Das folgende Antwortschreiben Delaunays macht neugierig auf den vollständigen Text.

269 *Scholastik:* Richtung der mittelalterlichen Theologie, als deren äußerliche Charakteristik die Spitzfindigkeit ihrer Beweisführung gilt.

270 Offensichtlich hatten Marc und Macke zu ihrem Besuch in Paris im August/September 1912 Klees Artikel über die Ausstellung des Modernen Bundes im Kunsthaus Zürich (vgl. S. 204–205) mitgenommen. Im Vergleich mit den folgenden Briefen vermute ich, daß es hier noch nicht um Delaunays Manuskript zu „La lumière" geht, wie Meißner angibt. O. K. Werckmeister soll einen weiteren von Klee übersetzten Text Delaunays aufgefunden haben. Erst nach dessen Veröffentlichung werden sich die Einzelheiten klären lassen.

271 Erst in diesen beiden Schreiben geht es wohl um den Text „La lumière", der in Klees Übersetzung im 2. Januarheft des „Sturm" 1913, Nr. 144/145, S. 255–256, erschien. Mit dem Artikel Apollinaires dürfte nicht, wie Meißner angibt, „Realité, peinture pure" gemeint sein, *nach* dessen Erscheinen sich wohl niemand mehr um Korrekturbögen sorgte, sondern vielleicht „Die moderne Malerei" (vgl. S. 404 und Anm. 272).

272 Apollinaires Artikel „Die moderne Malerei" erschien im 2. Februarheft des „Sturm" 1913, Nr. 148/149, S. 272.

273 Die Nennung des tschechischen Architekten Jan Censky beruht vermutlich auf einer Verwechslung mit Jawlensky durch Apollinaire, der die Situation in Deutschland nur ungenau kannte.

274 Die Zeichnung erschien im 2. Augustheft des „Sturm" 1913, Nr. 174/175, auf der Titelseite, der Artikel Apollinaires bereits im 1. Märzheft, Nr. 150/151, S. 283.

275 Marinettis Manifest über „Die futuristische Literatur" wurde in deutscher Übersetzung in „Der Sturm" III (1912) 133, S. 194f., abgedruckt.

276 Ungenaues Zitat aus Kandinskys Vorwort im Katalog der 2. Ausstellung der NKVM (vgl. S. 25).

277 Vgl. Anm. 241.

278 Meier-Graefe, der 1910/11 von den progressiven Künstlern sehr geschätzt wurde, da er sich für die Franzosen und vor allem für Greco einsetzte (vgl. S. 101, 429), distanzierte sich immer stärker von der jüngsten Kunstentwicklung. Kandinsky schrieb am 8. 3. 1913 an Marc (Briefwechsel, a. a. O., S. 211–212): „Gestern waren wir alle im Vortrag bei Herrn Dr. Julius Meier-Graefe, der jetzt Julianus Apostata heißt, weil er zum Schluß dem Publikum empfahl, sich an diesem Kaiser Beispiel zu nehmen. Die neue Kunst wäre Geschäftsmacherei, ohne Seele und Geist, und man solle sich gegen sie vereinigen. Es war ein bodenloses Geschimpf und überraschte im Mangel der Gedanken, des Verstandes. Knappe 2 Stunden hat der Mann gesprochen, und buchstäblich war kein einziger Gedanke da. […] Der Saal war so vollgestopft, daß man kaum atmen konnte. Und die Luft!! Beinahe so schlecht wie der Vortrag." – Flavius Claudius Julianus (332–363) erhielt seinen Beinamen Apostata (griech. = der Abtrünnige), weil er trotz seiner streng christlichen Erziehung als römischer Kaiser versuchte, die alten Götterkulte wiederzubeleben. – Zu Meier-Graefes Anschauungen in dieser Zeit vgl. auch: Julius Meier-Graefe: Wohin treiben wir? Zwei Reden über Kultur und Kunst. Berlin 1913.

279 Außer den hier auszugsweise zitierten Texten enthält der „Protest" 53 weitere kürzere oder längere Beiträge von Kunstschriftstellern und Künstlern (u. a. R. Riemerschmid) und 83 namentliche Zustimmungserklärungen (u. a. K. Kollwitz und A. Weisgerber). G. Biermann, W. Püttner und W. Trübner sind hier wie auch in der Gegenschrift vertreten.

280 *quosque tandem:* (lat.) wie lange noch? – Beginn der ersten Rede Ciceros gegen den Verschwörer Catilina.

281 Vgl. Anm. 14.

282 *boom:* (engl.) plötzlicher, oft manipulierter Aufschwung, vor allem in der Wirtschaft. – *corner:* (engl.) Vereinigung von Großhändlern zur Preissteigerung einer Ware.

283 Zu Meier-Graefe vgl. Anm. 70 – *Blaues Band:* Auszeichnung eines Schiffes für die schnellste Überquerung des Nordatlantik zwischen Europa und Amerika.

284 *jeunesse dorée:* (frz.) goldene Jugend – Bezeichnung für vergnü-

gungssüchtige junge Nichtstuer, seit der Französischen Revolution gebräuchlich.

285 Der Titelentwurf für die 1902 gegründete Zeitschrift „Kunst und Künstler" stammt anscheinend von Leon Bakst.

286 Vgl. Anm. 70. – Velasquez war Hofmaler Philipps IV.; bei den ekstatischen Mönchen auf Grecos Bildern handelt es sich allerdings um Franziskaner.

287 In den Süddeutschen Monatsheften, deren Mitarbeiter A. W. Heymel war, erschienen im Jg. 8 (1911) Bd. 1, S. 763–784, Beiträge unter der Überschrift „Die Invasion französischer Kunst" von den Vorsitzenden des Deutschen Künstlerbundes M. Liebermann, M. Klinger, Graf L. v. Kalkreuth und H. Graf Keßler, sowie von W. Trübner, H. Thoma, F. Behn, W. Püttner, L. Corinth, C. Moll, M. Slevogt und der NKVM; Thoma äußerte sich nochmals Bd. 2, S. 65.

288 *pro domo:* (lat.) für das (eigene) Haus; in eigener Sache.

289 Das Buch hat den Titel „Im Kampf um die Kunst", wird aber im Anschluß an Pipers Erinnerungen oft falsch zitiert.

290 Unmittelbarer Anlaß der Protestschrift Vinnens war die Erwerbung des Gemäldes „Mohnfelder" von van Gogh [abgebildet in: Kunst und Künstler IX (1911), S. 301] durch Pauli für die Kunsthalle Bremen.

291 Piper sträubte sich zunächst, Kandinskys „leeren Beitrag", der „böswillige Polemik" hervorrufen könne, in die Schrift aufzunehmen. Kandinsky war der Meinung, Piper hätte wissen müssen, *wen* er zum Schreiben aufforderte; daß Kandinsky „eben so ein buddhistisch-psalmischer Mensch" sei und nicht anders sein könne. Marc setzte sich energisch für Kandinskys Artikel ein, so daß er doch gedruckt wurde. Kandinsky bekam, wie er meinte als „Strafe", kein Belegexemplar (vgl. dazu Kandinskys und Marcs Briefe vom 8., 13. und 19. 6. sowie vom 17. und 19. 7. 1911 in: Briefwechsel, a. a. O., S. 37–39, 44–45).

292 Jacob Burckhardt: Die Kultur der Renaissance in Italien (1860). Im 1. Kapitel des 2. Abschnittes heißt es: „es erwacht eine *objektive* Betrachtung und Behandlung des Staates und der sämtlichen Dinge dieser Welt überhaupt. Daneben aber erhebt sich mit voller Macht das *Subjektive*; der Mensch wird geistiges *Individuum* und erkennt sich als solches."

293 Anspielung auf die Novelle „Das Fähnlein der sieben Aufrechten" von Gottfried Keller.

294 Hugo von Tschudi: Beiträge zu einzelnen Bildern Jan van Eycks, in: Jahrbuch der Kgl. Preußischen Kunstsammlungen 1887, 1889, 1894 und 1898; London – Die Ausstellung altniederländischer Gemälde im Burlington Fine Arts Club. In: Re-

pertorium für Kunstwissenschaft XVI (1893). – Georg Swarzenski: Denkmäler der süddeutschen Malerei des frühen Mittelalters. Leipzig 1901 (Teil 1); 1908/13 (Teil 2). – Gustav Pauli: Kritische Verzeichnisse der Kupferstiche von Barthel Beham und Hans Sebald Beham. Straßburg 1911. – Kleinmeister – Künstler des 16. Jh., die sich auf kleinformatige Grafik spezialisiert hatten.

295 Cassirer bezieht sich auf folgenden Passus bei Vinnen: „Wenn wir nun aber sehen, wie z. B. neuerdings in Deutschland für flüchtige Studien van Goghs, selbst für solche, in denen ein Künstler die drei Dimensionen vermißt, Zeichnung, Farbe und Stimmung, 30–40000 Mark anstandslos bezahlt werden, wie nicht genug alte Atelierreste von Monet, Sisley, Pissarro usw. auf den deutschen Markt gebracht werden können, um die Nachfrage zu befriedigen, so muß man sagen, […] daß hier eine Überbewertung vorzuliegen scheint, die das deutsche Volk nicht auf die Dauer mitmachen sollte."

296 Auguste Renoir: Lise. 1867, Öl/Lwd., 182 cm × 115 cm. Essen, Museum Folkwang. – Edouard Manet: Le bon bock (frz. = Das gute Bockbier) (Porträt des Graveurs Belot). 1873, Öl/Lwd., 94 cm × 83 cm. Philadelphia, Museum of art; Der Künstler (Porträt des Stechers Desboutin). 1875, Öl/Lwd., 192 cm × 128 cm. Sao Paulo, Museu de Arte; Dame in Rosa (Madame Marlin). 1881, Öl/Lwd., 94 cm × 75 cm, Dresden, Staatliche Kunstsammlungen; Hafen von Bordeaux. 1871, Öl/Lwd., 63 cm × 100 cm. Zürich, Privatbesitz.

297 Heymel gibt eine Zusammenfassung der Beiträge. Interessant ist, daß er Beckmann (geb. 1884) zu den „Jüngeren", Kandinsky (geb. 1866) und Marc (geb. 1880) zu den „Jüngsten" zählt. Von den hier wiedergegebenen Beiträgen des Bandes waren folgende schon vorher veröffentlicht: Pauli (Bremer Nachrichten), Lichtwark und Osthaus (Frankfurter Zeitung), Reiche (Ausstellungskatalog des Sonderbundes, Düsseldorf), Cassirer (Pan). Der Band enthält außerdem 54 längere oder kürzere Beiträge von weiteren Galerieleitern (u. a. G. Swarzenski), Künstlern (u. a. der Berliner und der Wiener Sezession), Schriftstellern (u. a. Graf Keßler, Tietze, Biermann, Voll) und einem Kunsthändler (Flechtheim).

298 *Nekromantik:* (aus dem Griech.) Totenbeschwörung.

299 In Berichten Emile Bernards über Begegnungen mit Cézanne 1904/05 wird diese Äußerung überliefert [vgl. Kunst und Künstler (1908), S. 426; und: Paul Cézanne: Über die Kunst. Hg. Walter Hess. Hamburg 1957, S. 76].

300 *Bajuwaren:* germanischer Stamm, heute Bayern. – *Marterln:* in Oberbayern seit dem 17. Jh. nachweisbare Erinnerungsmale

für tödlich Verunglückte an der Unfallstelle; ursprünglich mit Kreuzigungs- oder Passionsdarstellungen.

301 Immanuel Kant: Kritik der praktischen Vernunft (1787). Der „Beschluß" beginnt mit den Worten: „Zwei Dinge erfüllen das Gemüt mit immer neuer und zunehmender Bewunderung und Ehrfurcht, je öfter und anhaltender sich das Nachdenken damit beschäftigt: der bestirnte Himmel über mir und das moralische Gesetz in mir."

302 Max Beckmann: Szene aus dem Untergang von Messina. 1909, Öl/Lwd., 253,5 cm × 262 cm. St. Louis, Privatbesitz. – Ob Stahl sich so äußerte, konnte ich nicht überprüfen, vergleichbar jedenfalls: Robert Schmidt: Die Achtzehnte Ausstellung der Berliner Sezession 1909. In: Die Kunst für Alle. 24 (1908/09): „der ‚Untergang Messinas' wäre würdig, zum Plakat für ein Kinematographentheater verarbeitet zu werden".

303 „Seelenstaat" spielt auf die theologische Schrift „De civitate dei" (lat. = Vom Gottesstaat) des Kirchenvaters Augustin (354–430) an.

304 Vgl. Anm. 90.

305 „Futurismus" wurde von Gegnern der modernen Kunst ebenso wie „Expressionismus" oder „Kubismus" ungeachtet der tatsächlichen Zugehörigkeit als Schimpfwort für die moderne Kunst überhaupt verwendet, daher die falsche Titulierung Pechsteins. Die Redaktion der MNN registriert Marcs Einwand mit leichter Ironie.

306 Am 21. 7. 1912 schrieb Marc an G. Münter: „Daß Pechstein einen ungebildeten, eitlen und dummen Brief geschrieben hat, bleibt jedem klar. Nur ist der Unfug der Barmer Künstler nicht nur gegen Pechstein verübt, zudem ich einen meiner Bekannten unter diesen Spaßvögeln vermute, dem ich nur ungern eine Antwort schuldig bliebe." Bereits vorher hatte Marc mitgeteilt, daß er an Pechstein geschrieben habe. Dieser scheint seine Vermutung bestätigt zu haben, so daß Marc in seinem Artikel einen Namen nennen kann. Auch die Angabe, die Künstler hätten sich *nicht* als begeisterte Futuristen ausgegeben, dürfte auf eine Auskunft Pechsteins zurückgehen (vgl. Briefwechsel, a. a. O., S. 185–186).

307 Gustav Pauli: Lovis Corinth. In: Kunst und Künstler XI (1913), S. 244ff.: „Was haben wir nicht noch unlängst – immer noch! – über van Gogh, Cézanne oder gar über Kubisten und Futuristen erleben und hören müssen! Wieder einmal wurde Liebe mit Haß vergolten; die Federn stachen wie Dolche und die Tinte spritzte wie Blut, während auf der andern Seite die Auguren milde und tiefsinnig verkündeten, daß Kandinsky uns endlich von den Fesseln des Gegenständlichen befreit

habe und daß Picasso, Kant vergleichbar, die subjektive Scheinhaftigkeit der Außenwelt als Maler durchschaut habe, um nun – mehr als Kant – uns so etwas wie das Ding an sich zu zeigen. (Schade, wenn er recht haben sollte! Wir hatten es uns angenehmer vorgestellt.) Ja angesichts solcher Dinge darf Corinth wirklich als historische Größe gelten."

308 Der Protest „Für Kandinsky", der auf die Kritik Küchlers im Hamburger Fremdenblatt vom 15. 2. 1913 reagierte, verteilt sich auf mehrere Ausgaben des „Sturm" im März und April und umfaßt außer den im Folgenden zitierten Beiträgen noch 11 weitere (u. a. von Osthaus, Kokoschka und Apollinaire). Hinzu kommen 73 Unterschriften (u. a. von Arp, Behne, Bechtejeff, Campendonk, Delaunay, S. Delaunay-Terk, Döblin, Ehrenstein, Flechtheim, Gleizes, Jawlensky, B. Koehler sen., Klee, Léger, A. Macke, Marc, Marinetti, Meidner, Niestlé, A. Schönberg, M. v. Werefkin, P. Zech). – Die Behauptung Dorivals a. a. O., Delaunay habe nicht mit unterschrieben, ist falsch.

309 Der Brief beginnt mit der Anrede „Lieber Herr Dr." und ist nach München gerichtet, dadurch wäre auf Hausenstein als Adressaten zu schließen; inhaltlich paßt er eher zu der Distanziertheit Swarzenskys.

310 Die folgenden Texte sind keine echte Polemik, aber inhaltlich und durch kurze Bezugnahmen miteinander verbunden. Die Polemik mit Bode wurde 1914 von Max Sauerlandt geführt.

311 *Sandwichmen:* (engl.) Werbehelfer (meist Arbeitslose), die in der Stadt herumlaufen mußten, Brust und Rücken mit je einer Reklametafel behängt, also einem zusammengeklappten Sandwich mit Belag ähnelnd.

312 *Sophistik:* (aus dem Griech.) Periode der Aufklärung in der antiken Philosophie (5.–4. Jh. v. u. Z.), durch deren manchmal spitzfindige Beweisführung zum Ausdruck dafür geworden.

313 *Aperzeption:* (aus dem Frz.) Anerkenntnis.

314 *Arabesken:* Blattrankenornamente; sie wurden wie in den Ornamentstichen so auch von Dürer vor allem als Vorlage für kunsthandwerkliche Arbeiten verwendet. Marc bezieht sich hier wohl auf ihre „Unnatürlichkeit" ebenso wie auf die der gotischen Schüssel- und Ohrenfalten. Arabesken und gotischer Faltenwurf werden von Worringer als Kennzeichen extremer Abstraktion angeführt (vgl. Anm. 90).

315 Unter dem Titel „Das neue Programm" brachte „Kunst und Künstler" XII (1913/14), S. 299–314, Meinungen von Künstlern, die Schefflers Artikel „Die Jüngsten" gegenübergestellt werden sollten. Außer Macke waren an dieser Umfrage betei-

ligt: Max Beckmann, Arthur Degener, Rudolf Großmann, Erich Heckel, Otto Hettner, Ludwig Meidner, Moriz Melzer, Max Neumann, Max Oppenheimer, Waldemar Rösler, Karl Schmidt-Rottluff und Georg Tappert.

316 Wilhelm Busch: Ein Abenteuer in der Neujahrsnacht oder Warum Herr Brandmaier das Punschtrinken für immer verschworen hat – Ein Lebensstück in Bildern (vgl. Das dicke Busch-Buch. Berlin 1973, S. 338f.).

317 Die Zuverlässigkeit der tagebuchartig wirkenden Erinnerungen Nell Waldens wird durch die Feststellung erschüttert, daß der 5. 3. 1913 ein Mittwoch war.

318 *fait accompli:* (frz.) vollendete Tatsache.

319 Vgl. Anm. 98.

320 P. Cassirer war zunächst Sekretär der Berliner Sezession, am 5. 12. 1912 wurde er deren Vorsitzender. Als solcher organisierte er die Herbstausstellung 1913, die noch gemeinsam mit den im Sommer ausgetretenen Künstlern der Freien Sezession um Liebermann veranstaltet wurde und durchaus in Konkurrenz zu Waldens Herbstsalon verstanden wurde. Im Katalog der Berliner Sezession heißt es: „Die Idee war, in dieser Herbstausstellung einen Sammelplatz für alle augenblicklichen künstlerischen Bestrebungen bis zu den allerjüngsten zu schaffen und ringenden Talenten Gelegenheit zur Öffentlichkeit in weitgehendem Maße zu geben" [zitiert nach: Rudolf Pfefferkorn: Die Berliner Sezession. Berlin (West) 1972].

321 1910 wurden Noldes Bilder – wie bereits 1908 und 1909 – nicht zur Ausstellung der Berliner Sezession zugelassen. 1910 erlitten zahlreiche andere progressive Künstler mit ihren Werken das gleiche Schicksal (vgl. Anm. 75). Nolde schrieb einen offenen Brief an den Präsidenten der Sezession, Max Liebermann, in dem er ihn sehr scharf kritisierte. Nach einer heftigen öffentlichen Auseinandersetzung wurde Nolde aus der Sezession ausgeschlossen.

322 Kandinsky ist schließlich nicht an der Hängung beteiligt gewesen (vgl. Marc vom 7. 9. 1913 an Kubin, S. 474, und den Bericht Marcs über seine Hängeprinzipien vom 30. 9. 1913 an Kandinsky, S. 481–483).

323 Munch stellte 1913 in der Berliner Sezession 12 seiner Bilder für die Aula der Universität Oslo in $^1/_4$ der Originalgröße aus.

324 Wilhelm Niemeyer schrieb in der Denkschrift des Sonderbundes (Düsseldorf 1910) unter dem Titel „Malerische Impression und koloristischer Rhythmus" über Schmidt-Rottluff.

325 Der Katalog verzeichnet 21 Arbeiten von Delaunay, darunter: Pferd (Erste Repräsentation einer Simultan-Skulptur). 1913,

Holz, mit Ölfarbe bemalt. Zerstört; Le Manège de cochons (Die Schweinereitbahn). 1906/13, Öl/Lwd., 200 cm × 200 cm. Zerstört; La femme a l'ombrelle ou la Parisienne (= Frau mit Schirm oder Die Pariserin). 1913, Öl/Lwd., 119 cm × 89 cm. Pittsburgh, Privatbesitz; Seine tour roue ballon arc-en-ciel (= Seine, Turm, Rad, Ballon, Regenbogen). 1913, Öl/Lwd., 88 cm × 100 cm. Paris, Galerie Bing; L'Equipe de Cardiff (vgl. Anm. 207); Soleil tour aéroplane (= Sonne, Turm, Flugzeug). 1913. Privatbesitz. – Formes circulaires (= Kreisformen): Soleil, lune I. 1912, Öl/Lwd., D.: 133 cm. New York, Museum of modern art; Soleil, lune II. 1912/13, Öl/Lwd., 64 cm × 100 cm. Amsterdam, Stedelijk Museum.

326 Diese Umrechnung entspricht einer Preisminderung von etwa 20%.

327 Franz Marc: Springende Pferdchen. 1912, Holzschnitt, 13,2 cm × 9 cm. Abgedruckt im Oktoberheft 1912 des „Sturm".

328 Bilder von Picasso wurden nicht ausgestellt.

329 Die Einladung erging an alle beteiligten Künstler, der zur Verfügung gestellte Raum wurde dabei variiert (vgl. Marc vom 12. 4. 1913 an Macke, S. 466–467). Hier ist die Fassung zitiert, die S. Delaunay-Terk erhielt.

330 Der Schreibstil deutet auf Franz Marc als Verfasser.

331 Der Artikel wurde in der Kunstchronik N. F. 25 (1913/14) 5 veröffentlicht, vgl. aber den von Walden zitierten Satz aus der BZ am Mittag, S. 488.

332 Von den erwähnten Künstlern sind im Katalog verzeichnet: August Macke: Spaziergang auf der Brücke. 1912, Öl/Lwd., 86 cm × 100 cm. Darmstadt, Hessisches Landesmuseum; Badende Mädchen. 1913, Öl/Lwd., 100 cm × 80 cm. München, Bayerische Staatsgemäldesammlungen; Vier Mädchen. 1913, Öl/Lwd., 105 cm × 81 cm. Düsseldorf, Kunstmuseum; Zoologischer Garten I. 1912, Öl/Lwd., 59 cm × 98 cm. Ehemals Berlin, B. Koehler; Großes helles Schaufenster. 1912, Öl/Lwd., 105 cm × 85 cm. Hannover, Sprengel-Museum; Russisches Ballett II (vgl. Anm. 185); Indianer auf Pferden (vgl. Anm. 104); Waldspaziergang. 1913, Öl/Lwd., 81 cm × 105 cm. Stuttgart, Privatbesitz. – Albert Bloch: Stilleben; Der tote Pierrot; Harlequin; 2 Handzeichnungen. – Lyonel Feininger: Teltow I. 1912, Öl/Lwd., 80 cm × 100 cm. Verbleib unbekannt; Radrennen. 1912, Öl/Lwd., 80 cm × 100 cm. Privatbesitz; Hohe Häuser I. 1912, Öl/Lwd., 100 cm × 80 cm. Kriegsverlust; Jesuiten II. 1913, Öl/Lwd., 72,5 cm × 60 cm. St. Louis, Privatbesitz. – Wladimir von Bechtejew: Badende Frauen; Reiter und Frauen; Olivenernte; Die Hesperiden. – Franz Marc:

Tierschicksale. 1913, Öl/Lwd., 196 cm × 266 cm. Basel, Kunstmuseum; Der Turm der blauen Pferde (vgl. Anm. 179); Die ersten Tiere. 1913, Öl/Lwd. 1917 verbrannt; Tirol. 1913/14, Öl/Lwd., 136 cm × 145 cm (nach der Ausstellung überarbeitet). München, Bayerische Staatsgemäldesammlungen; Die Wölfe (Balkankrieg). 1913, Öl/Lwd., 70 cm × 140 cm. Buffalo, Albright Knox art gallery; Kuh mit Kalb. 1913, Öl/Lwd., 79,5 cm × 99 cm. Ehemals Berlin, B. Koehler sen., Kriegsverlust; Drei Pferde I. 1913, Öl/Lwd. Privatbesitz. – Henri Rousseau: 21 Gemälde; 1 Handzeichnung. – Wassily Kandinsky: Komposition VI (vgl. Anm. 159); Bild mit weißem Rand. 1913, Öl/Lwd., 138,5 cm × 198 cm. New York, Solomon R. Guggenheim Museum; Improvisation 31 (Seeschlacht). 1913, Öl/Lwd., 140 cm × 120 cm. Washington, National Gallery of Art; Landschaft mit der Kirche II (mit den roten Flecken). 1913, Öl/Lwd., 114 cm × 135 cm. Venedig, Privatbesitz; Bild mit weißen Formen. 1913, Öl/Lwd., 119 cm × 138 cm. New York, Solomon R. Guggenheim Museum; 2 Skizzen.

333 Giotto mußte seinen Zeitgenossen im Vergleich zur byzantinischen Strenge seines Lehrers Cimabue als Naturalist erscheinen. Giorgio Vasari „Künstler der Renaissance" (Berlin 1948, S. 37) berichtet: „Man erzählt auch, Giotto habe in der Zeit, da er noch als Knabe bei Cimabue war, einer Figur seines Meisters eine Fliege so natürlich auf die Nase gemalt, daß Cimabue, als er sich bei seiner Rückkehr an die Arbeit setzte, sie als eine wirkliche Fliege mehrmals mit der Hand fortscheuchen wollte, ehe er des Irrtums gewahr wurde."

334 Robert Breuer in „Vorwärts", vgl. S. 487.

335 Vgl. Anm. 169 und 207.

336 Vgl. Anm. 332.

337 Vgl. Anm. 324 und 332.

338 Vgl. Anm. 332. – Von Heinrich Campendonk verzeichnet der Katalog: Idyll in Sindelsdorf; Der Balkon; Landschaft; Der Schauspieler; Haus zur Flamm.

339 Von Alfred Kubin verzeichnet der Katalog 19 Handzeichnungen, von Paul Klee 14 Handzeichnungen und 8 Aquarelle.

340 Robert Delaunay: Pferd (vgl. Anm. 325); Georgi Jakulow: Dissonances (der Katalog verzeichnet von Jakulow außerdem: Olympia). – Bezüglich der „futuristischen Bilderklärungen" schließe ich mich weder Meißner an, der die Bemerkung nur auf Delaunays Katalognummern beim Herbstsalon bezieht, noch Lankheit, der darunter das Vorwort zum Futuristen-Katalog des „Sturm" von 1912 versteht. Ich denke, daß Kandinsky die erzählerischen Bildtitel der Futuristen in diesem Katalog

meint (vgl. S. 210), und insofern *auch* die ähnlichen Titel Delaunays.

341 Der Katalog verzeichnet von: Josef Kölschbach: 2 Arbeiten. – Georgi Jakulow: 2 Arbeiten (vgl. Anm. 340). – Michail Larionow: Die Salve; Schöner Herbst; Meerufer und Badende. – Nikolai Kulbin: Die Madonna von Putywl; Der Disput.

342 Der Katalog verzeichnet von Gino Severini: Porträt Marinetti; Rhythmus des 14. Juli (Plastik).

343 Vgl. Anm. 205.

344 Der Brief ist an verschiedene Stellen in unterschiedlichen Auszügen publiziert und von mir in eine mögliche Reihenfolge gebracht, die von der tatsächlichen abweichen kann. Die Nahtstellen sind durch [...] gekennzeichnet.

345 Berliner Lokalanzeiger (vgl. S. 488).

346 Vgl. Anm. 179.

347 Delaunay wollte Walden veranlassen, auch die Rückfracht der im Herbstsalon gezeigten Werke zu tragen. Walden setzte ihm auseinander, daß es in Deutschland üblich sei, daß die Galerien nur für eine Fracht aufkommen.

348 Vgl. Anm. 278.

349 Vgl. Anm. 332.

350 Charles Bornand, Apotheker in Bern, kaufte von Klee 8 Aquarelle und Zeichnungen für insgesamt 500 Sfr., um ihm die Reise zu ermöglichen.

351 *il fait beau temps, pourtant:* (frz.) es werden schöne Zeiten, doch.

352 *Schirokko:* warmer, feuchter Wind im Mittelmeergebiet.

353 *Pillendreher:* Käfer aus der Familie der Mistkäfer, auch: Skarabäus; galt im alten Ägypten als heilig, Nachbildungen in Stein dienten als Amulette und als Schmuck.

354 *Thalatta!:* (griech.) Das Meer! – Ausruf der Griechen, als sie nach dem Feldzug bis kurz vor Babylon durch Mesopotamien (401 v. u. Z.) in der Nähe von Trapezunt erstmals wieder das Meer erblickten (Xenophon: Anabasis. IV. Buch, 7. Kap., Vers 24).

355 *mariage arabe:* (frz.) arabische Hochzeit.

356 August Macke: Das helle Haus. 1914, Aquarell, 25,1 cm × 22 cm. Bern, Kunstmuseum.

357 In den seit 963 auf dem Athos gegründeten 20 Klöstern, die auch während der Türkenherrschaft und als Mönchsrepublik bis in die Gegenwart eine gewisse Selbständigkeit bewahrten, lebten ikonographische und technische Traditionen der byzantinischen Kunst fast unbeeinflußt bis heute weiter. – Marc war 1906 mit seinem Bruder dort gewesen, jetzt entdeckte er bei einem Händler in Berlin solche Malereien.

358 Wortspiel. *Futilität:* (aus dem Frz.) Nichtigkeit, Seichtigkeit.

359 Die Vorrede ist das einzige vorliegende Resultat der Vorbereitungen für den 2. Band des „Blauen Reiters", über dessen Inhalt sich sonst nur spekulieren läßt. Während Marc an der Vorrede arbeitete, schrieb ihm Kandinsky am 10. 3. 1914 (Briefwechsel, a. a. O., S. 252–253): „Seien Sie mir nicht böse, daß ich mich jetzt urplötzlich zurückziehe. Es ist mir nicht angenehm, dies zu tun, aber ich muß es. Sie wissen doch, was ich Ihnen sagte, als ich Sie bat, das zweite Buch des B. R. in die Hand zu nehmen. Nun, für mich selbst unbemerklich, habe ich wieder mitgetan. Ich wurde mitgerissen. Ich sah daraus, daß ich mich vom B. R. nicht fernhalten kann: er ist zu stark mit mir verwachsen. Nach unserer letzten Besprechung bemerkte ich, daß ich beim Erwachen und oft nachts nicht an meine Arbeit denke sondern an das Buch. Da mich meine Arbeit *jetzt* ganz besonders stark in Anspruch nimmt, so würden für mich nur schlechte Folgen entstehen: das eine und das andere würde ich nur halb machen. Und nichts von beiden mit der vollen Seele. Darunter würde also nicht ich allein leiden, sondern auch die beiden Arbeiten. Andererseits sah ich besonders klar, daß die Zeit für den B. R. noch nicht reif ist: Künstlerisches gibt es nicht ausreichend; das andere können wir nur *mit*machen, aber nicht machen. Es wäre nicht sehr gewissenhaft und schade um die Sache. Wollen wir doch mit dem zweiten Buch warten. Man darf nichts halb und halb machen und keine gewaltsamen Frühgeburten hervorrufen. Ebenso kann ich nicht halb und halb den B. R. aus der Hand geben."

360 Das von Max Littmann im Ausstellungspark errichtete „Künstlertheater" war aus Anlaß der Ausstellung „München 1908" am 17. 5. 1908 mit einer Aufführung von Goethes „Faust" eröffnet worden.

361 William Shakespeare: Der Sturm (= The tempest). Komödie, 1611. – Euripides: Bacchantinnen. Postumes Drama aus dem Bereich des orgiastischen Dyonysos-Kultes. – Oskar Kokoschka hatte zu diesem Zeitpunkt folgende Stücke fertig: Mörder, Hoffnung der Frauen (1910); Der brennende Dornbusch (1911); Sphinx und Strohmann (1913). – „Floh im Panzerhaus" konnte von mir nicht identifiziert werden. – Carl Einstein: Bebuquin oder Die Dilettanten des Wunders (1912, Roman). – Von Franz Marc sind zwei Figurinen zu Shakespeares „Sturm" erhalten: Miranda. 1914, Tempera und Aquarell, 46 cm × 39,6 cm; Caliban. 1914, Aquarell mit Deckfarben, 46 cm × 39,7 cm. Beide in Basel, Kunstmuseum.

362 Shakespeares „Sturm" war für das Münchener Künstlertheater von Gustav Lindemann mit dem Ensemble des Düsseldorfer

Schauspielhauses inszeniert worden. Die Musik stammte von Anton Beer Walbrunn, die Kostüme von Franz Naager.

363 Vgl. Anm. 208.

364 Hugo von Hofmannsthal: Elektra. Drama (1904; Opernbearbeitung 1908, Musik von Richard Strauss). – Wassily Kandinsky: Der gelbe Klang (vgl. S. 142–149).

365 Von Franz Marc existieren zur Schöpfungsgeschichte: Geburt der Pferde. 1913, Farbholzschnitt, 21,5 cm × 14,5 cm; Geburt der Wölfe. 1913, Holzschnitt, 25,3 cm × 18,5 cm; Schöpfungsgeschichte I. 1914, Holzschnitt, 23,8 cm × 20 cm; Schöpfungsgeschichte II. 1914, Holzschnitt, 23,7 cm × 20 cm. – Wassily Kandinsky hat sich in zahlreichen Gemälden und Skizzen mit der Thematik der Apokalypse befaßt; das Album „Klänge" (vgl. S. 298–307 und Anm. 223) enthält auf S. 85 den Holzschnitt „Jüngster Tag". 1912, 16,4 cm × 21,2 cm. – Paul Klee schuf im Zusammenhang mit den Illustrationsplänen u. a. folgende Zeichnungen: Skizze zum 137. Psalm (1913); Fanfarenklänge (1913); Ohnmacht der Widersacher (1913); Jerusalem, meine höchste Wonne (1914). – Alfred Kubins Illustrationen zum Propheten Daniel erschienen erst 1918 bei Georg Müller in München.

Zeittafel

1896	Alexej von Jawlensky studiert in München bei Azbé
1897	Marianne von Werefkin kommt nach München und bezieht eine gemeinsame Wohnung mit Jawlensky in der Giselastraße 33
1897/98	Wassily Kandinsky studiert bei Azbé
1898	Alfred Kubin studiert in München bei Schmid-Reutte
	Alexander von Salzmann kommt nach München
1898–1901	Paul Klee studiert in München bei Knirr und Stuck
1900	Kandinsky studiert bei Stuck
1900–1903	Franz Marc studiert bei Stuck
1901	Gründung der Künstlergemeinschaft „Phalanx" durch Kandinsky und andere
	Gabriele Münter studiert in der „Phalanx"-Schule bei Kandinsky
	Klee und Hermann Haller reisen nach Italien
1901–1905	Eugen Kahler studiert bei Knirr und Stuck
1902–1904	Wladimir von Bechtejew studiert bei Knirr
1903	David Burljuk studiert bei Diez und Azbé, Wladimir Burljuk bei Azbé
	Kandinsky lernt in München Wladimir Isdebsky kennen
1904	Reinhard Piper gründet in München seinen Verlag
	Die Zeitschrift „Süddeutsche Monatshefte" erscheint
	Die Künstlergemeinschaft „Phalanx" löst sich auf
	Beginn der Lebensgemeinschaft von Kandinsky und G. Münter
	Alexander Sacharow kommt nach München
1905	Jawlensky lernt Sacharow kennen
	7. 6. Gründung der Künstlergemeinschaft „Brücke" in Dresden
1906	Kammersänger F. J. Brakl gründet in München, Goethestraße 64, seine „Moderne Galerie"
	Marc lernt Jean Bloé Niestlé kennen
	1. 10. Klee bezieht das Gartenhaus in der Ainmillerstraße 32
1908	Kandinsky tritt der Berliner Sezession bei
	Thomas von Hartmann kommt nach München und begegnet Kandinsky
	Mareés-Ausstellung in der Münchener Sezession
	Max Pechstein siedelt von Dresden nach Berlin über
	Alfred Kubins Roman „Die andere Seite" erscheint

Wilhelm Worringers Dissertation „Abstraktion und Einfühlung" erscheint als Buch
März–April Van-Gogh-Ausstellung bei Brakl und Zimmermann
17. 5. Eröffnung des Münchener Künstlertheaters
Sommer Jawlensky und Werefkin halten sich erstmals in Murnau auf
Mitte August Kandinsky und Münter kommen nach Murnau
4. 9. Kandinsky und Münter beziehen das Gartenhaus in der Ainmillerstraße 36 in München
Oktober Arnold Schönberg notiert erste musikalische Einfälle zu seinem Drama mit Musik „Die glückliche Hand"
Winter 1908/09 Raoul Dufy und Othon Friesz halten sich in München auf

1909 Hugo von Tschudi wird Direktor der Königlich-Bayrischen Staatsgemäldesammlungen in München
März Kandinsky beendet die russische Fassung zur Bühnenkomposition „Der gelbe Klang"
22. 3. Die Neue Künstler-Vereinigung München (NKVM) wird in das Vereinsregister eingetragen. Gründungsmitglieder sind Erbslöh, Jawlensky, Kandinsky, Kanoldt, Kubin, Münter, Werefkin, Schnabel, Wittenstein. Noch im gleichen Jahr treten Baum, Bechtejew, Bossi, Hofer, Kogan und Sacharow bei. Baum und Hofer scheiden nach kurzer Zeit wieder aus
März–Mai In der Münchener Sezession sind Gemälde von Paul Cézanne zu sehen
3. 8. Kandinsky schließt das Manuskript für sein Buch „Über das Geistige in der Kunst" ab
1. 12.–15. 12. Erste Ausstellung der NKVM in der „Modernen Galerie" Heinrich Thannhausers
Dezember Erster „Internationaler Salon" in Odessa, mit Werken von Bossi, Kubin und anderen, veranstaltet von Isdebsky

1910 Erster Tanzabend Sacharows im Café Odeon in München
Pierre Girieud und Henri Le Fauconnier treten der NKVM bei
Herwarth Walden gibt in Berlin die Zeitschrift „Der Sturm" heraus
Gründung der „Neuen Sezession" in Berlin
Theodor Däubler „Das Nordlicht" erscheint
Julius Meier-Graefe „Spanische Reise" erscheint

Januar Matisse-Ausstellung und Aufenthalt von Henri Matisse, Albert Marquet und Hans Purrmann in München

6. 1. Erste Begegnung von Franz Marc und August Macke

Februar Ausstellung „Franz Marc" in Brakls „Moderner Kunsthandlung" in München

Ende April Erster Besuch Marcs bei Bernhard Koehler sen. in Berlin

Mai–Oktober Ausstellung „Meisterwerke muhammedanischer Kunst" in München

Juni Schönberg beendet den Text zu „Die glückliche Hand"

August Gauguin-Ausstellung in München

1. 9.–14. 9. Zweite Ausstellung der NKVM in Thannhausers „Moderner Galerie"

2. 9. Henri Rousseau stirbt in Paris

Anfang September Macke lernt die Mitglieder der NKVM kennen

Oktober Arnold Schönberg „Über Oktaven- und Quintenparallelen" (Auszug aus der „Harmonielehre") erscheint in der Zeitschrift „Die Musik"

Ernst Ludwig Kirchner siedelt von Dresden nach Berlin über

27. 11.–30. 11. Helmuth Macke hält sich in Sindelsdorf bei Franz Marc auf

Dezember Erste Kontakte zwischen Kubin und Klee

1. 12.–20. 12. Kandinsky hält sich in Odessa auf, Begegnung mit D. und W. Burljuk

Mitte Dezember–März 1911 H. Macke wiederum in Sindelsdorf

1911 Otto Fischer tritt der NKVM bei

Schönberg beendet das Manuskript für seine „Harmonielehre"

Wilhelm von Uhde „Henri Rousseau" erscheint bei Figuiére in Paris

Ausstellung der Sammlung Nemes in München

Franz Pfemfert gibt in Berlin die Zeitschrift „Die Aktion" heraus

Erich Heckel und Karl Schmidt-Rottluff siedeln von Dresden nach Berlin über

Januar Kubin besucht Klee

2. 1. Schönberg-Konzert in München

18. 1. Erster Brief Kandinskys an Schönberg

20. 1. Eröffnung des Gereons-Clubs in Köln, Gereonsstraße 18–31, durch Olga Oppenheimer, Emmy Worringer und Franz M. Jansen

3. 2. Vertreter der NKVM besuchen Marc in Sindelsdorf

4. 2. Marc wird in die NKVM aufgenommen

Februar–März Isdebsky veranstaltet den zweiten „Internationalen Salon" in Odessa, mit Werken von Burljuk, Münter, Larionow, Jawlensky und anderen sowie 52 Arbeiten von Kandinsky

April „Ein Protest deutscher Künstler" gegen die Einfuhr französischer Kunst, herausgegeben von Carl Vinnen, erscheint bei Diederichs in Jena

Frühjahr, Sommer Jawlensky und Werefkin halten sich in Prerow auf

Mai Ausstellung „Franz Marc" in Thannhausers „Moderner Galerie" in München

20. 5.–2. 7. „Ausstellung rheinischer und französischer Künstler" in der Städtischen Kunsthalle in Düsseldorf

Juni Franz Marc und Maria Franck werden in London getraut

Schönberg veröffentlicht den Text zu „Die glückliche Hand" in der Zeitschrift „Der Merker"

Ausstellung „Paul Klee" in Thannhausers „Moderner Galerie" in München

4. 6. Eröffnung der Ausstellung „Franz Marc" in der Ruhmeshalle in Barmen

11. 6. Erste Erwähnung des geplanten Almanachs durch Kandinsky

Juli „Im Kampf um die Kunst", Antwort auf Vinnens Protest, erscheint bei Piper in München

Arnold Schönberg „Probleme des Kunstunterrichts" erscheint in „Musikalisches Taschenbuch"

August G. Münter hält sich in Bonn auf und besucht Macke

August/September Schönberg hält sich in Berg am Starnberger See auf

29. 8. Begegnung von Schönberg und Kandinsky in Berg

14. 9. Schönberg und Marc begegnen sich bei Kandinsky in Murnau

September Ausstellung „Franz Marc" in Mannheim

Klee und Macke begegnen sich bei Moilliet in Bern

28. 9. Kandinsky schließt mit Piper einen Vertrag über die Herausgabe seines Buches „Über das Geistige in der Kunst“
Oktober Kandinsky nimmt Kontakt mit Robert Delaunay auf
Gründung der Künstlervereinigung „Moderner Bund Weggis“ durch Hans Arp, Walter Helbig und Oscar Lüthy
Gründung der Künstlervereinigung „Sema“ in München, Klee wird Mitglied
Schönberg zieht nach Berlin
In Murnau und Sindelsdorf wird der Almanach „Der Blaue Reiter“ vorbereitet. Dazu ist Macke angereist
Ausstellung „Franz Marc“ im Gereons-Club in Köln
9. 10. Kandinsky und Klee lernen sich in München kennen
November Ausstellung „Franz Marc“ im Folkwang-Museum in Hagen
18. 11.–31. 1. 1912 Vierte Ausstellung der Neuen Sezession in Berlin, unter anderem mit 38 Arbeiten von Mitgliedern der NKVM
21. 11. Hugo von Tschudi stirbt
Dezember Ausstellung „August Macke“ im Gereons-Club in Köln
Ausstellung der NKVM im Gereons-Club in Köln mit Vortrag Mackes über „Worte, Töne, Farben“
2. 12. Kandinsky, Marc und Münter treten aus der NKVM aus
Anfang Dezember–Januar 1912 Dritte Ausstellung der NKVM in Thannhausers „Moderner Galerie“ in München
9. 12. Kandinskys „Über das Geistige in der Kunst“ erscheint bei Piper in München
Schönbergs „Harmonielehre“ erscheint bei Universal-Edition in Wien
19. 12.–3. 1. 1912 Erste „Ausstellung der Redaktion des Blauen Reiters“ in Thannhausers „Moderner Galerie“ in München
24. 12.–30. 1. 1912 Marc hält sich in Berlin auf

1912 Alexander Mogilewsky tritt der NKVM bei
Sacharow begegnet Clothilde von Derp
Otto Feldmann, eröffnet den „Rheinischen Kunstsalon“ in Köln, Hansaring 20
2. 1. Marc besucht Max Pechstein und Ernst Ludwig Kirchner

23.–31. 1. Die erste Ausstellung des Blauen Reiters wird im Gereons-Club in Köln gezeigt
Gründung der Kölner Sezession
28. 1. Marc besucht Schönberg
Februar Zweite Ausstellung „Karo Bube" in Moskau
12. 2.–April Zweite Ausstellung der Redaktion des Blauen Reiters „Schwarz-Weiß" in der Kunsthandlung Hans Goltz in München, Briennerstraße 8
28. 2.–13. 3. Ausstellung „Robert Delaunay" in der Galerie Barbazanges in Paris
29. 2. Die Festschrift „Arnold Schönberg" erscheint bei Piper in München
März Kontroverse zwischen Franz Marc und Max Beckmann in der Zeitschrift „PAN"
12. 3.–Anfang April Herwarth Walden eröffnet mit der ersten Ausstellung des Blauen Reiters seine Sturm-Galerie in Berlin
22. 3.–31. 3. Krise in der Redaktion des Blauen Reiters
April Ausstellung „August Macke" in Thannhausers „Moderner Galerie" in München
Ausstellung der Künstlervereinigung „Sema" in Thannhausers „Moderner Galerie"
Die 2. Auflage von Kandinskys „Über das Geistige in der Kunst" erscheint
Mitte April Die erste Ausstellung des Blauen Reiters wird in Bremen gezeigt
2. 4.–18. 4. Klee hält sich in Paris auf
11. 4. Klee besucht Delaunay
13. 4. Klee besucht Le Fauconnier
12. 4.–10. 5. Zweite Ausstellung der Sturm-Galerie in Berlin mit Werken der italienischen Futuristen und von Delaunay
Mai Ausstellung „August Macke" im Kunstsalon Friedrich Cohen in Bonn
11. 5. Der Almanach „Der Blaue Reiter" erscheint bei Piper in München
25. 5.–30. 9. Sonderbund-Ausstellung in Köln, Ausstellungshalle am Aachener Tor
Anfang Juni Klee besucht Kubin auf Schloß Zwicklet
Juni Ausstellung „August Macke" im Kunstverein Jena
Die Ausstellung „Schwarz-Weiß" wird im Gereons-Club in Köln gezeigt

16. 6.–Juli Ausstellung „Zurückgestellte Bilder des Sonderbundes" in der Sturm-Galerie in Berlin

Juli Ausstellung „August Macke" im „Rheinischen Kunstsalon" Feldmanns in Köln

Die erste Ausstellung des Blauen Reiters wird im Folkwang-Museum in Hagen gezeigt

7. 7.–31. 7. Ausstellung des Modernen Bundes im Kunsthaus Zürich

September Ausstellung „Franz Marc" in der Galerie Schames in Frankfurt (Main)

Die erste Ausstellung des Blauen Reiters wird in der Galerie Goldschmidt in Frankfurt (Main) gezeigt

12. 9. Kandinsky schließt mit Piper einen Vertrag über die Herausgabe seiner Prosagedichte „Klänge"

Herbst Die 3. Auflage von Kandinskys „Über das Geistige in der Kunst" erscheint

Kandinskys Buch „Klänge" erscheint bei Piper in München

26. 9.–4. 10. Marc und Macke halten sich in Paris auf

2. 10. Marc und Macke besuchen Delaunay

Oktober Ausstellung „Wassily Kandinsky" in der Sturm-Galerie in Berlin

Ausstellung „Paul Klee" im Gereons-Club in Köln

Futuristen-Ausstellung im „Rheinischen Kunstsalon" Feldmanns in Köln

Oktober–Mitte Dezember Kandinsky hält sich in Odessa und Moskau auf

10. 10. Hans Goltz eröffnet seine „Galerie Neue Kunst" in München, Odeonsplatz 1

16. 10. Uraufführung von Schönbergs Melodrama „Pierrot lunaire"

Mitte Oktober Ausstellung „Paul Klee" in der „Galerie Neue Kunst" von Goltz in München

30. 10.–15. 11. Futuristen-Ausstellung in Thannhausers „Moderne Galerie" in München

November Ausstellung „Heinrich Campendonk" in der Sturm-Galerie in Berlin

Ausstellung „Franz Marc" im Gereons-Club in Köln

Otto Fischers Buch „Das neue Bild" über die NKVM erscheint

3. 11. Paul Ferdinand Schmidt und Max Dietzel eröffnen ihren „Neuen Kunstsalon" in München

4. 11.–30. 11. Ausstellung „Emil Nolde" im „Neuen Kunstsalon" von Schmidt und Dietzel in München

5. 11. Schönbergs „Pierrot lunaire" wird in München aufgeführt

Dezember Schönberg leitet in Petersburg eine Aufführung seiner Komposition „Pelleas und Melisande"

Guillaume Apollinaires Artikel „Peinture pure" erscheint in der Zeitschrift „Der Sturm"

11. 12.–7. 1. 1913 Marc hält sich in Berlin auf

1913 Januar Ausstellung „Franz Marc" in Thannhausers „Moderner Galerie" in München

Ausstellung „Gabriele Münter" in der Sturm-Galerie in Berlin

Apollinaires Artikel „Moderne Malerei" erscheint in der Zeitschrift „Der Sturm"

Ausstellung der Künstlervereinigung „Brücke" im „Neuen Kunstsalon" von Schmidt und Dietzel in München

2. 1. In der Zeitschrift „Fackel" von Karl Kraus erscheint ein Aufruf zur finanziellen Unterstützung E. Lasker-Schülers

7. 1.–Mitte Januar Else Lasker-Schüler hält sich in München und Sindelsdorf auf

14. 1.–20. 1. Delaunay und Apollinaire halten sich in Berlin auf

15. 1.–20. 2. Ausstellung „Robert Delaunay" in der Sturm-Galerie in Berlin

18. 1. Apollinaire hält in der Delaunay-Ausstellung einen Vortrag

21. 1. Delaunay und Apollinaire besuchen Macke in Bonn

Februar Ausstellung „Franz Marc" im Kunstverein Jena

Ausstellung „Alfred Kubin" in der „Modernen Galerie" Thannhausers in München

Ausstellung „Wassily Kandinsky" in der Galerie Louis Bock in Hamburg

Im „Neuen Kunstsalon" von Schmidt und Dietzel in München findet eine Versteigerung zugunsten von E. Lasker-Schüler statt

Delaunays Artikel „Über das Licht" erscheint in Klees Übertragung in der Zeitschrift „Der Sturm"

Albert Verweys Gedicht „Für Kandinsky" erscheint in der Übertragung von Paul Zech in der Zeitschrift „Der Sturm"

Februar/März Ausstellung „Paul Klee" in der Sturm-Galerie in Berlin
März Ausstellung „Robert Delaunay" im Gereons-Club in Köln
5. 3.–9. 3. Herwarth Walden hält sich in München auf
19. 3.–Ende März Walden hält sich in Paris auf
März/April Ausstellung „Franz Marc" in der Sturm-Galerie in Berlin
26. 4.–31. 5. Ausstellung des Modernen Bundes in der Sturm-Galerie in Berlin
Mai Ausstellung „August Macke" in der Ruhmeshalle in Barmen
Auflösung der Künstlergruppe „Brücke"
3. 6. Standesamtliche Trauung von Franz und Maria Marc
10. 6. Campendonk und Adda Deichmann heiraten
Juni/Juli Ausstellung „August Macke" in der Galerie Arnold in Dresden
Juli Der Sammler W. Beffie besucht Franz Marc
5. 7.–6. 9. Ausstellung „Wassily Kandinsky" in Moskau
10. 7.–10. 8. Ausstellung „Rheinische Expressionisten" im Kunstsalon F. Cohen in Bonn
16. 7. Marc nimmt Kontakt mit Lyonel Feininger auf
22. 7. Niestlé und Marguerite Legros heiraten
10. 8.–9. 9. Marc hält sich in Ostpreußen auf
September Ausstellung „Rheinische Expressionisten" im „Rheinischen Kunstsalon" Feldmanns in Köln
20. 9.–1. 12. „Erster Deutscher Herbstsalon" in der Sturm-Galerie in Berlin
Oktober–April 1914 Macke hält sich in Hilterfingen am Thunersee auf
November Schönberg beendet die Komposition für sein Drama mit Musik „Die glückliche Hand"
Otto Feldmann eröffnet die „Neue Galerie" in Berlin, Lennéstraße 6a
Dezember Ausstellung „Albert Bloch" in der Sturm-Galerie in Berlin
Ende 1913 „Wassily Kandinsky. Rückblicke 1901–1913" erscheint im Sturm-Verlag in Berlin

1914 Wilhelm Hausenstein „Die bildende Kunst der Gegenwart“ erscheint in der Deutschen Verlags-Anstalt in Stuttgart

Januar Ausstellung „August Macke“ in der Sturm-Galerie in Berlin

Ausstellung „Wassily Kandinsky“ in der „Modernen Galerie“ Thannhausers in München

30. 1.–Februar Ausstellung „Wassily Kandinsky“ im „Kreis der Kunst“ in Köln

Februar Ausstellung „Alexej von Jawlensky“ in der Sturm-Galerie in Berlin

Ausstellung „August Macke“ in der Galerei Louis Bock in Hamburg

März die 2. Auflage des Almanachs „Der Blaue Reiter“ erscheint

April Theaterpläne der Künstler des Blauen Reiters in Zusammenarbeit mit Hugo Ball

Ausstellung „Paul Klee“ in der Sturm-Galerie in Berlin

Ausstellung „August Macke“ in Stuttgart

7.–22. 4. Tunisreise von Moilliet, Macke und Klee

19. 4. Klee kehrt vorzeitig aus Tunis zurück

Ende April Marc übersiedelt nach Ried

9. 5.–27. 5. Ausstellung „Rheinische Expressionisten“ in der Galerei Flechtheim in Düsseldorf

30. 5.–1. 10. Erste Ausstellung der Neuen Münchener Sezession

Juni Ausstellung „August Macke“ in Jena

Ausstellung „Rheinische Expressionisten“ in der „Neuen Galerie“ Feldmanns in Berlin

Niestlé siedelt nach Seeshaupt über

Juli–September Schönberg und Kandinsky halten sich gemeinsam in Bayern auf

Anfang August Macke und Marc werden zum Kriegsdienst eingezogen

August Kandinsky geht über die Schweiz und den Balkan nach Rußland

27. 9. August Macke fällt in der Champagne

Dezember–Januar 1915 Ausstellung „Heinrich Campendonk“ in der Galerie Arnold in Dresden

1916 Campendonk siedelt nach Seeshaupt über

4. 3. Franz Marc fällt vor Verdun

Literaturhinweise, Quellen- und Rechtsnachweis

Apollinaire, Guillaume: Realité, peinture pure. In: Der Sturm 3 (1912/13).
–: Die moderne Malerei. In: Der Sturm 3 (1912/13).
Auktion 89 – Künstler-Autographen von 1880–1950. (Kat.) Bern, Klipstein und Kornfeld 1958 (Brief von Marc an Hausenstein[?]).
Ball, Hugo: Die Flucht aus der Zeit. Luzern 1946. © Josef Stocker AG, Luzern
–: Briefe 1911–1927. Köln 1957 (Briefe von Hugo Ball an Maria Hildebrandt-Ball).
–: Das Münchener Künstlertheater. In: Phoebus (1914). © Annemarie Schütt-Hennings, CH-Angno
Beckmann, Max: Gedanken über zeitgemäße und unzeitgemäße Kunst. In: Pan 2 (1911/12).
Behne, Adolf: Der Maler Franz Marc. In: Pan 3 (1912/13).
Bode, Wilhelm von: Die „neue Kunst". In: Der Kunstfreund 1 (1913/14).
Börsenblatt des deutschen Buchhandels vom 5. 2. 1913. Zitiert nach: Der Sturm 4 (1913/14).
Buchheim, Lothar Günther: Der Blaue Reiter und die „Neue Künstlervereinigung München". Feldafing 1959 (die Briefe von Kandinsky an Jawlensky, von M. v. Werefkin an Reiche, von A. Macke an B. Kœhler sen. vom 15. 1. 1914 und an Sofie Gerhardt vom 2. 2. 1914; Auszug aus der Kölnischen Zeitung von 1912).
Delaunay und Deutschland. (Kat.) Köln 1985 (die Briefe von Delaunay an Kandinsky, Bernhard Koehler sen., Macke, Marc und Walden; die Briefe von Kandinsky, Klee, Macke, Marc, Walden und mehreren Künstlern an Delaunay; die Briefe von Kandinsky an S. Delaunay-Terk und von S. Delaunay-Terk an Macke; Walden: Einladung zum Herbstsalon).
Eichner, Johannes: Kandinsky und Gabriele Münter – Von Ursprüngen moderner Kunst. München o. J. (1957) (enthält auch: Kandinsky: Vortragsentwurf). © F. Bruckmann KG, München
Erdmann-Macke, Elisabeth: Erinnerungen an August Macke. Stuttgart 1962 (enthält auch die Briefe von A. Macke an S. Gerhardt vom 27. 1. 1910, an B. Koehler sen. vom Juli 1911 und an Lisbeth Macke vom 10. 4. 1914). © Gisela Macke
Eucken, Walter: Wiedersehen mit Bildern August Mackes. In: Frankfurter Zeitung vom 23. 10. 1935.
[Expressionisten] – Die rheinischen Expressionisten – August Macke und seine Malerfreunde. (Kat.) Recklinghausen 1979 (die

Briefe von A. Macke an Walden; Jansen: Von damals bis heute; Osborn: Ausstellungen „Berlin“; Behne: Der Erste Deutsche Herbstsalon). © Verlag Aurel Bongers KG, Recklinghausen
Feininger, Lyonel – Karikaturen, comic strips, Illustrationen. (Kat.) Hamburg 1981 (Brief von Feininger an Marc).
Fischer, Otto: Das neue Bild – Veröffentlichung der Neuen Künstlervereinigung München. München 1912 (enthält auch die Abschnitte über Jawlensky und M. v. Werefkin).
Gollek, Rosel: Der Blaue Reiter im Lenbachhaus München. (Kat.) München 1974 (die Briefe von A. Macke an B. Koehler sen. vom 16. 10. 1913 und von Bloch an Maser; G. Münter: Tagebuchaufzeichnung; G. Münter: undatierte Aufzeichnung; Jawlensky: Lebenserinnerungen; eine Zeitungskritik zu G. Münter; die Kataloge zur 2. Ausstellung der NKVM und zur 1. und 2. Ausstellung des Blauen Reiters; Schönberg: Schöpferische Konfession). © Städtische Galerie im Lenbachhaus, München
Grote, Ludwig (Hg.): Erinnerungen an Paul Klee. München 1959 (G. Münter: Erinnerungen an Paul Klee). © Prestel Verlag, München
Hausenstein, Wilhelm: Kubin. In: Die Güldenkammer 3 (1912/13).
–: Die bildende Kunst der Gegenwart. Stuttgart/Berlin 1914. © Renée-Marie Parry Hausenstein, Gainesville, Florida
Herbstsalon, Erster Deutscher. (Kat.) Berlin 1913 (Walden: Vorrede; Die Aussteller: Vorwort).
Hess, Hans: Lyonel Feininger. Stuttgart 1959 (die Briefe von L. Feininger an J. Feininger und an Kubin; der Brief von Marc an Feininger).
Kalkschmidt, Eugen: Ein Protest deutscher Künstler. In: März 5 (1911).
[Kampf] – Im Kampf um die Kunst – Die Antwort auf den „Protest deutscher Künstler“. München 1911. © R. Piper u. Co. Verlag, München
Kandinsky, Nina: Mein Leben mit Wassily Kandinsky. München 1976 (N. Kandinsky: NKVM e. V.). © Kindler Verlag, München
Kandinsky, Wassily: Über Kunstverstehen. In: Der Sturm 3 (1912/13).
–: Klänge. München 1912. © Benteli Verlag, Bern
–: Essays über Kunst und Künstler. Stuttgart 1955 (Kandinsky: Franz Marc; Kandinsky: Der Blaue Reiter). Max Bill, Zürich
–: Rückblick 1901–1913. Baden-Baden 1955 (Kandinsky: Komposition IV; Kandinsky: Komposition VI).
–: Über das Geistige in der Kunst – Besonders in der Malerei. München 1912 (1911). © Benteli Verlag, Bern

[Kandinsky] – Für Kandinsky. In: Der Sturm 3 (1912/13).
Kandinsky, Wassily – Franz Marc – Briefwechsel. Hg. von Klaus Lankheit. München 1983 (die Briefe von Kandinsky und G. Münter an F. und M. Marc; die Briefe von F. und M. Marc an Kandinsky und G. Münter).
Klee, Felix: Paul Klee – Leben und Werk in Dokumenten. Zürich 1960 (Klee: Tagebuchaufzeichnungen, die die Ereignisse zusammenfassend darstellen).
Klee, Paul: Schriften, Rezensionen und Aufsätze. Hg. von Christian Geelhaar. Köln 1976 (Klee: Münchener Korrespondenz; Klee: Rezensionen, Konzertrezension, Die Ausstellung des Modernen Bundes im Kunsthaus Zürich; Delaunay: La lumière; Delaunay/Klee: Über das Licht). © Du Mont Buchverlag, Köln
–: Tagebücher von 1898–1918. Hg. von Felix Klee – Mit einem Nachwort von Diether Schmidt. Leipzig/Weimar 1980 (Klee: Tagebuchaufzeichnungen; Klee: Studienreise nach Tunesien). © Du Mont Buchverlag, Köln 1968
Klee, Paul – Das Frühwerk 1883–1922. (Kat.) München 1980 (die Briefe von Klee an Kubin).
Küchler, Kurt: Wassily Kandinsky. In: Der Sturm 3 (1912/13).
Lankheit, Klaus: Bibel-Illustrationen des Blauen Reiters. In: Anzeiger des Germanischen Nationalmuseums. Nürnberg 1963 (die Briefe von Marc an Walden, an Heckel, an Klee vom Juli 1914, an Piper vom Juli 1914 und vom 7. 8. 1914; der Brief von Kokoschka an Marc).
–: Franz Marc im Urteil seiner Zeit. Köln 1960 (die Briefe von H. Macke an Wieger und von E. Lasker-Schüler an Marc; Kandinsky: Unsere Freundschaft; Nohl: Eröffnungsrede; E. Lasker-Schüler: Gebet; E. Lasker-Schüler: Nachruf auf Franz Marc). © Du Mont, Köln
Leonhard, Rudolf: Wassily Kandinsky. In: Der Sturm 3 (1912/13).
Macke, August: Das neue Programm. In: Kunst und Künstler 12 (1913/14).
Macke, August – Die Tunisreise. Köln 1958 (Frau Jaeggi im Gespräch; L. Moilliet im Gespräch). © Du Mont, Köln
Macke, August – Franz Marc – Briefwechsel. Hg. von Wolfgang Macke. Köln 1964 (die Briefe von A. Macke an F. Marc und M. Marc [Franck]; die Briefe von F. Marc an A. Macke; die Briefe von M. Marc [Franck] an A. Macke und L. Macke; der Brief von B. Koehler jun. an L. Macke). © Du Mont, Köln
Marc, Franz: Schriften. Hg. von Klaus Lankheit, Köln 1978 (Pechsteins Pech; Münchner Neueste Nachrichten: Redaktionelle Notiz; Rohe: Rezension; Erbslöh: Anmerkung; Marc: Zur Ausstellung der NKVM, Ideen über Ausstellungswesen, Die Futuri-

sten, Wassily Kandinsky, Skizzenbuch 1913, Aufzeichnungen, Die neue Malerei, Anti-Beckmann, Die konstruktiven Ideen der neuen Malerei, Erwiderung, Zur Kritik der Vergangenheit, Das abstrakte Theater). © Du Mont, Köln

Marc, Franz. (Kat.) München 1963 (M. Marc: Franz Marc). © Städtische Galerie im Lenbachhaus, München

Marc, Franz – 1880–1916. (Kat.) München 1980 (die Briefe von F. Marc an M. Marc [Franck], an P. Marc, an Kubin, an Ball, an Klee – außer einem vom Juli 1914; der Brief von Erbslöh an Marc; H. Macke: Erinnerungen; H. Macke: Über Franz Marc; M. Marc: Tagebuchaufzeichnung).

Mayer, Anton: Malerei und Gefühlsausdruck. In: Pan 3 (1912/13).

Monatshefte, Süddeutsche 8 (1911).

Münter, Gabriele – 1877–1962. (Kat.) München 1962 (G. Münter: Beichte und Anklage; Kandinsky: Einführungstext; Eßwein: Rezension; Rheinisch-Westfälische Zeitung vom 8. 5. 1910).

Pierre, Jose: Futurismus und Dadaismus. Weltgeschichte der Malerei, Bd. 20. Lausanne 1967 (die Briefe von Kandinsky an Walden).

Piper, Reinhard: Mein Leben als Verleger. München 1964 (enthält auch den Brief von Barlach an Piper). © R. Piper u. Co. Verlag, München

[Protest] – Ein Protest deutscher Künstler. Jena 1911 (enthält auch: Rosenhagen: „Die Wilden"). © Eugen Diederichs Verlag, München

Raabe, Paul: Alfred Kubin – Leben, Werk, Wirkung. München 1957 (die Briefe von Kandinsky an Kubin; Teile des Briefes von Feininger an Kubin vom 5. 10. 1913; Kubin: Aus meinem Leben; Carossa: Die starke Seele). © Nymphenburger Verlagshandlung, München

– (Hg.): Expressionismus – Aufzeichnungen und Erinnerungen der Zeitgenossen. Olten/Freiburg i. Br. 1965 (Otten: 1914 – Sommer ohne Herbst). © Walter Verlag AG Olten

Reiter, Der Blaue: Dokumentarische Neuausgabe von Klaus Lankheit. München 1965 (enthält auch: den Brief von Marc an Piper vom 10. 9. 1911; die Briefe von Piper an Marc sowie von A. Macke an Kandinsky und G. Münter; Vorwort und Voranzeige zum Blauen Reiter; Marc: Subscriptionsprospekt, Vorwort zur 2. Auflage, Vorrede zum 2. Band; Kandinsky: Vorwort zur 2. Auflage). © R. Piper u. Co. Verlag, München

Reiter, Der Blaue: (Kat.) Bern 1986 (der Brief von Kandinsky an Kubin vom 22. 9. 1911).

Richter-Berlin, Hans: Maler-Kritiker. In: Der Sturm 3 (1912/13).

Roethel, Hans Konrad: Kandinsky – Das graphische Werk. Köln

1970 (die Briefe von Bruckmann, Piper, G. Müller und Kubin an Kandinsky; Gründungszirkular und Satzungen der NKVM; Kandinsky: Über die NKVM; Kandinsky: Prospekt zu „Klänge"). © Du Mont, Köln

Scheffler, Karl: Die Jüngsten. In: Kunst und Künstler 11 (1912/13).

Schmidt, Paul Ferdinand: Die internationale Ausstellung des Sonderbundes in Köln 1912. In: Zeitschrift für bildende Kunst N. F. 23 (1912).

Schönberg, Arnold: Harmonielehre. Leipzig/Wien 1911.

–: Berliner Tagebuch. Wien 1974. © Universal Edition A.G. Wien

Schönberg, Arnold. München 1912 (Kandinsky: Die Bilder). © R. Piper u. Co. Verlag, München

Schönberg, Arnold – Wassily Kandinsky – Briefe, Bilder und Dokumente einer außergewöhnlichen Begegnung. Hg. von Jelena Hahl-Koch. Salzburg/Wien 1980 (die Briefe von Schönberg an Kandinsky; die Briefe von Kandinsky und G. Münter an Schönberg; Schönberg: Die glückliche Hand; Kandinsky: Kommentare zu Schönbergs Harmonielehre). © Universal Edition A.G. Wien, Lawrence Schönberg

Tavel, Hans Christoph von: Dokumente zum Phänomen „Avantgarde". In: Jahrbuch des Schweizerischen Instituts für Kunstwissenschaft 1968/69 (der Brief von Kandinsky an Bloesch; Neue Züricher Nachrichten vom 13. 7. 1912; Volksrecht vom 1. 11. 1910 und vom 17. 7. 1912; Neue Zürcher Zeitung vom 30. 10. 1910 und vom 24. 7. 1912; Baseler Nachrichten vom 28. 1. 1911; Bloesch: Ein moderner Graphiker).

Tietze, Hans: Der Blaue Reiter. In: Die Kunst 27 (1912) Bd. 25.

–: Wassily Kandinsky, Klänge. In: Die grafischen Künste (1914, Beilage).

Tschudi, Hugo von: Gesammelte Schriften zur neueren Kunst. München 1912 (Tschudi: Einleitung zum Katalog der Sammlung Nemesz).

Verwey, Albert / Paul Zech: Der Maler. In: Der Sturm 4 (1913/14).

Vriesen, Gustav: August Macke. Stuttgart 1957 (die Briefe von A. Macke an B. Koehler sen. vom 22. 1. 1912, 10. 3. 1913 und 17. 3. 1913).

W., G. J.: Ausstellungsrezension. In: Die Kunst 26 (1911) Bd. 23.

Walden, Herwarth: Wassily Kandinsky. In: Der Sturm 3 (1912/13).

–: Gesammelte Schriften. Bd. I, Berlin 1916 (Walden: Die Presse und der Herbstsalon).

Walden, Nell / Lothar Schreyer (Hg.): Der Sturm – Ein Erinne-

rungsbuch an Herwarth Walden und die Künstler aus dem Sturmkreis. Baden-Baden 1954 (N. Walden: Erinnerungen an Herwarth Walden).
Weiß, Peg: Kandinsky, Wolfskehl und Stefan George. In: Castrum Peregrini. Amsterdam 1979 (der Brief von H. Wolfskehl an Verwey).
Westheim, Paul: Künstlerbekenntnisse. Berlin o. J. (der Brief von A. Macke an B. Koehler sen. vom 30. 3. 1913; Kubin: Über mein Traumerleben).
Wolfskehl, Karl: Gesammelte Werke. Bd. 2, Hamburg 1960 (die Briefe von K. Wolfskehl und Kandinsky an Verwey; die Briefe von Verwey an K. Wolfskehl und H. Wolfskehl; Verwey: De schilder; Verwey / K. Wolfskehl: An Kandinsky). © Claassen Verlag, Düsseldorf
Wolfskehl, Karl – Leben und Werk in Dokumenten. 1869–1969. H. v. Manfred Schlösser, Darmstadt 1969 (Schriftenreihe AGORA 22) (der Brief von Kandinsky an Wolfskehl vom 31. 12. 1911).

Für die Reproduktion der Fotos danken wir u. a. der Städtischen Galerie im Lenbachhaus, München; den Museen der Stadt Köln, Rheinisches Bildarchiv; dem Städtischen Kunstmuseum, Bonn; der Staatlichen Kunsthalle, Baden-Baden; dem R. Piper und Co. Verlag, München; dem Buchheim-Verlag, Feldafing und Frau Sigrid Worringer-Bode.

Personenregister

Kursiv gesetzte Seitenzahlen verweisen auf Autorschaft, halbfett gesetzte auf Texte über die betreffenden Personen.

Inhalt